suhrkamp taschenbuch 799
Ernst Weiß
Gesammelte Werke
*Herausgegeben von
Peter Engel und Volker Michels
Band 16*

Ernst Weiß wurde am 28. August 1882 in Brünn/Mähren geboren. Am 15. 6. 1940, dem Tag nach dem Einmarsch der deutschen Truppen in Paris, nahm er sich das Leben.
Zu den Überraschungen unserer anläßlich des 100. Geburtstags von Ernst Weiß erscheinenden Werkausgabe gehört diese erste umfassende Sammlung seiner essayistischen Arbeiten. Bereits 1923 bemühte sich Franz Kafka um einen Verleger für die verstreuten Ernst Weiß-Aufsätze, die er kannte. Doch erst fünf Jahre später konnten diese Arbeiten u. d. T. »Das Unverlierbare« bei Ernst Rowohlt erscheinen. Zu den ersten Rezensenten dieses Bandes gehörte Hermann Hesse, der 1928 schrieb: »Nachdenkliches und Ernsthaftes, übrigens häufig und innig an die Weisheit des alten China anklingend und von ihr befruchtet, steht in dem Buch ›Das Unverlierbare‹ von Ernst Weiß. Ein sehr schöner, sehr chinesischer Aufsatz über Mozart, mir aus der Seele gesprochen, und einer über Stifter und einer über den Genius der Grammatik – entzückende, liebenswerte Dinge, und mehr als das: Aufrichtigkeiten und Bekenntnisse eines Mannes, der die Krankheit unserer Zeit im Tiefsten kennt.«
Außer den Texten der Sammlung »Das Unverlierbare« enthält unser Band mehr als doppelt so viele, bisher unzugängliche Arbeiten u. a. über: Shakespeare, Cervantes, Balzac, Kleist, Rousseau, Flaubert, Maupassant, Mozart, Rubens, Daumier, Stifter, Tschechow, Leskow, Stevenson, Wedekind, Valéry, James Watt, Heinrich und Thomas Mann, Kafka, Hemingway, Werfel, Stefan Zweig, Galsworthy, Gerhart Hauptmann, Dos Passos, Jack London, Sinclair Lewis, Klaus Mann, Roger Martin du Gard, Radiguet, Fallada, Remarque, Renn, Madame Curie, Joseph Conrad, Theodore Dreiser, Tredjakow und andere.

Ernst Weiß
Die Kunst des Erzählens

Essays, Aufsätze, Schriften zur Literatur

Suhrkamp

Zusammengestellt von Volker Michels.
Unter Berücksichtigung sämtlicher 1928 im Verlag Ernst Rowohlt, Berlin
erschienener Beiträge des ersten Sammelbandes »Das Unverlierbare«
mit Essays von Ernst Weiß.
Umschlagmotiv von Frans Masereel
mit freundlicher Genehmigung
des Europa Verlags, Zürich

suhrkamp taschenbuch 799
Erste Auflage 1982
© 1982 by Ernst Weiß-Erben
Suhrkamp Taschenbuch Verlag
Alle Rechte vorbehalten, insbesondere das
des öffentlichen Vortrags, der Übertragung
durch Rundfunk und Fernsehen
sowie der Übersetzung, auch einzelner Teile
Satz: IBV Lichtsatz KG, Berlin
Druck: Nomos Verlagsgesellschaft, Baden-Baden
Printed in Germany
Umschlag nach Entwürfen von
Willy Fleckhaus und Rolf Staudt

Inhalt

Die Kunst des Erzählens

Über die Sprache 11
Die Kunst des Erzählens 17
Die Zeitung als Kunstwerk 20
Der Genius der Grammatik 23
Der neue Roman 27
Der Vorwurf in der Kunst 30
Die Ruhe in der Kunst 33
Tod, Erkenntnis, Heiligkeit 38

Ordnung und Gerechtigkeit

Über die Liebe 47
Ordnung und Gerechtigkeit 52
Von Chinas Göttern 57
Östliche Landschaft 61
Credo, quia absurdum 66
Das Unverlierbare 72
Der weisen Könige Wirken 78
Frieden, Erziehung, Politik 83
Passionsweg der Zeit 90
Adliges Volk 94
Der Mythos und das Unabwendbare 97

Aktualität

Aktualität 103
Lebensfragen des Theaters 106
Anmerkung zum dramatischen Schaffen 109
Kleine Anmerkung zur Schauspielkunst 112
Antworten auf Rundfragen:
    Über den Film 115; Reportage und Dichtung 116;
    Die Einwirkung der Kritik auf die Schaffenden 117;
    Bücher die ungerecht behandelt wurden 118
[Autobiographische Skizze] 120
Prag 124

Kleine Bemerkungen über das Trinken 127
Von der Wollust der Dummheit 129
Von den Entzückungen der Liebe 134

Imaginäre Vorreden

Ein Wort zu Macbeth 141
Mozart, ein Meister des Ostens 146
Goethe 158
Ernest Shackleton 162
Daumier 166
Rousseau 169
Cervantes zu Ehren 173
Die Freunde. Flaubert und Maupassant 176
Adalbert Stifter 180
Ein Wort zu Wedekinds »Schloß Wetterstein« 187
Balzac. Eine imaginäre Vorrede zu seinen Werken 191
Casanova 200
Joseph Conrad 204
Kleist 209
Kleist als Erzähler 215
Stevenson, »Die Schatzinsel« 219
Heinrich Heine 228
James Watt, der Schöpfer des Industriezeitalters 231

Der neue Roman

Das Leben des Peter Paul Rubens 241
Gerhart Hauptmanns »Insel der großen Mutter« 244
Thomas Manns »Zauberberg« 248
Die Jugend im Roman (Franz Kafka, Francis Carco, Karel Capek,
    Joseph Roth, Albert Daudistel) 252
Jack London 257
Franz Kafka, »Der Prozeß« 261
Radiguet 266
Duhamel 270
Alphonse de Chateaubriant, »Schwarzes Land« 274
Jack London, »König Alkohol« 278
Klaus Mann 282
Anton Tschechow, »Der schwarze Mönch« 287
Rahel Sanzara, »Das verlorene Kind« 291

Hans Grimm, »Volk ohne Raum« 297
John Galsworthy, »Der weiße Affe« 301
John Galsworthy, »Jenseits« 305
Paul Valéry, »Herr Teste« 309
»Manhattan Transfer«. Roman einer Stadt von John dos Passos 313
Leskow, ein vergessener russischer Dichter 318
John Galsworthy, »Schwanengesang« 322
Die Geschichte einer Familie. Roger Martin du Gard,
 »Die Thibaults« 326
Jack London, »Menschen der Tiefe« 329
Roman einer Amerikanerin. Sinclair Lewis, »Der Erwerb« 333
Ein guter Unterhaltungsroman.
 »Das große Sorgenkind« von Fred Andreas 337
Joseph Conrad, »Freya von den sieben Inseln« 341
Der Krieg in der Literatur (Ludwig Renn, Erich Maria
 Remarque) 345
Ein Buch der Selbstzergliederung. Italo Svevo, »Zeno Cosini« 353
Ein neuer Romanschriftsteller. Ludwig Tügel,
 »Der Wiedergänger« 357
André Maurois, »Wandlungen der Liebe« 361
Ein Buch über Napoleons Polizeiminister. Stefan Zweig,
 »Joseph Fouché« 365
Franz Werfel, »Barbara oder die Frömmigkeit« 369
Gerhart Hauptmann, »Buch der Leidenschaft« 373
Thomas Mann, »Mario und der Zauberer« 377
Seelendeutung aus England. Zu John Cowper Powys' Roman
 »Wolf Solent« 380
Heinrich Mann, »Die große Sache« 383
Hans Fallada, »Bauern, Bonzen und Bomben« 387
»Hier schreibt Paris«. Ein Sammelwerk von heute 390
Seenovellen von Martin Andersen-Nexö 394
Ein Bio-Interview. Zu Tretjakows neuem Werk 396
Ein Amerikaner erzählt seine Jugend. Zum ersten Band von
 Theodore Dreisers Autobiographie 399
Ernest Hemingway, »In unserer Zeit« 403
Thomas Mann, »Joseph in Ägypten« 406
Das Ende der Novelle 408
Franz Kafka, die Tragödie eines Lebens. Zu Max Brods Biographie
 des Dichters 411
Bemerkungen zu den Tagebüchern und Briefen Franz Kafkas 414

Eve Curie, »Madame Curie« 422
Liebesbriefe an das Schicksal. Zu Stefan Zweigs »Magellan« 428
Die zwei Brüder. Hermann Kesten, »Die Kinder von Gernika« 431
Stefan Zweig, »Ungeduld des Herzens« 435
Ein neuer Meister. A. H. Tammsaare, »Wargamä« 440
Scarlett und Rhett. Margaret Mitchel, »Vom Winde verweht« 443
Franz Werfel, »Der veruntreute Himmel« 447

Nachwort 452
Quellenangaben 458
Personenregister 463

Die Kunst des Erzählens

Über die Sprache

I

Erst die Sprache macht den Menschen zum Menschen. Die Fähigkeit der Sprache, alle möglichen menschlichen Beziehungen zu vertiefen, geht so weit, daß selbst dann, wenn Menschen zueinander in »fremden« Sprachen reden und das Verständnis im altgewohnten Sinne ausgeschlossen erscheint, daß selbst dann noch der eine den andern in seiner eigenen Sprache aufnehmen, begreifen und erleben könnte. Es wäre zum Beispiel eine Szene möglich, in der Menschen in verschiedenen Sprachen zueinander sprechen und einander in großen Zügen doch folgen können, wenn der Tonfall der Worte in verwandten Seelen wiederklingt. Spricht man doch auch nicht ganz ohne Erfolg zu Tieren. Möglich auch, daß seelisch Fremde in der eigenen Sprache aneinander vorbeireden. Wenn jemand an die seelische Aura glaubt, die jeden Menschen und jede ernstere menschliche Beziehung geheimnisvoll umhüllt, dann können die Auswirkungen dieser Aura auf dem Wege dieser an sich unverständlichen Silben mit einem gewissen Grade von Sicherheit zu ihrem Ziel gelangen. Die Sprache ist eine mystische Insel mitten im Getriebe der Welt. Wenn man nur den Menschen dazu bringen kann, dem reinen Tonlaut einer fremden Sprache hingegeben zu lauschen, diese Klänge und Geräusche ganz naiv, im Zustande einer sprachlichen Unschuld aufzunehmen, dann ist der erste Schritt getan. Nur kurze Zeit klingt der fremde Laut ganz leer, bald füllt er sich mit Bedeutung, er kleidet sich in Sinn, und man wandert in die fremde Sprache hinein wie in ein fremdes Land, das aber aus dem Traume wohl vertraut ist und das sich bald um den Wanderer zusammenschließt, ihn sicher wandeln, ihn noch einmal aufleben läßt.

Aber nicht allein die Erwerbung einer Sprache, auch ihr Gebrauch und Besitz ist ein Geheimnis. Mit Recht spricht man vom Erbgut der Sprache, eben in der Erkenntnis, daß weder Erziehung noch Anlage, noch eigene Kraft oder Fleiß dieses Gut erwerben können, – sondern wir ererben es wie die Erbsünde, mit der die Sprache viel gemeinsam hat (denn sie ist: die Fähigkeit, die Welt zu fassen, und ist der Mund der Sünde zugleich mit ihrem Maß). So ist die Sprache außer dem reinsten Heilmittel das ätzendste Gift, neben dem innigsten Band die härteste Schneide, sie hat das doppelte Gesicht, wie es alles wahrhaft und im tiefsten Sinn Erfaßte auf Erden zeigt, und wir wissen nicht, ob wir die Sprache eine Gnade oder einen Fluch nennen sollen.

II

Von diesem Erbgut, Gnadengeschenk und ewig wirkenden Fluch geht ein weiter Weg hinab bis zu dem Instrument des täglichen Sprachgebrauches. Von einer religiösen Funktion sinkt das Wort hinab zu dem praktischen Mittel, einander zu verstehen, sich miteinander in Verständnis zu setzen oder sich, kontradiktorisch, auseinanderzusetzen.
Diese Auseinandersetzung könnte vielfach durch rein mechanische Mittel ebensogut erfolgen. Als reines Gebrauchswerkzeug kann die Sprache noch verschärft, noch vervollkommnet werden, sie hat auch in ihren Gebrauchswerten, auf der Börse, in den Handelsusancen, in der Technik, im charakteristischen Jargon jedes Metiers, sei es Pferderennen oder irgendein Handwerk, ohnehin die Neigung, sich zu fixieren, eben nur das zu bringen, was einen im großen ganzen schon bekannten Tatbestand von einem andern, ähnlichen unterscheidet. Der sogenannte Telegrammstil ist daher dort, wo er wirkliche Existenzberechtigung hat, durchaus keine Konzentration, keine Steigerung der Sprache ins Wesentliche; er sagt weiter nichts, als daß man unter seinesgleichen ist und einander genügend kennt. Man spricht zwar lobend von der Kürze des Witzes, aber die erste Voraussetzung des Witzes ist das Bekanntsein mit den Typen, mit der ewig gleichen Umwelt. Müßte man einen Witz einem wahrhaft Unbefangenen erzählen (etwa einem Menschen, der zweihundert Jahre nach uns lebt), dann wäre es fast immer mit der Kürze und auch mit dem Witze vorbei. Daher haben Witze, Anekdoten und telegrammartige Fügungen viel Zeitcharakter. An einer Anekdote sieht man die ganze Zeit wieder aufleben. Die Sprache aber braucht die breiteste Grundlage, eben weil alle, auch die späteren, von ihr leben sollen, weil die früheren noch durch die Sprache zu uns reden wollen, – so ist es nur recht, daß auch sie von allen lebe und von allen Seelen gespeist werde und daß sie allen Körpern auch im einfachsten Gebrauch als tägliches Brot diene.

III

Etwas anderes ist die Sprache der Dichtung. Die Dichtung, die vom ältesten Erbgut und reinsten Gnadengut der Sprache lebt, hat vom Erbe die Tradition und von der Gnade die Weihe. Jede Dichtung ist nur in einer Sprache geschrieben. Es mag Weltliteratur geben, aber internationale Literatur gibt es kaum, oder doch keine internationale Dichtung. Die Hauptwerte der Sprachen sind zu verschieden: bei den einen wirkt vorerst die Logik, bei den andern die vitale Bezwingung, Treue, Unentrinnbarkeit. Beides wird man selten vereinigt finden. In den ungeheuren Dichtungen primitiver Völker gibt es wohl bezwingende Szenen, Augenblicke, Landschaften des Meeres und der Seele, aber kaum Logik. (Sehr deutlich wird dies bei Leo Frobenius' »Atlantis«.) Und selbst bei der sogenannten klassischen Dichtung beginnt das wahrhaft Bezwingende oft erst dort, wo das rein Logische aufhört. Beides, Logik wie Bezwingerkraft (Evidenz), gehört zu den Kräften der Sprache an sich. Die Bezwingerkraft liegt von Anfang in der Sprache schon dort, wo sie bloß Namen schafft und sie mit imperativer Geste auf immer mit dem adäquaten Gegenstande zusammenkettet. Logik aber ist die Verbindung dieser souverän geschaffenen Elemente durch eine neue Herrschergebärde. Jede Logik des Denkens ist Logik der Sprache, und die Sprache lügt nur deshalb, weil unser Denken lügt, ein Lehrsatz, der umkehrbar ist.

Es gilt bei unsern europäischen Literaturen als das höchste und nie welkende Lob, wenn ein Werk logisch und zwingend zugleich genannt werden kann. Das Logische setzt höchste Klarheit der Sprache voraus, da nur dann die einzelnen Elemente genau ihrer Wesenheit entsprechend ineinandergreifen oder auch nur beieinanderstehen werden. Die Architektur eines guten Satzes ist die Architektur eines guten Kapitels, eines gut gebauten Theaterauftrittes; eine gute Szene, ein gutes Kapitel ist der Grundriß für die Komposition eines ganzen Werkes, nicht in grob mechanischem, sondern im weitest gefaßten Sinn der künstlerischen Ordnung. Und so sonderbar es klingt, eher kann die Erzählung die Ordnung entbehren, als die Theaterszene; denn die Erzählung ordnet sich, wenn auch primitiv, bereits durch die Grammatik und den Stil. Grammatik und Stil stützen aber den Dramatiker durchaus nicht in ebenso hohem Maße. Seine Kraft muß entscheiden. Man kann den dramatischen Dichter geradezu als genialen Ordner erfassen, vorausgesetzt, daß er auch über die zweite Haupteigenschaft des Dichters, nämlich die Evidenz, das Zwingende, verfügt. Dieses Zwingende setzt seinerseits die höchste Wahrheit voraus. Denn wie soll man von der Unvermeidlichkeit eines Geschehens bezwungen werden, wenn nicht jeder Teil ein lebenswahres, ja überlebenswahres Antlitz trägt? Wenn nicht im begrenzten Einzelnen auch das Wesentliche der unbegrenzbaren Vielfalt mit einbegriffen worden ist? Wenn das Weltgesetz, das an sich *nicht* in engen zeitlichen und räumlichen Grenzen verständlich sein kann, sich doch wenigstens in der gegebenen Spanne Zeit und in dem kleinen Winkel Raum annähernd getreu spiegelt? Dieses Annähernd kann man so wörtlich nehmen wie nur möglich, dann wird man verstehen, daß die oft beengende Nähe des Helden mit dem Mitfühlenden, Mitlebenden eine unbedingte Voraussetzung, eine nie zu erlassende Bedingung ist, denn in dieser Annäherung liegt ja der Zwang, mitzugehen und etwas von seinem eigenen Teil an Zeit und Raum zwangsmäßig der dargestellten, der vorgestellten Person zu leihen. So gleicht *jede* Wirkung der Kunst jenem Augenblick in der Odyssee, wo die Gespenster am vergossenen Opferblute lecken, um selbst für einen Augenblick das blutige, das blühende Dasein zu erraffen. Hier ist der Zwang von beiden Seiten da, die Gespenster dürsten danach, sich in lebenden Seelen noch einmal zu spiegeln, und Odysseus hungert danach, seine unermeßliche Reise auch nach der Unterwelt fortzusetzen und seine Gefährten, die Begleiter eines fast völlig versunkenen Lebens dort unten wieder zu treffen. In dieser unsterblichen Szene ist das Logische mit dem Zwingenden vereint. Solche Werke dürfen wir klassische nennen.

IV

Zu den tiefsten Wesenheiten der Sprache gehört das Geheimnis der Zahl. Wie alle echten Geheimnisse ist es nicht eine *Frage* nach der Wahrheit, sondern ein *Weg* aus der Sinnenwelt ins Übersinnliche, also nur eine Tendenz und hat als solche auch nur eine transzendente Faßbarkeit wie etwa das Gebet. Das hat mit der praktischen Brauchbarkeit des Zahlengeheimnisses nichts zu tun. So wie die Urmutter der Zahl, wie das Wort, hat auch die Zahl ein doppeltes Gesicht. Einstein gehört in diesem Sinne nicht unter die Aufklärer, wie es die Rationalisten gern haben möchten, also nicht in die Reihe d'Alembert, Diderot, Voltaire, Lessing, Popper-Lynkeus, Brandes, Shaw, sondern er steht dem Wirken eines Lao-Tse, eines Spinoza, eines Goethe (in seiner letzten Periode) nahe. Einstein ist nur der besonders intensive Exponent eines wissenschaftlichen Erlebens, das mit der größten Unschuld, mit der reinsten Naivität der Welt gegenübertritt. Eine starke, kantige Persönlichkeit ist mit dem Begriff der Unschuld nicht vereinbar. Unschuld kann gelebt werden, aber nicht gewollt. Aber gerade dem Unschuldigsten fällt die Gnade der Erleuchtung zu. Der Unschuldige nimmt nicht den Gegensatz von Ich und Nicht-Ich zum Grundprinzip. Sondern seine Weisheit ist sein Gleichgewicht; so verliert er auch nie das Gefühl für alles andere auf der Welt, das sich im Gleichgewichte befindet, wie die ideale Zahl, oder für das, was ins Gleichgewicht strebt, wie die reale Zahl. Der chinesische Weise spricht davon mit folgenden Worten: »Der Zustand, wo Ich und Nicht-Ich keinen Gegensatz mehr bilden, heißt der Angelpunkt des Sinns. Das ist der Mittelpunkt, um den sich die Gegensätze drehen können, so daß jeder seine Berechtigung im Unendlichen hat. Darum sagt er, es gibt keinen besseren Weg als die Erleuchtung.«

Zu den wenigen klassischen deutschen Werken gehört Goethes Iphigenie: Hier ist in der kleinsten Spanne Zeit und in einem ganz primitiven äußeren Vorgang (im Grunde hat er etwas Odysseisches an sich), in ganz eng umgrenzten Formen, in dem Schicksal der wenigen Menschen und der wenigen Dinge, die sie bewegen, in diesen Elementen ist auch der metaphysische Hintergrund, die höhere Ebene, das Weltgeschehen dargestellt, und zwar richtet sich das Werk, mit dem Augenblick seiner Entstehung auch die ganze Welt neu schaffend, an das unbefangene Gemüt des Hörers.

v

So kann man es verstehen, wenn die katholische Kirche das Mysterium der Zahl zugleich mit dem Mysterium des Wortes aufnimmt, ja, es wird stets ein Beweis höchster pädagogischer Einsicht sein, wenn die Kirche ihre Riten in einer der Masse unverständlichen Sprache abwickeln läßt. Die Messe, welcher der Beter verstandesmäßig nicht folgen kann, die er aber in höherem Sinne schon deshalb irgendwie in sich aufnimmt, weil er sie an seine Adresse gerichtet und ihm *persönlich* (Kommunion) zugedacht weiß, dies ist das höchste Zeugnis auch für die zweite Bedeutung der Sprache, die nicht nur zwischen Gleichgestellten kommuniziert, sondern auch unser einziges Mittel darstellt, uns den höheren Sphären, den durch Logik nicht erreichbaren Lebensbezirken anzunähern, kraft der Tendenz der Sprache, aus dem Irdischen ins Überirdische aufzusteigen und aus dem vergänglichsten Hauche der vergänglichsten Brust ein Siegel für den ewig dauernden Bund zu prägen. Diese Probleme liegen schon hart an der oberen, an der Schneegrenze der Sprache, so ist es auch nicht leicht, sie bis in ihre letzten Konsequenzen zu verfolgen. Doch ist dieses ahnungsvolle Wissen dem Dichter angeboren; wenn einer, dann lebt *er* in besonderer Intensität das Zwingende der Sprache nach, während dem Gelehrten und dem Gesetzgeber eher das Logische der Sprache zum Grunderlebnis werden mag. Die Sprache ist der Boden, den wir täglich pflügen, aus dem wir geworden sind und wo man das, was an uns die Lebensdauer vielleicht überdauert, auch einmal bestatten mag. Wer immer mit uns lebt, lebt nicht nur auf der Scholle der Erde, sondern auch auf der Scholle der Sprache. Sie ist das Dach des heimatlichen Hauses; und das Wichtigste, das Menschlichste ist, daß einer sich nie ganz verlassen fühlen kann, solange seine Sprache um ihn ist. So ist dem Odysseus die Stimme seiner Freunde, selbst unter den Zorneswolken der Götter, immer ein herrlicher Trost.

Freilich verbirgt sich auch hier das doppelte Angesicht dieses Lebenselements nicht. Die Sprache hat ihre unversöhnliche Gegenwelt. Die Vielheit der Sprachen ist der tiefste, der wahrhaft beweisende Ausdruck für die Feindschaft zwischen Mensch und Mensch. Hier setzt das Alte Testament den Zorn Gottes als unverrückbaren Markstein mitten in die Historie der lebenden Geschlechter. Wohl mag einmal Gott die Sprache der Menschen sprechen, aber untereinander sollen die Menschen einander sich in dem Maße nähern dürfen, wie sie sich von den andern entfernen. Die Völker sind durch Sprachen wie mit Ruten aneinandergebunden. Die ultima Thule menschlicher Gemeinschaft ist der Turm von Babel.

Die Kunst des Erzählens

Noch hat ein Kind die Sprache in Worten nicht verstehen gelernt, und schon beginnt es zu erzählen. Der zahnlose Greis, der neues zu lernen, neuen Sinn zu fassen nicht mehr fähig ist, noch immer kann er vom Erzählen nicht lassen, mit schmal gewordenen, blassen Lippen murmelt er Undeutliches der Aussprache nach; wenn aber jemand die Worte als solche richtig zu hören vermag, dann kann er meisterhaft Erzähltes aus einem Munde aufnehmen, der sonst scheinbar schon allem Leben, aller Liebe abgewandt ist. Denn einem Geiste, längst dem tätigen Dasein entfremdet, kann immer noch eine klare, reine Quelle entspringen; das Gedächtnis, dem die jüngsten, wirklichsten Ereignisse entgleiten, hält immer noch die ältesten Bilder in unverbrüchlicher Treue und Liebe fest.
Wilde Völkerschaften, wie Südseeinsulaner, Eskimos und Lappen erzählen schlechthin vollendet. Viele gebildete, geistig hochstehende Menschen aber bringen kaum die kleinste, schlichteste Erzählung zustande. Können sie es aus dem Grunde nicht, aus dem sechzehnjährige Jünglinge das Malen und Zeichnen verlernt haben, das ihnen mit vier Jahren, zum Staunen aller Erzieher, wie durch Gnade angeboren war?
Man hat ein Recht anzunehmen, ein jeder Mensch könne »von Natur« erzählen. Man kann daher das Erzählen nur, wie der vierjährige Knabe das Malen, verlernen.
Hört man die Marktweiber unter dem Baldachin ihrer Schirme, zwischen ihren Körben mit Obst, ihren Käfigen mit Hühnern, hinter ihren Krügen mit Bauernblumen sich die Zeit der ganz frühen und der späten Marktstunden mit Gesprächen vertreiben, oder läßt man vor Gericht dem Angeklagten, dem Zeugen, besonders aus den unteren Schichten, freien Lauf mit ihren Berichten, ihren Ausbrüchen, Eindrücken und Abenteuern, da hört man oft das Leben selbst sprechen. Werden aber diese Menschen aufgefordert, das eben in vollster Lebensblüte Erzählte niederzuschreiben, dann ergibt sich meist nichts anderes als ein flaches, sentimentales, ödes Gespinst.
Es scheint, daß hier der Grad der Naivität entscheidet. Naiv, das heißt ganz absichtslos, ohne Rücksicht auf den Zuhörer und bisweilen ohne Rücksicht auf den Sinn, erzählt nur das Kind. Das Kind und der Wilde haben reine Freude am Klang, am Lärm, an

dem fragenden Zögern, an der aufreizenden Pause, am ruhig weitergezogenen, drei- und unendlichemal wiederholten Pendelschlag der Erzählung. Eine etwas wehmütige Freude hat auch der Greis. Er empfindet den Durst, nochmals zu leben, in dem Augenblicke, da er nochmals sich reden hört. Er erzählt, solange er atmet. Solange er atmet, solange er lebt.
Sollte man nicht annehmen, jeder Mensch könne wenigstens *einen* guten Bericht schreiben, nämlich den des eigenen Daseins und Dagewesenseins? Aber es sind autobiographische Bücher von Wert noch größere Seltenheiten, als wertvolle Bücher überhaupt.
Es muß also doch eine eigenartige Kunst des Erzählens geben. Oder es muß die angeborene, aber wieder verlernte Kunst der Darstellung aller Bildung, allem Schulwissen zu trotz wiedergefunden werden können. Man muß erzählen, naiv wie ein Kind, wissend und im Feuer geläutert wie ein Greis, aber das alles mit dem glühenden Glauben des Jünglings und der großen, ruhigen, tragenden Kraft des Mannes. Die Vereinigung dieser Eigenschaften ist so selten, wie die Vollendung bei einem irdischen Kunstwerk überhaupt. Regeln und Gesetze gibt es nicht, wie es auch in der Pädagogik keine festen Formen gibt.
Sich gerecht verteilen macht hier wie überall den Meister. Wer sich selbst zu sehr lauscht, der reißt wohl sein Werk von der Erde los, aber je höher er steigt, desto blendender, feuriger muß das Werk leuchten, sollen die Strahlen dann noch das Gewölke der Materie, den harten Urbann des Wortes durchbrechen, um über Zeiten, über Zonen heraus zu wirken. So sind Achill und Odysseus nicht einfach Figuren einer beliebigen Mythologie. Es sind Grundformen des menschlichen Wesens überhaupt, es ist Jünglingswelt in Achill und Manneswelt in Odysseus. Ob nun ein einzelner oder ein Volk bei diesen Gestalten mitgedichtet hat, sie sind nicht aus der Beobachtung der fremden Welt entstanden, sondern dem Flusse des *eigenen* Daseins entsprungen, dem Überflusse einer zweideutenden, einer umfassenden Seele. Und sind die Buchstaben der homerischen Gedichte heute so weit verdunkelt, daß wir nicht mehr wissen, wie sie geklungen haben, hat sich der Sinn der homerischen Welt auch so weit verändert, daß uns die Worte Sieg, Tod, Kampf, Meer und Irrfahrt, Troja und Penelope ganz anderes bedeuten, als sie dem Schöpfer dieser Werke und ihren ersten Hörern bedeutet haben, – so strahlt doch, eben über die Zone der griechischen Küste, über die Zeiten der heroischen Kämpfe, das Werk und

mit ihm seine Helden, seine Meister. Denn was Homer gezeugt, getötet, lebendig gemacht, was er geschmäht und gerühmt hat, das geht tiefer als sein Gegenstand, es besteht länger als der Stein, aus dem die Statue gebildet war.

Ganz dem *Zuhörer* hingegeben sein, nur mit dessen Zunge zu reden, mit dessen Vernunft zu denken, mit dessen Waage zu wägen, das macht ein Werk verständlich, eingängig und einheitlich. Solch ein Werk widerspricht sich nie. Aber so erzählen, wie der Durchschnitt der Menschen denkt und bewußt erlebt, das heißt überhaupt nicht erzählen. Mit Rücksicht auf die Masse und deren Auffassung, Fassungskraft und schnell verflogene Liebe erzählen heißt mit einem Griffel in fließendes Wasser schreiben. Ganz ohne Sinn ist auch dies nicht. Es ist ein Geschäft, ein Beruf, und wenn man daran denkt, einer großen Anzahl von Menschen nach ihrer Tage Arbeit und Mühsal ein wenig Unterhaltung zu gewähren, ist es sogar eine menschliche Berufung. In diesem Sinn soll man selbst den Kitsch nicht unterschätzen.

Aber die Generation, aus deren Durchschnittsgefühl heraus dieser banale Erzähler erzählt, geht dahin. Schon die kommende Generation versteht die Existenz, geschweige den Erfolg solcher Werke nicht mehr, ja, man begreift nicht einmal, was die frühere Generation Schönes an diesen Werken gefunden haben mag. Man versuche nur einmal, in diese »Sophiens Reisen nach Memel«, in die Romane der Spindler und Vulpius, von neuen Büchern dieser Art, wie sie in Zeitungen »unter dem Strich« laufen, ganz zu schweigen, einen Blick zu werfen. Man wird sich, wie von einem Massengrabe halbverfaulter Leichen, schaudernd abwenden. Solche Werke sind so tot, daß man nie ermißt, wie sie je lebendig gewesen sein sollen. Es ist nur der mechanische Abdruck, der letzte Abhub der Massen darin, das Gestaltlose, künstlerisch Unerfaßbare, das nie Organismus geworden ist und doch auch längst die Unschuld des rohen Stoffes eingebüßt hat. In diesem Sinne sind es traurige Momente der irdischen Vergeblichkeit, beschämend für den Sinn ihrer Zeit.

Recentissime

oder: Die Zeitung als Kunstwerk

Das Zeitproblem ist wohl das tiefste, das der europäische Mensch sich gestellt hat, und keine Erscheinung bringt dieses Problem so prachtvoll, so in allen Einzelheiten kristallklar durchgezeichnet zum Ausdruck wie die Zeitung. Wo Vorzeit an Nachzeit grenzt, ergibt sich ein Wirbel, eine Bewegung, ein dramatischer, strahlender Augenblick, eine ewige Peripetie: dies ist die Gegenwart, dies ist die Ewigkeit. Der Begriff der Ewigkeit ist ganz leer und hohl, wenn man ihn (rückschauend) als Vergangenheit (vorausschauend), als Zukunft erfaßt, unendlich aufschlußreich, wirklich und tröstlich wird er, wenn man ihn (erlebend) in die Mitte nimmt, im Augenblick die Ewigkeit unverkennbar erfaßt. Was die Zeit bringt, bringt die Zeitung. Mehr als das, sie *ist* es in gewissem Sinn. Man hat bemerkt, daß das Bürgerliche Gesetzbuch einen kurz gefaßten Abriß des ganzen Daseins enthält. Recht der Geburt und des Erbes, der Ehe und der Kinder, des Geldes: vom ersten zum letzten Tag, von Gewinn, Wechsel, Bankerott, vom Leben allein für sich, vom Wirken in der Gemeinschaft, schreiben, Häuser bauen und niederreißen, auf der Erde Bahnen tracieren, in der Luft fliegen, jagen, angeln, mieten, leihen, alles findet man im Bürgerlichen Gesetzbuch Ehe, Mitgift und Scheidung nicht zu vergessen.
Ein Extrakt von gleicher Universalität, ein Gericht aus 1000 Ingredienzien, ein Trank aus tausend, aus allen Säften, das ist die Zeitung.
Die Zeitung ist das Volk, die Zeitung ist der Mensch. Man beginnt nun, nach den Erfahrungen der letzten Jahre, an der Richtigkeit der volkswirtschaftlichen Theorien, an den sozialistischen »Folgerungen und Notwendigkeiten«, ja an der Geschichtsschreibung als wert-schaffender Wissenschaft überhaupt zu zweifeln und zu verzweifeln; grotesk, daß die Absage an die Historie nur in der Form der Historie ausgesprochen wird, ein Beitrag zu der ungeheuren komischen, tragikomischen Groteske, die unsere Zeit kennzeichnet. Aber es triumphiert die Zeitung. Sie besonders, die ihre Ehre darein setzt, aktuell zu sein. Der Italiener nennt das Letzte »recentissime«. Da bildet sich etwas heraus, was an Intensität nur mit einem Kunstwerk vergleichbar wird. Was das »Volksepos« in grauer

Vorzeit war, Homer, Nibelungen, Kalewala der Finnen, vergessene Urgesänge der Naturvölker, das ist heute, so grotesk es klingt, die Zeitung. Nicht der Journalist schreibt sie; er wird bezwungen, er wird von der Zeit geschrieben, das ist sein Beruf, seine Tragik, seine Anonymität ist sein Glück und sein Fluch; er ist ja nur Ordner, in Wahrheit schreibt die Gesamtheit das, was sie selbst liest; das ist es, worin sich die Zeitung mit der Volksdichtung berührt. Zeitung ist auch keineswegs Historie, sie ist subjektiv, voll von Launen, Vorurteilen, Fanatismus, Skeptizismus, Hunger und Übersättigung, sie geht mit der Macht, mit den Unterdrückten, mit den Jahreszeiten, sie schillert wie das leibhaftige Leben und ist fast so vergänglich wie der Mensch.

Hier sitzt nicht der ohnmächtige Einzelne am »Webstuhl der Zeit«; der Einzelne darf nicht aktuell sein, sonst ist er nur aktuell. Daß heute eine (nach Brot und Erfolg) ausgehungerte Dichterkaste sich mit allem naiven Enthusiasmus an die Räder der Zeit (des Tages) klammert, ist nur ein tristes Symptom; der Dichter, der Denker kommt immer unter die Räder, er kommt immer zu spät, man muß Journalist sein, wenn man aktuell sein will. Nur in der ewig wechselnden Sphäre und Atmosphäre der Zeitung kann sich die Gesamtheit Antwort geben auf *ihre* Probleme, und das ist eben: aktuell sein. Je unbefangener man schreibt, je ruhiger, angeregter, je freier von Hintergedanken, desto wertvoller die journalistische Leistung: daher ihre Höhe der Reporter, ihre Heimat Amerika und das Amerikanische in unserem Kontinent.

Es trifft sich zuweilen, daß auch ein Dichter die Zeit aktuell sieht; Altenberg sah sie so, Walt Whitman erlebte sie so. Was sie schafften, war immer aktuell, machte jeder Zeitung Ehre, aber keine Zeitung konnte davon leben, keine wäre gestorben, wenn ihr diese und ähnliche Mitarbeit gefehlt hätte. Nein, die Zeitung ist anderes: nicht die schwachen Augenblicke der großen Männer, sondern die Unsterblichkeit des kleinen Mannes, das ist sie. Sie ist »Jedermann«, jedermann schreibt sie, jedermann liest sie; nicht in der gleichen Stärke, nicht in dem gleichen Kreise. Dieses »Jedermann« ist rhythmisch gegliedert, im strengen Tagestakte wie Paukenschlag auf Paukenschlag. Das ist schön.

Sie beginnt mit dem Allgemeinen, was jeden »Jedermann« trifft: »Das Programm«, »Doktor Beneš über die westungarische Frage«, »Die zweite Rede des Ministerpräsidenten«, »Harding und die Arbeitslosen«. Es geht »an alle«, es geht um alles, Krieg und Frieden,

Arbeit und Not, Freiheit und Rechte. Dann wird der Kreis enger, aber die Artikel kleiner, schärfer, besonders: »Die Kriegsanleihe«, »Der Wenzelstag«, »Heute, Rennen in Kuchelbad«. Jetzt bekommt der anonyme »Jedermann« Namen: Gerichtssaal, Mord, Liebe und Diebstahl, Betrug, List, Grausamkeit, Unmenschlichkeit, die »Schattenseite des Lebens«. Jetzt die Lichtseiten: Konzerte, Theater, die Kunst, Höchstleistungen, durch den brennenden Reifen springen, wunderbares um Hungerlohn (oder Millionenlohn) verkaufen, Kunst für Geld, Kultur, Geist für Brot. Das Wort Geld ist gefallen? Schluß des Blattes, ja, jetzt das eigentliche Blatt, die Kurse. Hat nicht alles seinen Kurs? Und muß nicht einmal Wedekind, »Schloß Wetterstein« zweiten Akt zitieren. Prager Börse, Wiener Börse, Berlin, New York, Valuten, Devisen, Effekten, auf, ab, ewiges Schwanken. Weshalb es leugnen: hier beginnt für die meisten Leser des Jahres 1921 das wertvolle Blatt. Das lesen sie mit dem Herzen, hier zittern die Hände.

Und der Schluß: Jedermann nennt sich beim Namen, sagt, was er kann, sagt, was er will, was er wünscht; der Markt des Lebens tut sich auf: Buchhalter, Stenotypistin, Automobilvertretung, Suppen und Saucen, Altvatersanatorium, Buchhandlung, Vorsicht: Zimmersuchende! Heiratsanträge, Gerta 1921, Kismet 300, Portlandzement, Dozent Dr. Hecht, Kontrollkassen, Sprechender Papagei. Das sind 10 kleine Anzeigen. Täglich erscheinen 300; mehr? weniger? im Jahr Millionen. Das ist aktuell; das ist die Unsterblichkeit des namenlosen Mannes. Da leben wir alle, einmal ist jeder aktuell. Man spricht von Freude von seiner Geburt, man hilft ihm beim Leben, läßt ihn verdienen, ehrt ihn im Tode. Der Mensch ist gut: zu allem. Ist das nicht das ganze Leben? Ein Rad, rollend auf einer Schiene, nur in einem Punkte in zartester Berührung, aber das immer, aber das mit ungeheurer Energie, mit rasendem Leben, jedes Blatt ein Stück Asche, aber alle zusammen eine Welt. Nur etwas fehlt ihr, Heiterkeit, Humor, wirkliche Menschennähe, Lächeln gespiegelt in Lächeln.

Aber fehlt das nicht uns, »Jedermann«?

(1921)

Der Genius der Grammatik

Der Erfinder der Grammatik ist nicht bekannt. Dabei ist von vornherein nicht an einen einzelnen gedacht, sondern an eine Kaste, ja vielleicht an ein Volk, das als erstes seine Sprache geordnet hat. Die größten Erfinder sind namenlos. Man kennt sie nicht, wie man die Dichter der Edda, der finnischen Kalewala, der homerischen Rhapsodien, der Shakespeareballaden nicht kennt. Doch blickt aus diesen hohen, unnennbaren Werken der ewig wirkende Geist, aus ihnen rauscht die Seele des Schöpfers, und alles ist gesagt, wenn man das *Werk* nennt. Niemand wird wissen, wer der erste war, der die Pflugschar, den Bogen, den Sattel erfand. Hier liegt das Geheimnis der tiefsten, weil natürlichsten Genialität des Menschen. Hier verliert sich sein unmeßbarer Gewinn in den auf immer umschatteten Urgründen des menschlichen Werdens. Werden muß nicht immer Entwicklung nach oben bedeuten. Es ist eine ungelöste Frage, ob der Mensch des 20. Jahrhunderts, der auf sein Telephon, den Aeroplan, das motorlose Fliegen, das elektrische Licht und das Radio so stolz ist, auch nur einen Rest jener Urwaldgenialität besitzt, der die Menschheit ihre zwei größten Güter verdankt, die sie auf immer über das Tier erheben: die Schöpfung des Gottesbegriffs im geistigen, die Erfindung des Feuers im weltlichen Leben.

Was dem Menschen aber das Dasein unter seinesgleichen erst möglich gemacht und damit ihm alles gegeben hat, was wir Gesittung nennen, was ihn zum Spiegel der beseelten und unbeseelten Welt auserwählt, zum Prinzen der Natur geadelt hat (einem manchmal etwas aussätzigen Prinzen, aber doch einem), das ist die Sprache. Und in der Sprache ist der Schöpfer der Grammatik das, was in der Welt des sittlichen Seins der Schöpfer des ersten Gesetzes, der Heiligsprecher des ersten Tabus ist, es ist der Gründer der ersten Beschränkung, aber einer Beschränkung von ungeheurem produktiven Wert.

Eine Kritik der Grammatik ist ein Lebenswerk. Hier mögen nur kleine Anmerkungen über Bezeichnungen aus der lateinischen Grammatik folgen. Diese darf heute besondere Beachtung deshalb beanspruchen, weil sie im Augenblick fast die einzige internationale Gemeinsamkeit darstellt. Lloyd George sprach einmal in Genua von den zwei klarsten Sprachen, die allen Beschlüssen zur

Grundlage dienen sollen, der französischen und der englischen. Aber es gibt ein höheres, reineres, freudigeres, es gibt ein sicherlich unerreichbares Ideal und eine höchste Forderung: daß alle Lebenden in einem *einzigen* Idiom sich treffen sollten. Ein solcher Sammelplatz des Geistes war die lateinische Sprache.
Der Menschengeist hat eine so unendlich zart facettierte und doch aufs schärfste präzisierende Ausdrucksform nicht wieder gefunden. In diesem Sinne hat Luthers deutsche Bibelübersetzung den entscheidenden Grenzstrich auf der Landkarte menschlicher Entwicklung als Wasserscheide zwischen Mittelalter und Neuzeit gezogen. Eine Tat, die dem bäurischen Genie Luthers nicht bewußt war, aber bedeutsamer wurde als die Thesen und Antithesen an der Schloßkirche von Wittenberg. In dem Gebrauch der lateinischen Sprache, die Bildung, Humanität im Geistigen und Kultur voraussetzte, bei diesem Regelwerk von höchster, fast architektonischer Logik, das allen Hofhaltungen, allen Gesandten, Dichtern, Ärzten, Notaren, Diplomaten, Geistlichen und Gebildeten überhaupt gemeinsam war, lag das Merkmal der erwählten Zehntausend, hier waltete eine europäische Gebundenheit, ein Adel des Ausdrucks, der sich in jeder Brieffloskel bewährte. Das Latein war das »humaniora«, d. h. ein Diplom und Siegel des höheren Menschen, etwas von dem Gelehrtenadel des chinesischen Mandarinen. Und dieser erwerbbare Adel war stark genug, um die Titel der Ahnenprobe zu lähmen, die Macht des Geldes zu mildern, die Schärfe des Schwertes vielleicht zu hemmen.
Die lebenden Sprachen reichen an Genauigkeit, an innerer Gewißheit entfernt nicht an die lateinische heran. Ein Stil, wie der des Tacitus oder auch nur des Sallust ist heute nicht mehr zu erreichen. Es gibt selbst bei dem soviel zarteren Horaz Stellen von einer so zusammengepreßten Sprachgewalt, von so zwingendem Zauber, daß sich keiner diesem Bann entzieht. Was Shakespeare in seiner flammenden, hart metallisch umrissenen Sprache aus den spätlateinischen Autoren übernommen hat, läßt sich gar nicht absehen. Vieles ist so lateinisch gedacht, der Monolog Hamlets z. B., daß er mir öfter als eine Übertragung aus dem Latein als aus dem Englischen erschien, wenn ich ihn in deutscher Sprache vor mir sah.
Die Sprache beginnt bei der Grammatik. Sie endet in ihr. In der lateinischen Sprache hat sich ein Volk über sein irdisches Reich hinaus unsterblich gemacht.
Etwas Gleiches ist nur den Juden des Alten Testamentes beschie-

den gewesen. In der lateinischen Sprache, in ihrer Grammatik, die in unerreichter Fülle aus den Gründen und Abgründen des Gedankens quillt, – wenn irgendwo, sind hier in geheimnisvoll klarer Mystik Sinn und Wort, Logik und Ausdruck, Bild und Gegenstand eins geworden.

Dies beginnt schon bei dem Ausdruck casus, Fall. Man muß das Wesen der Sprache im eigentlichen Grunde als das einer Kategorie erfassen. Man muß es sehen als abgeschwächtes, aber immer noch echtes Leben; die Sprache muß über uns wandeln wie ein verarmter Gott. Dann wird man die Wandlungsfähigkeit des Seins und des Wortes einen Fall nennen; denn hier ist ein Niedergang, und nie mehr ist die *Einheit* des zu Nennenden mit dem Genannten zu erreichen. Alles wandelt sich, alles sinkt, in der Hand bleiben uns Schatten nur; glücklich, der die höhere Welt über diesen Schatten ahnt.

Der *erste* Fall heißt lateinisch nominativus. *Wir* nennen einen Menschen: Dich, den Menschen; wir richten also mit dem vierten Fall unser Wort an ihn. Der Schöpfer der lateinischen Grammatik aber sagt: Jedes Wort nennt sich selbst. Jeder drückt zuerst sich selbst, dann erst die Welt aus. Der Römer setzt die Welt ihrem Klange gleich. Dies ist ja die Voraussetzung jeder Sprache, aber nicht die Voraussetzung der Welt. Deshalb ist jeder Sprachsinn an sich Widersinn. Die Sprache lügt und wir in ihr. Daß nun Menschen Namen haben, die ihnen nicht gehören, sondern nur ererbt, erheiratet, verschenkt, verborgt und an der Bühne angeschminkt, ja, sogar verloren und gestohlen werden können, dies gehört zu den vielen Paradoxen, die selbstverständlich genannt werden, weil sie niemand versteht, jeder aber an sie gewöhnt ist.

Der *zweite* Fall heißt genitivus, der Zeugungsfall. Sein Sinn ist: in der ganzen Welt besteht kein so inniges Band zwischen Menschen, kein so zwingendes Eigentumsverhältnis, keine so enge Hörigkeit in geistigem Sinn, keine so warme Blutnähe, kein so reiner Herzenseinklang wie zwischen Vater und Sohn, Zeuger und Gezeugtem – hier das straffste und doch mildeste Band, tiefste Verbundenheit der Generation, Ahnenliebe, Altersverehrung, Pietät und Patriarchat.

Der *dritte* Fall dativus: der Schenkungsfall. Die große Seele des Menschen, seine grandeur ist die schenkende Tugend, alles ist Geben, alles ist Nehmen. Hier ist das Gnadenprinzip der Menschheit aufgetan, die Urquelle aller Gemeinschaft vom ich zum du.

Der *vierte* Fall accusativus: Anklage, Misère des Menschen. Das Volk der genialsten Juristen, Finder und Künder der Pandekten: wie tief aus der Seele der Römer das *Recht* floß, das wird hier offenbar. Denn es gibt tausend menschliche Beziehungen, die dieser Akkusativ umfassen kann. Erobern, lieben, verachten, kaufen, verkaufen, verwunden, vernichten, töten, martern, gebären, küssen, zeugen, finden, fassen, belügen und betrügen, nennen, wissen. Nichts von alledem gab dem vierten Fall den Namen. Die *Anklage* ist ein Grundpfeiler des sprachlichen und daher des sittlichen Seins. Keine hohle Harmonie, keine billige Erlösung, kein Verzeihen. Dieser Fall ordnet, entscheidet, richtet.

Der *fünfte* Fall ist der ablativus, der Fall der Fälle. Er gibt alles, bezeichnet nichts. Er ist der Wandel der Dinge. Der Schleierfall des stürzenden Stromes, die gestaltlose Wolke. Das Werk, die Wirkung, das Geheimnis, die Hand Gottes.

Ergreifend ist, wenn die lateinische Grammatik den Mittelpunkt des Satzes subjectum nennt, das Unterworfene. Welche Einsicht in das Zwangsläufige jeglicher menschlicher Existenz! Das objectum, der Gegenstand, das andere: das ist auch nur das Hingeworfene, die daliegende Beute, das verlassene Etwas. Die Hand des von Zauberschnüren gehaltenen Subjektes langt nach dem Objekt, aber sie erfaßt es nie. Welche Philosophie in diesen Ausdrücken, deren oberflächliche Ausdeutung schon solche Tiefe bekundet. Bewunderung dem Schöpfer dieser Bezeichnungen, Normen und Gesetze, Verehrung dem namenlosen Genius der Sprache, dem Eroberer der Welt durch das Wort!

(1922)

Der neue Roman

Wie der sagenhafte Überwinder Macbeths ist der neue Roman lebendig aus dem Leibe seiner Mutter geschnitten worden. Das heißt, daß er seiner Mutter, der großen, vom Abenteuer entzückten, von der holden Lüge berauschten epischen Dichtung des Mittelalters das Leben gekostet hat, um vom ersten Tage an, wie ein wahres Himmelswerk, ausgestaltet und vollkommen dazustehen in dem Don Quichote des Cervantes.

Aber ebenso wie diesem Mörder des Mörders, dessen Schwert, aber nicht dessen Geist, den Macbeth um ein Leben bringt, das innerlich in seiner irdischen Form längst überwunden ist, ebenso war es diesem Neugeborenen bloß beschieden, einen König zu töten, nicht aber ein Geschlecht von Königen zu schaffen. Seine erste Tat blieb seine einzige wirklich vollendete. Es ist eigentümlich für die höchsten monumentalen Ausstrahlungen europäischen Geistes, daß sie unvollendet bleiben. Dort, wo ein solcher monumental gestaltender Geist sich mit seinem letzten Ernst, mit der freudigen Ruhe des männlichen Zeugens über seine Welt beugt, sich unter die Welt beugt, gebend und nehmend zugleich, die Zeit gestaltend und doch von ihr gebildet, dort bleibt er auch am deutlichsten hinter seinem Ideal zurück, nämlich ein plastisches, dreidimensionales, überlebendes Spiegelwerk seiner Zeit und damit aller Zeiten zu sein.

Alle großen Würfe sind also Fragmente und der erste, der Don Quichote ist es, ungeachtet seiner genialen Vollendung, auch. Der erste Teil, aus dem Geist des universalen Pamphlets entstanden, verlangt keine breitere Szene, kein weiteres Format. Er ist ein Ganzes, eine Hamletiade in Prosa, die blutigste Verhöhnung alles Unerreichbaren, aber mit unblutigen Mitteln!

Und gerade das ist sein reinster Wert, daß in dem Don Quichote, erster Teil, weder getötet noch gestorben wird. So, wenn überhaupt, mag sich unsere armselige, schwankende Welt in den runden, großen Augen eines Gottes spiegeln. Wollte aber der Dichter Cervantes seine Idee in der schweratmigen Fortsetzung, dem zweiten Teil, bis ans bittere Ende treiben, seinen Helden bis ans Weißbluten demütigend erhöhen, dann wäre der einzig fruchtbare Augenblick derjenige gewesen, in dem Quichote, vom Tode angeflutet, seinen Wahnsinn erkennt und in dieser lodernden Sekunde

auch die ganze Welt in ihrem Wahnsinn und Widersinn erschaut und durchschaut. Dies ist aber eine Erkenntnis, der erst Nietzsche, und zwar von der Seite seiner Aphorismen und seiner frühen, durchaus apollinischen Ironie nahe gekommen ist, freilich nur, um sich nachher, von dem traurigsten Macht-, Gesundheits- und Schönheitsrausch im Engadin trunken geworden, so zu widersprechen, wie es nur ein betrunkenes Genie in der tiefsten Gosse des erbarmungslosen Daseins zu tun vermag. Darin, und nicht in der Gesamtheit seiner Lehre, scheint Nietzsche mir ein Symbol des grotesken Humors Gottes.
Wilhelm Meister, die Brüder Karamasoff, selbst der Grüne Heinrich sind Fragmente geblieben.
Gustave Flaubert, der von den jüngeren Epikern unserer Zeit sehr Geliebte, hat in seinen schönsten Werken bewußt Fragmente gegeben, die nach Art des Degas und Manet durch den genialen Schnitt des Bildformates eine Vollendung dort vortäuschten, wo sie das Leben selbst nicht besitzt, nämlich in der erschöpfenden Darstellung des Tatsächlichen. Er ist in diesem Sinne ein starker Rückschritt hinter dem rücksichtslos die Welt auftürmenden und wieder zerschmetternden Cervantes, der in gewissem Sinne überhaupt ohne Nachfolger blieb: nämlich dort, wo er zufällige Kontraste (dick und dünn, Ritter und Plebejer) ins Gigantische steigert und dabei durch diese ungeheure Steigerung knapp noch das Maß der wirklichen Welt, wie sie durch Gott und den Satan geschieden, wie sie durch den Fleischmenschen und den Seelenmenschen belebt ist, erreichen kann. Flaubert macht sich die Sache schwer, wo sie für den einzigen Klassiker des Romans, Cervantes, selbstverständlich ist, im Stil. Die zweite Klippe, die Einbeziehung des ganzen menschlichen Wissens bewältigt Flaubert kaum noch; wenn er Wissenswertes und Wissensmögliches gibt, in Salambo, tut er es auf Kosten der menschlichen Seele und der tieferen, also nicht musealen Wahrheit.
So gewiß es ist, daß die Seligkeit des Künstlerischen nicht leichter verdient wird als die Seligkeit des religiös Strebenden, so gewiß ist es auch, daß sie nicht durch das nächtliche Studium von Atlanten, Akten und Photographien (die in der Kunst eben Flaubert erfunden hat, obgleich sie in der Wirklichkeit damals kaum noch bestanden) errungen werden kann.
Goethe hätte sicher den Roman der Welt schreiben können, hätte er nicht, in seiner, der rein Goetheschen Heils- und Gesundheits-

lehre die Harmonie über alles gestellt: Harmonie am Beginn ist aber geradenwegs der Zeugung entgegengesetzt, denn, hätte Gott die Harmonie der Welt schon vor ihrer Erschaffung in seinen Schöpferhänden gehalten, dann hätte er die Welt nicht gezeugt. In seinem größten, tiefsten Roman, im Faust, der, übrigens Goethes ausgesprochenem Willen zuwider, auf der Bühne (unvollkommen) aufgeführt wird, hat Goethe eine epische Arbeit von nahezu geschlossener Vollendung geschaffen. Dies ist der größte moderne Roman. Daß er sich in Szenenform abspielt, ist eine Äußerlichkeit. Sie hat eine wesentliche Eigenschaft der weltgroßen Dichtung, nämlich den Humor. Noch tiefer wäre sie geworden, wenn eine Selbstverständlichkeit durchgeführt worden wäre, die doch unmöglich Goethe entgangen sein kann; die Figur Gottes, die, zwingend und herrlich bestimmend, im Faust das säkulare Werk einleitet, mußte auch in den anderen Szenen weitergeführt werden als unendlicher Kontrabaß einer unendlichen Harmonie: denn unmöglich kann der höchst unvollkommene Faust der Held des Werkes sein, denn er ist passiver als ein Stein, der von einem Dache fällt, er strebt um des Strebens willen, nicht aber um der Welt willen. Deshalb geht es ihm gut. Er leidet nicht, er trägt nichts, was ihn krönen könnte, wie den letzten Helden jedes echten Tragikers. Gott müßte aus ihm sprechen, der Satan mit ihm spielen, aber beide überlassen ihn ruhig seiner Fragwürdigkeit. Wahr, aber nicht tragisch. Daß Gott und alle Engelscharen am Schluß, oder besser gesagt, am Ende des Werkes erscheinen, kann nicht versöhnen, ja, das Werk im zweiten Teil löscht die Versöhnung aus, die der erste Teil selbst im stumpfesten Herzen und im blinden Auge erwirkt.

Hier schließt sich der Kreis Mephisto und Sancho Pansa, Don Quichote und Faust. Daß es noch unzählbare Kreise gibt, außer diesen rein männlichen, wissen wir, aber keinen, der uns leichter zu schließen schiene als dieser, und den doch selbst die größten Genien der Menschheit, die reinsten Helden des vierten Zeitalters, zu schließen nicht die Kraft hatten.

(1922)

Der Vorwurf in der Kunst

Der Vorwurf (welch doppelsinniges Wort!) eines Kunstwerkes kann einfach der Stoff sein, aus dem das Kunstwerk gearbeitet ist, die schwere Materie, an der sich die Kraft, das Können, die Leistung bewährt, – Vorwurf kann aber auch das Ideal sein, das nie zu erreichende Vorbild, und ein solches ist oft das Leben selbst. Dieses ist aber schon deshalb nie mit reinen Mitteln der Kunst ganz erreichbar, weil das Leben sich auch in seinen kleinsten Teilen nie wiederholt und daher auch das banalste Geschöpf in gewissem Sinne durch das Leben monumentalisiert wird. Zu jedem literarischen Kunstwerk gehört aber notwendig das Element der Wiederholung, da die Sprache sich in den Worten notwendig wiederholt.
Vorwurf ist der Knäuel buntfarbiger Wolle, den das spielende Kind oder die tolle kleine Katze vor sich hinwirft und dem sie beide nachjagen, bestrebt, den rollenden Knäuel zu packen, den Faden zu spannen – ob er reißt oder nicht, ob die verwickelten Fäden sich entwirren, ob der Knoten sich löst in dem gleichen Maße, als die ermüdenden Spieler dem Ende näherkommen – das alles wird zu dem gleichen Problem, das alles sammelt sich zum gleichen Vorwurf für die darstellende, das heißt ent-wickelnde, für die lebende, das heißt: *Leben spielende* Kunst.
Der Stoff an sich bedeutet nicht viel: weder das Thema in der Musik noch die Anekdote in der Novelle, der Gegenstand im Bilde oder die Welt im Romane – nichts von diesen Dingen macht als solches den Meister. Der Meister macht sie. Er bewährt sich gerade in der kühnsten Überwindung des Themas. Sind wir einmal auf die Höhe geführt und so sehr bezwungen, daß wir nicht mehr wissen, ob der Faden des rollenden Knäuels grob oder fein ist, ob er sich schnell oder langsam entwirrt, ob wir überhaupt ein Ende absehen können oder nicht, ob die Farbe verblaßt, ob der Sinn vergleitet, – ist das Thema selbst-verständlich geworden, dann bleibt nur der Rhythmus, der dem großen Weltrhythmus ebenbürtig ist: als jüngerer, zarterer, menschlicherer Bruder. Man erlauscht das höhere Gesetz, an-gedeutet, wenn auch nicht erschöpft, im immerhin irdischen Gegenstande. Die Themen großer Meister sind oft nicht ungewöhnlich. Beethoven hat in seinen herrlichsten Werken Tonfolgen, die, wenn man sie vom Rhythmus loszulösen versucht, an sich nichts sagen. Das Thema des Schlußsatzes der Kreutzersonate

ist solch selbstverständliches, fast mechanisch hingehämmertes Quartenmotiv. Was sollte daran zu Tränen rühren, was könnte bis an den Urgrund der Seele ergreifen? Aber der Rhythmus, angehalten, zitternd, beherrscht, und dann mit einem Male, ohne Kraft zum Widerstande gewaltig hinübergerissen in die Weltwoge des Gefühls – das weckt uns, rüttelt und ruft, und hier beginnt der Meister. Hier endet er nicht. Mit der Unterscheidung zwischen banalem Thema und genialem Rhythmus ist nur ein Teil des Geheimnisses entschleiert. Das wahre, das letzte Geheimnis folgt zwar dem Gesetz, aber aussprechbar ist es nicht ganz. Wenn man diese Sonate hört, dann bleibt aus jedem Takte etwas zurück, aus jeder Tonfolge entsprießt auch eine Tonvoraussetzung, aus jeder Frage kommt eine Lösung, selbst die letzte Lösung ist nicht das Ende. Denn der Knäuel des vorgeworfenen Vorwurfes bleibt nicht, was er war, er wandelt sich, er faßt uns selbst, die wir lauschen, in sich, wir müssen folgen, er wächst an unserer Brust, wie sie sich weitet, er verengt sich mit der Angst unseres Herzens, wenn er näher, härter dringt an das innerste, zarteste, unverletzlichste Geheimnis unserer wahren Existenz.

Nicht weniger vielfältig ist das Wesen des Vorwurfes in der Erzählung. Es läßt sich hier zwar scheinbar leichter umgrenzen, weil die Erzählung in der Sprache wirkt, die unser gewöhnliches, um nicht zu sagen gemeines Kleid bildet, aber es ist nicht das gemeine am Sprachgebrauch, woran die Erzählung zum Kunstwerk wird. Die Sprache muß erst geheiligt werden, und jede Verehrung der Sprache ist Sache der Kunst. Was man national nennt, wird sich nie trennen lassen von dem, was man Literatur nennt. Eine Nation lebt, blüht, stirbt und vergeht in der Sprache. Sie lebt nicht einen Augenblick länger, noch kürzer als die Sprache. Es hat keinen Sinn, von toten Völkern zu sprechen, solange ihre Sprache von lebenden Menschen verstanden wird. Es mag lebensfähige Stämme auf irgendwelchen Inseln geben, die somatisch, vital, sportlich genommen, alles in Schatten stellen, was unser gealterter Kontinent heute erzeugt und erzieht, lebend sind diese Stämme deshalb doch nicht, nicht lebender jedenfalls als die großen alten Griechen, die geheimnisvollen, versunkenen Peruaner, die dämonisch deutenden Babylonier, die weisen toten Ägypter.

Das Wesen jeder lebenden Sprache ist eng verknüpft mit dem Wesen jeder Form und auch mit dem des Vorwurfes. Schon im Titel eines Kunstwerkes liegt ein Vorwurf. Wer den Titel liest, sieht etwas vor sich, er sieht etwas dahinter, und Sache des Schöpfers ist es dann, dieses »Vor-sich«, dieses »Dahinter« dem Nachschöpfer, dem Leser klar und überwirklich zu machen. Wenn wir als Mitteleuropäer, als Binnenlandmenschen nicht gewohnt sind, angesichts des Meeres zu arbeiten und zu feiern, zu wachen, zu altern und zu sterben, und wenn wir dennoch die Leiden, die Fahrten und Glücksaugenblicke eines Odysseus begreifen, was bedeutet das anderes, als daß nun lange nicht mehr der Stoff, das Thematische, also auch nicht das im engen, körperlichen Sinn Nationale an der Odyssee ergreift, ängstigt und beglückt, sondern nur das »Hinter-den-Dingen«, das außer und unter dem Meere liegende. Nicht das offenbare, nicht die Materie, nicht der Vorwurf ist es, nicht der entwickelte Knäuel, der doch nur aus irdischen Fäden gewebt ist, sondern der Schicksalssinn, der Wechsel zwischen Tag und Nacht, zwischen den stolzen Geschicken vor Troja und der schmachvollen Verkleidung des heimkehrenden Dulders als Schweinehirt, zwischen der kühn eroberten Fremde und der langen Pilgrimsfahrt, der fast verlorenen Heimat. Auch hier ist der Schluß kein Ende. Zwar ist alles im Sinne des ohne Rest aufgerollten Knäuels und des geordneten Fadens scheinbar zu Ende, das heißt, der mannesreife Odysseus ist alternd heimgekehrt, hat die Frau wiedergewonnen, den Sohn in die Arme geschlossen, dem uralten Vater zu Füßen gelegen; nun ist er im Begriffe, inmitten der älteren und der jüngeren Generation in Frieden zu enden, aber so dichtet vielleicht Goethe, nicht aber der überirdisch lebenstrotzende Genius Homers. Der Rhythmus der sich wandelnden Sterne, der Schicksalssinn von Flut und Ebbe, von Gebären und Sterben ist in der Welt nicht zu Ende, wie sollte er in dem Kunstwerk zu Ende sein? Odysseus macht sich von neuem auf, eine neue, unabsehbare Lebensdichtung hat er vor Augen, nämlich so lange zu wandern auf der wandernden Erde, bis er Menschen erblickt, die sein auf der Schulter getragenes Ruder nicht kennen und als Schaufel ansehen. Jetzt erst ist der Vorwurf überwunden, die menschliche Welt, die menschliche Beziehung hat sich aufgelöst in einer übermenschlichen Wirklichkeit. Hier erst bewährt sich hohe Kunst.

(1922)

Die Ruhe in der Kunst

Den größten Meisterwerken aller Zeiten und aller Völker scheint eine kaum beschreibbare Ruhe eigentümlich zu sein. Ist diese nur mit der Seele zu erfühlende, nie mit dem Verstande nachzurechnende Wirkung der Ruhe ein echter Beweis dafür, daß ein Mensch in einer bleibenden Leistung sich über sich selbst erhoben hat, daß er, der persönlich Unheilige, mit seinem Werk leise in den Bereich des Heiligen getreten ist?
Gerade in einer Epoche wie der unsrigen, in der sich die Menschen bis ins Innerste ihres Innern mit Schande bedeckt haben, gerade in solchen Zeiträumen tut es not, die jungen, die kommenden Geschlechter auf jene Werke hinzuweisen, die nicht nur den Adel einer Nation prägen, sondern darüber hinaus den Anspruch unseres ganzen, elenden Geschlechtes auf Heiligung rechtfertigen. Es ist unser unverbrüchlicher, wenn auch mit Worten nie zu beweisender Glaube, daß diese Werke, und als dieser Werke höchster Gipfel, eben diese unbeschreibliche Ruhe, zwingend dartun, daß aus unserem zu reinstem Segen und furchtbarstem Fluch begnadeten Wesen die Schöpfung des Herrlichsten entsprießen durfte, die Schöpfung des Schöpfers, die liebevolle Zeugung des großen Ahnen durch den armen Sohn.
An eine Entwicklung im Sinne der Darwinschen Naturwissenschaft zu glauben und eine Stufe lebender Kreaturen als rohen Stoff gegen eine höhere auszuspielen ist mir fremd. Aber wenn diese in niederem Sinne optimistische Entwicklungslehre uns seelisch so weit entfremdet ist, daß wir die Gedanken der letzten Generation vor uns nur nachzurechnen, aber nicht mehr nachzufühlen imstande sind, – an einem Sinn über die irdische Erscheinung hinaus, an einer Gemeinschaft über die Familie und die Nation hinaus werden wir nicht verzweifeln. Was ich die Ruhe nenne, ist vielleicht nur ein Zeichen und nicht das tiefste, nicht das klarste, nicht das letzte Zeichen, aber eines, das sich vielen zeigt, wenn auch wenige es nennen mögen und niemand es ganz deuten kann.
Dieses Merkmal der Ruhe ist der Malerei des Grünewald nicht fremd. Doch ist es nicht deutsch. Eigen ist es auch den großen Götterbildern der Chinesen, jenen Statuen, die, nur aus Lehm gebildet, vor einigen Jahren aufgefunden wurden, in Berghöhlen, tief in den Schluchten, in der Stille der Wälder; *Lohans,* Götterbilder, Zeugen

nicht minder einer großen Kunst als Zeugen des unbesieglich hohen Optimismus dieser großen Nation. Welcher Grad von Glauben gehört dazu, die letzte Offenbarung einer Gott suchenden Seele, das stärkste und in seiner Namenlosigkeit doppelt erschütternde Standbild eines transzendenten Lebens einem so gebrechlichen Stoffe anzuvertrauen, der beinahe schneller zerfällt als die Hand, die es eben gebildet hat? Wie ist dies ganz anders als die ephemeren Bildwerke des glaubenlosen Europas aus der Zeit 1870-1914, das ihre Nichtigkeit in das schwerste Material, in Marmor, Bronze gekleidet und die leeren Augen ihrer Statuen mit echten Edelsteinen geschmückt hat.

Was sich in diesen großen stillen Götterfiguren Chinas, den *Lohan* ausdrückt, spricht zu uns auch aus Mozarts Werken. Mehr als aus denen des Bach. Das scheinbare Tändeln, die Rosenketten in der Hand des tanzenden göttlichen Kindes Mozart dürfen nicht täuschen. Dies ist nur die äußere Erscheinung, mit ihnen ist Mozart nicht erschöpft. Wie bei den Götterfiguren Chinas tut die Vergänglichkeit des Lehms nichts zur Sache. Es muß etwas Mystisches und im letzten nie ganz zu Begreifendes am Werke sein, wenn ein Mensch mit all seinen Menschlichkeiten Göttliches schafft, wenn er über seine Nation, über seine Generation, über alle Grenzen hinaus auch in anderen, Späteren dieses Göttliche zur Gewißheit erweckt.

Was ich Ruhe nenne, scheint mir der Weltrhythmus zu sein, der nur scheinbar längst geordnete und befriedigte Rhythmus der weitesten Sterne, der hier sich in den reinsten Verhältnissen auf das Maß des einzelnen Kunstwerkes überträgt.

Alles kann bleiben, wir wollen nicht ändern, wir fühlen eine Welt (nur eine kleinere, nicht eine niedrigere), völlig einer andern (nur einer höheren, nicht einer fremderen) hingegeben. Es ist gemußt von oben, gewollt von unten, aber dies widerspricht sich nicht, sondern es versöhnt.

Daß zwei Welten harmonisch wenigstens in einem Atom Zeit und Raum ineinander klingen, ist ein unabänderliches Gesetz und ein tröstliches, bei aller Furchtbarkeit der einzelnen Erscheinung. Wir wissen es, wir fühlen es mit letzter Gewißheit. Mit unserer ganzen Erbärmlichkeit gleiten wir an diesen gottgewollten Werken herab auf unsere Knie: wir begreifen, daß wir sterben und verenden können an eben dieser Vergänglichkeit, daß wir ersticken in den Netzen dieser unserer Grenzen. Aber ein Leben steht hinter diesem

Leben. Ein hoher Sinn hinter der Erscheinung. Wir sind verworren, wir wissen es in diesem Augenblick. Das höchste des Daseins ist Klarheit. Der reinste Sinn die Gewißheit. Dies ist die Ruhe, darin liegt der Trost.
Nicht Frieden, nicht Sättigung, nicht Stille ist es, was sich in solcher Stunde zwingend gegen jede Wahrscheinlichkeit, was sich überzeugend ohne Gründe offenbart. Friede ist nur der in die Zeit gebannte Ausgleich der auf Erden doch nie zu vereinenden Gegner. Die Ruhe aber ist der Gegensatz, der durch die ganze wild bewegte Welt geht. Aber dort müssen wir den Gegensatz erfassen, wo er nicht mehr schneidet, dort die Feindschaft erfühlen, wo sie nicht mehr scheidet, dort die Schwere des Lebens auf uns nehmen, wo sie schon ohne Bitterkeit ist. Die Welt begreifen, ja, aber dort, wo eines das andere hebt, wo das eine auf die Stufen des anderen steigt, Sinnbild des nie mit leiblichen Augen zu Sehenden, Beweis des nie Erlebten.
Wenn Grünewald im Isenheimer Altar den in die höchsten Sphären auferstehenden, wachsenden, blühenden Heiland zeichnet, wenn seine Regenbogenfarben in ihrer gesammelten Vielfalt sich auflösen in den aufgeblätterten Falten seines schon ins Unabsehbare verwehenden Göttergewandes, wenn dieser heilende Heiland seine Handflächen vor sich hinhält und wenn diese Hände, ebenso wie sein Angesicht, aus dem Überirdischen her freudig zu strahlen beginnen, wenn Jesus schon die Erde mit ihrem Schmutz, ihrem Schmerz, ihrer Schuld und Schande vergessen hat, vergessen bis zur völligen, bis zur ewigen Vernichtung dieses Schmerzes, dieser Schuld, dieser Schande, – ist dann der Gegensatz zwischen Gott und der Welt befriedet? ist der Schmerz besänftigt? ist der Abgrund ausgeglichen? Gesteigert ist er, unabänderliches Muß ist er geworden, so tief ist er unabänderliches Müssen geworden und zartester Trost zugleich, daß das Christushafte in uns selbst sich erhebt. Gewaltsam anschwellend, in der schwersten, tiefsten Blüte steigt es auf. Wille und Zwang, Muß und Wollen, Trost und Leiden, Schuld und Versöhnung: Ruhe in der Kunst, nicht mehr im Maler, nicht allein im Heiland, nicht mehr im schweigenden Beschauer, über uns allen, uns alle deutend, uns alle bedeutend, das Wesenhafte von uns allen fassend und vernichtend, tötend zugleich und heiligend.
Alles ist ruhig, da alles unabänderlich ist. Gewollt von oben, gemußt von unten.

Deshalb ist es tragisch. Wie soll vor diesem Christus einer von uns sich halten, bewahren, schützen? Wie soll er angesichts dieser höchsten, reinsten, alles umfassenden Erscheinung seine umgrenzten Sorgen, seinen vergänglichen Namen, seine Nation, wie selbst seine Schuld und Sühne einem Überaugenblick wie diesem entgegenwerfen?

Wir müssen erblassen, wir fühlen uns aufgelöst, ausgelöscht. Und darin, in dieser Auflösung genießen wir eine Entzückung, wie man sie sonst auf Erden nie erlebt, wir wissen mit der innersten Bewußtheit, mit der sanftesten Gewißheit, daß es notwendig ist zu ruhen, daß es selig ist: zu vergehen.

Laßt König Lear seinen Jammer in der vom Novembersturm an allen vier Enden aufgehobenen Gespensterheide aus sich herausschreien und seinen Jammer doch nie erschöpfen! Wenn wir ihn hören, begreifen wir nicht die Verknüpfung zwischen Schuld und Strafe, nicht das furchtbare Band zwischen Torheit und Wahnsinn, nicht das Ringen von Tier und Gott im Menschen. Was wir begreifen, ist einzig allein das in das Dasein von uns namenlosen, schwachen, vergänglichen, erbärmlichen Menschen hereinragende, hereinrasende Weltall mit seinen bösen und seinen tröstenden Dämonen. Wir wollen Lear nicht retten. Wir sind töricht wie er, ungerecht in Liebe und Haß wie er, wahnsinnig wie er, verworren wie er. Retten ließe sich nur einer, dessen Leben nichts als das Leben dieser irdischen Erde ist. Dieses aber geht über die irdische Sphäre hinaus. Hier in der Wahnsinnsszene ist die Welt in Teilen erfaßt, so weit sonst voneinander entfernt, daß sie eines Menschen Hand nicht zusammenhalten könnte. Hier ist der Gegensatz erfaßt, wo er nicht mehr schneidet, hier die Feindschaft erfühlt, wo sie nicht mehr scheidet. Seht ihn, den unseligsten, wirklichsten aller Leidenden, er hat die Schwere der Welt auf sich genommen, und wir mit ihm, wo sie schon ohne Bitterkeit ist. Lear ist Sinnbild des mit leiblichen Augen nie zu Sehenden. Wer einen Beweis des *Sinnes* will, hier ist ein Beweis des irdisch nie zu Erlebenden.

Dem hier sind wir wirklicher als in unserem zufälligen, vergänglichen Leben. Hier, wo wir wirklich sind, sind wir über die Erde mit allem ihrem Ehrgeiz, mit ihrem Neid, mit ihren Machtinteressen, ihren Ohnmachtsklagen, ihrem Hunger, ihrer Liebe und ihrer Sättigung weit erhoben. Hunger kann uns niemals tiefer als bis zu den Eingeweiden packen, Durst wird nur an unserer Kehle würgen. Aber über allem Sagbaren gibt es noch eine Welt, die wirkliche, die zeitlose; zeitlos, weil sie ebenso schnell rollt wie das Rad der ewig bestehenden, ewig vergehenden Sterne.

Daß wir nur in dieser Welt und – gleich ob mit oder gegen unseren Willen – *notwendig* leben, das fühlen wir. Sie, die andere, die fremdere, die ruhige ist unser besseres, unser einzig bleibendes Teil. Wir sagen es im Schweigen, wir deuten es mit ruhenden Händen, wir leben es über das Dasein unserer siebzig biblischen Jahre hinaus.

Es gibt eine Zeit, da wir uns ganz loslösen vom Zwang. Es ist ein Ort, wo wir ganz aufgehen in der heiligen Ruhe. Wir erwachen einmal noch in der frühesten Frühe. Das Irdische faßt uns nur, es hält uns nicht. Wir sterben. Eines in uns bleibt. Eines bleibt.

(1923)

Tod, Erkenntnis, Heiligkeit

Es kann kein bloßer Zufall sein, daß wir, sobald wir mit unseren Worten in die Nähe des Todes kommen, phrasenhaft werden. Was ist »Phrase«? Doch nur der Versuch, eine Tatsache oder Erkenntnis zu umfassen mit Worten, die nicht fassen und binden. Wenn schon das schärfste, echteste, wahrste, phrasenfernste Wort nicht auf immer faßt und nicht aus tiefstem Grunde bindet, so schlottert die Phrase nur aufs Ungefähr und trifft, wie es trifft. Ihre innere Überflüssigkeit, ihr über-flüssig Sein ist nichts als ein Hohn auf die ordnende Institution der Sprache. Warum aber bekommt selbst die Rede des Sachlichsten dieses Phrasenhafte, sobald sie das Gebiet des Todes berührt? Weshalb nirgends, auf keinem Friedhofe der Welt eine »echte« Grabschrift? Weshalb auf allen Leichensteinen bloß die stereotype Wiederholung der ohnmächtigsten Redensarten und nie auch nur die kleinste wesenhafte Beziehung zu dem nicht-stereotypen Menschen, zu dem niemals sich wiederholenden Individuum, dessen »Hülle« unter dem mit Phrasen beschmierten Grabsteine liegt?

Sollte es unmöglich sein, etwas Wesentliches über den Tod zu sagen? Ist es unmöglich, ihn zu begreifen, und daher auch unmöglich, ihn auszusprechen? Soll ein mehr oder weniger gutes Bild, wie das eines zerbrochenen Schlüsselringes, wobei die aufgereihten Schlüssel das überlebende, der Ring das vernichtende Teil bedeuten, alles sein, was uns zu sagen bleibt? Wenn aber das Aussprechen bereits unmöglich ist, wie sehr dann erst das Deuten? Wie schwer das Einordnen dieser ungeheuren Erscheinung in unser Dasein? Nur »ungeheuer« diese Erscheinung? Nicht vielmehr *alles* deutend, *alles* bedeutend?

Wie soll der Mensch sich nach dem Tode, nach dem ewig sicheren, richten, richten nach Maß und richten nach Gerechtigkeit, wenn man diesen doch nicht fassen kann – ja nicht einmal anders suchen kann als durch leere, haltlose, schattenhafte, ausgesogene Worte, Phrasen, weit haltloser und ausgesogener und schattenhafter als er selbst es ist, der Tod?

Ist der Tod mit unserm Denkvermögen deshalb nicht erfaßbar, weil die Grundlage jeder Denktätigkeit das *Lebensgefühl* ist? Ist dieses Bewußtsein des Lebens die Grundkategorie, die conditio sine qua non? Soll es heißen: Sum ergo cogito? Ist aber dieses

Axiom wahr und nicht das berühmte cogito ergo sum des Cartesius, dann dürfen wir nie erhoffen, vom Tode Wesentliches im Gedanken zu erfassen. Dann müßten wir uns mit der Phrase genug sein lassen. Ist also dieses sum ergo cogito wahr, dann wird alles Denken nur Obertöne des immer schwingenden Lebensgefühles oder kontinuierlichen, fließenden Lebensbewußtseins geben. Da aber dieses Grundtönen während der Dauer des Daseins nie aufhören kann zu fließen, sich fortzusetzen, weiterzuspinnen, dann wird auch keine Gedankenzucht, keine logische Schule uns das *Nicht*-Sein begreiflich machen. Wir müßten uns dann damit abfinden, daß wir eine Grundtatsache des Daseins niemals durch-denken, höchstens an-denken werden. Nämlich: daß die Welt weiter besteht, wir aber nicht mehr in ihr.

Bei oberflächlicher Betrachtung erscheint zwar nichts leichter als das: sich die Welt in ihrem gegenwärtigen Bestand geistig vorzustellen, sich dabei aber auszunehmen. Dann hätte man also den eigenen Tod begriffen und die Lücke erkannt, die man hinterlassen wird, und in diesem Sinne hätte man seine eigentliche, seine zwingende Bestimmung begriffen, das, was man Schicksal nennt. Dieses »Sich-selbst-dabei-Ausnehmen« ist aber nicht möglich. Ist doch die »Vorstellung der Welt in ihrem gegenwärtigen Bestand« nichts anderes als die überströmendste, prachtvollste Manifestation des *»Ich selbst«*. Ist doch das Weltbild, wie es eben gedacht wurde, ein souveräner, ein fürstlicher Zeugungsakt dieses *»Ich selbst«*, und welcher Zeugungsakt könnte ohne das Ichselbst vor sich gehen? Ohne dieses Individuum, das sich eben von der Welt fortgedacht zu haben glaubt? Vergebliches Beginnen! Eher springt einer über den eigenen Schatten. Physikalisch ist dieses über den eigenen Schatten Springen ein lösbares Problem, ein durchaus vorstellbarer Vorgang. Es muß sich ein Körper nur schneller fortbewegen, als es die Sonnenstrahlen tun. Ist dieser Körper, etwa ein kreisender Ionenkern, behend genug, die Lichtgeschwindigkeit in der Zeiteinheit zu schlagen, dann kann er aus seiner Stellung fort, ehe die nächste Lichtwelle eingetroffen ist, er ist daher über seine trägen Schatten gesprungen. Daß aber ein kontinuierlich denkendes, ein kontinuierlich existierendes Wesen sein Nichtexistieren sich durch irgendeinen Kunstgriff sollte vorstellen können, das ist grundsätzlich unmöglich.

Diese Erkenntnis nimmt uns den Mut zu vielen anderen, dennoch ist sie nicht ohne Tröstung.

Vor allem haben wir das subjektive Unsterblichkeitsgefühl. Können wir uns den eigenen Tod nicht vorstellen, dann kann er in unserem Geiste, in unserer tieferen Wirklichkeit auch nicht bestehen. Wir können den Tod aller Menschen, nur uns selbst ausgenommen, per analogiam aussprechen, ihn praktisch »als ob« packen, aber er wird im Grunde nicht faßbar sein, und hier berührt sich das praktische Denken mit dem rein erkennenden.

Daraus, daß uns der Tod verschlossen ist und daß uns seine Erkenntnis auch trotz der »Erbsünde« verschlossen bleibt, haftet unserm Denken freilich ein gewaltiger Mangel an, es fehlt uns, und zwar auch den klarsten, ehrlichsten, deutlichsten und am tiefsten deutenden Geistern unter uns, eine Dimension. Wir sind gespenstisch. Wir erwecken nur den *Anschein* einer vollen Lebensfülle, können dieser Lebensfülle aber nicht Genüge tun. Der Degen der Wirklichkeit geht durch uns hindurch wie durch Luft. Daher das biblische Wort von der Eitelkeit. Gespenster sind wir in ganz anderm Sinne, als Ibsen es meinte. Ibsen hat gerade das Nichtgespenstische unserer Existenz als Gespenst in seinem Theaterstück (eine Tragödie ist es nicht) auftreten lassen. Nämlich, daß im Sohne die Wirklichkeit, die Schicksalsfügung des Vaters noch einmal heraufkommt und *leibhaftig* über der Erdoberfläche wandelt und daß sein, des Vaters, küssehungriges Herz mit den Lippen des Sohnes noch einmal küßt – dies ist das Anti-Gespenstische, denn es bringt die irdische Unsterblichkeit, das Nichtabreißen des gesponnenen Fadens, das Nichtaufhören des Fließens, die große Kontinuität der Fruchtbarkeit und somatischen Vererbung zum Ausdruck. Was soll daran gespenstisch sein? Viel eher wäre der Geist von Hamlets Vater ein Gespenst, denn es ist der Geist eines tatendurstigen, männlich gesammelten, der Wirklichkeit urverwandten Mannes, der nach Rache schreit, der mit der äußersten Hartnäckigkeit sich nach oben drängt und sich nicht vertreiben läßt, auf seinem Willen besteht – alles Eigenschaften, die *nicht* auf seinen Sohn Hamlet gekommen sind. Er hat sich also nicht vererbt und wird nicht wieder erscheinen, sein Pochen unter der Erde ist vergebens, er wird nicht erhört werden, er wird nur Unruhe stiften, aber Entscheidendes nie veranlassen, er wird immer Erscheinung, seelische Kulisse, nie aber »letzte Wirklichkeit« sein.

Die Tatsache, daß die großen, ehernen Wesenheiten des Daseins, also Tod und Ende, Schicksal und Bestimmung – sie alle ein unzertrennliches Ganzes –, uns geistig nicht zugänglich sind, hat sich vielen Denkenden der gegenwärtigen und der früheren Zeit erwiesen. Diese Erkenntnis aber könnte von der höchsten Glücksbedeutung für uns sein. Wüßten wir genau, was wir der Welt bedeuten und wessen wir würdig sind, das Nichtswürdige könnte nicht so mächtig in uns wuchern. Wenn aber einer weiß, er ist nur Spreu, Abfall und Asche, ein Moskito in den Mangrovendickichten, ein in Milliardenzahl wucherndes, summendes und bald krepierendes Insekt, wird es ihm schwer, das Niederträchtige in seiner Seele zu zügeln. Das Minderwertigkeitsbewußtsein macht noch minderwertiger. Die Todesstrafe, die auf die gemeinsten Verbrechen gesetzt worden ist, bestärkt den wahren Verbrecher nur noch mehr in seinen bösen Neigungen. Sie ist keine Strafe, sondern eine vorzeitig mit ± abgeschlossene Rechnung, denn niemand kann sagen, welchem schrecklicheren Schicksal er durch die Hand des Henkers entgangen ist – dann war der Henkerstod eine Belohnung. Eine Sühne ist er nie. Noch ein Grund mehr gegen den Vollzug einer Hinrichtung, die außerdem das deutlichste Schwächebekenntnis des Staates darstellt, der damit zugibt, er wisse nicht, wie er sonst des Verbrechers anders Herr werden und die Gesellschaft vor ihm schützen solle. Sehr richtig daher, daß der moderne Staat sich wenigstens seiner Hinrichtungen schämt und sie abseits der Öffentlichkeit in einem Gefängnishofe hinter hohen Mauern vollziehen läßt. Ein gutes Gewissen beweist dies nicht.

Aber man muß gar nicht bis zu dieser extremen Konsequenz gehen, um zu begreifen, wie ungeheuer wichtig es für den einzelnen wäre, zu wissen, »wie weit er in der Welt steht«, was sie, die Welt, ihm gerechterweise geben, was sie ihm billigerweise verweigern darf. Nicht ohne Grund ist das *Andenken* eine der stärksten Stützen der Sittlichkeit bei allen großen Kulturen, besonders den östlichen. Es ist als Moralbegriff weit wertvoller als der in unserer Kultur sehr mißbrauchte Begriff der Ehre, der ganz auf das Individuum zurückgeht, und auch bei der Ehre (und den Interessen!) einer Nation ist es oft weiter nichts als ein ungemessen aufgeblähter Massenegoismus. Das Andenken eines Mannes oder Volkes aber ist der Schatten, den sein Dasein auf das Leben und Streben seiner Nachkommen wirft, also etwas sehr Greifbares, mit Rechten wie mit Pflichten Versehenes. An dem Andenken eines Mannes könnte man die *innere* Dauer eines Daseins messen. Maß aber ist die herrlichste, die einzig stetige und dauernde Stütze im Dasein des einzelnen und der Gemeinschaft. Es wäre wohl des

Nachdenkens wert, sich darüber klar zu werden, ob *die Lehre* des Christentums in Kirchen, Gebeten und Werken angebetet wird, oder *das Andenken* eines Heilands, eines göttlichen Menschen, eines Überlebenden.

Den Menschen auf das höchste ihm erreichbare Maß zu bringen, das ist das Streben nach Heiligkeit. Im Heiligen soll das Andenken schon zu Lebzeiten wirksam, aktuell, heilwirkend und beispielgebend sein. Echte Heiligkeit und echter Tod sind daher zwei unvereinbare Begriffe, Antinomien. Wie steigert man das Maß des Menschen zur Heiligkeit? Die christliche Lehre versuchte es (nun nicht mehr) durch die Steigerung der von dem Heiligen für andere Menschen erduldeten Qualen und Leiden. Nur hat dies große Schwierigkeiten. Dieses Leiden setzt, und das schon beim ersten Heiligen der Kirche, Christus, die Schuld der Nebenmenschen voraus, für die doch der Heilige gelitten haben soll. Der Heilige bringt also den Nebenmenschen dazu, seinen bösen Kern wuchern und ausschlagen zu lassen, will ihn dadurch dennoch liebend läutern – ein Widersinn, an dem mehr als ein großer Nachbeter des Christentums, Dostojewski unter andern, gescheitert ist. Dazu kommt, daß keine Lehre der Welt auf tätige, männliche, über die natürliche Lebensdauer hinaus wirkende Menschen verzichten kann. Wie soll aber der, dessen Stärke im Ertragen und Enden besteht, wirken? Und wenn schon ein Tod, sagen wir, der erste, beispielgebend sein soll und sich in der Umwandlung der schauerlichen Welt ausgewirkt haben soll, was sollen dann die Schreckensberichte über die furchtbaren Leiden der nachfolgenden Märtyrer? Sie sind denn auch aus dem europäischen Bewußtsein mit Recht verschwunden. Geblieben ist nur der heitere und positive, unchristliche Franziskus.

Andere Geister, andere edle Naturen haben versucht, den Tod und die Vergänglichkeit, das unzureichende Maß der menschlichen Seele auf andere Weise zu überwinden. Die indische adelige Lehre Buddhas lobt die Einsamkeit, die Bedürfnislosigkeit, die Milde, die Meditation, den möglichst leeren und ruhigen »seelischen Raum«. Mir erscheint es aber nicht wahrscheinlich, daß man sich durch Einsamkeit, Gedankenversenkung oder durch völlige Körperruhe (Jooghi) den großen Wesenheiten, dem wahren Bilde von Tod und Leben, mehr nähern könne als sonst. Zwar fallen die Weltlichkeiten, die irdischen Wünsche, die Überschätzungen, die Eitelkeit und die Ironie fort. Für den, der zu seinem wahren *Ich* zurückstrebt, gibt es keine Phrase, keine gut geprägte, aber falsche Münze des Weltlaufes. Aber damit ist der Effekt auch an sein Maximum gelangt. Denn in demselben Maße, als die »weltliche Hülle«, der Schleier der Maya abfällt von dem sinnenden, in sich versunkenen Buddhisten, desto stärker tritt der Grundton des vorhin geschilderten unbewußten Lebensgefühls, das kontinuierliche Daseinsgefühl in den Vordergrund. Gerade in der tiefsten Einsamkeit wird dieser Grundton, da die Obertöne schweigen, noch stärker, dominierender. Die Kontinuierlichkeit, das unaufhaltsame Weiterfließen, wird dem Isolierten zum Grunderlebnis. Diese Kontinuität ist die Ewigkeit im Zeitlichen. Es bleibt dem Isolierten, dem Büßer in seiner Zelle, dem Asketen auf seinem Blätterlager nichts übrig, als daß er die Wirksamkeit, das Ordnen, das Bauen, das Richten und Aufrichten andern überläßt. Auch das Zeugen. Wenn aber auch die Menschheit – und das wäre dann das Ideal – ausstürbe, was wäre getan? Wäre im Kosmos viel geändert? Auch das Menschengeschlecht ist und bleibt ein vergängliches Produkt. Verurteilen wir es zum Tode, – kann dadurch wirklich die anscheinend fehlerhafte Anlage der Welt geändert sein? Ebensowenig geändert wie durch Vollzug eines Todesurteils der schuldige Verbrecher. Gewiß, Gerechtigkeit vor allem. Dann erst Gnade. Über allem aber Erziehung mit Hilfe aller großen Gaben des Menschengeschlechtes, aufgerufen gegen seine bösen Gaben. Auch der Buddha erzieht; aber er erzieht nur die bereits ihm zugewandten Jünger, die seines persönlichen Einflusses als einer Gnade und auch sie nur in der Zeit teilhaftig werden. Das eremitisch Brütende, das buddhistisch Büßende aber kann, wenn es überhaupt im Ernst und in Wahrheit begonnen ist, nur mit praktischen Bestrebungen und Werken enden. Werk aber ist Welt. So endet es auch bei Buddha mit Abkehr von selbstquälerischen Hungerkünsten (Neumann legt dies in den Anmerkungen zu seiner herrlichen Buddhaübertragung sehr klar dar), er endet mit Abwendung vom Blute, mit Schonung und Liebe für das Tier, mit vorsorglicher Klugheit, Lebenskunst, taktvollem Benehmen, sozialem Verhalten und Höflichkeit des Herzens. Aber das alles sind Tugenden, die einer nur im Lauf der Welt bewährt, nicht in der stillen Felsenzelle, wo er über seinem Leibe »brütet«. Es ist sehr bezeichnend, daß Kipling in einer schönen Novelle seines »neuen Dschungelbuches« einen Hindu-Weltmann der höchsten Kaste, der indisch-britischer Minister gewesen ist, nach Absolvierung seines höchst ehrenvollen Staatsdienstes in die Einsamkeit gehen läßt. Bis dahin ist alles mit

»Ernst und Wahrheit« begonnen. Aber mit diesem Abseitsgehen ist kaum ein Kontrast des vergänglichen Ich zu dem unvergänglichen Sein gestaltet. Zur heiligen Tätigkeit kommt dieser starke und edle Mann erst bei einer Katastrophe, einem ganz und gar irdischen Ereignisse. Es ist ein Bergsturz, meisterhaft geschildert, in dem der Minister, ähnlich dem Helden einer japanischen Legende, die Gemeinde des bedrohten Ortes sammelt und rettet. Hier aber ist das reine, das ent-erdete Denken und heilige Handeln schon wieder ganz zum praktischen geworden. Der große Mann und sein größerer Schöpfer sind im Kreise gegangen, ohne es zu merken. Denn in demselben Sinne war das Leben des Hindu in den niederen Stufen seines Erdenlebens, in seiner amtlichen Ministerzeit, gerichtet gewesen, und über diesen Grad der *höchsten Ausnützung* angeborener Gaben durch *Erziehung* und durch *Klarheit* ist eben auch durch Isolierung, Kasteiung, »Weltabgeschiedenheit« keine weitere Steigerung mehr möglich. Man kann aus einem Menschen »mit Gewalt« keinen Gott machen, wohl aber kann man das Göttliche in ihm besonders stützen, pflegen und hegen und sich daran freuen. Diese Freude wird wohl die reinste Freude sein, die dem Menschen beschieden ist.

Ganz im Gegensatz zu diesem *freudigen Erziehungswerke*, im Gegensatz zu dieser »Güte als Freude an der menschlichen Erscheinung« ist durch das Christentum, in dessen welthistorischem Schatten wir heute noch leben, versucht worden, die Welt-bedeutung, die Welt-wesenheit des einzelnen durch das Leid und das Unglück zu erhöhen. »Unglück ist der Beruf zu Gott«, sagt Novalis in einem Briefe. Nun gibt es aber kein Leid, kein Unglück auf der weiten Welt, das den Betroffenen nicht mit der äußersten, unwiderstehlichsten Gewalt *zu sich* und zwar in die engsten Grenzen dieses *Ich-selbst* zurücktriebe! Nie erlebt ein Mensch *sich* stärker, niemals wird er sich selbst unentrinnbarer als im Leide. Der Tod erlöst, wenn einen, dann nur den Sterbenden und zwar von sich. Hier ist die Kontinuität zur Starre geworden, das weltliche Herz zum Stein, der fließende Atem zum ewigen Winde. Daher in der Geschichte der Märtyrer aller Zeiten und Zonen so viel Ichberauschung bis zur Weltvergessenheit, Unduldsamkeit, Härte, bis zum Winter der Seele.

Ordnung und Gerechtigkeit

Über die Liebe

Alle Regierungen trifft der Vorwurf, Macht an Recht geschmiedet zu haben. Einige haben es früher getan, haben getrotzt und getrieft von diesem bösesten Glauben, andere haben sich dieses »Kampfargument zu eigen gemacht«, gewillt, dem Gegner die Wahl der Waffe zu überlassen, ihn nur durch die Qualität der Waffe zu übertreffen. Die Welt ist greisenhaft geworden. Aus ihren Fugen bröckelt Mißtrauen, das macht sie so schwer zu ertragen, so schwer zu lieben für mich.

Dieses »Recht bedeutet Macht«, dieser folgenschwerste aller Fehlschlüsse, ist nicht neu. Er ist unter Darwins Einflusse zu einem Allgemeingut der europäischen Zivilisation geworden; ich finde es bei preußischen, stahlgehelmten Seelen, ich finde es bei Dostojewski, dem ewig wandernden, dem ewig aus Dämonie zur Güte, aus Güte zum Verbrechen schreitenden.

»Freilich, es ist ein Kriminalverbrechen begangen«, sagt Raskolnikoff, »freilich, der Buchstabe des Gesetzes ist verletzt und« (welch ein *und!*) »Blut vergossen worden; nun, so nehmt doch für den verletzten Buchstaben des Gesetzes meinen Kopf, und genug damit! In diesem Fall hätten aber auch viele Wohltäter des Menschengeschlechts, die ihre *Macht* nicht ererbt, sondern sich ihrer bemächtigt haben, gleich bei ihrem ersten Schritt hingerichtet werden müssen. Jene aber haben ihr Ziel beharrlich verfolgt, und deshalb *sind sie im Recht;* ich aber...« Mag sein, daß nicht der letzte tiefste Dostojewski aus diesem Raskolnikoff spricht, aber *ein* Dostojewski spricht aus ihm. Denn Raskolnikoff sagt hier sein Bekenntnis, der menschlichste Verbrecher, der Mann des Leidens, der Mensch, der das Wunder *Sonja* erlebt hat, die christliche Heilige der Demut, Dostojewski, der Mann auf der Brücke, der guten Entscheidung zugewandt.

Raskolnikoff ist ein guter Mensch. Ist er es nicht? Ist er nicht der brüderliche Bruder, der liebende Sohn, der künftige gute Gatte? Sein Verbrechen hat er eisern eingeschlossen in den starren Kampf des fieberhaften Wirbels aller Seelen, er steht davor und schützt es mit dem Letzten, das er hat; aber er verrät es doch, *er verrät sich selbst,* dem Fremden? Dem Säufer in der Erniedrigung, der Dirne auf dem demütigen Weg? Nein, dem präsumtiven Bräutigam der Schwester, Rasumichin; er gibt sich hin aus brüderlichen Schutz-

und Schirmgefühlen, aus Obsorge für die arme, seelenempfindliche Mutter. Der Mörder, der gute Sohn.
Leonhard Frank, über dessen hohen Willen zur Menschlichkeit wir uns im tiefsten freuen, schildert seinen Helden, der vorbewußt gemordet hat; er hat gemordet, nicht aus Gewinnsucht, sondern aus Sehnsucht nach Erlösung, nach Freiheit der Erinnerung; aber ein Mörder ist er; und als dieser Mensch vor der Todesstrafe steht, erscheint seine alte Mutter, rührend mit Kissen für die Nacht beladen, Tränen, menschlichstes Gefühl hier wie dort. Wer stünde hier ohne Ergriffenheit zwischen dem Blut und den Tränen und fragte nach der Mutter des gemordeten alten Lehrers, seiner Tochter, nach seinen »Lieben«? Aber auch hier, wer sieht dies nicht, der Mörder, der gute Sohn.
Der Mörder ist der Mensch der Macht. Er ist mehr als der böse Gedanke, der verruchte Trieb. Es ist außerdem das Können, das »den Verhältnissen gewachsen sein«, es ist die Bestätigung, die richtige Erfüllung des Höllischen, das in unserer Gesellschaft, in unserem Miteinander ist. Hier – auf der einen Seite, Gewalt, dort – auf der andern Seite, Gefühl, hier »Recht bedeutet Macht«, dort dieses Unsagbare, dieser einzig herrliche Weg, das »ich liebe«, der wunderbare Umschwung der Seele. Dieses Hier und Dort vereinigt sich nicht. Eines lügt, denn das Ganze lügt.
Die Zeit ist so, daß Blindheit vielleicht Freude und alle Seligkeit wäre, sicher aber Unrecht ist. Ich will nicht blind sein. Zu erkennen glaube ich einen Zusammenhang zwischen Familienliebe und Mord. – Ich sehe die Tastatur der Seele verschoben um einen Ton, alles ist um eine Stufe heraufgerückt oder herab, das relative Gleichgewicht, die lügnerische Harmonie ist erhalten, und doch, jede Taste schlägt falsch, und an der Dissonanz zerschmettert sich alle Welt bis zur letzten Verzweiflung.
Die Liebe, die ich im Bewußtsein besonderer Güte an meine Mutter, an mein Kind wende, diese Liebe fehlt der Welt.
Die Liebe, die ich im Bewußtsein besonderer Güte wende an meinen Glauben, an meine Erinnerung, an der Heimat hohes warmes Haus, an meine Sprachverwandten, die meines Atems, mehr als das, meines Blutes sind, mit Blut wird diese Liebe jetzt gezahlt.
Und nie ganz gezahlt. Wer hat den infamen Mut, von »unnützen Opfern« zu reden, die etwa ein unvorsichtig oder ein gar zu rücksichtslos eingesetzter Angriff gekostet hat? Kein Opfer kann nützlich sein, kein Erfolg lohnt Blut, nichts wird gebessert durch ge-

waltsamen Tod, keine Idee ist das Leben wert.
Ich verachte, ich hasse bis zum letzten Fanatismus jede Idee der Meistbegünstigung.
Sprache, Nationalität, Glauben sollen einem seelisch Fremden Recht geben auf meine Liebe, weil Nationalität Stammesverwandtschaft ist.
Meine Sprache nenne ich Muttersprache oder Mutterlaut, und es ist notwendig, solche Redensarten der Lesebücher zu packen und zu zerreißen, zu zerschmettern in Atome, denn sie selbst haben mich und meinesgleichen gepackt und zerrissen.
Weil ich die schutzlose Schwester treu im Herzen trage, weil ich sie schütze vor der bösen Welt, deshalb ist die Welt böse. Der Kern ist die böse »Verbrüderung«, die Entmenschung durch die Familie. Der Kern ist die Mutter, in der ich lügnerisch und ohnmächtig sentimental »mein besseres Teil« liebe, da ist, da starrt, heute noch unangetastet, ehern die letzte Grenze, die ich um mich schlage.
Wer wundert sich über das Mißtrauen, den stinkenden, faulenden Unglauben, der strategische Sicherungen, der Landesgrenzen fordert, der einverstanden ist mit einer Wiederholung der fürchterlichsten Weltbefleckung unter der einzigen Voraussetzung, daß er und vor allem seine Kinder geschützt seien durch Meistbegünstigung: »der Kampf? Gut, der Kampf. Aber nur im Feindesland, und wer es wagt, einem mir durch Familienbande oder Sprach- und Landgemeinschaft Verwandten ein Haar zu krümmen, der büße in der bittersten Verdammnis!«
Mißtrauen ist verbrecherisch, mehr als das heiße Verbrechen eines ist - berauschte Tat, denn es verseucht wie Pest die Welt. Ich verurteile in jeder Form das Mißtrauen gegenüber der allgemeinen, grenzenlosen Güte des Menschen, gegenüber der Fähigkeit des Menschen an sich, geliebt zu werden. Daran möchte ich selbst immer glauben.
Sind aber die »Tatsachen«, die »Geschichte« (die doch nur eine Geschichte des Bösen im Menschen ist), ist das alles zu stark, zu beweisend, ist also in der menschlichen Seele nicht Güte, kann sie durchaus nicht geliebt werden bis zu ihrer tiefsten gemeinsten Inkarnation, dann ist Hölle in der menschlichen Seele, dann fehlt Hölle der Mutter nicht, meiner Mutter fehlt Hölle nicht, und kein Kind ist frei von den Pranken des Satans, und mein Kind trägt Mörderblut an seinen Händen und in seinen Adern unter seinesgleichen.

Wer hat den infamen Mut, wer hat sich tief genug gewälzt in Unverschämtheit, um nach diesen vier fürchterlichsten Jahren voller Scheußlichkeiten, die die Menschheit teils ertragen hat, teils ausgeteilt hat, sich noch im Spiegel zu sehen, sich auszunehmen, sich als Einzelnen gut und menschlich zu finden, seine Familie, seine Nation zu verteidigen gegen die allgemeine Verdammnis? Kann Erfolg, kann »restloser Sieg«, kann höchster Triumph der Macht jemandem das Gefühl des Rechtes geben?
Und wohin nun? Wohin heute, am 2. Oktober 1918?
Es heißt, daß man nur »in Nationen denken« kann. Nationen, behaupten noch die am meisten Gemäßigten, seien die niedrigste Recheneinheit der Geschichte.
Wären sie es nur, könnten sich Ideen und Grammatikbücher und Landesgrenzen, »Schollen« bekämpfen und losstürzen mit Überfällen auf ihresgleichen und sich gegen ungerechte Angriffe von ihresgleichen wehren.
Wozu sollen Menschen gegen Menschen stehen, wenn Ideen sich mit Ideen bekriegen wollen?
Aber hier ist es: Nicht steht einfach Mensch gegen Mensch, sondern der Mensch mit einer höheren Idee »opfert sich« im Kampf gegen Menschen mit einer noch höheren Idee – oder mit noch mehr Macht. Von der Macht schweigt man dem Einzelnen gegenüber, aber mit »noch höheren Ideen« wird nicht gespart. Er soll nicht für sich selbst sterben und leiden, drei Tage verdurstend, durch den Ischiatikus-Nerv geschossen in der zusammengestürzten Kaverne am Monte Cimone liegen, denn was soll diesem alle Macht, alle Zukunft, alle »wirtschaftlichen Vorteile und Aufschwünge«, alle nationalen Lebensnotwendigkeiten? Er hat ausgesorgt.
Aber er hat andere, die ihm nahe sind, Meistbegünstigte, denen er unberechtigte Liebe zugeschanzt hat, denen zuliebe er die ganze Menschheit, Gott und das Tier, alles, alles verraten hat, und für diese verrät er sich selbst. Nein, der gute Sohn der guten Mutter (inmitten der leider auf ewig bösen Welt) war im guten Glauben. Im besten Glauben sparte er nicht mit der Todesstrafe, um »seine armen guten Geschwister zu schützen«.
Seit langem war die Liebe, das Herrliche, das grenzenlos Schwingende organisiert, sie »ging auf Karten«. Anteil hatte jede Blutsverwandtschaft. Wo aber war die »Vagabondage der Liebe«, das »liebet euren Nächsten wie dich selbst«, wo aber nie der Mann des verwandten Blutes gemeint war, sondern der zufällig Nächste, je-

der, der gerade des Weges kam; daß man bei dem Ersten, der kommt, beginnen muß mit der Erlösung der Welt, das ist der Sinn.

Häuft man aber verrucht in Geiz und Mißtrauen die Liebe in den sicheren Speichern der unverlierbaren, unzerstörbaren Mitglieder der Blutsverwandtschaft und Sprachverwandtschaft auf, dann wundere sich niemand, wenn Blut in springenden Fontänen über die Geizigen stürzt und der Haß der brennenden Sprache auch die Fernsten vergiftet in der innersten Seele.

(1918)

Ordnung und Gerechtigkeit

I

Wer wie ich überzeugt ist, daß diese unsere Höllenwelt von 1918 keineswegs mit dem Mobilisierungstag begonnen hat, wer mit mir in den letzten Jahren nur eine mystische Verwandlung der ewig über dem Dasein ruhenden bösen Mächte in sichtbare, greifbare, fühlbare sieht, der muß gesegnet sein mit einem aufrührerischen Optimismus, einem fanatischen Glauben an das Endlich-Gute. Denn sonst ertrüge er das Dasein nicht.

Mir schwebte schon vor Jahren vor, die Höllenkreise darzustellen, wie sie über die Oberfläche der Jahre 1910 oder 1911 dahinrollten. Ich sah nicht wie Dante die Hölle zugänglich gemacht durch eine moralische Stufenleiter, die im Dämonischen wurzelt und sich verliert ins Seraphische, seelisch Unbeseelte. Hölle war mir die *Anschauungsart* eines mit besonderen Sinnen Begabten, die Erlebnisform eines mit Gerechtigkeit Belasteten.

Wenn ich im Winter über die ausgefransten, mit Tod infizierten Korridore eines Wiener Hospitals zu fürchterlich der Welt Entgegensterbenden gehen mußte, konnte ich nicht mehr an eine letzte Erlösungsfähigkeit eines solchen Daseins glauben. Nach der Schlacht und dem Rückzug bei Rawa-Ruska war mein Gefühl: Nie kommt Gott, nie komme ich über dieses Rawa-Ruska, den Herbst 1914, hinweg, nie hinüber über den Saal 13a, in dem die weiblichen Krebs-Pestkranken liegen, nie wölbt sich über uns der wolkenlose Himmel der klingenden Sphären.

Wo gibt es Freiheit für uns? Wo tagt der Gerichtstag, auf dem Gott ewig den Verteidigungsprozeß führt zugunsten der Welt und seiner selbst? Die Welt vor meinen Augen stand auf, die Welt vor meinen Füßen bäumte sich. Die Hölle um mich stieß durch die Feigheit meiner Seele, und Flucht sah ich nirgends. Ich war zu Hölle verdammt, während Amtsgenossen bloß einen »gewiß ja ein wenig strapaziösen Dienst machten, der aber nun doch einmal von jemand gemacht werden mußte«.

Es gibt unter allen eine große Zahl handfester Optimisten, die durchaus soldatisch empfinden, die das von ihnen stündlich Erlebte mit dem letzten Hauch der Seele glühend ableugnen, von sich fernhaltend alle pessimistischen und nervösen Herren. Die Stütze dieser Menschen ist durchaus nicht immer Macht (die schließlich jeder gewinnt oder besitzt, besonders über sich selbst, den er durch Verleugnen und »absichtlich blind sein« unendlich stärken kann), sondern *Ordnung* ist ihr Halt. Nicht die Erschütterbarkeit, das ist die Menschlichkeit, gibt ihnen Trost, Ruhe, Heiterkeit, sondern die Ordnung, das arithmetische Verhältnis der Existenzen zueinander, die kalte Relation, die blinde Zahl, der »Kopfstrich«, wie es in militärischen Haushaltungsbüchern genannt wird, ein senkrechter Strich in einer Rubrik, ein »Mann«, ein gottloses Phantom, seelenlos.

Was diesen Menschen aber unbegreiflich bleibt, vom ersten bis zum letzten Tag, was sie nie ahnen, was sie daher bewußt nie bekämpfen können, ist Gerechtigkeit.

II

Ich stimme Romain Rolland in seiner Hoffnung auf eine Internationale des menschlichen Geistes, auf einen Bund menschlichster Gesinnung durchaus zu, wie ich jeder guten Hoffnung als einem vorwärtstreibenden, irgendwie Gott fördernden Motor zustimme, aber ich sehe gleichzeitig die Schwierigkeiten dieser Kristallisation: Ohne tiefste Verallgemeinerung wäre dieser Weltbund der Liebe machtlos, vergeblich, bloß ein Verein schöner Seelen. Geht man aber so weit, alle Menschen zu begnadigen, sie zu verherrlichen bis in ihre letzte Spur, sie in ihrer ganzen Wirklichkeit einzusetzen in den Schwung unserer Idee, sie zu verwirklichen, statt sie faustisch-sentimental auf das alte Später-Früher, Streben-Werden zu vertrösten, dann steht die nackte Hölle in unserem Bruder vor uns, gegen uns, über uns. Es ist ganz nutzlos, das gutklingende, leicht hingeschriebene und immer besänftigende Wort »Bruder« dorthin zu setzen, wo man sonst Konkurrent, Erbfeind, Idiot, Autokrat, Chauvinist, Wucherer, Blutsauger, Feind mit einemmal für allemal gesagt hat.

Hauptsache scheint mir: das Böse in den Mitlebenden, in allen Mitlebenden im tiefsten Herzensgrunde, also von Gott an, zu sehen, zu erkennen und trotzdem zu lieben oder ganz zu verzichten auf eine Verbrüderung hier oder dort. Was soll uns das »Liebet eure Feinde!«? Das Rufzeichen allein, das Kommando: seid voll Liebe, das könnte schon die Wolke des Segens, die sich auf das

»Liebet« niedersenkt, verscheuchen mit böse funkelndem Gendarmensäbel, mit schwarz qualmenden Flammenwerfern. Aber daran allein liegt es nicht.

Der »Feind«, das ist die einer Verallgemeinerung, einer Weltvertiefung unzugängliche Perspektive. Der »Feind« ist das im schlechten Sinne Unverantwortliche. Der »Feind« ist der in böser Ordnung Eingeordnete, der Abgeurteilte. Von diesem Urteil bis zum Todesurteil ist ein weiter Weg, aber es ist doch ein Weg. Man muß tiefer gehen: Muß entweder Gott leugnend sich auf reine Zweckmäßigkeitsmaßnahmen beschränken, wissend, daß es bloß Zweckmäßigkeit, Polizeisinn ist, was sie diktiert. Dann ist eben der Feind bloß der Ruhestörer, der seinen geringen Spaß mit unseren teuren eigenen Interessen bezahlt, er ist der zufällig Böse, der schlecht befestigte Ziegelstein am Dach, der auf die Straße herabhängende, elektrisch mit 10000 Volt geladene zerrissene Hochspannungsdraht: man komme mit Isolierhandschuhen heran, versorge ihn zweckmäßig, aber was soll Liebe einer Zufälligkeit gegenüber – hier schweige Gerechtigkeit. Oder muß man Gott als das Höchst-Denkbare, als das Höchst-Wünschbare mit dieser Höllenexistenz konfrontieren, man stelle sein Bild oder das eben für ihn gebrauchte Religionssymbol neben den Galgen, nicht aber auf den Richtertisch, trage es auf beiden Fronten entwickelten Schlachtlinien voran und pflanze es in Schützengrabennester, die mit Handgranaten ausgeräuchert werden, binde es an Tanks, die »erledigt« werden, statt es, wie bisher, bloß bei Soldatenvereidigungen und bei offiziellen Tedeums vorzubringen, denen doch nur die Gesundgebliebenen, also der Idee des Krieges widerrechtlich Entgangenen beiwohnen.

Ich glaube an die Möglichkeit einer neuen Menschheit unter einem neuen Gott. Soll aber Gott weiter existieren und endlich *wirkend* in uns werden, statt ewig widersprechend, soll er bei uns tagen, statt ewig isoliert zu starren, dann beginne die Revolution bei ihm. Statt Furcht und Demut: *Freiheit* und *Liebe*.

Ist aber Gott inkommensurabel, von ihm aus zu uns, dann sei er's auch, von heute an, vom Jahr der Hölle 1918, auch von uns aus zu ihm.

III

Wenn wir Gott mit der von uns aus gesehenen, bewußt ganz anthropomorphen Gerechtigkeit konfrontieren, bäumt sich Ordnung auf: bürgerliche Ordnung, »göttliche Welt«ordnung. Man verweist bei den fürchterlichen Teufeleien der Welt auf die Harmonie der Gestirne, und wenn unsere Liebe zu Gott so groß glühend wird, daß sie gerecht zu sein beginnt und Gottes Wirklichkeit in die Wirklichkeit unserer liebenden Seele herüberträgt mit gewaltig schwingenden Armen, dann drängt man uns von der Erwirklichung Gottes fort zur Bescheidenheit, vergleicht das Menschliche mit dem vergänglichen Wurm (als ob man wüßte, was »Wurm« ist, und was die Vergänglichkeit für ihn), nennt mich eine armselige, menschliche Kreatur, mit Blindheit geschlagen, zur Vergänglichkeit bestimmt. Gut, zur Vergänglichkeit, aber lange noch nicht zur Vergeblichkeit. Für mich ist eben diese menschliche Kreatur das letzte, das denkbar Nächste, wenn auch nicht das einzig Denkbare. Und auf die Stelle, die meine Sehnsucht offen läßt, setze ich Gott, nicht als Herrn, sondern als Kameraden.

IV

Ordnung ist nur scheinbare Gerechtigkeit. Sie gibt dem durchaus Zufälligen, Ephemeren, den Thron der höchsten Gewißheit. Die »Familienordnung«, die »Schulordnung«, das sind die Fabriken der Liebe, die Fabriken des Geistes. Bürgerlicher Aufbau, scheinbar pyramidenhaft auf dem festesten Fundament fußend, im Innern ist er unwirklich, gehalten durch üble Worte, nicht durch Seele, sich neu gründend Tag für Tag, nicht auf Tat, sondern auf Arbeit, vermittelnd zwischen Ich und Du nicht durch Annäherung menschlicher Strahlung, also Glück, sondern wieder nur durch eine Ordnungsart, eine Kategorie der Macht, ein arithmetisches Gespenst, das in falscher Gleichung Glück bedeuten soll und Geld heißt.
Daß unser ganzes System auf einen imaginären *Nullpunkt des Gefühls* aufgebaut ist, den man Objektivität nennt, und der nie da war, und dem Begriff der Menschlichkeit, also der Erschütterbarkeit direkt widerspricht, das fühlen wir heute besonders tief: da die streitenden Parteien den Frieden auf dem Boden der Objektivi-

tät, der »gerechten Interessen«, der »wirklichen Lebens- und Entwicklungsnotwendigkeiten« suchen, statt auf dem der *Liebe um jeden Preis;* jeder gute Friede müßte ein solcher um jeden Preis sein, denn die Gerechtigkeit selbst wirkt um »jeden Preis«, und das macht ihre Göttlichkeit aus, ihre Brücke zu Gott.

v

Gerechtigkeit ist keineswegs der Versuch auszugleichen, unbekümmert, unbeteiligt, ungerührt mit harter Seele dazustehen, sich mühsam zu vereisen auf dem Nullpunkt des Gefühls. Gerechtigkeit ist vielmehr Parteinahme im tiefsten Glauben, durch den tiefsten Glauben an das Endlich-Gute. Zu lange hat man Gott entweder als Opfer eines Justizmordes gesehen und sich abgehärtet gegen die ewig mit dieser durch den Justizmord befleckten Welt, oder man sah Gott als Strafrichter, als Kriminalist, den die Tat erst als geschehene Tat angeht, der sieht, aber nicht spricht, der »objektiv« liebt und Ruhe und Neigung zu seelischen Versuchen und Versuchungen hat. Wir sehen Gott tiefer mit der Welt verwandt. Wir wollen nicht, daß die ganze Ungerechtigkeit des Daseins am Rücken des gegenwärtig Angeklagten zerbricht. Wir fühlen, und das ist der Kern unseres aufrührerischen Optimismus, daß die Entscheidung über die Welt nicht, noch nicht gefallen ist. Deshalb lehnen wir jedes Gericht von Grund aus ab und glauben, daß nie durch Mittel der Macht, nie durch ausgleichende Strafen, nie durch züchtigende Strafrute Gottes, diese Höllenwelt gerettet werden kann, sondern nur durch seinen Kuß, durch seine Kameradschaft, durch sein »Nebeneinander-Ineinander« im beschwingten Schweben der endlichen Zeit.

(1919)

Von Chinas Göttern

I

Perzynski, der Autor eines Buches, das der Verlag Kurt Wolff vor kurzem unter obenstehendem Titel veröffentlicht hat, hält es in seiner Einleitung für nötig, seine Art des künstlerischen Reisens zu verteidigen gegen den Vorwurf, man könnte es für die zeitvergeudende Beschäftigung geistig verkümmernder Menschen halten. In den letzten sechs Jahren, die offenbar dem Entstehungsjahr des Buches gefolgt sind, hat sich freilich gezeigt, daß geistig verkümmernde Menschen andere Arten von Betätigung gesucht haben, und es ist ebenso bitter als wahr, daß die ungeheuerste Ansammlung von Macht mit dem geringsten Aufwande von Geist verknüpfbar ist, daß die vernichtendsten Kämpfe, bei denen der einzelne weniger bedeutet als ein Kilogramm Messing, ganz unter Ausschaltung jeder Idee durchgefochten werden, das Sinnbild dieser Jahre scheint das öde und maschinenmäßig bemalte bunte Flaggentuch zu sein, das Menschen der gleichen westlichen, freilich schwer verrotteten Zivilisation gegeneinander antreten ließ.
Aus Perzynskis Buch lernen wir eine vollständig kampfesmüde und wie es scheint militärisch unfähige, politisch ziellose Welt kennen: China. Perzynski hat sich seine Sache manchmal leicht- und man möchte sagen, eben dadurch schwergemacht. Denn er vermittelt uns mit lässiger Hand die Welt, von der er unzweifelhaft neue Teile entdeckt hat, im Vorübergehen, an unnötiger Stelle bei Kochrezepten verweilend, die nicht ganz so bezeichnend für das Land sind, als es dem mehr körperlich als geistig ausgehungerten Reisenden erscheinen mag. Immerhin hat er sich den Blick in der richtigen Einstellung gewahrt, und das Buch bringt als Wesentlichstes unerhörte Reste alter Bauwerke und herrlich lebende Trümmer jahrtausendealter Skulpturen. Diese sind von ungeheurer Eindringlichkeit, von einer unerschütterlichen Glaubensstärke; Bewunderung und Ehrfurcht sind mein einziges Gefühl. Neugierde und der Reiz des Exotischen entschwinden vollkommen. Man hat oft den Eindruck bei chinesischen Kunstwerken, daß es sich um Erzeugnisse einer überfeinerten Kultur, um etwas barockes handelt. Hier zum ersten Male sieht man Dinge von solcher Größe, von so mächtigen seelischen Dimensionen, jenseits aller

Formate, daß man sie als klassisch bezeichnen würde, wenn das Wort nicht einen akademischen Beiklang hätte. Perzynski hat in den Grotten von Ichou ein Götterstandbild entdeckt, einen »Lohan«, offenbar nur einen kleinen Rest von zahlreichen anderen Kunstwerken, die inzwischen im wahrsten Sinn des Wortes in den Staub zerfallen sind, aus dem sie kamen. Aber dieser kleine Rest lebt. Es ist der Zeus von Otrikoli Chinas. Ein Mann ohne Haare, mit breiten Wülsten über den Augen, ein Lächeln unendlichen Ernstes um den breiten Mund, das Erkennen der Verruchtheit der Welt in gewaltigen Furchen des Antlitzes und einen Blick von solcher Intensität, von solcher Göttlichkeit, daß er uns eine ganze Welt zu spiegeln scheint und doch bleibt was er ist: Blick eines vergöttlichten Menschen. Die Herrschergewalt ist so überzeugend, daß sie eher tröstlich als bedrückend wirkt. Und dieses Gefühl von Trost, von Ruhe in aller Verwirrung bleibt sich treu selbst im Anblick der furchtbarsten Zerstörung, die das Schicksal dieses Gottes war und das Verhängnis des Volkes, das diesen Gott geschaffen hat und mit ihm unterging. Und über alle Wahrscheinlichkeitsrechnungen der Vernunftshistoriker und Tatsachen-Rechner fühlt man, daß Leben und Tod eines Volkes nicht durch die Einführung von Eisenbahnen und durch die Verluste und Gewinne »an Mensch und Material« entschieden werden können. Es ist mehr als China zugrunde gegangen. Aber es gibt auch da Auferstehungen. Haben wir Götter, deren Gestalten Menschen noch nach Jahrtausenden das Schweigen tiefster Ergriffenheit abzwingen werden?

II

Die Wellen der Weltgeschichte und des Weltgeschehens pflanzen sich nicht in gerader Richtung fort. Alles, was wir von vergangenen Epochen wissen, ist Fragment, und es ist kaum möglich zu sagen, ob gerade die überlebenden Fragmente gerade die wichtigsten waren.
Wir nähern uns in Europa, wenn nicht alle Anzeichen trügen, einer zweiten Renaissance chinesischen Geistes. Die erste geht in die späteren Jahrzehnte des achtzehnten Jahrhunderts zurück, und vieles, was wir bei dem großen und sehr klugen Voltaire bewundern, war die erste Auferstehung chinesischen Geistes, sein Lächeln, weise und mild zugleich, war das eines östlichen Weisen,

seine Abwehr des Katholischen und Christlichen war ein Abglanz des asiatischen Panzers, der das menschlichste Herz umschloß, das je in der Brust eines französischen Spötters und Kavaliers gelebt hat.

Die französische Revolution war im letzten Sinn die Auswirkung dieser Ideen, sie war der Versuch, den großen Entscheidungskampf zwischen Gott und der Welt aus der Seele des einzelnen in die Seelen ganzer Klassen zu verlegen. Die furchtbaren Hungersnöte, die grauenhaften Leiden der niederen Stände, die den Revolutionsjahren vorausgingen, hätte die christlich-katholische Menschheit so beantwortet, wie es das christlich-katholische Spanien getan hat, nämlich mit dem Aussterben der Bevölkerung, mit der Verödung einst blühender Provinzen und mit dem Fortbestande der alten, zwar längst Lügen gestraften, aber doch unzerstörbaren Mächte: des Herrschertums von Thron und Altar.

Die französische Revolution ging nicht an das Metaphysische, sondern an das Wirkliche, nicht die Erbsünde wird bekämpft, sondern die großen und kleinen Mißstände, man betet nicht mehr, sondern erkennt die Welt. Man ordnet. Man ordnet die Welt einem Sinn unter, einer Idee, einer Utopie, einem Schlagwort, das Schlagwort ist falsch, aber es gibt den Menschen eine ungeahnte Stärke, einen riesenhaften Willen zum Leben. Dieses Wort lautet: Der Mensch ist eines Fortschritts fähig. Er ist zu erziehen. Die ganze Revolution ist nichts als ein grandioser Erziehungsversuch, niemand kann das Schulmeisterliche in der Bewegung verkennen, und wenn auch Rousseau den Fortschritt der Menschheit in seinem berühmten Versuch geleugnet hat, so lautet doch der Titel seines Ewigkeitswerkes Emile, und die Bekenntnisse, die Beichte seines Erdenlebens sind nicht die Geschichten seiner Abenteuer und Begegnungen, sondern die Geschichte seiner Erziehung durch sich selbst und durch die Welt. Gleichviel, was das positive Ergebnis war, die Einstellung ist es, der unbezähmbare Elan, der unerschütterlich brennende Glaube an den Adel des Menschen, der wert ist zu leben, also auch wert, erzogen zu sein. Das ist die Maxime der chinesischen Weisen, und von hier wäre auch eine Brücke zu schlagen zu dem Lebenswerk des Amos Komenius, zu dem tiefsten Geheimnis der böhmischen Wälder.

Hier möchte ich nur auf ein zweites Fragment des Ostens hinweisen. Wie der *Lohan* als Fragment einer alles überragenden plastischen Kunst Ostasiens in unsere Tage ernst erschütternd hinüberragt, ist es ein Monument einer ungemein reichen schöpferischen, glücklichen Zeit, die dem Denken und Schaffen des Konfuzius und Lao Tse nachfolgte. Urälteste Tradition, Kritik an allem schon Erreichten, tiefinnerste Gläubigkeit, zusammengefaßt in einem Erziehungswerk freiester Prägung. Gespräch, Anekdote, Mirakel, Tier- und Menschenfabel, das alles und noch mehr ist der fast unerschöpfliche Inhalt des Werkes, an das ich denke: *Dschuang Dsi, Das wahre Buch vom südlichen Blütenland*. Es ist schon vor fast zehn Jahren in einer Sammlung östlicher Weisheit erschienen, die der in Europa unerreichte Verlag des Eugen Diederichs in Jena erscheinen läßt.

Die Lehre des Dschuang Dsi ist groß, sie ist umfassend und mehr als das, sie ist beglückend. Sie erfaßt die Welt und vernichtet sie nicht. Sie erkennt das Böse und leugnet es nicht. Sie weiß, daß der Mensch böse ist von Urbeginn, und glaubt doch an ihn, denn was wäre der *Sinn* des Lebens eines Weisen, wenn nicht die Erziehung? Sie begnügt sich nicht mit der sichtbaren Welt, die zu ermessen und zu messen ist, sondern er nimmt mystischen Aufschwung in das unbegrenzte und nie zu ermessende Reich. Aber das ist keine Mystik des müden Unterganges, sondern die des aufblühenden Lotus, der aufgehenden Sonne, des aufrauschenden, unbeschreiblich mächtigen, unbeschreiblich freudigen Vogels Rockh.

Das höchste und tiefste, das dieser Mensch der Vorzeit uns zu geben hat, ist eben diese Vereinigung des Tiefsten mit dem Höchsten. Es ist eine Religion der Versöhnung, nicht auf dem Boden eines Dogmas, also auch nicht auf dem Boden des ewig unerfüllbaren: Liebet einander, sondern durch den Weg, den er jedem zu (seinem) innersten Erlebnis, zum Sinn des Lebens führen will. Dann gehen alle Farben ein in den unwandelbaren Regenbogen der Vereinigung. Er ist der einzige Weltgelehrte, der die Weltanschauung nicht durchsetzen, sondern alle Weltanschauungen zur Ruhe bringen will. Keine Zeit konnte so dürsten nach der Ruhe und der Vereinigung wie die unsere. Und unsere Zeit, kann man ihr auch nachsagen, wieviel man will und wieviel sie verdient, sie hat viel gelitten; und hier, in der Freude des lichten Ostens, könnte sie Heilung finden; wenn irgendwie und irgendwo, so im südlichen Blütenland.

(1921)

Östliche Landschaft

In einem Augenblick, da China von neuem im Mittelpunkt des politischen Interesses steht, ist jede Aufklärung über östliche Kultur doppelt erfreulich. Es ist heute so, daß chinesische Philosophie, als die einzige wirklich friedliche, mitten im Herzen Europas Fuß zu fassen beginnt, daß chinesisches Kunstgewerbe in London mit Gold aufgewogen wird: Und da es sich um letzte Reste, um Bruchstücke, um Reliquien handelt, um Plastik aus Ton oder um »Mandarinenstreifen« am gelben Seidenmantel der chinesischen Minister von einst, wird man diese Bewertung verstehen. Vor Jahren bekam man noch große Säcke dieser abgetrennten Streifen gewichtsweise, wie alte Lumpen oder altes Eisen in den chinesischen Fremdenhäfen angeboten. Unter einer Menge wertloser, bis zur Unerkennbarkeit zerschlissener Seidenstreifen fand sich ein Stück gestickte Malerei; kleine Romane, in den duftigsten, rührendsten Farben auf fingerbreite Seide mit der Nadel gemalt, Wälder und Wiesen, Baum, Schnee und Nebel, mit vergilbten Fäden auf eines Daumennagels Umfang eingezaubert, fremde Vögel, Goldfasanen im Fluge, Schüler, lernend zu Füßen kahlköpfiger Lehrer, Liebende Hand in Hand, Berauschte, die Weinschale am Munde, mitten im Mondlicht, Li-tai-pe und seine Zauberwelt. Das waren Reste einer großen malerischen Kultur, Reliquien einer vergangenen Zeit, abgetragene Seide vom Mantel des toten Mandarinen.
Aber war er wirklich tot? Nicht bloß scheintot? Die Chinesen sind das einzige Volk des Ostens, bei dem Bildung mit Adel völlig identisch geworden ist, so wie die Juden das einzige Volk des Westens sind, bei dem das ganze geistige Leben sich auf Studium und Wiederstudium eines Stückes Pergament konzentriert. Wenn solch ein Volk schwertmüde geworden ist, dann kann es erstorben scheinen, und diese Gefahr liegt bei den Chinesen näher als bei den Juden, da die Chinesen nach ungeheuren Gipfelleistungen der Kultur, nach tiefster Kolonisation des Herzens in den letzten Jahrhunderten nicht nur schwertmüde, sondern auch geistesmüde geworden sind. Deshalb haben die Kulturdokumente von dort einen so großen relativen Wert; in dem Gebiet aber, in das uns ein Werk eines deutschen Forschers, Otto Fischer, über chinesische Landschaftsmalerei einführt, handelt es sich auch um einen sehr bedeutenden absoluten Wert. Hier ist große Kunst, hier ist neue Welt, alle

Freunde reiner Gestaltung werden diesem schönen Buch Stunden fast religiöser Ergriffenheit verdanken.

Die Hauptwerke dieser Malerei sind fast tausend Jahre alt, und es gibt Anfänge, Urgründe, die in das zweite Jahrhundert nach Christi Geburt zurückreichen. Die spätesten Arbeiten stammen aus dem 17. Jahrhundert. Obgleich sich eine Fülle von Erscheinungen, von Stilarten, von Meistern und Vormeistern vor uns ausbreitet, so ist in dem Buch nur ein kleiner Kreis chinesischen (und japanischen) Schaffens umschrieben, es fehlen sowohl die ins Kunstgewerbe herüberspielenden, aber durch die Dauerhaftigkeit des Materials bevorzugten Porzellanmalereien, welche diese Kunst zuerst nach dem Westen gebracht haben, als auch die Darstellung der menschlichen Seele im menschlichen Antlitz.

Mit Recht weist der Autor darauf hin, daß die Landschaft des chinesischen Malers nicht das Porträt eines bestimmten Flecks Erde ist, sondern Porträt einer bestimmten menschlichen Seele; eine Einstellung, die sich bis ins letzte mit den sogenannten Expressionisten wie Munch, van Gogh, Cézanne berührt. Eben deshalb verschwimmt auch die Grenze zwischen dem Menschen in der Landschaft und der Landschaft im Menschen. Es zeigt sich auch hier, daß das Barocke, der Schnörkel, die chinesische Pagode, das klingelnde spielerische Porzellan nicht für die chinesische Kunst charakteristisch sind. Chinas Maler sind, so Unerhörtes sie technisch leisten, der Gefahr entgangen, mit den Ergebnissen der Technik zu spielen. Sie sind groß geblieben, in jeder, selbst der kleinsten Form. Es mag sein, daß diese ein Jahrtausend lang blühende Jugend der chinesischen Meister alles ihrer seelischen Vielfalt verdankt – also nicht l'art pour l'art, trotz höchster verfeinerter Technik keine Spezialisierung, trotz der hauchartigen, kaum aussprechbaren Wirkungen keine Beschränkung auf den einzelnen Kunstkenner, sondern immer etwas, das von der Gesamtheit getragen, von der Gesamtheit geschaffen, von der Gesamtheit aufgenommen wird. Und dies, obgleich der Chinese den Begriff des Nationalen nicht kennt.

Hier fließt alles noch aus *einer* Quelle. Unbeschadet der ins minutiöse Detail getriebenen Handwerkstüchtigkeit ist der chinesische Maler nicht beschränkt auf sein Fach: Er ist Gelehrter, Staatsmann, Feldherr, »man findet gerade in den größten Zeiten und unter den ersten führenden Meistern immer wieder die Namen von Dichtern, von Schriftstellern, Philosophen, Ministern, ja selbst von Kaisern, die gleichzeitig auf dem Gebiete der Poesie, der Stilistik, der Ideen und der Staatskunst unter den größten Geistern ihres Landes heute noch berühmt sind«. Wenn man diese Bilder sieht, in denen jeder Strich von dem unbedingten »Muß« erfüllt ist, das den Meister kennzeichnet, wenn man die Technik bedenkt, bei der auf Seide oder Papier die Farbe in flüssigem Auftrag unverlöschbar und unverbesserbar (im höchsten Sinne) eindringt, so findet man die Vielseitigkeit solcher Zauberkünstler fast unbegreiflich.

Was sie schaffen und wie sie es schaffen, ist bei ihnen im tiefsten Grunde eins; Form und Gestalt sind einander nicht feindlich, sondern eine sehr innige Gemeinschaft umfriedet beide; jede Schöpfung ist voll von Geheimnissen, deutbaren und undeutbaren. Zu den deutbaren gehört ihr Realismus. Jede Kleinigkeit, jeder Fuß Boden, jedes Zittern der sommerhellen Luft, jede Bewegung des Menschen, hier hingegossen auf dem frühlingshaft wieder umgrünten Felsen, dort überstäubt vom grauen Geriesel des stürmenden Herbstes, der Hufschlag des Wildbüffels, der durch hohen Schnee winterlich trabt – dies alles und alles andere aus der Natur ist mit der emsigsten Treue, mit der Liebe zum Kleinsten, wie sie Dürer hatte, nachgebildet. Aber während Dürers Veilchensträuße nur Blumen, seine Hasen und Löwen nur Tiere, seine Ritter nur Menschen sind, ist bei den chinesischen Meistern aus den ungeheuer plastisch gesehenen und erlebten Details eine Gesamtheit von Traumtiefe, von Sphärenfremdheit geworden, ein Unbeschreibliches, eine Welt über der Welt.

»Wird auf einem Wandschirm eine Frau unter einem Bäumchen dargestellt«, schreibt Otto Fischer, »so sind Weib und Gewächs von demselben Rhythmus und Wohllaut durchströmt, der knorrige Stamm aber mit seinen unendlichen Windungen und Verzweigungen in Linien so zart erfühlt und durchformt, daß man von einer Beseelung dieses Baumwesens sprechen möchte... Auf dem Deckel einer hölzernen Lade sind mit Goldstaub aufsteigende Bergzüge mit verworrenen Baumriesen flüchtig gemalt: die anstrebenden und wieder niederstürzenden Berg- und Felsenformen sind von einem gewaltigen und überaus reich gefügten Rhythmus erfüllt, der bis in die hinausgeworfenen Äste der Bäume und den Nebelhauch aus den Schluchten mit einer lebendigen Bewegtheit alles durchdringt, wie wir sie bei Landschaften gar nicht gewohnt sind. Auf der Ledereinlage einer chinesischen Laute tanzt dann ein ganzes farbiges Bild aus dem Dunkel der Jahrhunderte: einen Teich

durchwatet vorn ein munterer weißer Elefant, auf dessen Schabracke eine Gesellschaft von Musikanten und Tänzern springt und spielt, indessen nach rückwärts abstürzende Felswände ein unendlich weit in die Ferne sich verlierendes Tal – oder ist es ein See? – bis hinaus zu blauenden Bergen begleiten: und es scheint hier – wie nach dem Takte der Musik, die ganze Landschaft sich tönend zu regen und beleben, die Bergzüge, die Felswände, die bekrönenden Bäume und der Flug der fernen, ziehenden Vögel ist von einem unendlich pulsenden Tanze bewegt...«
Sieht man die Bilder, die in unausschöpflichem Reichtum, nicht nur eine einzige Landschaft, sondern wie eine Meereswoge nach der andern, unendliche Reihen von Landschaften entfalten, dann glaubt man den Film hier vorausgeahnt und in gewissem Sinn auch schon erfüllt. Aber es ist nicht der Film der Maschine, sondern der Film des Traumes. Im Traume sind diese wahrhaft unbeschreiblichen Bilder geahnt und durchgeführt, in einem besseren, tröstlichen, anderen Wissen um die Welt.
Fischer erzählt folgende Anekdote: Kno Sheng, ein Landschafter der T'ang-Zeit, pflegte folgendermaßen zu malen: Zunächst breitete er Seide auf den Boden und mischte die Farben. Dann ließ er eine Anzahl Musikanten Trompeten blasen, Trommel schlagen und einen wirren Lärm vollführen. Währenddessen legte er ein Brokatgewand an, setzte eine kostbare Kopfbedeckung auf und trank, bis er halb berauscht war. Dann begann er Umrisse zu ziehen und Farben anzulegen und siehe: Berghöhen und Inselränder entstanden auf wundervolle Weise...
Von einem anderen Meister heißt es, er hielt Wolken und Berge in seiner hohlen Hand. Ein dritter schreitet in Mondnächten einsam durch den starren Schnee, bis er die lebende Natur sieht, den ruhevoll kreisenden Stern, die ewig blinkende, ewig sinkende Schneefläche, den winzigen Planeten, das Große im Kleinen, das Ewige in der wechselnden Erscheinung.
Die singende Stille, das lautlose Wandern ist es, was viele der in dem Werke wiedergegebenen herrlichen Bilder füllt; das ist es auch, was so tief, so herzlich, so unentrinnbar sanft zu unserer verstörten Zeit spricht. Tiere und Menschen, Wolken und Erde, Wald und Licht und Dämmerung – alles ein Fluß, eine Flut, eine unendliche Melodie; eine Melodie von der Art, wie sie der Dichter bildet:
Weich zum Ahnen ist der Traum der Vögel,

Die auf der Winternachtreise über das Ost-Meer rauschen,
Die schlafen im Dunst und Flaum der brüderlich verwandten Flü-
gel,
Die auf das Traumgezirp der Bruderseelen lauschen.
Der graue Kranich schläft auf seinem Herbstgewässer,
Vereisend matt auf stille eingehaltnem Strom.
Um ihn wallt hochgefaltet Laub. In den Nebelnächten ruht er
einsam,
Einsam blühendes Blut; nie besuchter, tief verschneiter Dom...

(1921)

Credo, quia absurdum

Zu den tiefsten, weil immer wieder erneuerungsfähigen Monumenten menschlichen Denkens gehören die drei Worte des Kirchenvaters: credo, quia absurdum. Wie flammt in dem Worte *credo* schon die ganze unermeßliche Kühnheit unseres Geschlechts auf, das, von äußerer Not bedrängt, in der Dauer seiner Existenz eng begrenzt, allen Unbilden einer hassenden und gehaßten Welt fast schutzlos ausgeliefert, doch diesen herrlichen Schritt nach oben wagt: für das Sein einzutreten durch den Glauben, sich selbst nochmals zu zeugen durch die Treue des tiefsten Bewährens.

Wie liegt in dem Worte credo schon die ganze namenlose Freudigkeit des einzelnen! Gegen diese Freudigkeit gibt es keinen Beweis. Auch trotz der letzten satanischen Logik der Welt rauscht unnennbar in emporgewehtem Schwung dieses Gefühl der Freudigkeit und ist durch nichts zu erschüttern. Es ist ein Zeugnis des rasendsten Lebensgefühles, zu *glauben*. Das heißt: das gemußte zufällige Leben durch den gläubigen Willen nochmals dauernd zu schaffen. Das heißt es, wenn einer sagt, fühlt und beweist, *er glaube: kraft des Unmöglichen.*

Kann man eisig kalten Herzens angesichts des Ungeheuren, der Wirklichkeit bestehen? Gibt es Logik ohne Glauben? Es gibt eine rationalistische Erfassung der Welt, die Frage nach ihrem Range, nach ihrer Würde, nach dem Grunde aller Kraft, nach dem Vorher und Nachher aller Zeit, nach Schuld bei jeder Sünde, nach Sühne bei jeder Läuterung – aber im Sinne aller glühend Lebenden müssen diese Fragen, schon weil sie gefragt sind, den Menschen bis ins Nackte vereinsamt, bis in den Herzenskern vergiftet zurücklassen. Gut oder Böse, Gerechtigkeit und ihr Gegenteil, Strafe und Lohn – nichts von alledem. Wohl: Ordnung im Bereiche der niederen Sphären, auf den Straßen, den Gerichten, beim Kaufen und Verkaufen, beim Dienen und beim in Dienst Nehmen, beim Zeugen, Sterben, sich Verbinden und Trennen, sich Begegnen und voneinander Lassen. Aber darüber hinaus beginnt das Grenzlose dessen, was Worte nicht sagen, Urteile nicht richten, Löhne nicht messen, Bilder nicht nachzeichnen, menschliche Stimmen nicht nachahmen werden.

Wir sind alle aus einem Höllenkreise auferstanden, der an düsterer

Glut, an grauenhafter Pein, an unsagbarer Schmach alles hinter sich läßt, was die teuflische, weil logische Phantasie des Dante im Inferno geschaffen hat. Unberührt, ungerührt schreitet er, der große Magier, durch die Bezirke der Verworfenheit, der Qualen und ewig zischenden Feuer. Er schreitet aufwärts, reineren, helleren Bezirken entgegen. Aber das ist nur Schein. Sein Himmel ist nur leerer, nicht reiner, sein Läuterungsweg nur eine Verwirrung mehr, und der sich schuldlos Dünkende, dem Gottesgericht Entronnene, glaubt sich bloß emporgerafft, im Grunde ist er tiefer gesunken als die zur Hölle Verurteilten. Er verflucht seinen Gott bitterer als seine im Höllenpfuhl gemarterten Gottesleugner, wenn er ihn, diesen seinen Gott, in durchsichtigem Sternenkleide, unberührt, ungerührt, befriedigt, gesättigt und in reinster Harmonie über diesen Höllenkreisen regieren läßt, über dieser auf ewig in Millionen zersplitterten, leidenden Welt.

Auch wir alle, die wir die Jahre dieses Jahrhunderts hinter uns haben, steigen aus den Tiefen der Höllenkreise auf. Aber wir wissen keine Antwort, keine Gründe, keine Satzungen des beleidigten Gerichtes, keine billige Buße von Verbrechen, Schwächen und Vergehen, keinen Schicksalsstern und deshalb keinen Trost, keinen Richter und deshalb keinen Retter, wenn wir die Welt, die Zeit, das Menschenherz, die Macht und das Leiden nehmen, wie sie sind, wenn wir sie ernst nehmen, wenn wir sie logisch erfassen und nicht absurd. Daß wir ganz ohne Rat sind, das macht unsern Jammer aus, wir finden keine Lehrer, die uns dies deuten, keine Meister, die uns das Werk weisen, keine reinen Ahnen, die uns, mit dem überlebenden Teil ihres redlichen, längst verblichenen Lebens, in ihrem Andenken zur Seite stehen. Aber die Welt, durch den Weltkrieg so grauenhaft aus jeder Harmonie gerissen, hat sich auch geöffnet. Wir sind kommender Dinge gewärtig, so groß, wie nie in einer Zeit zuvor, so tröstlich, so hold, so mild, wie sie nie menschliche Kreaturen ersehnt haben.

Die Griechen, die in ihrer Seele unverlierbar herrlich alle Elemente dieser Harmonie vereinten, hatten in jedem Winkel ihrer tausendtorigen Tempel Raum für viele andere Götter, kommende. Auf jedem Gestirn ihres wolkenlosen Nachthimmels flimmerte in mildem Schein ein weites Gelände für einen neuen Schöpfer. Diesen Griechen waren alle Schrecknisse klar, alles Grauen zu deuten, alles Fürchterliche zu ergründen. Die eleusinischen Kulte faßten alle Geheimnisse, nur die Hybris nicht. Denn die Hybris, der Größen-

wahn, war ihnen einzig das Greuel, vor dem die Welt erschauert, von dem sie sich abwendet, das sie nie und nimmer erträgt, mag sie daran, in Stücke zerschmettert, versinken. Größenwahn hieß ihnen der Gott, der als einzig alleiniger Herr die Unendlichkeit der Welt auf seine Schultern laden will. Größenwahn und Hybris war der Gottmensch Prometheus, der die zwischen Mensch und Gott auseinandergebäumte Welt vergeblich in seiner Faust zerstörend-lösend zusammenpressen will. Größenwahn war die Sehnsucht des einzelnen, der Frieden für sich verlangt, damit eines einzigen Hohen Fittich ihn gut und dunkel überbreite. Größenwahn war das Machtgefühl der Herrscher und Cäsaren, der Kalifen der persischen Millionenheere, die Gier der Goldgierigen, der Durst der Bluttrinker, der ewig nach Macht hungrigen Kaiser und Götzen und Götter. Der Himmel der Griechen duldet keine reinen Götter, sie sind menschlich, und das versöhnt uns mit ihnen, die Hölle der Griechen kennt keine reine Pein, keine ohne Aufhören schwelende, quälende Flamme, und das versöhnt sie mit uns.
Für unsere Zeit, für unser Geschick reicht aber keine Hybris aus. Es kann nicht sein, daß wir vor unserem Sturz eine Schuld auf uns geladen, eine Überschuld begangen haben, die diesen in der Geschichte der Menschheit unerhörten Sturz begründen kann. Aber jetzt, aber hier, aber heute, Angesicht in Angesicht mit allem, wovor uns kein Verbergen hilft, kein Totschweigen schützt: Nehmen wir die Welt, wie wir sie 1914-1918 erlebten, dann müssen wir verzweifeln.
Aus dieser völligen, in der Erde und ihrem Irdischen begründeten Verzweiflung könnte uns, die wir weiter leben, weiter schaffen und zeugen müssen, nur Sentimentalität, Witz, Zynismus als Gesinnung erwachsen. Für die praktische Lebensführung bliebe uns als Ziel nur die Sättigung der erbärmlichsten Instinkte, Lohnkämpfe, bei denen es nur Kampf, aber keinen Sieg und kein Ziel gibt, Belastungsproben im Sport oder im Geld – oder Gleichgültigkeit, tödlicher als Tod. In der Kunst nur blinde, taube Darstellung der äußersten Schale aller äußeren Dinge oder wehmütiges, seelenlos leeres Klingen und Verklingen. Kein Trost bedeutete uns der Aufblick zu den Sternen, die noch einem Kant Trost gebracht haben. Keine Entführung in »bessere Welten« hätten wir den Waldhornklängen einer Beethovenschen Symphonie zu danken, die noch Nietzsche beseligt haben. Und wie sollen wir uns an Menschen freuen? Wie können wir das? Wir und ich, denen der höllische Ur-

grund all dessen, was Mensch heißt, in die Haut mit glühenden Eisen eingebrannt ist?
Heute, hier, jetzt verstehen wir erst dieses ungeheure UND-DOCH, das der Heilige mit seinem credo quia absurdum zu uns spricht. Wir fühlen – und sind hier am Ende des geistig noch zu Erfassenden, sind an der Grenze des weither Ersehnten und im innersten Urkeim des innerlichst Geahnten – wir fühlen, daß die eine Grenzscheide in uns liegt, nur die eine, die andere aber in der höheren Sphäre, die wir wissend nicht erreichen können. Nicht, daß sie uns beschieden ist, nicht, daß wir sie finden können, ist das Herrliche, das Tröstende an ihr, sondern daß sie da ist, unzugänglich, *unerreichbar und dennoch alles lösend*. Dieses Unddoch ist das Absurde. Wir sind selbst absurd, wenn wir das Absurde glauben. Wir sind absurd, wenn wir glauben, um des Glaubens willen, nicht um des Beweises willen. Nicht des Trostes willen, nicht um der zeitlichen Glückseligkeit willen und nicht der ewigen Seligkeit willen. Denn ewig ist das immer Zeitliche. Wir sind absurd wie die wahnsinnigen Figuren, die Goethe in jenem Schloß eines neapolitanischen Prinzen fand. Denn in *uns* begegnen sich die Widersprüche des Universums. Oder, wenn man es tiefer faßt, der Mensch als kosmische Erscheinung ist ein Absurdum, ein Widersinn für alles andere, ein Sandkorn zwischen den Augenlidern der Welt. Unentrinnbar bleiben wir dem Absurden eingefügt. Unser Glaube ist nur die Rückkehr dorthin, von wo wir uns nie hätten fortrühren sollen und wo manche Stämme erdenbewohnender Menschen immer geblieben sind.
Im Angesichte dieser Erde, und mag sie noch so schwellend sein, wenn sie der reinste Frühlingshauch umduftet, werden wir doch nie selig werden: weder im Leben, noch im Tode. Aber darüber hinaus – und mögen wir auch dieses »Darüber-hinaus« nie ganz erfassen, mögen wir es auch nie in Worte fassen können, mögen wir es nie in Zungen sprechen lassen –, und doch, darüber hinaus kann es beginnen, in einer anderen Weise. Aus keiner andern Wurzel kann es entspringen als der, die wir kennen, aber einer anderen Blüte soll es entgegen blühen. »Darüber hinaus« soll nicht heißen, daß wir in atemlosem Steigen das verleugnen, was wir erlebt, erlitten und andere leiden gemacht haben. Wir müssen diese niedere Sphäre durchdringen. Vor keinem Schmutze sollen wir uns scheuen, da der Gott unseres Glaubens vor keinem Schmutze sich gescheut hat. Niederstes zu berühren darf uns kein Greuel sein, da

Niederstes in der einzigen, absurd einzigen, absurd einigen, absurd ewigen-zeitlichen Welt unseres Gottes ist, wenn er ist, wie wir ihn absurd glauben.
Wir wollen nicht mehr sagen: Zeit oder Ewigkeit, nicht mehr scheiden: leibliche Hölle, ewiger Himmel, denn unsere Himmelfahrt geht nicht erst nach der Todesnacht an.
Der Mensch, der eisige Vernunft hat und nichts als diese logische Vernunft, wird es nicht fassen, aber es faßt ihn, ob er will oder nicht. Er mag stolz seinen kleinen Kreis seines Daseins zu beherrschen glauben, dort, wo er ist, unvertreibbar, wie er sich wähnt, in seinem Büro, auf der Börse, auf dem Sportplatz, in seinem Tanzkreis, oder bei Weib und Kind, in seinen Geschäften, seinen Plänen, seinem Besitze, seinem Hause, seiner Zeit, den Kalender auf dem Tische, die Uhr in der Hand, die Augen im Kopfe, das sichere Gewisse zu seinen Füßen. Er ist nicht sicherer als wir, die wir glauben müssen kraft des Unmöglichen.
Uns allen ohne Ausnahme ist nicht der winzigste Teil eines winzigen Teiles *ganz* zugeeignet. Keine Kugel, und hätte sie nur die Größe des feinsten Kornes, werden unsere Augen von allen Seiten zugleich betrachten und erfassen können. Aber auch das Weiteste, das Tiefste wird uns anderen wenigstens in einer Ahnung offenbar. Es kann uns nicht ganz entgehen.
Wir müssen uns nicht in die Kirche flüchten, denn gemauerte Dächer werden uns nie decken. Wir wollen nicht Worte lehren, denn in ihnen gibt die Welt nur ihren Nachhall, einen trügerischen, ihrer selbst, mit ihrer falschen Harmonie, ihrem heuchlerischen Gleichklang und lügnerischen Frieden. Das Absurde der Welt, dort, wo es tröstlich zu werden beginnt, wird uns nicht in Kirchen gezeigt, nicht in gebundenen Worten erklärt.
Aber wir wissen es dennoch, wir sind dessen gewiß. Denn: Kamen wir nicht aus dem Sprachlosen zur Sprache? Aus dem Gestaltlosen zur Gestalt? Aus dem Namenlosen zum Namen? Es war eine Zeit, da wir nicht waren. Nicht wir, noch die Erde unter uns, die Bäume um uns, die Tiere neben uns, die Wolken und Lüfte über uns. Wie absurd wäre es den damals Seienden, damals Zweifelnden, gewesen, an uns, die Kommenden, Selig-Unseligen, zu glauben. Und doch kamen wir, zu einem elenden, aber doch zu einem Leben. Zu einem Wissen kamen wir, das zwar keines Wertes ganz gewiß ist, das aber alle Werte ahnt, die höchsten wie die niedersten. Zu einer Freude sind wir gekommen, die zwar in Bitterkeit ihre Flügel

taucht, aber doch zu einer Freude. Und es ist absurd, aber es ist dennoch unser Glaube, kraft des Unmöglichen: Unendliches erwartet uns.

Wir bleiben nicht am Rande der endlosen Sphären. In der Mitte der Zonen werden wir schweben.

Die Unendlichkeit des Todes hinter uns. Die Unendlichkeit des Todes vor uns. Die Hölle dieser Erde zu unseren Füßen. Aber, unserm Blicke unerreichbar, dennoch aber uns zukommend in gewaltigstem Lebensgefühl: das andere Ende, die Lösung des Absurden, die Bekräftigung des Glaubens, die Gewißheit des höheren, tieferen Sinnes, die Krone der erkorenen Bestimmung. Das ist es, weswegen wir noch leben.

(1923)

Das Unverlierbare

Die Generation, die vor dem Kriege gelebt hat, war stolz auf Siege, die sie nicht erfochten hatte, sie betrachtete geistige Ergebnisse als ihr Eigentum, die andere für sie gewonnen hatten. Sie stand im Schatten Schopenhauers und Nietzsches, aber nicht in deren Licht, sie zehrte am Erbe Darwins und konnte es doch nicht mehren. Aber sie war der einzig überlebende Erbe und rühmte sich dieser Kräfte, sie war die einzige und alles ihr Eigentum. Von dieser Generation trennt uns mehr als die Dauer eines Menschenalters. Wir stehen nackt und arm da. Der Glaube stützt nicht mehr. Die Wissenschaft ist nicht mehr fröhlich. Es gibt noch Genies, aber keinen Genius mehr. Denn: Genius ist das Genie mit seiner adäquaten Nebelhülle. Der Genius hat Schüler zu seinen Füßen, wie sie Platon, Moses, Christus, Buddha, Lao-Tse hatten, er hat Ahnen zu seinen Häupten. Leben, Wirksamkeit, Frieden hat er rings um sich.

Heute aber, wenn wir es auch leugnen, wenn wir uns auch zu verbergen suchen, es gibt nur eine Frage an die Zeit: Was haben wir heute noch an Unverlierbarem, da wir so vieles verloren haben? Wie götternahe fühlte sich doch dies Geschlecht vor uns! Heute leben Menschen dieser Art nicht mehr. Emil Fischer, der Erfinder des künstlichen Eiweißes, glaubte den Urstoff der Natur in seiner Retorte zu mischen. Seine Zeit dachte, sie wäre dem Geheimnis ewig währenden Lebens auf der Spur, denn um ein ewig währendes Leben ging es ihr, nicht wie dem älteren (jüngeren) Goethe um ein ewig zeugendes Leben. Denn das ewig währende Leben, wie es die frühere Generation erstrebte, war ein Besitz, ein Lebensgut, eine Behaglichkeit im Hause. Das ewig zeugende aber war für Goethe eine *furchtbare* Forderung, ein Vorwurf für Götter, ein Meer ohne Grund und Boden für alle. Die Zeit vor uns erstrebte Ordnung. Ordnung fand sie in der Natur, vor allem im System der periodisch geordneten Urelemente. In diesem System ahnte man einen Zusammenhang zwischen Sein und Werden, der durchdringt bis in den stummen, starren Stein. Die ungeheuere, willensstrotzende Umarmung der Natur schien sinnvoll und offenbar, wie sie sich mit dem reinsten, stillsten Urkörper gattet. Die Spektralanalyse verband die Gelehrten dieser Zeit durch die Frauenhoferschen Linien des Fernrohres mit den Sternen, nun war man ihnen nahe, ihre feurig flüssigen Massen lösten sich unter den Fingern in sieben Farben, sie sonderten sich ohne Mühe in hellere und dunklere Schatten. Man wog das Licht und tat die Strahlen wie verschiedene Edelsteine auseinander.

Aus allem Wissen gewann damals die Technik Blut und Lebenssaft, das tägliche Leben wurde leise und bequem. Die Technik zeigte sich in ihrem damaligen Stadium nur als ungöttlich, nicht aber als dem Göttlichen entgegengerichtet und entgegengesetzt. Alles mochte auf schnellen Rädern eilen, an Schaltern und Spulen sich emsig entfalten, in Turbinen kraftvoll kreisen, in gläsernen Lampen ruhevoll glimmen, auf Drähten Worte tragen, in feingezackten Rillen den Schatten einer Stimme verewigen, auf flachen Flügeln sinnreich mit starken Motoren über die Felder und Seen schweben. Im Menschen wollte man nichts sehen als eine Meisterleistung der Technik, eine recht gut konstruierte Maschine. Man dachte, man habe sie bloß vor Abnützung zu schützen, nicht aber vor Tod. Hygiene war die große, die einzige Lehre dieser Tage. Es war eine Lust zu leben, oder eine lustvolle Arbeit. Dieses Lebensgefühl schien so stark, so unbesieglich, daß diese Generation den Tod nie tragisch begriff, das heißt, daß sie nie in ihres Herzens Heimlichkeit naiv vor ihm erschauerte; daß sie nie wortlos, vernunftlos, namenlos dem Tode wie einem magischen schweren Zauber ins Auge sah. Die Generation deutete den Tod um, sie sah ihn als ästhetische Lösung (bei Thomas Mann: Tod in Venedig), sie nahm den Tod als moralische Rechtfertigung, als sittsame (nicht sittliche) Sühne in Ibsens Dramen. Sie ließ sich den Tod als einfach praktische Lösung gefallen, als Ausscheidungsprozeß, nicht eben angenehm, aber nach naturwissenschaftlichen Grundsätzen heilsam und verständlich (in Hauptmanns naturalistischen Dramen). Und so sahen ihn auch die Menschen der ersten Kriegsjahre, ohne tiefste Erschütterung eben nur als Mittel zum höheren patriotischen Zweck.

Was blieb uns Lebenden von heute? Der Zweifel. Und auch dieser nicht mehr. Denn der große, schöpferische Zweifel des Cartesius, das dubito, ergo sum, ein Grundsatz, der die Franzosen bis zum heutigen Tag geistig richtet und rechtfertigt (Gide), dieser Zweifel ist nicht der unsere. Denn wir hungern so mit allen Fasern, mit dem letzten Atemhauch unseres Seins nach Glauben und Gewißheit, daß wir im Zweifel nicht den Halt finden könnten, den er, an sich, zu geben die Kraft hätte. Und kann sich jeder dem credo quia absurdum mit verbundenen Augen, entflammter Seele überlassen?

Dieser Glaube ist keiner, den man in den Schulen lehren kann. So bleibt uns als letztes Wort Vaihingers »Als ob«, als letzte formale Lehre bleibt Mauthners redlich begonnene, aber nie bis zu Ende durchgeführte Sprachkritik und Ernst Machs grandioser Gesichtspunkt. Und wenn das »Als ob« als das letzte Wort der Philosophen gelten kann, so ist Einsteins Relativitätstheorie die letzte große wissenschaftliche Tat. Sie bestätigt in der Geschichte des menschlichen Geistes nur die alte Regel, daß die Naturforscher in ihren »wissenschaftlichen Tatsachen« stets das entdecken, was die reinen Philosophen und Logiker ihnen in »Gedanken« vorausgedacht haben. Unsere Welt ist leer, entgöttert, frei, frei – bis zu einem so fürchterlichen, so herrlichen – so beklemmenden, so tief freudig lösenden Grade – wie keine uns bekannte Zeit vorher. Noch leben wir. Aber wird es *unser* enterbtes Geschlecht sein, das die Kraft zu einer Urschöpfung sammeln kann? Ist denn unsere Entscheidung nicht schon längst gefallen und so tief gefallen, daß wir Überlebenden nicht mehr aus der Asche aufsteigen können? Ja, haben wir denn noch genug Kraft in uns, um das wenige, was unverbrannt diese Jahre von 1914-18 überdauert hat, späteren Geschlechtern als ehrliche Treuhänder übermitteln zu können?

Wer kann daran zweifeln, daß alle, die wir wirklich lebten, einer Feuerprobe unterworfen waren, wie sie keine Vereinigung von Menschen unversehrt überlebt hat? Es hat kleinere Brände gegeben, in deren Flammen sich größere Völker, reichere Kulturen todesmutig gestürzt haben. Wir sind noch. Das äußere Gefüge scheint sich ordnen zu wollen. Das technische Resultat der Vorzeit liegt fast unversehrt vor uns. Aber unser Babylon ist doch gefallen, sein Schönes ist in die Winde zerstreut, wir, die wir noch atmen, hausen wie Hirten und Nomaden, von Unwissenden und schlecht oder schwach Wollenden angeführt, aber nicht geleitet. Heimatlos sind wir auf der Stätte der früheren Heimat. Von den Tagen einer neuen bösen Wendung trennt uns nur ein Augenblick, denn das, was damals möglich war, wäre heute ebenso möglich, wenn die Nationen, Führer, Parteien nur könnten, wie sie wollten. Wir haben das letzte, das zu fassen, zu begreifen, auszudenken war, erlebt – und nichts hat sich geändert. Gerade das ist das fürchterliche. Eben das erstickt, löst alles auf. Wie kann heute ein Lebender die Gewißheit eines Sinnes haben? Wer sieht noch eine höhere Bedeutung in der vergänglichen Erscheinung? So viel Tage, Taten, Siege, Demütigungen und Vernichtungen – und doch kein Sinn. Zweifel muß die leeren Räume füllen, das Wort, das heilig herrschende, das tröstend sprechende, das wissende und weisende, muß sich uns zwischen den Lippen verwirren, nur scheiden und trennen will es, wie beim Turmbau von Babel einst. Die alten Zeichen bedeuten nichts mehr, die Kirche ist tot, die Priester haben ihre heiligen Öle an unrechter Stelle verschüttet, und doch ist in der ganzen Welt keine Kirche neu geweiht worden, und wie sollte auch die Kirche und der kalte Dom neu geweiht werden, wenn vorher nicht der einzelne, der Mensch, der Beter neu geweiht worden ist?

Sollen wir wie die Tiere leben, stets auf der Suche nur nach Nahrung, Begattung, Schlaf? sollen wir uns dem Tier angleichen, dessen Fleisch wir essen, bis wir auch dessen Blut werden und durch Tieresaugen die Welt sehen? Was soll uns die Technik und Zivilisation? Technisch vollendet ist das »niederste« Tier viel mehr, als der höchste Mensch es je sein wird, aber nicht das Notwendige des Tieres tut *uns* not.

Schöpferisch ist eine Zeit nicht immer durch ihre Leistungen. Wer wird große Leistungen von einer ausgebluteten Gemeinschaft verlangen? Aber vielleicht ist eine Zeit auch schöpferisch bloß durch ihr Sein? Vielleicht sind wir es als ungeheures exemplum mundi? Vielleicht ist der Turm Babylons deshalb gefallen, daß wir neue vielfältige Sprachen lernen, daß die Masse vom Erdboden verschwinde und der einzelne neues, göttliches Leben gewinne? Die Himmlischen sind nicht mehr. Das Chaos von heute ist das götterloseste, das je unter der Menschheit war. Götterhaft war es, daß Babylon stürzte und Assur auferstand. Daß das Perserreich verging und Griechenlands volle Sonne über den gezackten Felsen und silbergrauen, leicht umgrünten Bergen sich ergoß. Daß Griechenlands müder gewordenes Licht dann niedertauchte und das kluge Auge Roms die Welt kalt überblickte: »Was ich erfasse, ergreife ich. Was ich ergreife, behalte ich. Was ich behalte, wird ich.« Das war Rom.

Aber unser Untergang war nicht götterhaft. In der Bibel spricht der Herr bei der Zerstörung des babylonischen Turmes nur das Wort: »Wohlauf, laßt uns herniederfahren und ihre Sprache daselbst verwirren, daß keiner des anderen Sprache vernehme. Also zerstreute sie der Herr von dannen in alle Länder.«

In welche Länder zu flüchten bleibt uns, den Heutigen, übrig? Können wir uns neue Götter setzen, da es doch Helden einst schon unter uns gab? Helden werden noch kommen können und herrlichere als je waren und solche, von derem menschlichen Glanz viele Geschlechter sich nähren und an deren jünglingshaftem Stolz sie sich freuen mögen. Könnten wir die tragische Vereinsamung des Menschengeschlechtes von heute unter dem entgötterten Himmel heroisch ertragen! Heroismus müßte es heißen, daß Menschen diese grauenhafteste aller Zeiten überdauert haben, elend, schwach, verbittert, vergiftet, aber lebend trotz allem! Keinem alten Götterbilde wollen wir nachstreben. Sondern wir können uns vielleicht aus den großen, heilig-schaffenden Menschen wie Bach, Mozart, Kant, Goethe, aus den großen Ärzten, den großen Forschern, den großen Lichtern in der Dunkelheit selbst neue Götter schaffen, die wir anbeten, und in deren Schutz wir sicherer wären vielleicht als unter dem Dach der von Blut befleckten Kirche. Und nicht die großen schöpferischen Geister allein. Alle, die im Kleinen Gutes gewirkt haben, müßten angebetet werden, obgleich sie sterblich sind. Denn das Große ist nicht unter der Erde zu begraben, sondern soll immer *über* uns leben. Keine neue Heldensage hat den vergöttlichten Helden, den Menschen mit seinen ungeheueren Taten, wie einst den Herakles, in den Tempel vor die reichsten Altäre gestellt. Die Kirche nennt unter den Lebenden und Sterbenden von heute keine Heiligen mehr und ist zu Eis erstarrt auch hier. Die Ahnen werden zu wenig geehrt, die Kinder zu wenig gepflegt. Die namenlose Masse wird namenlos gezeugt, verwendet, vernichtet, vergessen. Was sollen uns die Massen mit ihrer Arbeit und ihrer technischen Vollendung, ihrer tönernen, tonlosen Macht? Können sie denn auch nur sich selbst schützen, namenlos blind und stumm wie sie sind und auf immer entweiht? Aus allen können nicht Götter, Helden und Heilige werden. Aber einige müssen wir erwählen, und die andern sollten sie anbeten und derart auch teil an ihnen haben, so vergänglich auch alles ist.

Ein japanischer Weiser erzählt von einem alten Mann, der von seiner Höhe eine Springflut noch fern im Meere heranrollen sah. Das »Dorf mit 300 Seelen« lag am Strande. Er zündete seine Reisfelder an und die Garben alle, seinen ganzen Reichtum. Die Glocke des Buddhistentempels wurde geläutet, alle kamen eilig vom Strande zu dem Feuerbrande, um zu löschen. Inzwischen versank das ganze Dorf unten in der Springflut, in einer einzigen Welle, unter furchtbarem Getöse, in einem schrecklichen Gewitter. Aber die Menschen waren gerettet und wurden in dem Tempel untergebracht, bis neue Häuser gebaut waren. »Geschenke hätten nicht genügt, um die Gefühle der Verehrung für den Retter, Hamaguchi, auszudrücken«, erzählt der Weise, »sie konnten ihn nicht reich machen, er hätte es auch nicht zugelassen, selbst wenn es möglich gewesen wäre. Sie glaubten, daß der Geist in ihm göttlich sei. So erklärten sie ihn zu einem Gott und nannten ihn Hamaguchi Daimyojin. Als sie das Dorf wieder aufbauten, errichteten sie seinem Geist einen Tempel und schmückten ihn mit einer Gedenktafel, die in chinesischen Goldlettern seinen Namen trug. Dort huldigten sie ihm mit Gebeten und Opfergaben. Er selbst lebte noch ein schlichtes Leben im Kreise seiner Kinder, Enkel und Urenkel in dem alten binsengedeckten Hause auf dem Hügel, während seine Seele in dem Heiligtum unten angebetet wurde.«

(1924)

Der weisen Könige Wirken

Im Jahre 1828 sagte der greise Goethe zu Eckermann: »Da war Napoleon ein Kerl! Immer erleuchtet, immer klar und entschieden, und zu jeder Stunde mit der hinreichenden Energie begabt, was er als vorteilhaft und notwendig erkannt hatte, sogleich ins Werk zu setzen. Sein Leben war das Schreiten eines Halbgottes von Schlacht zu Schlacht und von Sieg zu Sieg. Von ihm konnte man sehr wohl sagen, daß er sich im Zustand fortwährender Erleuchtung befand, weshalb auch sein Geschick ein so glänzendes war, wie es die Welt vor ihm nicht sah, und vielleicht auch nach ihm nicht sehen wird.«
Sind bloß mir diese Worte heute unverständlich? Sah Goethe nicht die grandiose Ironie im Schicksal Napoleons?
Napoleon stellt ein männliches Ideal auf. Klarheit, Zielstrebigkeit, Verachtung der Menschen, Willen zur Macht. Aber im tiefsten Grunde haben in diesem säkulären Manne ganz andere Ströme gewirkt: Sentimentalität und ihr Widerspiel, Eitelkeit. Goethe hat diesen Bruch ganz klar als einziger in seiner Zeit erkannt, »Napoleon hat die Tugend gesucht, und, als sie nicht zu finden war, die Macht genommen.« Als er aber die Macht hatte, regte sich die »Tugend« von neuem, das Streben nach irgendeiner glatten Harmonie, nach einer einfachen Auflösung, nach dem Frieden in dem weitesten, dem tiefsten, dem ergreifendsten Sinn.
Es gibt drei solche einfache Lösungen: Die ethische, welche Gott-Ordnung und Gerechtigkeit heißt, die Entscheidung Hiobs, sie ist die bitterste und die fruchtbarste zugleich.
Die zweite ist die ästhetische, die Auflösung der als unrettbar ungerecht erkannten Welt wenigstens in der Schönheit, in der Harmonie der Sternensphären, im Troste des überirdischen Einklangs. Dies ist die Gnadenwahl Goethes, und man kann in der italienischen Reise den Wendepunkt sehen, wo er von der Gerechtigkeit zur Ordnung, zur Schönheit, zum gefälligen Maß, zum freundlichen Leben übergeht. Ganz persönlich sagt Goethe darüber: »Die auf dem Rücken gefalteten Hände, der gesenkte, lächelnde Blick (man erinnere sich an Tischbeins Gemälde!) sagen, daß man die Erde wohl und heiter zu betrachten habe; sie gibt Gelegenheit zur Nahrung; sie gewährt unsägliche Freuden; aber unverhältnismäßige Leiden bringt sie.«
Die dritte Lösung ist die egozentrische, monomanische, die so-

wohl die gerechte Entscheidung als auch die gefällige, schöne Harmonie draußen läßt und dafür durch Bändigung der inneren Triebe oder aber durch fesselloses Walten dieser innern Triebe sich Frieden innerhalb des eigenen Wesens zu schaffen sucht.
Auf dieser Stufe sehen wir Napoleon, und auch dies hat Goethe, im Widerspruch zu dem zitierten Ausspruch früher einmal völlig klar erfaßt: »Der Mensch muß wieder ruiniert werden!… Da aber hienieden alles auf natürlichem Wege geschieht, so stellen ihm die Dämonen ein Bein nach dem andern: So ist zuletzt auch Napoleon unterlegen.« Das ist er auch. Napoleon hatte im italienischen Feldzuge zwar mit der Gerechtigkeit, wenn auch ihrer niedersten Stufe, der Sachgerechtigkeit oder Realpolitik, begonnen, hatte als »Kerl« bei Lodi und den andern Schauplätzen seines brillanten Beginnes seine Laufbahn eröffnet, er hatte, worauf Goethe selten hinweist, was aber das wichtigste ist, in einem kurze Zeit währenden Zustande echter Erleuchtung sich als König und Herrscher von der Sachgerechtigkeit zur ordnenden Gerechtigkeit, zur Zivilisation gesteigert, hatte in guten Gesetzen, fürsorglichen, weit vorausgehenden, sanft fördernden Maßnahmen für sein Land gewirkt, durch Brücken, Straßen, Häfen, Schulen, Richter, durch gute, das heißt bessere Gesetze, durch Ordnung, Ordnen und Ehrfurcht. Aber in der Zeit seiner Höhe, von 1805 angefangen, ist der welthistorisch waltende Napoleon völlig sich selbst entglitten, und damit auch der Beherrschung der Welt, die nur zu seinen Füßen liegt, weil sie nicht anders kann. Von da an bis zu seinem Tode ist er in ständiger Täuschung befangen über die Mächte Europas und die Gegenmächte, über den Kontinent und den Gegenkontinent. Moskau, Leipzig, Waterloo waren nicht einfach verlorene Schlachten, sondern Katastrophen von innen heraus, strategisch von vornherein vor dem ersten Flintenschuß verlorene Entscheidungstage, wie die Schlacht an der Marne für das alte Deutsche Reich. Hier haben wirklich Dämonen dem unseligen Menschen ein Bein gestellt. Wie aber erklärt es sich, daß Goethe, statt sich selbst als den erleuchtetsten Mann seiner Zeit anzusprechen, diesen Namen dem verblendetsten gab? Sehr richtig bringt Goethe zwar das glückhafte Leben eines Individuums mit dem Grade seiner Erleuchtung in Zusammenhang. Aber war denn Napoleon glückhaft? Er ging unter, er raste in einem Höllensturze von so gigantischen Massen vom gleißenden Himmel zur bittern Unterwelt nieder, daß uns heute, hundert Jahre nachher, der Atem stockt, sehen wir dies

Schicksal von weitem. Aber wie konnte das Goethe entgangen sein? Bonapartes kummervolle Nächte vor und nach den hundert Tagen, Waterloo, Bellerophon, Sankt Helena? Ist hier, wie bei den Begegnungen Goethes mit Kleist, Hölderlin, Beethoven, ein Punkt seelischer Blindheit, doppelt grauenvoll bei dem herrlichsten Geschöpf der Erde?
Was ist Erleuchtung? Ist es nur eine praktische Gabe, das Leben am rechten Punkte anzufassen, das möglichst Angenehme, Reinliche, Gefällige, wenn auch Zufällige darin zu sehen und daraus zu ziehen? Die Erde »wohl und heiter zu betrachten«, ist das genug? Goethe ging immer von dem heiliggehaltenen Zustande der Mitte aus und gelangte durch die seinem Genius gemäße Steigerung bis zu dem Übermenschlichen: Die höheren Sphären öffneten sich ihm mühelos. Man fühlt das jetzt oft mit Entzücken, wie er, ohne Kraft, ohne Schwäche, wie ein Atemhauch sich erhebt. Er rührt nur den Finger, und die irdische Erde liegt unter ihm, er steigt nicht, er schwebt. Das ist es auch, was ihn fremd macht, denn wer könnte ihm darin folgen? Hält er aber in seiner geheiligten Mitte seinen Atem an, faßt er seine Glieder in Ruhe zusammen, dann eröffnet sich ihm ebenso mühelos, ja man kann sagen: glückhaft, das Unbewußte, Stein, Pflanze, Stern, der sanfte Zauber der Farbe wird ihm offenbar, und mit den Fingern greift er sehr zart und sehr sicher in das Rieseln des Regenbogens über den Wiesen am Abend. – Dieser Zustand der Mitte war schon den Zeitgenossen Goethes in Deutschland (dem zentralsten Gebiet der bewohnten Erde) schwer nachzuerleben. Uns ist er seit 1914 völlig verlorengegangen. Wir denken, wir fühlen, wir leben aus einem Grenzgefühl heraus. Daß wir *gerade noch* atmen, uns regen, daß wir ein Wort über die Lippen bringen, ein Werk aus unsern Händen entlassen können, unvollkommen wie es ist, aber doch als das Höchste, was unserm Besten, unserer äußersten angespannten Grenze entspricht, dieses Grenzgefühl läßt uns existieren; es begründet, es entschuldigt, es krönt unser Dasein in allen Ständen, allen Charakteren, allen Sphären unseres bürgerlichen und individuellen Daseins. Deshalb fühlen wir uns in der Kunst dem Shakespeare und den Vor-Shakespeareisten, einem Rembrandt, dem Kleist so verwandt, deshalb verstehen wir Balzac, wie ihn die frühere Zeit nicht verstanden hat. Aber wir beruhigen uns in der Welt der Dämonen nicht. Wir wissen, daß es anderes gibt, und streben darnach mit aller Kraft, mit unsrer ganzen Seele und unserm ganzen Herzen. Der

Weg zur völlig beruhigten Anschauung, zum reinsten, in sich selbst ruhenden und umfriedeten Lebensgefühl wird erahnt und gesucht wie nie zuvor. Aber er kann nicht erreicht werden. Mozart, dem dieses Gnadengeschenk durch ein Wunder zugefallen war, bleibt eine in Zeit und Ewigkeit einzigartige Erscheinung, er ist uns eine Göttergestalt, die uns von Tag zu Tag teurer wird, denn wir wissen, seinesgleichen trägt unsre Erde nimmermehr.

Was aber bleibt uns heute zu wollen? Nur das Gemußte zu wollen, das »Müssende«, wie es Beethoven nennt, freudig zu umarmen? Es muß zwei Arten der Erleuchtung geben: die von innen heraus, die Einfühlung in die Welt. Nicht, daß wir unsere Harmonie in der Harmonie der Sternensphären finden; aber daß wir, anders, mutiger als Goethe, vor dem Abgrund, vor dem tragischen Sprung der Welt nicht zurückschaudern! Daß wir unsern Gott nicht reiner, nicht seliger erkennen, als wir selbst es sind. Daß wir im Anschauen einer tragisch erfaßten Gottheit unseren Abgrund kraft des Glaubens in den Abgrund dieser Gottheit versenken: credo quia absurdum.

Die andere Art der Erleuchtung ist die von außen. Wir wollen wirken und müssen es, wenn wir auch nicht wollen, durch unser Tun nicht minder als durch unser Leiden und Lassen. So wollen wir nicht ohne Belehrung sterben und vergehen, Belehrung, die wir nehmen und die wir weitergeben. Erziehung, Sinn zur Ehrfurcht sind Gebote von unendlich tieferer Bedeutung als das selbstverständliche Prinzip des Sozialen, der sogenannten »Nächstenliebe«, die nur das Nebeneinander, also die niederste Stufe kennt. Dienend und herrschend ist aber die Welt aufgebaut, wissend und voller Geheimnisse zugleich. Im Raume bewegt sie sich, nicht in der Fläche, und mehr als im kubischen Raume, im bewegten, zeitlichen und ewigen Raume, das ist, in Wahrheit, im unmeßbaren, weil dauernd wirksamen. Sehnsucht zur Erleuchtung ist es, wenn Goethe in der klarsten Fassung, in der je geistige Bezüge geschlossen worden sind, in seinem Tagebuche als Dreißigjähriger sagt: »Möge die Idee des Reinen immer reicher in mir werden.« Reichtum mit Reinheit zu vereinigen vermag aber bloß die Erleuchtung.

Wir wollen herrschen, ohne zu erniedrigen. Wir wollen nicht herrschen durch Spott, durch Vernünfteln, Skepsis, billige Werke und Wege, nicht durch Kleinermachen des Großen und Hohen. Wenn Shaws König in der »Heiligen Johanna« sich über das ranzige Öl beschwert, womit er gesalbt worden, wollen wir ihm nicht folgen, denn ein König ist nicht, wer im Augenblick der Krönung an das Ranzigsein denkt. Und ist er nicht königlich, was soll er uns dann, seinesgleichen kennt die Welt genug und läßt sie sich schweigend gefallen wie anderes Ungeziefer mehr. Auf Ehrfurcht wollen wir nicht verzichten, denn sie kann groß sein und größer noch als Stolz und Herrschertum, als Napoleon und alle Dämonen in seiner großen Brust.

In einem alten chinesischen Buche finde ich ein Gleichnis, das von der Erleuchtung und von der Ehrfurcht spricht, ohne sie zu nennen; es heißt: Der weisen Könige Wirken. »Yang Dsi Gü suchte den Lau Dan (Lao Tse) auf und sprach: ›Gesetzt, ein Mensch wäre eifrig und stark, von alldurchdringendem Verstand und allgegenwärtiger Klarheit und unermüdlich im Forschen nach dem Sinn: Könnte man ihn mit den weisen Königen (des Altertums) in eine Linie stellen?‹

Lau Dan sprach: ›Für den Berufenen ist solch ein Mensch nur ein Knecht und Kärrner, der mit allen möglichen Kleinigkeiten seinen Leib abmüht und seine Seele bekümmert. Außerdem zieht das bunte Fell der Tiger und Panther nur die Jäger an; weil die Affen geschickt sind, werden sie an Stricken geführt. Und einen solchen Menschen, der ihnen gleicht, den sollte man mit den weisen Königen in eine Linie stellen können?‹

Yang Dsi Gü errötete und sprach: ›Darf ich fragen, wie dann die weisen Könige regierten?‹

Lau Dan sprach: ›Der weisen Könige Wirken war so, daß ihre Werke die ganze Welt erfüllten und doch nicht den Anschein hatten, als gingen sie von ihnen aus.

Sie wandelten und beschenkten alle Wesen, und die Leute *wußten nichts davon.* Ihr Name wurde nicht genannt, und doch machten sie, daß alle Wesen innere Befriedigung hatten. Sie standen im Unmeßbaren.‹«

Welch ein Gegensatz zur christlichen Lehre!
So sieht der erleuchtete Osten die Welt.

(1924/1925)

Frieden, Erziehung, Politik

Schon daß es Friede heißen kann oder Frieden, ist etwas Tröstliches gegenüber der bitteren Unerschütterlichkeit des Wortes Krieg. Es ist ja nicht gleichgültig, wie das tief Ersehnte der Jahre vor uns, wie das Ziel der kommenden Jahre heißt. Noch gibt es Menschen, die sich gegen den Vorwurf des Pazifismus verteidigen. Es gibt im Jahre 1925 Menschen genug und auch solche von nicht geringer geistiger Bedeutung, die glauben, daß der Krieg nie aus der Menschenwelt zu beseitigen sei, da doch der menschliche Organismus schon einen Schauplatz unaufhörlicher Kämpfe darstelle. Aus diesen Reden ist als dauernder Unterton zu hören: Kampf ums Dasein. Auswahl der Stärksten. Leben heiße: ein Kämpfer sein. Leben heiße: zur gewinnenden Partei zu gehören. Leben heiße: übrig bleiben.

Baudelaire spricht an einer Stelle seiner Tagebücher haßerfüllt von den kriegerischen Phrasen des französischen Bürgerparlamentes, von den Worten, die militärische Uniformen tragen, den Redens- und Denkungsarten, die mit Erz gepanzert sind – und zu denen kein Mut gehört. Der Gottglaube der gottlosen Völker heißt Patriotismus. Aus Nachgefühlen, Ressentiments, und nicht aus der Fülle des freudigen Mannesgefühls eines Volkes, wird der Nationalismus geboren. Ein Volk auf der Höhe seiner kulturellen und selbst militärischen Existenz muß sich gar nicht bewundernd im Spiegel seines Nationalismus beschaut haben – Preußen tat es nicht zu Zeiten Friedrichs des Großen militärisch, Deutschland war sich zu Zeiten Goethes und Kants kulturell nicht seiner Existenz als Nation bewußt, und gerade in diesen zwei Epochen wirkte Deutschland am stärksten auf den Kontinent. Im Nationalismus verbergen sich nur literarische Scheinkräfte, und sie sind es, die Krieg und Frieden diktieren und die Welt nach ihrem Ebenbilde gestalten wollen.

Krieg und Frieden? Nicht ganz. Es zeigt sich mit jedem Tage, der uns nach den Jahren 1914-18 einer gegründeten Ordnung näherbringt, daß wohl Krieg diktiert werden kann, Friede aber nicht. Friede ist eine eigene Sinnesart der Menschen. Er ist eine besondere Kategorie, die Welt innen und außen zu fassen. Er ist eine eigene Methode, mit dem Dasein aktiv fertig zu werden, und diese Arbeit kann man nicht auf Kommando und Diktat bestellen. Friede muß bestellt werden wie ein Ackerfeld. Auf einem geeigneten Boden unter einem guten Himmel muß reines Korn gesät werden. Ein Wissender, ein Vertrauender, ein dem Boden und dem Werk liebend Zugetaner muß nach stetigem Plan etwas schaffen, wovon in späteren, glücklicheren Zeiten eine Ernte zu gewinnen ist. Gewinnen muß ein unerschütterlicher Optimist eine schwere Arbeit wie ein Spiel. Dann mag er zurückblicken auf eine unabsehbare Reihe guter Jahre (Sentimentalist), voll Liebe zum Boden als Patriot. Aber nicht dieser Boden ist die wahre Heimstätte, sondern die menschliche Seele, die menschliche Sprache, und besonders das menschliche, übermenschliche *Zusammenleben*. Napoleon, der größte Kriegsgeist, war der stärkste Pazifist. Seit seinen ersten Siegen hörte er nicht auf, den Frieden zu wollen. Vieles in seinen pazifistischen Briefen an den Kaiser von Österreich, an den Zaren von Rußland, vieles auch in seinen Memoiren mag nur Politik sein und Taktik, die das Odium des Kriegs (und für Napoleon war der Krieg ein Odium) auf den »Feind« abzuwälzen bestrebt war. Aber in der ungeheuren aufbauenden Arbeit, vor allem durch die organisierte Gesetzgebung, die Napoleon in Frankreich und indirekt auch in Europa geleistet hat, ist nirgends der Zug zur Stetigkeit zu verkennen, ein Arbeiten »auf langes Ziel«, das nur der Friede garantieren kann. Wenn Napoleon dieses Ziel nie erreichte, so lag die Schuld nicht an seinem mangelnden Genie, sondern an seinen Mitteln und an seiner beschränkten Lebens- und Arbeitsdauer. Hätte er hundert Jahre zur Verfügung gehabt oder die Möglichkeit, seine Ziele in einer Dynastie mit festem Hausgesetz (Karl der Große) festzulegen, dann wäre das Angesicht Europas in den Grundzügen wahrscheinlich heute noch so geformt, wie Napoleon es geformt hat. Aber in seiner kurzen Schöpferdauer, es waren nicht viel über 15 Jahre, mußte sich Napoleon der schnelleren, aber auch unsicheren Mittel des Kriegs bedienen. Und daran scheiterte er. Er konnte Krieg diktieren, aber keinen Frieden. Seine Friedensschlüsse waren alle Provisorien, von den ersten, denen des italienischen Krieges, bis zu den letzten.

Wie soll es aber uns gelingen, was dem größten Menschengeist der letzten hundert Jahre mißlang? Es wäre Größenwahn und, mehr als das, es wäre Eitelkeit, wollte man leugnen, daß die Forderungen des Friedens über das Durchschnittsmaß unserer kleinen Zeit gehen. Optimismus in der Erkenntnis der innersten Menschennatur, die im guten wie im bösen zur rasendsten Ausschweifung neigt, war auch in größeren, helleren Zeiten keinem Lebenden erlaubt. Napoleon, der im Grunde Sentimentalist war, ging dort zugrunde, wo er sich diesem Optimismus hinzugeben die Schwäche hatte. Der Welt gerecht zu werden ist aber auch der stärksten, ruhigsten Epoche nicht gelungen. Was wir können, ist nicht Gerechtigkeit, nur Ordnung. Was wir vermögen, ist nicht Besserung, nicht Wandlung, denn diese ist außer der Macht und geht über menschliche Stärke, sie bleibt die Gnade des Gläubigen, credo quia absurdum. Nur *Erziehung* liegt in unserem Willensreich. Die Wandlung der menschlichen Seele durch das Christentum ist ausgeblieben. Vergeblich, daß die Kirche (das ist: das geordnete Christentum), diese Wandlung als eine Station der heiligen Messe, dieses großartigen Symbols der menschlichen Universalität durchmessen läßt. Was das Christentum, chaotisch in seinen vier widersprechenden Evangelien, geben konnte, hat es gegeben. Was die Kirche, dieses Chaos nach Menschenkräften ordnend, von den Zeiten ihrer sagenhaften und zugleich politischen Gründung bis zum heutigen Tage nicht vermochte, wird keine Kirche der kommenden Jahrhunderte geben können. Der Weg der weltlichen Erziehung ist der einzige, der bleibt. Die Erziehung geistlicher Art durch die Kirche hat versagt, der Zustand von heute ist aber auf die Dauer selbst nur eines (unseres) Menschenlebens unerträglich. Die Menschen, nicht nur Deutschlands, sondern der ganzen bewohnten Welt, ersehnen Frieden und wollten ihn »erkämpfen« um jeden Preis.

Niemals aber kann Frieden erkämpft werden. Man hat geirrt, wenn man dies für möglich hielt. Der Friede ist nur zu erziehen. Masse, Menschheit, Volk, Stamm und Sippe, Familie und Ehe, jede Verbindung von auch nur zwei Menschen muß planmäßig zum Nebeneinander erzogen werden. Diese Nebeneinander ist ethisch noch unvollkommen, aber es ist faktisch möglich. Es ist oft nicht gerecht, aber es ist Sache einer Ordnung. Es ist nicht Traum und himmlische Spiegelung, sondern es ist Tatsache, denn sonst könnte keiner auch nur sprechen, und andere könnten ihn nicht verstehen. Aber sie können es, vielleicht hier etwas vollkommener oder dort unvollkommener, aber die Verbindungsmöglichkeit, das Nebeneinander im Wort und Sinn ist Tatsache, und aus dieser Tatsache sind die praktischen Schlüsse zu ziehen und nicht aus den hypothetischen, früheren Stadien dieser Tatsache, nicht aus dem prähistorischen Menschen und seiner fragwürdigen Entwicklung. Die

Natur ist an sich ein unfaßbarer Begriff, da wir, implizite ihr angehörend, nie die Urteilsdistanz zu finden vermögen. Die Natur ist, rein praktisch im ganzen genommen, ein Nebeneinander, oft auch ein Füreinander, mag auch das frühere Stadium Kampf bis aufs Blut, Kampf um die Art und Ausrottung einzelner Formen gewesen sein. In diesem Sinne ist »Darwin als Erzieher« einer der wichtigsten Gründe für das heutige Chaos.

Darwin war nie Moralist. Er wurde es nur in den Köpfen kriegstoll gewordener Schwächlinge und Philosophen, die in ihrer Impotenz Blutorgien erträumten. Aber in diesen Träumen beginnt die kriegerische Phrase, das seuchenartig über Europa sich ausbreitende Massenwort. Es ist nicht Darwin, der große, geniale, allzu ruhige Forscher und Sammler, sondern es ist, wie bei Andersens Märchen, ein selbständig gewordener Schatten. Dieser Schatten hat sich eine Kanone angeschafft und hat sich vorgenommen – mit den Mitteln des Nebeneinander und grotesker Weise selbst des Füreinander –, für das Gegeneinander, für den Krieg an sich zu arbeiten. Kampf ums Dasein, welch ein Widerspruch, contradicito in adjecto, da doch nur der bereits Daseiende überhaupt kämpfen kann. Auswahl der Stärksten und Anpassungsfähigsten? Nie bewiesen. Und wäre es selbst bewiesen, und wäre es selbst naturwissenschaftliche Tatsache, so bleibt es dennoch Stumpfsinn und Widersinn, aus dem Zusammenleben der Tierarten heraus Gesetz und Recht herauszudestillieren für das Zusammenleben der Menschen, deren Größtes, ja deren einzig Großes darin besteht, sich durch das Maß über das Tier zu erheben. Das ist doch der gewaltige Sinn der Sprache, daß sie mißt. Darin gründet sich doch die wunderbarste, fruchtbarste Möglichkeit und freudige Sicherheit, daß es gemeinsam Mitteilbares gibt, daß man durch Teilung und durch Verständigung die Verhältnisse regelt. Niemals kann die natürliche oder künstliche Waffe mit dem Wort wetteifern. Es ist ein tragikomischer Anblick, Menschen auf die Verständigung mit Worten verzichten zu sehen, nur um sich statt dessen mit neuen Zähnen, Krallen, üblen Gerüchen auszurüsten und stumm, tierischer als das Tier, über seinesgleichen herzufallen. Ein rein tragischer Anblick ist es freilich, wenn Menschen das Heiligste, das Wort, vergiften. Verleumdung ist bitterer als Blut, Schmutz tödlicher als das Schwert. Das Wort muß erst gereinigt werden, ehe es geheiligt werden kann. Uns fehlen heute große Wortrichter oder Philosophen, wir haben überhaupt keine Richter, und doch brauchen wir sie, nicht damit sie hinrichten und verurteilen, sondern damit sie ordnen und erziehen und die Lehrer lehren. Vom Wort kommen wir nicht los. Aber laßt dieses nur treu sein, gewogen wie Gold und geläutert im letzten Feuer. Es gibt keinen Sinn ohne das Wort. Alles was das Wort geben kann, ist Erziehung. Man sage nicht, die Kraft, die Offensive, der Angriffsgeist auf der ganzen Linie sei Zeichen menschlicher Stärke. Viel mehr Stärke braucht es, anscheinend Unmögliches zu beginnen, den Menschen durch Erziehung von seinem biblisch bösen Sinn abzubringen. Pflicht heißt, sich freiwillig an seinen Teil binden, um der Verständigung willen. Lehrt man das durch Gewehre? Man lasse unentschieden, was das Stärkere ist: Giftgasgranate oder Schiefertafel. Sicher ist nur, daß es zur Ordnung menschlichen Zusammenlebens ein Drittes nicht gibt. Die Schule allein, und Schule im weitesten und tiefsten Begriffe erfaßt, kann helfen, wirken, säen und ernten. Schule überall, in der Fabrik und beim Sport, angefangen von der Akademie und Universität bis zu dem Abendgespräch des älteren Bruders mit dem Jüngeren. Weshalb sollte nicht jeder Jünger sein und bleiben? Die Schule allein hat noch den durch nichts zu erschütternden Optimismus, an die Bildungs- das heißt: Besserungsfähigkeit des Menschen zu glauben. Mag das immer nur ein »Als ob« sein, es ist wenigstens produktiv, es stellt sich an den Arbeitstisch des in Blut, Geld und Gift verwesenden Jahrhunderts und schafft Menschen nach einem edleren Bild, als sie es verdienen. Man hätte den Lehrer als große, ja heilige Gestalt nie angreifen sollen. Jeder Menschenmörder ist verdammenswert, der Mörder eines Lehrers ist es um so mehr. Nein, der Mensch ist nicht gut. Wenn aber einer noch in der Wahnidee menschlicher Güte lebt, ist es der Lehrer. Er ist der letzte, der einzige Idealist unserer Zeit. Er ist mit seinem falschen Als ob, aber mit seinem wahren Gefühl, das einer besseren Ordnung zugewendet ist, er ist der Mann der Wirklichkeit, er ist der Kräftige, der Schaffende, der echte, in der Stille wirkende König, das praktische Genie; wenn er genial ist, ändert *er* die Welt und nicht die andern. Rousseau, Kant, Pestalozzi: drei Weise und dennoch Menschenfreunde; drei nur denkende und dennoch auf Jahrhunderte hin in Kontinenten wirkende Meister. Was ist Politik anderes als Erziehung? Als Erziehung im tiefsten Sinne müßte Politik geführt werden. Solange man freilich jedem Volke einredet, was es nur zu gerne hört, nämlich, daß es vollkommen sei, und daher mit dem Rechte seiner Vollkommenheit sich bloß auszubreiten und zu vermehren habe (Faschismus), solange

man freilich jedes Volk in dem Glauben läßt, es habe die göttliche Mission und irdische Sendung, seine natürliche Expansion von dem Platze an der Sonne bis zur Eroberung Europas und des Erdballes fortzusetzen, solange wird man in der Politik nichts Vernünftiges, nichts Vernunftwürdiges erzielen. Politik muß vielmehr planmäßig unter Ausschaltung persönlicher und Masseneitelkeit »auf langes Ziel« geführt werden. Nicht im Sinne des Kampfes ums Dasein. Nicht der barbarischen Atavismen wegen, die uns der Menschenfresserei zuführen müssen, nachdem die Menschenschlachtung anonyme Beschäftigung und bürgerliche Gewohnheit geworden ist. Politik müßte im entgegengesetzten Sinne *gegen* den Kampf ums Dasein geführt werden. Man müßte das trotz allem tröstliche Resultat, wie es sich aus dem Dasein, dem Übriggebliebensein ausspricht, in erster Linie berücksichtigen. Durch Erziehung müßte dieses Nebeneinander im Raume auf der Erde auch ein Nebeneinander im Sinn werden, im Worte, im Geiste und der Gesinnung. Dieses Nebeneinander, der Denkungs- und Lebensweise aller eingefügt und eingeordnet, heiße Gesittung.
Uns schreckt die Ideologie eines ewigen Friedens nicht. Wir sind durch die Höllenkreise des Weltkrieges gegangen, wir hatten keinen Vergil als Führer zur Seite. Nun aber suchen wir den Sinn dieser apokalyptischen Erscheinung. Neben dem göttlichen auch den realen, historischen Sinn. Jedes Volk wird ihn sentimental vom Standpunkt seiner eigenen historischen Ideale anders erlebt haben. Wir werden dabei freilich nirgends zu sehen bekommen, daß ein besiegtes Volk seinen Sturz ebenso als Gottesurteil betrachtet und auf sich nimmt, wie ein siegreiches seinen Sieg. Darin sind die Völker wie Kinder. Aber in einem werden alle Nationen übereinstimmen, unabhängig von der Gerechtigkeit oder Frevelhaftigkeit ihrer Sache. Daß der Krieg als Lösung keine praktische Form ist. Daß er dem Geist der Ordnung widerspricht, mag er auch dem »als ob« der Gerechtigkeit (Revanche) Genüge tun. Es ist so, daß kooperative Arbeit im Sinne des langen Zieles doch einmal getan werden muß. Es ist aber nicht so, daß das sinnvolle Zusammenarbeiten und Wirken der Nationen (wenn wir schon einmal in diesem Begriffe der Nationen rechnen und politisch denken), daß dieses organische Nebeneinander jetzt, nach dem Kriege, leichter geworden wäre für eine der kriegführenden Teile, seien es Sieger oder Besiegte. Niemand kann das behaupten. Daß dieser Kampf ums Dasein in einem sehr kläglichen und augenblicklich fast nur rein geographischen

Nebeneinander (dies ist die niederste Form der Realpolitik) geendet hat, dieser Einsicht verschließen sich auch die Sieger nicht mehr. Man darf Darwin als dem Moralisten nicht glauben. Sagt er, auf beschränktem Raum (Europa) sei nur eine begrenzte Zahl von Artgenossen lebensfähig, so ist dies eine durch praktische Erkenntnisse widerlegbare Tatsache. Gerade das Gegenteil wird Tag für Tag durch die menschliche Gemeinschaft bewiesen.

Ist in der Tat ein Mißverhältnis zwischen allzu rapid ansteigender Menschenzahl (und wesentlich: ihren unnötigen Bedürfnissen) auf der einen Seite und den langsam ansteigenden Ernährungsquellen andrerseits vorhanden, so ist Gewalt, in welcher Form immer, das unsinnigste Heilmittel. Es handelt sich um eine praktische Forderung, und dieser Mißstand kann nur durch praktische, sinnreiche Methoden abgestellt werden, wie z. B. durch den Ausbau der Stickstofferzeugung aus der atmosphärischen Luft. Das ist eine Sache des Lehrers, hier des Ingenieurs. Die Politik, die sich in diesem Sinn einstellt, ist eine Weltpolitik und eine säkulare Politik. Der Führer und Lehrer hätte vor solchen Aufgaben seine Kraft angesichts des ewig unvollkommenen Schülers niemals verlieren dürfen –, dann könnten unzählige Gute heute noch leben und an den Gütern des Lebens, Freude und Frieden, hätten alle mehr teil.

Sprecht nicht mehr vom Genius des Krieges! Schweigt vom Genius der Rasse! Dante, Goethe, Mozart, Shakespeare, Cervantes waren keine Rasse. Keine Herde Mißgeschaffener hat das Recht, sich das Volk dieser Hohen, Reinen zu nennen. Niemand soll die Schulen stürmen, deren heilige Stille und, soweit menschliche Maße reichen, höchst vollkommene Ordnung jene geweiht haben.

(1925)

Passionsweg der Zeit

Wir können das Weltall, soweit es unserer Erkenntnis zugänglich ist, nach allen Richtungen durchstreifen, nichts deutet darauf hin, daß außer uns Menschen noch einem lebenden Wesen die *Erleuchtung* gegeben ist. Wenn es sonst nichts wäre, schon dies allein müßte uns stolz machen und müßte jeden Gedanken, jede Handlung von innen heraus adeln. Was sind Sternenmeere viel anderes als glühendes, feuerstrahlendes Gestein, gespenstisch in unermeßlichen Fahnen vielfarbenen Feuers wehend? Unbewußt ihrer selbst durchirren sie einen kalten Raum, der in seiner Grenzenlosigkeit vor ihnen zurückweicht. Sie, die Fixsterne und Planeten, umfaßt er, aber er begreift sie nicht. Wir und Gott sind die einzigen, die begreifen, wir fassen, wir halten. Wir sind die nennenden, die richtenden, die rechtenden. Und fände die Wissenschaft heute noch andere Wesen, denkend, lebend, liebend gleich uns, unser Stolz wäre nicht erniedrigt, nur unsere Vereinsamung gemildert, unsere Fremdartigkeit gelöst. Diese Gabe der Erleuchtung ist bis dahin uns allein eigen, wenn wir nur die Wissenschaft gelten lassen. Wir sind der auserlesene Spiegel, nicht nur in den höchsten Repräsentanten unseres Geschlechtes. Auch in den niedrigen und gemeinen bleibt diese Gabe wirksam, sie ist dem Verbrecher unbenommen und ist dem letzten der letzten nicht versagt. Solange die gottesfremde Wissenschaft uns nicht unseresgleichen auf anderen Planeten zeigt und beweist, kann der gläubige Christ sich an Gottes Sohn innig halten und tröstlich klammern. Kein noch so kalter und höhnischer Verstand kann etwas dagegen beweisen, daß Gott seinen eigenen Sohn zur Erde gesandt habe, um ein Mittler zu sein zwischen ihm und uns. Jeder noch so stolze Größenwahn der menschlichen Kreatur läßt sich durch die exzeptionelle Stellung des Menschen begründen oder doch entschuldigen.

Aber von solch einem Größenwahn sind wir nie soweit entfernt gewesen wie jetzt. Wir sagen uns nicht: hier stehe ich, das nie wiederkehrende, herrlich brüderlose, herrschende, unnennbar sich der Welt hingegebene, demütig freudige Ich, und Angesicht zu Angesicht zu diesem Ich dienen mir die wiederkehrenden Gestirne. Ich messe und beherrsche die Zeit, ich stehe losgelöst über der Dauer, in der alles Belebte sonst blind versinkt, ich habe den Begriff, das heißt die Möglichkeit des Begreifens, die ewige, immer freudenvolle Wahl zwischen ja und nein. Wir haben noch das dritte, das »Vielleicht«, die Hoffnung, die Erinnerung, wir können vergessen wie Gott, wir können hoffen wie er, während alles andere dem törichten Augenblick rettungslos, erinnerungslos, hoffnungslos verfallen ist. Wir sind die einzigen, die uns Namen geben und an Namen uns erinnern. Es liegt zwar Eitelkeit darin, sich in dem eigenen Namen zu spiegeln, als hätte er Dauer, aber wir bezahlen diese Eitelkeit ehrlich mit unserer Angst vor dem Tode, welche einer namenlosen Kreatur erspart bleibt. Eitelkeit und Todesfurcht sind nur zwei Glieder einer kurzen Kette.

Sehen wir das unendlich zart gezähnte Rad der Zeit in Jahrmillionen sich bewegen, können wir sagen: Jahrmillionen hat es gebraucht, bevor wir emporgezogen wurden an diesen letzten Tag und sein Blühen, in seinen Glanz und seine holde, wenn auch nur kurze Dauer, nun mögen auch Jahrmillionen vergehen ohne uns. Wir sind mehr als das Salz der Erde, wir sind sein Auge, sein Sinn, wir sind der unbeteiligte, über den Dingen stehende Zuschauer oder wir könnten es sein. Sollte sich dieses vielfältige Gebilde, das wir als erkennbare Welt umfassen, sollte dieses tausendfarbige Gebilde sich des einzigen Zeugen berauben? Das ist die Frage der Unsterblichkeit. Soll Alexander wirklich nur gut dazu sein, das Loch in der Lehmwand auszustopfen? Selbst die Torheit, Blindheit, der Stumpfsinn der Natur müßte vor dem eingeborenen Stolz des nie wiederkehrenden Menschen verblassen.

Aber dieser Größenwahn ist der einzige, den unsere mit allen Arten Größenwahn reich gesegnete Zeit sich hartnäckig versagt. Ja, alles, was diesem postulierten, hohen Grundgefühl entspricht, verschwindet allmählich aus dem Bewußtsein des europäischen Menschen. Von unseren Ahnen her ruht es noch in uns, aber es wird schwächer und droht zu erlöschen. Es ist eine Art Unschuld, die wir verloren haben, und wie ein der Unschuld beraubtes Mädchen verbergen wir uns vor diesem Gedanken, wir stehen dem Universum nicht naiv, nicht unschuldsvoll gegenüber, wir denken nicht einmal an die Möglichkeit dieses Gedankens, und doch müssen wir ihn nicht nur im Geiste fassen, sondern auch in der Wirklichkeit bis zum letzten einmal zu Ende leben. In einem bestimmten Augenblick müssen wir alle, als Einzelwesen, als die einzig erleuchteten dem schwarzen, dem unendlich weiten, unendlich kalten, unendlich dummen Universum ins Auge sehen, im Augenblick des Todes. Hier müssen wir uns darauf besinnen. Dieser Sinn des ein-

maligen, des auserwählten wird uns dann aufgezwungen, und auch der andere Teil, der des Glaubens, wird dann klar, die Brüderschaft des Menschen mit Gott wird offenbar.
Was uns das zwanzigste Jahrhundert als Ersatz für das kosmische Grundgefühl gegeben hat, ist eine andere Seite der Welt. Der Mensch soll seine kosmische Bedeutung nicht immer vor Augen sehen, denn es könnte ihn in seinem ephemeren Werk stören. Es soll nicht auf dem Schauplatz seiner Seele die Entscheidungsschlacht der Götter und Gegengötter geschlagen werden. Er soll sich nicht kühn und adelig dem ungeheuren Fremden entgegenstellen, sondern sich zu seinesgleichen halten. Hier liegen die furchtbaren Fallstricke der menschlichen Existenz. Die Einmaligkeit des Menschen wird fortgetäuscht durch die Familie. Es ist ja, als wäre das Weltall mit unseresgleichen bis zum Überdruß gefüllt, da wir aus dem Kreise von unseresgleichen nicht herauskommen, ihnen viel danken, ihnen viel schulden und auch uns von ihnen viel geschuldet wird. Etwas Gutes, Warmes, Vertrautes bietet sich unseren Ahnen, das uns aber, im Gegensatz zu dem strengeren, adeligeren Osten, nicht zur Ahnenehrung verpflichtet. Etwas in die unabsehbare Zukunft Hindeutendes (aber es deutet nur und bedeutet nichts an sich), offenbart sich uns in den Kindern, und wenn eine werdende Mutter auf ihren gewölbten Leib deutet und sagt: hier ist, was der Mensch Unsterblichkeit nennt, wer wollte sie dann Lügen strafen? Wohl fühlen alle die Notwendigkeit eines Sinns. Aber sie begnügen sich damit, im eigenen Kreise zu wirken, zu verknüpfen, zu arbeiten und sich zu mühen. Der Tod ordnet, er entwirrt und vereinfacht. In dem Dasein jedes Einzelnen erfüllt sich dieser Rhythmus, so glaubt jeder sinngemäß gelebt zu haben. Die Völker als solche leben nicht anders. Und der vereinfachende, ordnende, lösende Zug, die Hand Gottes unter den Völkern nennt man Weltgeschichte und begnügt sich mit dem Sinn des Wortes. Das Furchtbarste ist das Zusammenleben der Menschen. Ein Einziges hätte den Menschen bei der Vertreibung aus dem Paradiese verboten werden müssen: daß ihnen das Dasein zur Gewohnheit werde. Gerade das wurde es und wird es mit jedem Tage mehr. Man lese nur eine Seite einer Zeitung naiv, man zaubere sich für diese Viertelstunde das Auge des unschuldvollen Menschen zurück, nicht des erotisch unschuldvollen, sondern des kosmisch unschuldvollen, der zwischen den Jahrmillionen vorher und den Jahrmillionen nachher schwebend sich hält – und man kann nur

schaudern oder lachen. Die grotekeste Komik liegt in dem, was die Menschen, irrsinniger als die in Irrenhäusern eingesperrten Narren, beschäftigt, was sie ausfüllt, was sie ernst nehmen, was sie leichtnehmen. Tiefer sinkt nie ein Tier mit seinen mäßigen, aber richtunggebenden Fähigkeiten und Sinnen als der Mensch mit seiner ungeheuren, metaphysisch unmeßbar gewaltigen Bestimmung und Denkerkraft. Oft ist das Tier weise, wo der klügste Mensch nur vernünftig ist. Was wir sprechen, wird uns unter der Zunge zum Jargon, zu abgeschmackter, sinnberaubter Gewöhnung. Bald wird die Sprache, die aus dem kosmischen Grundgefühl ihre Zeugungskraft geschöpft hat, verdorren wie ein abgeschnittener Zweig. Man wird sich die Worte durch Radio millionenfach vervielfältigt zurufen, aber einen Widerhall werden sie nicht finden, so wenig ihn ein einzelner Mensch fände, wenn er auf die unfruchtbaren, kahlen, kalten Mondgebirge verbannt würde. Das einzige, was heute noch an bessere Tage des Menschengeschlechts erinnert, ist die Musik. Die Osterpassion des Sebastian Bach, mit ihrer Herzensstrenge, ihrer Herzenswahrheit, ihrer kosmischen Verzweiflung und kosmischen Wonne, mahnt noch an den einzigen, an den nie wiederkehrenden Menschen, an seine Größe, an seine Demut, an seine Leiden und an sein adliges Glück. Heute kann dies uns noch unendlich viel bedeuten. Dem Europa von morgen, das heute Amerika heißt, wird sie nur als übertriebenes, weltfremdes, abergläubisches Getöse erklingen, und dem Amerika von morgen wird es überhaupt versagt sein, den tieferen Sinn dieser Musik selbst durch ein Verneinen zu bestätigen. Mechanische Vervielfältigungsmittel werden die Elemente dieser und ähnlicher Kunst und Weltoffenbarung noch auf unabsehbare Zeiten festhalten. Der menschlichen Seele, entwickelt sie sich weiter wie in den letzten hundert Jahren – der menschlichen Seele wird der Blick dafür ebenso fehlen wie den Molchen der Sinn für den Tag, nachdem sie Generationen hindurch in dunklen Höhlen und finstern Klüften gehaust haben.

(1925)

Adliges Volk

Es ist sehr schwer, als Jude zu dem Problem des Judenhasses Stellung zu nehmen. Kann denn der als Jude Gehaßte seine Stellung ändern, kann er »sich an die Stelle« seines Hassers versetzen und sich selbst gerecht werden? Soll man den Antisemitismus, wenn er einem begegnet, persönlich auffassen oder ihn einfach auf die Zugehörigkeit zu diesem fast unmeßbar weiten, mitten in einer unabsehbaren Entwicklung stehenden Volke der Juden zurückführen? Persönlich darf man den Antisemitismus wohl nicht fassen; ich muß mich nur insoweit vom Judenhaß getroffen fühlen, als er nicht mir persönlich gilt, also kein Anti-Ernst-Weiß-ismus ist, sondern nur dem »spezifisch Jüdischen« in mir gilt. Was ist aber das spezifisch Jüdische? Wer will das von meinen »persönlichen« Eigenschaften trennen? Soviel Fragen, soviel Probleme, kaum in Worten richtig faßbare, geschweige denn lösbare. Muß man aber angesichts dieser unlösbaren Probleme, für die zwischen den kämpfenden Parteien selbst die formale Verständigungsmöglichkeit fehlt, passiv bleiben, den Judenhaß tatenlos hinnehmen als die Schattenseite eines ungeheuren Ruhmes, den der Jude tatsächlich genießt? Denn für mich steht fest, daß der Antisemitismus, wie jeder Haß, rühmlich ist; nicht ungehaßt lebt ein Volk, eine Gemeinschaft von Menschen ein auch in seinen Fehlern exemplarisches Dasein, nicht ungehaßt drückt es seinen Stempel, scheinbar ohne es zu wollen, säkularen Zeiträumen auf.

Soviel scheint festzustehen, daß man den Judenhaß nicht persönlich nehmen darf. Wo zeigt er sich aber deutlicher als im Persönlichen, jetzt, da die Grundgesetze aller zivilisierten Staaten »den Juden als Staatsbürger garantieren«? Darf aber ein Volk von so adliger Vergangenheit wie das jüdische um persönliche Gegenliebe betteln? Darf man sagen, wir sind liebenswerter als ihr, die ihr uns abweist, wissend? Wir sind bessere Bürger des Staates, haben einen größeren Prozentsatz an geistig hochstehenden, einen kleineren an moralisch tiefstehenden Menschen? Liebt uns, und zum Danke dafür wollen wir noch bessere Gäste werden, uns noch dankbarer für die gewährte Lebensweide zeigen. Dies ist nicht möglich, oder wenn es möglich ist, nicht anzustreben. Gewiß: die Stellung der jüdischen, der sippenhaften, blutverbundenen Gemeinschaft in einem fremden Lande ist problematisch, sie muß qualvoll sein und das Dasein oft schwerer, wenn auch oft heroischer machen. Ich kann verstehen, daß ein so uraltes Volk wie das jüdische oft Sehnsucht nach Harmonie hat, daß es in Frieden und ohne Konflikte dahinleben möchte, daß es sich ausruhen und lieber auf viele Leidenschaft verzichten möchte, statt daß es den Haß, den Widerstand und die Abwehr auf sich nimmt. Dies aber widerspricht dem, was dem jüdischen Volke eigen war und ist: dem heroischen Grundzug, sagen wir dem aristokratischen – es widerstrebt der exklusiven, eigenen Überzeugung von seiner Berufung, d. h. von seinem gottgewollten Adel. Berechtigt oder nicht, fundiert oder nicht, dieser Adelsstolz ist da, und wenn sich viele Juden über die Mauer beklagen, die der Antisemitismus gegen sie aufbauen will, ist ihnen nicht bewußt, daß solche Mauern, und nicht niedrigere, von den Juden selbst mit jedem Tage neu aufgebaut werden, da sie sich nicht vermischen wollen noch werden, da sie sich behaupten, da sie ihr Blut »rein halten« wollen, da sie sich abschließen gegen die Masse, da sie ihren Namen behalten wollen, da sie der Tradition untreu zu werden als Niedrigkeit ansehen, mit einem Wort, da sie sich ihres Adels bewußt sind wie nur je ein adeliges Geschlecht, das seine Ahnen bis in die Zeit der Kreuzzüge verfolgen kann. Dies ist ja sehr natürlich. Welches Volk würde nicht adelsstolz, wenn man die Stammesgeschichte seiner Ahnen, von Abraham und den großen Fürsten Judas, den Baronen und Schwerthelden, bis zu den Weltherrschern wie Salomo, wenn man die Adelslisten seines Geschlechtes selbst in den entlegensten Orten der Erde schon den Kindern einprägte. Immerhin, es ist unser Blut, und unser bleibt es.

Daß wir, dieses uradelige Volk, auch noch den Schöpfer der am weitesten verbreiteten Religion aus unserm Kreise vortreten sehen in die Welt, daß die Welt ihren geistigen und moralischen Beherrscher, eben Jesus Christus, aus unserm Kreise hinaustreten sieht zur täglichen und scheinbar ewigen Weltherrschaft, das ist für uns kein Grund des Stolzes mehr, aber für die andern vielleicht ein Grund zur Demütigung. Es ist zuviel, oder es scheint zuviel. Vielleicht verlangt man von uns und hat dies schon vor zweitausend Jahren verlangt, daß ein Volk, nachdem es so Großes vollbracht, endlich von der welthistorischen Bühne abtreten solle. Denn nach solchen Taten und Tagen müsse es entweder allein herrschen über den bewohnten Erdkreis oder verschwinden und bloß noch die Runen seines Seins in die Geschichtstafeln eingegraben lassen.

Vielleicht wäre das Untergehen des Judentums im Nazarenischen ein ästhetisch schöner Anblick gewesen, wie der des sterbenden Paradiesvogels, der der Sage nach brennend aus seinem Neste auffliegt, nachdem er einen neuen Phönix geboren. Zwingen kann man kein Volk zu solch einem Flammentode.

Wie aber unser praktisches Verhalten jetzt? Die Verachtung hinnehmen und mit noch tieferer Verachtung erwidern? Oder den Antisemitismus bekämpfen, indem man das Judentum propagiert? Wie in jedem Falle unterscheiden, ob der Widerstand mir persönlich gilt oder dem spezifisch Jüdischen? Mir scheint nur eine Möglichkeit durchführbar. Sehen wir von uns persönlich ab! Nicht nur persönlich absehen von dem Ernst Weiß, der gerade hier davon spricht, sondern sogar absehen von dem »persönlichen« Kampfe für das Judentum, für das spezifische Volk, für die spezifische Gemeinschaft. Wenn es Kampf geben muß (und es muß ihn geben, scheint mir), dann führen wir ihn als Minorität. Ich bin mit meinem ganzen Herzen auf Seite der Minderheit. Es geht dies soweit, daß ich innerhalb der Grenzen der Tschechoslowakei, wo den Deutschen als Minderheit viel Unrecht zugefügt wird, anders mich für »das Deutsche« einsetze als jenseits der Grenze, wo die eben Unterdrückten selbst zu Unterdrückern werden »kraft ihrer Majorität«. Die Minorität hat stets meine ganze Sympathie. Ich möchte gegen den Antisemitismus kämpfen, soweit er mit dem Recht der Masse sich gegen die Minderheit wendet. Ich glaube, daß wir in diesem Sinne dem Jüdischen tief treu bleiben. Denn eine Minderheit waren wir und sind wir. Wir werden vielleicht einmal verschwinden, nie aber verschwinden in der Masse wie »Sand am Meere«. Schwerthelden, Geisteshelden, Handelshelden selbst, aber nie ungeformte, unformbare Masse, rinnender gleichartiger Staub. Dies unsere Ehre, unsere Schuld, Fluch und Segen zugleich wie jede echte Berufung.

(1926)

Der Mythos und das Unabwendbare

Man wirft den zeitgenössischen Künstlern vor, sie nähmen den Geist der Zeit, in der sie lebten und in der doch ihre eigentliche Wirksamkeit begründet sein müßte, trotz der erschütterndsten Eindrücke, die ihr in den Weltjahren des Krieges zuteil geworden, nicht ernst genug; sie ließen ihn, den Sinn dieser Zeit, beiseite, und doch hätte niemals, heißt es, eine Epoche mehr danach sich gesehnt, ihre Stütze in den festeren und edleren Formen der Kunst zu finden; als ein tröstendes Widerspiel, bleibendes Denkmal, hoffnungsreiches Erwarten, einen Abglanz des Göttlichen. Abglanz des Göttlichen, das ist es. Von den vielen großen Toten ist niemand noch durch die Hand eines Künstlers, durch die Gedankenmacht eines Weisen zu den Sternen versetzt worden; endlos und bedrückend lastet ein entgötterter Himmel, wer fühlt es mehr als wir selbst, über dem Europa von heute, über Asien auch und über den anderen Teilen der bewohnten Erde, der wir großmütig den Namen Welt gegeben haben.

Der letzte große Held, der letzte mythische Mann ist nahezu ein Jahrhundert tot. Napoleon ist es. Ihn hat wenigstens *ein* Genius, Beethoven, als mythische Gestalt erlebt, und so wird Bonaparte, selbst wenn die Kuppel des Invalidendoms in Staub zerfallen sollte, auf die Nachkommenschaft der heutigen Geschlechter kommen. Was gab ihm, dem Advokatensohn auf Korsika, den heroenhaften Glanz? Noch als er lebte, von Menschen verlassen, von seiner Mutter einzig zurückersehnt, nur noch von dem alten Diener Marchand behütet und gepflegt, stieg er zu den Sternen empor. Sein Leiden, an dem er nicht rüttelte, an dem er nichts änderte, das er unabwendbar ließ, wie es unabwendbar war, das machte ihn groß und menschlich zugleich. So endet ein Herakles.

Das Ende macht den Heros. Die zwölf Taten, die zwölf Eroberaten Napoleons sind zwar bereits gewaltig im Vergleich zu anderen Taten anderer Menschen. Das Ende aber macht Herakles zum Halbgott, das Ende macht Napoleon zum Mythos, mehr als Marengo und Austerlitz.

Unter den unsagbaren Leiden seines vergifteten Dejanirahemdes, auf dem selbst gewählten, von eigenen Händen aufgeschichteten Holzstoße, anderer Menschen Schuld nicht büßend, auf sich selbst gestützt, der einzige, große Mensch, der souveräne, fürstliche, er, der im Schwersten noch freudige, so erhebt sich der heidnische Held, anders als der christliche. Nie kehrt er zurück. Läßt er die Erde unter sich, dann nehmen die sternennäheren Himmel ihn als ihresgleichen auf zu längerer Dauer, zu treuerem Bestand. Heilig steigt er in seinem Schmerz gegen den Olymp, dem Unabwendbaren sein strahlendes Antlitz unbesiegbar entgegenwendend. Eine Himmelfahrt auch hier, aber nicht eine aus Gräbern und Grüften, sondern im freien Lichte, in Überlegenheit, Mut, eine kühne Herrlichkeit... Solch ein Name vergeht nicht. Es ist nicht das Wunder, das diesen Staubgeborenen zum Halbgott macht, – die Wunder, die übermenschlichen Taten, ihr Marengo und ihr Austerlitz haben Herakles und Napoleon schon lange hinter sich, wenn sie sich heben über das Irdische. Nicht die Taten machen es also. Auch das Leiden nicht. Niemand hat diesen unchristlichen Heroen einen Schwamm mit Essig gefüllt und ihn um einen Ysop gelegt, und niemand war da, weder eine Schwester mitleidsvoll, noch eine Mutter schmerzerdrückt und stumm, die dies dem Sterbenden an die Lippen gehalten. Allein, seine ganze gesammelte Existenz dem Unabwendbaren kühn entgegengehalten, das Leben nicht durch Leiden, sondern trotz dem Leiden überwindend, es kraft der Halbgotteigenschaften des schwach geborenen Menschen zu Ende lebend und über sich hinaus, nüchtern, stumm, in keuscher Heiterkeit, nicht gestört durch das Dröhnen kosmischer Gewitter, zerreißender Altardecken und verlöschender Sonnen, so steigen diese Menschen aus der Reihe von uns allen in einen höheren Kreis.

Noch eine mythische Figur sei genannt: Don Juan, wie er in Mozarts Oper die steinerne Hand des Komturs zermalmend um seine eigene Rechte sich schließen fühlt und dennoch die hohe Treue gegen sich wahrt. Auch dieser ein Held, wenn auch einer im kleineren Kreis, denn diesen, den Genießenden, machen die vielen billigen Erfolge des Lebens klein. Der mythischen Menschen sind wenige. Man weiß nicht, woher sie kommen, wie sie werden. Napoleon wanderte, vielleicht noch, während er lebte, über die Meere, selbst den fernen Archipel der Fidschi-Inseln erreichte er, und in einer Märchensammlung der Südsee spricht ein Märchenerzähler, ein halbblinder, alter Tonganer, von ihm: »Kein Volk auf der ganzen großen Erde ist so edel und tapfer wie wir, die Leute auf Tonga. Aus unserem Volke sind die großen Krieger hervorgegangen, deren Namen jeder mit Bewunderung nennt, denn ihre Taten erfüllen die Welt mit Ruhm... Auch Napoleoni ist ein Sohn Tongas gewe-

sen«, und er beginnt eine gewaltige Schilderung der Kämpfe mit
Uelingtoni. Wie wählt man den gewaltigen Schwerthelden unter
allen? Die Gesandten, die einen Führer suchen, »kamen spät am
Abend an ein kleines Haus, das einsam und mitten im Walde stand.
In ihm wohnte die Mutter von Napoleoni.« Sie fragen nach einem
Sohn von bestimmter Art, und die Mutter hat einen Sohn von dieser Art. ›Euch sandten wirklich die Götter‹, sagt sie, ›ich habe einen
Sohn, und sein Vater ist ein mächtiger Häuptling in Tonga. Aber
mein Sohn ist taub. Er sitzt neben mir hier auf der Matte. Wie kann
er denn euer Führer sein?‹ Aber der Sohn erhebt sich, zerschmettert die Feinde, vernichtet Uelingtoni bei Uatala und verbannt ihn
auf eine einsame Insel, damit Uelingtoni dort sterbe, von Napoleoni zu Sankt Helena verurteilt.

Wunderbar, wie in dieses Sagengewebe von Napoleon, Wellington
und Waterloo sich die Fäden von Herakles hineinspinnen, der unerkannt unter den Mägden sitzt, seinen Ruf erwartend und seine
Bestimmung.

Unabwendbar ragt das Schicksal über jeden Helden. Unabwendbar ist aber das Christliche nie. Nichts ist im Christlichen auf Erden letzthin vollendbar, keine Tat hier zu Ende getan, kein Brot
hier zu Ende gegessen, die Sättigung wartet drüben erst. Kein Tod
ist hier auf ewig gestorben, denn selbst der größte, der entscheidende, der weltlösende, welterlösende Tod ist nicht tödlich, denn
der Heiland steigt auf aus dem schweren Hügelgrabe, am nächsten
Tage kehrt er heimlich, »menschlich« zurück, und vom Himmel
bringt er nichts zurück. Seine Hände zeigt er bloß seinen Jüngern
und seine Seite. Und wie er hier (Johannes 20, 20) den Tod auflöst
und die Grenzsteine verrückt, so läßt er den moralischen Tod sich
auflösen und trägt die moralischen Grenzsteine fort an einen wandelbaren Ort. »Welchen ihr die Sünden erlasset, denen sind sie erlassen. Und welchen ihr sie behaltet, denen sind sie behalten.« (Joh.
20, 23.) Mit diesem Wort ist das Heroische aus der christlichen
Welt verloren. Von diesem Worte an wird das Heroische des
christlichen Menschen heidnisch sein (selbst bei den christlichen
Märtyrern) oder gar nicht.

Und so ist es gar nicht bei uns. Götter wollen die Menschen nicht
mehr über sich. Trost von den Göttern wollen sie, Hilfe von den
Göttern ersehnen sie Tag für Tag und Nacht für Nacht. Aber das
Unabwendbare ehren sie nicht. Sie sehen es nicht mehr und glauben, daß das Unabwendbare sie nicht sieht. Sie wollen mit den

Spöttern auf einer Bank sitzen. So sind denn auch Spötter die Großen des Tages. Wie lange aber wollen sie noch spotten? Spotten sie doch nur über alte Götter und Helden, von deren überlieferter Größe sie sich nähren und die sie doch nicht begreifen. Lassen wir Shaw seinen Ruhm. Der Shaw von 1950 wird keine Jungfrau von Orleans, keinen Julius Cäsar, keinen Helden zu »vermenschlichen« haben. Die Welt wird das Heldenhafte, das heißt die Anbetung des Unabwendbaren durch wahre Größe, auch dem Namen nach, vergessen haben. Das Wendbare, das leichthin Wandelbare, das schnöde zu Erwerbende, das schmerzlos zu Verlierende, schmerzlos Aufzugebende, die billige, die vertauschbare Ware wird allen alles sein. Ohne Helden kann der Mensch zwar auf die Dauer nicht leben. So wird er sich dann seine kleinen Götter selbst kneten aus Lehm, die niedrigste Art der alten, römischen Götterverehrung wird unsere einzige sein, Ringer, Faustkämpfer, Läufer und der Genius der Muskeln werden nicht mehr wie in der großen Zeit der Menschheit unten als letzter geehrt werden in der Reihe der Statuen und Altäre – sondern seelenlos sitzend thronen einzig und allein auf der entgötterten Stätte unserer Erde.

(1926)

Aktualität

Aktualität

Alles, was sich auf dem Erdenrund, in seiner kosmischen Umgebung auf dem Sternenhimmel, im lebenden Herzen oder in den Eingeweiden seiner Bewohner, in den Träumen und Gedanken von Mensch und Tier jemals ereignen kann, ist aktuell, das heißt, es ist im Geiste möglich. Dieser Begriff der Aktualität ist einer der weitesten von allen, die der menschliche Geist geschaffen hat. Dieser Begriff entstand nicht wie der der Ewigkeit aus der einfachen linearen Verlängerung des Begriffes der Zeit, sondern der Begriff der Aktualität wurde geboren aus der Freude des Menschen am Spiel. Es gibt außer ihm noch einen Gedanken von ebenso unermeßlicher Tiefe, das ist der Begriff der Identität, und eng verschwistert mit diesem dann den der Evidenz.

Während der letzten drei Jahrhunderte ist dieser Begriff Aktualität aus den Studierstuben scholastischer Mönche, die mit ihm wie mit einem Rechenpfennig unschuldig spielten, in die Zeitungen und Tagesberichte hinübergewandert, und man nennt nun aktuell in der Sprache der Zeitung und der Zeit einfach das Interessante. Was ist aktuell? Oder was ist es, das den Zeitungsleser, den idealen Typus des Durchschnittsgeistes, interessiert?

Aktualität ist beides: Bewegung und Begegnung; und ein Drittes dazu, ein Geheimnis, der lebende Same des Daseins, das Encheiresin der Natur, der wehende Schleier der Maja, den niemand lüften kann, weil jeder in ihn verstrickt ist. In diesem Sinne ist es in der alten Sage sehr bezeichnend, daß, wer den Schleier dennoch lüftet, wahnsinnig wird, das heißt sich loslöst von sich selbst.

Die Frage der Aktualität ist also im letzten Grunde keine bloß praktische Frage, sondern eine Frage über Tod und Leben hinaus. Für den Reporter ist sie es nicht, für ihn ist sie weiter nichts als eine Begegnung zweier aktueller Menschen, zum Beispiel wäre aktuell eine Begegnung des entthronten Wilhelm des Zweiten mit dem König von England, oder der Zusammenstoß zweier Autobusse auf dem Potsdamer Platz, aktuell wären die ersten Goldmunzen, die ein europäischer Staat nach dem Kriege zu prägen beginnt, aktuell ist das Leben und Sterben der Masse, das Anwachsen und Sinken der Teuerungswelle, die Zahl der Arbeitslosen, die Arbeitsleistung eines Kohlenförderers im Ruhrrevier, die erste chirurgisch gelungene Herznaht, die Nummer des gezogenen großen Loses und der Name, Beruf und Geburtsort des glücklichen Gewinners – also ebenso alles, worin sich die Woge der flutenden Zeiten geradezu abspiegelt, jeder Zufall, Wetter und Wind, die Voraussagen des meteorologischen Büros, die letzten Kurse, die Berichte und Zeugnisse über Leben und Tod, alle Nachrichten von Vermählung, Tod, Geburt, Begräbnis.

Aktuell ist aber nicht allein das Ephemere. Auch Shackletons oder Amundsens Eroberung der vereisten Erdenpole, Enthüllungen über Bismarcks Sturz, über die Mörderverschwörung gegen Rathenau, Geheimnisse und Bekenntnisse eines Verurteilten aus der Zelle können aktuell sein, weil sie an das im menschlichen Herzen niemals und nirgends auslöschbare, an das seelisch Aktuelle ebenso wie an das historisch Weiterwirkende appellieren.

Wir lernen unaufhörlich, nur wissen wir nie etwas ganz. Wir wandeln uns unablässig, ändern uns aber im Wesensgrunde nie. Wir sehen ohne Unterlaß die Welt, erkennen sie aber nie »im Grunde«. Wie wäre es denn auch anders möglich? Im Grunde ist es dunkel. Nur dieser Umstand unterscheidet ihn von der Oberfläche. Eine Oberfläche, die dunkel wird, ist ein Grund, ein »im Grunde«. Und ein »im Grunde«, das klar wird, heißt Oberfläche. Die Aktualität ist die Brücke zwischen diesen Erscheinungen. Die Zeitung und der persönliche Verkehr von Mensch zu Mensch, für den der Ersatz oft die Zeitung ist, beide geben uns Lektionen und ausgewählte Kapitel. Glaubt nicht jedermann, wenn er »seine« Zeitung gelesen und gelernt hat, nun wisse er, wie es in der Welt und in seinem Kreise zugeht? In Wirklichkeit weiß er nur, was aktuell ist, er empfängt nur das, was ihn ohnedies interessiert, was er schon vorher, wenn auch vorerst unvollkommen, gelernt hat. Die aktuellen Namen hat man ihm mühsam genug in jahrelang wiederholten Lektionen eingeprägt. Man muß der Zeitung und dem landläufigen Verkehr das Verdienst lassen, daß sie von einer nie zu ermüdenden Geduld sind. Und wenn zwei Themen aus diesen vorbereitenden Lektionen sich auf dem aktuellen Schauplatz der Gegenwart begegnen, wenn das schon halb Geahnte sich im Augenblick, eben in der Aktualität, vollzieht, dann triumphiert das »sichere Wissen«, das Bewußtsein des *Gewissens*. Es ist der Irrtum des *Gewissens*: denn das Wesentliche ist nicht die beschränkte Erscheinung, sondern das durch Menschen nicht zu beschränkende und deshalb auch nicht erfaßbare All. Nicht der eine Fall ist zwingend, unbestreitbar, evident, sondern die Fülle des für Menschen nicht Vorstellbaren. Und für dieses Nichtvorstellbare hat bis jetzt nicht die Zeitung, sondern nur die Religion oder die religiöse Philosophie Symbole und Werte gefunden.

Der Mensch (außer allem was er sonst noch ist) ist und bleibt ein schlecht erziehbares, faules Kind. Wäre dieser schlechte Schüler in geringerem Maße der Autorität und der Historie hörig, dann könnte sich die Religion täglich neu aus dem aktuellen Augenblick entwickeln. Es könnten der göttliche, helldunkle Dom und daneben die aus Beton und Eisen und Licht gefügte Montagehalle des stärksten Turbinenmotors der Erde (beides ist aktuell) *eine* Einheit werden, das heißt, man könnte in der Montagehalle Gott anbeten und in der Kirche könnten der Ingenieur und der Mensch des zwanzigsten Jahrhunderts im Angesichte Gottes bleiben, was sie sind.

Dann würde der Geist des Aktuellen, das Reich des *einfach nur Möglichen* den Geist der Religion, das ist: den *Geist des Höchsten und Notwendigsten*, befruchten. Nur in Verbindung mit dem metaphysischen Gehalt des Glaubens ist der Hunger nach dem *Gewissen* auf Zeit und Ewigkeit zu befriedigen. Eisenbahnfahrplan, Börsenbericht, Erlösungsgesang und Todesgebet würden auf der gleichen Seite stehen, Zeitung und Meßbuch würden das gleiche werden. Die Menschen des Ostens, die Chinesen, und in Europa die Mohammedaner waren von diesem Zustand einmal nicht allzuweit entfernt. Es ist bewunderungswert, daß diese Menschen sich aus praktischer Lebensauffassung (aus Amerikanismus, wenn man das Wort gebrauchen darf) eine übersinnliche und dennoch stets aktuelle Religion zu bauen verstanden.

Das Europa von heute ist noch durch tausend Hemmnisse geschieden von diesen Zielen, aber es ist denkbar, es ist im Geiste möglich, es ist aktuell, daß Europa nach der Überwindung der jetzigen Periode geistiger Dürftigkeit die Kraft und den glücklichen Augenblick finden wird zu einer Hochzeit zwischen Hier und Dort, zwischen Aktualität und Gott.

(1922)

Lebensfragen des Theaters

In den letzten zwanzig Jahren ist der Bühne mancher Stein aus der Krone gefallen: Der Kinematograph nahm vom Theater die schnellste Szenenfolge, den kühnsten Wechsel von Dekoration, die besten Darsteller mit den höchsten Gagen, aber auch eine so unbedenkliche Annäherung an die tiefsten, niedersten Instinkte einer schau-, aber nicht denklüsternen Masse, daß es dieser Masse selbst zu dumm wurde und daß seit zehn Jahren ununterbrochene Bestrebungen im Gange sind, das Niveau einer Kunstübung zu heben, das man ohne Not so furchtbar tief fallen gelassen hat.

Eben kommt aus Amerika die Nachricht, daß es gelungen sei, durch drahtlose Fernvermittlung jedem kleinen Mann der Vereinigten Staaten ein Konzert der herrlichsten Stimmen, des erlesensten Orchesters für einen Pappenstiel, um nicht zu sagen Butterbrot zu bieten, wobei die Masse der Kunstteilnehmer mit ihren telefonischen Anschlüssen die sicherste Gewähr für die in ungeheure Breite wirkende Millionenmusik bietet. Hat auf der einen Seite also das *Sichtbare* der Bühne im Kino den konzentriertesten Ausdruck gefunden, wird andererseits das *Musikalische* in die scheinbar dichteste, erste Form gepreßt, auf beiden Seiten scheinen Leistungen zweiten Grades, mittlerer Güte ausgeschaltet, und wenn der Kinobesucher mit Stars gefüttert wird, wird sich das Zentralbüro der drahtlosen Konzerte auch mit illustren Namen und Stimmen nicht lumpen lassen und bestrebt sein, jedem angeschlossenen Mitglied die preiswerteste Kunstware in erprobtester Qualität zu liefern.

Und doch könnte die alte Bühne, angefangen von der wandernden Schmiere bis zu dem zwischen Verkalkung und wässerigster Verdünnung schwankenden Hoftheater alten Stiles sich seines Lebens ruhig freuen, da es doch nur die falschen Perlen sind, die ihr aus der Krone genommen sind, wüßte sie nur, was das Publikum will. Von *Volk* darf man gar nicht sprechen, und von der *Nation* als solcher Notiz zu nehmen wird keinem einfallen, der ein Repertoire für eine ernsthaft geleitete, lebensfähige Bühne zusammenzustellen im Begriffe ist.

Das Kino ist nichts anderes als gesittetere kunstgewerblich veredelte Kolportage. Denn es hat nicht Not wie die Bühne, einen Besucher zu sich zu erziehen; es ist allen offen, auch dem Ungebildeten muß es klar sein, man tritt ein, ohne seine Überkleider abzulegen, dies auch in geistigem Sinne; es hat auch keine Gefahr, kommt der Besucher zum sechsten Akt dieser Pseudotragödien und sieht sich nun den Beginn der Schaudermäre in aller Ruhe an, nachdem er das gottselige Ende längst verdaut hat. Einzelne hohe Leistungen, wie die der großen Nielsen, ändern das Nieveau nicht, der ernste Wille vieler Gutgesinnter ebensowenig.

Auf der anderen Seite wird die drahtlose Übermittlung von Konzerten, Predigten, Kursziffern und Börsenberichten schlimmstenfalls die großen Zeitungen unruhig machen können, und wohl auch die Fabrikanten von Phonographenplatten, aber eine ernsthafte Konkurrenz wird den wirklichen Bühnen und Operntheatern aus diesen mechanisierten Spiegelungen ihres ureigensten Wesens kaum erwachsen.

Das alles kann aber nicht darüber hinwegtäuschen, daß seit dem Kriege in besonderem Maße das Interesse weitester Kreise an der lebendigen Wirksamkeit der Bühne sehr nachgelassen hat. Es kann dabei sehr gut die wirtschaftliche Not eine Hauptursache sein. Mitteleuropa, oder besser gesagt Alt-Europa, ist eben noch mitten im Kriege, die Schwankungen der Weltlage sind immer noch, selbst in verhältnismäßig so stabilisierten Ländern wie Böhmen, so gewaltig, daß sie die reinste Herzkraft und das lebhafteste Verstandesinteresse gleicherweise in Anspruch nehmen, der Bühne kaum noch einen Rest lassend. Drama ist Kampf. Komödie und Operette ist Spiel, Wandel, Umwertung, Verkleidung außen und innen. Jeder hat heute zu kämpfen. Weniger mit sich selbst als mit der Not, der Notwendigkeit, mit Jedermann. Was kann da noch der Kampf um seelische Freiheit, wie in Schillers Dramen, was der Widerstreit von Geist gegen Welt, wie beim »Faust«, dem Einzelnen bedeuten, dem es längst »ums Ganze geht«? Was für Wandlungen kann der Einzelne noch als belustigend, was für Verkleidungen noch als grotesk empfinden, wenn das Ursubstrat des menschlichen Lebens als solches fast völlig entwertet ist, die einst Hohen der Erde gestürzt, die Niedrigen und Gemeinen erhöht sind, freilich nicht im Sinne des Evangeliums. Mag Titania einen Esel lieben, mögen die tollsten Verwechslungen und Verkleidungen ihren rasenden Wirbel beginnen, die Mehrzahl der Menschen von heute bleibt kalt und wird begründen, wenn man sie fragt, warum.

Man stelle ein ausverkauftes Haus, in welcher Großstadt immer, vor die Wahl, entweder Goethes Faust oder Madame Pompadour anzusehen, und man wird, zu seinem Erstaunen, das Ergebnis erzielen, daß die weitaus größte Mehrzahl sich für ein Fußballmatch, Prag D. F. C. gegen Sparta entscheidet. Freilich ist ja auch dies ein Kampf, in gewissem und nicht in niederstem Sinne ein dramatisches Erlebnis, tausendmal wertvoller als die geschminkte Leiche des stumpfsinnigen Kinos, aber welcher Theaterdirektor findet noch den Mut, diesem Desinteressement auf die Dauer zu widerstehen, wofür opfern die Darsteller immer noch, und auf fast allen Bühnen beinahe, ihr Bestes, die Kraft und Freude ihrer Jugend, den Ernst ihrer Reife bis zu den Aschentrümmern ihres Alters? Welcher Dichter soll für ein Publikum schaffen, das er schon deshalb nicht zu fesseln vermag, weil es nicht existiert?

Nun hat jede vom innersten Herzensgrund aus erlebte und geliebte Tätigkeit das Gute, daß sie sich nur zum Teil am Beifall, am Lorbeer, an Geld und Geltung sättigt, den wesentlichsten Teil ihrer Berechtigung verdankt sie sich selbst. Skeptiker mögen dieses Streben nach der Wesentlichkeit, diesen wahren Handel à la longue belächeln, mögen das Machtlose eines transzendenten Idealismus verspotten, in Wahrheit ist er es allein, der Staaten baut und stürzt und dem die Macht zuletzt zufällt.

Was wir brauchen, ist Mut, nur Mut. Das Schwache, Niedrige, Gemeine erledigt sich von selbst. Wohlwollen allein kann zwar Kunst nicht fördern, Mißgunst und Gleichgültigkeit können und werden wahrhaft Lebendiges auf die Dauer nicht ersticken.

(1924)

Anmerkung zum dramatischen Schaffen

Meine eigenen dramatischen Arbeiten »Tanja«, »Olympia« haben mich davon überzeugt, daß ich kein Dramatiker bin. Trotzdem diese Gestalten von ganz außerordentlich starken Persönlichkeiten auf der Bühne verkörpert worden sind, ist so viel Ungelöstes, Unvollkommenes geblieben, daß ich für mein Teil dem dramatischen Schaffen Adieu sagen will, mit der festen Überzeugung, daß dabei weder mir noch der Welt Schaden geschieht. Dieser Abschied von der Bühne gibt mir die Möglichkeit, eine ganz kleine, vielleicht an sich unbedeutende Beobachtung mitzuteilen, ohne mich dem Verdachte auszusetzen, pro domo zu sprechen.

Der dramatische Dichter lebt, wenn er heute lebt, in einer besonders schweren Zeit. Der Selbstauflösungsprozeß der jüdisch-christlichen Weltanschauung greift, nachdem er das europäische Staatengefüge bis auf die Wurzeln gelockert hat, auf die Kunst über; eine seit Menschengedenken unerhörte Entwertung hat alles ergriffen, was Menschen hoch, heilig, lebenswert erachteten, es kann sich kein Wille, auch kein revolutionärer entfalten, weil eben nichts mehr zu wollen ist, und das ist, wie schon die alte Redensart: »da ist nischt zu wollen« beweist, der äußerste Grad der Hoffnungslosigkeit. Ich sehe nicht den Untergang aller Kunst voraus, eher eine neue Blüte in der Richtung zum Schönen und Holden hin, aber eine neue Blüte dramatischer Produktion erscheint mir trotz so starker Ansätze, wie Kaiser, Bronnen, Brecht, kaum mehr zu erwarten. Um so mehr müßte ein jedes Schaffen für die Bühne mit besonderem Wohlwollen begleitet und mit besonderer Zartheit behütet werden. Wir sind heute nicht reich genug für lange Irrwege, die schließlich in günstigeren Zeiten zum Ziele geführt hätten. Wir haben keine Zeit. Entweder entsteht in den nächsten drei bis vier Jahren eine Produktion, die, von den großen Bühnen ausgehend, doch die meisten mittleren Bühnen noch erfaßt, oder der dramatische Dichter tritt, für länger oder kürzer, von der Bühne ab und überläßt diese dann andern Schaustellungen, die sich, wie gesagt, in den Bahnen des Schönen, Gefälligen, Zarten bewegen werden. Am nächsten kommen diesem Ideal die französischen Stücke der neueren Zeit, die sich wahrscheinlich, trotz der auch in Frankreich sehr fühlbaren Stagnation des dramatischen Schaffens, im Sinne des einfach Überlebenden, alle europäischen und amerikanischen Bühnen erobern werden.

Was die Franzosen zu dieser Leistung befähigt, ist nicht etwa ihre besondere Begabung fürs Drama, sondern ihre besondere Geschicklichkeit im Theatralischen. In dieser Richtung geht auch die kleine Bemerkung, die ich machen will. Alle neueren Stücke, ich will nicht Namen im einzelnen nennen, sind *wüst* gebaut. Oder *kühn* gebaut, kühner, als es der Augenblick erträgt. Nicht der Augenblick, gesehen von der Loge des gut bezahlenden Theaterabonnenten, sondern gesehen vom Manne der Zeit, der sich klar ist darüber, daß die Kühnheit, die einem Georg Büchner angemessen war, nun als viel zu weites Gewand über den allzu zarten Gliedern des dramatischen Dichters von 1924 schlottert. Büchner hatte noch etwas vor sich, um es zu stürzen, zu vernichten, und mehr als das, er konnte, dem Stürzenden gerade gegenüber, Gesicht gegen Gesicht, Faust gegen Faust, Wort gegen Wort, das Auferstehende, Lebenswerte aufbauen, ich möchte das so ausdrücken, er baute seine Stücke nicht horizontal, wie Goethe, dessen Iphigenie uns Deutschen ein unnachahmliches Muster darstellt, sondern er baute vertikal, so daß sich im selben Moment Spiel und Gegenspiel die theatralische Waage halten. Hier ist ihm auch Wedekind gefolgt. Beide bringen nicht den Menschen, sondern in jeder Sekunde die Spannungen zwischen den Menschen, deren Existenz von vornherein als sicher und echt vorausgesetzt wird. Solche Menschen, deren Existenz als sicher und echt in jedem Augenblick vorausgesetzt wird, fand der Naturalismus, als ein späteres Stadium des obenerwähnten, unheilvollen Entwertungsprozesses der jüdischchristlichen Weltanschauung, nicht mehr von Hauptmann entwickelt durchaus horizontal, es sind menschliche Existenzen, die auf der Bühne stehen, freilich auch nicht ein Atom mehr als das. Von hier aus war ein Weg nicht mehr möglich. Der Naturalismus, der mit der starken, blühenden, überlebendigen Natur ohnehin nie viel gemein hatte, hat sich selbst erschöpft und seine eigene Leiche selbst begraben.

Wenn wir (ich meine mit diesem »wir« nicht mich) heute alle Kräfte sammeln, ist es nötig, sich über den Ort klar zu werden, wo sie anzusetzen haben. Und das scheint mir wichtig zu sein. Diese Kräfte sollen weder die (des Stützens bedürftige) Form des Theaters sprengen, noch sollten sie die destruktiven Kräfte des Daseins überbetonen, da im Bewußtsein des Zuschauers nicht mehr genug Vitalität ist, um das Gegengewicht fest wiederherzustellen. Die

kommende Zeit gehört den Kraftnaturen, das ist sicher.
Aber diese Kraftnaturen sollen bauen. Innen, am positiven Gehalt ihrer Schöpfung, die nicht reich genug sein kann, aber auch ganz besonders außen an der Form. Und hier ist es der *erste* Akt, wo eine neue Dramaturgie einsetzen muß. Hier habe ich auch von meinen eigenen Fehlern gelernt. Der erste Akt als *Explosion* ist nicht mehr möglich. Unter diesem Grundfehler leidet die gesamte dramatische Produktion, nicht nur die deutsche, sondern auch die amerikanische, wie ich an O'Neills »Kaiser Jones« mit großem Bedauern gesehen habe. Bringt man im ersten Akt Explosion statt Exposition, das heißt, stellt man die waltenden Kräfte und Gegenkräfte schon im äußersten Augenblick des zerstörenden Zusammenpralles dar, aus dem nur Trümmer bleiben können, wenn er echt war – und die Echtheit, die innere Ehrlichkeit ist doch allein überzeugend –, dann bleibt für die späteren Akte nur Traumgespinst, rotierender Urnebel und ein ewiges *Vorbei*, das an dem Lauf der Planeten und Fixsterne fern und ferner wird als die Sterne, die außer ihrem ewigen Vorübergleiten noch den Zauber reiner Schönheit haben, den unsere in der Explosion verstümmelten Reste und Bruchstücke nicht besitzen können. Wie herrlich läßt Wedekind seine Lulu *leben*, bevor er sie in der Mansarde, im letzten Elende, von einem Lustmörder vernichten läßt, und selbst in dieser fürchterlichsten aller Situationen darf der Explosion alles, nur nicht der Grundkern dieser unerhört lebenstrotzenden Erscheinung zum Opfer fallen; ja, wenn man diese Szene so auf der Bühne gesehen hat, wie mir das Glück zuteil geworden ist, so fühlt man, nie ist Lulu so sehr Lulu als in diesem Augenblick. Wie sich Wedekind in seinen anderen Dramen die dramaturgische Lösung leicht- oder schwergemacht hat, gehört im einzelnen nicht hierher. Es sei nur gesagt, daß es eine höhere Probe von Kraft, ein Beweis eines stärkeren und göttlicheren Schöpferhauches ist, seine Gestalt in ruhiger Exposition langsam liebevoll, alles begreifend, alles umfassend zu bilden, als in den ersten Szenen das Liebenswerte mit dem Vernichtungswürdigen zugleich, im lärmenden Himmel und Hölle aufrührenden Zweikampf sich vernichten zu lassen.

(1924)

Kleine Anmerkung zur Schauspielkunst

Es gehört sicher zu den reizvollsten Dingen, die Entwicklung einer schauspielerischen Leistung zu verfolgen, dem Wachsen eines *neuen* Menschen im Menschen nachzugehen, und es ist immer etwas Beglückendes, wenn der Zuschauer an der Wandlung eines Künstlers auf der Bühne die Wandlungsfähigkeit des Menschen überhaupt begreift, denn dann ist kein Leid unheilbar, da es entweder in kurzer Zeit beendigt oder durch anderes, höheres überwunden wird; das Böse ist wohl furchtbar auf der Bühne, aber nicht ekelerregend und gemein, da es sich entweder läutert und die tiefere, dämonische Urnatur erkennen läßt oder indem es untergeht und sich selbst, willig oder nicht, von der Tafel streicht. Ist im merkantilischen Leben, das man auch amerikanisch nennt, das Menschliche so ausgelöscht, daß die Schicksalslosigkeit des namenlosen Menschen selbst zum Schicksal wird, ohne daß der Glaube trösten könnte, diese Vernichtung des Namens und Degradierung zur Zahl, die übrigens schon das mosaische Gesetz verpönt, geschehe im Sinne eines Fortschritts zu künftiger Beglükkung oder Besserung der Menschheit, so ist die Bühne und alles, was sich rings um die Bühne aufbaut, heute noch der einzige Schauplatz, sich bis an die letzten Grenzen des Persönlichen auszuleben. Je mehr der Schauspieler sich selbst gehört, je männlicher der Mann, je weiblicher oder mädchenhafter die Frau, je niedriger der Gemeine, desto lebenstrahlender und blühender wird das Leben, und wenn irgendwo, mag auf der Bühne alles, was in einer menschlichen Seele echt ist, Wirklichkeit werden, ohne daß es »Folgen« hat. Das macht seine Freiheit, sein Spiel. Man ist nicht frei in der Wahl der Rolle; aber die Rolle, das Abrollen, das Wechseln, das Wirken ist frei im Schauspieler. Der eigenartige Tonfall jeder menschlichen Zunge, der eigenartige Tonfall jeder menschlichen Seele mag sich ganz frei und unbekümmert, völlig sorglos nach außen wenden. Von dem Persönlichen fast bis ins Private mag das innerste nach außen gekehrt werden, es bleibt Theater, Wirklichkeit wird Kunst, Selbstvergessen und Selbstbehaupten werden eins, so wird der tote Buchstabe Fleisch und das in den Untergründen der Seele Verborgene offenbar. So wird jede große schauspielerische Leistung eine Beichte, und zwar nicht nur des Schauspielers, sondern auch des ergriffenen Zuhörers. Keine große schauspielerische Leistung hinterläßt das halb bittere, halb schale Gefühl der Täuschung, des schillernden, schlüpfrigen Scheines, sondern die Empfindung, wahrer hätte sich das menschliche Antlitz nie gezeigt als in der Maske, nie sei die Jugend schöner, der Sommer nie berauschender, die Frau bezaubernder nie gewesen, als wenn sich auf der Bühne die Jahreszeiten folgen, wenn in der Komödie die Charaktere sich enthüllen, wenn in der Tragödie der ungeheure Mut, der erhabene, stumme Trotz der menschlichen Kreatur sein Haupt erhebt. Wir sind heute, im Jahre 1924, in unserem Lebensmark schwach geworden, alle, das Blut fließt dünner, mag sein, daß es schneller rollt als früher, das Beglückende an der menschlichen Natur wird selten offenbar. Wo gibt es noch Helden? Wo eine gläubige Seele? Wo ein überragendes Gefühl? Wohl kennen wir ein Übermaß des Leidens, aber es ist nicht tragisch, es ist persönlich. Wo der einzelne seinen Wert als Grundeinheit verloren hat, da kann das Schicksal des einsamen nicht mehr so erschüttern, wie in den Zeiten der ersten Tragödie, im frühen Griechenland. Das dumpfe Mitwissen von dem Zwang, der auf der ganzen Welt lastet, lähmt die Kunst der Bühne am frühesten. Löst sich aber dieser furchtbare Druck, wird diese grauenhafte Unfreiheit einmal auch nur von ferner Heiterkeit und Freiheit angestrahlt, dann wird die Bühne das erste Gebiet der Kultur sein, das ahnend horcht, das frühlingshaft neu beginnt. Was heute noch lebt, rings um die Bühne sich aufbaut, ist nur noch Reliquie. Wir sind die letzten unserer Zeit. Das Schauspielerische verlöscht, es ist im Verdorren, weil sein Boden, die Entfaltung der Persönlichkeit rasch ihrem ungebundenen Willen, von Tag zu Tag schwerer wird. Menschen, die an ihrer übergroßen Lebenskraft verbluten, werden immer seltener. Eine Zeit ist nicht krank, eine Zeit ist nicht gesund, sondern eine Zeit hört auf oder beginnt. Die Bühne hört auf. Die Zahl der echten Charaktere wird spärlicher von Tag zu Tag, jeder Theaterleiter, der ein personenreiches Stück zu besetzen hat, kommt aus den Schwierigkeiten nicht heraus, denn der Nachwuchs fehlt nirgends so sehr wie hier. Von dem aber, was groß geworden ist, was überhaupt im tieferen Sinne *geworden* ist, wird das meiste schnell starr, nie war die Gefahr der Erstarrung in der Manier oder inneren Unfruchtbarkeit so groß und allgemein wie heute. Denn, und damit kehre ich zu dem Ausgangspunkt zurück, die schauspielerische Leistung ist keine reproduktive, sondern eine ursprünglich schaffende Kunst. Der Text eines Dichters ist etwas grundsätzlich anderes als der Notensatz, den ein Geigenspieler für sein Konzert benützt. Das lebendige Blut, die echteste Lebenssubstanz ist überall anderswo eher zu ersetzen als auf der Bühne. Der Schauspieler soll bleiben, der er war, und doch ein anderer werden, nicht »doch«, sondern gerade dadurch, daß *er sich selbst* am stärksten behauptet, soll er sich wandeln. Er soll im gleichen Hause bleiben, nur tiefer in Untergrund und Grüfte oder höher in Türme oder in die freiwehende Atmosphäre emporsteigen, ohne sich selbst untreu zu werden. Was man *privat* nennt, ist nichts anderes, als daß der Künstler immer aus dem gleichen Stockwerk sein Köpfchen heraussteckt und uns von da anlächelt oder anweint, er ist damit seiner privaten Natur treu und mag sich dabei sehr wohl fühlen, aber eine tiefere Wirkung kann er nur ein einziges Mal haben, nämlich dann, wenn seine private Natur mit dem darzustellenden Seelenwesen übereinstimmt. Aber das ist nur Zufall, ist unorganisch. Organisch ist bei einem Gewächs, daß es im Boden wurzelt, im Stamm sich sammelt und in der Blüte sich metaphysisch entfaltet, daß es also allen drei Reichen angehört. In früheren, menschlich tausendmal ergiebigeren Epochen war es oft der Fall, daß dieselben Künstler sich ebenso in tragischen wie in tragikomischen und in rein komischen Rollen auszeichneten. Heute sieht man es fast nie. Aber gerade das ist das herrlichste an der menschlichen Erscheinung, daß die Reiche oder Bezirke des menschlichen Fühlens und Wirkens, Leidens und Freuens ineinander übergehen und daß man die eine Sphäre in der anderen fühlt.

(1924)

Antworten auf Rundfragen

Über den Film

In jeder darstellenden Kunst, in der es auf Anteilnahme und Tiefenwirkung bis in die Masse ankommt, scheint ein gewisses Maß von Tradition oder Kultur unentbehrlich zu sein, also vor allem beim Drama und beim Film. In der reinen Dichtung liegt diese Überlieferung oder Tradition zum großen Teil schon in der Sprache, sie muß nicht erst von der letzten Generation, nicht vom einzelnen Künstler von Grund aus aufgebaut werden. Sowohl Aischylos wie Shakespeare sind Endergebnisse, denen Jahrhunderte schöpferischer Arbeit vorausgegangen sind.
Der Film hat keine Tradition, bloß eine mehr oder minder schlechte, auf jeden Fall schwächliche Vergangenheit. Die eigentlichen Kunstmittel des Films: Motivierung durch das Bild, nicht durch den Verstand, nicht durch das Wort, die Überzeugungskraft des geradezu protokollarisch Deutlichen durch die Photographie, sind nie in endgültiger Form, also nie klassisch, nie für die Dauer ausgenützt worden.
Was auf dem Gebiet der Filmkomposition (denn von Filmdichtung darf man nicht sprechen) noch zu leisten wäre, ist unabsehbar. Die Dichter des Wortes wären nur als Künstler überhaupt, als absolute Gestalter, als Großherren der Phantasie imstande, hier mitzuwirken, ebenso wie jeder deutsche Maler, Bildhauer, ja vielleicht vor allen eine Art von Künstlern, die sich nur durch den Film ausdrükken können, die sich dem Film auch bis ins letzte hinzugeben bereit sind.
Es gibt unter den Dichtern, die jetzt leben, viele, die gern hier wirken wollten, aber es fällt ihnen von Natur aus schwer, auf ihre Form zu verzichten. Diese Schwierigkeit erhöht sich noch dadurch, daß sie wohl allgemein von der Filmindustrie nicht ernst genommen werden. In keinem andern Betriebe ist die Unsicherheit, die Unzuverlässigkeit, die Unsachlichkeit so groß wie beim Film. Der Film hat längst sein Millionenpublikum (das seine Gewohnheiten und Lieblinge hat), er hat sein Millionenkapital (das er verzinsen muß), er hat heute auch jeden Darsteller, den er will. Aber er will keine Dichter, keine Maler, er will keine endgültigen Leistungen, die nur das Resultat intensivster Zusammenarbeit des

Film-Schöpfers mit seinem Material (Darsteller, Landschaften, bildliche Zusammenhänge, Atmosphäre, Musik) sein könnten. Mit einem bloßen Manuskript, dem dann die Industrie, nicht der Schöpfer das entsprechende Gesicht gibt, ist es nicht getan. Der Schöpfer müßte mitwirken, er müßte sachverständig werden, da er es jetzt nicht ist und nach der Lage der Dinge, wie sie sich durch Massenwirkung und Amerika-Export entwickeln, nicht werden kann.

Ich fasse zusammen: Es liegt nicht an den Künstlern, denen bisher die Industrie nie wahre Werkfreude, sondern nur Zufallsmöglichkeiten, nur den Klang und die Dauer der täglichen Publizistik und relativ geringe und unsichere Geldentlohnung geboten hat; sondern an der industrialisierten Produktion, die von ihrem allzuschnellen Wachstum überrascht, sich vor ihrem eigenen Schatten fürchtet. Eine Reform ist hier von Einzelnen nicht durchführbar, heute auch nicht zu erwarten, künstlerisch gelungene Filme werden Zufallsleistungen bleiben, wie sie es sind.

(1922)

Reportage und Dichtung

1. Von jeher haben Zeitungen als Materialsammlungen außerordentlichen Wert als Stoffquellen gehabt, denn Zeitgeschichte ist aktuelle Weltgeschichte. Formal können aber Zeitungen nicht als unbedingte Muster der Sachlichkeit gelten; der Reporter eines französischen Blattes reportiert anders als ein deutscher, ein politisch linksgerichteter anders als ein reaktionärer. Als Muster der Sachlichkeit sind immer noch unübertroffen alte Reisebeschreibungen, z. B. *Cooks* Beschreibungen seiner Weltumseglungen, ferner die meisten wissenschaftlichen Abhandlungen über physikalische oder naturwissenschaftliche Themen. Meisterhaft und für mich persönlich die einzige Schule waren die wissenschaftlich medizinischen Krankenbeschreibungen und Schilderungen abnormer Körpervorgänge durch meinen verehrten Lehrer, den Chirurgen Theodor *Kocher* in Bern. Dadurch, daß er sich nur an die Sache hielt, aber das Letzte aus der Sache zu ergründen suchte, nämlich den lebendig wirkenden Grund für die in möglichst einfachen Worten zu fassenden Tatsachen, Farben, Konturen, Bewegungsrhythmen, Gerüche, Tastempfindungen etc. – dadurch, daß

er Wahrheit, Treue und Einfachheit am höchsten schätzte, konnte er ein Meister und ein Lehrer sein mehr als der Reporter. Er sah und schilderte nur kranke und gesunde Körper. Aber durch ihn lernte ich, soweit man lernen kann, sehen und schildern überhaupt, und Erkennen, sei es nun Körper oder Seele, Ruhe oder Bewegung.
Zusammenfassend: Zeitungen sind unschätzbar als Material für einen Schriftsteller mit viel Phantasie und großer Produktionskraft. Andere Naturen werden durch die ungeordneten Tatsachen erdrückt, überwältigt, banalisiert. Formal sind Zeitungen kein Muster.
2. Wer aktuell bleiben und eine große Wirkung auf seine Zeit ausüben will, kann heute die Zeitung, das stärkste, universalste Mittel menschlicher Verständigung, nicht entbehren. Die dauernden und vielleicht auch die edleren Wirkungen gehen aber vom Buche aus.

(1926)

Die Einwirkung der Kritik auf die Schaffenden

Es ist natürlich sicher, daß die Wirkung irgendeines epischen Werkes durch die Kritik der Tageszeitungen erst für einen größeren Kreis ermöglicht wird.
Mir persönlich ist es wichtiger, eine ausführliche Besprechung, selbst wenn sie mit Einwänden gegen mich und meine Arbeit verbunden ist, in den Zeitungen zu lesen, als ein noch so enthusiastisches aber nur summarisches Lob.
Es kommt zwar immer wieder vor, daß große Bucherfolge sich ganz ohne Mitwirkung der Presse vollziehen, und ich habe sogar den Eindruck, daß oft das Publikum ein feineres Gefühl hat für das wirklich Echte und Packende und daß dann erst in zweiter Linie die Kritik dem Publikum erklärt, warum ihm ein Werk gefällt, nachdem das Publikum sich schon von vornherein für das Werk oder den Autor erklärt hat.
Für den Autor können die ganz privaten Äußerungen eines Kritikers oder eines anderen Schaffenden viel wichtiger werden. In den letzten Jahren hat sich in besonders rühmenswerter Weise Thomas Mann mit vielen Erscheinungen der Literatur gerade der jüngeren Generation beschäftigt, die sonst nicht im Mittelpunkt des Interesses standen, und ich bin überzeugt, daß seine Briefe oder Äußerun-

gen vielen Autoren etwas Wichtiges gegeben haben.
Die berufsmäßige Kritik neigt sehr dazu, zwischen Prominenten und Nichtprominenten zu unterscheiden. Eine andere Schwäche der Kritik ist, daß sich die Besprechung immer nur um das einzelne Werk und nur selten um das gesamte Schaffen dreht, und gerade dies wäre doch für den Autor sehr wichtig.
Als idealen Kritiker habe ich den früh verstorbenen Moritz Heimann in Erinnerung. Er war der einzige, der mir vorwärts geholfen hat und der meine Arbeiten als etwas Organisches betrachtet hat. Mehr als aus seinem Lobe habe ich aus seinen Einwänden gelernt. Er kannte die Geheimnisse der Komposition, die für jeden Epiker außerordentlich wichtig sind, er war streng und unerbittlich im Einzelnen, ließ aber jedem Menschen seine Freiheit im Großen, versuchte nie ein Werk auf eine Formel zu bringen, sondern dachte nur, als der große Erzieher und der große Kunstfreund, der er war, aus jedem Autor das Letzte herauszuholen, was in ihm lag. Dazu gehörte natürlich sehr viel Liebe, sehr viel Vertrauen, sehr viel männliche Freundschaft. Ich glaube, viele Männer seiner Art leben heute leider nicht mehr.

(1927)

Bücher, die ungerecht behandelt wurden

Ich kann nicht sagen, daß eines meiner Bücher besonders »ungerecht« behandelt worden wäre. Ich frage mich, ob ich überhaupt Grund habe, mich ungerecht behandelt zu finden. Tatsache: Ich habe 9 Romane, 2 Dramen, viele Erzählungen, einen Gedichtband, einen Band Essays, »Das Unverlierbare«, im Verlauf von 15 Jahren veröffentlicht. Ergebnis: Ich bin den meisten Lesern, auch solchen, die sich für die neuere deutsche Literatur interessieren, völlig unbekannt und werde oft gefragt: »Unter welchem Namen schreiben Sie?« Die Kritik nimmt mich jetzt viel weniger ernst als bei meinen Anfangswerken, keine Zeile von mir ist in eine Weltsprache übersetzt trotz vieler Versuche, dies zu erreichen. Drei (mir) wichtige Werke, die Romane »Tiere in Ketten«, »Nahar«, »Mensch gegen Mensch«, sind seit Jahren bis auf das letzte Exemplar vergriffen. Eine Neuauflage ist nicht durchzusetzen. An meinem letzten Werke, dem Roman »Boëtius von Orlamünde«, arbeitete ich drei Jahre. Abgesetzt wurden, trotz billigen Preises, hervorragend schöner Ausstattung und guter Propaganda meines Verlegers S. Fischer, nur 1200 Exemplare.

Trotzdem fühle ich mich nicht ungerecht behandelt. Ich habe das Beste gegeben, das ich geben konnte, habe nie auf Aktualität, Konjunktur hin geschaffen. Kann ich dafür, daß sich die große Masse nicht dafür interessiert, und könnte ich wirklich so töricht oder so größenwahnsinnig sein, jemandem daraus einen Vorwurf zu machen und zu sagen: Mir geschieht Unrecht? Ich empfinde es als großes Glück, als besonderen Ausnahmefall des Schicksals, daß ich ausdrücken darf, was mich im Inneren bewegt, daß ich Gestalten, Menschen, Seelen schaffen kann, in denen mein besseres Teil fortlebt. Und da soll mich mangelnder Applaus stören? Ich könnte höchstens an mich selbst die Frage stellen, ob ich dieser Zeit gerecht geworden bin, ob ich mich nicht zu sehr von den Problemen abgeschlossen habe, die mit dieser Zeit geboren sind und mit ihr vergehen. Meine Wesensart, die dem »Unverlierbaren« sich zuneigt und gewiß düsterer ist, als es unsere sehr nach Optimismus dürstende Epoche verträgt, ist für ein solches geistiges Dasein nicht sehr empfänglich. Auf Resonanz, auf tiefere Anteilnahme selbst eines *numerisch kleinen* Leserkreises habe ich in den letzten, schweren, aber sehr klärenden Jahren verzichten gelernt. Verzichten gelernt ohne ein Gefühl der Verbitterung. Das »Müssende« mit Freude zu tun, ist das Beste, weil einzige, das zu tun übrigbleibt. Hat man die Gemeinschaft nicht gefunden, so heißt es die Einsamkeit tapfer ertragen und sich nicht über mangelndes Wohlwollen bei den Menschen beklagen.

Dabei habe ich doch Freunde getroffen, und zwar, was ich nie erwartet hätte, in meinen Verlegern, die mir diese wenig einträgliche Art meines Schaffens durch ihre Großzügigkeit ermöglichen. Jahre hindurch der Verlag Ullstein und jetzt S. Fischer. Solange ich noch *einen* Menschen von dieser Art finde, der an mich glaubt und der mir diesen Glauben durch Rat und Tat beweist, werde ich mich zu den glücklichsten unter den Dichtern zählen.

(1929)

Autobiographische Skizze*

[Ich bin in Brünn geboren.
Immer habe ich diese Stadt geliebt. In den letzten Jahren bin ich stets nur nach Brünn gekommen, um die alten Häuser wiederzusehen und um mich zwischen ihnen als Kind und als Junge zu fühlen, der hier zur Schule gegangen ist, und um von früh bis in die Nacht hinein durch die Wälder um Blansko zu streifen, mit dem Gefühl der Lebensfreude und mit dem schweren, würzigen Gefühl der Jugend auf den Lippen. Ich glaube, daß es heute – 1927 – hier längst keine solchen Wälder mehr gibt, ganz abgesehen von der herrlichen Einsamkeit. Ich liebte nicht nur diese Wälder, sondern auch die Felder entlang der Nordbahn, die kleinen Orte im Rübenland, die Gegend der Kohlengruben um Rossitz und dazu eine Reihe kleiner Fabrikdörfer, die heute zu Groß-Brünn gehören, – all das kenne ich gut, aber es liegt bereits hinter mir wie ein schweigendes, ausklingendes, bis auf den Grund erschöpftes Leben.
Nachdem ich am sogenannten Zweiten Staatsgymnasium mit größter Benevolenz aller meiner Lehrer die Reifeprüfung abgelegt hatte, ging ich nach Wien, um dort Medizin zu studieren. Ich wollte weder Dichter noch Denker noch Mathematiker werden (die Mathematik reizte mich immer – sie ist ungeheuer phantastisch), sondern wollte nur ein guter durchschnittlicher Bürger sein, und das konnte ich am besten in einem bürgerlichen Beruf. Mein älterer Bruder war Jurist (er ist jetzt Professor an der Prager Universität), und deshalb wurde ich – mehr aus Mutwillen und aus Laune – Mediziner.
Von den medizinischen Fächern lockte mich am meisten die Chirurgie. Es ist ein Beruf, der einen sich außerordentlich beherrschenden, technisch geschickten, körperlich besonders starken und ausdauernden Menschen verlangt. Wenn wir diese Disziplin ernst nehmen – und wir müssen sie ernst nehmen –, fordert sie einen

---

* Diese autobiographische Skizze hat Ernst Weiß 1927 für die tschechische Ausgabe seiner Erzählung »Daniel« geschrieben. Die deutsche Manuskriptfassung davon gilt als verloren. Nur ein kleiner Passus daraus, am 25. 11. 1927 von der »Literarischen Welt« veröffentlicht, hat sich erhalten. Bei dem nachfolgend in eckigen Klammern gedruckten Text handelt es sich um eine Rückübersetzung aus dem Tschechischen von Eduard Wondrak. Der kurze, nicht in eckige Klammern gesetzte Textteil folgt dem Original von Ernst Weiß aus der »Literarischen Welt«.

Übermenschen, der ich nie war und trotz all meines Willens und meiner Energie nie werden konnte. Trotzdem hat mir das medizinische Studium, und besonders die Chirurgie, sehr gefallen. Während meiner Assistentenjahre (bei Professor Kocher in Bern und bei Geheimrat Bier in Berlin) habe ich meinen Beruf mit maßloser Liebe und ziemlich befriedigendem Erfolg ausgeübt. Meine Technik ist nie unter den Durchschnitt gesunken, und meine ziemlich gelehrte Diagnostik war mir immer eine gute Hilfe.

Im Jahre 1911 kehrte ich nach Wien zurück, weil ich all mein Geld während meiner schlechtbezahlten Assistentenjahre verbraucht hatte, ging dort an die Klinik und wollte mit Medizin Geld verdienen lernen. Aber ich lernte es nie, und die Medizin wurde für mich nie zu einer Geldquelle. Ich lebte in sehr schlimmen Verhältnissen, und als erwachsener Mensch mußte ich noch meine Verwandten um Unterstützung bitten – jetzt wo ich mit Arbeit überlastet war, wo ich täglich zwölf Stunden am Operationstisch und im Krankenhaus verbringen mußte.]

Ich hatte damals schon meinen ersten Roman »Die Galeere« geschrieben, glaubte aber nicht, daß er je gedruckt werden könnte, obwohl mich Freunde, z. B. der Schriftsteller Richard A. Beermann, sehr aufmunterten und alles mögliche taten. [Für Vieles bin ich auch dem Dichter Albert Ehrenstein dankbar.] Ich muß überhaupt sagen, daß ich in meinem Leben sehr viel Hilfsbereitschaft gefunden habe und daß die meisten Menschen besser waren als ich, aber auch unzufriedener... In dieser Zeit, da von 23 Verlegern kein einziger mein Buch annehmen wollte, ich in meinem ärztlichen Beruf mit jedem Tage die Abnahme meiner Kräfte fühlte – entschloß ich mich, um mein Leben zu retten, oder das, was davon noch übrig war, den Beruf, an dem ich mit allem hing, dem ich aber doch nicht gewachsen war, aufzugeben, den Lebenskampf in der Literatur aufzunehmen und mich mit allen Kräften gegen den Untergang zu wehren. Ich hatte nicht die Mittel, meine stark angegriffene Lunge in einem Luftkurort auszuheilen, aber Freunde verschafften mir eine Stelle als Schiffsarzt auf dem Schiffe »Austria« des österreichischen Lloyd, mit dem ich über Port Said nach Indien und Japan reisen sollte. Kurz vor der Abreise erhielt ich die Nachricht, daß die vier größten Verleger Deutschlands: Fischer, Wolff, Müller, Rütten & Loening, mein Buch, das sie vorher durch drei Jahre abgelehnt hatten, jetzt gleichzeitig annahmen. Ich wählte Fischer und fand nach meiner Rückkehr das Buch gedruckt.

[Als Autor fand ich sofort eine Reihe von Sympathien – Franz Kafka war mein Freund – und auch künstlerischen Erfolg. Aber bis zum Kriegsausbruch mußte ich hungern, denn mein Verleger vertraute mir nicht besonders, was ich ihm nicht im Bösen nachsagen will, denn ich hatte nie den Ruf eines großen Schriftstellers. Ich konnte jedoch ununterbrochen arbeiten, was mir als Chirurgen nicht möglich war, und so hatte ich noch vor 1914 einen neuen Roman fertig und drei weitere skizziert.

Als der Krieg ausbrach, erkannte ich gleich, daß man jetzt keine Dichter, sondern Ärzte brauchte. Ich hatte die Möglichkeit, nach Dänemark zu fliehen, blieb aber und meldete mich sofort bei meinem Regiment in Linz. Ich machte den ganzen Krieg als Arzt mit, erhielt zwar keine Auszeichnung, konnte aber dafür zweimal bei meiner Einheit mit Erfolg die Cholera und einmal den Flecktyphus bewältigen. Obzwar ich eine langjährige chirurgische Praxis hatte, durfte ich beim Militär nicht operieren.

Ansonsten avancierte ich ziemlich schnell. Bei Kriegsende war ich in Beneschau, und ich bin stolz darauf, daß mich die Tschechen nach dem Umsturz genauso achteten wie vorher. Sie zahlten mir sogar den Sold bis 1919 und boten mir an, in ihre Armee einzutreten, obzwar ich kein Wort Tschechisch kann.

Ich sah, daß die Soldaten – gleich ob Tschechen oder Deutsche – dankbar waren, wenn man mit ihnen wie mit seinesgleichen umging. Wenn ich ihre Wünsche nicht immer erfüllen konnte, sahen sie es ein, und so lebten wir in gutem Einvernehmen, und ich mußte niemals jemanden bestrafen oder anschreien. Die meisten waren vernünftigen Gründen zugänglich. Mir persönlich gelang es nie, den Unterschied zwischen dem Dienstrang eines Generalarztes und dem eines Sanitätsgefreiten militärisch zu begreifen, denn ich sah, daß beide eine gleich wichtige Funktion ausüben. Dafür waren mir zwar nicht die Generale, jedoch die Mannschaften dankbar. So manches, was man sich wünschte, ließ sich aber in den letzten Jahren meiner militärischen Tätigkeit nicht verwirklichen, da nicht genug Zeit war, und was übrigblieb, waren nur Vorschriften, die sich nicht ausführen ließen.

Es war ein großes Elend. Nach dem Umsturz fuhr ich nach Deutschland. Später lebte ich in Prag, wo die unvergeßliche Schauspielerin Rahel Sanzara im schönen Ständetheater mein Stück »Tanja« spielte, und zwar mit außerordentlichem Erfolg. Aber damit ich nicht zu stolz werde, wurde das Stück drei Monate später

in Wien gespielt und – nach dem Erfolg der ersten zwei Akte – ausgezischt. Ich sah in meiner Blindheit nichts von diesem Theaterskandal und ging am Schluß lächelnd auf die Bühne, um zu danken. Aber ich wurde ausgepfiffen und ausgezischt. Ich erstarrte, machte kehrt und zeigte den Leuten den Rücken. Es war sehr interessant und lehrreich. Die Kritik, die mich in Prag gelobt hatte, schmähte mich in Wien, so daß von mir nichts übrig blieb, und ich kam nur mit dem nackten Leben vom Ort meines Unglücks davon.
So endete mein Ruhm als Dramatiker. Ich lebe jetzt in Berlin und schreibe Romane. Ob das viel ist oder wenig, weiß ich nicht, aber auf jeden Fall ist es alles.]

(1927)

Prag

Über dem jungen, lebensfreudigen und lebenswilligen Prag lastet der Geist der Gotik und mehr noch, alles andere bedrückend, oft erdrückend, der Geist des habsburgischen Barock wie eine uralte Fürstin mit versteinerten, immer noch schönen Zügen, die alle Urenkel überlebt hat, allen Reichtum besitzt und auf deren Tod niemand mehr zu hoffen wagt. Was an bedeutenden Geistern hier gewirkt hat, von Rilke bis zu Franz Kafka, war immer von diesem Geist des Barock beschattet. Was ist dieses Barock? Es ist nicht mehr die reine spirituelle Flamme des kristallisierten Christentums, die Gotik, sondern es ist ein Christentum, das schon an den Geistesgütern des wiedererstandenen Altertums und an denen der neuerstandenen Naturwissenschaften (Alchymisten) geleckt hat, eine grandiose Gegengeste des Katholizismus, so überwältigend noch in der Agonie, daß ihr selbst der alte Goethe im Faust nicht zu widerstehen vermocht hat. Wir stehen heute vor der zweiten Wiedergeburt der Freiheit. Von wo sie ausgehen wird, ob aus dem Kern Europas, dessen geographischer und bald vielleicht auch politischer Mittelpunkt eben dieses Prag ist, ob aus anderen Gebieten der Welt, wer weiß es? Sicher ist, daß von hier aus heute schon Männer und Kräfte am Werk sind, in erster Linie der Staatsminister Beneš, die illusionslos, zwar rational, aber nicht karg rationalistisch, vernünftig, aber nicht vernünftelnd, den großen Mut gefunden haben, dem engstirnigsten Egoismus, dem »heiligen« der Nation und »Rasse«, etwas Größeres, Freieres, Freudigeres und seiner selbst Sichereres entgegenzustellen. Böhmen (es ist sehr schade, daß die Tschechoslowakei diesen wundervollen Namen nicht offiziell kennt) hat von jeher große, das heißt selbstbescheidene, ihrer Grenzen klar bewußte Lehrer hervorgebracht, von Amos Komenius bis zu Masaryk, vielleicht kommt der Lehrer der neuen Völker und Menschengemeinschaft, der Begründer einer Renaissance II., aus diesem herrlichen, dunklen, aber nicht unheimlich, sondern eher gemütlich dunklen Boden. Das, was man sonst die »Scholle, die Wurzeln« nennt, will sich auch hier sein Lebensrecht, das ihm niemand bestreitet, sichern, nur ist es eben nicht sehr ergiebig. Die großen Konflikte, Kontraste erwachsen viel eher aus der grandiosen Ansammlung menschlicher Individuen und technischer Kräfte und Traditionen in den Großstädten als auf dem zwar ewigen, aber doch traditionsarmen Land, das nicht ohne Grund das »flache« genannt wird. Hier hat es den Vorzug, einige prachtvolle, wenn auch nicht weltbewegende Blüten hervorgebracht zu haben, vor allem Friedrich Smetana. In dem tschechischen Nationaltheater brachte man ein modernes Ballett, dessen Musik von dem hochbegabten, ganz modern denkenden Musiker *Martinu* stammt, es heißt »Spielklötzchen« und entfaltet oben auf der Bühne die Folkloristik des ganzen Landes, Märchen im Märchen, den Hahn und die Henne, die auf dem Nußberg gehen, bis zu der verlassenen Braut in ihren wilden Verzweiflungstänzen. Unten im Orchester, ein männlicher und ein weiblicher Protagonist, der nicht agiert, sondern im Scheine eines milden Lichtes Text auf Text singt, wozu dann das Orchester Begleitfarben malt und ein Chor mit Kinder-Sopran und Greisenbaß einstimmt. Das stärkste daran ist das Kindliche, aber Kinder bauen sich ihre »Klötzchen« selbst zusammen. Die Musik ist voller Feinheit, aber ohne Süße, keusch bis zur Kargheit, und dort, wo es warm wird, weht der Hauch von den blühenden Feldern des großen Smetana herüber, der einst im größten Elend gestorben sein soll, wofür ihm jetzt noch ein Denkmal gesetzt werden wird. Sonst sind die Menschen hier nicht von besonderer Dankbarkeit. Mozart hat eine für sein kurzes Dasein lange Zeit hier verbracht, fast das Bedeutsamste hier geschaffen, in der »Bertramka«, in einem verrußten Fabriksviertel, jetzt im Verfall, wenn man nicht die nötigen Gelder herbeibettelt, – kein Denkmal erinnert daran, daß hier seine größten Opern unter ungeheurem Jubel uraufgeführt wurden, worauf Mozart allerdings auch »im tiefsten Elend«, dem Refrain der Ballade vom Genie, gestorben ist. – Auch an den genialen Jaroslav Hašek, den größten Humoristen der letzten fünfzig Jahre (bescheiden gesprochen), erinnert hier nichts, nicht einmal der Name einer Kneipe. Dieser wunderbare Schöpfer des »braven Soldaten Schwejk« ist am Leben zugrunde gegangen in jungen, schweren Jahren, das heißt, angeblich in Bier ertrunken. Doch von seinem Geist, einem in seiner Art ebenso anarchistischen Geist, wie es jedes humoristische Genie ist, ist doch etwas am Leben geblieben. Die Revue vom »Esel und seinem Schatten«, die hier im Freiheitstheater, in den Kellerlokalitäten der modernen, inneren Stadt (also sehr weit weg vom barocken Hradschin und den gotischen Kathedralen) durch die zwei wonnevollen Komikertragiker Woskovec und Werich unter dem Jubel täglich neu begeisterter, mit Lachen, Trampeln, Johlen und

Klatschen ihren Beifall ausdrückender Menschenmassen aus dem tschechischen Mittelstand gespielt wird. Es sind dies zwei große Schauspieler in der Maske von Clowns, Szenenbilder von einer Kühnheit verwendend, die nur in der Zensur des Geschmackes ihre Grenzen findet, kein Zirkusmittel, bis zu dem leibhaftig auf das Bühnchen gebrachten Esel, verschmähend. Der eine erinnert, blendend weiß geschminkt mit pechschwarzer Perücke auf dem Kopf, mit seinem breiten, zynisch klugen Mund, mit dem flinken, behenden Gang und Tanz an einen alten Glücksgott, wie solche mit rätselhaft weise lächelnder Miene, den Glückskarpfen unter dem Arm, auf chinesischen Holzschnitten dargestellt werden. Der andere ähnelt ihm wie Sancho Pansa dem Don Quichote. Was sie bringen, ist Protest. Ist Freiheit des Gedankens. Verhöhnung der Macht. Trauersong auf den Untergang des Menschentums edlerer Art, das sich unterdessen langsam aus dem Grabe herauskrabbelt, alles aber ausdrückend mit einem Minimum an Umfang, an Geste, an Geschrei – mit Recht das einzige wirklich populäre Theater der großen Stadt, keine Zwangs-Ideale, nur Bescheidenheit, Brot, Arbeit für alle. Und Gerechtigkeit, guter Willen, Vernunft und nochmals Gerechtigkeit für alle! Die Liebe zum Leben, wie es ist, wie es ohne Traum, ohne Rausch ertragen werden muß: das ist es, was die Massen hier bejubeln.

(1933)

Kleine Bemerkungen über das Trinken

Der Kampf ums Dasein, der Kampf aller gegen alle, ist der Kampf um die Speise; die Freude am Dasein, am Ungemessenen, die Freude am Nebenmenschen, fern von Eifersucht, Neid und Angst, liegt im Trinken. Schon von Urzeiten her kämpfen die Stämme, Sippen, die Alten mit den Jungen um die Jagdreviere, wo sie die karge, zum Leben nötige Speise erraffen, aber am kühlen Quell treffen sie sich heiter und gelöst, im Schatten unter den Bäumen, das Wasser fließt unbegrenzt, und was der andere genießt, muß ihm niemand neiden. Unbegrenztheit der Menge, Fülle liegt im Überfluß, die Quelle fließt nie zu Ende. Es gibt zwar kein Land, wo Milch und Honig fließt, wohl aber gibt es viele Länder, wo Wein in Riesenmengen gekeltert wird. Der Wein bewahrt sich im Gegensatz zum Fleisch, zur Milch leicht auf, er erbt sich fort, von einer Generation zur anderen, man gibt ihn mit ins Grabgewölbe. Der Rausch ist vergänglich, aber nicht seine Quelle.

Es gibt zweierlei Rausch, gesunden und kranken. Der an seiner Seele Kranke trinkt, um sich zu heilen, vor sich hinstarrend hält er sein halbgeleertes Weinglas in der Hand, spät nachts erhebt er sich und zieht heimwärts, ein wenig getröstet, ein wenig erleichtert; und die Bürde des Kummers wiegt nicht mehr ganz so schwer. Alles schwankt, und sein Kummer, sein Herzeleid mit. Der Wein hat das strenge Nein des Lebens gemildert, die Wärme des Rausches hat den Winter des Kummers unterbrochen. Harre aus und der Kummer verschwindet, das verlorene Glück findet sich wieder. Den Schwachherzigen macht der Wein mutig, den bitter Aufbegehrenden macht er versöhnlich. Und wenn der einsame Trinker im Laufe der Zeit nicht mehr ganz einsam bleibt, wenn er ein anderes Menschengesicht am Tische neben sich ohne Murren erträgt, ist der erste Schritt zur Tröstung geschehen. Nur so tief eingefleischte Pessimisten, wie es die großen Humoristen sind, Wilhelm Busch, Reuter und Gottfried Keller, bleiben beim verzweifelt einsamen Trinken; ob Jaroslav Hašek ein Trinker für sich oder einer in Kumpanei war, ist mir nicht bekannt. Nach seinen Büchern scheint er der ersten Gattung anzugehören. Wohl wahr, daß nur derjenige trinkt, der nicht Kraft genug hat, dem Leben, wie es ist und immer sein wird, dauernd mit ehernem Mut ins Gesicht zu sehen. Der Weise hat des Weines nie bedurft. Er hat des Rausches nie bedurft, um weise zu sein. Aber glücklich? Seht Nietzsche! Vielleicht war der grandiose Rausch seiner Werke nach dem Zarathustra nur Rausch der reinsten Höhenluft, die Ich-Berauschung des einsamen Genies? Wäre es der Rausch des Weines gewesen, vielleicht wäre der Sturz des Prometheus in den gewollten Abgrund nicht so schauerlich grotesk geworden.

Der Wein versöhnt. Wir brauchen alle ein wenig Duldung, wir wollen manchmal heiter sein und uns die anderen nur beschauen und uns ihrer erfreuen, nicht aber sie durchschauen und urteilend über ihnen stehen. Wenn zwei Menschen im Begriffe sind, einander zu lieben, der Rausch des Frühlings, Rausch ihrer jungen Jahre, ja der Rausch des aufblühenden Gefühls, es genügt oft all dies noch nicht, sie finden sich erst bei einem Tropfen Weins, ja dieses Tropfens bedarf es oft, um das dürre, ängstliche, gehemmte Herz überfließen zu lassen. Und wenn Greise beisammensitzen, die grauhaarigen Mächtigen dieser Welt, die großen Eisenbahnindustriellen, Ölkönige und Staatsmänner, Ärzte und Ingenieure von Weltruf, am Abend, nach ihren Verhandlungen, finden sie sich an ihrer Tafel, sie trinken zwar wenig, aber mit wissendem Genuß, und jetzt erst werden sie zu Menschen.

Und wenn der Mensch mit dem Schicksal kämpft, wenn er einen großen, endgültigen Verzicht aussprechen, wenn er von dieser bitteren und dennoch oft so liebenswerten Welt scheiden soll, auf dem Nachtkästchen des Reichen im Sanatorium steht noch eine kleine Flasche edlen Weins, und der Arme in seinem Obdachlosenasyl oder in der billigsten Klasse des Massenkrankenhauses hat seine Buddel »mit etwas Weingeistigem« unter dem heißen Kissen, und ihnen allen ist der Wein die treueste Freude, denn der Jugend, der gibt er den letzten überfließenden Tropfen, dem Manne gibt er die Stärkung in schweren Tagen, und dem Alternden, dem Sterbenden gibt er etwas wie einen letzten Trost; Wein ist keine Waffe, Wein bedrückt nicht, er berückt, die Freude am Wein ist nahe verwandt der Freude an der Musik, und so sei sie gelobt und geliebt.

(1933)

Von der Wollust der Dummheit

1

Bodenlose Dummheit. Weil bodenlos, auch so unbegreiflich. Wo wäre der ekstatische Patriotismus der Masse, das letzte Ergebnis von heute, ohne eine bodenlose Dummheit, die vom Faschismus ihre grenzenlose Entfaltung verlangt und auch erreicht. Daß man nämlich die löbliche und gar nicht weiter aufregende Heimatliebe auswerten konnte in eine aggressive, explosive, asiatisch fanatische Vaterlandsliebe, das setzt einen Grad von passiver Dummheit voraus, den man nur zum Teil künstlich zu erzeugen hatte. Ein jeder bleibe wer er ist. Ein jeder sei stolz nur auf das Geborgensein in einem Lande. – Dem einzelnen sagt es nichts, denn er möchte am liebsten stolz sein auf sich oder seine Kinder, aber der Masse klingt es herrlich in den Ohren.

2

Typische Eigenschaften der Dummheit: nicht etwa ihresgleichen besonders zu fördern, sondern die Halbklugen, die Mittelmäßigen. Nach magischen, dem Verstande unbegreiflichen Gesetzen, eben denen der Dummheit, wählen sich Millionen den Führer, den kein Einzelner gewählt hätte. Dadurch bekommt er Gewalt. Die Erscheinung Napoleons ist nicht typisch, denn er hatte schon vorher Gewalt. Aber auch die Wahl des Mittelmäßigen zum Tyrannen hat etwas für sich, denn die Mittelmäßigkeit besitzt, was dem Extremen fehlt, – eine Art Ewigkeit. Die Mitte ist beständig. Sie überlebt.

3

Es gibt einen Grad von Dummheit, der jedes echte Gefühl ausschließt. Es gehört nämlich zum Wesen der Dummheit, daß sie sich bewußt, stur und fühllos weigert, sich der Welt, das heißt der Menschheit, hinzugeben. Sie habe es nicht nötig, meint sie. Die Tatsachen passen sich ihr an, weil sie müssen. Die Dummheit wird mit jedem Säugling neu geboren. Sie quillt mit Notwendigkeit aus der Erde, und deshalb gehört die Erde den Dummen.

4

Der phlegmatische Dummkopf ist dem melancholischen oder sanguinischen weit voraus. Dagegen ist fast jedem Dummchen sein cholerisches Blut von Vorteil; viele gewaltige Dinge gelingen den Dummen im Zorn. Aber sonst: eiserne Ruhe. Das bedeutet kein Gehirn, keine Reue, kein Herz. Aber auch kein Zweifel, keine Qual des Gewissens – und alle Kraft gehört einem Ziel. Die Dummen erreichen oft das Ziel der Klugen, ohne es zu wissen.

5

Die Dummheit etwa aus Versehen zu beleidigen straft sich immer schwer. Man rühre nicht an sie. Die Diktatoren benutzen die Psychologie und Taktik der Dummen mit einer Art Genie in der Praxis: Man drängt die Dummen so dicht aneinander, daß sie nichts mehr sehen können, sich selbst ausgenommen und dann noch meist von rückwärts. Wie könnte man sonst 10000 zusammenbringen auf einem Platz? Dann braucht man überhaupt keine Kritik zu verbieten. Es gibt eine Art ungeheuer stark zusammengepreßten Mülls, der härter und sicherer ist als Stein. Und unverbrennbar. Darauf bauen sie.

6

Eine Methode kann Schiffbruch leiden, ein feines, ausgeklügeltes System kann sich überleben. Die dumme Systemlosigkeit aber, das »den Dingen ihren natürlichen Lauf lassen«, kann, mit guter Polizei versehen, sehr lange leben.
Wenn einer den Diktator entlarvt, beim dummen Plebs wird er damit meist kein Glück haben. Denn hat die Masse in ihrer mißtrauischen Dummheit sich einmal überwunden und irgendeinem Menschen Vertrauen geschenkt, dann bleibt sie dabei so lange wie möglich: denn Trägheit ist ihre Form der Treue. Die einzige Ge-

fahr der Despoten ist, daß sie auch einmal sterben müssen. Und je näher man sie zu den Göttern versetzen wird, desto schwerer wird es einen Nachfolger haben. Lange Folgen von Diktatoren kennt daher die neuere Geschichte nicht, hier kann also die Systemlosigkeit nicht zum ewig währenden gültigen Gesetz werden.
Die Dummheit ist unsterblich, die Dummen nicht. Sonst kletterten wir alle noch auf Bäumen herum und würfen mit Nüssen und schnatterten einander zu, dies sei der natürliche Lauf der Dinge.

7

Hat wirklich jeder das Recht, so dumm zu sein wie er will? Viele Diktatoren schärfen, dieses Recht ohnehin allen zubilligend, ihren Sklaven ein, ja nicht über Gebühr klug zu werden, und beschwichtigen etwa rebellierende Geister damit, daß die Dummheit bei keinem ausschließe, daß er seinen persönlichen Vorteil rücksichtslos wahrnehme, ein Anteil an den Gütern des Lebens, der dem Dummen schon deshalb zustehe, weil dieser mit der Masse geht. Und die Dummheit lebt gerne und gut, sie ist meist schlauer und praktischer schon wegen der Enge ihres Horizontes. Gerade in diesem Punkt überschätzen sich die Klugen und sind sogar stolz darauf, gegen ihren eigenen Vorteil zu handeln. Daß sie sich aber untereinander tausendmal schlechter behandeln als die Dummen, ist ihr Verderben. Und darin, daß sie es nicht einsehen, erweisen sie sich ebenfalls als dumm genug.

8

Ein großer Vorteil sowohl der Dummen als auch der Lügner besteht darin, daß dieser Zustand des Lügners und des Dummen durch den bloßen Willen erheblich gebessert werden kann. Lügner und Dummköpfe haben als letzte Reserve immer noch die Möglichkeit, sich zu ändern und in die Schule zu gehen. Die Klugen haben sich aber ohnedies schon soweit als nur irgendwie möglich vorgewagt. Die rauhen Tatsachen stoßen sie zurück und hinab, während sie im schlimmsten Fall dem Dummen und dem Lügner wieder aufwärts helfen. In diesem Sinne haben es der Dumme und der Lügner besser. Sie haben noch viel vor sich: Mindestens sich.

9

In den Augen der Dummen ist Gott dumm. Das Volk will Gott dumm. Ein Gott, der Chemie und Relativitätsphysik verstände, wäre nicht nach ihrem Herzen. Luther sagte: Deus stultissimus. Das Wort könnte von Hitler sein, wenn dieser Latein könnte.

10

X ist so klug, daß man ihn nur mit aller Mühe versteht. X ist so dumm, daß man ihn auch bei aller Mühe nicht versteht.

11

Bedeutende Völker oder Menschen ohne Erfolg sind für alle Welt beschämend und schädlich. Außerdem treten sie stets mit einer gewissen Gutmachungsforderung auf, auch wenn sie diese mit gespielter Bescheidenheit etwas verbergen möchten. Vor allem aber beweisen sie durch ihren Mißerfolg gerade den wertvollen Nebenvölkern und Nebenmenschen, wie vergeblich ein höheres Streben ist, und schrecken also diejenigen ab, die kraft solcher Ideale vorwärtskommen wollten. Nun aber sagen sie beim Anblick der zerlumpten Ideale und abgetretenen Grundsätze: »Es wird schon alles seinen Grund haben, nach außen sieht es ja so superklug aus, aber im Grunde...« Und so legen sie sich beiseite und geben der Dummheit nicht nur den Sieg, sondern auch recht.

12

Die Dummheit teilt eines mit der Schönheit: sie behagt sich, sie gefällt sich selbst. Dies ist die erste Voraussetzung des Genießens. Manchmal aber steigert sich dieser Genuß an sich selbst zur Wollust, freilich zu einer trägen, in sich selbst stupid eingesponnenen, zu einem wort- und gedankenlosen epischen Rausch. Bei Tage kommt man schwer dazu. Es existiert ein »Wille zur Nacht«, der viel verbreiteter ist als der nur wenigen zugängliche und zur Einsamkeit verurteilende »Wille zur Macht«. Fast keiner entgeht ganz diesem Willen zur Nacht, zum Tode, zum Lichtauslöschen, zum Flachhinlegen, zur Dummheit.

Wenn man bedenkt, was mit dem Tode eines wahrhaft großen Menschen verlorengeht, erkennt man die unbegreifliche Dummheit des Todes.

(1938)

Von den Entzückungen der Liebe

I

Die heilige Aktualität der Liebe: Auf jeden Tag, auf jede Sekunde kommt es ihr an. Immer ist es gerade der letzte, der wichtigste Augenblick. Alles, was vorher war, hat nur auf dieses Heute gewartet. Alles, was nachher kommt, wird nur von der Erinnerung leben! Bis zum Erscheinen dieses glühenden Augenblicks hat die Seele Wochentagskleider getragen. Eben schlägt die hohe Stunde. Glückliches, seliges Zagen, ob wir noch schön und jung sind. – Alles wird neu für uns sein. Man zittert mehr davor, wie man sich vor der Erfüllung bewähren wird, als davor, wie sie sich uns bewähren, uns beglücken wird. Liebe kennt keine Enttäuschung. Sobald man abzuwägen beginnt und zu erklären, hat sich das Tor hinter uns geschlossen.

II

Im Beginn einer Liebe zählt alles, was der andere gibt. Am Ende nur, was er verweigert. Denn am Ende allen Wandelns steht der Tod.

III

Der Mann sieht in der Frau oft das Vergangene; das liebe Erinnerungsbild der Mutter, oder er sieht, einen Herd grünend, in ihr das Kommende, das Kind, das sie ihm geben wird, oder, alternd, das Kind, das sie dem Manne selbst ist in ihrer Hilflosigkeit und Unberührtheit. Der Mann steht also nicht immer genug mitten im konkreten leibhaftigen Leben, so wie es die Frau tut, die oft mit bewunderungswürdiger Anpassungskraft völlig darin aufgeht. Die Frau neigt zum Klassischen, der Mann zur Romantik. Schon deshalb befriedigen einander die Geschlechter so selten. Sie sind einander nicht im gleichen Augenblick und in gleicher Stärke aktuell. Der Mann sieht oft zu sehr empor oder zu sehr hinab, die Frau oft zu starr, knapp und nüchtern vor sich hin. Sie fangen zu verschiedenen Zeiten an und werden, mit verschiedenen Aufgaben, zu verschiedenen Zeiten fertig. Oft ist es schon eine gute Grundlage, wenn sie sich beide bewußt sind, daß sie auf dem gleichen schwankenden Ast sitzen und nichts Ungeheures zu erwarten haben. Aber davon lebt eine Liebe nie und eine Ehe nur selten. Gerade wenn der junge Blick noch feurig ist und die Wünsche voller Glut und Glauben bei beiden, so sehr, daß jeder mit dem anderen wetteifert, wer stärker und tiefer liebe, gerade dann ist oft die Harmonie und das Glück so schwer zu erreichen. Ja, es macht mehr Mühe nachher gut zusammenzuleben und einander zu ertragen, als es vorher Mühe gekostet hat, einander zu finden, zu gewinnen. Ist es aber nur einer von beiden, der stark aufglüht im Gefühl, dann mag er sich leichthin ins Unendliche entfalten. Aus dem irdischen Zerklüftetsein, aus der Enttäuschung und dem Verzicht, kann sogar ein schmächtiger Strahl des Göttlichen kommen. Denn Religion ist Hoffnung und Licht nach Enttäuschung und Resignation.

IV

So mancher hatte sich das Geliebtwerden abgewöhnt, und das machte ihn wirklich unfähig, geliebt zu werden. Man muß das Geliebtwerden tapfer ertragen können, selbst wenn es darauf beruht, daß der eine Liebende den anderen mißversteht. Dunkel! Scham! Schonung! Stille! Wer mit der hellen Lampe in der Hand dem Bette der Liebe naht, wird fast immer eine Kranke oder eine Tote auf dem Lager finden. Man muß die Augen schließen, man muß im rechten Augenblick verstummen können. Keine Frage: »Bin ich wert, geliebt zu werden?« Keine Gerichtsverhandlung: »Bist du es wert?«

V

Wer Gott vertraut, liebt leicht; er liebt nur weiter. Wer an Gott verzweifelt und erst an einer holden irdischen Erscheinung lernen möchte, an den Lebenswert des Daseins zu glauben, der müßte Riesenkräfte haben. Und selbst dann wird der Weg über die irdische Flamme nur ein Umweg sein zu der Bejahung des geahnten Unendlichen.

Der sanfte Rausch der Schönheit leitet ohne Schmerzen, ohne bange Erschütterung am leichtesten in die Liebe, und gälte die Liebe zur Schönheit nur dem Marmor der zackigen Schulter einer verstümmelten Statue, die der zagende Finger nachfühlt, ohne den Bruch als Schmerz zu empfinden. Nein, es gibt keine Schönheit ohne Liebe. Wohl aber gibt es, zu unserer Prüfung, oft Liebe ohne Schönheit, und wenn wir über die Seelenlosigkeit der Schönheit klagen, sind wir nicht immer aufrichtig. Denn an unserer Seelenlosigkeit, nicht an der der Statue läge die Schuld.

VI

Guter Rat: Wer die Lieblosigkeit eines Menschen durch die eigene Güte auszugleichen versucht, gleicht einem, der das bittere Meer auszutrinken versucht, statt auf ihm zu schwimmen.

VII

Getrost lieben! Nicht fragen, nicht zagen, nichts fürchten. Wenn nur Strom da ist, entzündet sich der elektrische Funke sogar an der Distanz.

VIII

Macht des Verführers? Er kann nur zur Sünde verführen. Zur Liebe nie.

IX

Ob leidend oder glücklich, ob mit der Welt im Einklang oder am Kreuz, ob erlösend oder unerlöst: Liebe! Du sollst lieben, komme, was mag. Alles, nur verschließe nicht dein Herz! Könnte man aber die stoische Ironie der »alten Heiden« mit der Liebesfülle der ersten Christen vereinen, der Himmel käme auf die Erde hinab.

X

Graue Haare wachsen manchen Männern zuerst auf der Brust, über dem Herzen. Nicht viele sind wie Goethe: »Liebe mich mehr«, schrieb er, nicht mehr jung, »lasse mir das Glück, Dich mehr zu lieben«.

XI

Noch im giftigsten Streiteswort zwischen Liebenden kann Liebe sein. Im Schweigen ist aber immer Tod.

XII

Ein Mann, der nicht lieben will, liebt erst recht. Eine Frau, die nicht lieben will, liebt nicht.

XIII

»Unglaubliche Schönheit!« Bedarf denn die Schönheit des Glaubens? Evident ist sie.
»Unglaubliche Reinheit.« Es ist doch etwas Erschütterndes daran, sich einen Menschen, unverschuldet und rein, mitten im Elend, Schmerz und Untergang zu denken. Sei es ein Kind, das rein zur Welt kommt, sei es ein göttlicher Mensch, der rein geblieben ist.

XIV

Eine banale, aber oft gültige Wahrheit: Jeder unglücklich Liebende erwartet im Grunde seines Herzens vom Anderen Überraschungen, hochdramatische Wendungen, glückliche Zufälle. Aber nur er selbst ist es, der einer solchen Wendung fähig ist, ja, er hat die Wendung bereits gemacht; er hat sich selbst überrascht, sein Zustand ist hochdramatisch, zur Entscheidung, zur Aktualität gedrängt. Er ist mitten in einer neuen, weil von einem neuen Mittelpunkte her strahlend erfüllten Welt.

Der Kalte aber treibt seine alte Herde mit dem alten Stecken zur alten Weide. Vielleicht sieht er dem abenteuerlich Liebenden neidvoll nach, wenn dieser auf dem hageren Pferde seiner hochfliegenden Träume, den Blick ins Unerreichbare gerichtet, überunglücklich vorüberreitet. Selbst die bittersten Augenblicke der Liebe sind hohe Entzückungen im Vergleich zur Gewohnheit. Und was ist es anderes als Gewohnheit, was die Menschen hindert zu lieben?

(1939)

Imaginäre Vorreden

Ein Wort zu Macbeth

Die Darstellung von Macbeth auf unserer modernen Bühne ist wohl immer und überall ein Problem für Schauspieler und Regisseure geworden. Das liegt zum Teil an den im Laufe der Jahrhunderte vollständig verschobenen Bedingungen, unter denen dieses Drama aufgeführt wurde.

Im allgemeinen gibt es zwei Typen: Entweder der Versuch, das konzentrierteste Leben, die im Anprall aneinander zündenden Funken, die sprechende, handelnde und leidende Menschenseele in ihrer stärksten *Verdichtung* auf die Bühne zu stellen als eine Art Expression; als treibende Kraft die Freude an den gesteigerten, oft ins Ungeheure ausblühenden Äußerungen der menschlichen Seele; Liebe, Haß, Kampf und Überwindung. Der andere Typus ist die Illusionsbühne, wie sie uns im Anschluß an die realistischen Darlegungen Zolas, Tolstois und Gorkis von Reinhardt gegeben worden ist. Hier ist der *Zuschauer* die Hauptaufgabe, er soll sich in die Bühne versetzen, soll das Proszenium überbrücken und ein Stück wirklichen Lebens nach Ende der Aufführung nach Hause tragen.

Wir können annehmen, daß die Darstellung zu Shakespeares Zeiten im höchsten Grade den Charakter der Expression gehabt hat, und zwar läßt sich gerade dies aus den zeithistorischen Dramen schließen. Gerade das Schicksal der eben mitlebenden oder eben vergangenen Generation, die Königsgeschicke der eben herrschenden oder eben abgesetzten Dynastie, ja selbst die Landschaft Londons, der Tower und die Brücken und Plätze der Stadt, all dies hätte niemals auf einer Illusionsbühne Platz gefunden; es bedurfte unbedingt der höchsten Zusammenballung in Darstellung und Dichtung, um nicht als *Nachahmung* der politischen Ereignisse zu erscheinen, die damals die politische Welt und jedes private Leben beschatteten. Wir können uns nicht denken, daß wir heute das Schicksal Nikolaus des Zweiten oder des Kaiser Wilhelm in Reinhardtscher wirklichkeitstreuer Wiedergabe ertragen könnten. Sollen diese Dinge auf uns wirken, sollen sie nicht ganz verblassen neben den Erinnerungen an das schaudernd Miterlebte, bedürfen wir eines monumental über alle Zeit gestaltenden Genies, eines Menschen, der zum zweiten Male als Gott, und als Gott in einer *anderen* Sphäre, die Welt zerschlägt und wieder und wieder aufbaut. Als Darstellungsmöglichkeit könnte man sich hier nur eine durchaus stilisierte Bühne denken, wobei Stil immer Einfachheit, nicht aber Langeweile bedeutet, wo die Schöpfung auf der Ausstrahlung der aufs höchste gesteigerten Seele der *Darsteller* beruht, nicht aber auf Menschenansammlungen, deren grobe Mechanik dem Kommando eines Regisseurs gehorcht, der mehr Turnlehrer als Künstler ist.

Gleichgültig, wer die Dekorationen zeichnet. Vorausgesetzt, daß der Darsteller selbst imstande ist, aus sich heraus die gleichgültigste Leinwand und das konventionellste Versatzstück zu beseelen, werden wir mit den geringsten äußeren Behelfen die größte Wirkung erzielen. Ich glaube, daß nie eine Zeit günstiger ist für diese Wiedergeburt der Tragödie über Raum und Zeit aus der Seele, als die unsere, denn sie hat Ehrfurcht vor dem Großen gelernt, wenn sie nicht glaubt, so hungert sie doch danach, glauben zu können; wenn sie nicht hingerissen ist, so sehnt sie sich danach, hingerissen zu sein.

Unter den Dramen, die zuerst in Betracht kämen, scheinen mir Shakespeare und die antike Tragödie zu sein. Die antike Tragödie ist freilich in den letzten Jahren diesem Ideal schon ziemlich nahe gebracht worden, da die ungeheuren Dimensionen der Seele und die durch keine Kunststücke zu brechende Rhythmik eine naturalistische Darstellung nicht zuließen. Shakespeare aber ist die Hoffnung auch unserer Generation; die Erwartungen, die sich an ihn knüpfen, können nicht zu hoch gespannt sein, die Wirkungen, die wir von ihm erwarten, werden alles übertreffen, was die übrige dramatische Darstellung im Augenblick bieten kann.

Unter den Dramen Shakespeares sind es wieder die *magischen* Stücke, welche die größten Aufgaben für Darsteller und Regisseur bieten, sie gestalten am vollkommensten ein Werk, abseits der unseren und jenseits der bürgerlichen Sphäre.

Hamlet, Macbeth, Sturm, das ist der Kreis. Das Drama, das am leichtesten darzustellen ist, ist Hamlet. Sind nur für die Hauptrollen genügend starke Darsteller gefunden, kann das Drama auf jeder Bühne, unter allen Umständen und auf alle Menschen wirken. Dieses Glück verdankt es nicht der Geschlossenheit seines Aufbaues, sondern seiner vollkommenen Zerrissenheit. Die Spiegelung des Menschen im Problem, die Spiegelung des Problems im Menschen ist so grenzenlos, so bis ins letzte durchgeführt, daß die einzelnen Stücke des Werkes, Akte, Szenen, Augenblicke immer harmonieren werden, daß *jede* Darstellung vollkommen sein kann.

Das Werk wird immer den Charakter der Zeit tragen, in der es gegeben wird, es war ganz 1900 mit Kainz, er war ganz 1920 mit Moissi. Es ist ein Kuriosum, aber wie alle Kuriosa charakteristisch, daß selbst eine Frau, Sarah Bernhardt, sich in dieser Rolle zeigte, es kann sich jede große Seele in ihr zeigen, denn Hamlet ist das Problem der Problemlosigkeit, die Frage nach dem moralischen Beginn von Schuld und Sühne, das Suchen nach dem geometrischen Ort, jeglicher menschlicher Begegnung: Vater und Sohn, Hölle und Erde, Thron und Kerker, Geist und Element. Wirklichkeit und Spiegelbild.

Ist bei Hamlet jedem phantastischen Künstler eine Welt eröffnet, in der er sich nur ausleben darf nach seiner eigensten Weise, um dem ganzen Werke Genüge zu tun, so ist bei *Macbeth* der Kreis der Möglichkeiten viel enger umgrenzt. Auch Macbeth ist ein phantastisches Stück. Es ist ein Drama der Dämonen. Nicht nur Hexen, Geister, Nebel und Moor sind Dämonen, sondern, was viel tiefer geht, die sogenannte Wirklichkeit, die *pragmatische Weltgeschichte* ist den Dämonen untertan, sie stützt Macbeth, begünstigt sein Verbrechen, macht sich mitschuldig an seinem Mord. Der eigentliche Held des Stückes tritt nicht auf. Er spricht durch den Mund von Urwesen, er ist der Geist, der die Lady begeistert und sie mit einer unmerklichen Bewegung aus dem bewußtesten, klarsten, überlegten Geschöpf umwandelt in ein flatterndes Segel, das sich dem Hauche des Unnennbaren beugt. Gleichgültig, was den Vorwurf des Dramas zu *seiner* Zeit gebildet hat. Lächerlich die Königskrone, wo es gilt, im Widerstreite gigantischer Dämonen Partei zu ergreifen. Die Handlung steigt aus einer niederen Sphäre der Prophezeiung und Wirklichkeitsdeutung zu einem ganz ungeheuren Problem: Macbeth will Ehre, begehrt gierig einen Thron. Aber indem er in das Böse eintritt, wie in eine den Weg abkürzende Gasse, steigt das Böse *über* ihn. Nie hat ein Mörder so viel Glück im Mord und an dem Mord gehabt. Die ganze Welt ist nur im Mord und durch den Mord gestaltet, alles spricht ihm zu, nirgends ein Hindernis, nie ein Widerstand, und das Ungeheuerste: Hier ist ein Mensch geschaffen, Böses zu tun, von Gott auserkoren, die Hölle zu sein, und *weiß es*. Er weiß es nicht allein. Daß die einzigen Menschen, die versöhnt, die miteinander vermählt leben, Mörder sind, so furchtlos, so heimisch im Blut, im ungeheuersten Wirbel ruhig die Welt an sich vorüberziehen lassen, die tief zu ihren Füßen liegt, kaum mehr erkennbar ihren Blicken; daß Königtum, Macht, Recht und Gesetz, Freude und Dasein, Angst vor Hölle, Furcht vor dem Himmel, ja überhaupt alle menschlichen Beziehungen völlig hinschwinden unter dem Hauch dessen, den ich als unsichtbaren Haupthelden des Dramas denke, das macht das nie ganz darstellende, aber immer zu ahnende Grundproblem dieses Dramas aus. Tiefste Mystik, dargestellt durch die kälteste, von schärfster Berechnung geleitete Handlung.

Auch hier wird man das allergrößte Gewicht auf die äußerste Herausarbeitung des Seelischen geben müssen.

Macbeth ist wie Hamlet ein Mysteriendrama, keine Königstragödie. Für die Einzelheiten dieses Dramas kann keine einfache Lösung gefunden werden. Das Werk ist zu groß, das Problem zu unergründlich, als daß das Drama auf eine einfache Formel gebracht werden könnte, wie dies noch bei »Hamlet« oder im »Sturm« möglich ist.

Es haben sich im Laufe der Jahrhunderte unzählige Bearbeiter an dem Stück versucht. Wenn ich es unternommen habe, noch eine neue Fassung vorzuschlagen, so war dieser Versuch durch meine persönliche Liebe zu dieser Schöpfung begründet. Es schweben mir zwei Wege vor: entweder das Drama in seiner Urgestalt aufzuführen, und zwar unter Verzicht auf Dekorationen auf einer Andeutungsbühne. Es ist möglich, daß gerade durch die Vielfalt der einzelnen Szenen, durch den ewigen Wechsel von Menschen und Seelen, im Zusammenklang dennoch etwas ganz Einheitliches entsteht. Wohl sind die Elemente nach Größe und Tiefe ganz verschieden. Aber sie sind im tiefsten Grunde in der gleichen Weise orientiert, und selbst in den schwächsten Szenen weht noch ein Hauch der großen Idee. Es sind dies Spiegelszenen, ein Stück im Stück. In einer Beziehung das, was Kierkegaard die Paradoxie des Wahren nennt, wo das Leben mit sich selbst spielt, wo sich zwei zertrümmerte Gestirne in einer ruhenden Fläche spiegeln.

Die zweite Möglichkeit, und dies ist meine Gruppierung der Szenen, beruht in einer radikalen Herausarbeitung des Wesentlichen. Kann man die Umwelt, alle kleinen Statisten des ungeheuren Weltgeschehens, die Mitbeteiligten des gigantischen Gottesdramas, nicht vollkommen darstellen, wie sie der Dichter geschaffen hat, so muß man, wie ich glaube, ihre Äußerungen aufs allernotwendigste beschränken, die ganze Nebenhandlung, das ist die Welt der bürgerlichen Sphäre, reduzieren, die Frage nach der königlichen Thronfolge und nach den zukünftigen Geschicken Schottlands als

Nebenfrage betrachten und alles den Hauptdarstellern geben. Der von allen Seiten von Dämonen umgebene Macbeth werde mit Umgehung aller zwischen seinen Rivalen sich abwickelnden sekundären »historischen« Vorgänge in einen ungeheuren Schlußakt hineingesteigert. Will man auf diese bürgerliche Sphäre nicht ganz verzichten, deute man sie nur an, etwa als den Grund, auf dem sich diese Pyramide erhebt, damit man mit Schaudern und Bewunderung die Größe menschlicher Leidenschaft, die Gottgebundenheit und den Wirbel der Hölle nebeneinander erkennt.

Da Macbeth wahr ist, wird er nie wirklich sein. Da Macbeth sittlich ist, kann eine moralisierende Wirkung nie von ihm ausgehen. Um so intensiver muß die große Linie, die Shakespeares tiefstem Meisterwerk zugrunde liegt, bis zum Ende durchgeführt werden.

(1921)

Mozart, ein Meister des Ostens

Was ich hier wiedergebe, ist nur ein imaginäres Porträt. Mir scheint seine Wahrheit stärker, mag auch die Ähnlichkeit geringer sein. Mozart ist, so fühle ich ihn, mehr als Musik. Eine Welt, ein Komplex, eine Welt mit ihrem Widerspruch.
Das China, das aus *Dschuang Dsi, dem wahren Buch vom südlichen Blütenland,* sich offenbart, war mir nicht nur Erkennen, sondern auch Wiedererkennen, Bestätigung tiefsten Gefühls und daher auch Trost und Beglückung. Diese Welt schien mir mit Mozarts Welt vom gleichen Himmel überblaut, friedensvoll, gesegnet.
Was ich über China und Mozart sagen kann, hat vielleicht nur für mich zwingende Gültigkeit. Aber kann jemand mehr von einem Erlebnis seiner Seele sagen?

I

Zum zweiten (und wievielten?) Male nähert sich der Osten, Chinas Urweisheit, in Urworten ruhend, tröstlich einem zertrümmerten Europa: Ein helles Sternengebäude erhebt sich über eine entgötterte, mehr als das, eine entseelte Welt.
Unreine, verkehrt gerichtete (praktische) Zeiten sahen in dieser Welt des Ostens nur die barocke Form, den unnatürlichen Schnörkel, das fremde Gelb. Reinere Geister fühlten hier Beselung, Durchdringung alles Seins durch zauberhafte Erkenntnis, Weltaufbau vom Fundament her, vom Grund der Dinge, vom Untergrund der Sprache. Wenn irgendwo, so war hier Kants letzte Weisheit, aber in den Weisheitsschriften des Ostens ist reines und praktisches Denken und Dichten eins. Weiß umblüht, farbig umblättert, heiter durchtönt, ein dauernder Besitz der Menschheit.
Wer, um nur ein Werk zu nennen, das »wahre Buch vom südlichen Blütenland«, den Dschuang Dsi liest, empfindet nicht: sich und einen Teil seines Lebens an eine zufällige Erscheinung, an »ein« Buch hingegeben zu haben, sondern er fühlt die Ewigkeit des Werkes, seine eigene Zeitlichkeit, und ihm ist, als hätte das Buch ihn, den Leser, gelesen.
Heute hebt sich langsam, immer noch halb verdeckt und durch die Schatten allzu naher Dinge zackig verdüstert, so wie ein hoher Berg

zu seinen Füßen noch den Schatten nachbarlicher Hügel trägt in dunklen Zacken, *Wolfgang Amadé Mozarts* Erscheinung aus dem Zufälligen ins Notwendige.
Aber vielleicht vermögen ihn heute manche zu erkennen als Meister von der Art der Meister des Ostens, deren Namen er nie gehört hat, deren Lehre er lebte, ohne ihre Buchstaben zu kennen. Im Lichte dieser Meister wird sein Leben wie seine Kunst, die so wenig Europa ist, ruhevoll und klar; jenseits der Form Europa, jenseits des Schnörkels Rokoko, entfaltet sich in kindhafter Fülle, zur Unsterblichkeit geboren, sein unbeschreibliches Werk, seine weise Seele, seine reine, schmerzlose Tragik, seine östliche Erfüllung und Vollendung.
Zwei europäische, westliche Probleme kennt China nicht: die Frage nach der Gerechtigkeit Gottes, das ist das Problem *Hiob*, und die nach der wirklichen metaphysischen Entwicklungsfähigkeit des Menschen, das ist die Frage *Faust*.
Wenn zwischen (irdischer) Ordnung und (himmlischer) Gerechtigkeit zu wählen ist, dann wählt China Ordnung, es bleibt in der Problemstellung bürgerlich, rastet auf der ersten Ebene; aber diese Ebene wird so tief wissend umfaßt, so tief umfassend emporgehoben ins Entstehen, Verstehen, daß die Lehre mühelos, leicht wie im Lerchenflug zur Vergeistung gelangt: Nachdenken, Nachschaffen, Entstehen, Verstehen, Wissen, Fassen, in Worte Fassen. Und wenn es den Wissenden faßt, den Berufenen ruft, gibt sich, als lauterste Begnadigung, der *Sinn*.
Wer China und seine unsagbare Zartheit kennt und weiß, mit welchem Übermaß an richtender Leidenschaft und leidenschaftlicher Richtung (hin nach der vorgefaßten Entscheidung) dagegen unser Abendland Probleme und Entscheidungen packt und an sein stürmendes Herz reißt, wird es begreiflich und mehr als das, wird es zwingend finden, daß sowohl Hiob als Faust urgewaltig aufwühlende Introduktionen haben, aber ermattete Schlüsse. So tragisch sich die Erfassung der Welt auf der höheren Ebene im Anfang (eben im Augenblick der Entscheidung des rasenden Herzens) gibt, so bleibt zum Schluß nichts bis zum Ende Gültiges, nichts des großen Anfangs Wertes. Im Faust ist des Spieles Schluß nur eine poetische Entschuldigung, welche die erst so leidenschaftlich geforderte Entscheidung zwischen Gott und Satan in hymnisch-himmlischen Worten auflöst. Was als *die Tragödie* begann, endet als *die Oper*.

Im Hiob bleibt der gewaltige Dichter in seiner Ebene, aber er ist nur an einen anderen Punkt derselben Ebene gelangt, es war »alles umsonst«, die irdischen Glücksgüter werden anstelle der »Idee des Gerechten« zurückerstattet, und er, der zum Spielball Gottes Ausersehene, wieder in seine alte Lebenswürde zurückgestellt, wird nicht einmal mit der Heiligkeit eines Abraham oder mit dem Purpurhut des Salomo gekrönt.
Auch die Musik hat ihre Metaphysik. Schon Dschuang Dsi sagt: »Die Welt der Wirklichkeit, in der der Sinn verblaßt ist, gleicht der Musik, die den Saiten entströmt. Die Welt aber jenseits der Welt und der Verblassung des Sinns, sie gleicht der Musik, die nicht mit Saiten hervorgebracht wird.«
Er meint damit das Aufsteigen der Seele mit den Mitteln der Musik auf den Treppenstufen der Töne in eine höhere Sphäre. Beethoven scheint mir mit der Mehrzahl seiner Werke metaphysisch ganz in der Ebene Faust und Hiob zu leben. Musik als Schrei. Als Abgrund zwischen Sein und Schicksal (Hiob, fünfte Symphonie), sich selbst zerreißen zwischen »Ist« und »Muß«. Ein schreckenerregend gespannter Bogen, dessen Schwingungen in die tiefste Tiefe der Seele greifen. Gewiß, Simson rüttelt an den Säulen der Welt, er erschüttert die Urfeste, er bricht sie: aber geblendet, blind. Wenn nachher noch etwas bleibt, dann nur Morgenröte von morgen. Was bleibt, ist neue Welt hinter trübem Schmerzensgespinst.
Ja, eine des Lebens nicht werte Welt geht zugrunde, aber nicht an ihrem Herrlichsten geht sie zugrunde, nicht allein an dem Herrlichsten, nicht gerade mit ihrem Herrlichsten bricht sie ein in den friedlichen Himmel der Götter und wirft sich jubelnd, schauerlich schön in den Abgrund, den Übertod. Erst an der Neige seiner Tage fühle ich bei Beethoven rein das reinste tragische: herrlich leben ist herrlich untergehen. Da, am Ende des Lebens, ertaubt, verelendet, vereinsamt, da wird er tragisch, da wird er beglückend. In seinen spätesten Quartetten, zum Beispiel im Adagio des letzten F-Dur-Quartetts, entschwebt er dem höchsten Jammer auf eine nicht beschreibliche Weise: heiter, aus der Welt ausgelöst, mit ihr verbunden nur noch durch den seidendünnen Faden der vier Instrumente, aus dem Wandel ruheloser Zeiten sich hebend wie der Glanz des Mondes über den Wasserfall in den schwarzen Wäldern: Da begegnet Beethoven seinem Ahn und Meister Mozart, hier rührt er an Chinas Grenzen.
Die irdisch gebundenen Glieder strecken sich über Raum und Zeit,

emporblühend in südlichem Hauch aus uralter Versteinerung. Hier haucht er mit vergöttlichtem Atem an die bösen Dinge, winkt fernhin über vernichtete Sternenwelten. Jetzt steht er, jetzt lebt er *über* den niederen Dämonen. Bohrend und wühlend mitten durch den Höllengrund der Erde hat er es erreicht, das letzte Geheimnis: sorgenlos, mühelos, selbstverständlich, sich selbst verständlich, sich selbst tröstlich, sich selbst zusprechend in ruhigster, biblischer Eintracht: Da ist er Mozarts jüngerer Bruder, sein geliebter Sohn. Mit Morgenfreudenrot zu malen, mit weitem Sternenschlag zu tönen, sich zu erleben um sich zu vergessen, dort zu wandern, wo es keine Grenzen mehr gibt, fern der Welt, im tiefsten Grunde ihr verwandt, denn er ist ja nur ihr Spiegel, denn er spielt ja nur ihr Spiel, das ist Mozarts Tröstlichkeit, das ist Chinas Freude, das ist das Ziel des Ostens.

Beethoven, ein tragisch-trotzender Kämpfer, ein Heros und Gigant, ein Herakles. Aber wer kann sagen, daß Mozart die »tragischen Töne« gefehlt haben, wenn er die zwei Klaviersonaten in c-Moll und a-Moll gehört hat, wenn er Don Giovanni kennt? Liegt nicht zwischen den tragischen d-Moll-Synkopen der Ouvertüre und denen des letzten Finales die ganze blühende Welt, vom ersten Takte bestimmt, als ein Spielball Gottes unterzugehen? Wohl, eine des Lebens nicht werte Welt geht unter, aber mit seinem Herrlichsten bricht Don Giovanni ein in den friedlichen Himmel der Götter, schauerlich schön wirft er sich in den Abgrund, den Übertod. Herrlich leben ist herrlich untergehen.

China ist tragisch? Nicht Held, nicht Heros? Vielleicht nicht im Sinne des Zweikampfes, sicher aber im Sinne der vielpoligen Welt, des Kampfes zwischen tausend höheren und abertausend niederen Sphären, zwischen Göttern und Menschen, Werdenden und Seienden, Wirkenden und Spielenden. Nur im Spiel kann der Mensch die Welt gewinnen, sich über sie winden, sie überwinden, im tiefsten Grunde erleben, über den Sprach- und Wortgrund hinaus. Philosophie ist nicht Teleologie (Hiob), Philosophie ist nicht Theologie (Faust). Philosophie ist Spiel, ist abgekürztes Verfahren, so wie das Würfelspiel, daß ein abgekürztes Verfahren des Strebens nach Glück ist, Glücksspiel heißt.

Im Spiel hat China längst den Kampf des einzelnen, das Heroische er-faßt. Dies hat es tiefer erfaßt, als es Worte sagen können, deshalb steht hinter den Worten der Sinn. Nicht das Ergebnis, nein, nur die Richtung der Worte führt näher an den Sinn. Die unermeßliche

Welt spiegelt sich in dem Unermeßlichen des Menschen. Die unermeßliche Welt spielt mit dem Unermeßlichen des Menschen, und die bezwingende, erschütternde, bezaubernde Einsicht in diese Urweisheit empfinden wir nie stärker als beim Genie, und reiner vielleicht nie, nie lächelnder, müheloser als bei Mozart.
Nicht auf Skepsis ruht die Grundsäule dieses Spieles, sondern auf Mystik. Deshalb scheint mir Mozart unbegreiflicher in seiner Mystik als Sebastian Bach. Darin liegt das Geheimnis seiner Heiterkeit. Nicht in der Begrenzung, sondern in seiner Unermeßlichkeit. Denn diese Erkenntnis muß beglücken: Der Mensch ist tiefer als die Welt, die er begreift. Er ist tiefer um die Tiefe der Worte, um die Tiefe der Gedanken, er ist tiefer um die Tiefe seiner künstlerischen Wesenheit. Nicht die Nacht ist tiefer als der Tag gedacht, sondern der Tag ist tiefer, und nur wer es weiß, ruht sicher auf dem Urgrund des Inmitten. Er gibt sich nicht auf, sondern er erfüllt sich; er haßt sich nicht, um mit den Brocken seiner Selbstliebe andere zu füttern; er ist stoisch, aber nicht mit der verachtenden Strenge Roms, sondern mit der vollendeten Eintracht mit allem Seienden. Er ist homogen geworden, »Ist« und »Muß« haben sich versöhnt, selbst der Übermensch tritt nicht über die Grenzen. Wer Mozarts herrlich reiche, aber doch einfache Kunstmittel kennt, wird Dschuang Dsi verstehen: »Der Übermensch steht über den Menschen, aber er steht im Einklang mit der Natur.«* Mit zarten, aber unbegreiflich sicheren Linien scheint der große Meister des Ostens Dschuang Dsi vor vielen Jahrhunderten bereits Mozarts Erscheinung umrissen zu haben, wenn er sagt: »Die wahren Menschen vollbrachten keine Heldentaten, sie schmiedeten keine Pläne. Deshalb hatten sie beim Mißlingen keinen Grund zur Reue, beim Gelingen keinen Grund zum Selbstgefühl. Sie konnten durchs Feuer schreiten, ohne verbrannt zu werden. Auf diese Weise konnten sie ihre Erkenntnis erheben bis zur Übereinstimmung mit dem Sinn.
Die wahren Menschen der göttlichen Zeit hatten während des Schlafens keine Träume, beim Erwachen keine Angst. Ihre Speise war einfach, ihr Atem tief.

---

* Zitiert ist Dschuang Dsi, »Das wahre Buch vom südlichen Blütenland«, das in meisterhafter Übertragung von Richard Wilhelm bei Eugen Diederichs in Jena erschienen ist.

Die wahren Menschen holen ihren Atem ganz von unten herauf, während die gewöhnlichen Menschen nur mit der Kehle atmen. Krampfhaft und mühsam stoßen sie die Worte heraus, als erbrächen sie sich.
Je tiefer die Leidenschaften eines Menschen sind, desto seichter sind die Regungen des Göttlichen in ihm.
Die wahren Menschen der Vorzeit kannten nicht die Lust am Geborensein, nicht den Abscheu vor dem Sterben: gelassen kamen sie, gelassen gingen sie. Sie nahmen ihr Schicksal hin und freuten sich darüber.
So beeinträchtigten sie nicht durch ihre eigene Bewußtheit den Sinn und suchten nicht durch ihr Menschliches der Natur zu Hilfe zu kommen.
Dadurch erreichten sie es, daß ihr Herz fest wurde, ihr Antlitz unbewegt, ihre Stirne einfach, heiter. Waren sie kühl, so war es wie die Kühle des Herbstes, waren sie warm, so war es wie die Wärme des Frühlings. Allen Wesen begegneten sie, wie es ihnen entsprach, und niemand konnte ihr Letztes durchschauen. Die Art der wahren Menschen war es, ihre Pflicht zu tun gegen die Menschen, aber sich nicht durch Bande der Freundschaft an sie zu ketten. Sie waren weit erhaben über jede kleinliche Wirklichkeit, ohne damit zu glänzen. Freundlich lächelnd schienen sie fröhlich zu sein, und doch waren sie zurückhaltend.
Sie ziehen uns an und dringen ein in unser Innerstes, und reich beschenkt wird unser Geist durch sie gefestigt. Streng halten sie sich an die Formen ihrer Zeit, und stolz sind sie in ihrer Unbezwinglichkeit...
Bei wem Natürliches und Menschliches sich das Gleichgewicht halten, das ist der wahre Mensch.«

II

Wie einsam strahlt das Phänomen Mozart in der westlichen Welt, in der wir leben, und in der auch er gelebt zu haben scheint! Nur scheint: Denn kein Weg zu ihm, – keiner, gipfelabwärts, von ihm. Kein Volk kann sich das Volk Mozarts nennen. Keines Reiches fruchtbar quellender Erdkrume entspringt dieser Genius. Aus keiner sozialen Schicht explodiert revolutionär seine menschliche Erscheinung. So wenig wie der Mensch, so wenig kristallisiert sich

Mozarts Musik. In der Geschichte des Geistes der Menschheit eine einzige, unerreichte, scheinbar ganz willkürliche Zufälligkeit, ein gold- und grünfarbiger Raketenglanz, unerforschbar glühend über nie befahrenem Meer.

Verständlich ist es in diesem Sinne, daß Mozart als Ganzes nicht verständlich ist. Ein Paradoxon von Kierkegaardscher Tiefe, und nicht das einzige! Als Naturspiel des Glücks, ein wundertätiger Knabe, ganz Lächeln und ganz Schöpfung, so tritt, so funkelt Mozart, das Kind, in die Welt. Bestaunt, bewundert, angebetet zu werden, aber nicht geliebt, mit Geld, mit Ruhm überschüttet zu werden, verwöhnt, behütet zu sein, aber nicht geliebt, das schienen seine Gaben, seine Sterne, sein fast glückseliger Aspekt. Zum Lohn für die unverdiente Gnade des Himmels, am Kinde Mozart fast ebenso strahlend angezeichnet wie am Kinde Jesus, wird der Name geadelt, das Kind mit der Schwester von dem Vater auf Händen getragen, der Glanz schmeichelt sich durch das königliche Rokoko: Mozart, ein großer, ein unbestrittener Name: Man erkennt die einmal in tausend Jahren blühende Palme; die Welt fühlt, wenn der Fünfjährige eigene Kompositionen von seraphischer Holdseligkeit spielt, wenn er, kaum imstande, mit den kinderweichen Knöchelchen die Tasten zu zwingen, doch die regellos flutende Welt bezwingt in dem gemessenen Strom der fugenhaft getürmten Harmonien, da fühlt die Mitwelt, halb von der Sensation geblendet, halb religiösem Gefühl hingegeben, daß das Wunderkind mehr ist als ein Wunder: Wenn der unbewußte Knabe die Harmonie der Sphären meistert, ahnt man hinter den Tönen den Sinn. Die unermeßliche Welt spiegelt sich in dem Unermeßlichen des Menschen, des fünfjährigen Kindes ohne Vergangenheit. Nie hat das Kind schweren Kummer, nie durchdringende Freude erlebt. Aber seine Musik hat beides und mehr als das.

Und des Paradoxon erster Schritt: Das Wunderkind verwelkt nicht. Die überreif unreife Blüte sinkt nicht verdorrt oder verfault vom Stengel. Keineswegs geht der junge Mensch an der ungeheuren, kaum zu ertragenden Spannung zwischen sich und der Welt zugrunde. Der östliche Weise sagt: »Bei wem Natürliches und Menschliches sich das Gleichgewicht halten, das ist der wahre Mensch.« Das Menschliche Mozarts: das ist das Kind, das ist das reine, harte, unberührbar zarte Email der Kindheit.

Das Natürliche ist dem jungen Genius: die letzte Erfassung und reinste Auflösung der ganzen Welt musikalisch in der vollendeten

Form. Wie kann sich dieses »Natürliche« mit diesem »Menschlichen« vereinigen?

Jedes Wesen muß wachsen können, wenn es gedeihen, ja, auch wenn es nur vegetieren soll; nicht zum Spaß altert und wächst der Mensch in einem Zuge, sondern: wie ein Tiefseefisch taucht er langsam aus dem Urgrunde des Seins, stößt sich sacht ab von der anderen Welt, der Vor-Geburt, um unermüdet über schillerndes Zwielicht sich hoch empor zu falten. Schießt aber diese menschliche Seele, vulkanisch befeuert, in einem Sprung mitten aus der anderen Zeit in die unsere, kommt solch ein Tiefseegebilde, noch mit dem matten Reif der schwarzblauen Woge beschattet, in einem Sprung in die lichtgesättigte Sphäre der Oberwelt, dann wird es sich selbst zerstören, wird sein Innerstes nach außen kehren, seine Seele wird ihm aus dem Munde hervorquellen. Der Mensch wird daran sterben, daß sich sein Inneres gegen ihn empört.

Bei Mozart aber der unbegreifliche Glücksfall, daß das Wunderkind trotz des »Sturzes nach oben« gerettet wird, daß sein gnadenspendendes *Jünglingstum* noch zauberhafter, noch ergreifender wird als die prämature Süße der Kindheit. Aber, zweites Paradoxon, hier jubelt die Mitwelt nicht, sie zögert, stockt, versagt, – versagt alles. Je höher W. A. Mozart steigt, je mehr er sich mühelos, ruhig lächelnd dem hold Göttlichen nähert, je weiter er ins Feuer schreitet, ohne verbrannt zu werden, desto kälter wird die Welt, desto abstoßender werden die Menschen einer sonst zum Geben und Nehmen gleich dankbar bereiten Epoche. Hier ist einer, ecce homo; aber nicht vom Qual- und Marterpfahl herab stöhnt er verzweifelte Weltgebanntheit, Weltverbanntheit; er versöhnt die Welt mit ihrem Widerspruch, aber niemand hört ihn, und wenn ihn einer hört, klatscht er mit den Fingerspitzen Beifall, sieht zu, daß W. A. Mozart, um ärmlich sein Brot zu verdienen, stundenweise elend bezahlte Lektionen gibt, daß er tagsüber das Öl für die Lampe aufrobotet, bei der nachts zu schaffen er den ganzen Tag in Vorfreude zittert. Noch freut er sich, noch lebt er ohne Bitterkeit, ohne Revolte, tieferer Harmonie mit dem All gewärtig und bewußt, aber er lebt: von sich, für sich, mit sich. Dem Wunderjüngling ist das Wunderkind im Licht, die höhere Form wird überschattet von der niederen.

Man kann es verstehen und fassen, daß Bach hundert Jahre verschollen blieb, um dann neu zu erstehen. Er war Protestant, war mystischer Mathematiker, war kontrapunktlich gebundener Got-

tesanbeter, und die ihm folgende Epoche wandte sich von religiösen Problemen zu sozialen: Dem Dreißigjährigen Krieg folgte die Französische Revolution. Von der Form des Raumes (Bach ist Seele, im Kubischen erfühlt, ist in und aus der gotischen Architektur erblüht) ging sie über zur Kultur der Fläche und Oberfläche. Da aber der Fläche nur Malerei, nicht aber Musik entspringt, so war die Zeit nach Bach musikalisch trotz bezaubernder Einzelheiten ohne Entscheidendes. Aber in der nächsten aufsteigenden Linie Europas, die man Romantik nennt, lebte Bach auf, und so intensiv, als wäre er nie gestorben. Ganz anders Mozart: Er kommt aus keiner Zeit. Sein Wesentliches geht in keine Zeit.
Göttlich, ungeliebt, ungetrübt, unberührt, ein strahlend weißer Komet, schweift er durch unsere Welt des Grauens und der Vernunft.
Ungeliebt? Das dritte Paradoxon, aber, wie alle Paradoxa, nur scheinbar widersprechend dem wahren Lauf der Welt: Wahr ist, daß dem mit 35 Gestorbenen der gutherzige *Vater* das tiefste Erlebnis der Seele gewesen ist. Seine Frau war eine Nichtigkeit, seine Freunde waren Schemen, seine Herren waren Knechte. Mozarts Erscheinung, als Mensch wie als Genius, war glanzlos, machte nicht Epoche, verging, wie sie existiert hatte, ohne Aufsehen, nicht ohne Augenblickserfolge (Prag), aber ohne lauthallenden Ausklang. Ein Mann in der Menge. Eine Schöpfung chaotisch im Chaos.
Erkannte er die Zeit? Erkannte ihn die Zeit? Wird nicht aus dem Zufälligen sein Schicksal ins Notwendige gehoben, wenn man den östlichen Weisen hört: »Himmel auf Erden. Der Berufene: er braucht keine irdischen Güter; wozu bedarf er da der Handelsware? In allen diesen Dingen genießt er des Himmels Speise. Er hat der Menschen Gestalt, aber nicht der Menschen Leidenschaften. Weil er menschliche Gestalt hat, darum gesellt er sich den Menschen. Da er aber nicht menschliche Leidenschaften kennt, so haben ihre Wertungen keinen Einfluß auf sein Leben. Verschwindend klein ist, was ihn mit den Menschen verbindet; in stolzer Größe schafft er sich einsam seinen Himmel.«
Des Paradoxon nächster Schritt: daß W. A. Mozart auch von sich selbst nicht geliebt, nicht verstanden, nicht gewürdigt (und nicht entwürdigt von dem infamen Neingefühl der bösen Welt) dahinlebte, daß er als Persönlichkeit ein netter Junge, ein sympathischer Sohn, ein scharmanter Oberösterreicher oder Salzburger gewesen

ist, daß ihm nie (?) das Bewußtsein seiner Größe und daher nie das Gefühl seiner Tragik gekommen ist, daß er nicht an dem Gegensatz zwischen »Ist« und »Muß« zerbrach.

Nie (?) heißt, daß es aber doch eine Zeit, eine Stunde im Leben (?) W. A. Mozarts gegeben hat, nämlich zwischen Zauberflöte und Requiem, an der letzten Neige seines Daseins, da ihm sein Leben als sonderbar, seine Existenz als gespenstisch, unnahbar erschien. Leben (?) heißt, daß jetzt, bei dem späten Jüngling Mozart, jene ungeheure Spannung zwischen Schicksal und Bestimmung, zwischen »Muß« und »Ist« zum Ausbruch gekommen war, so daß alles, was er als Mensch und als Bürger erlebte, kaum als Schatten seiner wirklichen Existenz, das ist: seiner Verwirklichung außer der Zeit und wahrhaft im Sinn, zu folgen vermochte. Man lese den Bericht seines letzten Lebensjahres und erfasse die Werke dieser letzten Zeit, und man wird fühlen: ecce homo, ein Mensch, entmenscht, geflügelt, aufgeschwebt in eine Überwelt. Der Schatten übersprungen.

Waren nicht Mozart, die Erscheinung von dieser Welt, und Mozart, die Erscheinung vom anderen Ufer, etwas anderes, Fremdes, Feindliches, mußte nicht der eine fallen, damit der andere auferstand?

Welche menschliche Existenz wäre adäquat den himmlischen Chören des *oro supplex* des Requiems?

Jetzt kam es, daß das furchtbare Wissen um die kämpfenden, um die schauerlich schönen Urgewalten der Welt in ihm zutage trat. Ihr Untergang an ihrem Herrlichsten, ihre Vernichtung dem Herrlichsten zuliebe. Mußte sich nicht der mitleidlos, tödlich fulgurante Sternensturz nach oben über ihn türmen, um ihn zu erdrücken?

Der Mensch W. A. Mozart war tiefer als die Welt, die er in seiner irdischen, lebentragenden Erscheinung begriff. Wie bei Kleists Penthesilea öffnet sich ihm in seinem Busen selbst der Abgrund des Unermeßlichen.

Was der Knabe W. A. Mozart überwunden hatte, übermannte nun den Mann: daß das Herz seines Herzens gegen sein leibliches Herz schlug. Daß die andere Seite aus seinem Munde trat. Ihn tötete, indem sie ihn erfüllte.

III

Eine so europafremde Erscheinung konnte, mußte verkannt werden. Mußte sie aber verkannt bleiben? Sieht man nicht immer noch W. A. Mozart als den Rokokokavalier mit dem »Mozartzopf«, glaubt ihn zu begreifen, wenn man ihn graziös, barock, zierlich, fein, scharmant und spielerisch nennt? Erfaßt man damit den tiefsten, lautersten, weil leisesten Tragiker, den die Musik (soweit wir sie kennen) hervorgebracht hat? Muß Mozarts Tragik, seine Art der Erfassung der Welt in ihren tiefsten Gegensätzen deshalb im Dunklen bleiben, weil sie bei ihm ganz von innen heraus, aus dem Herzen der Erscheinungen heraus, ganz nahe beim Mittelpunkt der rasenden Bewegung, also in der Stille, ohne Krampf, ohne Tränen, also auf wahrhaft göttlich lächelnde und nicht auf menschlich problematische Weise gelungen ist? Wer Mozart kennt, erkennt die Welt in ihren tiefsten Gründen. Alles weht im Schleierflug der Maja: der letzte Himmel, der Himmel auf Erden des Ostens, sein schmerzloses Gewölbe, sein mildes, siebenfach regenbogenfarbiges Licht.

Mozart entscheidet nicht. Er singt nicht die Schuld der Menschheit und ihre Sühne. Don Giovanni, Figaro, Zauberflöte sind mehr als Opern, aber Gleichnisse sind sie nicht. Mozart ist vollendet. Kung Dsi spricht: »Nichts kommt an ebenmäßiger Ruhe dem stillen Wasser gleich: das kann man zum Vorbild nehmen... wer es vermag, mit dem inneren Einklang sein ganzes Leben im voraus zu durchdringen und seine Freudigkeit nie verliert, wer Tag und Nacht ohne Unterbrechung der Welt diese Frühlingsmilde zeigt und so entgegennimmt, was der Zeit entsprechend in seinem Herzen entsteht: der beweist die Völligkeit seiner Naturanlagen.«

Mozart ist vollendet. Deshalb trägt er auf kaum zu begreifende Art in sich den Spiegel jeder Kreatur. Das wissende Kind. Das Göttliche.

Wie alles Vollendete ist auch er unmenschlich in gewöhnlichem Sinn. Denn menschlich ist nur Erschütterung, Unruhe und weher, wehender Schrei. Menschlich ist es, nicht der Welt gewachsen zu sein. Zu vollenden, zu versöhnen, zu trösten, zu vereinigen, das ist Sache und Segen der Göttlichen. In W. A. Mozart findet sich der Schatten aller Dinge, nicht auf dem Erdboden dunkel hingezeichnet, sondern hell auf mild durchleuchtetem Wolkengrunde. Schatten aller Worte, aller Jugend, aller Gefühle.

Hier konnte einer sagen, ich habe vollendet.
Leicht bewegt der Vollendete die ganze Welt in ihren Angeln. Mit einem Akkord wandelt sich die opera buffa vom Satyrspiel zur Tragödie des lebenden, lebensgierigen, lebensvergifteten Helden, denn der Vollendete sieht die Welt von allen Seiten. Er begreift sie mit beiden Händen, er sieht die Kugel von beiden Seiten, wie Gott sie sieht. Er spricht ohne Absicht und findet doch den Sinn. Oft singt Mozart wie ein Vogel, wie ein animal, aber es ist nicht das animal triste, sondern das glückliche, das nicht zerrissen wird zwischen Hier und Dort.
Mozart ist erotisch in allen seinen Werken, aber er ist nicht sinnlich; und das ist das Berückende seiner Gesänge, seines Cherubim, seiner Pamina, seines Don Oktavio. Er ahnt die Welt der trüben Gebilde, der heißen Taifune, aber er ist durch göttliche Fügung wahrhaft, ein Liebling Gottes, dem Stern der Dämonen entronnen; ein Tropfen, silberglänzend und zart singend, stürzt er nach oben, Symbol einer höheren Welt und ihr urkräftiger Zeuge.

(1921)

Goethe

Je älter man wird, desto deutlicher wird es dem Denkenden, dem Lebenden, dem Liebenden bewußt, daß in der Existenz jedes einzelnen ein Duell mit immer wechselnden Duellregeln, aber unweigerlich gleichem Ausgang seinen Ausdruck findet. Schon das Wort Ex-istenz hat die Fechterattitüde, es ist ein Wort der notgedrungenen Verteidigung, der mühsam mit gestrecktem Handgelenk gehaltenen Auslage. Denn kein Lebender besitzt Sehnen, Knochen, Nerven, Adern, an die nicht der unsichtbare, aber immer gegenwärtige Gegner, spielend erst, aber dann mit dem äußersten, stillsten, unbeugsamsten Ernst rührt: gewillt und stark genug, um sie zu erschüttern, wankend, schwankend, sinken zu machen, Schicksal, Zwang, Tod.

Je älter man wird, desto deutlicher wird es jedem, welch unbeschreiblicher Fechter Goethe war. Ihm, sicherlich als Menschen, vielleicht auch als Künstler, ist das bessere Teil Faustens zum Segen geworden. Er hat zwei (mindestens zwei) »Vorteile« in seiner über fast ein Jahrhundert hin ausladenden Fechter-Attitüde sich gewahrt. Den ersten Vorteil: Goethe ist ohne schwerste Erschütterungen, einem edlen Baume gleich, alt geworden, nie der südlichen Atmosphäre heiterer, schmerzloser Liebe entratend, nie in seinem Wesentlichen, Wertvollsten, Unersetzbarsten verdorrend. Wenn je ein Mensch, dann war er zufrieden, er konnte das große Wort sagen: Ich tat nie Unrecht, erlitt es nie. Er hat das Wort Gegenwart seiner drohenden Medusafratze entkleidet und den blind versteinernden Blick der Dämonen ruhevoll ausgehalten. Gegen-wart, ist in diesen zwei kaum zu vereinbarenden Worten nicht schon der ganze tragische Konflikt des Einzelnen mit dem unerfaßbaren Ganzen zusammengefaßt, der Kampf des schönen Augenblicks mit den trotzig aufgetürmten Zeiten, die, bröckligen Pyramiden gleich, den armseligen Erdensohn zu verschütten drohen, kaum daß er nur dagegen atmet?

Goethe ist kein tragischer Mensch. Jede Tragik war ihm fern. Das wußte er, mußte er, wollte er.

Und dies ist sein zweiter Vorteil, sein zweiter Segen, eine nicht niederzuschlagende Parade des Fechters. Aus Wissen, Wollen, Müssen, aus diesen dreifach gewebten, verworrenen Zügeln, die das unselige Roß der Seele nach drei verschiedenen Richtungen reißen wollen, aus Müssen, Wollen, Wissen, woraus jedes Erdenkleid gesponnen ist, damit es zerfalle, woraus jedes Erdenbrot gebacken ist, damit es vergehe und schwinde, womit jede Erdenluft getränkt ist, auf daß sie uns einen Augenblick labe und im nächsten hungrig zurücklasse, so daß von uns keiner sich richtig eratmet, sich niemand richtig sättigt am guten Erdenduft, keiner sich geschützt und geborgen wähnen darf im Erdensturm, – aus Wissen, Wollen, Müssen baute der Einzige sein Dasein, sein Dortsein auf, so wandelte er den Zwang zur Freiheit, die Not zur edlen Beschränkung, die enge Grenze zur hohen Form; so lebte er, biblisch in Frieden und Freude, starb des Lebens satt. Er, der Einzige seit Menschengedenken, von dem man es weiß.

Er war der greise Faust, der den Stern der Dämonen unter sich trat, er, der klügere, der stärkere. Nie schlug das infame Weltgetriebe ihm den Degen aus dem spielend beweglichen, aber stählernen Handgelenk.

Er betrog den Teufel um seinen Lohn. Er stieg gemessenen Schrittes, nichts fürchtend noch hoffend, nicht heimlich, nicht höhnisch, nicht verzweifelt, auch nicht versöhnt, nur befriedigt und ruhevoll die Treppe zur Unterwelt hinab, wie den altgewohnten Weg über die italienische, breit und edel schweifende Treppe seines Hauses. Er starb nicht wie Moses, das gelobte Land bloß mit den leeren Blicken ewig ungesättigter Sehnsucht umfangend. Er hatte es längst besessen, längst verlassen. Seitdem Menschen sich der Menschen erinnern, von jeher war er der einzige, der bewußt verzichtete, der Ungeheures preisgab, nicht einmal preisgab, sondern es einfach entschwinden ließ, um scheinbar Selbstverständliches zu gewinnen. Napoleon, sein Zeitgenosse, war gierig, was Goethe nie war, war stets berauscht von seinem Schatten, ja, immer im Wettlauf mit seinem Schatten begriffen, wie ein bodenscheuer Gaul. Napoleon war der Schwächere: Er zahlte seinen Lohn, nicht seiner Idee zu Ehren, aber er zahlte doch im Ernst, im heiligen Punkt besiegt. An den Grundfesten der Welt, an den uns unvereinbaren Säulen des Daseins den Kristall seiner unerhörten Existenz zerschmetternd, ein Degen, Napoleon, der gegen die Felsen von Sankt Helena ficht, Meer und Himmel und Hölle zwischen sich und seinem Feind. Tragisch endete auch Napoleon nicht. Aber tragikomisch. Goethe endete nie. Er entschwebte mühelos, mit dem zartesten Druck seiner Ferse den Erdball mit seinen Himmeln, Gründen und Abgründen zurückstoßend ins Nichts.

Freude und Gerechtigkeit, niemand außer Gott hat Arme, stark genug, euch beide zu umfassen. Aber in der fernen Ahnung des sonnengleichen Genius findet ihr euch, nicht versöhnt zwar, aber ohne klirrenden Kampf, ohne Klage, ohne Vernichtung: Auge in Auge, Brust gegen Brust, nebeneinander, wenn auch nicht ineinander. Ihr blickt aus Goethes Seele nicht so groß, wie Gott euch schuf. Die Freude Goethes war nicht die Freude des sommerberauschten, ekstatisch flirrenden Insektes, nicht die Freude des Trotz-allem-Beethoven im Finale der achten Symphonie. Die Gerechtigkeit Goethes war nicht die des Hiob, kaum die des reichen dunklen Salomo. Aber Goethe war der erste ganz große Mann, der sich wissend klein machte, das erste Genie, das praktisch lebte.

Unmöglich kann der säkulare Mensch in der vergänglichen Welt sich zu Ende leben. Er muß gegen sie leben, denn sein Wissen um die Welt, sein Wollen, und darum auch sein Müssen, sind tiefer als die Welt war bis vor ihm. Aber es gibt eine Möglichkeit des »Doch-Noch«, eine Gnade der praktischen Weltauffassung, die in dem Geheimnis Goethes beschlossen ist und die wir kaum ergründen.

Vergebens stellen wir ihn den tragischen Genien Kleists und Beethovens entgegen. Vergebens spiegeln wir die vollen Linien seines Seins und seiner Kunst in dem blinden, namenlosen, aber das Universum umfassenden Spiegel Shakespeares. Wir werden Goethe nie mit irdischen Maßen messen können; nie mit einem andern Maße als mit Goethe.

Das deutsche Volk, die gesamte Menschheit ist gesegnet mit seinem Andenken. Er ist aber kein Dom, darin zu beten, kein Stab, sich darauf zu stützen, kein Ohr, sich hinein zu ergießen mit der ganzen Torheit unseres Schmerzes, mit der ganzen Vergeblichkeit der menschlichen Existenz. Er ist ein Sternbild, größer als alle Sonnen, aber fern wie der am weitesten fortgescheuchte Atem aus Gottes Mund. Er ist der Punkt, der zeigt, wie weit es die Menschheit gebracht hat. Das tröstet uns nicht.

Wo die Welt stünde, hätte er, der Halbgott, den Giganten, Lapithen und Zentauren gleich, den Kampf gegen das Unentrinnbare aufgenommen, wäre er, der Gegennapoleon, auch der Übernapoleon geworden, der er war, von Gottes Gnaden oder Gottes Fluch – denn glücklich wird immer nur der Gemeine und das Gemeine in uns sein – wäre der Genius Goethe ein tragischer Held geworden

oder ein tragikomischer... niemand denkt diese Möglichkeit zu Ende.
Gesättigten, freudigeren Zeiten wird dieser Mann die tiefste Bestätigung sein dafür, daß menschliches Glück irdisch möglich ist. Mehr als das, daß ein praktisches Dasein den größten Geist erfüllen, befruchten kann. Unsrer ungesättigten, verzweifelten Zeit ist er ein Stern, dessen Licht wir dankbar trinken. Wissend, es sei vor tausend Jahren schon von dem Urgebild entsandt, nicht uns, den damals noch Ungeborenen zugedacht und zugesegnet. Aber wenn der Sirius eben leuchtet, leuchtet er kommenden Geschlechtern voraus, glücklicheren, so hoffen wir. Denn was *uns* adelt, im Guten und Bösen, uns alle, die wir heute leben, das ist das Wissen, kein Geschlecht der erdenbewohnenden Menschen war so sehr erdenbeweinend wie wir.

(1922)

Ernest Shackleton

In dem Gymnasium, das ich besuchte, gab es einen Festsaal, den die Schüler nur in seltenen Augenblicken, bei besonderen Feierlichkeiten, bei Dankgottesdiensten und bei dem Abiturientenexamen betreten durften. Der Saal, in körnig-kalkigem Weiß, die hohen, strengen Säulen kanneliert, ab und zu eine feine Linie edles Gold, alles Würde, alles Zeichen des Bestehens, der Autorität, des ernsten, aber nicht gehässigen und jugendfeindlichen Geistes, in dem die Schule geführt wurde. Vielleicht ist durch den Geist dieses Saales mehr an Erziehungsarbeit geleistet worden als durch viele Unterrichtsstunden.
Was an Idealen in dem jungen Menschen sich entwickeln soll, wird hier gesät, der künftige Sportsmensch, der Fußballenthusiast ist der Vertreter der einen Richtung, der Ehrgeizige, der Autoritätsmensch, der an die *Sendung* der Menschheit glaubende ist der andere Typus, und der dritte ist derjenige, der die wirklichen Werte des Lebens, Geld und Macht, Auftreten und Besitzen schon in der Schule und gegen die Schule erfaßt. Denn in der Schule wird man keineswegs zum praktischen Leben und zur realen Auffassung der wünschenswerten Dinge in der Welt erzogen. Wie könnte denn auch dies in einer Anstalt geschehen, wo man von der Macht des Geldes nie etwas erfährt, wo Mathematik und Griechisch gelehrt werden, aber nicht die Kunst, mit Menschen zu sprechen, noch auch die größere, Menschen anzuhören, und am wenigsten die größte, ihnen seinen Willen aufzuzwingen und sie dabei in dem Glauben zu lassen, es wäre der ihre? Die Schule hat ihre eigenen Ideale, und der Festsaal ist der heilige Ort, wo diese in Schweigen zwischen edlen weißen Mauern thronen.
Es gibt noch heute Menschen, die in ihrem ganzen Leben diesen Idealen, das heißt diesen Träumen und Illusionen nachjagen und die in einer doppelten Art von Heldentum ihre eigentliche Sendung, ihren Beruf und ihre Würde, vor allem aber ihre Freude finden. Doppelt deshalb, weil die Intensität ihrer Lebensführung die Riesenausnahme der genialen Natur verrät, und dann deshalb, weil das, was sie anstreben, so ganz verschieden ist von dem, was allen anderen als Lebensziel vorschwebt. Doppelt sind sie deshalb vereinsamt und ihre einzige, aber nie zu erschütternde Stütze haben sie an ihrem blinden, weltabgewandten Glauben an sich und an die

unbedingte Notwendigkeit ihrer Ziele.

Wenn es ein Zeichen einer hohen Liebe ist, in ihrem Gegenstand das *Unabwendbare*, das *Muß* zu sehen und den sonst nur äußerlich empfundenen Zwang der Natur als *innere* Notwendigkeit zu fühlen, dem Schwung der Welten sich nicht zu widersetzen, sondern ihn zu überflügeln in dem unbeschreibbaren Rausch des Wirklichen, – dann hat der vor einiger Zeit heroisch gestorbene Forscher Sir *Ernest Shackleton*, der Entdecker des Südpols, in dem edelsten Rausch des Wirklichen gelebt, geschaffen, gelitten und geendet. In einer Zeit, in der ganze Völker sich um niedere Interessen wie die Tiere und ärger als die bestialischsten aller Bestien zerfleischten, hat dieser in seinem Willen und Können unbeirrbare Held und Dichter das letzte Beispiel einer höheren Auffassung des Daseins gegeben. Er hat sich an der *Chimäre* gefreut, ist ihr bis in den geheimnisvollsten Winkel der unbewohnten Erde gefolgt, und in den Tatzen dieser Chimäre, die halb zärtlichste Mutter, halb blutdürstende Tigerin ist, hat er sein sterbliches Teil gelassen.

Man wird dem Film viel verzeihen, wenn man ihm dafür danken kann, daß er uns die Möglichkeit gab, den großen Abenteurer, den größeren Entdecker und den ewigen Jäger der Chimäre von Angesicht zu sehen. Der Film wurde so angekündigt:

»*Shackleton, Südpolexpedition.*
Ein naturgeschichtlicher Meisterfilm.
Ein lebendes Dokument.
Eine wahrheitsgetreue Schilderung eines ruhmreichen Unternehmens.«

Gibt es also noch andere Unternehmungen auf unserer unseligen Erde außer der Eroberung der Märkte? Gibt es noch einen Ruhm, der nicht in achtstelligen Zahlen erschöpfend ausgedrückt werden kann? Gibt es noch Menschen und Werke, die nicht von einer sonst völlig unbeteiligten Nation zum Plakat ihrer Fabrikate herabgewürdigt werden können? Lebt der Geist des Festsaales noch in einigen, in wenigen, und sei es selbst in einem einzigen Menschen? Nein, er lebt nicht mehr. Der große Mann ist tot.

Das Klischee, das dem Film, nicht dem Mann zur Reklame dient, zeigte Ernest Shackleton ganz schlicht, in Straßenanzug mit weißem Umlegkragen, mit sorgfältig gekämmtem Haar. Ohne Orden, ohne Walfischjägerpelz, nicht auf der Kommandobrücke; sondern nur gepanzert mit dem Zug des großen *Wollens* in dem edlen Gesicht, dem man jetzt die Bestimmung eines sehr frühen Todes anzusehen glaubt. Dieses im Äußern bürgerliche Wesen steht in einer romantischen Umgebung. Ein zackiger, zerrissen aufgetürmter Felsen im Hintergrunde, ein schräg zwischen Eismauern eingezwängtes kleines Schiff mit kahlen Masten, leeren Rahen, ein Himmel, der in sinnlosen grauen Zickzacklinien die Öde der unendlichen arktischen Himmel bezeichnet.

Begraben liegt dieser große Mann in einem kleinen Walfischfängerhafen Südgeorgiens. Man überführe die Leiche nicht in das Pantheon, nicht in die Westminsterabtei, nicht in einen der vielen Tempel, wo Asche von Asche angebetet wird. Man streiche nicht aus den Lehrbüchern der Geschichte die Berichte der Erbfolgekriege und vieler unsinniger Siege und noch unsinnigerer Friedensfeste, um statt dessen das Leben, Werden und Sterben Shackletons in die leer werdenden Seiten der hohlen, unmenschlichen Historie einzufügen. Man lasse die Leiche dort, wo sie ruht.

Dieser Mann war groß. Dieser Mann hatte die physische Kraft, im Jahre 1916 (was tat Europa zu dieser Zeit?), während einer vierzehntägigen Reise in offenem Boote in arktischer, eisstarrender Luft, bloß zwei Freunde an seiner Seite, in den Hafen zurückzukehren, er hatte die physische Kraft, ohne Ruhe dann in Parforcemärschen das vergletscherte Gebirge zu überqueren, nachdem er auf offener See schon 1000 Kilometer zurückgelegt hatte, und jetzt, nach diesen wahrhaft übermenschlichen Anstrengungen ohne einen Augenblick der Ruhe, trotz der tiefsten Erschöpfung eine Rettungsaktion für seine auf der Elefanteninsel zurückgelassenen Gefährten ins Werk zu setzen.

Dieser große Mann war nicht glücklich. Er hat den Südpol, dem sich mehr als ein Mensch vor ihm genähert hatte, nicht erreicht. Alle seine Unternehmungen standen unter bösen Sternen. Er sah diese Sterne, denn er war ein Mann des Lebens, er kannte die Wirklichkeit, er liebte sie. Er fürchtete sie und wagte dennoch alles. Der Held ist das quand même, das allen zum Trotz, das unpraktische, das heroische, das dichterische.

Sir Ernest Shackleton schrieb noch kurz vor seinem Tode einige Zeilen: »Nach dem furchtbaren Sturm ist es wieder ruhig und still geworden. So fängt das neue Jahr« (diese Tagebuchnotiz stammt vom 1. Januar 1922) »gut für uns an. Es ist doch merkwürdig, welche Rolle gewisse Tage in unserem Leben spielen. Während der fürchterliche Sturm am Weihnachtsabend tobte, glaubte ich nicht, daß das Schiff diesen überwinden würde, und die Angst grub sich

tief in meine Seele, weil bis zum Schluß des Jahres mir so vieles fehlgegangen war. Die Maschinen waren nicht zuverlässig, wir hatten zu wenig Wasser mitgenommen, die fürchterlichen Stürme nahmen kein Ende.« Am 2. Januar: »*Wieder ein herrlicher Tag!*... Um 1 Uhr passierten wir den ersten Eisberg, und der wohlbekannte Anblick weckte in mir Erinnerungen, welche die letzten anstrengenden Jahre bereits hatten verblassen lassen. Die blauen Klüfte des Eisberges leuchteten weithin, und im Meer ließ der Eisberg eine grüne Spur hinter sich. Wieviel Jahre sind vergangen, seitdem ich in meinen besten Mannesjahren zum Kampf auszog! Ich bin *alt und müde* geworden, muß aber doch weiterarbeiten.«
Welch ein Zeichen hoher Liebe, in ihrem Gegenstand das Unabwendbare, das Muß zu sehen, den sonst nur äußerlich empfundenen Zwang der Natur als innere Notwendigkeit zu fühlen, dem Schwung der Welten sich nicht zu widersetzen, sondern ihn zu überflügeln im unbeschreiblichen Rausch des Wirklichen!
Des großen Mannes letztes Wort, einige Stunden vor seinem Tode: »*Wieder ein wunderbarer Tag... Das Glück scheint uns im neuen Jahr treu zu bleiben... Endlich haben wir an einem friedevollen, sonnigen Tag in der Grytbucht in Südgeorgien Anker geworfen. Der Geruch der Wale durchdringt alles... In der Dämmerung des Abends sah ich einen einsamen Stern sich wie ein Edelstein über die Bucht erheben...*«
In dieser Bucht liegt Shackleton begraben. Von den Sternen des südlichen Poles überschimmert, starrt in Eis und Frost das Grab des letzten großen Europäers.

(1922)

Daumier

Es scheint festzustehen, daß der Teufel nicht bloß mehr Macht über den Menschen besitzt als das gute, das wohlwollende menschliche Prinzip, sondern daß auch die Einsicht des Bösen in das Innerste der menschlichen Triebe und Getriebenheiten tiefer ist, als die wohlmeinende, eudaimonistische Blickrichtung von der anderen Seite.

Aber der Teufel schafft nicht, sondern er verneint nur das zur fragwürdigen Gestalt Herangeborene. Er lächelt wie die erbarmungsloseste Wirklichkeit, von Zorn und Liebe unberührt, da er, wenigstens der heiligen Schrift nach, aus dem wirklichen Leben längst ausgeschieden, nur als Gespenst Gottes unter uns wandert und webt.

In dem unhemmbaren Schaffensdrang mancher Irrsinnigen ist ein wenn auch verzerrter Spiegel einer dem Teufel entgegengesetzten Welt. Es liegt sogar in jedem Schaffen und Wollen, wenn es einer mit dem äußersten Ernst betreibt, ohne zu wissen, ob sein Gewinn mehr Bestand hat als das unweigerlich im Herbst sterbende und im Winter verfaulende Blatt, etwas von dieser Besessenheit der Irrsinnigen, etwas von dem Schaffenswahn und der zügellosen Gewalt des Kranken, welcher der erbarmungslosen Wahrheit mit schäumendem Munde, rollenden Augen und fieberhaft emsigen Händen entrinnen will und muß.

Aus diesen beiden Elementen, hier der überscharfen Einsicht des Bösen ins Böse, und dort der Gottbesessenheit, dem Zeugungswahn des Irren, besteht jede dämonische Kunst. Sie ist im innersten Grunde disharmonisch. Da aber die ganze Welt, wie wir alle sie zu erleben verflucht und gesegnet sind, disharmonisch ist, wird diese dämonische Kunst, so abstoßend sie sich im ersten Augenblick auch darbietet, doch das wahrste Abbild der doppelt gespiegelten, zwischen Hölle und Erlösung schwankenden Seele des wahren Menschen sein. Rembrandt ist in diesem Sinne wahrer als Raphael und Tizian, Kleist wahrer als Schiller, Cervantes wahrer als Calderon, und Daumier wahrer als alle Meister und Schüler seiner Zeit.

Daumier ist geboren in Marseille, im Jahre 1808, er stand in den Jahren 1830-1860 auf der Höhe seines Schaffens. Man vergleicht ihn mit Balzac, denn seine unzählbaren Zeichnungen, Bilder, Lithographien geben in ihrer Gesamtheit ein ebenso ausführliches

Lexikon der Mitwelt und Umwelt wie Balzacs comédie humaine. Man vergleicht ihn mit Rembrandt, da seine ungeheure, in der engsten Kunstform (Gemälde kleinen Formates und hauptsächlich Lithographien) brausend explodierende Genialität zu den ergreifendsten Antithesen von Licht gegen Schatten kommt. Sein gegen Nichtsein, Himmel gegen Hölle, Myriadenzahl des dargestellten kleinbürgerlichen Objektes gegen die fast anonyme Einsamkeit, mönchische Verlassenheit des Schöpfers. Daß sich in Honoré Daumier einer der gewaltigsten Dichter und Gestalter ausspricht, ist in den letzten Jahren, als man den ungehobenen Schatz seiner Gemälde entdeckte, allen offenbar geworden. Er hat die Ergebnisse dessen, was man Expressionismus nennt, ebenso vorweggenommen wie Rembrandt. Rembrandts Hundertguldenblatt ist eine Schöpfung, die an Intensität, an Gottesbesessenheit, an Verzicht auf äußeren Lärm und Erfassung der inneren Musik alles leistet, was die Expressionisten verlangen; aber auch Daumier hat Blätter, Gemälde, Situationen, Zusammenballungen, Ausstrahlungen von so unerhörter Kraft, daß alle Meister seiner Zeit, selbst der große, glühende Delacroix, neben ihnen verblassen. Es gibt ein Bild von Daumier, L'émeute, der Aufruhr, genannt, das die kühnste Fahne ist, die je zwischen den Grenzen eines Rahmens geschwungen wurde, ein einziger rasender Zug nach oben, nach vorwärts. Eine Hand, ein Arm, ein Auge, ein blonder Lichtfetzen, tiefe Abgründe von Schwarz zu beiden Seiten, nichts an Impression, nichts an Empfindung. Alles an Ausdruck, alles an Gewalt; nichts von Wehmut, Besinnung, alles der Gestalt. Ein Dramatiker von unglaublicher Geste, Aristophanes voll Spott, Shakespeare in der Fülle und Überfülle der von allen Seiten erfaßten menschlichen und unmenschlichen Herzen. Ein Realist, der den tollsten Phantasien unterworfen ist und dieser tollen Phantasie nicht anders gerecht werden kann als dadurch, daß er die Wirklichkeit, durch die Augen des Satans gesehen, mit der schaffenden Hand eines Gottes nachzeichnet. Ein Mann des größten Mutes, und schon deswegen ein ganz ungewöhnliches, am ersten Himmel strahlendes Gestirn. An lebender Freude, am Appetit auf das Dasein und seine tausend Verkleidungen ist ihm nur der in seiner Sphäre einzige Peter Paul Rubens verwandt. Er, Daumier, ist aktuell in einer Weise, die jeden Beschauer heute erschreckt. Würde dieser Daumier heute in die Zellen des Strafgefängnisses Moabit eingelassen, oder hätte er die Bürger in den Straßen, die Reichen am blendenden Bankett, die

Redner auf den Tribünen von heute, die Kranken in ihren Betten und Zellen, die Liebenden im dunklen Park, die Alternden in den Asylen, die Mörder, die Hochstapler, Eitlen und Melancholischen von heute zu zeichnen, und als erstes und letztes: hätte er uns selbst zu zeichnen, so würde es nicht ein einziger neuer Strich, nicht eine neue Kontur in dem Schattenspiel von Helle und Finsternis sein als das, das schon seit fünfzig Jahren in seinem gesammelten Werk beschlossen und vollendet ist.

Es gibt nichts, was an uns allen sterblich ist, und das schon heute, mit jeder Stunde und an jedem Ort stirbt, das nicht schon dastünde in seinen Blättern. Man sieht sie nicht wie Kunst, nicht wie Traum, man sieht sie wie einen Spiegel, man sieht sich, wie der Mensch nach dem Sündenfall sich sieht, verarmt, müde, von kleinen Leidenschaften gehetzt, immer hungrig, nie befriedigt, man erlebt den Buckel, die Krankheit, das Groteske, man sieht die Gemeinheit, den Schmutz, die Komik; man erkennt schaudernd die Notwendigkeit des allgemeinen Vergehens, man versteht die Häßlichkeit der menschlichen Kreatur, ihre Lächerlichkeit, ihr Grauen, ihre Leere, ihr Grab. Hier freilich endet auch sein Reich. Grandeur et misère, aus zwei Quellen wird die menschliche Existenz gespeist. Die Größe des Menschen, sein mit ihm geborenes Gottesgnadentum, seinen wohl zu verleugnenden, aber nie zu verlierenden Adel findet man bei Daumier nicht. Wo er positiv ist, wo er warm empfindet, wird er leicht sentimental, er hat nur den menschlichen Teil des Genies, Rembrandt aber den göttlichen, aufgebaut auf dem menschlichen.

(1922)

Rousseau

J. J. Rousseau wurde vor zweihundertundzehn Jahren am achtundzwanzigsten Juni geboren. Es ist vielleicht heute, 1922, leichter als vor zehn Jahren, diese einzigartige Gestalt vom untersten Fundament bis zu den feinsten Pfeilern zu übersehen. Denn diese zehn Jahre haben die bewohnte Welt, die gesamte Menschheit nicht weniger revolutioniert wie die hundert Jahre vorher. Nicht allein im bösen, auch im guten, im gesegneten Sinn ist mit der Welt von 1912 ein zwar noch ragender, aber schon unterwühlter Bau gestürzt, ein ungeheurer Koloß gefallen; und während die letzten Staubwolken sich zu heben, die letzten Dünste lange verborgener Verwesung sich zu entwölken beginnen, ersteht klarer, freudiger alles, was überlebt hat. Zu diesem Wenigen, dem wir das Wort Unsterblichkeit an die Stirn zu schreiben wagen dürfen, weil es über unser eigenes Leben in ein künftiges hinüberzuschreiten scheint, gehört Rousseau.

Ein Mann nicht nur von europäischer oder kontinentaler Bedeutung, sondern eine geschichtliche Persönlichkeit, deren Schatten, weiter schwebend, größere Bezirke menschlichen Denkens überbreitet als der Napoleons, dessen politische Ziele heute, 1922, durch Konstellation, Konjunktur, historische Paradoxie erreicht, erledigt sind, während Rousseaus menschliche, staatliche und gesellschaftliche Ziele uns Heutigen seelisch ebenso nah, praktisch ebenso fern sind als dem Manne aus Genf, uns ebenso wichtig, ebenso unverrückte Sternbilder, Heiligkeiten, nicht von heute, gestern und morgen. Sie waren ihm, sie sind uns nicht leere Idole, Eitelkeiten, wie die »heilige Nation« und ihr heiliger Egoismus, sondern sie atmen, sie sind innerlich beseelt, sie leben. J. J. Rousseau war, was alle großen Männer von morgen sein werden, ein *Erzieher* im tiefsten Sinn. Kein Eroberer, sondern Ordner. Er hatte Rhythmus, er fand das Maß, den Takt, die Regel der Beziehung von Mensch zu Mensch und vom Einzelnen zur Gesamtheit. Alles, was heute Sozialismus heißt, ist nicht denkbar ohne ihn. Der Titel *contrat social* ist eine Bindung zweier Begriffe von vorher ungeahnter Gewalt, eine positive Größe, die wohl Strategen und Marschälle, Pedanten und Schulgeneräle, Handlanger und Schuster, niemals aber die Seelen der Völker vergessen werden.
Rousseau war noch ein drittes, ein zeugender, genialer Schöpfer.

Er hatte etwas, das dem ebenso universalen Goethe fehlte, einen musikalischen Atem, ein von Dämonen besessenes, aber durch rhythmische Kraft gebändigtes Herz. Germanisch im Ergreifen des Daseins, romanisch in den Formen des Ausdrucks, an der schwingenden Grenze der Völker, ein Schweizer nicht nur der Geburt, sondern mehr noch der Struktur des Wesens nach. Ein Abenteurer vom Stil Casanovas, aber nicht wie dieses rein romanische Genie nur dem von außen zu Erobernden blind und scheu, frech und atemlos nachjagend. Nein, ein Unterworfener, Süchtiger, ein Empfangender im Leibhaften, ein Zeugender im Geistigen, wandelbar wie Wetter und Wind, doch sich selbst im Ernstesten treu, Dionysos und Apollo ewig im Kampf, ewig vereint. So war er bestimmt, gleich der geliebten, wilden schönen Welt immer außer der Versöhnung zu leben. Und doch, er ersehnte es, das harmonische Ineinander der geschiedenen Sphären. So sind seine Worte, seine Gebilde, seine Bekenntnisse, Phantasmagorie und Porträt zugleich von ihm, eitel, bescheiden, schwermütig, aristokratisch, plebejisch, gesunder Menschenverstand und bis zum Verfolgungswahn gesteigerte Ich-Dämonie. Er, mehr als ein großer, tiefer als ein dämonischer, ergreifender als ein tragischer Mensch: ein *exemplarisches* Dasein, Symbol des lautersten Kampfes unvereinbarer Gegenkräfte, immer selbstverständlich, nie auf eine Formel zu bringen, ein Stück Natur mit seinem Widerspruch, Rückenmark und Geist, Fleisch und Idee, Musik und Staatsrecht, Menschenliebe und Menschenhaß bis zur Bosheit, Weisheit und völlige Unvernunft.

Solche Menschen werden einmal in heiligen Zeiten geboren; nichts kann sie halten, nichts wird sie fördern, nichts sie unterdrücken. Das Leben selbst preßt sie mit seinen Raubtierpranken zu tiefster Beseligung und zu tiefstem Schmerz sich an die Brust. Halb sind sie Begnadigte, halb Sträflinge. Sie sind nicht zu belehren und sind doch Erzieher, ja alle großen Erzieher sind wie sie vom Geschlechte des heiligen Augustinus. Jeder Schritt, den solch ein Mensch tut, ist neu. Nicht neu im Sinne des noch nie Dagewesenen, sondern neu im Sinn des wahrhaft mühelos Fruchtbaren, des weit über die umgrenzte Zeit hinweg Lebenden. Wenn das Wort erlaubt ist, möchte ich es sagen, ein Tropfen Mozartschen Blutes, nur ein Tropfen, aber doch ein Tropfen, fließt in diesen Adern, und er fehlt in den Adern Goethes, Bismarcks und Napoleons. Es ist das Gnadenhafte, das in reinerem Sinne Zufällige. Zu allem Aussprechbaren gesellt sich ein Atom Unausdrückbares, ein Pfennig gerade vom geheimnisvollsten Schatz der stummen Natur, etwas, das den Menschen heiligt, ihm seine singuläre Stellung über alle bekannte Umwelt gibt. Gerade das hat Rousseau, er hat es fast wider Willen: denn sein äußeres Leben ist alles eher als gesteuert. Aber aus unzählbaren Mißverständnissen, Irrtümern, Schwächen, Paradoxien folgt etwas Selbstverständliches, Einleuchtendes, Leuchtendes, Beglückendes, Unvergängliches und, das schwerste: das Vollendete.

Uhrmachersohn, Hirt auf den Weiden, wandernder Junge, »gelernter« Graveur, Landstreicher, Bettler, Apostat, nie bekehrt, Lakai, nie mit dem Herzen einem andern Menschen dienstbar außer sich selbst, Musikprofessor, Schützling einer schönen, holden, alternden Frau, verzehrt von Begierden, die keine Wirklichkeit je erfüllt, mit Schwäche geschlagen, belastet mit Seele und Gefühl (alle Späteren zogen Genuß daraus), Einsiedler in den Hütten, aber aus Zwang, Mann der ersten Gesellschaften, er, der ungeschickteste aller Salonmenschen, der erdhafteste aller Denker; Gesandtschaftssekretär, Ehemann der Proletarierin, idealer Vater von fünf Kindern, die er sofort nach ihrer Geburt verstößt.

Aber ist nicht er selbst von allem verstoßen, der verlassene Vater, der seelisch einsame Gatte, der verlorene Bürger, wankend im rasenden Leben, immer schuldig, weil er immer Mensch ist, und sonst nichts als das? Tausend Berufe und noch immer nicht der eigene. Tausend Menschen, immer noch nicht er selbst. Mit siebenunddreißig Jahren seine erste Arbeit, nachdem siebenunddreißig Jahre lang die tausend Wirklichkeiten und abertausend Masken des Lebens an ihm gearbeitet hatten. Mit einundvierzig Jahren hört er, der eben berühmt gewordene Philosoph, seine Oper im kleinen silbernen Rokokotempel in Fontainebleau »devant le roi«, er, dessen ganzes Leben von innen heraus gegen dieses devant le roi ging. Aber bei ihm wurde dieser Zwiespalt, auch dieser Zwiespalt zwischen dem heiligen Ich und der weltlichen Gesellschaft in wundervoller Weise wirkend und wahr.

Mit fünfundvierzig Jahren, wenn andere es vergessen, entdeckt er das heilige Ich im Roman. Der Musiker ist der Schöpfer der Seele im Roman, der Philosoph zeugt und bildet Herrlichstes. Wer »la nouvelle Heloise« heute liest, wird überwältigt von den Gesichten dieser glühenden großen Seele. Von dem getretenen, eitlen, leidenden, jubelnden, jammernden, ewig sich selbst widersprechenden Ich, von dieser in allen Lügen wahren Geschichte zweier Herzen.

Dieser Roman ist nie übertroffen worden. Von Goethes Werther bis heute ist nur die Form ähnlicher Werke gewachsen, nicht der Gehalt, denn aus Rousseaus Buch spricht der wahre, das ist der letzte Mensch.

Mit fünfzig Jahren, mit der gleichen Selbstverständlichkeit, aus derselben Fülle der Welt heraus: le contrat social und das reinste, höchste Werk: L'Emile. Nie ward die schöne, schwere, liebende Hand eines Vaters klarer fühlbar, nie die natürliche Güte eines einzelnen wärmer, nie die Freude am Werdenden beglückender als hier. Er selbst konnte jetzt in unbeschreiblicher Verwirrung durch Europa rasen. Seine Tat bestand fort in Klarheit, unvergleichbar. Ein beispielhafter Mensch. Ein Zeichen der Größe des Menschen. Trotz namenloser körperlicher und seelischer Leiden ein Stolz der Welt. Ein Vater, ein liebender, lebender Geist.

(1922)

Cervantes zu Ehren

Was die Bühne selbst in ihrem letzten, schäbigsten Abklatsch noch so wertvoll für den einzelnen macht, was sie im tiefsten Grunde zur reinsten Spiegelung dem Universum entgegenträgt, so daß wir, immer mit dem Gefühl einer Identität, von einem *Welttheater* reden dürfen, das ist die uns allen eingeborene Bestimmung, entweder tragische oder tragikomische Figuren zu sein. Niemand scheint von dieser Bestimmung ausgeschlossen, das weltbewegende, weltbewegte Genie ebensowenig wie der Trödler, der in der dunklen Gasse getragene Kleidungsstücke mit dem Ernst eines chinesischen Mandarinen verkauft, oder der Postbeamte, dessen Leben sich zwischen den engsten Grenzen seines Amtes, der Anciennität und der immer aktuellen Gehaltsregulierung vollzieht.

Unkenntnis des Gesetzes gibt kein Recht auf Ausnahme. Kenntnis des Gesetzes erwirbt an sich niemals Rang und Rechte. Denn selbst der Mann, der nichts von dem Gesetz weiß, ja nicht einmal sein Nichtwissen begreift (denn wie könnten sich sonst die Menschen ernsthaft damit beschäftigen, womit sie sich beschäftigen), der Gesetzesunkundige folgt seinen Sternen vielleicht mit größerer Sicherheit als der Wissende, und in der Eitelkeit seines Tagwerkes spiegelt sich in vollkommenster Glätte die Eitelkeit des höchsten Tagwerkes allzumal. Der Wissende aber ist immer nur ein Halbwissender, was ihn in allen Dingen zum Dilettanten macht, also zum Zerrspiegel der Welt und seiner selbst.

Jeder hat nur die Möglichkeit, aber nicht die Wahl, tragikomisch oder tragisch zu sein. Zur Hälfte wissend, zur Hälfte blind ist selbst der Weiseste, aber auch der Törichte kennt kein anderes wissendes Wesen unter Gottes Sonne als sich und seinesgleichen. Mitten in den verzweifelten Kampf ewig unbekannter, unbenannter Mächte gestellt, im besten Falle mit Schildern aus Stroh, mit Dolchen aus Marzipan bewehrt, steht er, ein gemalter Held, heroisch bis zur Lächerlichkeit, mit schwachen Füßen auf seinem Quadratfuß lebender Erde und kämpft für oder gegen heiligste Güter, oder lebt ohne sie in vollster Sinnlosigkeit, bloß den täglichen Bedürfnissen zugewandt.

Und hat ihm die zwar nicht gütige, aber doch ironisch nachsichtige Natur auch den mit ihm geborenen und sterbenden Irrtum verliehen, sich auf Zeit und Ewigkeit *wirkend* zu fühlen, an seiner Gottähnlichkeit nie bange zu werden, nie an der Menschenähnlichkeit Gottes zu zweifeln, – so hat er dafür das in der ganzen beseelten Natur scheinbar einzige Privileg, sich an Widersprüchen zu nähren.

Wohl weiß er, wie selig es sein müßte, der Verantwortung für eine im Grund unergreifliche, unbegreifliche Welt los und ledig zu sein, sich dem ruhenden Tiere, der windwärts schwankenden Pflanze zu nähern, zu vergessen, was er doch nie recht wußte, zu versinken, wo er doch nie recht aufrecht stand, denn wie sollte er dies denn auch, da er als begrenztes Wesen dem Unbegrenzten des Kosmos ewig hilflos ausgeliefert ist, – wohl weiß er, wie selig es sein müßte, keine Beziehungen mit dieser ihm doch niemals und nirgends unterworfenen Sphäre anzubahnen, sich nicht zu rühren, aufzugehen, wissend zu verzichten, sich aufzulösen in dem großen Abgrund, in den ihn die Sucht und die Lust, der Zauber des Abgrundes, immer hinziehen, aber er kann nicht anders: er stürzt sich, zu seiner Ehre sei es gesagt, denn das einzig Schöne des Menschen ist sein Heroismus, er stürzt sich zwischen zwei unversöhnliche Kämpfer, drängt sich, zu ewig und unvollendeter Versöhnung, zwischen Himmel und Hölle, zwischen Nein und Ja, zwischen Gut und Böse, Frieden und Krieg, Sein und Werden, Hölle und Paradies, und kehrt er, bis aufs Blut zerschunden, Don Quichotte von dem verlausten Scheitel bis zur plattgetretenen Sohle, unter dem brausenden Gelächter der weltbeherrschenden, weltbelächelnden Dämonen zurück, so nimmt er, zu allen seinen anderen Lasten, wie Hunger, Armut, Krankheit, Alter und Schwäche, auch noch diese Last auf sich, schiebt sich selbst die Schuld an der mißlungenen Versöhnung auf seinen schmalen, hochgrätigen Eselsrücken und verweist die bewundernde Mitwelt auf spätere Zeiten und besser vorbereitete Versuche, Kreuzzüge, Weltkriege, Heldenritte. In der Natur, diesem Hexenkessel brodelnder Leidenschaften, fressender und gefressener Bestien, in dieser stärksten Ansammlung von Wutfreude an Vernichtung und Unterdrückung, in dieser Arena völliger Sinnlosigkeit vom Verstandesstandpunkte der Menschen, in dieser Natur, deren kalte Teufelei jeder Kranke an sich mit Entsetzen empfindet, glaubt er eine Wunderinsel an Frieden, Ruhe, Vereinigung zu sehen, in die durchaus belanglosen Linien der Berge malt er die edelsten Schriftzeichen seiner halb zu Tode geschundenen Seele ein, in den Bäumen, von denen jeder Zweig das Industrialisierteste ist, was je ein

Krupp oder Stinnes erdacht hat (man frage nur die Pflanzenanatomen und Pflanzenphysiologen), auf diese ganze Welt, die ihm im Grunde unbegreiflich ist, pflanzt er die Fahnen seines unerschütterlichen Glaubens an Frieden und den besseren Menschen und sein hohes Amt.

Der Mensch, der beste, weil einzige Komödiant der Welt, wird nie aufhören, den »Helden« zu spielen, obwohl ihn sein durch tausend Wunden zerrissenes Fell längst hätte warnen und dazu bewegen sollen, sich nicht vor die Kulissen zu wagen, hinter denen er doch, wenn auch nicht in Frieden, so doch in Ruhe sein Butterbrot verzehren könnte. Es geht die Meinung, die Menschheit teile sich in Don Quichottes und Sancho Pansas. Beklagenswerter Irrtum. Es gibt bloß Don Quichottes. Denn Sancho Pansa ist Don Quichotte in tausendmal tausendfacher Verstärkung. Quichotte hatte von seinem Standpunkt recht. Er war verrückt und handelte danach. Wäre er nicht ausgezogen, dann hätte er seine Idee nicht zu Ende gelebt. Er tat es, ging dabei zugrunde und war ein tragischer Mensch, da er an dem Herrlichsten in sich unterging.

Aber du, tausendmal vernünftigerer Sancho, millionenmal törichter Sancho! Du hattest Oliven und Olla Petrida, du hattest eine gute Frau und ein nettes Kind, du warst glücklich im Schatten der großen Weltkulisse gelandet, gingest frank und frei unter deinem breiten, sonnengebräunten Strohhut, du warst nicht mit Idealen verseucht, du warst der gesunde Menschenverstand. Und doch folgtest du dem Wahnsinnigsten aller Wahnsinnigen und warst so glücklich, ihn dabei zu übertreffen.

Und der Dritte im Bunde, der euch beide, Quichotte und Sancho, übertrumpfte, war Cervantes, euer Schöpfer, Herr und Gebieter. Er folgte euch nach, schrieb einen Ritterroman – nicht nach dem anderen –, sondern *nach dem Don Quichotte*, nach der unsterblichen Verhöhnung aller mit untauglichen Mitteln unternommenen Versöhnungsversuche in dieser auf immer zerrissenen Welt. Cervantes sei uns heilig. Er war heroisch. Er hat die Ehre, das ist, unser aller Narrheit und heldenhaftes Symbol, gerettet.

(1922)

Die Freunde
Flaubert und Maupassant

Wenn ein schöpferischer Geist vom ersten Augenblick an Reife, Sommer, Ernte, Fülle und Frucht gibt, dann gab er dies alles, der nun alternde Dichter, der vollkommene.
Knotige, polyedrische Fäuste eines Schiffbaumeisters zu äußerster Kraft waren ihm angeboren; aber die feinen Fingerspitzen umschwebten mit unbeschreiblicher Zartheit die Welt: Bäume, Menschen, das Faßbare und das Unfaßbare, die Luft und die Seele. Eines Gemmenschneiders liebend tastendes Gefühl verklärte seine Stärke.
Hier war, wenn je, Handwerk und Genie vereint.
Aber dem anderen, der, ewig jünglingshaft, in gespanntem Schwung und gelöstem Flug der irdischen Zeit, der zeitlichen Erde sich neigte, ihm war es gegeben, sich hineinzuschmiegen in aller erdhaften, tönernen Masken wiegenhafte Wölbung: in die blecherne Starre alter Generäle, in oval hinfließende Falten seidener Frauenkleider, in den spiralig nach rückwärts gewandten Kopf eines edlen Pferdes, in den verlotterten Laternenschritt einer abgemagerten Dirne, in die schmachtende Locke auf der niederen Stirn einer bürgerlichen Dame. Ihm war es gegeben, auch aufwärts zu streben, zu steigen vom bürgerlichen Bild zu dem lautlos hinstürzenden, sausend aufsteigenden Dämon; dies zeugte der jugendliche Dichter, Freund des alternden.
Noch war der Jüngling umgeben von dem zartesten, knabenhaften Hauch, als die Freundschaft begann: Es entrann auf eines Atemholens Pause der Alte seiner Arbeit. Stöhnend über der Last seines Handwerkes, fand er seine Meißel immer stumpf. Mit welcher Liebe, mit welcher Wut warf er die wirbelnde Kraft seines Genius über den toten Stoff, ein göttlicher Riese: göttlich den toten Stoff zu beleben, den Faden zu entfalten bis ins feinste. Göttlich sammelte er alles; Feuer, Erde, Geist und Äther, um das größte Werk menschenbildender Kraft zu bilden; er wollte, er mußte den Tod der Materie aufbrechen, den Stein malen in seiner Schwere, er wollte eine Statue der ewig quellenden Luft der Kunst abzwingen; und dies war sein letztes Ziel: die unbeschreibliche Unvollkommenheit des Menschen, die grauenhafte Gestaltlosigkeit menschlichen Lebens dennoch zu gestalten. Biographie und Dichtung soll-

ten eines werden, aber nie konnten sie das. Er war gesegnet, er war verdammt, an diese Arbeit zu wenden, was er hatte. Der Schweiß der längsten Sommertage, der blaue Hauch reiner traumwandelnder Nächte, Wissen und Intuition, alles war vergebens. Hier war Vollendung nicht gegeben. Hier zuerst und zuletzt stand unüberschreitbar die große Grenze zwischen der Kraft und der Gnade, zwischen Tat und Leiden, zwischen Mensch und Gott.
Aber wie süß, wenn er, der Alte, die Hacke auf der Schulter, aus dem ewigen Weinberg seiner Mühsal trat und dem Antlitz des Jünglings begegnete: Rührend umwallte die Abendsonne das schwarze Porzellan des dichten Haares, das der Knabe trug; mädchenhaft glitt der Schatten über die matte Stirn, die aus sich selbst leuchtende. Der Knabe hielt die Augen gesenkt, er sprach nicht, wenn er den Blick hob und seine schweren Wimpern wie gespannte Saiten die tiefen Stufen der Augenlider schlugen, dann war es eines edlen Tieres großer Blick. Die Hände, abendsonnenfarben, waren innenher gestreichelt von gestreckten Adern, die bläulich schimmerten wie Tod. Doch unvergänglich schien seine Jugend jetzt, unversiegbare Stärke schwieg aus seiner Ruhe, wenn er die Hände beide gespannt hielt um die kantige Wölbung seiner gebeugten Knie.
Mönchisch umfasert gab sich der Alte. In derber Heiterkeit lugte sein bäurisch pfiffiger Blick, aber seiner Seele war gegeben: über alle Zeit Weisheit, Umfassen fernster Flächen alter Menschlichkeit, Wissen jeglichen Handelns, Griffe jeglichen Handwerks, – Sprache und Stimme jeglicher Kreatur konnte er sprechen, er konnte zeugen jedes Tier, bis auf eines: das dumme. Ein zauberkräftiger Mönch, so ragte auch er über Sphären der Sinne und der Sinnlichkeit. Von Dämonen waren seine gewaltigen Schultern umwittert.
Aber hier, aber heute begegnete er, in väterlich treuer Würde, der mühelos sprossenden Jugend. Der Gigantische beugte sich nieder, ein Kamerad, angehaucht vom Duft der voll erntenden Frühe. Denn in der Frühe seiner Zeit erntete der Jüngling. Nicht aus mönchischer Reinheit gebar sich ihm Keim und Kelter, Form und Gehalt, er fand die Garbe gesegneter Vollendung sogleich und überall.
Selbst dort, wo der Schmutz am schmutzigsten war, wo die trübste Lauge des täglich erneuten Tags sich fing, auch dorther zog er Inhalt, Form und Stoff: Stoff waren ihm Jäger nach schönen Frauen, schnellem Wild, nach großer Mitgift und hoher Erbschaft; schwer

befleischte Dummköpfe, von ihrer herrlichen Torheit wie Lampen vom Öl zehrend; Frauen, schön mit ihren kleinen Köpfen, denen hufeisenförmige Nadeln im japanisch aufgezäumten Haare glänzten; junge Mädchen mit eng gehöhlten und breit aufströmenden Hüften, überraschelt vom gerafften Taft; elegante Figuren; schmutzige Herzen; senffarbige Gesichter, unbeschreiblich in ihrer dürftigen Häßlichkeit, in denen dennoch die Reinheit der Seele ruhte, alles liebte er: er liebte unendlich die Gegenden der Wüste Sahara, gesenkt am Rande, wie der Erde geglättete Fläche gegen Abend ermüdet: Marokkos staubige, hochgezackte Gebirge, Landschaften und Einsamkeit, Städte und Menschen, Gletscher und Kloaken: Betrüger, Diebe, Mörder, Erbschleicher, Tierquäler, Menschen der Mitte, Sportsleute, eisern auf ihren gestählten Schenkeln, Greise, triefend verfließende Seelen, Seelen ohne Unterlaß strömten ihm zu, um zu lecken am Quell seines Blutes. Selbst die sprachlose Kreatur, der Hunde jammerndes Herz, die Himmel alle und die Nebel, der blauen Mondstrahlen gewichtlose Verführung: Alles war sein.
Sie waren zwei Freunde, beide von Dämonen umflügelt. Aber der Alte, der zauberkräftige Greis, ritt sie, ehern gespornt, wie gotische Erzgeister, über die dumpf erzitternde Erde, und hatte sie.
Den Jüngling aber übergossen die Dämonen wie eine Wolke mit lautlos fallender Schwärze. In heimlicher Nacht kamen sie über ihn als Gespenst und Bedrückung, wenn er, naiv wie ein Tier und schön wie ein Tier und krankheitslos, todesfern wie ein Tier in sich selbst ruhte: Von seiner Ruhe, aus seiner Lebensfreude trieben sie ihn auf, hetzten ihn, warfen seine Seele hin und fingen sie flugs wieder auf in ihren sicheren Fängen, denen nichts entglitt.
Noch freute es den Jüngling, auf dem im Sommer platzenden Spiegel des Flusses im Augustglimmer zu rudern in seinem schmalen, spitzigen Einboot, dem Skiff. Die eisernen Ausleger seines Kahnes fraßen die Hitze ein so wie sein in Gesundheit tief metallisches Gesicht, in dem die dunkelbraune Welle seines Bartes feingekräuselt inmitten schwebte über den schweigsam wollüstigen Lippen.
Es tat ihm wohl, mit Freunden nachts nach schweren Weinen und überwürzten Gedecken wortlos die langen Straßen zu durchstreifen, die Rauchwolke abzuwarten, die der erste Frühzug am Bahnhof Saint Lazare ausatmete; tief atmete der Mann die Ferne ein aus dem tiefen rußgeschwärzten Schacht – er gedachte froh der bergigen Gestade, der Meeresferne, des stundenlosen Daseins als Fi-

scher, der Nachmittage im Schilf, des fremden Lautes, wenn er die flachen Köpfe der gefangenen Fische an den Steinen des Strandes zerschellte.

Bald aber waren die Flüsse seiner herrlichen Jugend befahren von unheimlichen Dämonen. Gesicht bekamen und Flüstersprache gegen seinen Willen die unbelebten Dinge. Zu eines Raubmörders ungeheuer logischer Fratze wandelte sich ihm seines treuesten Dieners ruhiges Antlitz.

Wenn mit feinen Schnüren seidene Mädchenkleidung neben dem Liebeslager schimmerte, war das nicht Mahnung, zuzugreifen und sich selbst zu erwürgen und dem eigenen Willen mit eigenem Willen ungeheuer logisch die Kehle abzuschnüren mit sicherstem Griff?

Tod brach aus der Erde rings um den Lebemann. Der Edle vergaß seine Haltung, der Kristall seines Seins verdunkelte sich innenher mit fürchterlicher Drohung.

Welche Zeit zwischen Wirklichkeit und Wahn!

Welches Leben, zwischen der gehaltenen Gestalt des Gestalters und den aufflatternden Gesichten des Kranken!

Es war nur ein Spiel: Ein böser Urgeist spielte nur mit den Falten seines Kleides, noch zerschmetterte er den Unseligen nicht, er raubte ihm nur, wie zum Scherz, Sprache und Stimme. Dem Jäger, Tänzer und Ruderer verlernte er den Gang und machte ihn auf Samtfüßchen gleiten. Der Mann durfte leben, heulen bei geschlossenen Türen, denken bei geschlossenem Gehirn. Er war und war nicht. Eines adeligen Menschen sich selbst zerstörende Reste hausten hinter breiten, weißen Zellentüren in der einsamsten Einsamkeit; selbst von sich selbst war er verlassen. Hier endete er, höllischer als ein gemartertes Tier, im dunklen Winkel, schüchtern geduckt.

Der andere aber, ein Erzengel mit gesammelter Kraft, schmerzlos und unzermalmt, stieg auf, hoch auf geflügeltem Tier emporkreisend verließ er die Zeit. Er durchbrach sie, wie der Kondor eine Wolke durchbricht, mit gepanzertem Fittich. Er starb und war.

(1923)

Adalbert Stifter

Man hat diesen großen Meister lange verkannt und bei aller Liebe gering geachtet. Seine Arbeiten, besonders die »Studien«, wurden zwar auf Schulen viel gelesen: aber die stille Größe seiner Persönlichkeit sahen nur wenige. Seine Beschränkung auf den kleinsten Raum und die leiseste, zarteste Kraft hielt man für Schwäche, seine von innen befriedete Welt schien künstliches Idyll, seine von der stärksten Form gehaltene, unbeirrbar stetige Linie schien Mangel an Tiefe. Nun, da uns manche seiner einst für groß gehaltenen Zeitgenossen völlig schon entrückt sind, bleibt Adalbert Stifters Werk in unberührter, fast heiliger Unverletztheit, es ist nicht gealtert, nicht müde geworden. Man kann von einem einigen Werk bei ihm reden, denn keine seiner Arbeiten tritt über die Fläche der anderen, keine steht der anderen im Wege.

Dieser Dichter war früh vollendet. Sein großer Roman »Nachsommer« und die kleinste Erzählung aus den Studien, alles ist *ein* Hauch, ein Fleisch und ein Blut, denn es ist ein Geist. Was man von den halbvergessenen Meistern der chinesischen Landschaftsmalerei sagen kann, gilt auch von ihm, der viel Östliches in seiner Seele hatte, ohne es zu kennen und zu nennen: Er ist groß geblieben, selbst in der kleinsten Form.

Er ist Epiker und nur das. Kaum je ein Vers, nirgends ein Ansatz zu dramatischer Gestaltung, kein Versuch zum Theater, weder zum äußeren – wie bei Balzac, der an die Übertragbarkeit seiner Welt auf die Bühne glaubte, trotz aller Mißerfolge – noch zum immanenten Theater, das Dostojewski in seinen großen Werken und besonders an ihren entscheidenden, glühenden Brennpunkten nie verleugnen konnte.

Stifter kannte das unerschütterliche Geheimnis einer wie ein Blatt von innen nach außen ganz durchgebildeten, vom reinsten Leben erfüllten, ebenmäßig gewachsenen, golden gereiften Form. Außerhalb dieser Form ist er nicht denkbar. Nie ist er der Versuchung unterlegen, den starken Gefühlsgehalt seines Werkes in einen Vers zu fassen. Goethe, der von ihm aufs tiefste Verehrte, hat es in »Wilhelm Meister« getan. Aber die Form, die Goethe in den ersten Teilen seines Werkes, wenn auch nur mit dem zartesten, behutsamsten Schnitt verletzte, um die Blüten seiner herrlichsten Mignongesänge in die Wunde zu pflanzen, hat in den späteren Teilen der »Wanderjahre« diese Verletzung durch völlig zerfließende Form gebüßt. Ein Mann von so viel schwächerer Kraft, wie Stifter, hat seinen heiligen Kreis nie überschritten. Mehr noch. Nie wächst eine Figur oder ein beherrschendes Ereignis über das Werk heraus. Zwischen den kleinsten Äußerungen von Stifters Wesen und seiner Kunst liegt eine Bindung, die der Bindung der Erdkrume gleicht. Wenn Goethe in einer Wasserflut von kristallischer Durchsichtigkeit, wenn Dostojewski im lebenden, heiser hauchenden, alles verzehrenden Feuer läutert, dann läutert Stifter in der Erdkrume, im warmen Boden, im engsten, herznahesten Zusammendrängen von Leben, Sterben, Schlaf und Erwachen, Verwesen und Aufgehen. Auch er erfaßt die Welt in einer grenzenlos großen Fülle und vernichtet sie nicht. Er erkennt das Böse und leugnet es nicht. Er weiß, daß der Mensch nicht gut ist von Anbeginn, und doch glaubt er an Erziehung, und was ist Erziehung anderes als das Pochen, das Rühren an den Erdboden, an das wartende Werden, an die noch nicht geformte Seele? Der demütige Raum der Erde, der schwebende Himmel, die Landschaft mit Tieren, Menschen, Bäumen und Wolken, die Dauer des Daseins und das Wirken des tätigen Mannes, alles setzt er an seinen hirtenhaften Anfang zurück, er sagt immer wieder: Laßt wachsen! Baut Häuser. Lehret die Kinder. Sammelt! Bedeckt Wunden mit weicher Leinwand, faßt den Menschen mit Behutsamkeit, denn das Edelste ist das am leichtesten Verletzbare. Seid werktätig. – Erziehung nennt er die erste und heiligste Pflicht des Staates. »Denn darum haben wir ja den Staat«, sagt er im Jahre 1849, »daß er uns zu Menschen mache, und daß er keine Strafanstalt sei, in der man immer Kanonen braucht, daß die wilden Tiere nicht losbrechen.« Man mag über Amerika denken wie man will, aber es berührt eigentümlich, daß die Ziele dieses altösterreichischen Schullehrers und Dichters aus Oberplan im Böhmerwalde sich mit den Zielen des amerikanischen Menschen von heute fast völlig decken. Preis und Verherrlichung der Ehe, Segen der Erde wie bei Whitman, Freundschaft, große Zärtlichkeit gegen Kinder, starkes Gefühl für Tiere und die schönen unschuldigen Pflanzen. »Ein gerechtes Leben voll Gerechtigkeit, Einsamkeit, Bezwingung seiner selbst, Verstandesgemäßheit, Wirksamkeit in seinem Kreise, das halte ich für groß. Mächtige Bewegungen des Gemütes, furchtbar einherrollender Zorn, die Begier nach Rache, den entzündeten Geist, der nach Tätigkeit strebt, umreißt, ändert, zerstört, das halte ich nicht für größer... Wir wollen das sanfte Gesetz zu erblicken suchen, wodurch das menschliche Geschlecht geleitet wird... Wenn jemand die Bedingungen des Daseins eines anderen zerstört, so ergrimmt etwas Höheres in uns, wir helfen dem Schwachen und Unterdrückten, wir stellen den Stand wieder her, daß ein Mensch neben dem anderen bestehe und seine menschliche Bahn gehen könne. Das Gesetz liegt überall, wo Menschen neben Menschen wohnen, und es zeigt sich, wenn Menschen gegen Menschen wirken. Es liegt in der Liebe der Ehegatten zueinander, in der Liebe der Eltern zu den Kindern, in der Liebe der Geschwister, in der süßen Neigung beider Geschlechter, in der Arbeitsamkeit, worin wir erhalten werden, in der Tätigkeit, wodurch man für seinen Kreis, für die Ferne, für die Menschheit wirkt, und endlich in der Ordnung und Gewalt, womit ganze Gesellschaften und Staaten ihr Dasein umgeben und zum Abschluß bringen.« Nicht nur die lauterste Redlichkeit spricht aus dieser Erkenntnis. Es ist mehr, es ist das schmerzensvoll erwirkte Resultat eines langen, von innerer Dämonie bedrohten Lebens. Wir wissen aus den Werken wenig von Adalbert Stifters Leben. Seine Kunst, auch darin den neuen Bestrebungen unserer Zeit verwandt, bringt nichts Privates. Was aus den Wurzeln der Persönlichkeit quillt, ist so durch die Form gefiltert, so rein in den Kristall der elementar, aber nie vulkanisch strömenden Erzählung gebettet, daß es äußerlich nicht sichtbar ist. Aber es ist doch da. Ein dämonischer, ein mystischer Geist wohnte in diesem Meister, und selbst aus den kleinen Einblicken in das Schicksal dieses Mannes, der am Ende seines Lebens, seines Amtes von der Regierung entsetzt, Friedlosigkeit in sich, eine »revolutionäre« Zeit um sich, halb nackt, eine Koppel schöner wilder Hunde an seiner kleinen, festen Hand, am Ufer der Donau bei Linz an den erstaunten Bürgern der Stadt vorbeistürmte, gibt nicht das Bild des Idyllikers der Biedermeierzeit, des Schulmeisters Wuz aus Jean Paul, sondern es erinnert an einen anderen von Dämonen besessenen, Beethoven, der ebenso wie Stifter von Menschen verlassen, sein unselig hohes Dasein durch die hell besonnten Hügelgelände an der Donau bei Heiligenstadt schleppte. Aber dieser Kampf mit dem Dämon, der bei Beethoven oder Dostojewski im Kunstwerk selbst ausgefochten wird, der liegt bei Stifter schon hinter dem Meister, wenn er seine Werke fügt. Mag sein, daß sie dann dünneres Lebensblut erhalten, daß alles feiner, gebändigter klingt, aber: Himmel und Hölle sind durchmessen, und keine menschliche Sphäre ist dem Meister fremd. Religion im dogmatischen Sinn, das

heißt den Glauben als Stütze, wird man bei Stifter nicht finden. Selbst der starke Dostojewski konnte diesen Trost nicht missen. Stifter ist in viel reinerem Sinne heroisch – und heroisch, wenn auch besonders nach der praktischen Seite hin, ist auch das männliche Bekenntnis, das eben nachgezeichnet wurde. Dogmatische Religion, eindeutige Lehrweisheit fehlt seinem Werk. Aber auch den großen Hebel und Gegenhebel der bürgerlichen Welt, Hunger und Liebe, und ihren Schneidepunkt, die menschliche Eitelkeit, darf man bei Stifter weder suchen noch vermissen. Sein Geheimnis ist tiefer als das Geheimnis Dostojewskis, des Verbrechers und hohen Spielers im luftleeren Raume, dort, wo eine Flaumfeder und eine Flintenkugel gleiches Gewicht haben, weil sie dort gleich schnell fallen. Stifters tragische Schuld ist seine Schuldlosigkeit. Sein Leben war zu rein. Zweimal nennt er in seinem ersten Bekenntnis das Wort »Gerecht«. Aber Gott kennt Gerechtigkeit nicht. Nur der Mensch nimmt sie auf sich, zu seinem Segen und Fluch zugleich. In »Abdias« rührt Stifter in einer bis dahin unerreichten Darstellung an »Hiob« und die Verstrickung der Gerechtigkeit. Aber er antwortet sich selbst nicht. Was im tiefsten Jammer vergehen müßte, wird versteinert, was klagen müßte, so stark, daß das Gewölbe des Himmels diese Klage nicht ertragen könnte, schweigt das fürchterlichste Schweigen bis zum lautlosen Tode. Wer war rein und sittlich, wenn nicht Stifter? Wenn ein Mann alle Forderungen, die er an die Welt im weitesten Umkreis setzt und die er nie erfüllt sieht, ohne trüben Rest in Forderungen *an sich selbst* umsetzt, dann muß man ihn in hohem Sinne sittlich nennen. Aber welches irdische Schicksal kann ihm dann genügen, welche irdische Speise kann ihn sättigen, welches gute Geschick wird ihn vor Bitterkeit und Verzweiflung retten? Er wollte Sicherheit für sich, Neigung, ein Dach über dem Haupt, ein fühlendes Wesen neben seinem Herzen. Mehr als das: er hungerte nach Gnade. Einmal spricht er von einem, an dem sich die Gnade der Gottheit besonders erwiesen haben sollte. Aber es ist nicht so: »An ihm hat sich eher ihre Verwünschung als ihre Gnade gezeigt – ihre Weisheit, Gnade und Wundertätigkeit haben sich an jemand ganz anderem erwiesen.« Wir sehen ihn von keinem Menschen, nur von schönen Hunden begleitet. In seinem ungeheuren Schweigen löst sich das furchtbare eines tragischen Lebens nicht auf.
Unrein wird der Reine in dieser unseligen Welt auch durch seine Reinheit. Aber sein Werk, mit allen unsichtbaren Lebensströmen

genährt, wie die Geister der Toten in der Odyssee, beginnt in seinem innersten Blute zu leuchten und wird nicht aufhören zu leuchten mit der milden, fast schattenlosen Flamme, deren Geheimnis dieser Meister ebensowenig vererbt hat wie die Meister der östlichen Landschaftsmalerei, mit denen ihn viel verbindet, ohne daß er sie kannte. Die Landschaft des chinesischen Malers ist nicht das Abbild eines bestimmten Fleckens Erde, sondern Porträt einer bestimmten menschlichen Seele. So verschwindet zu unserer tiefsten Befreiung und Befriedigung die Grenze zwischen dem Menschen in der Landschaft und der Landschaft im Menschen. Befriedung der Gegensätze ist von Anfang an etwas, das diese Meister innig lieben von Dschuang Dsi und seinem »wahren Buch vom südlichen Blütenland« an bis heute. Ein zweites, was diesen Ahnen eigen ist, ist die Achtung vor dem Kleinsten, dem Winzigsten. Chinas Maler, ebenso wie Stifter, so Unerhörtes sie technisch leisten, sind der Gefahr entgangen, mit den Ergebnissen der Technik zu spielen. Jeder Federstrich, jede leiseste Wendung und Windung des haarfeinen Pinsels ist Zeugnis und Zeugung zugleich, alles steht da, unerschütterlich, nur von außen »mit dem gelben Rande des Alters umflossen«, innen aber unversehrt mitten im Wehen der Jahrhunderte. Legende hier wie dort. Hier wie dort sind sich Form und Gestalt nicht feindlich. Eine sehr innige Gemeinschaft spricht aus jeder Schöpfung. Das macht sie so vollkommen, so still freudenvoll. Jede Schöpfung ist voll von Geheimnissen, so schlicht sie daliegt, und das, was man Realismus nennt, ist nur ein Geheimnis mehr. Jede Kleinigkeit, jeder Fuß Boden, jedes Zittern der sommerhellen Luft der Heide, jede Bewegung des Menschen, hier hingegossen auf dem frühlingshaft wieder umgrünten Felsen, dort überstäubt vom grauen Gerieselt des stürmenden Herbstes, jeder Hufschlag des Wildes, das durch den hohen Schnee winterlich trabt, dies alles ist aus ungeheuer plastisch gesehenen und erlebten Einzelheiten eine Gesamtheit von Traumtiefe, von Sphärenfremdheit geworden, ein Unbeschreibliches, eine Welt über der Welt. Diese Worte, die den Landschaften der chinesischen Meister gelten, umschreiben völlig die Welt Stifters, die Wirklichkeit der unbeschreiblichen Winterlandschaft in der »Mappe meines Urgroßvaters«, der Seen und Wälder im »Hochwald«, der Alpen im »Hagestolz«, der Wüste im »Abdias«. Und wie stehen die Menschen zwischen den Dingen? Aus Erde geschaffen, aber atmend mit dem unzerstörbarsten, weil stillsten Leben. Stifter liebte junge

Menschen am meisten und ganz alte. Die Klarheit vor dem Lebenskampf, die blühendste Jugend und die Klärung nach dem Lebenskampf, das angeglichene, ganz groß und still gewordene Alter. Zeitgemäß ist nichts an ihnen. Den Kampf der sozialen Klassen, der Weltanschauungen und Richtungen wird man bei ihm nicht finden. Er ist so nahe den innersten Quellen jeglichen menschlichen Geschehens, daß Geborenwerden und Gestorbenwerden sich gleicht. Wie unsagbar leise und unsagbar zwingend treten die Figuren (man dürfte sie eigentlich nicht Figuren nennen, sie sind anderes) in die Erzählungen ein. Wer so nahe dem letzten Geheimnis ist, wer so sehr alles zu seinen Brüdern versammelt, an die Erde und ihre Krume zurückgebracht hat wie Stifter, der muß den Dingen und Menschen ihr Letztes nicht entreißen. Es löst sich von selbst, er muß es nur strömen lassen, und es wird nie versiegen. Es unterliegt nicht dem Zwang und daher nicht der Zeit. »Einen alten Mann, wie einen Schemen, sah man noch öfter durch den Wald gehen, aber kein Mensch kann eine Zeit sagen, wo er noch ging, und eine, wo er nicht mehr ging.«

Von einem chinesischen Meister heißt es, »er hielt Wolken und Berge in seiner hohlen Hand«. So schreitet er in Mondnächten einsam durch den starren Schnee, bis er durch den Tod die lebende Natur sieht, den ruhevoll kreisenden Stern, der schneller oder zögernder eilt, je nach dem Atem des Meisters. Ohne zu suchen hat er das Ewige in der wechselnden Erscheinung, Tod und Verwesung treffen ihn nicht. Das Große dieser Meister liegt in ihrer Tat. Sie sind nicht weltabgewandt, wie die christlichen Heiligen, die doch in ihrer Weltabgewandtheit nur einer andern Seite der Welt zugewandt sind und welche die doppelte Bürde des Unvereinbaren auf ihrer Schulter tragen. Den Martern und Märtyrern der christlichen Lehre sind diese Meister so fern, daß sie ihnen kaum an die Knöchel reichen. Denn das, worum jene kämpfen, haben diese schon erreicht, die höhere, transzendente Gemeinschaft, die Lösung vom einzelnen, die Befreiung des Ich nicht durch Kampf, sondern durch Befriedung. Keine Forderung des tätigen Lebens macht sie ihrer Frömmigkeit abwendig. Je weltlicher sie sind, je mehr sie irdisches Werk tun und irdische Häuser bauen, Wälder roden, heilsame Quellen finden und Kranke pflegen und gesund machen, Bäume pflanzen je mehr sie lächeln und sich freuen, je glücklicher sie sind, desto heiliger werden sie. Das ist nicht die sentimentale Geste Dostojewskis, der vor Sonja niederkniet, aber nur, um »vor dem ganzen Jammer und Leiden der Menschen niederzuknien«, sondern das ist das echte Wirken der Heiligen, die keiner Kirche zu ihrer Frömmigkeit bedürfen, keiner Sammlung, keiner Abtötung, keiner Brechung und Zerstörung, um vollendet zu sein. In einer Erzählung Stifters heißt es von einem uralten Arzte: »Seine letzte Heilung ist ein Kind gewesen. Er war schon lange nirgends mehr hingegangen, in der Gegend waren drei neue Doktoren aufgestanden, – da war im Eidun ein Kind krank, ein schönes Mädchen freundlicher Eltern – man hat ihm alles gegeben, was möglich war, aber das Kind wurde immer schlechter. Die Ärzte sagten endlich, es sei vergebens, das Kind müsse sterben. Da fiel den Eltern der alte Doktor ein, der zu Tal ob Pirling ein Haus habe, dort wohne und in dem Garten sitze. Sie gingen zu ihm und baten recht dringend. Er fuhr hinab und ging an seinem Stabe mit den schneeweißen Haaren und gebeugt zu dem Kinde hinein. Da er es gesehen und um alles gefragt und eine Weile geschwiegen hatte, sagte er huldreich: ›Das Kind wird nicht sterben.‹ Er gab den Leuten etwas und sagte, daß man morgen zu ihm kommen und wieder etwas holen sollte.«

Wie ist alles tröstlich, heiter und stark! Es ist wie das lautlose Wandern des unsichtbaren Meisters hinter seinen Felsen, seinen Bäumen, seinen Schneestürmen und Eisriesen, Bergen und Tälern. Es ist nicht zu beschreiben, wie alles so tief, so herzlich, so unentrinnbar sanft zu unserer verstörten Zeit spricht. Tiere und Menschen, Wolken und Erde, Wald und Lichtung, Haide und Dämmerung, Gewitter und Dürre, alles löst sich, alles wird ein Fluß, eine Flut, ein beseeltes Tönen, wie man es vor Adalbert Stifter nicht gehört hat und nach ihm nicht mehr hören wird.

(1924)

Ein Wort zu Wedekinds
»Schloß Wetterstein«

Eigenartig, nicht minder durch das, was sie aussprechen, als durch das, was sie verschweigen, sind die Worte, die Wedekind der Buchausgabe von »Schloß Wetterstein« vorausschickt: »Das Schauspiel ›Schloß Wetterstein‹ enthält meine Anschauungen über die inneren Notwendigkeiten, auf denen Ehe und Familie beruhen. Das Stoffliche, die Geschehnisse, der Gang der Handlung sind dabei vollkommen Nebensache. In ihrer Abenteuerlichkeit waren sie durch die weiten Grenzen und die Bewegungsfreiheit bedingt, die ich nötig hatte, um meinen Anschauungen Platz zu schaffen. Wichtiger waren mir dramatische Steigerungen, Bühnenwirksamkeit. Zensurverbote dieses Schauspiels werden mich nicht überraschen, da sie nur eine logisch bedingte Begleiterscheinung der notorischen Gleichgültigkeit und Stumpfheit sind, die unser ganzes öffentliches Leben kennzeichnen.«
Erlösend wirkt die große Tragödie nicht durch Furcht oder Mitleid, sondern vielmehr durch das Gefühl der freiesten Fülle. Tod sei kein Zwang, sondern ersehnte Wahl. Die Gestalten sinken nicht verdorrend in das All-Gemeine des Schicksals, sondern sie entzünden sich am Untergang, nicht, weil sie nicht mehr weiterleben können, sondern weil sie nicht weiter *leben* können.
Das ist kein Wortspiel. Wie sehr Wedekind seiner Zeit voraus war, ergibt jeder Vergleich mit seinen erfolgreichen Zeitgenossen, dem älteren Ibsen, dem jüngeren Hauptmann, dem damals noch unverbrauchten Schnitzler. Denen war das noch Problem, was Wedekind längst Voraussetzung geworden war. Das Lebensgefühl, der élan vital ist bei Wedekind keine Frage, der Dichter hat nicht das mindeste Mitleid mit denen, die für ihren inneren Gehalt nicht die völlig adäquat äußere Gestalt finden können, das heißt: den Mut zu sich. Dies ist nicht die Tragödie, doch ihre Vorbedingung, so wie Sprache die Vorbedingung für Aussprache ist. Wedekind setzt Menschen in die Welt, die für diese ihre Welt ein Gegensatz sind; aber sie sind nicht Gegensätze in sich selbst. Damit ist das Problem Hamlet verlassen, es öffnet sich die Welt Richards des Dritten, und, in anderem Sinne, die Welt Romeos. Nur ein echter Tragiker, das heißt *ein in Gegensätzen dichtendes Genie* konnte ein Werk wie »Frühlings Erwachen« schaffen, in dem die bloße Jugend zum

tragischen Verhängnis wird. Nicht durch Zufälle fallen diese lebensvollen, lebenstollen Gestalten, nicht durch Verstrickung, Trübung, sondern gerade durch ihre besondere Kraft, ihre besondere vitale Wahrheit, durch ihr Einmal-und-nie-wieder-Sein, durch die wirklich und auf immer gefaßte Urwurzel ihres seelischen Baues. Die Gegensätze werden nicht betont, nicht ausgenützt, um die theatralische Maschine vorwärts zu treiben, sondern sie sind eben aus dem innersten Kern der äußerst mutvoll erfaßten menschlichen Natur hervorgewachsen; und so sind sie wie alles, was ganz aus Wachstum und ganz ohne zufällige Bildung geworden ist, völlig frei von Schuld und Sühne.

Was die Hauptgrößen der naturalistischen Zeit und mit ihnen auch Henrik Ibsen kennzeichnet, ist der Mangel an Gegensätzen, ihr emsiges Überbetonen der Mitte, ihr Ausmalen dessen, was sie Atmosphäre nennen, was aber ebensogut oder besser »juste milieu« hieße. Bei Ibsen sind die organischen Gegensätze so minimal, daß seine Menschen nur durch raffiniert, oder wenn man will, genial ersonnene Vorgeschichten in scheinbaren Kampf treten, der sich im wesentlichen darauf beschränkt, einander bis auf den letzten Rest klar zu werden. Es sind seelische Entkleidungskomödien. Wo Ibsen wirklich ergreift, etwa mit dem Schicksal der Frau Alving, ist nichts, was aus dieser Gestalt, aus ihrer besonderen Kraft, aus ihrer besonderen Wahrheit, aus ihrem Einmal-und-nie-wieder Sein hervorgeht, sondern es ist das armselige Schicksal jeder menschlichen Kreatur, die im Schicksal ersäuft wie ein Bergmann in einer Kohlengrube. Traurig ist das gewiß, erschütternd sogar, aber niemals tragisch. Es ist eine Katastrophe, etwas, das jedem einmal begegnen kann, aber nichts, was dem innersten Urgrund des menschlichen Seins positiv entspricht, es ist eben nur die traurige Kehrseite menschlicher Unzulänglichkeit, Wehrlosigkeit, unserer Vergänglichkeit, unserer mangelnden Erleuchtung, unserer fehlenden Besinnung, unsrer Dummheit im metaphysischen Begriff, denn, dem Universum gegenüber sind wir immer unzulänglich und winzig, und im Punkte des Erkennens und logischen Handelns immer stupid und unfähig. Wahrhaft erleuchtet zu leben ist keinem gegeben. Keiner kann sein Dasein so gestalten, wie es seiner absoluten Stellung im Weltall entspricht. Kosmisches Dasein und bürgerliches Dasein decken sich nie, sub specie aeternitatis sind wir alle, was immer wir schaffen und bilden, zwar nicht Sünder, aber Dilettanten. Das Unzulängliche, im Kleinsten wie im

Höchsten, ist die Erbsünde. Aber daß der einzelne das Kosmische in sich überhaupt ahnt, daß er es wagt, sich selbst zu Ende zu leben und, wenn auch nicht der unendlichen Welt, so doch sich selbst gerecht zu werden, das ist schon ein herrliches Zeichen von Kühnheit, ein Beweis für das Heroische der so furchtbar in der Welt vereinsamten menschlichen Natur. Das Endliche, ins Unendliche gestellt, muß mit dem Untergang des Endlichen abschließen, aber es ist zweierlei, an den Unzulänglichkeiten der menschlichen Natur trübe zu erlöschen, nachdem man ringsum das Mitleid der sich glücklicher Wähnenden erfleht hat, etwas anderes ist es, an dem Besten zugrunde zu gehen, das in einer Seele lebt, weil es am tiefsten in ihr lebt, weil es am wärmsten alles umarmt, weil es am feurigsten sich auswebt, weil es am buntesten blüht. Dies heißt dann wahrhaft in Freude und an Freude sterben, *das* ist tragisch, nicht traurig, denn das Überleben, die tiefere tröstlichere Bedeutung der menschlichen Existenz wird dadurch zur Gewißheit, und hier liegt das Lösende, Erlösende, das im großen Sinne Religiöse einer tragischen Dichtung und eines jeden anderen großen Menschenwerkes.

Mit zwei Hauptfiguren setzt »Schloß Wetterstein« ein: Eleonore, der Mutter mit der ganzen fast tropisch strotzenden Glut einer überströmenden Leidenschaft, und Effie, der aufgehenden Flamme des reinsten Gefühls. Im gleichen Rhythmus die zwei anderen Gegenfiguren, Rüdiger, einst lebenbeherrschend, einst der Mann der Stunde, der das Schicksal am schweißbedeckten Zügel geführt hat, um wenige Jahre nachher nicht wie ein Reiter, sondern wie ein niedergebrochenes Pferd von den Jüngeren, Schwächeren auf den Karren geladen zu werden, um irgendwo in der Stille das Gnadenbrot zu erhalten statt des Gnadenstoßes; und Luckner, der sardanapalische Nabob, Herr über Diamanten und über lebendes, blühendes Fleisch, der am Lachen über sich selbst stirbt – welch eine Freiheit! Welch ein unmenschlich-übermenschlicher Humor! Aber diese Gestalten sind mit dem zweiten Akt erloschen, nur Effie bleibt, und muß sich dem dritten, dem großen Überlebenden stellen, um ganz entblößt, ganz aufgelöst dem bösen Dämon des Unterganges zu begegnen, der selbst nach Untergang hungert, und doch diese einzig ihn sättigende Speise nicht finden kann, dem Amerikaner Atakama, dieser antiken Gestalt des alles verzehrenden Todes. Aus ihm spricht die Stumpfheit, die Gleichgültigkeit der Welt, ihre alles in den Staub der Namenlosigkeit zerbröckelnde

Gemeinheit und Ironie: denn dieser zahlt nur in einer Münze, in Gold, und Gold kennt nicht Namen, nicht Ruhm, nicht Würde, nicht Zorn, nicht Lachen noch Liebe, es kennt nur sich, deshalb gilt es als Geld, es währt ewig als Währung. Wer in Geld denkt, der denkt nicht in unserer lebenden Welt, er ist skeptisch, zynisch, er ist unmenschlich in einem so furchtbaren Begriff, wie ihn die Gesellschaft bis in unsere Zeit nicht gekannt hat. Was ist Balzacs Wucherer Gobseck gegen einen Mann wie Stinnes? Hier steht der eine Pfeiler dieser Kathedrale. Aber Effie, das gesammelte, in sich selbst zum höchsten Liebreiz zusammengeschmiegte Leben! Diese stark und rein duftende süßeste Essenz alles dessen, was das Leben lebenswert macht! Hier ist die Freude ohne Reue. Die Niewiederkehr des schönsten frühlingshaften Tags. Die Wonne ohne Schuld. Flamme ohne Asche. Hier lächelt ein Mensch ohne Bitterkeit. Hier will sich jemand im höchsten Augenblick loslösen von unserem trüben Stern, unzerstörbar lebend in Todesfreude vergehen. Seit Shakespeares Julia ward so mädchenhaft Blühendes, bezaubernd Holdes nicht geschaffen. Wie sind diese beiden, Atakama, das Gift in Menschengestalt, und Effie, der freudenvoll zitternde Stern, im letzten Akte aneinander gesteigert, wie sprechen sie immer tiefer das Geheimnis ihrer eigenen Natur aus und geben dennoch dem Herzen des andern die klarste, deutlichste Antwort damit. Wie sich hier Seelen berühren, während sie nur einfach ihre Flügel für sich allein zu entfalten scheinen, das hat vor Wedekind keiner zu gestalten die Kraft gehabt. Wie sich hier ein Mensch in den Abgrund der Welt stürzt, in dem sichersten, Gott- und weltgläubigsten Gefühl, daß er sich selbst noch nie treuer gewesen, daß er Gott nie näher gewesen, das hat mir auf der Bühne einen Eindruck gemacht, den nichts anderes erreichen, nichts Stärkeres je übertreffen wird. Nie sah ich den überlebensgroßen, glühenden Menschen, das leuchtend leidende Herz, so strahlen. Nie Menschen so herrlich leben, das ist: herrlich untergehen.

(1924)

Balzac
Eine imaginäre Vorrede zu seinen Werken

I

Balzac ist der Lebendigste unter uns Lebenden. Er ist aktuell, er spricht zu uns, hat ahnend unsere Zeit erfaßt, und von ihm gilt viel mehr als von Stendhal jenes geheimnisvoll kühne Wort: um 1929 wird man meine Werke neu drucken, dann werde ich von allen gelesen sein.
Balzac ist eine Welt. Wie Goethe, wie Shakespeare. Er ist kein Künstler mit seinen Werken, kein treuer Bildner unter seinen Gestalten, sondern eines nur: Weltschöpfer. Er schuf eine Welt, freilich nur *eine* Welt. Es gibt deren so viel, als es Geister gibt, sie zu sehen, Herzen, sie zu fühlen, Träumer, sie zu ahnen. Aber die Fülle seines Innern andern Menschen zwingend mitzuteilen ist nur wenigen gegeben. Die Fülle ist die beseligende, die gute Probe der sichersten Kraft. Die Fülle ist das Wesenhafte des menschlichen Genies. Stünde uns auch nicht Nacht für Nacht der Sternenhimmel vor Augen in seiner grenzenlosen Fülle, wir wüßten es doch durch unsere geheimste tiefste Ahnung, daß die Vielfältigkeit und die unabsehbare Verzweigung des hold Unendlichen über uns ist, und – selbst der Kargste, Strengste, Armseligste wird es ahnen – in uns.
Es gibt Welten mit brüchigem Gefüge und solche, die zart scheinen und doch innigst in sich selbst gebunden sind, glühende, die langsam, schwer durch die Milchmeere irren und kreisen, und andere, kühlere, die in reineren Spiralen beflügelt steigen. Solche von einheitlichem, mühelos aufgesprossenem Wuchs und solche, deren Teile ohne Aufhören gegeneinander streben, sich gegeneinander werfen und sich trotzdem nie völlig trennen mögen. Zu dieser letzten Art gehört Balzacs Welt. Und doch, dies ist das Siegel unter die Gültigkeit dieses Schöpfers und seiner Schöpfung – alle, selbst die kleinsten Teile, bezeugen noch den Grundgehalt des Urkörpers. Mag die Schöpfung gebrochen sein, ihr Schöpfer ist es nicht. Jeder Gestalt Balzacs läßt sich ablauschen, wenn man sie faßt als menschlich grenzenloses Schicksal und als einzige, nie wiederkehrende Erscheinung: »Ich bin's, nicht das erste und nicht das letzte Wort, nicht der hellste, noch der trübste Tag, aber Blut vom innersten Blut meines starken Schöpfers.«

Kunstwerke mag man klug mit andern Werken ihrer Art vergleichen, aber eine Welt wie die Balzacs wird nur am leibhaftigen, leidhaftigen, freudhaftigen Leben gemessen. Worte durchdringen ihr Innerstes nicht und erhaschen nicht ihre Wahrheit innen, trotz aller Irrtümer außen. Eine Welt ist da: über unserer Liebe und außer ihr. Sie ist von sich selbst umgrenzt, das gibt ihr in aller Leidenschaft und Trübe ihren Frieden, ihren Glanz, denn sie hat ihren Bund mit sich selbst auf immer geschlossen. Wir fühlen, am Himmel wird sie kreisen, solange es Himmel gibt; höher oder niedriger am Horizont vielleicht den späteren Geschlechtern, aber unnahbar auch diesen und unvergänglich, denn bloß das Kleid ist sterblich an ihnen, die Straßen und Pariser Paläste, die verfallen sind, Geld, Rententitel und Ruhmestitel, Pair de France und Graf von Napoleons Gnaden. Das erscheint uns nicht der unermeßlichen Mühe wert, die deswegen aufgewendet worden ist. Denn, was Balzac *Glück* genannt hat, vermag uns heute nicht zu erschüttern, es ist etwas anderes, Glück nennen wir es nicht mehr.

Alles bei Balzac ist aus Erde gemacht, alles hat seinen Namen, es spielt die menschliche Komödie weiter; während der Schöpfer noch lebt und an dem Mantel eifrig webt, sieht man die Gestalt, wie sie sich schon lebendig in seine Falten hüllt, sich überlebendig bewegt und fortstrebt.

Das Zeugende, das eminent Männliche dunstet aus jeder Zeile. Es strotzt von Zeugungsfreude jedes der unzähligen Werke, die Balzac in den fünfundzwanzig Jahren seiner Arbeit geschaffen hat. Aber es ist nicht das tierisch Zeugende, das aus ihm bricht, sondern das göttlich Zeugende und daher das trotz allen Grauens Freudige. Und mehr als das: Es ist etwas Heiliges um Balzac, nicht der reinste (östliche) Glanz vielleicht, aber doch ein Schimmer von der Heiligkeit des Augustinus.

Man darf nicht an das Anekdotenhafte seines irdischen Wandels denken, sondern soll den höheren Sinn sehen, der alle menschlichen, gierigen, niedrigen Handlungen leitet. Und es gibt bei Balzac ein Licht, das alle andern überstrahlt. Denn auch das Zeugen vermag den Menschen zu heiligen, es ist für Menschen unserer Zeit das einzig Heilige vielleicht, das ihn an Gottes Seite treten läßt, der alles Lebende aus dem Nichts geschaffen hat, so will es wenigstens unser freudiger Glaube.

Neben dieser unerschöpflichen Zeugungskraft und Lust versinkt der Privatmensch, der Charakter Balzac, sein Ruhm und das, was er liebte, beneidete, haßte, in immer blasser werdendem Licht. Auch Goethes bürgerliche Person ist nichts gegen sein Werk, Mozarts irdisches Leben kettet nichts an die d-Moll-Takte des Don Giovanni, und am tiefsten öffnet sich der Abgrund zwischen dem Weltschöpfer und seiner Schöpfung bei dem Deutschen, bei dem Sachsen Bach. Unter diesem Aspekt versteht man es ohne Bitterkeit, daß die Gesellschaft, daß Bürger, Edle und Gemeine, Mann und Frau, daß alle den Mann fliehen, der tut, was sonst nicht Menschenwerk ist: Unvergängliches zeugen.

Kein weltschöpferisches Genie wurde bei Lebzeiten als Mensch mit der letzten Leidenschaft geliebt, Mozart so wenig wie Napoleon, Kleist so wenig wie Balzac. Goethe sprach von seiner furchtbaren Vereinsamung unter Menschen nur selten, er hatte Angst vor dem Vakuum, das sich vor einer Erscheinung wie der seinigen notwendig öffnen muß. So sucht er und flieht die Menschen. Wie gern hätte Goethe sich ins Beamtenhafte, ins Stille, ins angenehm Gemäßigte gerettet, um seinesgleichen neben sich fühlen zu können, Kinder zu seinen Füßen zu sehen und den bürgerlichen Frieden des Namenlosen zu kosten. Beschieden war es ihm nicht. Balzac ist nicht Goethe, nicht Napoleon. Zu Napoleon trieb Balzac zwar sein gewaltsam aufgebäumter Entschluß, seine Manie, ein Überwillen, die volonté, aber er hat das Wort ganz ohne den geheimen Untergrund von Freiheit und leichter, beseligender Lebensmöglichkeit verstanden. Was Napoleon in der Weltgeschichte nicht gelungen war (und zwar durch maßlose Überspannung jener volonté) und nicht gelingen konnte – das mißzuverstehen, war Balzacs tragikomisches und doch so fruchtbares Verhängnis. – Was Napoleon in der Weltgeschichte nicht gelingen konnte, weil die Struktur eines Kontinents etwas anderes ist als die Struktur eines Genies und beide sich auf die Dauer nicht versöhnen können – was Napoleon in der Weltgeschichte nicht gelungen war, auf daß das große Phänomen Napoleons sich tragisch ausleben und bis zum bittersten, reinsten Rest erfüllen könne, – das wollte Balzac in einer romanhaft darstellenden, mit Tatsachen aufbauenden Geschichte der bürgerlichen Welt erkämpfen, erzwingen. Kampf ist des stillen Knaben, des ungeschickten Jünglings, des massigen, gern schmausenden und prunkenden, gern ruhenden, des lebensfreudigen, lebensstrotzenden, vitalen Mannes selbstgewähles Los. Das ist an sich nicht groß. Groß aber die Treue gegen das Beste in sich. *Una fides.* Ein Glaube nur, so prägt er sich, adeliger als die ältesten Ge-

schlechter, sein Wappenschild und schneidet in sein blutendes, gequältes Fleisch seinen Wahlspruch als Wahrspruch für immer.
Er kämpft um sein Werk: achtzehn Stunden am Schreibtisch, fünfundzwanzig Jahre lang Arbeit, Schweiß und Mühe, kaum unterbrochen durch ein hastig herabgeschlungenes Mahl, durch tausend Tassen siedend heißen Kaffees, durch aufrüttelnde Bäder; die vier Wände seiner Kammer immer eng um sich, enger noch die harten Falten seiner Kutte und am engsten die Begrenzung der Erlebniswelt durch die Gemarkung seiner Persönlichkeit. »Eisern die Erde unter ihm und ehern der Himmel über ihm«, so lautet der Fluch der Bibel im fünften Buch Mose.
Kampf um die Form; Form, immer wieder Form. Die herrlich, freudenvoll empfangene Welt will durch die Form geboren werden, sonst ist alles Wolkenrauch, ödes Gespenstergeflüster, Schemen. Und hier scheint sich die Überstärke des männlichen Zeugungswillens zu rächen. Das Formende, das endgültig Wirkende, das mütterlich Gestaltende ist sehr viel schwächer in Balzac als das Zeugende. Daher übertreibt er, völlig in den Schaumgebilden seiner Phantasie erstickend, nachts im Augenblick des ersten Entwurfes. Am nächsten Tage muß er mühsam verbessern, abschwächen, *realisieren*, im wahrsten Sinne des Wortes.
Er hat Worte hingesetzt, um sie zu verlöschen. Jede Masche ist in der zwölften Stunde eilends geknüpft, aber im nüchternen Morgengrauen muß sie ebenso eilig wieder gelöst werden, man muß sie anders, fester schürzen, die Gestalt ist wohl mit Leben versehen, aber nie hat sie Leben genug in sich. So viele wahre oder reale Angaben, Fassaden und Grundrisse von Häusern, so viel Kleiderschnitte, so viel Detail-Geographie, so viel Preise für alles auf der Welt, von der Mädchenehre angefangen bis zu einem Stück Brot oder einem Perlenkollier, so viel Usancen im Wechsel- und Börsenverkehr, überall in seinem ungeheuren Werke drängen sich Einzelheiten von der höchsten Realität – und doch wird fast nirgends die Wahrheit erreicht.
Vollendung kann nicht erzwungen werden. Fleiß ist den in Freude und leichtem Übermut zeugenden Göttern ein Greuel. So muß es kommen, daß der Unselige, sobald ihm die druckfeuchten Bogen aus der Setzerei gebracht werden, er sie selbst nicht erkennt, denn sie sind nur Schatten dessen, was er erdacht, was er geschaffen zu haben glaubt.
Dann formt er sie dreißigmal um, er hämmert, er feilt, er werkt und

schuftet mit herkulischer Kraft. Die ungeheuerste Anspannung verlangt er, erhält er von sich. Er will der erste Mann Europas sein, und wird es, wenn Menschenwille etwas vermag. Ob dieser es vermag, darum geht das Spiel, eine dreißig Jahre dauernde Hasardpartie, auf der einen Seite er, auf der andern die Welt. So sitzt er an seinem Arbeitstische, der ebenso schmucklos ist wie die Tische der Spieler, das Bild seiner Geliebten als Zaubertalisman vor sich. Er setzt seinen Willen ein, er wirft Arbeitsstunden unter den Rechen des Croupiers Chronos, spielt und schuldet, ein unseliger Gewinner, mit jedem Tage mehr. Er wacht und arbeitet, müht sich, bis es ihm schwarz vor den Augen wird, bis er sich selbst nicht mehr fühlt, bis er blind wird vor lauter Sehen, bis er gelähmt wird von zu langem, zu unerbittlichem Wollen.

II

Alles Menschliche hat seine Grenze. Balzac heißt Realist, und sicherlich war er der erste, der die welt- und seelenbeherrschende Macht des Geldes und seine zeugende Kraft in der Kunst lebendig wirksam machte. Und doch war er blind gegen das Wahre der einfachsten Dinge, und seine Blindheit war nicht Unwissenheit oder die natürliche Folge einer allzu flüchtigen, allzu eiligen Hand. Balzac wußte unermeßlich viel. Was ihm fehlte, war Logik. Daher die vielen Unwahrscheinlichkeiten, daher die vielen Unbegreiflichkeiten in der Führung fast jeden Schicksales, der »Bruch« in der Darstellung fast jeden Ereignisses. Aber das allein würde nichts bedeuten. Seine Welt zwingt gegen die Wahrscheinlichkeit, seine Menschen sind da, obwohl wir sie nicht begreifen. Denn ein Liebender hat sie geschaffen. Aber ist nicht dieser Mangel an Logik die Hauptursache dafür, daß Balzac die letzte Form versagt blieb? Niemand kann das schmerzlicher gefühlt haben als er selbst. Und doch! Szenen von homerischer Wesenheit verdanken wir ihm. Unter den nicht zählbaren Begegnungen seiner Menschenlegionen in den hundert Romanen gibt es hier und dort eine, die ewig bleibt. Ewig bleibt, obwohl sie nicht vollendet ist. Dies ist ihre Tragik. So kann man die Sehnsucht Balzacs nach der Mystik verstehen, seine Anbetung der *außerirdischen* Vollendung, da ihm nicht wie einem Flaubert die irdische im Maß gegeben war. Daher die laute Liebe zur Monarchie, als zur vollendeten Regierungsform. Solange er lebte, wurde Balzac nicht müde, Thron und Altar zu preisen und das royalistisch-legitimistische System zu verteidigen. Aus dieser Wurzel kommt seine Sehnsucht nach dem Katholizismus, so sehr dieser Katholizismus im Widerspruch zu Balzacs magischer Erfassung der Welt (Louis Lambert) stehen muß. Denn der äußere Bau der römischen Kirche ist das vollendetste Werk menschlicher Organisation auf geistiger Grundlage; man kann es verstehen, daß er durch sie überwältigt wurde.

Balzacs Kampf um den Menschen ist nichts als der Kampf um die Vollendung durch Liebe. Man muß seine herrlichen, mit nichts anderem vergleichbaren Briefe an Eveline von Hanska, seine ewige Braut (das war sie trotz späterer Heirat) gelesen haben, um zu begreifen, daß Balzacs Liebe kein rein sinnliches Problem war. Seine Sehnsucht galt nicht einem fetten Bratenstück aus des François Rabelais' Küche. Seine Liebe war nicht nur der Trieb und Traum einer übergroßen Vitalität. Aber eine geheimnisvolle, mit Worten und Gründen nicht erfaßbare molekulare Strömung eines Menschen zum andern war sie, die man nur mit dem Fluidum vergleichen kann, wie es in Goethes *Wahlverwandtschaften* zwischen den Seelen geistert und die stillen Körper in zauberhafter Umarmung beseelt.

Gefühle dieser Art können nicht erwidert werden, denn, was ganz aus dem tiefsten, dem unfaßbaren Innern strömt, das erwartet keine Erfüllung von außen und kann sie billigerweise nicht fordern. Eveline von Hanska, die ewige Geliebte, liebt Balzac nicht, doch stirbt er nicht ganz ungeliebt. Seine Mutter liebt ihn; nicht die leibliche Mutter, sondern eine Wahlmutter, Frau de Berny, eine sehr gealterte, sanfte und doch starke Frau. Aber ist es das, was ein Mann von dem Gepräge Balzacs mit seinem ungemessenen Zeugungswillen ersehnt? Paris, strotzend von Wollust, strahlend in Luxus, Paris, die Bühne für die herrlichsten, leichtesten, kältesten Frauen, denen er die göttliche Vollendung und das letzte Laster zugleich andichtet – so sieht er, nie mehr Phantast als jetzt, Paris vor sich, und so bleibt es ihm unerreichbar für immer. Denn seine mütterliche Geliebte, Frau de Berny, hat das schwerste Leben hinter sich. Neun Kinder hat sie geboren, auch viele falsche Geburten überstanden, die Qual einer überlangen Ehe neben einem gelähmten, widerwärtigen Mann, nicht anders als Frau von Stein, ertragen mit mehr als Menschenkraft. Frau de Berny ist nie jung gewesen, nie schön. Aber Frau von Hanska ist es. Die fette, kleine, hochadlige Dame bleibt ewig jung, ewig bezaubernd, rührend und verführerisch bis zum letzten Tage. An ihr bestätigt sich bitter das grimmige Wort Stendhals: »Für einen Bourgeois hat eine Gräfin nie mehr als dreißig Jahre.« Balzac aber war ihr – wozu es leugnen? – nach einem kurzen, halb literarischen, halb erotischen Zwischenspiel bald nur eine unbequeme Last. Er »ging ihr auf die Nerven«, störte ihren Lebensstrom, wenigstens fühlte sie es so, und sie konnte nicht anders sein als sie war. Vielleicht hat sie geahnt, daß es nicht das Balzac-hafte an Balzac war, was sie in ihren fleischigen Armen hielt.

Aber er liebt sie bis zur Selbstvergessenheit, bis in die tiefsten Falten seiner Seele öffnet er die Geheimnisse vor der unfaßbaren Chimäre, vergebens. Und mit jedem späteren Tage nur um so endgültiger das entscheidende Wort: vergebens. Er strengt sich übermenschlich an, für ihr mondänes Dasein eine Notwendigkeit zu werden, wie etwa ein eleganter Handspiegel oder ein bequemer Reisewagen. Aber ihr ist schon dieser methodische Wille verhaßt, das Übermenschliche, das Unmenschliche, das Übermännliche, Zeugungsstrotzende ist ihr fürchterlich. Zarte, nette, nichtige Männer wie Balzacs Freund Champfleuri gewinnen sie ohne Mühe, sie möchte lieber von solchen reizenden, einfachen Menschen geprügelt sein als von Balzac geküßt. Als Balzac stirbt, hat er für diese Frau nie gelebt, nie existiert. Es ist erschütternd zu sehen, wie er, schwer stöhnend, mit schwarzem Gesicht, in der Todesstube seinen ungeheuren, von Krankheit und Genie aufgeschwollenen Körper umherwälzt, wie sein Röcheln zum Schreien wird, ohne daß ihn seine Gattin hören oder trösten will, da sie vielleicht gar nichts von diesem ungeheuren Sterben weiß, nichts von diesem elenden, mühsamen Enden.

Denn er stirbt elend, nach zwanzigjährigem Brautstand, nach vierzigjährigem Wandern durch die Misère. Misère war sein nimmermüder Stern, selten wurde er durch parvenühaften Luxus auf kurze Zeit verhüllt, aber nie wurde die furchtbare Ausstrahlung der Misère auch nur durch ein sorgenfreies Jahr unterbrochen. Und was für Anstrengungen hat dieser unselige Mann gemacht, um der Misère zu entgehen! Er hat Spekulationen genial ausgedacht, aber sie sind nie gelungen, da es Balzac an Logik fehlt, und man wohl im Jahre 1920, aber nicht 1820 ohne Logik ein Vermögen, eine »Million« erwerben kann. Da gibt es in Balzacs Hirn raffinierte Schiebungen mit Wechseln, Papieren, Häusern, geschriebenen und ungeschriebenen Romanen, Lotterieplänen, Silbergruben in Korsika und Ananasplantagen bei Paris – aber inmitten dieser Pläne, unter diesem giftigen Stern Misère geht seine Schöpfung auf, entsteht ein Werk.

Er hungerte nach glücklichem Zufall, nach Fortunas Zauberfülle, und dabei ahnte er, im tiefsten Grunde seines Herzens Goethe verwandt, die strenge Gesetzmäßigkeit jeder Erscheinung. So konnten sich sein Werk und sein Leben niemals versöhnen. Er wollte in der menschlichen Komödie die ganze zeitgenössische Welt aus ihren Urelementen neu aufbauen, wie Goethe die seine aus Urpflanze, Urtier, Urlicht und Farbe. Balzac vermaß sich, ein einzelner, ein wie sehr einsamer! zu einem gotischen Dom, ganz von seiner Hand gebaut. Ein Riesenwerk wurde es, aber keine gotische Kirche, nur ein babylonischer Turm im Zustande steten Bauens und steter Zerstörung. Er war einsam, er hauste für sich allein, ein Mönch von der strengsten Regel. Wie in seine Klausur die ungemessene Fülle von Tatsachen dringen konnte, das ist ganz ungeklärt geblieben. Mehr als das, es hat niemand – und das beschämt seine Kritiker, die ihn bei Lebzeiten totgeschwiegen, nach seinem Tode falsch gedeutet haben – es hat niemand im Ernst darnach gefragt. Eines ist sicher, oder scheint sicher zu sein: Balzac hat nie naturalistisch (zolaistisch) beobachtet. Wann hätte er Zeit dazu gehabt? Er war wie der reiche Fremde in Chamissos Peter Schlemihl, der aus der Tasche seines Überrockes Gartenzelte zieht, Teppiche, schöne gesattelte Pferde. Der Fremde war dem Teufel verschrieben. Welcher Dämon aber sprach, wirkte, atmete aus Balzac? Ein Zeugungsdämon brach mächtig aus diesem kleinen dunklen lauten Mann, wie aus andern hohen Geistern ein Zerstörungsdämon bricht.

Wie der wirkende Halbgott Herakles kündete Balzac den Mut, den Übermut, die Gottähnlichkeit des Menschen. Er schuf. Er schuf aus dem Wahnsinn menschlicher Leidenschaften, aus dem Willen zur Macht, aus dem eitlen Stolz, aus der teuflischen Bosheit, aus der Wollust und dem Blute, aus dem Geiz und aus der Güte, seltener auch aus dem leisen, zarten, wartenden, horchenden Herzen schuf er Werk an Werk, Tat über Tat. Ich möchte sie nennen, wie man Sternbilder nennt, Saturn, Orion, Plejaden, Mars, Jupiter, Bär und Waage, Omega, Andromeda und die anderen bis zu den Gestirnen des Pols und der Wiederkehr. Balzac ist nichts. Seine Werke aber sind: Vater Gariot, Cousine Bette, Vetter Pons, die Elendshaut, Glanz und Elend der Kurtisanen, Verlorene Illusionen, Oberst Chabert, Landarzt, Eugenie Grandet, Louis Lambert, Seraphitus Seraphita, Die Suche nach dem Absoluten, Modeste Mignon, Cesar Birotteau. Es ist eine Milchstraße. Wenn man lange noch sucht, wird man neue Sterne in ihr entdecken. Ihr Glanz wird Zeiten über Zeiten überleben.

(1924)

Casanova

Casanova, dessen Geburtstag sich jetzt zum zweihundertsten Male jährt, gehört nicht zu den säkularen Menschen. Sein Leben enthält zwar unzählige Züge von säkularem Charakter, es gibt Beispiele für jede menschliche Verirrung, für manche menschliche Klarheit, für menschliche Trübe und menschliche Lebensfreude, für übermenschlichen Lebensglanz – aber beispielhaft ist es nicht. Er ist ein ewiger Verführer. Macht ihn das mit Don Juan verwandt? Nein, – denn Don Juan und Casanova sind entgegengesetzt gerichtete Seelenfiguren, und was Don Juan zum unaussprechbaren Problem wird, wird Casanova zur fabelhaft erzählten Selbstverständlichkeit. Er ist gebildet, hat interessante Züge, ist dem guten Leben in keiner Weise abhold. Vor allem nährt er sich gewohnheitsmäßig von der Unschuld junger Mädchen, wird alt dabei, genießt sein Leben bis zum nie schal werdenden Rest, und weiß zum Schluß nur, was er erlebt hat, hat aber im Grunde nicht erlebt, was er weiß. Denn wie wäre das möglich?

Schon der erste Band seiner Lebenserinnerungen, die jetzt der Verlag Ernst Rowohlt in einer herrlichen Ausgabe neu herausgibt, enthält des Gelebten unendlich viel, aber es ist so, wie wenn ein Schneider eine Naht herunternäht, es geht alles seinen Gang, aber nichts hat ein Ende. Alles ist Tatsache, nichts ist Wahrheit. Das ist sein Glück, sein Stern. Alle Welt findet ihn bezaubernd, geheimnisvoll. Wohlwollend sieht man ihn als Spieler, Hasardeur, Abenteurer, man freut sich am Gewinner und Genießer großen Stils. Aber das Endresultat ist nur ein gewöhnlicher, wenn auch mit seinen Schwächen ungemein reizvoller Mensch. Man könnte bitter werden, wenn man bedenkt, daß ein Mozart für seinen Don Giovanni nicht soviel Dukaten bekommt, als ein Casanova in einer halben Stunde am Pharaotisch verspielt, gewinnt und wieder verspielt, um endlich doch mit goldgefüllten, schwer am seidenen, blaugestickten Galakleide herabhängenden, metallklirrenden Taschen fortzugehen – aber eine solche Betrachtungsweise lenkt von dem eigentlichen Problem Casanova ab. Und ein Problem ist es. Gerade deshalb, weil der Kern der Persönlichkeit so zweideutig ist. Gerade, weil die Auflösung des Rätsels Casanova so leicht scheint.

Erinnert man sich dessen, daß dieser Mann nach unzählbaren

Abenteuern, die er in seiner zehnbändigen Lebensgeschichte auf 5000 Seiten erzählt, nach mannigfachen Fehlschlägen, nach galanten Krankheiten, nach vielen Kümmernissen, gelehrten Bestrebungen, Hochstapeleien, Spielerleidenschaften, Kreditoperationen, Reisen und tausenderlei Begegnungen mit Menschen (selten mit sich) im zweiundsiebzigsten Lebensjahre noch die Kraft hatte, in seiner Verbannung in dem Schlosse zu Dux seine Memoiren zu schreiben und alles Frühere so lebenstrotzend heraufzubeschwören, daß diese zehn Bände zu den nie verschwindenden Dokumenten ihrer Zeit und ihres Schöpfers gehören, daß sie jetzt immer noch spannen, belustigen und Anteil erwecken – dann kann man nur das *Wunder* einer Vitalität bewundern, die über das gewöhnliche Menschenmaß weit hinausgeht, und dagegen gehalten, bedeuten die tausend »gepflückten Mädchenblüten« in ihrer etwas schwammig gewordenen Sinnlichkeit fast nichts.

Lebensfreude ist eine heute selten gewordene Sache, mag sie sich auch manchmal so sehr irdisch, fleischhaft, bis zum Gemeinen genießerfreudig zeigen wie hier, eine Freude ist es doch, und Freude strahlt auch jetzt aus den Büchern des Casanova aus. Fragen der Moral oder gar der Ethik kommen für uns weniger in Betracht als für Casanova selbst, der, wie alle Wüstlinge, nie frei war von moralischen Bedenken. An einer Stelle der Einleitung sagt er: »Lachend wirst du (Leser!) sehen, wie oft ich mir, wenn es nötig war, kein Gewissen gemacht habe, Wirrköpfe, Schurken, Narren zu überlisten. Wenn man es mit Frauen zu tun hat, so steht List gegen List und das zählt nicht. Denn wenn Liebe mitspielt, sind beide Teile betrogen.« Was an dieser Äußerung eigenartig ist, ist die allgemeine Entwertung von Grundsätzen, die ein mittelmäßiger Geist gern vornimmt, solange sie zu seinem Vorteil stattfinden kann. Dieser Hang zur Skepsis ist auch für unsere klägliche Zeit sehr charakteristisch. So läppisch sich heute dieser Skeptizismus gebärdet, des Erfolges kann er immer sicher sein, er ist der Trost aller Mittelmäßigen. Glaube erfordert Kraft. Unglaube verlangt Mut. Die »Heilige Johanna« verlangt nichts. Sieht man also diesen vernünftelnden, »billigen« Geist als den von 1925 an, kann es kein zeitgemäßeres Buch geben als Casanova. Das zitierte Wort ist nicht zufällig. An einer anderen Stelle wiederholt und begründet er es tiefer: »Der Mensch ist frei, doch nur, solange er an seine Freiheit glaubt. Je mehr Macht er dem Schicksal einräumt, um so mehr beraubt er sich selbst der Macht, die Gott ihm mit der Vernunft verliehen hat. Die Vernunft ist ein Stück von der Göttlichkeit des Schöpfers. Bedienen wir uns ihrer, um demütig und gerecht zu sein, so machen wir uns ihm, der sie uns geschenkt hat, wohlgefällig. Gott hört nur für die auf Gott zu sein, die sein Nichtsein für möglich halten. Und diese Vorstellung muß für sie die größte Strafe sein.«

Äußerungen dieser Art gehören notwendig zu den »gepflückten Mädchenblüten«, zu den goldgefüllten Taschen und zu den okkultistischen Studien, den Verwandlungsversuchen von Quecksilber zu Gold, zu den magischen Pyramiden und kabbalistischen Zahlenmanövern. Aber sie geben nur die Ausstrahlungen dieser unpersönlichen Persönlichkeit. Sie führen nur indirekt in Casanovas Inneres. Der Gegensatz, der in den Worten »unpersönliche Persönlichkeit« liegt, ist nicht ein bloßes Wortspiel. Die innere Ausgeglichenheit, der gleichmäßig feststehende Barometerstand der Seele ist etwas, das Casanova besitzt, was ihn erfolgreich macht; er ist etwas, was Don Juan fehlt und was ihn scheitern läßt. Don Juan lebt intensiv, und wenn er zugrunde geht, ist es deshalb, weil keine irdische Erscheinung eine wirklich intensive Liebe erträgt. Der wirklich intensiv Liebende muß lächerlich wie Don Quichotte oder entmannt werden wie Abaelard oder Tote zu Gaste laden, wie Don Juan. Dies alles sind verschiedene Wege, zum gleichen Endziel führend, aber alle aus dem Glauben, aus einer wahrhaften Quelle entspringend. Nie wird es einem Casanova einfallen, einen toten Komtur, den Vater einer seiner »Mädchenblüten« zu Gaste zu laden. Er wirft nicht einmal einen Schatten auf die lebenden, geschweige denn auf die Toten. Er betört sie nur, die Mädchen, Frauen, Spieler, Betrogenen und Betrüger, aber er verführt sie nicht. Sie verfolgen ihn nicht, tragikomisch wie den Don Juan, der nie die Ruhe zu neuen Abenteuern hat, weil das nicht zu Ende gelebte immer wieder auftaucht und seine Rechte verlangt. Die »gepflückten Mädchenblüten« lassen Casanova ohne viel Kummer gehen, und da wird Casanovas sinnlose Vernunft eins mit der sinnlosen Vernunft des gewöhnlichen Weltgeschehens. Das schnoddrige Wort »Ab dafür« wäre der eigentliche Sinnspruch dieses Mannes.

Seine außerordentlich reichen Erinnerungen bieten Stoff für unzählige Romane und Dramen, sind aber an sich weder romanhaft (mit Ausnahme der herrlich erzählten Episode der Nonne M. M. in den Kasinos von Murano und Venedig) und ebensowenig sind sie dramatisch, mit Ausnahme der unbeschreiblich prächtigen Flucht aus den Bleikammern. In beiden Fällen kommt das Entscheidende, das nicht Wiederkehrende, von außen. Wenn es bloß nach Casanova ginge, würden Nanette und Marton, seine zwei ersten »Opfer auf dem süßen Altare der Venus«, sich wie Kaninchen vermehren. Unschuldiger Menschen gibt es zwar wenige, aber unberührter viel. Die Nonne M. M. aber ist eine wahrhaft erlebte Frauengestalt mit männlichen, mit weiblichen Zügen, ein sonderbarer, gebrochener und doch herrlich lebender und blühender Charakter – und weil sie blüht, welkt sie auch und vergeht. Sie ergreift als Mensch, als Charakter, als Schicksal, als einmaliges, nicht wiederkehrendes – aber auch nicht als entscheidendes. Denn diesen Allerweltsbruder Casanova entscheidet nichts – weder der Untergang eines Menschen, noch der Untergang einer Welt. (Er sah das achtzehnte Jahrhundert zugrunde gehen – unbekümmert, ungerührt, gesund und lustig, klug und verbohrt, und eine Schüssel gut gekochter Makkaroni war sein »Lebensziel« im Schlosse von Dux.)

Was die Ausgabe anbetrifft, von der der größere Teil schon vorliegt und bei der eine neue französische Fassung als Unterlage gedient zu haben scheint, ist sie durchaus zu loben. Das Buch ist von Hessel und Ježower mustergültig übersetzt; klar, beschwingt, immer kraftvoll, nie grob. Der unzerstörbare Hauch der Jugend, den dies im höchsten Greisenalter verfaßte Werk im Original besitzt, bricht in jeder Zeile durch. Wenn an der prachtvoll schlicht gedruckten Ausgabe überhaupt etwas auszusetzen ist, so schien mir ein Bild des Casanova sehr zu fehlen, gerade weil die Persönlichkeit als solche nicht selbständig zeugen kann (im Gegensatz zu Rousseaus Bekenntnissen, bei denen jede Bildbeigabe nur stören kann). Daher wäre es sehr zu begrüßen, wenn späteren Auflagen Bilder dieses merkwürdigen, wenn auch nicht beispielhaften Mannes und der vielen Stätten seines Währens und Wirkens beigefügt würden.

(1925)

Joseph Conrad

In den letzten Jahren haben wir zwei große virile Erzähler kennengelernt, *Jack London* und *Robert Louis Stevenson,* zu ihnen tritt jetzt als der größte, der männlichste, *Joseph Conrad.* Dieser Dichter, geboren 1857, gestorben 1924, ist in jeder Hinsicht eine der merkwürdigsten Erscheinungen; der Rasse, dem Beruf, der Eigenart seiner Kunst nach, der Verteilung von weiblichen und männlichen Elementen der Seele nach. Man kann ihn als Menschen nicht sehen, ohne seine Werke mit zu sehen, und jedes Werk spricht nicht nur von ihm, diesem Joseph Conrad, sondern auch mit kunstvollst verteilten Stimmen aus ihm, nie war die Einheit zwischen Mann und Werk größer – und nie rätselhafter zugleich. Sein eigentlicher Name (wenn wir ihn nicht als Verloc und Stevie in einer Person [»Der Geheimagent«], als Kapitän Giles und der ›neue Kapitän‹, [»Die Schattenlinie«] und als Flora de Barral und Capitän Anthony [»Spiel des Zufalls«] ansehen wollten), sein eigentlicher Name war Joseph Conrad Korzeniowski. Er ist Pole, im kontinentalsten Lande des Kontinents, in der unabsehbaren Ebene der slawischen Welt ist er geboren. Mit fünfzehn Jahren wandert er zum erstenmal von seiner gegebenen Existenz in eine andere aus, er will Seemann werden. Die englische Rasse, die seefahrende Nation lockt ihn bis zum Zwang. Mit 17 Jahren atmet Korzeniowski in Marseille, seinem ersten Hafen, den ersten, hier noch unreinen und getrübten Duft der See. Er legt seinen Namen ab, als Joseph Conrad nimmt er Dienst auf einem englischen Dampfer – befährt Jahrzehnte lang südliche und östliche Meere. Er will in seiner zweiten Existenz heimisch werden, er nimmt den maritimen Dienst auf sich, besteht Prüfungen, nicht der »Laufbahn« wegen, nicht aus Abenteuersucht, nicht aus Gier nach Geld. Ein Menschenalter fast trägt er dies zweite Kleid, die Uniform der englischen Handelsmarine, bis er auf Borneo einen Weißen kennenlernt, der, ebenso wie er, aus seiner ersten Existenz ausgewandert ist. Es ist ein Engländer, der sich selbst deklassiert, ent-engländert hat, da er sein Blut mit einer farbigen Frau vermischt hat. *An dieser seiner metaphysischen Spiegelfigur wird Conrad zum Schriftsteller.* Dies ist seine dritte Inkarnation, die umfassendste, die definitive. In dieser Inkarnation konnte er allen Widersprüchen seines Innern gerecht werden, soweit ein Mensch, ein Dichter, ein Genie sich selbst gerecht werden kann. Die Widersprüche kennzeichnen diesen Dichter, wenn irgend etwas. Aus Widersprüchen sind seine Werke, soweit sie sich in der deutschen Übertragung übersehen lassen, aufgebaut. Sie sind nicht aufgebaut auf Widersprüchen, die einander gegenseitig stören, sondern auf solchen, die sich richtig auf Tod und Leben, das heißt bis aufs letzte und auf immer gegenüberstehen. Hier die eine, dort die andere Seite der Welt. Beide Teile sind kämpfend aneinandergepreßt. Stirn an Stirn, Hirn an Hirn, Herz an Herz... dauernd in Bewegung, unerschütterbar im Rhythmus. Wenn man diese sonderbaren, in ihrer Vollendung kaum beschreibbaren Gebilde Conrads mit etwas vergleichen sollte, müßte man sie mit einem Kreiselkompaß vergleichen, der in sausender, rasender Bewegung, nur durch den eigenen Rhythmus gebändigt, Schwingung im elektrischen Stromkreis, dennoch in unverrückbarer Treue den Lauf der Sterne, den geographischen Ort der Dinge dieser Welt anzeigt. Auf Widersprüchen ist auch jedes humoristische Werk aufgebaut, als erstes und herrlichstes der Don Quichotte. Bei Cervantes prallen die polaren Gegensätze in jeder Sekunde einmal zusammen, der Funke der »niedrigen Stromspannung« läßt uns lachen und doch fühlen, hier ist das Herz der Dinge angerührt und unseres, das meine. Bei Joseph Conrad nichts davon. Seine Bücher sind ernst, unpersönlich, verschlossen – sie sind männlich in der düstersten Bedeutung des Wortes, sie nehmen das schwerste Gewicht fast wortlos auf die Schultern. Übermenschlich wäre es, unter einer erdrückenden Last noch Kraft aus Eigenem, aus der »Anmut des Herzens« zu einem echten Lachen zu finden. Dies ist einem Manne unserer glaubenslosen *Zeit* vielleicht für immer versagt. Es wird so sein, daß die Größten unserer Zeit, wenn sie lachen sollen, das seiende, »das wahre Gesicht der leidenden Welt«, wie es Conrad nennt, verleugnen, verkleinern, zerspötteln müssen – oder sie gehen den Weg, den Conrad gegangen ist, den der Sachlichkeit, einer atemberaubenden Sachlichkeit, nicht weniger dämonisch und geisterfüllt und geisterhaft als die Erdtraumphantasien Poes, ja, noch aufwühlender in ihrer Breite, in ihrer Besessenheit von der Welt. Etwas von einem Besessenen ist in Conrad. Er ist von seinem Selbst besessen, welches das Gegenselbst vernichten will und nie kann, – denn Tod ist immer Leiden und nie Tat. Hier gibt uns das äußere Schicksal dieses Mannes, der vergeblich sich selbst entfliehen will, die Leitlinie an, nicht den klaren Weg, die reine Anatomie der dem Genius angeborenen Wi-

dersprüche, wie etwa Rousseaus »Confessions«, sondern nur die weichende, lautlose, astronomische Schattenlinie. Man wird in den Werken des Conrad viel von Meeren, von Küsten, von Schiffen, Stürmen und Landschaften des Orients finden, aber eigentlich nur Schattenlinien. Es sind Menschen nebeneinander, aber nie Gesellschaft. Ehe ist keine Ehe. (»Spiel des Zufalls«.) Es sind Reisen, gewiß, es sind Erlebnisse der Fremde, wie sie zwingender eine andere Feder nie nachgezeichnet hat, aber alle diese Reisen enden am Nordpol der Seele, vorausgesetzt, daß sie nicht auch schon von dort ihren metaphysischen Ausgang genommen haben. In dem Roman »Der Geheimagent« soll das von einem Agent provocateur verursachte Dynamit-Attentat geschildert werden. Auch die Schiffe haben bei Conrad oft »Sprengstoffe« an Bord. – Im »Geheimagent« soll es sich »um einfache Zerstörung« handeln. »Da Bomben zu ihren Ausdrucksmitteln gehören«, sagt der Auftraggeber des Attentats zu dem Geheimagenten Verloc, »so wäre es tatsächlich vielsagend, wenn er eine Bombe in *reine* Mathematik werfen könnte... Was denken Sie davon, die Astronomie anzupacken?«
Die eisige Annäherung an das Humoristische wird an solchen Stellen deutlich. Wollte man diese »Schattenlinie« etwas vergröbert nachziehen, dann käme man zu der ersten wahren Umwertung aller Werte, der Relativitätstheorie, zu dem physikalischen Anarchismus, hier vorausgeahnt durch einen extraterritorialen Polen unbestimmbaren Alters, von genialem Tiefblick, namens Conrad. Aber man wird ihm gerechter, wenn man seiner genau vorgezeichneten Spur folgt. Gerade darin, in dem genau Vorgezeichneten und dennoch ganz Erdenfernen ist er unnachahmlich. Seine ganze souveräne Sachlichkeit dient nur dazu, einer ebenso souveränen Phantasie die Mittel in die Hand zu geben, ihre kühnsten Extravaganzen zu Ende zu gehen. Keine Überraschungen des unberechenbaren Gefühls. Keine hohen Ideen. Keine Anspielung auf Christus, wie sie der ebenso gern mit Dynamit spielende (oder operierende) Dostojewski nicht missen mag. Keine Rassenfrage. Ja, im Grunde nichts, was innerhalb der »alltäglichen Leidenschaften der Menschen« liegt. Also auch kein Mitleid, sondern nur »Eintragungen«. Im Grunde sind Conrads Romane nur »Reiseprotokolle« der Seelen mit ihrem Widerspruch – ungestört durch das Jammern der unseligen »Wilden« (»Das Herz der Finsternis«). Zu diesen Eintragungen braucht der dämonische Dichter Ruhe. Für diese Ruhe

nimmt er die klösterliche Einsamkeit der Schiffskabine auf sich. Er trägt das Kleid der Armut, den Namen der Namenlosigkeit (ein Mensch wie mein früh verstorbener Freund Franz Kafka lebte und starb ebenso). Er sieht, er beobachtet, er hat den Blick und das Glück, er hat das Wesen der Sache erfaßt. Man wird seine Schilderungen in ihrer schmucklosen Überfülle nicht mehr ganz vergessen können, wenn man sie einmal begriffen hat. Schmucklose Überfülle, auch hier der Gegensatz, die contradictio in adjecto. Aber das gerade macht die ungeheure Wirkung aus, nicht seine Exotik. Es gibt im Grunde im neunzehnten Jahrhundert keine weißen Flekken mehr auf den Landkarten der Erde, nur auf den Landkarten der menschlichen Seele. Die Bücher Conrads sind ungeheure, von Einzelheiten strotzende Protokollberichte. Jede kleine Nebenfigur ist ein Roman. Jede Augenblickslandschaft, zum Beispiel die Insel Koh-Ring im chinesischen Meer, von der »man nicht los kann«, ist mit wenigen Strichen derart suggestiv hingestellt, daß man nachts erwacht, die unentrinnbare Vision dieses großen schwarzen, wie emporgeschleuderten Felsens vor Augen. Die seelenlose, albern flache See, die nicht der geringste Windhauch bewegt: dies auf der einen Seite. Der übergroße, überkonturierte, allzu ausdrucksvolle, sich stets vordrängende, »stechende« Felsen auf der andern, wer das einmal gelesen hat, *wie* es Conrad schildert, vergißt das winzige Detail ebensowenig wie die ungeheuren seelischen Umstürze und Gigantenkämpfe, diese in Wochenfrist zusammengedrängten Existenzen, diese stärksten, und, warum es leugnen, giftigen Extrakte des menschlichen Daseins und Dortseins, in denen Conrad Meister ist. Humor ist ihm, dem Sohne der glaubenslosen Zeit, versagt. Der Kampf gegen Heuchelei, den der ihm und Kafka verwandte Dickens aufgenommen hat, kann ihn nicht mehr fesseln, Heuchelei wie Geiz, die beiden verwandten Laster, sind zu sehr »alltägliche Leidenschaften«. Was ihn, Conrad, spannt, ist die Spannung an sich. Eine solche Spannung, wie sie Conrad erzeugt, wie er sie aufrechterhalten kann, eine so qualvolle, grausame Spannung hat nur ein Genie unter seinen Mitteln... Man sieht des spannenden Bogenschützen Gesicht nicht. Man hört nur das knisternde, unheimliche Geräusch, mit dem sich der Bogen krümmt, einmal ist es die Sehne, die metallisch klingt, einmal ist es das Holz, das knurrend sich bäumt. Kein Menschenfreund, der diese »spannenden« Romane schrieb. Man wird keine holde Menschenblüte, weder Mann, noch Frau, noch Kind hier finden. Selbst in dem gütigsten, warmblütigsten Geschöpf, das Conrad (ja, das irgendein neuerer Dichter) geschaffen hat, selbst im Herzen des blonden, zarten Knaben mit dem goldigen Flaum auf den Wangen, selbst in dem Jungen Stevie fließt unter Millionen Tropfen gütigen Blutes auch ein Tropfen giftigen Extraktes, »der eigenen Machtlosigkeit« und ihres Widerspruches, des Verbrechens. Stevie sieht, wie ein Pferd schwer mißhandelt wird. »›Arm, arm!‹ stammelte Stevie«, heißt es im »Geheimagent«, »und er stieß im Übermaß seines Mitleids die Hände tief in die Taschen. Er konnte nichts sagen; denn seine Zärtlichkeit für alle Mühseligen und Beladenen, seine Sehnsucht, die Pferde glücklich und den Kutscher glücklich zu machen, hatte sich bis zu dem lächerlichen Wunsch gesteigert, sie mit in sein Bett zu nehmen...«

Aber: »Die Zartheit seines umfassenden Mitgefühls hatte zwei Seiten, die so unlöslich miteinander verbunden waren, wie die beiden Seiten einer Medaille. Der Schmerz maßlosen Mitgefühls wurde durch den andern einer unschuldigen, doch unbarmherzigen Wut abgelöst...« Genug. Kein Wort weiter. Die Peripetie, der Umsturz, der Wandel, die Wandlung im Dunkeln. – Denn Stevie ist es, der die Bombe in Händen trägt, um das Attentat gegen den Längengrad von Greenwich, den Längengrad o auszuführen, und der als das einzige Opfer dieser metaphysischen Bombe in tausend Stücke zerrissen wird, so »daß er mit einer Schaufel aufgelesen werden muß...« In dem rätselreichen Werke des Joseph Conrad ist hier vielleicht ein Selbstbildnis, ein Steckbrief der eigenen Seele, ein Motiv für die ewigen Reisen des genialen Erzählers ins »Außer-Ich«.

(1927)

Kleist

»Dem Königl. Capitain Herrn Joachim Friedrich von Kleist vom Prinz Leopold von Braunschweigschen Regiment wurde hierselbst von seiner Ehegattin Juliane Ulrike geb. von Panwitz am 18. Oktober 1777 Nachts ein Uhr ein Sohn geboren, welcher in der heiligen Taufe am 27. dess. Mts. u. Jhr. die Namen
›Bernd Heinrich Wilhelm‹
erhalten hat.
Solches wird hiemit auf Grund des hiesigen Garnisons-Kirchenbuches amtlich attestiert.«
Dies das Dokument seiner Geburt. Märkische Provinz. Alter Adel. Offiziersfamilie. Ältester Sohn, zur Einsamkeit verurteilt gegenüber den Eltern; zum schnell erlernten Gehorsam gezwungen gegenüber den Stärkeren; zur Veneration gegenüber der Macht des Bestehenden, des Staates, der Armee, des Königs. Vater und Mutter, liebenswerte, aber schwache Gestalten, starben früh, es blieben nur Geschwister, eine herzensnahe Schwester Ulrike, an der Kleist Zeit seines Lebens hing. Mit vierzehn Jahren ist Kleist Gefreiter-Korporal in Potsdam; unter dem Kommando General von Kalckreuths gehört er der Truppe an, die 1797 Mainz belagert. Es ist der denkwürdige Feldzug, den Goethe beschrieben hat. Kleist ist ein zwanzigjähriger Leutnant, Goethe ein Minister; dieser ein Kind in altpreußischer Montur, jener ein europäischer Mann auf der Höhe des Lebens. Goethe lockte damals den jungen Offizier nicht, wohl aber die exakte und die metaphysische Wissenschaft auf der Universität. Das Lehrgebäude der irdischen Physik, gestützt auf die Methode der kosmischen Philosophie. Hier ist der erste Sprung in der Lebensgestaltung des Kleist; und wie das Wort Sprung geheimnisvoll doppelsinnig einen Aufschwung und eine Zerstörung bezeichnet, so sieht man diesen sonderbaren, einmaligen inkommensurablen Menschen sein Leben nur noch mehr sprunghaft fortsetzen bis zu seinem frühen Tode. Er selbst nennt sich den »Unaussprechlichen«. So tief er bewußt ist, daß er niemals das Aussprechbare, also das Sichere und Unumstößliche unter den Füßen finden werde, so treibt ihn sein Genius ohne Aufhören dazu, das Unmögliche möglich zu machen, das irdisch Unüberwindliche dennoch kosmisch durch die Gnade seiner Kraft zu überwinden. Er hat den Erzherzog Carl später in einem Gedichte so genannt:

Überwinder des Unüberwindlichen. Denn sein Wunschtraum war die Auflösung seines inneren Widerspruchs. Je unbändiger die Wünsche, desto zarter das Innere, desto leichter verwundbar das arme Herz, das keusche; desto schwerer die Persönlichkeit durch Reserve, Stolz und Einsamkeit zu schützen. Weder die militärische noch die dynastische Ordnung hatte ihn befriedigen können. Als ihm sein König kühl begegnete, schleuderte er ihm das kühne Wort entgegen: »Wenn er meiner nicht bedarf, bedarf ich seiner noch weit weniger.« Als er aber dem geistigen Monarchen seiner Zeit, Kant, näherkommen soll, schaudert er zurück, wie später sein Prinz von Homburg: die Welt in ihrer ganzen unbarmherzigen Unerkennbarkeit und unverrückbaren Trägheit auf sich zu nehmen, fühlte er sich zu schwach, zu vergänglich, zu verlassen. Er ist dem Individual-Nihilistischen der Philosophie Kants nicht gewachsen, »tief in seinem heiligsten Innern davon verwundet« nennt er sich, stößt alle Bücher von sich und wiederholt nur das eine jammervolle Wort: »Mein einziges, mein höchstes Ziel ist gesunken, und ich habe nun keines mehr.« So muß sich alles, von außen zurückgedämmt, in das Innere stürzen, und dieses Innere erweist sich zu seiner unnennbaren Freude als gewaltig genug, die von allen Seiten, von Himmel und Hölle, Tod und Teufel heranbrausende Allwelt aufzunehmen, seine Seele wird übermenschlich groß, sein Widerstand gegen die doch nie aus der Welt zu schaffenden Gegensätze und Widersprüche übermenschlich stark, und was ein Napoleon in seinen Taten, Schlachten und *Gesetzen*, diesen nicht minder als jenen, zu Ende lebte, lebt der preußische Aristokrat, faustisch durch die Musik seiner Phantasie, in den vier Wänden seines Inneren aus. So gibt es auch hier ein Austerlitz, ein Waterloo und ein Sankt Helena zum Schlusse. Äußerer Erfolg (er war nie da) hätte ihn nach diesem Augenblicke nie mehr glücklich machen können, aber Hindernisse konnten ihn nicht nur hemmen, sondern mußten ihn zerstören, alle Gewalt gegen sich selbst richten. Er nannte, was andere Menschen Zeit ihres Lebens erstreben: »Bettel von Glück«. Die exakte Wissenschaft konnte ihn nicht halten, ihn in seinem wichtigsten »heiligsten« Punkte nicht stützen: »Die Menschen sprechen mir von Alkalien und Säuren, indessen mir ein allgewaltiges Bedürfnis die Lippen trocknet.« Immer noch wäre in der religiösen Konfession, in dem Ausschütten der selbstzerstörenden Seele an den Stufen des Altars eine Rettung gewesen für ihn. Aber dazu hatte ihn das Schicksal zu wahr geschaffen.

»Auch nur ein Tropfen Vergessenheit, und mit Wollust würde ich katholisch werden.« Wohin also mit dem Tatendrang der ungeheuren Seele? Wohin mit einem geistigen Stolz, der menschliches Maß weit überschreitet? Fast dieselben Worte, die einige Jahre später Napoleon zu Metternich sagt vor der Schlacht bei Leipzig, sagt dieser namenlose, dickliche, stotternde, bettelarme Offizierssohn zu seiner Braut: »Ihr... versteht in der Regel ein Wort in der deutschen Sprache nicht, es heißt Ehrgeiz! Es ist nur ein einziger Fall, in welchem ich zurückkehre, wenn ich der Erwartung der Menschen ... entsprechen kann. Der Fall ist aber nicht wahrscheinlich. Kurz, kann ich nicht mit Ruhm im Vaterlande erscheinen, geschieht es nie. Das ist entschieden, wie die Natur meiner Seele.« Nur eine Stätte gab es, wo solche Kräfte sich entfalten konnten, in der schöpferischen, unerschöpflichen Seele. Nur ein Mittel gab es, dies durchzuführen, die Kunst. Noch wartet er, gibt sich selbst nicht Raum, zügelt sich, versucht sich ein anderes, ein bürgerliches Gesetz zu diktieren, sich mit milderer Medizin zu heilen. Er will Bauer werden, studiert landwirtschaftliche Werke, macht sorgsame Rechnung, um mit seinen wenigen Pfennigen zu reichen. Aber da »quillt es wieder unter dem Stein hervor«, die Kristallisation der gegeneinander wogenden Massen geschmolzenen Gesteins muß auch gegen die bewußte Absicht beginnen, und in der kurzen Zeit von 1802 bis 1811 entsteht Werk auf Werk. Dies ›auf‹ ist wörtlich zu verstehen. Wie den Ossa auf den Pelion und wieder den Pelion auf den Ossa, um einen Vergleich Kleistens aus der Penthesilea zu wiederholen, türmt dieser mit scheinbar unerschöpflichen Kräften und mit übermenschlichem Mute begnadete Mann ein grandioses Kunstwerk auf das andere, er entfaltet sich nicht in einer linearen Kurve, nicht in der Ebene, sondern im Raume, mittels einer brisanten Raumkurve die Grenzen des Erreichbaren schon beim ersten Sprunge streifend. Er kontrastiert nicht Menschen gegen Menschen, also nicht einen Don Carlos gegen einen Großinquisitor, sondern einen Mikrokosmos, eine Urschöpfung gegen eine andere, einen Sirius gegen einen Uranos. Mit dem Siegel der Vollendung ward Kleist geboren. Unter ungeheurem Druck ward ihm dies Siegel aufgepreßt, und er ist immer ebenso stark ein Gezeichneter wie ein Zeichnender geblieben. Vollendung der Form hatte er in seinem ersten Wort, das kleistisch war und blieb wie sein letztes. Sonst wäre ihm nicht einmal der Versuch derartiger Schöpfungen geglückt. Mit dem unerhörten

Elan eines ungebrochenen Naturgeschöpfes macht er sich an die Arbeit, in weniger als zehn Jahren entstehen (wenn man solches Schaffen mit dem Worte *entstehen* fassen kann) Werke wie: Familie Schroffenstein, Robert Guiskard (dieser für sich schon ein Lebenswerk, von dem uns nur dürftigste Ruinen erhalten geblieben sind), Amphitryon, Der zerbrochene Krug, Penthesilea, Käthchen von Heilbronn, Herrmannsschlacht, Prinz von Homburg, die kleineren Erzählungen und der Michael Kohlhaas. Dazu der verlorengegangene Roman, dazu die ungezählten Pläne und die begonnenen, mit Herzblut genährten Entwürfe, von denen nichts geblieben ist. Dazu die Begebenheiten eines ewig liebesehnenden Herzens, die Erschütterungen eines oft verwirrten und daher scheinbar verwirrenden Gefühls (wie es Goethe nannte), dazu eine niemals endende Not, Mißverstand der Zeit, Taubstummheit der zeitgenössischen Kritik, kaum ein tröstendes, niemals ein aufrecht haltendes Wort, höhnisches Zischen und blödes Lachen der Wiener beim Prinzen von Homburg und, das wichtigste: bei jedem Atemzuge der innere Sprung, der Widerspruch an sich und in sich. Dies war nicht Zufall und nicht nur Tücke, sondern tiefer und wahrer, es war der niemals zu überbrückende leere, schnöde Raum, der durch die ganze Schöpfung geht, soweit der Sterbliche sie zu erkennen fähig ist.

Muß man einen so ungeheuren Willen zum Dasein, zum Mehrsein und zum einfachen Großsein nicht anbeten? Unsere Zeit nennt den Namen Kleists oft. Innerlich ist sie ihm fremd wie nie eine andere vorher. Unsere Zeit ist klein, liebt den spöttelnden, vergnügten Geist, freut sich an Shaw. Mit solchen Gestalten hat Kleist nie etwas gemein gehabt. Er war dem Großen, dem Größten, dem Unerreichbaren und daher auch Unverlierbaren immer und ewig zugetan, sei es, daß er es liebend *umfassen* konnte, sei es, und auch darin zeigte sich der Sprung seiner Seele, daß er es *erwürgen* wollte. Groß war er in allem. Auch in seinem tragischen Widerspruch. Kleist nahte sich Goethe auf den »Knien seines Herzens«, Kleist nahte sich Goethe, um ihm den Kranz von seiner Stirn zu reißen. Er nahm mit tödlicher Entschlossenheit den Kampf auf mit dem Liebsten, was auf Erden war. Ob er siegte, ob er unterlag, verloren war er auf jeden Fall, gesiegt hatte er auf jeden Fall. Menschen seiner Art hat es auch nachher, wenn auch nicht in seinem grandiosen Ausmaß, gegeben. Georg Büchner, Friedrich Hebbel und der große, nun schon halb vergessene Wedekind. Dies teilt Wedekind

mit Kleist, daß er sich nur am Größten, am Blühendsten entflammt, daß er und seine Gestalten herrlich leben, indem sie herrlich untergehen. Immer auf den Knien. Auf den Knien, um von untenher anzubeten, auf den Knien, um von obenher zu segnen oder zu töten, in brisanter Feuerwerkskurve aufzuflammen und zu enden auf jeden Fall.
So sucht er nur einen festen Altar für sein Gefühl. Nichts aber ist auf Erden wert, daß sich ihm ein Irdischer ganz bis zum letzten ergäbe. »Wie gebrechlich ist der Mensch, ihr Götter!« ist das Schlußwort der Penthesilea und könnte das Schlußwort der »Lulu« sein. Gebrechlich ist die Gerechtigkeit der Menschen, sagt Kleist im Michael Kohlhaas. Wohin soll sich dann das ungeheure Gefühl ergießen, wenn nicht in den Tod? Den Tod als Tat. So sieht es »Penthesilea«, so sieht es Effi in »Schloß Wetterstein«. Hier ist der einzige, der ewig schwebende, ewig weichende, ewig sich neu erhebende Urgrund menschlichen Gefühls. Wenn sich hierher seine Seele ergießt, so wird sie rein wie das Reinste in seinem heroischen männlichen Dasein. Von der Penthesilea sagt er: »Mein innerstes Wesen liegt darin, der ganze Schmerz zugleich und Glanz meiner Seele.« Nicht in dem täuschenden, verwirrend verwirrenden Gefühl der Liebe zwischen dem männlichsten Mann und der weiblichsten Frau, sondern in dem Zug zum großen Untergang, dem alles lösenden, auch den großen Sprung überfliegenden. Wenn je ein Mann seinem Willen, nicht zur Macht, aber zur Größe, gerecht geworden ist, Kleist es. »Der Mensch wirft alles, was er hat, in eine Pfütze, nur nicht sein Gefühl.«
So sieht man Kleist untergehen. Im Herbste geboren, im Herbste gestorben. Vor einem geliebten Menschen (nicht einem geliebten Weibe) kniend und dieses Wesen im Knien ermordend. Selig? Unselig? Geliebt? Gehaßt? Längst den irdischen Sphären enthoben, ein Wesen aus einer fremden Welt, dem auf Erden nicht zu helfen ist, weil es der Welt widersteht. Größer als das Maß der Welt, wie wir es gewohnt sind, schöner als die Welt sich uns zeigt und unser schwaches Auge es erträgt. Vergehen wird Heinrich Kleist für seine Nation niemals. Aber fremd ist er ihr, wenigstens in unserer Zeit, und gerade das, was das Unverlierbare war an ihm, ist uns Nachgeborenen nie Besitz geworden, wie es den Mitgeborenen niemals Besitz gewesen ist. So richten sich die Worte, die er beim Tode der geliebten Königin Luise aussprach, auch an ihn selbst und umfassen auf magische Art sein Leben, Leiden und Sterben, seinen

hohen Aufgang und seine Unsterblichkeit:
>>Wir alle mögen, Hoh' und Niedere,
Von der Ruine unseres Glücks umgeben,
Gebeugt von Schmerz, die Himmlischen verklagen:
Doch Du, erhabene, Du darfst es nicht!
Denn eine Glorie, in jenen Nächten,
Umglänzte deine Stirn, von der die Welt
Am lichten Tag der Freude nichts geahnt:
Wir sahn Dich Anmuth endlos niederregnen –
Daß Du so *groß wie schön* warst, war uns fremd.«

Kleist als Erzähler

Wir besitzen nur wenige und an Umfang schmale Werke erzählender Art von Kleist. Aber unter diesen ist keines von minderer Vollendung. An keiner Stelle eine »Liebe zweiten Ranges«. Denn was Kleist in der Anekdote, in der Novelle, im Roman gestaltet hat, immer ist es der gleiche, nämlich der kühnste Einsatz gewesen: denn der Tatenmensch und Schicksalsspieler in Kleist hat auch in seiner Prosa alles auf die letzte als die ihm einzig und allein gemäße Karte gesetzt. Daher das Spannende, Aufregende, Hinreißende von der ersten bis zur letzten Zeile.

Aber in Kleist waltete auch eine andere Natur, er war auch der Mann des Gewissens, der preußische Offizier, oft ohne Uniform, aber in seiner Seele nie außer Dienst. Vom altpreußischen Exerzierreglement kam er ohne Übergang zum kategorischen Imperativ des Kant; und wenn Kant als die beiden höchsten Errungenschaften des Menschen »den Sternenhimmel über und das sittliche Gesetz in sich« preist, so ist ihm dabei ein unbekannter Schüler, Heinrich von Kleist, wahrhaftig »auf den Knien seines Herzens« nahe gewesen.

Der »Spieler« in Kleist gibt dem Prosawerk die phantastische Flugkraft, immer vom tiefsten Punkt der Erde abzustoßen, immer dem höchsten Punkt der Erde zuzustreben. In den Werken dieser Art ist immer Erdbeben, Erdbeben des festen Landes und der Seele. »Marquise von O...« mit dem grauenhaft-zauberhaften Brande der Festung, »Das Erdbeben in Chili« mit der sich spaltenden Erde, »Verlobung in St. Domingo« mit allen Feuerflammen empörter Rassen und eruptiver, zerfleischender und blutender Herzen.

Die andere Seite ist der »Untersuchungsrichter der Pflicht« in Kleist. Eine im Rechte unbeirrbare Hand führt schicksalsmäßig, wie die Hand eines Gottes, die Protokolle der Seele und die Protokolle der winzigsten Tatsachen im »Michael Kohlhaas«. Hier spricht der sittliche, das heißt, der mit sich im Gleichgewichte befindliche Mensch, der richtet, indem er bloß berichtet.

Was aber ist kleistisch? Was ist die ihm allein zugehörende Art, die Welt in ihrer Herrlichkeit und ihrem Grauen zu sehen? Welcher Art ist seine Wahrheit, so wahr, wie sie dem allzufrüh Gestorbenen zuteil werden konnte? Die Natur hatte Kleist in seinem Können,

Wollen und auch in seinem Versagen einmalig geschaffen. So ist das Siegel seines gleichzeitig aristokratischen und kosmisch-gütevollen Wesens jedem seiner Sätze eingeprägt, ja es ist bis in die geringste Verbindung weniger Worte erhalten, so daß man, wie bei etruskischen Vasen, an einer winzigen Scherbe den Künstler, den Schöpfer und Besitzer erkennt. Einmalig ist alles, was dieser Mann geschaffen hat, und es haben ihn auch nur einmalige Ereignisse im Leben einmaliger Menschen beschäftigt. Ist dies das Kleistische? Ist es die mühevoll errungene Form, die sich, wie seine Zeitgenossen bestätigen, in seinen Arbeiten durch stetes Ausstreichen und Ändern äußert? Dies wäre ein Flaubertscher Zug, aber der einzige, denn außer diesem ist zwischen dem Schöpfer der »Trois contes« und dem Schöpfer des »Michael Kohlhaas« keine Verbindung. Ist es die »Verwirrung des Gefühls«, die Goethe dem Dichter vorwarf? Mit Recht vorwarf? Man darf es bezweifeln.

Wenn Goethe den Kleist bekämpfte, da bekämpfte er auch das Kleistische in seiner eigenen Brust; er kämpfte gegen den stets wie bei der Atalanta verborgenen und gedämpften, aber nie erloschenen Feuerbrand.

Wer jene herrliche Stelle im »Kohlhaas« gelesen hat, wo der Kohlhaas im Gespräch oder beim Verhöre mit seinem mißhandelten Knecht Herse seinen gerechten Zorn zügelt, wo er sich »mit Gewalt« selbst Gewalt antut, um nur ja das klare, kühle Recht zu ergründen und um keinem unrecht zu tun, der muß diese »Verwirrung« bezweifeln.

Verneinen wird diesen Vorwurf jeder, der in diesen einmaligen und ewigen Seiten sieht, wie hier ein dumpfer, naturgebundener Mann den Schleichwegen von Recht und Unrecht nachspürt bis zur letzten, bis zur tragischen, das heißt bis zu der an dem Weltzwiespalt zerschellenden Entscheidung. Wer kann dann noch dem Schöpfer solcher Seelen und Charakterzustände den Hang zur Verwirrung nachsagen? Viel eher ist es ein Übermaß an entgegengesetzten Kräften, das sich zerstört. Nicht, daß Kleist im Unklaren sich gefallen, im Nebelhaften, Allegorischen sich zu lange gesonnt habe, durfte ihm Goethe vorwerfen, wenn er einen Blick auf den zweiten Teil des »Faust« warf.

Was Kleist unglücklich gemacht hat und groß zugleich, ist das Übermenschenmaß, das er an sich, auch in der Erzählung, gelegt hat. Er gab sich bis in seine letzten Fibern dem Werk und wollte als Gegengeschenk etwas dafür, das die Welt nicht geben kann:

Versöhnung, Dauer, Harmonie, die Befriedigung des Metaphysischen, nicht des Sinnlichen in seiner Natur.
So wie Kohlhaas untergeht, aber in seinen Söhnen aufersteht, so auch er: Untergehen mußte er; nicht alt und gütig werden. Er hatte alles zu teuer bezahlt, als daß ihm die Welt und seine Zeit gerecht werden konnten. Die Welt tut, was ihr am leichtesten fällt: sie schweigt. Sie schweigt, weil sie das Große ebensowenig wieder in die Nichtexistenz zurückstoßen als es mit der höchsten Krone krönen kann. Nachdem Kleist seinen Kohlhaas geschaffen, hatte er den gewaltigsten Ansatz zu der grandiosen Aufgabe genommen. Historie und individuelle Triebe zusammenzuschweißen; eine Aufgabe, die der mittlere Goethe nicht einmal versucht hatte, weil der schon soviel einfachere, humanere Götz an der Grenze seiner, an der Grenze dieser seiner Kraft stand. Nachdem aber der Kohlhaas wie aus Erz dastand und lebte mit seiner Überleuchtkraft, seiner durchdringenden Wahrheit und dienenden Treue, da war die Zeit da, Kleist die rechtmäßige Nachfolge Goethes als Erzähler zu geben. Dazu fehlte es seinem Jahrhundert an Mut. Das, was Kleist von seiner »Penthesilea« sagt, dieses herrliche, männlich weiche Götterwort:
»Mein innerstes Wesen liegt darin, der ganze Schmerz zugleich und Glanz meiner Seele«, das konnte Kleist um so mehr vom »Kohlhaas« sagen.
Er konnte das Schweigen, die Gleichgültigkeit seiner Zeit, die magische Leere um sich selbst nicht ertragen. Er konnte das nicht, worin Goethe Meister war, er konnte nicht alt werden. Einmal sagt er:
»Der Mensch wirft alles, was er hat, in eine Pfütze, nur nicht sein Gefühl.« Daran muß der Überstarke gestorben sein.
Sein Tod war kleistisch wie sein Leben. Er präsentierte seinen Feinden keine unbezahlten Rechnungen. Sein Tod war soldatisch – kantisch und phantastisch zugleich. Er wollte als Gesunder sterben neben einer Kranken, als Mann und Held neben einem Weibe und als ein Ungebrochener, Unzerbrechbarer über seinem Schicksal. Er hat in seinen Erzählungen stets den *Sieg* des menschlichen Gemütes über den herzzerreißenden Jammer gestaltet. So geht sein Michael Kohlhaas in Größe, in Überlegenheit über die verwirrte Welt unter.
Untergang ist nichts, nichts Tod und Weltenbrand, aber alles das Gesetz; dem Gesetze treu starb er, wie er lebte. »Doch sollen wir

stets des Anschauens würdig wieder aufstehen«, hat er in einem seiner Dramen gesagt. So ist er uns auferstanden und wird uns bleiben, nicht allen zwar, nicht vielen zwar – aber wenigen alles bedeutend.

(1927)

Stevenson, »Die Schatzinsel«

Robert Louis Stevenson wurde in Edinburg im Jahre 1850 geboren. Seine Familie hatte bereits einen großen Mann hervorgebracht, Robert Stevenson, den Großvater des Dichters, einen berühmten Techniker und Ingenieur, der an der Nordküste Schottlands auf Bell-Rock einen gigantischen Leuchtturm unter Überwindung phantastischer Schwierigkeiten erbaut hatte. Das Technische, der Sinn für das Werkzeug, für den »kürzesten Weg«, für die geistreichste Lösung war dem Dichter angeboren, ebenso der Zug nach der Ferne und dem Abenteuer – gleichzeitig aber auch eine schwache Körperkonstitution, die Stevenson gehindert hat, Ingenieur zu werden, und die ihm auch die eingeschlagene Laufbahn als Jurist und Advokat versperrt hat. Um diese schwankende Gesundheit, diese »lockere Beziehung zum Leben« zu kräftigen, war Stevenson viel auf Reisen. Er hat Davos gekannt, hat Europa kreuz und quer durchstreift, immer mit hellen Ingenieursaugen, immer die Feder in der Hand, mühelos und heiter die Eindrücke seiner Reisen aufzeichnend; auf Reisen hat er seine Gattin kennengelernt und ist ihr dann nach Kalifornien gefolgt. Mit dreiunddreißig Jahren machte ihn die »Schatzinsel« berühmt. Fünf Jahre später wanderte er, um seine Gesundheit zu kräftigen, in die Südsee aus, er erwarb eine Besitzung namens Vailima in Samoa. Vier Jahre nach seiner Niederlassung starb er plötzlich, von den Eingeborenen wie einer der ihren geliebt und betrauert, auf dieser Insel und wurde auf dem Gipfel des Berges Vailima begraben. Dies der karge Bericht eines reichen Menschenlebens. In den wenigen Jahren seiner späten Jugend und des ersten Mannesalters hat er über fünfzehn Bände veröffentlicht. Aber dies ist, wie er selbst in einer Einleitung zur »Schatzinsel« schreibt, nur ein geringer Bruchteil seiner Werke. Wie der junge Balzac lebte Stevenson in einem ununterbrochenen Fieber der Erzählung. Sein Leben war im Persönlichen verborgen, in den Formen einer adeligen Höflichkeit zurückhaltend, verhüllt aus der Scham eines rein virilen, männlich-gesammelten Charakters. Im Künstlerischen war es von einer Fülle, einer Breite sondergleichen, große Romane, Balladen in Prosa, Gedichte für Kinder, Kritiken und Essays, Reisebeschreibungen von persönlichster Färbung und Tagebücher mehr der wandernden Erde als des wandernden Menschen, kleine, bis ins letzte Wort »echte« Bilder von bestrickendem Reiz, Werk auf Werk, so schuf dieser zarte, gebrechliche Mann, durch den anfänglichen Mißerfolg nicht gehemmt, durch den späteren Erfolg nicht verflacht, Arbeit auf Arbeit fast bis zum letzten Atemzuge: erzählend, berichtend, Fäden spinnend, ein Epiker von Natur. Ein unermüdlicher Schreiber, ein unermüdlicher Leser. Homers Ilias und Odyssee seine Lieblingsbücher, dann die antiken Philosophen. Von den neueren Schriftstellern liebte er Walter Scott und Alexander Dumas am meisten, es sind ihm diese zwei Autoren sicherlich Lehrer im Handwerklichen des Romans gewesen. Das Handwerkliche des Romans hat ihn, den Sohn von Technikern, immer als technisches Problem gereizt. Aber darüber hinaus ist es ihm leicht gefallen zu schreiben. Wenn es ein frommes Gebet der alten Römer war, *sit tibi terra levis,* die Erde sei dir leicht, wenn man den Toten diesen Segenswunsch als Reisespruch bei der Bestattung mit auf den Weg zum Hades gab – bei Stevenson konnte dies Wort auch für seine kurzen Erdentage gelten. Die Erde *war* ihm leicht. Er hatte Freude an seinem Dasein, und deshalb gibt er uns in seinen Büchern soviel Freude. Selbst wenn er gedankenvoll ist, wenn er sich nicht dem angeborenen Abenteuerdrang rückhaltlos überläßt, immer geht eine Lebensfrohheit, eine Dankbarkeit gegen die schaffenden Kräfte des Lebens von ihm aus, etwas Kindliches bei aller Männlichkeit, und die Reinheit, die Güte, der hohe Adel seines Herzens verleugnen sich nie.

Das erste Buch, das den richtigen Stempel dieser einfachen, dabei aber doch nicht oberflächlichen und im Grunde sogar in ihrer ausgemessenen Harmonie sehr merkwürdigen Natur trug, war die »Schatzinsel«. Dieses Buch wurde mit Begeisterung aufgenommen, es hat in den fast fünfzig Jahren seiner Einzelexistenz nichts von dem unzerstörbaren Zauber verloren, den es gleich zu Beginn ausgeübt hat, als es noch im Werden war. Mit der ganzen schalkhaften Anmut, die ihm eigen ist, erzählt Stevenson den Roman dieses Romans in einer Einleitung zu diesem Buche. Er war nicht mehr Jurist und Advokat, war noch nicht Schriftsteller, wenn Schriftsteller sein heißt, berühmt sein, jede Zeile mit einem Pfund Sterling aufgewogen bekommen. Er war verheiratet, hatte Sorgen und Kümmernisse, den Kopf voller Gedanken, den Geist voller Phantasien, die ihn selbst nachts nicht verließen, ein unbeherrschbarer Drang, zu schaffen, neue Länder zu erforschen, Menschen seiner Einbildungskraft leben zu lassen, wirkte in ihm, machte ihn unruhig, unbefriedigt. Er hatte Stöße von beschriebenem Papier in den Läden seines Schreibtisches, aber nichts wollte sich schließen, nichts vollenden, und war etwas vollendet, dann war es so sehr fehlerhaft (nach der Ansicht seines bescheidenen Schöpfers), daß er, Stevenson, aller Not ungeachtet durch den Vater die Exemplare des verunglückten Werkes aufkaufen und vernichten ließ. Da gesellt sich zu dem unruhvoll durch die schottischen Moore Wandernden ein Schulknabe. Der kleine Junge, erzählt Stevenson, der »etwas Kniffliges zum Kopfzerbrechen« als Ferienbeschäftigung suchte, hatte endlich etwas Richtiges gefunden, nämlich mit Hilfe von billigen Wasserfarben, Tinte und Feder ein Zimmer in eine Bildergalerie zu verwandeln. Es war das Landhaus der seligen Miß Mack Gregor. Stevenson verbringt die ganze Zeit damit, in edlem Wettstreit mit dem Jungen bunte Zeichnungen zu entwerfen. Bei dieser Gelegenheit fertigt er eine Landkarte einer Insel an, ein Protokoll des Nicht-Daseienden, aber immer noch Möglichen, ein phantastisch-reales Gebilde, »in roter Tinte, mit Hügeln, Buchten, Einfahrten«, ein Werk, bei dem ihm der von gleichen Trieben beseelte Vater mithilft, die altertümliche Schrift eines alten Seeräubers mit kleinen klaren Lettern und Kreuzen an bestimmten wichtigen Stellen nachahmend, denn ein Inselplan aus dem achtzehnten Jahrhundert soll es sein, aus der letzten Zeit, dem letzten Termin, zu dem es noch ungehobene Schätze, blutige Seeräuber, unbetretbare Einöden, verlassene Gestade gab. Vater und Sohn sitzen bei prasselndem Kaminfeuer über der Zeichnung: Die bewaldete Insel mit neun Meilen Länge und fünf in der Breite ersteht mit ihren imaginären Buchten, den teils felsigen, teils sandigen Gestaden. Man zeichnet die Schemata – oder soll man sagen: Schemen? – zweier Segelschiffe in den Plan hinein, eines naht von Norden, das andere, mit üppigeren, glückhafteren Segeln geschwellt, kommt von Süden. Darunter steht: Treasure Island. Anno 1750. Ein noch genaueres Datum an dem Unterrande 20. Juli 1754. »Die Gestalt dieser Insel«, sagt Stevenson, »befruchtete meine Phantasie. Da waren Hafenplätze, die mich entzückten wie Sonette. Man sagt mir, es gäbe Leute, die für Landschaften kein Verständnis hätten. Ich zweifle daran. Die Namen, die Formen der Wälder, der Lauf der Landstraßen und der Flüsse, die Fußspuren der Menschen früherer Zeiten, die sich noch deutlich hügelauf- und abwärts verfolgen lassen, die Mühlen und Ruinen, die Weiher und Furten, vielleicht der stehende Stein oder der Druidenkreis auf dem Heidekraut, hier bietet sich eine unerschöpfliche Fundgrube des Wissens für jeden, der Augen hat zu sehen oder soviel Phantasie besitzt, um Verständnis für diese Dinge zu haben. Man braucht nicht gerade ein Kind zu sein, um mit dem Kopfe im Grase liegend in den endlosen Wald hineinzuträumen und ihn mit luftigen Phantasiegestalten zu beleben. Etwas dieser Art begann sich bei mir bei der Betrachtung der ›Schatzinsel‹ zu regen, die künftigen Gestalten des Buches traten dort in phantastischen Wäldern in Erscheinung. Braune Gesichter und glänzende Waffen schauten mir aus den Schlupfwinkeln entgegen, ich sah sie im Kampfe und auf der Jagd nach dem Schatz sich auf diesen paar Fußbreit flachen Bodens tummeln... eine Anzahl anderer Bücher habe ich angefangen und vollendet, aber ich erinnere mich nicht, daß ich mich zu einem andern mit größerem Wohlgefallen niedergesetzt habe. Ich hatte anfangs nur auf den Schulknaben als Zuhörer gerechnet und fand dann zwei Zuhörer: mein Vater fing auf einmal Feuer mit der ganzen Romantik und Kindlichkeit seines Herzens.«

So bewährte sich der Zauber dieses Planes, die Nähe dieses dichterischen Genius schon in statu nascendi, als nur die Umrisse, die Kapitelüberschriften dieses Werkes feststanden und – der genaue Plan. Aber ist der Plan an einer Schatzinsel nicht das wichtigste? Die geographische Länge und Breite des Ortes, die Höhlen, wo die Seeräuber die alten Unzen, Ingots, Pfunde und Dublonen untergebracht haben, damit ein kleiner Junge und ein alter Seebär sie gewinnen können? Wer wollte sich dieser Jagd nach dem Glück nicht anschließen? Denn eine Jagd nach dem Glück ist es, nicht eine Jagd nach dem Golde. Was kann denn ein vierzehnjähriger Junge mit den Millionen beginnen? Es soll ja ein Buch »für Buben« sein und solche, die es bleiben ihr Leben lang. Geld ist hier nicht der Inbegriff der Herrlichkeiten des Lebens, nicht Ersatz für Schönheit, Mut, Ruhm, langes Leben, sondern Geld ist hier nur eine Art Murmelkugeln, Kinderspielzeug. Alles ist in diesem wundervollen Buche ernst genommen, mit homerischer Ruhe und Größe wird Leben und Sterben, Treue und Verrat der Schiffsbesatzung, Leben und Taten von Koch, Kapitän, Arzt und Junge geschildert, nur das Geld wird nicht ernst genommen. Geld? »Geld wie Heu«, schreibt Stevenson, »daß wir uns darin baden und lebenslang Murmel damit spielen können.« Wer ist der Entdecker dieses wunderbaren Eilands mit den Schätzen, aus denen er ein Spielzeug machen will? Ein Junge natürlich, ein findiger, heller Kopf, der vor etwas

»Kniffligem zum Kopfzerbrechen« nicht zurückscheut, der Glück hat und ein gutes Herz. Es ist gerade sein Schicksal, auf Schritt und Tritt muß er es sein, der den Erwachsenen das Leben rettet; er ist eigentlich der Führer, der geborene »Mensch – voran«, er ist der Sieger über den Gegenhelden, den einbeinigen dämonischen Schiffskoch, John Silver. Es ist ein Zeugnis der Noblesse von Stevenson, wie er auch dem Teufel in Menschengestalt sein Recht läßt, wie er vor den echten Mannestugenden dieses Mörders, Lügners und Betrügers, vor seiner heroischen Todesverachtung, vor seinem klaren Geist seinen Salut abgibt. Hier liegt auch ein Teil der unbeschreiblich faszinierenden Wirkung des Buches: daß es Licht und Schatten auf beide Seiten verteilt, daß es den Mutigen nicht gegen einen Feigen, sondern auch gegen einen Mutigen bestehen läßt, Knabengeist gegen Männergeist, junges Blut gegen altes Blut, Kraft gegen Kraft; und wenn John Silver nicht ohne Wert ist, dann ist der kleine Jim Hawkins auch kein fleckenloser Schulknaben-Engel. Er ist töricht, ungehorsam, »verrückten Einfällen« unterworfen; es ist bloß sein (und unser) besonderes Glück, daß seine Torheiten immer im Grunde unbewußt das Klügste sind, daß er dort, wo er den Erfolg zu verhindern scheint, ihn eigentlich erst ermöglicht. Es ist ein Mann in diesem Kinde Jim Hawkins, und so wird, wenn dieser Junge groß, berühmt und reich sein wird, auch ein Kind in dem Manne bleiben. Und nicht ein Mann gewöhnlicher Art: sondern ein Edelmann mit bürgerlichem Blut, das, was keine andere Sprache als die englische mit dem Worte Gentleman umrissen hat. Die »Schatzinsel« ist daher keine bloße Abenteuer- und Seebärengeschichte, sondern auch die Geschichte eines kleinen Gentleman unter wunderbaren tropischen Himmeln, unter den merkwürdigsten Menschen, die »nicht wiederkehren«. Mit der ersten dieser merkwürdigen Gestalten, dem ungebetenen düstern Gast im englischen Dorfwirtshause »Zum Admiral Benbow«, beginnt das Buch, und dazu erklingt wie der Orgelton der nie ruhenden Meereswogen der geheimnisvolle Kehrreim: »Fünfzehn Mann auf des toten Mannes Truh' – Jo-ho-ho, und 'ne Bottel voll Rum.« Meisterhafter wurde die ganze geistige und leibliche Atmosphäre eines Abenteuerromans von 1754 nie und nie auf kürzerem Raume zusammengepreßt wie auf der ersten Seite der klassischen »Schatzinsel«.

Aber man würde Stevenson Unrecht tun, wollte man ihn mit diesem Buche erschöpfen. Sein »schwarzer Pfeil«, seine »Junker von

Ballantrae« sind Meisterwerke einer in der Schule Walter Scotts groß gewordenen Erzählungskunst. Darüber hinaus, ganz eigenartig, ganz persönlich, eine Welt für sich, sind die »Südseegeschichten« Stevensons, Berichte seiner Südseereise.
Der Grund für diese Reise lag in der schlechten Gesundheit des Dichters. Oder war dies nur der Anlaß? Wenn man die Bände »Südseegeschichten« liest, die Novellen »Strand von Falesa« oder »Insel der Stimmen«, dann muß man sagen, daß dieser Archipel, dieser unter der Maske blühender Gesundheit dem Tode hingegebene Inselkreis auf den Dichter gewartet hat, der ebenso wie er den Hauch des Todes aus- und einatmete selbst in der blühendsten Stunde seines Lebens. Südsee und R. L. Stevenson, das war eine notwendige Begegnung und deshalb eine außerordentlich schöne. Dieses Auge und diese Landschaft gingen ineinander auf, die Herzen dieser Polynesier und die Seele des Dichters waren so sehr eins, als hätten sie einander entgegengelebt seit ihrer ersten Stunde; es war derselbe Stern, unter dem sie lebten. Man höre nur den Dichter selbst: »Fast zehn Jahre lang«, so beginnt er seine ›Südseegeschichten‹, »war es mit meiner Gesundheit ständig bergab gegangen; längere Zeit vor Antritt meiner Reise glaubte ich, daß es zu dem letzten Abschnitt meines Lebens gekommen wäre, und daß nur noch Krankenschwester und Leichenbestatter meiner harrten. Man schlug mir vor, ich solle es mit der Südsee versuchen, und ich war nicht abgeneigt, gespenstergleich und unheilverkündend die Stätten aufzusuchen, die mich schon in Jugendkraft und Gesundheit gelockt hatten. Nur wenige Menschen, die diese Inseln besucht haben, verlassen sie je wieder, sie werden grau dort, wo sie ihren Fuß an Land setzten. Die Palmen beschatten und die Passatwinde umfächeln sie bis zu ihrem Tode. Ich weiß noch, wie ich um drei Uhr morgens erwachte und die Luft milde und balsamisch fand. Die lange Dünung schwoll in der Bucht, schien sie ganz anzufüllen und schwand von neuem. Sanft, tief und stumm rollte das Schiff, nur von Zeit zu Zeit knarrte das Seil an einem der Blocks wie ein Vogel. Meerwärts war der Himmel hell von Sternen und das Meer licht von ihrem Widerschein... Aber der Sonnenaufgang, der mich am tiefsten bewegte, erstrahlte über der Bucht von Anaho. Die Berge ragen hier schroff über dem Hafen empor, in jedem nur möglichen Wechsel von Gesteinsbildung, Bekleidung, Wald und Fels. Jeder von ihnen trug die ihm eigene Schattierung von Safran, Schwefel, Nelken- oder Rosenfarben, und ihr Glanz war wie der von Atlas.

Über den lichteren Tönen lag ein zarter Blütenschimmer, während die dunkleren Farben in satterem, feierlichem Blühen prangten.« Welch ein irdisches Paradies! Aber todgeweiht? Sich selbst dem Tode weihend? Den schauerlichsten Gebräuchen von Menschenopfer und Menschenfraß hingegeben? In der »Schatzinsel« ist an einer Stelle die Rede von dem Wrack eines Schiffes, das von der Fahrt um den Schatz nicht heimgekehrt ist. An der sandigen Küste des tropischen Eilands modert es, an den Wänden umfangen, verzehrt und vergoldet von wuchernden Pflanzen, die märchenhaften Glanz zur Schau tragen, »ich erinnere mich noch«, sagt der Dichter, »wie die letzten Sonnenstrahlen durch die Waldlichtung fielen und wie Edelsteine auf dem blühenden Mantel des Wrackes leuchteten«. Solch ein blühender Mantel auf einem Wrack ist die unbeschreibliche Natur auf den Marquesas, den Gilbertinseln, den Korallenriffen der Südsee, die so weit auseinanderliegen wie die Hauptstadt von Persien und die Hauptstadt von England. Was einer träumt, hier findet er es wieder: »Verloren in der Bläue von Meer und Himmel: ein Ring aus weißem Sande, grünem Unterholz, wehenden Palmen, juwelengleich an Farben, von einer feenhaften, überirdischen Anmut. Rings um das Eiland wogt weiß wie Schnee die Brandung, die sich an einer Stelle weit draußen im Meere bricht, an einer Untiefe, die in keiner Karte verzeichnet ist.« Hier wohnen Menschen, wohlgestaltet, sanft und dennoch Menschenfresser. Ein Kannibale geht in der ganzen brutalen Schönheit seines erzählich gleißenden Körpers über den Strand, über der Achsel trägt er den Arm eines erschlagenen Feindes. Die menschliche Hand, das geheiligte Symbol menschlicher Kunst, göttlichen Gebets sonst, hier dient sie als feinster Leckerbissen. Und doch nichts von Roheit; eher Verzweiflung, böse, drohende Gesichte bei Tag und Nacht, die blühende Natur von Dämonen überwölbt, von Gespenstern zischend durchhaucht. In den Seelen dieser Kannibalen eine unauslöschliche Trauer, eine Müdigkeit bis in den Tod. Denn dem Tode sind diese schönen Menschen geweiht, ebenso wie der junge schöne Dichter, der eben an ihrer Küste gelandet ist. Man lese eine Schilderung einer Begegnung Stevensons mit einer Tochter dieses Landes: »Taris Schwiegertochter war ein hübsches, sanftes Mädchen, ernst mit ihren sechzehn Jahren... das Enkelchen war noch ein winziges Brustkind. Als ich mich zu ihnen auf den Boden setzte, begann das Mädchen, mich nach England auszufragen. Ich versuchte, es ihr zu schildern und erklärte ihr, so gut es ging, durch Worte und Gesten die Übervölkerung, den Hunger, die ewige Mühe und Arbeit... Sie verstand mich sehr gut und saß eine Weile in ernsten Gedanken über diesem Bilde ungewohnten Jammers. Ich bin überzeugt, daß ich ihr Mitleid erweckt hatte, denn in ihr wurde ein anderer Gedanke wach, der stets in jedes Marquesaners Brust wohnt. Mit lächelnder Trauer und mich mit ihren melancholischen Augen ansehend, begann sie das Sterben ihres eigenen Volkes zu beklagen: ›Ici pas de Kanaques‹, sagte sie. Und den Säugling von der Brust nehmend, hielt sie ihn mir mit beiden Händen entgegen: ›Tenez! Ein kleines Baby wie dieses hier; dann alles tot. Alle Kanaken sterben. Dann – nichts mehr.‹ Das Lächeln zu sehen«, sagt Stevenson, »und zu hören, wie diese mädchenhafte Mutter ihr eigenes Fleisch und Blut als Beispiel zitierte, rührte mich in seltsamer Weise, alles bekundete eine so stille Verzweiflung. Die Tore des Todes stehen weit offen: Im Jahre 1888 gab es im Bezirk von Hatiteu 12 Todesfälle, aber nur eine Geburt... Der Stamm von Hapaa soll 400 Seelen gezählt haben, als die Pocken ausbrachen und ein Viertel vernichteten. Sechs Monate später zeigte sich bei einer Frau Lungentuberkulose. Die Seuche verbreitet sich mit flammengleicher Geschwindigkeit im Tale, und nach weniger als zwei Jahren entflohen die letzten Überlebenden, ein Mann und eine Frau, aus dieser neu entstandenen Einöde.« Hier ein Mythos, dem von Deukalion und seiner Pyrrha in der griechischen Sage verwandt. Aber dort sind es die ersten Fackelträger einer aus dem Dunkel auftauchenden Generation, Begründer neuen Lebens, Stifter der wahren menschlichen Unsterblichkeit, auf den Südseeinseln sind es die letzten, die verwehenden Aschenreste von einst. Dieses Volk auf den Atollen der Südsee treibt, wie Stevenson sagt, eine liebevollste Verwöhnung der Kinder, eine Anbetung des Kindes an sich, von einer solchen Zartheit, wie sie der Dichter Peter Altenberg in Wien einst geträumt hat, das Kind ist eins und alles, »glücklich der Mann«, sagen sie, »der den Köcher voll davon hat«. Und doch Menschenopfer, immer noch. Ein Mann hat gesündigt, oder waren es zwei? Ihre Frauen werden getötet. Freiwillig folgen sie dem Henker in die Flut, lassen sich von ihm willig die Köpfe unter das Wasser tauchen. Der Kannibalismus lebt weiter, trotz Missionen und importiertem, manchmal auch nachgefühltem Christentum. Das liebevolle Herz des Dichters will den für uns unlösbaren Widerspruch zwischen Menschenfresserei und Kindervergötterung zurückführen auf die alles verschlingende

Not. Der Hunger treibt die Menschen dazu, sich selbst nicht mehr »zu kennen«. Ist es möglich? Hat man Derartiges gehört? Leider kann der Zusammenhang nicht ganz geleugnet werden. In den letzten Jahren kamen ähnliche Nachrichten aus Südrußland, einem der fruchtbarsten Länder von einst. – In den wenigen Jahren seines Aufenthaltes auf den Südseeinseln hat Stevenson ein Denkmal dieser sterbenden Rasse gebaut, das nicht vergehen wird. Mit diesen Werken ist er auch selbst in den Kreis der irdischen Unsterblichkeit eingegangen. Noch nach vielen Geschlechtern werden seine Werke: »Die Schatzinsel«, das Abenteuerbuch seiner Jugend, und »Südseegeschichten«, die Beriche aus dem Seelenland und Todesriff seiner Mannesjahre, nicht vergehen. Er, Stevenson, hat am Schlusse seines Romans »Junker von Ballantrae« seinem Helden einen Grabstein gesetzt. Darf ich ihm den Text nachsprechen?
»R. L. St., Erbe eines schottischen Titels,
Ein Meister der Künste und begabt mit Anmut,
Bewundert in Europa, Asien, Amerika,
Im Krieg und in Frieden,
In den Zelten wilder Jäger und in den
Burgen der Könige,
Nachdem er so viel erlernt, vollbracht und erduldet,
Ruht hier vergessen.«
Ruht hier vergessen? Vergessen – nein, vergessen nicht von uns, die wir heute noch leben.

(1929)

Heinrich Heine

Wenn man an Heinrich Heine denkt, sieht man zuerst immer den Lyriker vor sich. Das lyrische Gedicht scheint den Grundzug seines ganzen Wesens auszudrücken. Auch das Äußere Heines, die gebeugte in sich versunkene Haltung, der in unbestimmte Fernen gerichtete dunkle Blick, das träumerische Spiel der ineinander verschlungenen Finger – das alles sind Eigentümlichkeiten des melancholischen Sängers. Dieser zarten Hand sieht man es nicht an, daß sie den polemischen Degen zu führen wußte, diesen schmachtenden, länglich geschnittenen schönen Augen merkt man es nicht an, daß sie scharf, überscharf zu sehen vermochten auch in die Zukunft – und ebensowenig war der ganzen Persönlichkeit Heines von vornherein anzusehen, daß sie in dem umfangreichsten Teil ihres Lebenswerkes sich mit den Ereignissen des Tages – was sage ich, nicht nur des Tages, sondern auch der Stunde und der Minute – beschäftigt hat. Nicht allein das Ewige, das Dauernde, das Gültige hat Heine angezogen, sondern auch der Zauber des Augenblicks, das Sonnenspiel der letzten flirrenden Sekunde – aber alles angesichts des Ewigen. Diese ganz eigentümliche Mischung von Festem und Gleitendem, von Ehrfürchtigem und Spottendem, von Sehnsüchtigem und Lachendem, von Aufbauendem und Auflösendem ist Heine eigen, und zwar in so hohem Maße eigen, daß man jede Stelle seiner Prosawerke aufschlagen kann, um immer wieder diese seltsame Mischung zu finden, zusammengefaßt und dauernd zusammengehalten durch das Siegel seiner Individualität, ein ewiger Widerspruch, seines Widerspruches bewußt, dem Augenblicke gegenüber immer wahr, nie verlogen, naiv und kindlich trotz aller trüben Erfahrungen. Ein ewig Wissender, und doch ein ewig Fragender, ein ewig Spottender – nie von seiner ganzen unbeschreiblichen Anmut verlassen, die jeden seiner Sätze, auch bei seinen Gelegenheitsarbeiten adelt – das ist Heine, der Prosadichter. Aber das alles ist, nur durch die strenge Form des lyrischen Gedichtes gebannt, auch in seinen lyrischen Werken so. Und es ist eigenartig: So wie ihm die Prosa oft unter den Händen verflattert und er fast nie zu einem quadernhaft, auf Jahrhunderte festgefügten Werk kommt, wie etwa Kleist, der zu seiner Zeit lebte – so sammelt sich ihm Gedicht an Gedicht, wird zum Zyklus, zum Kreis, zum Mikrokosmos, zum winzigen Roman im Vers. Heines erste Verse erschienen 1821 in Berlin. Im Jahre 1826 kamen die ersten Bände der »Reisebilder« heraus – und schon das erste dieser Reisebilder, die berühmte »Harzreise«, beginnt mit einem lyrischen Gedicht »Ach, wenn sie nur Herzen hätten«, sagt er von den Bewohnern der Städte, von denen er sich trennen will, um auf die Berge zu steigen, »Wo die dunklen Tannen ragen. Bäche rauschen, Vögel singen, und die stolzen Wolken jagen.« Aber das erste Prosawort lautet: »Die Stadt Göttingen, berühmt durch ihre Würste und Universität...« Hier zeigt sich schon sein Humor, die lächelnde Träne, mitten im Wortgefunkel seiner Prosa. Seine Gedichte sind einfach, volksliedhaft, eher zum Singen geschaffen als zum Vorlesen, aber seine Prosa ist kunstvoll, sie ist voll Geist, oder besser, voll Esprit, denn das französische Wort gibt das sonderbar faszinierend schillernde dieser Prosa besser wieder. Das, was der Dichter eben erst erlebt hat, was er mit nüchternem Verstande neben sich in Alltagshöhe eben gesehen hat, das setzt er unbekümmert neben die gewaltige Vision: »Und sie ließ mich am Leben, und ich lebe, das ist die Hauptsache. Mögen andere das Glück genießen, daß die Geliebte ihr Grabmal mit Blumenkränzen schmückt und mit Tränen der Treue benetzt. – O Weiber, haßt mich! Verlacht mich, bekorbt mich, aber laßt mich leben! Das Leben ist gar zu spaßhaft süß, und die Welt ist so lieblich verworren, sie ist der Traum eines weinberauschten Gottes, der sich aus der zechenden Götterversammlung à la française fortgeschlichen, auf einen einsamen Stern sich schlafen gelegt, und selbst nicht weiß, daß er alles auch erschafft, was er träumt... Gleichviel, ich lebe...« (Buch »le Grand«). Und zehn Seiten später spricht er spöttisch ironisch von der Kleinstadt: »Die ehemalige Friseurin meiner Mutter war Hoffriseurin geworden, und es gab jetzt dort Hofschneider, Hofschuster, Hofwanzenvertilgerinnen, Hofschnapsläden. Nur der alte Kurfürst erkannte mich, er stand noch auf dem alten Platz, aber er schien magerer geworden zu sein. Eben weil er mitten auf dem Markte stand, hatte er alle Misere der Zeit mit angesehen, und von solchem Anblick wird man fett... Ich war wie im Traume...« Dieses Wort von der Misere der Zeit ist sehr bezeichnend für Heine. Er sah die Misere der Zeit, die Kleinstaaterei, den von Zwergen gefesselten Riesen Deutschland, er sah die Reaktion, er war als Freiheitsmann landesflüchtig, und sein Spott und seine Sehnsucht waren eines. Aus Spott und aus Sehnsucht waren seine Tagesberichte gewoben, die er Jahr für Jahr aus seiner Verbannung in Paris nach Hause schrieb.

Ein Meister des Wortes. Ein Mann der Freiheit. Und mit allen seinen Widersprüchen ein ewig lebender Mensch. Dürfen wir ihn unsterblich nennen?

(1929)

James Watt,
der Schöpfer des Industriezeitalters

Zwei blutjunge Leute, der zarte, verträumte, aber mit Energie und Genie geladene James Watt, 23 Jahre alt, kränklich und mittellos, und der lebenslustige, geistreiche Student Robinson, unterhalten sich im Hof der Universität Glasgow an einem Herbstnachmittage des Jahres 1759. Watt ist gelernter Feinmechaniker, fabriziert aber auch Orgeln, repariert zerbrochene Klarinetten, Brillen, Angeln, stellt nautische Geräte her, Azimuthkompasse und französische Sextanten, kann aber, da er weder seine sieben vorgeschriebenen Lehrjahre absolviert hat noch auch in Glasgow geboren ist, seinen Beruf nicht öffentlich ausüben, und es ist eine besondere Gunst der privilegierten, vom Papste gegründeten Universität Glasgow, daß man ihm innerhalb der Universitätsmauern eine Werkstatt zur Verfügung stellt. Robison hat eine Idee: Könnte man nicht die Dampfkraft zur Fortbewegung von Wagen auf der Straße verwenden? Ob Watt nicht ein kleines Modell herstellen könnte? Watt blickt auf. Er sagt zu. Das Stichwort seines Lebens ist gefallen. Von der Dampfkraft war in dieser Zeit viel die Rede. Der französische Forscher Denys Papin, der ebenso einfallsreiche als vom Pech verfolgte Erfinder des nach ihm erfundenen Dampftopfes und vieler anderer genialer Inventionen, hatte eine Maschine konstruiert, die geeignet sein soll, Wasser aus den Bergwerken mittels Feuer zu heben. Zu gleicher Zeit haben zwei Engländer, Savery und Newcomen, ähnliche Versuche unternommen und diese patentieren lassen. Newcomen, der gelernte Grobschmied, hat sich mit seiner »atmosphärischen Maschine« unter Überwindung der größten Schwierigkeiten halb und halb durchgesetzt, und seine Maschine wird an manchen Orten Alt-Englands, wo die Kohlenpreise noch nicht zu hoch sind, dazu verwandt, die Kohlenschächte zu entwässern. Dies ist das brennende Problem. In die Schächte sickert immer und überall Wasser ein, man hat Pferde an die Pumpen gebunden, in einzelnen Schächten sind 500 Pferde bei Tag und Nacht an der Arbeit gewesen – vergeblich. Die Arbeiter sind vor dem Wasser geflüchtet, man hat die Schächte ersaufen lassen müssen, einen nach dem anderen. Newcomens Maschine ist nun eine Art gigantischer Luftpumpe. Es wird Wasserdampf erzeugt und dann schnell abgekühlt, »kondensiert«. Dadurch wird ein luftverdünnter Raum geschaffen, und dieses Vakuum saugt das Wasser aus den Schächten, wenn sie nicht zu tief sind, heraus. Die Kondensation, durch eingespritztes Wasser in dem Hohlraum, dem Zylinder, bewerkstelligt, erfolgt automatisch, die Maschine bewegt sich stöhnend, schwerfällig, mit ihren hölzernen Hebeln und Quaggen, gewaltigen Zylindern aus Bronze, in der damaligen Zeit wohl vom Glockengießer gefertigt. Das Ziel war: Wasser durch Feuer zu heben, und das tat sie mit ihren zwölf Hüben in der Minute und konnte mit 30000 Mark Kohlenkosten im Jahre arbeiten, während die Unterhaltung der 500 Pferde 180000 Mark verschlungen hatte. Aber für die tieferen Schächte reichte die Kraft nicht im entferntesten aus, und an die Lösung des Problems Robison, an eine Verwendung der ungeheuerlichen, kohlenfressenden Maschine mit ihren schweren Atemzügen als Antrieb eines schnell beweglichen Wagens der Straße war nicht zu denken. So wäre es (Robison reiste bald fort) bei der flüchtig hingeworfenen Idee eines einfallsreichen Studenten geblieben, wenn der andere nicht ein Watt gewesen wäre, eines der ganz seltenen Kinder aus der Ehe zwischen Glück und Genie. Blühende, quellende Phantasie und doch auch eiserne, unbestechliche, nie ermüdende Logik – und zu allem die geschickteste Hand, ein virtuoses Können im Technischen.

Hatte es also Watt mit diesen drei Gaben leicht? Er konnte auf den schon als brauchbar erkannten Maschinen des Savery und Newcomen, auf Papins Ideen weiterbauen. Ein zweiter Vorteil war, daß er alles, Zeit, Geld, Energie und durchwachte Nächte, an eine Sache wenden konnte, deren praktische Notwendigkeit jedem Grubenbesitzer Englands einleuchtete. Was sollte aus Englands neuer Industrie (die Spinn- und die Webmaschine wurden eben erfunden) ohne Kohle werden? Wie konnte man auf die Dauer genügend Kohle ohne bessere »Wasserhaltungsmaschinen«, also ohne Kraftmaschinen mit Dampfbetrieb erhalten? Der dritte Vorteil war, daß Watts Genie von seiner Zeit frühzeitig erkannt war. Er hat, solange er lebte, immer Freunde gehabt, große würdige Gelehrte wie die Herrn der Glasgower Universität, später hatte er große, mächtige Fabrikherren zu Helfern, die ihm riesige Geldsummen und ihre ausgebreiteten, blühenden Fabrikbetriebe zur Verfügung stellten.

Also ein mühevolles, freudiges Schaffen? Ein Leben voller Erfolg, Ruhm, Gelingen und Freude am Werk? Nichts von alledem. Ein Dasein voller Mühe und Plage. Aber ein unbeirrbares Wollen und

Müssen, das dem Größten in seinem, Watts, Wesen getreu war und deshalb durch keinen der vielen Mißerfolge lahmzulegen war – so folgte er seinem Schicksalsstern – oder führte er ihn? Newcomen, sein großer Vorgänger, wie Watt war er aus dem Dunkel des dritten Standes mühsam aufgestiegen. Aber wenn wir auch heute wissen, wozu ein Thomas Newcomen gelebt hat – wann und wo und wie sein Leben geendet hat, ist nie bekannt geworden. Kaum wird er einen Gewinn aus seiner Erfindung gezogen haben. Niemand kennt sein Grab. Watts Bildsäule steht unter den Statuen der englischen und schottischen Könige in der Westminsterabtei. Wie wurde dieser Mensch?

James Watt wurde 1736 in Greenock am Clyde als vierter Sohn des Zimmermanns und Instrumentenmachers James Watt geboren. Die erste Kindheit: einsam, still. Kränklich und zart bleibt dieser Mensch sein Leben lang. Er spielt nicht mit Altersgenossen. Besucht keine Schule. Die Eltern bringen ihm Lesen, Schreiben, Rechnen bei. Er ist sehr viel allein. Da erfindet er: Maschinen? Nein, Märchen. Er, der Prototyp des technisch-physikalischen Genies, kann noch als achtzigjähriger Greis den berühmtesten Romandichter seiner Zeit, Walter Scott, durch seine Phantasmagorien aufs höchste entzücken. Aber das ist nur die eine Seite dieses Charakters. Ebenso unwiderstehlich treibt es den Jungen in die rußige Werkstatt des Vaters, dem er zuerst großäugig zusieht, dem er dann mithilft, bis dieser sehr erfreut dem Jungen eine kleine Arbeitsstätte mit Drehbank, Amboß, Schmiedefeuer einrichtet. So soll er auch Nachfolger des Vaters werden – aber die Zeiten sind gar nicht leicht, der Vater verliert sein im Schweiße seines Angesichtes erarbeitetes Vermögen durch Schiffbrüche. Der in halbwegs auskömmlichen Verhältnissen aufgewachsene Knabe soll sobald wie möglich an das Verdienen denken. Am besten kann er im großen London seine Lehrjahre absolvieren, und so wird die weite Reise hoch zu Roß unternommen und in zwölf Tagen ein Weg zurückgelegt, zu dem man heute sieben Stunden braucht.

Sieben Jahre Lehrzeit waren ihm zu viel. Aber schließlich nahm ihn ein geschickter Mechanikus für 400 Mark Lehrgeld in die Schule. Am Tage Arbeit – abends darben. Für acht Shilling muß er im teuren London eine ganze Woche leben. So lebt er sparsam bis zum leibhaftigen Hungern. Nachts hat er sich Privatarbeiten aufgebürdet, gönnt sich keinen Schlaf. Lange hält er es nicht aus. Kehrt müde und krank wieder heim nach Glasgow. Er will sich, knapp

zwanzig Jahre alt, als Feinmechaniker hier niederlassen. Er hat das Glück, Unglück zu haben. Infolge der strengen Zunftgesetze muß er sich unter die Fittiche der Universität retten, als Handlanger freilich nur, dem man die zerbrochenen Schulmodelle von Maschinen, unter anderm ein beschädigtes Kleinmodell der Newcomenschen Maschine, zur Reparatur übergibt. Die gelehrten Herren unterhalten sich mit ihm, aber im Grunde braucht man von ihm nur die flinken, zu jeder kniffligsten Arbeit geschickten Finger, und so kommt er mit stud. ing. Robison zusammen, und sein Schicksalswort fällt: Dampfmaschine.
Jetzt hatte er eine Aufgabe vor sich, die beiden Teilen seines dissonanten Wesens entsprach: Seine dichterisch beflügelte Phantasie, der Märchenerzähler in ihm konnte neue Ideen aushecken – und die andere Seite, der nüchterne, logische Kopf konnte mittels der anstelligen Hände die technisch-schwierige Ausführung übernehmen. Alles konnte der Leitidee seines Daseins dienen. Die Berufspflichten litten freilich unter dieser ihn beherrschenden Idee. »Alle meine Gedanken sind auf die Maschine gerichtet«, schreibt er seinem Freund, »ich kann an nichts anderes mehr denken.« Er studiert gewissenhaftest die einschlägige Literatur. Es sind schwer aufzutreibende Schriften in französischer und deutscher Sprache. Er erlernt die Sprachen. Studiert Mathematik. Er bringt sich selbst die Methoden exakten Experimentierens bei. Die Wissenschaft allein genügt nicht. Er muß, was er geistig vor sich sieht, auch praktisch ausführen können. Ihm sind bloß die Methoden der Feinmechanik vertraut. Er muß sich also die nötige Erfahrung im Großmaschinenbau aneignen: Bei den um ein Vielfaches vergrößerten Maßen, bei dem erhöhten Dampfdruck macht sich jeder kleine Fehler, jede winzige Undichtigkeit störend bemerkbar, und tausende Versuche mißlingen im Großen, nachdem sie im Kleinen gelungen sind. Ein alter Klempner, sein einziger, jedenfalls sehr billiger Gehilfe, arbeitet mit ihm. Aber der Dampf entweicht durch tausend Fugen. Ein paar Kolbenstöße – und die Maschine steht still. Man dichtet die Zylinderwände mit Kork, geölten Lappen, alten Hüten, Pferdedünger, aufgedrehten Tauen ab. Nichts hilft. Alles Geld, das er als Feinmechaniker verdient hat, ist in die Maschine gesteckt. Ist das Prinzip falsch? Das Prinzip kann nicht falsch sein, es ist logisch entwickelt, die Berechnungen stimmen so genau, daß sie heute, 1930, nur um Bruchteile genauer errechnet werden. Das Prinzip ist einfach, einleuchtend. Es heißt: Zylinder so heiß wie

möglich, Kondensor, Dampfverdichter so kalt wie möglich. Daraus ergibt sich: 1. Trennung von Zylinder und Kondensator. 2. Wärmeisolierung des Zylinders durch einen Dampfmantel. Dazu kommt als Drittes, mit Watts eigenen Worten ausgedrückt, der Plan der fernen Zukunft, die Expansionsmaschine: »Ich will eine Maschine bauen, die beides ausnützt, den Kondensor und die Dampfkraft, dann werde ich nur den Dampf allein benützen und ihn durch Ventile ins Freie entlassen, wenn er seinen Dienst getan hat.« Aber so klar ihm auch alles vor Augen steht – die Maschine rührt sich nicht.

»Wenn ich mein Mißgeschick allein zu tragen hätte, würde ich mir nichts daraus machen, dann würde ich mich vor einem Fehlschlag nicht so fürchten, aber ich kann den Gedanken nicht ertragen, daß andere unter meinen Hirngebilden leiden sollen – und dann habe ich noch die unglückselige Veranlagung, alles schwarz zu sehen.« Also Schluß mit dieser Arbeit? Vorläufig muß er verzichten. Er hat Frau und Kind. Feldmesserarbeit. Der Geometer Watt geht über Land mit seinem Theodolithen unter dem Arm und steckt das Gelände für Kanalbauten ab. Aber er hat die Leitidee nicht vergessen und seine Freunde ebensowenig.

Ein Freund bringt Watt mit einem Fabrikanten, dem Dr. Roebuck, zusammen, der für seine Betriebe, Kohlengruben usw., eine leistungsfähige Arbeitsmaschine braucht. Er läßt es sich 20000 Mark kosten, übernimmt die riesigen Kosten, welche Watts Weiterarbeit und ein Patent, das erste, im Jahre 1769, verursachen – beide sind Feuer und Flamme für die gute Sache, aber das Endergebnis ist wieder ein Mißerfolg. Dr. Roebuck kommt in schwere Geldverlegenheit, die Patentkosten sind nicht aufzutreiben, Watts Schulden steigen von Tag zu Tag. »Es gibt nichts Törichteres als das Erfinden«, schreibt Watt an einen Freund, »ich trete jetzt mein 35. Lebensjahr an, und ich habe meiner Ansicht nach der Welt noch nicht für 35 Pfennig genützt.«

Das war, nachdem er sich zwölf Jahre mit der Dampfmaschine beschäftigt hatte. Die Sorgen drängen. Die übernommenen Vermessungsarbeiten müssen beendet werden. Er muß in eine einsame, trostlose Gegend, wo herbstliche Stürme und unaufhörlicher Regen den dauernden Aufenthalt im Freien noch aufreibender und trübseliger machen. Da kommt ihm die Nachricht, seine Frau sei erkrankt. Er eilt heim. Sie war tot. Völliger Zusammenbruch. Aber es soll nicht sein, daß er als verkanntes Genie, als verhinderter Erfinder zugrunde geht. Allein ist er den Widrigkeiten eines erbarmungslosen Daseins nicht gewachsen. Da kommt ein neuer Freund, diesmal – welch seltenes Schicksal – der einzige Mann auf der bewohnten Erde, der soviel geistige und materielle Hilfsmittel besaß, um das durchzuführen, was Watt und er, Boulton, der größte und reichste Industrielle seiner Zeit, Besitzer und Leiter von vielen musterhaften Unternehmungen, als das Richtige ansehen: Ausbau der Dampfmaschine. Boulton mit seinen grandiosen, bis ins letzte ausgebauten Fabriken in Soho übernimmt die Patentrechte des in Konkurs gegangenen Dr. Roebuck, Watt lebt nur seinen Erfindungen. Geschäfte, Geldverdienen sind seine Sache nicht. »Ich will mich lieber vor die Mündung einer geladenen Kanone setzen als Rechnungen aufsetzen und Geschäfte machen«, sagt er. Niemals haben sich zwei Männer besser ergänzt, haben reibungsloser einander in die Hände gearbeitet. Geschäftsgenie – Erfindergenie. Organisation – Invention. Beide wußten: die Dampfmaschine, wie sie jetzt in Boultons Werken zu Soho gebaut wurde und die endlich! endlich lief, die Wasser pumpte, Ölmühlen drehte, störungsfrei jahrelang, jahrzehntelang lief bei Tag und Nacht, die soviel Feuerung sparte, daß die gelieferten Maschinen mit einem Drittel der gesparten Kohlen bezahlt wurden – das war die ersehnte Zukunft.

Alles Gute traf zusammen: die Bohrmaschine wurde erfunden, die ersten präzis gearbeiteten Zylinder, stets der wunde Punkt der neuen Maschine, wurden eingesetzt, die Nachricht davon verbreitete sich schnell, es regnete Anfragen und Bestellungen, man schritt zur Spezialisierung, zur strengen Arbeitsteilung. Aber auch dieses große Unternehmen konnte nur mit allem Kraftaufgebot das Risiko der epochemachenden Maschine tragen, an 800 000 Mark, ein für damalige Zeiten riesiger Betrag, mußte in die Sache hineingesteckt werden. Dabei war Watt von fast komisch anmutender Sparsamkeit. Seine Unterhaltskosten betrugen alles in allem 24 Mark die Woche. Sein Geist ruhte nicht einen Tag. Watt schuf die doppelwirkende Dampfmaschine, bei der der Dampf sowohl von oben als von unten in aufeinanderfolgenden Takten auf den Kolben wirkt, ein Gedanke, der ebenso genial ist, wie er einfach und auf der Hand liegend scheint. Er konstruierte Kopierpressen, Rechenmaschinen, von ihm rührt das berühmte Sonne- und Planetengetriebe her, eine der geistvollsten Vorrichtungen, eine Auf- und Abbewegung (Kolben) in eine rotierende (Schwungrad) zu verwandeln. Er hat das Prinzip der Lokomotive erfaßt, und ist so zu dem Problem seiner Jugend zurückgekehrt. In seiner »siebenten Patentschrift« beschreibt Watt das Prinzip und die Konstruktion einer Dampfmaschine, die mit einem Rädergestell in Verbindung gebracht und imstande ist, Personen und Frachtgüter von einem Platz zum andern zu befördern.

Leicht war sein Leben auch jetzt nicht in den Zeiten wachsender Einkünfte, allmählich sich verbreitenden Weltruhms. Die Anwaltsrechnungen für die Durchkämpfung seiner Patente erreichten die Höhe von über einer Million Mark. Sein Vermögen war, wie er schrieb, »so klein geworden, daß gerade noch mein Aufenthalt auf dieser Welt möglich ist«. Aber er ergab sich nicht. Er erfand den Regulator, der die Dampfzufuhr mit Hilfe einer an einem Parallelogramm rotierenden Kugel regelt, die je mit der wachsenden oder sinkenden Schnelligkeit des Umlaufes ein Drosselventil öffnet oder schließt und so den regelmäßigen Lauf der Maschine gewährleistet. Er maß die Kraft, die ein arbeitendes Pferd in einem bestimmten Zeitraum leistet, diese Kraftmaßeinheit führt noch heute den Namen Watt, der elektrische Zähler in jeder Wohnung mißt Kilowattstunden. Er erfand die Schiffsschraube, ein Mikrometer, einen Kopierapparat, er fragte sich bei allem und jedem, das er sah: Kann es noch verbessert werden?

Wenn er abends bei seiner Arbeit in den Sohowerken nur ungenügendes Licht hatte, erfand er eine neue Lampe, die dann als Massenartikel in den Sohowerken hergestellt wurde. In seinem Laboratorium verfolgte er alle technischen Errungenschaften. Um die Jahrhundertwende lief die Zeitdauer des zwischen Boulton und Watt geschlossenen Gesellschaftsvertrages und der Patente ab.

Watt, jetzt erst mit seinen 74 Jahren sorgenfrei, begann zu reisen, erwarb in Wales einen Landsitz und wurde in seinen alten Tagen zum Landlord, pflegte seinen Garten und hielt ein gastfreundliches Haus. Er förderte die Wissenschaft, so wie er selbst gefördert worden war. Der Universität Glasgow, der er so viel verdankte, stiftete er den Wattpreis. Nur eine leichte Erkrankung im Spätsommer 1819 – am 19. August 1819 endete in seinem Hause in Hathfield sein Leben. 83 Jahre alt. Zufrieden? Glücklich über das Riesenmaß der geleisteten Arbeit? Nein. In einem seiner letzten Briefe steht das sonderbare Wort, das an die Worte des sterbenden Beethoven erinnert, der gesagt hat, ihm sei, als hätte er noch kaum einige Noten komponiert und als stünde er am Beginn... So schreibt Watt:

»Einen anderen Vorwurf kann ich jedoch nicht zurückweisen. Bei soviel neuen Ideen, warum habe ich deren nicht mehr ausgeführt? Der Geist war willig, aber das Fleisch war schwach. Ich war der Arbeit nie sehr zugeneigt und bin niemals ein Mathematiker gewesen...« Kein Mathematiker? Vielleicht. Aber ein Genie, das das Rad der Zeit mit ungeheurem Ruck vorwärtsgeschleudert hat.

(1929)

Der neue Roman

Das Leben des Peter Paul Rubens

Der junge Dichter Otto Zoff hat eine Lebensgeschichte des P. P. Rubens geschrieben, die soeben, schön und würdig ausgestattet, im Verlage O. C. Recht in München erschienen ist. Otto Zoff ist der Schöpfer eines außerordentlich zarten Romans, der berechtigte Hoffnungen auf die späteren Leistungen des Dichters erlaubt hat. Nun tritt man mit besonders hohen Erwartungen an sein neues Buch heran, gewillt, aus der Lebensbeschreibung des Rubens, eines der fruchtbarsten, herrlichsten Geister des Menschengeschlechts, den dichterisch schöpferischen Atem des Biographen herauszufühlen. Diese Hoffnung wird, bei aller Anerkennung des Geleisteten, nicht ganz erfüllt. Weder erweist sich Zoff der geistigen Durchdringung eines Stoffes gewachsen, der dem Psychologen nicht geringere Aufgaben stellt als dem Historiker, noch auch ist die Form des Werkes so geschlossen, so vollendet, als sie wohl, nach früheren Arbeiten Zoffs zu schließen, hätte sein können. Mag sein, daß die im Innersten zartgliedrige, eben nur hinhauchende Begabung Zoffs sich seinem gewaltigen Objekte als seelisch gar zu fern zeigt, sei es, daß diese Lebensbeschreibung, als Gelegenheitsarbeit aufgefaßt, nicht jenen Anreiz bot, den sie für den Nachdichter unbedingt hätte haben müssen. Dies ist schwer zu verstehen. Denn gerade Rubens ist nicht so sehr eine Sache der Malerei als eine des lebenden Blutes. Nicht so sehr eine Angelegenheit der reinen Kunst als eine des letzten Lebens. Wenn irgendwo, bei Rubens hat das Lebensgefühl und in der glückseligsten Verkettung aller Umstände auch der Lebensausdruck rauschende Explosion, rasend emporgebäumte Kurve, sprachlos in sich gefaltete Blüte und dann nachher, über allem: atemloses Schweigen, beseligter Friede nach so vielen Wandlungen; wenn alles in einer einzigen, nie wiederkehrenden Erscheinung sich trifft.

Mit Recht faßt Zoff Rubens als »die vollendetste Erscheinung des Barock« auf.

Aber der dunkle Begriff des Barock wird nicht klarer, wenn man ihn mit der nur scheinbar fleischlichen Ekstase, mit der nur einem oberflächlichen Auge leicht deutbaren Erscheinung des Rubens verknüpft. Hinter den Gesichtern des Rubens ist ein anderes Gesicht. Hinter seinen Fahrten, seinen Abenteuern als Diplomat, seinen Ruhmestagen als europäischer Künstler steht noch eine andere

Persönlichkeit. Wozu historisch deuten wollen? Warum nicht einfach, aus reinem Empfinden heraus sagen, was man sah? Wie man's sah? Warum nicht seine besten Worte, seinen reinsten Sinn geben, wenn man über etwas so unendlich Lebenswertes spricht wie es Rubens ist?
Manches ist gesagt, weil es das Wort verlangt: »Der Raum scheint sich bei Rubens zur Raumlosigkeit zu steigern. Der Kosmos wird zum Chaos zurückgeführt.« Sicherlich wäre aus der Erläuterung des Raumbegriffs vieles und sogar das Tiefste herauszudeuten gewesen, aber wie Zoff von Raumlosigkeit bei Rubens sprechen kann, wird man schwer begreifen. Man sehe Grünewalds Malerei. Grünewalds Kühnheit, Personen im gleichen Gemälde wiederholt auftreten zu lassen, Bilder mitten im Bild zu schaffen, ferne und herznahe Spiegelungen, tausend Visionen innerhalb eines Rahmens, tausend Träume innerhalb einer Nacht, unzählige Blicke in einem Augenblick, hier ist der Wirbel einer alles, auch den Raum lösenden Dämonie, die sich in Wirkungen ausdrückt, die der Film von 1922 anstrebt, aber auch der von 1999 kaum erreichen wird.
Wie schön, wie dankbar wäre der Vergleich mit Grünewald im Bewegungsrhythmus und mit Greco in der Auswirkung des Barokken gewesen. Gerade bei Menschen, deren Menschliches sehr im Dunklen liegt wie bei Rubens oder Rembrandt, ist der Vergleich oft so erhellend, daß man aus der entgegengesetzten Erscheinung oft das Urbild herausfühlt. Aber, wenn man mit Worten nur spricht statt mit Worten zu umgrenzen, was ein gläubiges Herz längst geahnt hat, bleibt auch dieser Weg ohne Ziel. Was will es bedeuten, daß »Rembrandt von oben kommt, Rubens von unten aufsteigt?« Es mag viele geben, die diese Empfindung nicht teilen. In dem unbeschreiblichen Blatte Rembrandts, in dem die Gottesmutter stirbt, habe ich das leise, aber dennoch unabweisbare Gefühl, daß hier die Erdenwelt sich von Schmerz und Tod in den zauberhaften Arabesken der Engelsflügel befreie und ohne Gewalt, aber mit der erfüllten Kraft des bestätigten Glaubens vom schweißgetränkten Bett der Erde sich erhebe.
Zoff wollte das Leben des Götterjünglings, des herrlichsten, blühenden Mannes, des edel hinträumenden Greisen beschreiben. Wenig bleibt davon im Gedächtnis und doch viel. Ein Brief der Mutter des Rubens, an den wegen Ehebruchs im Kerker gefangenen Gatten gerichtet, ist so weich, so vertrauend, so freudig im Verstehen, so hoch im Verzicht, daß man diese Worte der über al-

len Betrug, über alles trübe Gebrest des gemeinen Lebens längst erhobenen Frau nicht ohne Erschütterung lesen kann. Und kaum ein Wort des alten, von der Welt und all der Freude biblisch gesättigten Rubens. Gefragt, warum er so traurige Augen habe, sagte er: Ich habe so viele Menschen gesehen. Das Maskenhafte, das Gleichnishafte eines so langen Lebens, mit all seinem Prunk, seinen Würden und Erfolgen, seinen Frauen, Diana, Venus und Minerva, seinen Kindern, dieses irdischen Berufs, mit seinen Reichtümern, seiner Ruhe, das wird klar. Alles wird salomonisch, mehr als das, es wird königlich. Mehr als das, möchte man sagen, es wird Goethisch.

Laßt Rembrandt sterben, im gemieteten, elenden Haus, ohne Besitz als seine schütter gewordenen Pinsel, ohne andere Wäsche, als die er an seinem schweren Leibe trägt, laßt ihn enden, einen weißen Lappen um das unerhörte Antlitz geschlungen, als letzten Lichtfleck, so wie ihn die Selbstbildnisse des alten Rembrandt zeigen, – laßt Rubens sterben, ihn, den adeligen Ahnen eines großen Geschlechts, vom Turme des großen Schlosses rings das Land, sein Eigentum, betrachtend, gesättigt und des Friedens voll; beide, Rubens und Rembrandt sterben gleich arm und gleich reich, sie sterben weise, sie gehen, die Herrlichsten ihrer Zeit, im Herrlichsten auf, das die Seele des Menschen geschaffen hat, im Leben über dem Leben, im Sinn über den Sinn, den jede Zunge anders nennt, aber dem jedes Leben zustrebt.

(1922)

Gerhart Hauptmanns
»Insel der großen Mutter«

Der Beginn des neuen Romanes von Gerhart Hauptmann ist prachtvoll: »Dem Ufer einer herrlich und verlassen prangenden, von Gebirgen überhöhten Insel im südlichen Weltmeer näherten sich eines Tages mehrere Boote, als die Sonne gerade im Mittag brütete.« Solch eines Einleitungssatzes brauchte sich Kleist nicht zu schämen, und die folgende Exposition scheint den hoch gespannten Erwartungen recht zu geben. Es sind schiffbrüchige Frauen, die sich, lachend und wehklagend zugleich, in den Booten auf die verlassene Insel flüchten, die ihnen von jetzt an Heimat, Bodenkrume, Arbeitsfeld, Totenacker, Schauplatz aller Leiden, Freuden, Pläne, Hoffnungen und Leidenschaften werden soll. Sie werden, so glaubt man, jetzt wie Robinson Crusoe die Zivilisation, die Gesittung, die menschliche Gesellschaft aus dem Urkern wieder aufbauen; die reinsten menschlichen Beziehungen werden sich in der balsamischen, regenfreien, klaren Luft der einsamen Insel wie in Goethes Wahlverwandtschaften in völliger Reinheit, Unbefangenheit und daher mit letzter Tragik entwickeln. Nun müßte das Menschengeschlecht mit ihnen aussterben, falls nicht eine unter ihnen wäre, die guter Hoffnung ist. Doch dies trifft nicht zu. Aber es ist ein zwölfjähriger schöner Knabe, namens Phaon, mitgerettet worden, von dem nun die Erhaltung dieses von dem übrigen Menschengeschlecht abgeschnittenen Zweiges abhängt. Zweihundert Frauen und nur ein Mann. Zweihundert vollblütige Menschen im sinnlichen Überfluß, denn diese schiffbrüchigen Weiber haben alles Nötige und Überflüssige gerettet: Sie haben in ihren Kähnen nicht nur Feuerzeug, Waffen, Kochgeschirr, sondern Pelze, Füllfedern, Papier, Taschentücher, Zigarren, Bordstühle, und ein Büchelchen von Wilhelm Bölsche gerettet, worin der Schädel eines auf Java ausgegrabenen Menschenaffen abgebildet ist, damit man seine Ähnlichkeit mit dem ersten Menschen feststellen könne, der auf der Insel geboren wird. Alles haben diese guten Weiber gerettet, nur ihr Empfinden, ihre angeborenen, selbstverständlichen Instinkte haben sie bei dem Untergang ihres Schiffes verloren, oder der Dichter hat sie ihnen grausam genommen. So viel Frauen und kein Mann. Eine Komödie. So viel Frauen und kein Kind. Eine Tragödie. Keines von beiden erfüllt sich.

Alles Glück der Erde ist über dem Eiland ausgeschüttet. Was könnte fehlen, wenn Früchte im Überfluß, Bast, Matten, Kaffee, Nahrung aller Art, Geflügel und Wild, Zebukühe zum Reiten und alles andere ohne die geringste Arbeitsmühe vorhanden sind. Der unbeschreibliche Reiz, der von Robinson ausgeht, der alles improvisiert, alles entdeckt, alles mühsam pflanzt, erntet und sich erst im Papagei, dann im Eingeborenen »Freitag« eine Gesellschaft und Gemeinschaft aufbaut, scheint Hauptmann nicht verlockt zu haben. Die Frauen finden alles vor, oder haben es mitgebracht, wie den Papagei, es beginnt ein Leben der Wohlzufriedenheit, um so mehr, als keine Frau, die Mutter Phaons ausgenommen, einem ihrer mit dem Schiff gesunkenen Angehörigen ernsthaft nachtrauert, indem sie von einem dieser Menschen erzählt. Selbst der wüste Abenteurer Robinson gedenkt der Seinen. Aber Hauptmann hat seltsamerweise auf alle Regungen der Menschlichkeit verzichtet. Es ist ein unorganischer Weiberhaufen, geschwätzig, seelisch dürr, gut gemästet, schön aufblühend und gut in Form, aber völlig leer.
Nun bleibt eine Möglichkeit: um den schönen, halb reifen Knaben beginnen die Kämpfe der üppigen Witwen. Aber hier beginnt dem Dichter der Faden völlig zu entgleiten. Er weiß selbst nicht, wer Phaon ist: »Phaon stand nun im ersten Drittel des 15. Lebensjahres. Als Jüngling genommen, glich er noch vollkommen einem Knaben. Als Knabe genommen, erschien er bereits jünglingshaft. Phaon war schön, wie Rodberte richtig bemerkte.« Hier ist der ganze Roman. Jaja, nein nein.
Phaons Mutter ist tot, die andern Weibsgesellen nennen sich Mutter und heilig! Sind das eine so wenig wie das andere. Sind überhaupt keine Frauen. Denn, wenn nun Phaon eine nach der anderen heimlich erobert und jede umschlingt, wenn er, um mit Ariadne zu reden, »wie ein Gott gegangen kommt«, wird es dann ein menschliches Herz verstehen, daß die durch diese Liebe beglückten Frauen dies Geheimnis des zeugenden Knaben streng im Busen verschließen, so daß nicht ein einziges Geständnis ihrer Amazonenbrust entfährt? Daß ferner diese Frauen einander den Knaben ohne die geringste Eifersucht gönnen? Daß sie, zum dritten, auf die männlichen Sprossen dieser Umarmungen verzichten und diese Knaben im Alter von fünf Jahren »satzungsgemäß« auf einen abgelegenen Teil der Insel verbannen und den jungen Vater dazu? Hier hört alle Vernunft auf, und das Einhorn tritt in seine Rechte. Das Einhorn wäre an sich keine üble Erscheinung. Denn wir wol-

len gerne glauben, wollen uns nur zu gerne bezaubern lassen gegen jede Vernunft. Aber glaubt der Dichter an dieses Einhorn, wenn er das arme Fabelwesen wörtlich mit einem Zitat aus dem »Nüchternen Herbert Spencer« motiviert. Ratlos und hilflos schwankt der Schöpfer dieser Gestalten zwischen Glauben und Schönheitsschilderung und einem ganz kraftlosen, altersmüden Spott, der um so betrübender dort wirkt, wo man die schärfste Lauge des Aristophanes herbeiwünscht. Was soll es, wenn bei der ersten Geburt eines neuen Bürgers auf der Insel sich eine Frau folgendermaßen ausläßt: »Und für sich könne sie es mit dem Einsatz ihres Lebens verbürgen, daß nämlich Babette (die junge Mutter) das reinste, makelloseste Geschöpf der Erde sei, über jeden Verdacht einer platten oder auch nur bewußten Buhlschaft hoch erhoben.« Dazu über jeder Seite des umfangreichen Buches ein, halb ernst, halb humoristisch gewähltes Schlagwort, wie es der gute Hartleben in seinen Novellen liebte, so über dieser Seite: »Das jungfräulichste Geschöpf«, über einer anderen: »Ein genialer Schimpanse?« oder »No, I kann a nix weiter sogn«, oder: »Halten Sie fest, ich bin nicht toll!«, oder »Sardanapal«, »Unter vier Augen«, »Kochtopf der Anachoreten« usw.

Hauptmann spitzt das nun außerordentlich verkünstelte Werk so zu, daß die verbannten Knaben mit Phaon sich gegen die Weiber auf dem andern Teil der Insel empören, gegen sie zu Felde ziehen und sie besiegen, wobei unter Brüdern und Schwestern neue Ehen geschlossen werden. Dem großen Problem, was der Mann Phaon erotisch für seine schönen Töchter empfindet, ist Hauptmann aus dem Weg gegangen, aber auch das hat er nicht folgerecht durchgeführt, er berührt es immer wieder, löst es nie. Ungelöste Probleme sind vom Mythos weltenweit entfernt. Aus dem ungelösten, ja kaum von Hauptmann geistig erfaßten Problem der männerlosen Mutterschaft entwickelt sich in dem Buch alles eher als ein »Wunder«. Hier ist keine Spur von dem grandiosen Mythos der unbefleckten Empfängnis, der den mystischen Marienkult und die Gotik geschaffen hat. Es bleibt bei Hauptmann nur ein schwacher, menschenfreundlich gutmütiger, geheimnisloser Witz. Am Ende des Romans sieht man Phaon mit seiner Tochter ratlos im Segelboot der Insel enteilen, nicht anders als im »Graf von Monte Christo« den Grafen mit seiner schönen Heydee.

Daß dem Dichter, dem unsere Verehrung treu bleibt, das Werk, an dem er seit vielen Jahren gearbeitet hat, bis zu einem solchen

Maße von abseitiger, leerer, ja kindischer Darstellung mißlingen konnte, ist unbegreiflich, denn es stehen Schönheiten von besonderem Zauber in dem Buche, die ganze, nicht eigentlich tropische, sondern mehr südgriechische Atmosphäre, die unübertreffliche Beschreibung eines Wasserfalles oder der Terrassen am Meere mit den kochenden, kristallklaren Bädern. Schön sind auch einige eingestreute Gedichte. Das Gedankliche, das oft ganz unvermittelt ausgesponnen wird, ist, mitten in dem Wust von unmöglichen Tatsachen und seelenlosen Schemen, an vielen Stellen ganz herrlich klar und zwingend. Eine kosmische Vision zum Schluß kann nur ein Dichter geschrieben haben, und der Abschied Phaons von seinen Geschöpfen könnte eine unvergeßliche, ja unsterbliche Szene der Weltliteratur sein, wenn der Dichter sie wirklich gestaltet hätte.

(1924)

Thomas Manns »Zauberberg«

Die deutsche Nation ist um ein episches Meisterwerk reicher. Thomas Mann legt uns in seinem Buche »*Der Zauberberg*« eine Arbeit vor, das Ergebnis langjähriger Mühe offenbar, das man, ohne der Majestät Goethes nahezutreten, mit dem Wilhelm Meister in einem Atem nennen kann. Es ist, wenngleich das Thema das gleiche ist wie in Goethes Roman, kein zweiter Wilhelm Meister, aber, gemessen an der herrlichsten, sichersten Darstellungskunst, an dem reichsten geistigen Gehalte, wird das Buch Thomas Manns seinen Wert nicht allzuweit hinter Goethe stets behalten; nicht nur durch das, was es ist, sondern auch dadurch, was es uns bedeutet. In seinem kleinen Vorwort spricht der Dichter von seinem Helden, den er einen einfachen, wenn auch ansprechenden jungen Menschen nennt, er charakterisiert die Linie der Darstellung so: »die Geschichte ist sehr lange her, sie ist sozusagen schon ganz mit historischem Edelrost überzogen und unbedingt in der Zeitform der tiefsten Vergangenheit vorzutragen«. Hier unterschätzt sich der Dichter. Sein »Zauberberg« ist und wirkt lebendiger als sonst ein literarisches Erzeugnis der letzten 10 Jahre, der »Zauberberg« ist aktuell im stärksten Maße, und damit wird ein Teil des Interesses, ja der Lesewut erklärt, die den Leser durch die zwei außerordentlich umfangreichen Bände dieses Buches treibt. Auch wenn, in Diskussionen freilich mehr als in Erlebnissen, sich fast alle Probleme von 1914 bis 1923 in dem Werke aufrollen, Christentum, Heidentum, Judentum, Fleisch oder Geist, Rom oder Voltaire, Schauen oder Leben, Spiritismus und Nihilismus, Sozialismus oder Jesuitentum (in der feinsten Abstraktion), und vor allem Relativitätsproblem und Zeitbegriff, Schmerz, Leiden und Sterben, auch wenn diese in klarster Form vorgetragenen, ganz erleuchtet erfaßten Geisteskämpfe fehlten, auch dann würde das Buch zum Spiegel seiner Zeit und seines Volkes, fast wie Goethes Wilhelm Meister. Denn es ist der chaotische Bürger, um den es geht. Im wahrsten Sinne des Wortes geht es um ihn. Alles bewegt ihn, aber nichts bringt ihn aus der Ruhe. Er erlebt alles, und nichts ist ihm bestimmt: und wenn der Mensch dieses Buches, Hans Castorp, zum Schlusse gewandelt ist, wissen wir nicht, ist er gesünder geworden oder nur schmerzgewohnter, ist er weiser geworden, oder bloß älter. Ein junger Mann kommt auf den Zauberberg, die große

Heilungs- und Sterbestätte der Lungenkranken, er hält sich für gesund, sein Besuch gilt einem lieben Vetter und Freund, der das militärische Element, das aristokratische vertritt, wie er, Hans Castorp das zivile, demokratische, edelbürgerliche.
Aber der Held erweist sich dem Zauberberg nicht gewachsen oder vielmehr nur zu sehr gewachsen, er ist krank wie alle anderen Gäste des Bergsanatoriums, er findet den Weg nicht zurück. Oder er findet den Weg nur in den Untergang, in den Weltkrieg, der flüchtig visionär den Abschluß des Buches, aber nicht den Abschluß der Lebensexistenz bildet. Hans Castorp kehrt, wenn er nach mühseliger, sieben Jahre langer Kurbehandlung sich in den Schützengraben widerstandslos stürzt, nur in sein eigentliches Element, in das chaotische zurück. Denn diese Seele, von außen gesehen, simpel, banal, alltäglich, hat es in sich. Sie bietet sich allem dar, was ist, und da die Summa summae unserer Zeit Chaos ist, da die Epoche eben zu groß für unsere Persönlichkeit ist, da die naturwissenschaftlichen Ergebnisse in ihrer stumpfen Prägnanz kein ebenso starkes, scharfes, klares philosophisches Gegengewicht gefunden haben, schwankt unser Held in allen erdenklichen Abenteuern des Geistes, des Fleisches, des Krankseins, des Gesundheitsrausches, des Bewußtseins und der Verdunkelung, bis ihn der allgemeine Abgrund des Namenlosen (darf man sagen, die Pflicht gegen das eigene Volk?) aufnimmt und ihm ein ehrenvolles Begräbnis sichert. Dieser chaotische Grundcharakter scheint hier schärfer erfaßt als in Goethes Werk, wo er sich, fast gegen den Willen des Schöpfers, erst in den späteren Partien durcharbeitet. Mit großer Sicherheit hat Mann die Gegenpole erfaßt. Das Fleisch, die Anatomie, das rein Tatsächliche aller dieser sterbenden, leidenden Menschen, und er ist dabei, trotz seiner Urbanität, vor nichts zurückgeschreckt. Man findet Bilder des Lebens in diesem Buch, so strotzend, voller Kraft und Lust am Glanz, leicht beflügelt, zart blumenhaft wie die Russin Clawdia Chauchat, ein vollendetes Kunstwerk im Kunstwerk. Man findet die starke Persönlichkeit, halb Maske, halb zitterndes Fleisch, den Weltfürsten Peeperkorn, mit unerhört sicherm Strich angesetzt, leider nicht ebenso vollendet, Ebenbild des herrlichen, nie wieder erreichten Luckner in Wedekinds Schloß Wetterstein; den Mann, der an seiner Kraft erstickt und an seiner Gesundheit sich verblutet. Man findet so erschütternde, kleine Bilder des animalen Sterbens, wie das einer kleinen Dame, die sich vor dem Priester mit dem tröstenden Viatikum unter die Decken ver-

kriecht und markerschütternd, unvergeßbar nach Leben schreit.
Man findet Landschaften, zauberhaft erfühlt, nur mit Stifters
Landschaften, mit seinen Hochgebirgen, Schneewehen, Bergwiesen vergleichbar. Hier ist alles persönlich, einmalig, namenhaft und
nie wiederkehrend. Wie sich der Frack mit dem Totenhemd, wie
sich das Elegante mit dem Schicksalmäßigen vermählt, wie die gutgekleidete, gut genährte, wenn auch von Tuberkelbazillen infizierte Existenz kosmisch wird, sich den Sternen angesellt, das ist
so herrlich, so unnachahmbar gestaltet, daß es unvergeßbar wird;
ich weiß es.
Zwei große, unmenschliche, übermenschliche Szenen, der Dialog
des Helden mit der Russin (diese Szene hat Mann aus Zart- und
Schamgefühl französisch geschrieben), und die Unterredung des
Helden mit dem Indienfahrer Peeperkorn, diese Zusammenkunft
müder Jugend mit einer allzu frischen, behenden, überlebendigen
Greisenhaftigkeit, das sind Begegnungen zwischen Menschen, wie
sie nur ein Genie der Erzählung zu gestalten vermag.
Es wäre nicht gerecht, zu sagen, daß sich das ganze, riesige Werk
auf dieser Höhe hält. Von allen Problemen und Geistesabenteuern,
die in dem Rahmen des Buches sich finden (mehr, als daß sie sich
finden, kann man nicht sagen), ist bloß das Problem der Zeit organisch, notwendig, überzeugend, ja zwingend aus der Seele des
Werkes hervorgewachsen. Zeit ist für einen Genesenden, für einen
Sterbenden das wichtigste Problem; und da wir alle andern, mögen
wir auch nicht auf dem Zauberberg weilen, in diese zwei Kategorien der Sterbenden und Genesenden eingereiht zu werden uns gefallen lassen müssen, ist das »Zeitliche« in dem Zauberberg gerade
das Ewige. Alle anderen Probleme, die der Dichter mit Hilfe
zweier Nebenfiguren, des romanischen Heiden Settembrini und
des jüdischen Christen Naphta entwickeln läßt, sind wohl für die
Zeit charakteristisch, für den Helden indirekt auch, denn er schlittert in diese Probleme hinein und aus ihnen heraus, man weiß nicht
wie, und er kann von Glück reden, daß er heil aus ihnen sich rettet.
Aber nun macht es Mühe. Es beweist sehr viel für die absolute Erzählungskraft Manns, für das Tolstoische, um nicht zu sagen, Homerische an ihm, daß er sich diese Schwergewichte aufladen kann,
ohne zusammenzubrechen. In der Hand eines geringeren Meisters
wäre der Zauberberg Torso geblieben. Diese Abweichungen sind
nicht zufällig, sondern gewollt, Thomas Mann sagt selbst darüber:
»Schon Jahre, soviel ist sicher, sind wir hier oben, uns schwindelt,

das ist ein Lastertraum ohne Opium und Haschisch – und doch stellen wir der schlimmen Umnebelung absichtlich viel Verstandeshelligkeit und logische Schärfe gegenüber. Nicht zufällig, das möge anerkannt werden, haben wir uns Köpfe wie die Herren Naphta und Settembrini zum Umgang erwählt...« Nein, nicht Umgang! Nicht um den Menschen herum möge sich das gedankliche Gewirre und die Entwirrung der Seele begeben, sondern in ihm selbst. Aber wie kann es Handlung, Verhandlung, Entscheidung geben, bei chaotischen, fessellosen, grenzenlosen Naturen, schon darum fessellos, weil sie dem tätigen Leben des großen Goethe längst entsagt haben und, halb mit Willen, halb durch das sterbliche Teil bezwungen, mit einem Fuße (ihrer Seele?) im Grabe stehen. Bei Tuberkelbazillen im Sputum gibt es keine geistigen Entscheidungen, diese Menschen sind nicht mehr mögliche Subjekte der Welterfassung, sondern nur bestenfalls Objekte.

Hier liegt also nicht das Schwergewicht. Es muß auch gar nicht hier liegen. Hat ein hoher Meister eine Figur geschildert, wie sie ist, dann hat er, unausgesprochen auch gesagt, was sie bedeutet. Bei einer Figur ist dies Thomas Mann auch ohne trüben Rest gelungen, bei dem preußischen Vetter, Joachim Ziemssen, der in seinem keuschen und doch weit überspannten Leben und Streben, in seinem kühnen Wollen und Versagen, nicht sich allein als singuläre Erscheinung darstellt, sondern seine ganze Klasse, ja sogar sein Volk. Seine letzten Tage, Stunden und Augenblicke sind so meisterhaft, so herrlich unvergeßbar, so männlich rührend und im tiefsten erschütternd geschildert, daß man es als Sakrileg empfindet – ich wenigstens – wenn bei einer spiritistischen Seance eben dieser große, keusche Held, zu einem trügerischen, abenteuerlichen, aufregenden Schein und Schauerdasein wiedererweckt wird.

(1924)

Die Jugend im Roman

I

Der Verlag »Die Schmiede« in Berlin kündigt eine Sammlung der besten zeitgenössischen Romane der Welt an. Er kann sicher sein, daß man sich mit besonderen Erwartungen dieser Sammlung zuwendet. Das Drama hat in den letzten Jahren eine selbst von Mißgünstigen nicht zu leugnende Bereicherung durch eine Zahl junger Menschen erhalten, über deren Genie sich Streit erheben mag, deren Genius, deren Kraft, deren hochgespannter Wille jedenfals auch dem Auge und Urteil wenig Wohlwollender nicht entgehen kann. Bei den jungen Dramatikern handelt es sich nicht mehr um Entscheidung, sondern um eine, wenn auch noch begrenzte, so doch schon in Kraft getretene Wirksamkeit, um eine Bewährung auf der lebendigen Bühne. Anders ist es mit der epischen Kunst. Wir sind jetzt im dritten Dezennium eines gewaltigen Jahrhunderts. Gemessen an der Größe der Ereignisse ist das Resultat gerade im Roman nicht bedeutend. Man kann mit einem Schein von Berechtigung von einem Versagen der jüngsten Generation gerade im Roman sprechen. Wir haben von 1900-10 bedeutende Erzähler gehabt, deren einer, Thomas Mann, sich heute noch als der gewaltigsten einer erweist, wir haben in der Altersklasse von 1910-20 eine zweite Generation an der Arbeit gesehen (auch ich zähle mich zu dieser Generation). Aber aus der nächsten Geschlechterfolge kommen wohl dramatische, auch lyrische Gestaltungen von Wert, was aber bis jetzt fast völlig zu fehlen scheint, sind neue Epiker und, sonderbarerweise, neue kritische Köpfe. Zwischen diesen Erscheinungen mag ein hier nicht näher zu erörternder Zusammenhang bestehen. Kündigt nun ein Unternehmen, wie die Schmiede, eine Sammlung der besten zeitgenössischen Romane der Welt an, kann es sich nur um solche Werke handeln, die eben dieser dritten Generation ihren Ursprung verdanken, und mit Ausnahme Franz Kafkas sind es auch neue Namen, neue Männer, vielleicht auch, so hoffen wir, neue Darstellungsmethoden, neue Wesenheiten (nirgends ist das Wesenhafte so entscheidend wie im Roman – und in der Kritik), die sich ans Tageslicht drängen und die wir Älteren mit wahrer Freude begrüßen wollen, wenn sie sich als echt erweisen im Kern, in der Fülle des Daseins, mögen sie auch in der Form noch

Mängel haben, die man der Kraft, der Überkraft verschwendender Jugend gern verzeiht. Diese Erwartungen, das muß ich am Beginn sagen, werden durch die vorliegende Sammlung nicht erfüllt. *Franz Kafka* ist bei diesem Urteil ausgenommen. Sein »*Hungerkünstler*« ist vollendet. Mochte dieser Dichter Großes wollen oder sich mit dem Bescheidensten begnügen, ihm war als Künstler das Glück der letzten Erfüllung, daher auch der letzten, schrecklichsten Einsamkeit beschieden. Denn was er brachte, waren absolute Spiegelungen seiner selbst, magische Verkleidungen eines von sich selbst verfolgten Mannes, der das Chaos seiner Seele in die strengste, härteste, eisigste Form bannte. Es ist Zeitlosigkeit um Kafka – oder dürfen wir sagen: Ewigkeit? Ewigkeit ist es nicht, denn Ewigkeit ist das über die Zeiten hinweg *freudig* wirkende, das ist Goethe. Aber Kafkas keusches, männliches Leben und Sterben, seine mystischen Karrikaturen des Zellensträflings, der die Wände seines engen Raums bis an den Rand mit seiner Zeichensprache bedeckt, das alles hat *Bleiben*, hat Wahrheit, hat Gültigkeit in sich. Ob er gültig sei, daran hat Franz Kafka immer gezweifelt, das ist auch das ewig variierte Grundproblem seiner Schöpfung gewesen. Man darf glauben, daß die Zeit die Gültigkeit dieses unglücklichen Mannes und großen Dichters bestätigen wird.

Nach Franz Kafka kann man die anderen Autoren nur in weitem Abstande nennen. Sehr dünn erscheint der sehr gerühmte *Francis Carco*, mit seinem »*Der Gehetzte*«. Als Grundtatsache eine gewaltige, eine unwiderstehliche, eine Kafkasche Vision: Ein Bäcker, in seinem Keller arbeitend, wird nachts von den zur Arbeit umherstreifenden Dirnen um warmes Brot gebeten. Sie werfen ihm Kupferstücke zu, sie lassen Stricke in seine warme Höhle hinab, um das Brot daran heraufzuziehen. In einer Nacht entfernt sich der Mann aus der Backstube, um eine alte Frau zu ermorden, zu berauben. Er kommt nach einer Minute zurück, findet alles, wie es war, nur ein Strick hängt herab, es war also jemand da, hat ihn belauscht. Es ist eine Dirne, die von dem Morde des Mannes Weiß und, durch Grauen an ihn gekettet, ihm folgt, ihn schützt und mit ihm verhaftet wird. Ist die Ausgangssituation zwingend, einfach, gegenständlich, so wird im folgenden alles durch Gerede und Gedenke auseinander gezwirnt, es wird inhaltloser, psychologischer, vernüftelnder mit jeder Seite, und es gelingt dem Autor, der offenbar von Bourget (schlechtes) gelernt hat, aus einer lebendigen Figur ein psychologisches, blutloses Schattenspiel zu machen, das auch nur den entferntesten Vergleich mit einem andern Mörder und einer anderen Dirne, Raskolnikoff und Sonja, nicht erträgt.

Ist bei dem Franzosen Carco wenigstens der Beginn des Romanes wesenhaft und zwingend, ist der Tscheche *Karel Capek* von vornherein äußerst bescheiden in seiner Aufgabe. Sein Buch heißt: *Das »Absolutum oder die Gottesfabrik«*. Die Atomzertrümmerung macht nach Capek göttliche Kräfte frei. Sie schafft Brot in Fülle, das ist gut, sie schafft auch Gott in Fülle, das ist von Übel. Nimmt man die mäßig amüsante, halbwegs gut geschriebene, nicht gerade dumme Sache mit allem, was sie ist und will, hat man einen epischen Schüler von Shaw vor sich, aber es ist nicht der Shaw der guten Jahre, sondern der zwar erfolgreich, aber auch zahnlos witzelnde Shaw der heiligen Johanna. Da aber Capek nicht Shaws immerhin ruhmvolle Vergangenheit hat, lohnt es der Mühe bei ihm kaum.

II

Die zwei Bücher des jungen *Joseph Roth*, die in der Sammlung der Romane des zwanzigsten Jahrhunderts erscheinen, muß man als wertvolle Erzählungen ansprechen. Es sind Werke von einem gesteigerten, dabei maßvollen Realismus, von einer etwas erhöhten Blutwärme, die das fieberhaft Eisige dämonischer Phantasie ebenso zu vermeiden weiß, wie eine im Stofflichen erstickende, breite, erdige Darstellung. Man sieht, es sind im wesentlichen negative Vorzüge, die bei diesen Büchern auffallen. Aber es ist in jedem der Bücher ein Moment, wo das Werk ans Gültige heranreicht. In dem schwächeren, dem Roman *»Die Rebellion«* handelt es sich um einen Kriegskrüppel, der aus dem Weltuntergang zwar nicht seine gesunden Glieder, aber doch den Glauben an die Gerechtigkeit des Staates, den Glauben an eine weise waltende Ordnung bewahrt hat. Daß er daran, und nicht an dem rein körperlichen Versagen strandet, ist ein guter Vorwurf, dem der Autor mit seinen sparsamen, aber doch wirkungsvollen Mitteln gewachsen ist. Denn wir haben es bei Roth mit einem guten Erzähler zu tun, dem die Darstellung, die Mitteilung als solche Freude bereitet. Wie dieser invalide, bis auf sein amputiertes Bein gesunde, arbeitswillige, lebensfähige Mann an einem üblen Zufall bürokratischer Natur zugrunde geht, nachdem er sich den in seiner Lage unverzeihlichen Luxus jähzorniger Aufwallung gegönnt hat, das ist das Thema des Buches. Wir kennen aus Gogols unsterblichen, unbeschreiblich lebenstollen »Toten Seelen« eine ähnliche Figur, die dort nur umrissen ist, da ein Tölpel sie mit dem fabelhaften Tschirikoff verwechselt, der doch eher eine Gliedmaß zuviel hat, als eine zu wenig. Gogol strotzt von Humor, die Figur springt aus dem Buche, dies ist selbst bei den Russen unerreicht. Von Roths Figur kann man dies nicht sagen. Und doch hat sein Held einen heldenhaften, mehr als das, er erlebt einen echt menschenhaften Augenblick, nämlich den, als der Fünfundzwanzigjährige sich nach einem zweimonatlichen Aufenthalt in der Gefängniszelle im Spiegel sieht: sich als Greis, als silberhaarigen, gebrochenen Mann mit kindlichem Staunen wiederfindet.

Auch der andere Roman Roths, »*Hotel Savoy*«, entbehrt nicht des Schicksalhaften, Mythischen. Ein Kriegsteilnehmer (Soldat oder Krieger kann man den Kämpfer des Weltkriegs hier nicht nennen) kehrt nach langjähriger Gefangenschaft heim, er verweilt einige Zeit in einer polnisch-russisch-jüdischen Stadt oder, besser gesagt, in einem großen, gigantischen Hotel, es mag ein Hotel in Warschau oder Lodz gedacht sein. Wie dem Vereinsamten die ganze Menschheit in ihrer sozialen Schichtung, in ihrer seelischen Wesensart entgegentritt, daraus entwickelt sich das eigenartige Werk. Es soll nur flüchtige Begegnungen zwischen den Menschen geben. Sie sind, teils durch die Wahl des Stoffes, teils aus dem Wesenskern des Autors heraus, immer wieder auseinander komponiert, sie streifen sich eben nur. Atmen, flüstern, andeuten, schweigen. Zart, verwehend, ähnlich (wenn auch nicht so ganz schattenhaft und ganz seelenhaft) wie bei dem in seiner Art großen Herman Bang, dem früh gestorbenen. Immerhin ist hier ein Versuch des Baues, wenn auch nicht des Aufbaues unternommen, der rühmenswert ist. Die Reichen, die Satten, die Übermütigen unten in den Prachtgemächern des großen Hotels, die Mühseligen, die Beladenen oben in den kümmerlichen Stuben in der Nähe der durstig dumpfigen, feuchten Waschküche, die der Autor unter das Dach verlegt hat. Es ist nicht eigentlich ein großes, mondänes Hotel mit 800 Zimmern, es ist nur ein groß gewolltes, wenn auch nicht immer groß gekonntes Symbol der menschlichen Schichtung, des Übereinander und, in herzlicher, keuscher Seelenbeziehung auch des Nebeneinander, der Kameraderie und Freundschaft, der scheuen, knabenhaften Erotik.

Eine ganz eigenartige Erscheinung ist *Albert Daudistel* mit seinen zwei Erzählungen, die er aus unbegreiflichen Gründen unter dem hohlklingenden Titel »*Die lahmen Götter*« vereinigt hat. Die erste Erzählung schildert in gewaltsam optimistischer, oft kindischer Weise das Leben der Gefangenen in der »politischen« Festung Niederschönenfeld, offenbar ein Stück Autobiographie, Reflex der Münchener Rätezeit, die sich hier als verspäteter, alberner Karnevalsjux darstellt. Ob sie mehr gewesen ist, läßt die ganz zerfahrene, trotz des interessanten Stoffes langweilige Erzählung nicht erkennen. Daudistel scheint hier Romain Rollands akademisch blutloser Schaffensart ohne die Kultur und ohne den Gelehrtenfleiß des so sehr überschätzten Franzosen Gefolgschaft geleistet zu haben. Bestände der Band nur aus dieser einen, der ersten Erzählung, dann könnte man über Daudistel, als eine Begabung zweiten (das ist letzten) Grades beruhigt sein. Aber der Band enthält noch eine zweite Geschichte, ein ganz unliterarisches oft rohes, aber fabelhaft echtes, packendes und unvergeßliches Schicksal zweier Menschen aus dem Volke, einem Matrosen und einer Dienstmagd, die heiraten, in Glück miteinander leben und zusammen untergehen an dem Jammer ihrer erbärmlichen Zeit, die ihnen das beste Blut aus den Adern gesogen hat, ohne daß man sagen könnte, wer schuld ist, das Schicksalhafte, das Unberechenbare, das Tolle, das strotzend Blühende und plötzlich Vergehende wird in dieser Erzählung schlechthin meisterlich gestaltet. Man muß schon an Büchners Woyzeck erinnern, um zu einer ähnlichen Mischung von überquellender, im eigenen Blut erstickender Sinnlichkeit und wortloser echter Keuschheit zu gelangen. Höheres kann zu dem Leben dieses neuen Mannes Daudistel nicht gesagt werden.

(1925)

Jack London

Ein Dichter, der sich internationaler Berühmtheit erfreut, in Deutschland aber bis jetzt kaum bekannt geworden ist, wird uns jetzt durch eine Anzahl von Übersetzungen nahegebracht, die im Verlage Gyldendal in Berlin erscheinen. Es ist Jack London, und die bis jetzt erschienenen Bände heißen: »In den Wäldern des Nordens«, »Abenteuer des Schienenstranges« und »Südseegeschichten«. Das erste Werk ist eine exotisch farbige Kette von Novellen, die im äußersten Norden Amerikas spielen, der zweite Band enthält Abenteuergeschichten eines jungen Vagabunden, der dritte bringt Legenden und kurze, außerordentliche Bilder aus dem Dunstkreis der Südsee – es sind echte Dichtungen von einer Kraft und Glut, die ihresgleichen nicht hat. Der erstgenannte Band würde zwar Jack London nur zum guten Erzähler stempeln. Das sachliche Interesse an den primitiven Menschen und ihrem Kampf gegen die innerlich ebenso primitive, aber technisch raffinierte Welt der Zivilisation überwiegt und entscheidet. Es kann keinem Zweifel unterliegen, daß der Eingeborene unterliegen muß. Ihm gehört Jack Londons Sympathie, man fühlt es in jeder Zeile. Es fließt viel Blut in diesem Buche, mit Grausamkeiten wird nicht gespart, in einer kleinen Zeile wird von einem Kinde, einem drei Monate alten Säugling erzählt, das man aus Aberglauben auf Dornen liegen läßt, bis es stirbt. Die Sachlichkeit ist ungeheuer, von keinem mir bekannten neueren Schriftsteller erreicht, dennoch bleibt man innerlich nur widerwillig gefesselt, im Augenblick der furchtbaren Erscheinung krampft sich wohl das Herz zusammen, aber es bleibt nichts von Dauer zurück. Daß die primitiven Kulturen, deren innere Gültigkeit wir in den letzten Jahrzehnten an zahllosen Werken ihrer bildenden Kunst, geschnitzten Statuen, bemalten Götzenbildern, an Tänzen und einfachen, lapidaren Gesängen immer wieder bewiesen finden – daß diese primitiven Kulturen dem Untergang geweiht sind, daß sie im Laufe von Jahrzehnten durch eine unsichere, kalte, stumpfsinnige, vom Christentum giftig gefirnißte Zivilisation vernichtet werden, das ist uns nichts Neues. Es ist wohl als Thema ebenbürtig dem Kampfe um Troja, aber wo ist hier auf der Freundesseite eine Helena und ein Priamus, auf der Feindesseite ein Achilles und Patroklus, unvergängliche Gestalten sie alle? Sind wir wirklich Freund und Feind? Die Helden der Jack Londonschen Kämpfe haben wohl Waffen, aber kein Gesicht, sie sprechen wohl eine dichterische Sprache, haben aber kein echtes Blut, deshalb lassen sie kalt, obwohl uns doch dieses äußerste Thule, die Landschaft dieser Kämpfe durch die zahlreichen arktischen Filme nahe gerückt worden ist.

Auch in dem zweiten Buche ist die Individuation (die deutsche Sprache hat keinen richtigen Ausdruck für diesen Begriff der Persönlichkeitsschöpfung) nicht sehr weit getrieben. Aber hier ist eine so tolle Bewegung in Szene gesetzt, der Schauplatz wechselt in so rasender Schnelle, der innere Grundzug, das Hungern und Haschen nach Freiheit ist etwas so Natürliches, etwas so bezaubernd Menschliches – ja dieser bezaubernde Mensch Jack London ist es in seiner eigensten Person, in einer fabelhaft lebensfreudigen Selbstaufnahme, der aus einem fahrenden Eisenbahnzug herausspringt, weil er als verlumpter Vagabund, als pennyloser Tramp von den Beamten der C.A.P.-Bahn herabgejagt wird, aber welche Listen, welche Schliche, wieder auf den fahrenden Zug hinaufzugelangen, welche genialen Überfälle auf die argwöhnischen Geister der besoldeten, bürgerlichen Beamten, welche Kraft, welche Lust, welche spitzbübische Freude, wenn der Vagabund seine an sich doch nutzlosen Reisen, kreuz und quer durch das Land der arbeitenden Menschen unternimmt, er allein ohne Arbeit, bald bettelnd, bald hungernd, bald ungerecht verurteilt, bald unter Lebensgefahr geduckt unter die rasenden Waggons, während ein tückischer Beamter einen Schlagbolzen losmacht und ihn an einer Kette unter die sausenden Waggons schwingt, so daß der unselige, unsichtbare Reisende um sein Leben zittern muß. Welche Freundschaften, welche herrliche Vertrautheit zwischen Mann und Mann. Frauen kommen in diesem Werk fast nicht vor, höchstens daß sie um Speisen angebettelt werden und mit Lügenmärchen reichlich bezahlt. Man kann es nicht anders sagen, das Herz geht dem Leser dieser herrlichen Freiheitskämpfe auf. Es ist das Bezauberndste, was seit Jahren geschrieben worden ist. Auf einem beigelegten Prospekte ist der Held dieser Trampgeschichten, ist Jack London, photographiert. Ein prachtvoller Junge, mit einem stillen, aber unzerstörbar freudigen Lächeln um den willensstarken Mund; die Augen scharf, etwas zusammengekniffen, nein, zusammengerissen, ein Beobachter von unerhörten Qualitäten. Der Mund groß, mit weiten, weichen Lippen, ein Erzähler von Natur, wie Homer und Tolstoi es waren.

Mit neun Jahren war dieser Mann, der Sohn eines verarmten Landwirtes in den Weststaaten, ein Zeitungsverkäufer, mit zwölf Jahren ein Fabrikarbeiter mit 12stündiger Arbeitszeit und zehn Cents Stundenlohn, nachher ein Plünderer von Austernbänken, selbständiger Unternehmer, »König der Austernräuber«, mit 18 Jahren als anonymes Glied eines Arbeiterheeres vorwärts nach San Franzisko. Schnell freigeworden, zu einem Gemeinschaftsleben unfähig, beginnt er das tollste Wanderleben in dem freiesten Staat der Welt. Elend, dauernde Gefahr, wilde Abenteuer, kein Abenteuer der Seele, nur solche des Körpers, der immer auf der Suche ist nach Nahrung, Wärme, Lagerstatt und der, auch darin dem Tiere gleich, immer frei schweifen will und muß. Erntearbeiter, Landstreicher und Goldsucher in Klondyke, bei den Schatzgräbern. Jetzt beginnt seine dichterische Laufbahn, immer vom Autobiographischen getränkt, aber sich nicht im Autobiographischen erschöpfend. Menschen, die Interessantes, nie Wiederkehrendes erlebt haben, deren gibt es unzählige. Solche, die es gut wiedererzählen können, schmucklos phrasenlos, einfach, bezaubernd, deren gibt es wenige. Solche, die aus dem einzelnen Gebilde eine Welt schaffen können, solche die Gesicht bekommen, weil sie das Geheimnis der Persönlichkeit haben und dazu die Kraft, die Gewalt der schöpferischen Phantasie des Glaubens – solche Männer sind selten, wie Jack London selten ist. Nach der Idee darf man nicht suchen, sie ist ganz in den Mantel der Erscheinung eingehüllt. Aber die Erscheinung muß nur leben, sich regend bewegen, dann tritt auch die Idee vor die Sache, und das, was Jack London bewußt vielleicht nie angestrebt hat, die Dichtung, steht in blühendem Leben vor uns. Denn Dichtung sind die Erzählungen aus dem Dunstkreis der Südsee, Dunstkreis in dem echtesten Sinn dieses Wortes verstanden: Tierwelt und Seelenwelt, Meer und Götter, Menschenseelen, Teufelsdämonen, europäische und polynesische, Taifune und stilles, friedliches Meer, Freundschaften zwischen Männern, Liebe, Altern, Sterben und Geborenwerden, alles wird man in dem wundervollen Buche finden. Man kann die zauberkräftige Gewalt dieser schmucklosen Erzählungen nicht beschreiben, man müßte die Erzählungen wie sie sind hierher setzen.

Der Dichter lebt nicht mehr. Er hat den Widersinn des Weltkrieges nicht überdauert. Er starb, nicht in ihm, sondern wie der ganz anders geartete, aber ebenso echte, bezaubernde Georg Trakl *an* ihm.

Man muß dem Verlage Dank wissen für diese Bände. Das Übersetzte soll nur ein Teil des Lebenswerkes sein. Die Übersetzung von Erwin Magnus ist genau, ist gut gemeint und stört nicht. Einige Stellen leiden freilich an Plumpheit und Undeutlichkeit, die dem Original kaum eigen sind. Einerlei – diese Bücher werden nicht wieder verschwinden.

(1925)

Franz Kafka »Der Prozeß«

Der erste der nachgelassenen Romane des Franz Kafka, »Der Prozeß«, ist eben im Verlage »Die Schmiede« erschienen. Schon bei Lebzeiten des Dichters wob sich um dieses Werk ein geheimnisvoller Schleier, und man muß zugeben, es ist kein alltäglicher Fall, wenn ein bedeutender, anerkannter, ja als großer Meister gerühmter Dichter eines seiner bedeutendsten Werke – als das kann man den »Prozeß« jedenfalls betrachten – durch Jahre verborgen hält und wenn er von der Absicht, sein Werk selbst zu zerstören, nur durch milde Gewalt abgebracht werden kann. Wir kennen zwar Ähnliches. Gogol hat den zweiten Teil seiner »Toten Seelen« vernichtet, Werke von Kleist fanden dasselbe Schicksal. Hier begegnet das gleiche uns wieder. Max Brod, einer der wenigen Menschen, die Kafka in einem Leben wahrhaft nahegestanden haben, hat das Buch dem Dichter im Jahre 1920 fortgenommen und es so, in einer zwar unvollständigen, aber doch das Bild des Ganzen in großen Zügen entwerfenden Fassung gerettet.

Auf jeden Fall sind also in Kafka wie in Gogol zwei Grundkräfte wirkend geblieben: Ein gewaltiger tektonischer Trieb, ein Wunsch aufzubauen, Welten in die Welt zu stellen. Und ein zweiter, sie zu zerstören, und wenn es sein mußte, auch sich selbst. Der erste Wunsch war so unbesiegbar, daß Kafka nach seiner mühseligen Tätigkeit als Beamter einer Arbeiterversicherungsgesellschaft nachts den notwendigen Schlaf nicht fand, sondern sich zu einer Schöpfung hingerissen und gezwungen sah, die sich mit der äußersten Schärfe, traumwandlerisch, aber nicht verschwommen, ja nicht einmal mit der »natürlichen« Verschwommenheit des alltäglichen Lebens in Szene setzte. Nachts in Szene setzte, um am Tage verleugnet, geringgeschätzt, vernichtet zu werden. Solche selbstzerstörenden Kräfte sind dem Genie nichts Fremdes. Sie mit Bescheidenheit zu verwechseln bleibt einer gar zu handgreiflichen Psychologie vorbehalten. Denn mit Bescheidenheit hat dies nichts zu tun. Kafka empfand sich nicht als zu klein. Er sah sich mit Recht, mit Recht wie jedes Individuum und mit doppeltem Recht, wie jedes geniale Individuum im Mittelpunkt der Welt. Er wußte, wer er war. Er wollte es nicht sein. Damit hat er aber die Tatsache seiner Existenz nicht ausgelöscht, sondern in höherem Sinne erst bestätigt. Er ist der einzige Held seiner Werke. Alles, was bei ihm

Biographie ist, ist Autobiographie. Alles, was bei ihm begrenzt ist, ist an sich selbst, eben an Franz Kafka begrenzt. So versteht man es, daß er in den späteren Jahren seines Lebens auf das Nationale verfiel. Er fiel, im wahrsten Sinne darauf. Da er Jude war, hieß es für ihn Zionismus und Jüdisch-national. Die Tendenz war klar. Das Individuum auf eine breitere Basis zu stellen, mit einem höheren Grade von Sicherheit im Leben zu ruhen und womöglich zu wirken. Man kann allgemein annehmen, daß der große Zug zum Nationalismus, der seit 1914 einsetzt, darin begründet wird, daß die Völker in ihrem Bestande problematischer geworden, sich auf die Rasse, die Ahnen zu stützen versuchen. Das Soziale geht auf eine ähnliche Quelle zurück. Der Einzelne verzweifelt an seiner Lebensmöglichkeit, an dem Sinn des Daseins, ja an dem Sinn der Frage nach dem Sinn. Was er bei sich nicht finden kann, will er in der Gemeinschaft, in einem soziologisch erfaßten Menschheitsgebilde finden, und hier sieht er sich wenigstens eine längere Daseinsdauer, ein größeres Format zugewiesen, er ist von den Fesseln des Ich bis auf Reichweite entledigt. Diese Vorbemerkungen führen uns dem Kern des Buches von Kafka näher. Zwar ist hier nicht das Nationale, noch auch das Soziale ganz zum Durchbruch gekommen, es ist der Prozeß eines einzelnen, eines bis aufs äußerste isolierten Individuums. Ja, der Held ist so sehr aller sozialen und aller nationalen Eigenschaften entkleidet, daß er weder Eltern noch Brüder besitzt, daß er keinen eigentlichen Namen hat, einfach Joseph K. genannt wird. Etwas Ähnliches wurde vor kurzem versucht in einem Roman eines namenlosen Menschen, der ohne Erinnerung seiner selbst plötzlich erwacht. Kafka ist noch weiter gegangen. Sei es, daß er wirkliche Menschen nicht schildern wollte, sei es, daß er's nicht konnte (aber im »Heizer« gibt es doch wirkliche Menschen), es fehlen jedenfalls im »Prozeß« dem namenlosen Manne mit kleinbürgerlicher Haltung, dem Joseph K., alle eigentlich menschlichen Züge. Man erkennt ihn nicht wieder, vorausgesetzt, daß man ihn nicht, in seltenen, aber doch existenten Augenblicken, als sich selbst in einem imaginären Spiegelbilde erkennt. Hier ist die große Stärke des Werkes, nämlich seine Allgemeingültigkeit, seine prachtvolle, groß gezeichnete, heldenhaft durchgeführte Symbolik. Hier liegt auch seine Schwäche. Denn es ist nicht Fleisch, nicht Blut, es ist nicht Seele, sondern es ist Gespenst, gezeichnet gegen eine Welt von Gespenstern. Der erzählbare Inhalt dieses Buchs würde keinen Begriff von dem Wesen geben. Man muß es kennenlernen, man muß es zu erleben versuchen. Ein Bankprokurist wird eines Morgens aus dem Bette geholt, von zwei Wächtern aufgescheucht mit der Nachricht, er sei verhaftet. Es ist nicht das wirkliche Gericht, sondern ein anderes, das sich nach Art der Freimaurer in die letzten Winkel der Gesellschaft hineingewuchert hat. Dieses Gericht, dessen höhere Instanzen unerreichbar sind, dessen Akten niemand lesen darf, das im Geheimen tagt und Recht über den Einzelnen spricht, ohne daß man weiß warum – vielleicht nur kraft der allen Menschen innewohnenden Schuldgefühle –, dieses Gericht hat den Joseph K. nun in seine Fänge genommen, läßt ihm zwar seinen Beruf, aber seine Freiheit nicht. Wohin er kommt, überall begegnen ihm Abgesandte dieses unsichtbaren Gerichtshofes. Immer und auf allen Stadien seiner Bahn wird ihm der Prozeß gemacht, der durch ein Urteil abgeschlossen, aber nicht beendet werden kann, und da es ein Lebensprozeß ist, kann er nur mit einem Todesurteil schließen. Kein Widerstand ist möglich. Keine Klarheit. Form bis in die letzten Verästelungen. Sinn aber nirgends. Überall Akten, nirgends Blut, oder doch, dort, wo am Ende dem Joseph K. durch zwei freiwillige Henker das Herz von einem Messer durchbohrt wird. Joseph K. wehrt sich nicht mehr, er hat sich dem Prozeß hingegeben, er ist selbst Teil des Gerichtes geworden, er sieht und erlebt die Welt nur mit den Augen des Prozesses. Der »Prozeß« ist doppelsinnig. Prozeß heißt auch Krankheitsprozeß und ist sicher von Kafka auch so gemeint. An solchen Doppelbezeichnungen mag sich oft das Genie eines Sprachschöpfers, wie Kafka es war, bewähren und entzünden. Hier ist das Begrenzende freilich auch schon umschrieben. Seine kleinbürgerliche, minutiös geschilderte Sphäre hat er auch hier weder verlassen wollen noch können. Man faßt aber eine danteske Phantasie nicht ungestraft in die Form der kleinbürgerlichen jüdischen Welt des Prag von 1920.

Dante ist ein großer Name. Wer aber eine Hölle schildern konnte, wie sie Kafka schildert, wer in dieser Hölle leben und nach seiner Art heroisch in ihr wirken und an ihr heroisch untergehen konnte, mag ohne Sakrileg mit jenem Riesen in einem Atem genannt werden. Es sind Szenen von infernalischer, beklemmender Gewalt in diesem Buche, und man wird es hoffnungsloser verlassen, als man die Gänge und Hallen und Schlupfwinkel dieses metaphysischen Prozeßlokales betreten hat.

Freilich sind wir von jener großen Natur- und Dämonenkraft im

»Zeugen« und »Zeugnisablegen« weltenweit entfernt, selbst wenn man nicht an Dante, sondern nur an Dämonen wie Gogol oder Kleist erinnert. Bei Gogol wie bei Kleist schließlich der Sprung in den Abgrund des Nationalen, aber ein Sprung, der Kafka schon deshalb versagt blieb, weil ihm der Mut zur völligen Selbstvernichtung ebenso fehlte wie zur völligen Selbstbehauptung, allem zum Trotz! Nicht an Genie, an Mut hat es ihm gefehlt. An einer bestimmten Stelle des »Prozesses« zeigt sich Kafka unter dem Vorwurf seines Werkes. Er erreicht die Höhe seiner eigenen Idee nicht. Es ist die Stelle in der Halle eines Domes, wo er sich verwundert allein findet und mit dem »Gefängniskaplan« des »Prozesses« seinen Disput beginnt. Man zittert diesem ungeheuer hoch getriebenen Augenblick entgegen. Hier könnte, müßte Dostojewski einsetzen. Wunderbar, unnachahmlich, ewig ist die Szene eingeleitet mit dem Gleichnis vom Türhüter. Man kann dieses Gleichnis neben denen des Evangeliums nennen, neben denen des Dschuang Dsi, des Konfuzius. Bleibt hier dem Gestalter, dem Denker und Deuter nicht der Atem aus, dann ist die deutsche Literatur, nein, die Menschheitsliteratur um ein unsterbliches Werk reicher. Hier hätte Kafka geben müssen, was er hatte. Hier hat er geben wollen, was er hatte. Warum verschweigen, was bedrückt, was aufwühlt, was entscheidet? Kafka war diesem entscheidenden Augenblick nicht gewachsen. Er sah ihn entweder nicht, oder er hatte sich zu sehr an das Schwefellicht der Hölle gewöhnt. Was er gibt, ist nicht einmal Stein. Steine können verehrt werden; die Mohammedaner tun es. Staub aber kann es nicht. Kafka zerreibt dieses unvergeßbare Gleichnis, dieses nicht wieder zu ersetzende Erlebnis des Türhüters zu talmudischem Staub. Er zerknüllt die »Weise«, die wissende, vollendete Form zu sophistischen Worten, und nun erst wird die Verzweiflung vollständig. Nun versteht man es, warum Kafka dieses Werk nicht zeigen wollte. An den meisten Werken unserer Zeit gemessen, ist es immer noch ein Muster- und Meisterwerk. An sich selbst gemessen ist es ein Versagen. Und der Versagende steht beschämt allein, und all unser Trost kann ihn darüber nicht trösten, daß er uns versagt hat, wonach wir gehungert haben und was er allein, als der Türhüter des Gesetzes, seines Gesetzes, uns hätte geben können.

Und doch wäre es unrecht, zu sagen, daß er uns ganz ungesättigt entläßt, daß er uns nur quält, wie er sich selbst gequält hat. Das letzte Kapitel, zu dem der Übergang fehlt, das Kapitel vom Tode dieses Joseph K. ist ein Kapitel, zwar nicht der Erlösung, aber doch der Erleuchtung. Hier gibt es mildes Licht, tröstliche Helligkeit. Der Held liegt am Boden, das Messer des Todes sieht er über sich, aber nicht das Messer allein. Ich lasse die Stelle hier folgen: »Seine Blicke fielen auf das letzte Stockwerk des an den Steinbruch angrenzenden Hauses. Wie ein Licht aufzuckt, so fuhren die Fensterflügel eines Fensters dort auseinander, ein Mensch, schwach und dünn in der Ferne und Höhe, beugte sich mit einem Ruck weit vor und streckte die Arme noch weiter aus. Wer war es? Ein Freund? Ein guter Mensch? Einer der teilnahm? Einer der helfen wollte? War es ein Einzelner? Waren es alle? War noch Hilfe? Gab es Einwände, die man vergessen hatte? Gewiß gab es solche. Die Logik ist zwar unerschütterlich, aber einem Menschen, der leben will, widersteht sie nicht. Wo war der Richter, den er nie gesehen hatte? Wo war das hohe Gericht, zu dem er nie gekommen war? Er hob die Hände und spreizte alle Finger.«

Von dieser erschütternden Schlußstelle fällt Licht auf die Wirrnisse des ganzen Buches und auf die Irrungen des ganzen Menschen. Löst sich nicht alles darin, daß hier einer als Ankläger, als einziger Zeuge, Prozeß führt gegen sich selbst? Ist hier nicht einer zu streng mit sich selbst ins Gericht gegangen? Hatte hier einer zu heiße, zu glühende Begierden, aber nicht den Mut, ihnen nachzugeben, noch die Kraft, sie zu unterdrücken, es sei denn, sie zu unterdrücken zugleich mit seiner ganzen Existenz? Dann ist der ganze Prozeß nichts anderes als der Prozeß der eigenen Gewissensstimme. Dann ist das Werk nichts anderes als der Detektivroman einer Seele. Ein Wesen suchend auf den halbverlöschten Spuren seiner selbst. Von sich selbst angeklagt und von sich selbst verurteilt. Und daß dieses Urteil wider den Willen dieses Richters und Angeklagten in einer Person, wider den Willen Kafkas an die Öffentlichkeit kommt, nachdem er sein ganzes Leben lang die Heimlichkeit des Verfahrens erlitten, das macht dies Werk zu einem echten Lebensdokument, zu einer erschütternden Tragikomödie.

(1925)

Radiguet

Vor allem sei eines früh gestorbenen, früh vollendeten Dichters gedacht: Raymond Radiguet. Er ist im Alter von zweiundzwanzig Jahren dahingegangen, nachdem er zwei meisterhafte Werke geschaffen, die Romane: »Das Fest« und »Den Teufel im Leib«, die eben von dem Verlag »Die Schmiede« in der Sammlung der Romane des zwanzigsten Jahrhunderts veröffentlicht werden. Es sind erstaunliche Arbeiten. Aber man erwarte nicht die Klaue des Löwen, nichts von der, man möchte sagen, zeugungswütenden, lebensstrotzenden Art eines jungen Rimbaud. Die Form ist gesänftigt, knabenhaft und lieblich, reich ohne Schlaffheit und wissend ohne Frühreife. Die Jugend aller Zeiten ist wissender als man es später begreift. Es gibt große Werke und mächtige Taten auch auf anderem als auf künstlichem Gebiete, die von Jünglingen vollbracht sind. Mathematische Genietaten wie die des jungen Gauß sind nicht die einzigen. Humboldt spricht in seinem »Kosmos« von einem jungen Franzosen, Gascoigne: »Die Mikrometerausrichtung von feinen Fäden, im Brennpunkt des Fernrohrs ausgespannt, welche der Anwendung des letzteren erst ihren eigentlichen und unschätzbaren Wert gab, wurde von dem jungen, talentvollen Gascoigne entdeckt. Der unglückliche, lang verkannte Gascoigne fand, kaum dreiundzwanzig Jahre alt, den Tod in der Schlacht bei Marston Moor, die Cromwell den englischen Truppen lieferte. Ihm gehört, was der beobachtenden Astronomie, deren Hauptgegenstand es ist, *Orte am Himmelsgewölbe* zu bestimmen, einen vorher unerreichten Aufschwung gegeben hat.«

Solch ein vorher unerreichter Aufschwung wird den Werken des jungen Radiguet nicht beschieden sein. Nicht an der Begabung mangelt es ihm, sie ist stupend, nicht an dem Tiefblick in die Gründe und Abgründe menschlicher Handlungen fehlt es, denn dieser erweist sich, selbst im kargen Raum der zwei kleinen Romane, in der vollendet sicheren Führung der Handlung, in der Konsequenz des seelischen *Warum, Deshalb*. Was ihm fehlt, was die jung gestorbenen, fragmentarisch zerrissenen Genies Büchner und Rimbaud auszeichnet, ist die unbeherrschbare, grandiose Fülle der Lebenskraft, der fast tierhafte animalische Hauch, der die Schöpfungen dieser beiden umwittert und der sie gerade dadurch vor dem Vergehen, vor der Verwesung schützt. Dies hat Radiguet nicht. Seine zwei Romane wirken nicht über sich hinaus. Sie sind wohl meisterhaft, aber auch überreif, eng und beschränkt in dieser Meisterschaft.

Was Humboldt an dem jungen Gascoigne rühmt, die Verbindung zweier, bis dahin nicht in Verbindung gebrachter Welten, und zwar in Gestalt der optischen und astronomischen Instrumente (und Denkungsarten), das geht ihm völlig ab. Humboldt spricht von der Schärfe des Erkennens (Teleskop) und der Kraft des Messens (Mikrometer) als von zwei verschiedenen geistigen schaffenden Prinzipien. Das sind sie auch. In der Kunst heißt Erkennen: *Schaffen*. Messen heißt *ordnen*, und zwar nach zwei Seiten hin, nach innen ordnen in die Form, nach außen Einordnen in die soziale Gemeinschaft, in den Kreis der Mitmenschen, den Mikrokosmos der Mitwelt. Ein vollendetes, aber kaum mehr erreichbares Ideal nach dieser Richtung ist der Don Quichotte. Die Seele dieses Menschen Don Quichotte und damit ein Teil der Seele der gesamten Menschheit ist erkannt und auf immer gebannt. Das Werk ist innerlich geordnet in einer frühbarocken Form, geschlossen, wenn auch nicht frei von Schnörkeln, und nach außen hat es seiner Zeit, hat es der sozialen Ordnung seines Jahrhunderts Unendliches gegeben. Der nächste Versuch großen Stils, Goethes Wilhelm Meister, von dem Dichter in der ersten, rauhen Blüte seines Genius unternommen, versandete in der Breite eines nicht genug leidenschaftlich durchbluteten Weltbilds. Wilhelm Meister verbirgt sich in den späteren Teilen nicht ohne Grund (und Scham) in Geheimnissen und hinter blutleeren Deutungen. Goethe weiß es, er mußte es wissen, daß hier ein Grundcharakter menschlicher Gesamtexistenz angefaßt, aber nicht durchdrungen war. Halb lebte er, halb war er ein schönes Buch. Der Held der großen Korruption, der kosmischen Schöpfung aus bürgerlicher Grundsphäre ist nicht genug aus dem brütenden Mutterleibe entwachsen, wovon der ewig fragende, ewig unreife Wilhelm Meister die fragmentarischen Teile immer mit sich herumträgt als mystische Maske seiner selbst. Was nützt dann die herrliche, kaum je wieder zu erreichende Kunst des Messens? Wohl war hierin Goethe groß. Die Farbenlehre beweist es herrlich, ein Ruhmestitel des universalen Menschen überhaupt. Goethes eigenes Leben beweist es tragisch, denn der genial messende, mit den Maßen des Unendlichen, des Göttlichen Vertraute kann für sich »persönlich« nicht messen. Was ihm bleibt, ist (bei Goethe oft so quälend) die Liebe zum »reinlichen«,

zum guten Leben, der behaglichen Existenz, das Kaltherzige *gegen* den Willen des eigentlichen, lodernden Herzens.
Von dem jungen Radiguet wissen wir nichts. Wir wissen nur das, was die beiden Romane von ihren Helden erzählen. Wir gehen vielleicht nicht fehl, wenn wir in ihnen jeweils den Dichter selbst sehen. Das erste Buch, »Das Fest«, enthält eine kleine Stelle, die ich hierhersetzen möchte. »Er hatte die junge Perserin als Tischdame. Seine Freude machte ihn anziehend. Der Zufall oder vielmehr die Regeln der Konvenienz hatten den russischen Fürsten neben Frau D'Orgel – und François (den Helden) neben die kleine Witwe gesetzt ... François hätte sich keine angenehmere Tischdame als diese Prinzessin wünschen können, die das Alter zum Lachen hatte und schon soviel geweint hatte. Das Lachen traf Frau D'Orgel (die Heldin) ins Herz. ›Das Kind ist bezaubernd‹, dachte sie und sah François an ...« Sieht man es nicht vor sich, das junge, mit wissenden Augen die mondäne Welt umfassende Kind, das »das Alter zum Lachen hatte und schon soviel geweint hatte«? Ein kleines Gefühl im Rahmen einer großen Gesellschaft, ein echter ergriffener Herzschlag inmitten von unerbittlich höflichen Formen – es ist ein Stück Leben, wenn auch nur von weither widergespiegelt und blaß vor Stolz und Schüchternheit zugleich.
Tiefer geht das andere Werk, »Den Teufel im Leib«. Ein soldatischer Titel, aber kein soldatisches Werk. Hier fließt das Blut der Seelen. Kann sein, daß dieses Blut giftig geworden ist. Es ist traurig, blaß und heiß wie in »der Beichte eines Kindes um die Jahrhundertwende« des unsterblichen Jünglings Alfred de Musset. Es ist die gleiche Geschichte, der gleiche Charakter, halb Teufel, halb Engel und im ganzen nicht weit von dem Prototyp der Rasse entfernt, von dem der größte Kritiker aller Franzosen, Voltaire, sagt, es seien Affen, die Tiger spielen. Ein junger Mann hat eine jung verheiratete Frau, eine Frau im Orangenblütenduft, verführt, deren Mann im Felde steht. Aus Liebe, aus Begehren, aus Einsamkeit, aus Zärtlichkeit, aus Grausamkeit, aus Wollust, aus Keuschheit, aus Bosheit und aus einem Augenblick Liebe. Vieles ist zum Erschrecken wahr, handgreiflich echt, man schauert, als griffe man in entblößtes Fleisch. Und doch, trotz allem, gültig ist es nicht. Meisterhaft, aber nicht zwingend.
Der Inhalt ist einfach, französisch klar: Liebe, Begegnung und Abschied. Die Geliebte stirbt an ihrem ersten Kind. Hier der Schluß des Romans: »Ich wollte den Mann sehen«, schreibt der Held,

»dem Martha ihre Hand gereicht hatte. Mit angehaltenem Atem ging ich auf den Fußspitzen zur halboffenen Tür. Ich konnte gerade noch hören: ›Meine Frau ist gestorben mit seinem Namen auf den Lippen. Armes *Kind*! Das ist mein einziger Grund, am Leben zu bleiben.‹ Als ich diesen würdigen Witwer sah, der seine Verzweiflung beherrschte, erkannte ich, daß sich die *Ordnung* auf die Dauer von selbst um die Dinge legt. Hatte ich nicht gerade erfahren, daß Martha mit meinem Namen auf den Lippen gestorben sei und mein Sohn ein *vernünftiges* Leben haben würde?«

Man denke an den Schluß der »Madame Bovary«, oder besser, man lese jene unsterblichen Seiten nach. Die Jüngeren werden Flauberts grandiose, kosmische Menschlichkeit nicht wieder erreichen. Auch sie streben, das Geheimnis der Sterne erkennend und messend zu ergründen. Auch der junge, geniale Radiguet schuf mit dem Besten, dem Reinsten seiner Seele, aber noch während des Suchens erlosch er, ein armer, vergänglicher Stern, dessen Ort am Himmelsgewölbe nicht bleibt.

(1925)

Duhamel

Die schönste Liebesgeschichte zwischen Männern ist Georges Duhamels Roman »Zwei Freunde«, der eben im Propyläen Verlag, Berlin, veröffentlicht wird. Es ist das Kristall einer solchen Liebe, das sei gleich gesagt, und nicht ihr Fleisch, man kann daher das Buch jungen Mädchen ruhig in die Hand geben, und alte Damen werden nichts Anstößiges in ihm finden. Die besonderen Eigenschaften, die dieses Kunstwerk aufweist, liegen auf einer ganz andern Höhe: Wenn von einem Werk gesagt werden kann, es sei alles noch Natur und doch alles schon Kunst, trifft es auf dieses Meisterwerk zu. Das Problem ist von den zwei größten französischen Romandichtern, von Balzac und Flaubert, erfaßt worden, erschöpft ist es von keinem, denn es ist an sich nicht erschöpfbar, jede Zeit, jedes Land, ja, jedes Individuum wird in der Begegnung zweier Männer neuen Raum finden, sich zu entfalten. Hier ist die Entfaltung erotisch, wenn erotisch heißt Begegnung nackter Seelen, es ist aber nicht sexuell, wenn Sexualität heißt Berührung nackten Fleisches. Man hätte es zugleich erotisch fassen und sexuell durchführen können, dann wäre wohl der Ausgang ins Tragische gefallen, während er in Duhamels Buch traurig, ruhig, verlöschend ist, wie das wirkliche Leben selbst, das nicht mit dem dramatischen Augenblick des Sterbens, sondern mit dem epischen Unendlichkeitswort Tod zu Ende ist.

Es ist ein Roman von zwei Männern, zwei durchschnittlichen Bürgern, einem dicken und einem dünnen, einem mehr männlichen und einem mehr weiblichen, einem schönen Mann und einem mißgestalteten. Wer zweifelt daran, daß der Schöne liebt und der Häßliche geliebt wird? Beide sind verheiratet, glücklich in ihrer Ehe, der eine erfolgreich im Beruf und im Besitz der »guten Methode« und eines starken Lebenshungers, der andere ein Unterdrückter, der, bevor noch ihn die andern unterdrücken, sich selbst unterdrückt, einer, vor dessen Augen nichts Gnade hat, auch die Freundschaft nicht, die mit der Milch der Dürftigkeit getränkt und mit dem Brot der Bitterkeit gefüttert ist. Hinter diesen meisterhaft aus sich selbst entwickelten Naturen versinken die literarischen Heroen Balzacs und Flauberts. Nicht, daß hier ein Vergleich zwischen jenen gewaltigen Schwertgeistern und dem feinen Duhamel gewagt sei, bloß das Gefühl sei hervorgehoben, das Duhamel bietet und das Flaubert versagt, das Gefühl: Du bist es selbst, zwei Seiten deines assymetrischen Gesichtes, dein eigenes Tag und Nacht, dein eigenes verzagendes »Wenn« und dein trotz allem überzeugtes, lebensstrahlendes »Aber«. Eines hat Duhamel mit Flaubert gegen Balzac gemeinsam, die lautlose Vernichtung der Frau. Bei Balzac ist Gold die erste Realität, Macht die zweite, Ruhm die dritte, die Liebe aber, Eros ist die höchste Gewalt, die reinste letzte Beseligung, das höchste Menschengebot und die niederste sinnliche Forderung zugleich. In »Glanz und Elend der Kurtisanen« hat uns Balzac zwei Freunde von großem Format gezeichnet, Lucien de Rupembré, den schönsten Mann seiner Zeit, den Dichter, das Ehrenschild der Nation hier, und dort den von seelischen und leiblichen Narben zerfleischten Vautrin, den großen Herren über den Willen der Menschen, den Verbrecher aus Größe, den Napoleon unter den Galeerensklaven. An Frauen muß der Bund der zwei Männer zerbrechen, Lucien stirbt, und Vautrin wird Diener der Polizei und Spion, Bürger und Agent. Vor seinem Abschied von sich selbst, an der Wende unerhörter Abenteuer aus Blut und Gold, Gefühl und Gemeinheit sagt Vautrin: »Ein Frauenzimmer seufzt ein bißchen –, und denen, die über unser Schicksal und das der Völker entscheiden, dreht sich der Verstand um wie ein Handschuh. Ein Blick – und sie verlieren den Kopf. Ein Rock, ein bißchen höher, ein bißchen tiefer gerafft, und sie laufen verzweifelt durch ganz Paris. O wieviel Kraft gewinnt ein Mann, wenn er sich, wie ich, dieser kindischen Tyrannei, dieser Leidenschaft, die alle Anständigkeit umstürzen kann, diesen treuherzigen Schlechtigkeiten und all diesen Heimlichkeiten von Wilden entziehen kann. Die Frau mit ihrem Henkergenie und ihren Foltertalenten ist und bleibt immer das Verderben des Mannes.«

Bei Duhamel ist die Frau etwas ganz Unschuldiges, man kann sich nicht über sie beklagen, sie ist, so schrecklich es klingt, der »gute Kamerad«, der »Gefährte« geworden, in dessen Armen der Mann sich die Sehnsucht und die ewig wunde Enttäuschung über den Verlust des Freundes vom Herzen weint! Kann man das verstehen? Aber es ist so, und zwar nicht bloß bei Duhamel, den man als gar zu menschlich, als zu überhuman abtun könnte angesichts seines herrlichen Buches, das er den im Krieg gefallenen Tieren gewidmet hat, nein, auch aus Amerika kommt in einem repräsentativen Buch der gleiche Ton, bis auf eine Schwebung genau, ich denke an Sinclair Lewis »Babbitt«, in dem aus den furchtbaren Verzweiflungen eines bis ans Tragische gesättigten, übersättigten Spießertums nur die eine Sehnsucht bleibt nach dem Freund. Auch da fehlt nicht der feinste, nur mikroskopisch wahrnehmbare Zug in der Seele dessen, der im Augenblick schlechter steht, d. h. mehr liebt, sein Versagen und Verstummen vor dem andern, der dafür das Recht hat, das Recht, das in der Liebe nie gilt, daß ihn das »Unbesiegbare« tiefer trifft, daß er unrettbar an einer anderen Existenz hängt. – Und gerade in dieser Unrettbarkeit muß der Liebende, der Mann, der Lebende das einzig Feste sehen, abseits vom Geldverdienen, Erfinden, Streben und Entdecken, Autofahren, Kinderzeugen und Kindererziehen, in den Klub Gehen, politisch Wählen, in Versammlungen und im Familienkreise Sprechen und wie die andern »Als ob«-Obliegenheiten des Menschen von 1925 lauten. Auch in dem Roman des Amerikaners hat die Frau die große Gabe des Trostes, sie beschwichtigt, sie versteht, sie kann (wie weit sind die Frauen gekommen!) schweigen und lieben, nicht anders als Cordelia und ebensowenig gewürdigt. In Sinclairs Roman ist es eine dick gewordene Amerikanerin, ein etwas schwachsinniger, fleißiger, besorgter Hausgeist, Prototyp der Gartenlaube, bei Duhamel, noch ergreifender, ist es ein namenloses, niedliches, haushälterisches und frohsinniges Etwas, das der Held bei schlechtem Wetter auf der Straße aufliest und dann ungestraft sein ganzes Leben wie ein weißes, stubenreines Kätzchen bei sich behält und das selbst durch Leckerbissen, Ehefrieden und seidene Kleider nicht übermütig wird. Aber was das bessere Teil im Helden verlangt, kann dieses raschelnde Ding mit den hübschen Beinen und den großen Augen nicht geben, auch der Beruf gibt es nicht, nicht der Erfolg, nicht der treibende Impuls des Daseins, nicht das schon völlig zur Kulisse gewordene Paris. Der Held des Buches mag den besten Appetit auf das Leben haben, er mag die Genüsse mit der leidenschaftlichsten Anteilnahme betrachten – solange sie im Schaufenster liegen, reizen sie ihn, hat er sie aber erreicht, bleibt er ungesättigt, gierig nach Erfüllung zurück, Erfüllung im wahrsten Sinne des Wortes, im metaphysischen, wie eine Seele nach *Glauben* hungert, oder im tiefsten physischen, wie ein weiblicher Leib nach einem *Kinde* hungert in den blühenden Jahren der heißer atmenden Jugend, in den Tagen der wartenden Fülle. Über die erste Begegnung dieses Sehnsüchtigen mit dem Verbitterten, über die tausend Wandlungen ihres Gefühls, über die stillen Freuden, das plötzliche Jungwerden, das Aufatmen, wenn man nebeneinander hergeht und nichtssagende Redensarten wechselt – was ist Wort – alles ist das Gefühl, einzig ist es das Gefühl, das die auseinanderstrebenden Teile unserer armseligen Existenz zusammenhält, und weil dieses Gefühl etwas Heiliges ist (das letzte Heilige vielleicht), deshalb ist dieses Buch an vielen Stellen legendarisch wie eine Heiligenerzählung, und da dieses Gefühl aus sich selbst kommt und geht, ist es lächerlich, kläglich und erschütternd in beidem. Man sagt nicht zuviel, wenn man viele Seiten dieses Buches unvergeßlich nennt.

(1925)

Alphonse de Chateaubriant,
»Schwarzes Land«

Zwei Grundströmungen scheinen mir in der neueren Kunst Frankreichs besonders wirksam zu sein: Die eine findet ihren Bezirk innerhalb des Selbstverständlichen und ist daher analytisch, die andere baut auf, verbindet, erhebt sich mit Absicht über das Selbstverständliche. Zu der ersten Gruppe gehört vor allem Proust, und auch die beiden Autoren, die hier besprochen sind, Radiguet und Duhamel gleichen sich dieser Richtung an. Was sie geben, ist, da das Urerlebnis banal ist, die Quintessenz der eigenen nicht banalen Persönlichkeit, bei Radiguet der Zweifel, die Verzweiflung, die Freuden einer halbgebrochenen Seele, die Erschütterungen eines »Als-ob«-Menschen, – bei Duhamel ist es die schüchtern ins breite Leben ausgreifende, an sich völlig im Persönlichen befangene Begegnung zweier Privatleute. Bei Proust, Radiguet und Duhamel: eine Aktion gegen die Aktion, gegen alles Abenteuerliche, die Aktion gegen den Kampf, gegen die Verwicklung, ja sogar gegen die Entwicklung. Auch sie sind Schöpfer, aber Schöpfer von der Art der Kinder. Anders die zweite Gruppe von Künstlern und Gestaltern, die Schöpfer sind wie Väter, wie Ahnen. In diese Gruppe gehört als ein Mann von ansehnlicher Bedeutung Alphonse de *Chateaubriant,* von dem ein Werk, das in Frankreich mit dem Goncourtpreis gekrönt ist, nun auch deutsch vorliegt in einer schönen Ausgabe der »Schmiede« in Berlin. Ganz große Menschen, wahrhaft säkulare Naturen sind beides, Kinder und Ahnen zugleich. Schöpfer aus Zweifel und Schöpfer aus Glauben. Solche, die aussprechen, was in der Zeit liegt, und dann schaffen, was künftig in die Zeit kommt. Ein Mann dieser Art war Napoleon. Er begann damit, das zu verwirklichen, was schon in der Zeit war, er war, wie er mit Recht sagte, der erste, vielleicht der einzige Revolutionär. Aber mit dem Niederreißen bestehender Wirklichkeiten ist einem solchen Manne nicht gedient, und aus dem ersten Sohn der Revolution wurde – nicht ein Reaktionär. Denn dieser Reaktionär ist ja nichts als ein Revolutionär mit umgekehrten Vorzeichen – sondern ein gewaltiger Aufbauer, ein Vater, ein Ahne, ein Dynast. Es war nicht Snobismus, was ihn zu den alten Feudalgeschlechtern führte, was ihn hieß, die eiserne Langobardenkrone sich aufs Haupt zu setzen, sondern der Wunsch nach Universalität, nach Dauer in der Zeit, und daß er sich im Raume in Europa maßlos ausbreiten mußte, war für ihn nur eine traurige Notwendigkeit, deren Gefahren er sehr bald erkannte. Goethe hat in seiner Art, von Werther bis zu den Wahlverwandtschaften und der Farbenlehre, denselben Weg eingeschlagen. Beide haben ihren ins Kosmische gerichteten Drang, ihre Sehnsucht nach Gottähnlichkeit teuer bezahlt, denn zwischen Vätern und Söhnen spannt sich ein Abgrund, den man nicht ungestraft überspringt. Wie einfach dagegen die Existenz Schillers, der ein Sohn seiner Zeit war, von den Räubern angefangen bis zu dem Wallenstein und dem Tell. Was im Jahre 1804 in der Nationalversammlung zu Paris ein Herr François de Neufchateau zu Napoleon, besser gesagt, zu Bonaparte sprach, träfe ebenso auch Goethe: »Bürger, erster Konsul, Sie gründen eine neue Zeit, aber Sie müssen es für die Ewigkeit tun. Der Glanz ist nichts ohne die Dauer. Wir können kaum daran zweifeln, daß dieser große Gedanke Sie nicht schon beschäftigt hat, denn Ihr Schöpfergeist umfaßt alles und vergißt nichts... Sie können die Zeit fesseln, die Ereignisse beherrschen, die Ehrgeizigen entwaffnen, ganz Frankreich beruhigen, wenn Sie ihm Institutionen geben, die Ihren Bau befestigen und *den Kindern erhalten, was Sie für die Väter getan haben.*«

Dieser Geist des Konservativen spricht aus dem Werke des Franzosen, das uns jetzt vorliegt. Es sei gleich gesagt, es ist kein Werk ersten Ranges, aber es ist eines, das in seiner Art einen hohen Rang einnimmt und das den Deutschen viel geben kann, da es aus einer Geistesrichtung gewachsen ist, die in Deutschland stets verstanden wurde, der Liebe zur Scholle, der Treue zu sich und von hier aus auch aus der Treue zum Vaterland. Wer der Schöpfer ist, ob er jung, ehrgeizig oder ehrmüde ist, ob er sich nach Unerreichbarem sehnt oder am Gegebenen sich genügen läßt, ob er gesund ist oder leidend, wird aus dem umfangreichen Roman nicht offenbar. Bei den Werken der Proust, Radiguet, Duhamel kann man die Hand sehen, die die Linien zeichnet, und aus den Konturen der Hand ahnt man das Gesicht, den Gang, die Gesinnung der Männer, bei einem, Radiguet, fühlt man sogar den ganz singulären, einzigartigen Duft, der das körperliche und seelische Sein des todumwehten Jünglings umgibt – nichts davon bei Chateaubriant. Dafür aber der Duft des Landes, sein Licht, seine Pflanzen, seine Tiere und ihre Rufe bei Tag und Nacht. Es ist ein Roman über dem Selbstverständlichen, also ein Buch der Abenteuer, ein Werk seltsamer, schwerer, erdgebundener Begebenheiten, wie sie schon der Titel »Schwarzes Land« andeutet. Schweres Land, schweres Leben, schwere Seelen. Ein alter Mann der Held, Flurwächter, gutes und böses Gewissen der Landschaft, strenger Vater, harter Gatte, starkes, mutiges, unzerreißbares Herz. Herrlich leibhaftig die Landschaft, die große Mutter der wortarmen Menschen, die mit tausend Stimmen spricht, die unnachahmlich wiedergegeben werden. Schlamm, Schilf, Salzseen, Torf, Heide, Moor. »An ihnen vorüber zogen die falben Weiten der Weideplätze, nackt wie die Wüste, dünn bestanden, verbrannt und baumlos; vorüber zogen ein paar sich scharf abzeichnende Sträuße, Stechginster, dann Himmel, die aussahen wie Torfbündel – und schon tauchten weiter unten im Dunst verschwimmender Gemarken einige hellgelbe Flecken auf: das schilfumzäunte Dschungel der Brière.« Mitten in diesem uferlosen, weitverlorenen Gelände gibt es aber versteinertes Holz, das man »Mortas« nennt. »Auf den Uferrändern reckte manchmal ein großer, ausgedörrter Körper Reste von ungeheuren Armen zum Himmel empor; es war ein Mortas; köstlich einsam lag er im Torfmoor – war es Eiche, war es Buche? –, lag dort wohl schon seine zweitausend Jahre, dieser Stamm aus der Urzeit mit dem Herzen, das schwärzer war und härter als Ebenholz. Überall wogte das Schilf, die Heimat der wilden Vögel, dann und wann blinkten bleiche Weiher aus diesem Dschungel hervor, dann tauchen neue Inselchen auf, neues Röhricht schießt empor, es erscheinen andere Gewässer, und so scheint die Brière kein Ende zu haben, scheint weiterzureichen bis zu den letzten Nebeln unter der ungeheuren Kuppel der Atmosphäre...« Mit gemessener Sachlichkeit, mit gewaltigem Ernst erfaßt Chateaubriant die Landschaft von innen: Er macht das Kleine groß, den alten Flurhüter Aoustin, den Helden des Buches, macht er zum Helden, er richtet ihn nicht, er zeichnet ihn nur in seiner ganzen Düsterkeit, seiner wortlosen, erschütternden Stärke, an der sich die ganze neue Zeit bricht. Paris gegen die Brière, das ist dieses Buch »Schwarzes Land«. Jugend gegen Alter, Fülle gegen Starre, Bleibendes gegen Blühendes. Denn Aoustin ist nichts anders als ein Stück versteinerten Seelenholzes, das unzerstörbar, unmenschlich und siegreich gegen alles, selbst gegen das eigene Herz hineinragt in die fremde Welt. Wenn dieser Mann durch menschliche Feindschaft den rechten Arm verliert und das Amt des Feldhüters, Feld-Herren verliert, wenn er in seiner Hütte gott- und menschenverlassen hockt, halb wie ein verwundeter

Raubvogel, halb als trotzendes unzerbrechbares Stück Leben, wenn er dann aus einem Stück Mortas sich das innerste, härteste Kernstück herausmeißelt mit dem gesunden Arm, wenn er mit Seilen den Block aus seiner Höhle zerrt, bis die Knochen im dürren Leibe krachen, der Schweiß über die niedrige, harte Stirne strömt, bis er endlich die Materie überwindet und eine neue Hand sich aus dem Boden seiner Heimat schnitzt, so ist da ein Stück Wirklichkeit und ein Stück Dichtung zugleich, ein herrliches Stück Leben, vergleichbar von weitem den unsterblichen Schilderungen der Ilias über das Werden des Schildes des Achill.

Hier ist kein Als-ob, hier ist Strenge, Gewißheit, ruhige Übermacht. Das junge, liebreizende Töchterchen des Helden zerbricht, alles stürzt, geht hinab, der Alte bleibt, kennt keinen andern Gott über sich als den Tod, das natürliche Ende. So wie der Mortas das natürliche Symbol des Werkes ist, so ist Aoustin das lebendige Symbol des oft totgesagten Frankreich. In diesem Sinne wird das Werk seine Bedeutung nicht verlieren, und für sein Land wird es, wenn auch in beschränktem Maße, zu dem Bleibenden gehören.

(1925)

Jack London, »König Alkohol«

Eines der unheimlichsten Bücher, die in den letzten zehn Jahren erschienen sind, ist Jack Londons jetzt erst in deutscher Übertragung zugänglich gemachter »autobiographischer Roman« König Alkohol. Die Bezeichnung autobiographischer Roman darf nicht wörtlich genommen werden. Was an dem Werke autobiographisch ist, das ist nicht romanhaft und kann es nicht sein, und wenn man andererseits unter Roman das gestaltete, in feste Formen gegossene Erlebnis versteht, kommt das Buch Londons schon deshalb nicht in Betracht, weil ihm jede Form fehlt. Es ist nicht »gebaut«, kaum richtig erzählt, kaum chronologisch geordnet. Trotzdem ein Werk, daß man an jeder Seite aufschlagen kann und vom blutigsten, erschüttertsten, wahrsten Leben erfüllt finden wird. Es ist ungleichmäßig, wie die Tage des Lebens, die sich nicht gleichen, tief und seicht, ewig und phrasenhaft, klar und wirr, – aber Leben ist es, denn dieser Jack London hat einen selbst im Kitschigen bezwingenden Gehalt an echtem Fleisch, echter Seele, echter Bitterkeit, echtem Traum und echter Realität. Eine ähnliche, in sich widerspruchsvolle Mischung wird man in der deutschen Literatur möglicherweise in den Gefühlsorgien der jungen Stürmer und Dränger zu Goethes Frühzeit finden, aber auch in diese Gattung gehört es nicht, denn es schreibt dieses Buch ein Mann, der dem bitteren, illusionslosen Leben schon Jahrzehnte lang ins Auge gesehen hat, dem der Erfolg nicht versagt geblieben ist und der daher das Metaphysische nie auf Kosten des Realen und Positiven hervorheben wird.

Was Jack London, der gewaltige Dichter des »Schrei der Wildnis« hier wollte, ist ziemlich klar zu sehen: ein Tendenzbuch gegen den Alkohol, um den freien Verkauf des Alkohols an jugendliche Individuen, an beeinflußbare, schwache Seelen und starke Muskelnaturen verbieten zu lassen. Dies ist gelungen. Das heute über Nordamerika ausgedehnte Alkoholverbot, die Prohibition, ist die unmittelbare Folge dieses Buches gewesen. Aber mit dieser heute auch in Deutschland aktuellen Tat ist die Bedeutung des Werkes durchaus nicht erschöpft. Denn, während London den Alkohol bekämpft, verflucht, verabscheut und mit dem Speichel einer geradezu persönlichen Wut bespritzt, erliegt er noch im Schreiben dem Gifte, er umarmt es, liebend wie ein Mann, er läßt sich von ihm tragen, wie ein Zweidecker von der Explosivkraft des Benzins oder Alkohols – im Motor, er wirft dem Gifte nicht mehr vor, es hätte ihm alles Lebenswerte genommen, sondern er dankt ihm, huldigt ihm ritterlich, beugt sein Knie, und wenn ein Amerikaner, ein Selfmademan, ein zu Ruhm und Reichtum gelangter Schriftsteller von europäischer Bedeutung *beten* kann, dann betet dieser hier, Jack London, zum Alkohol. Jack London spricht von vielen Trinkern, man hört ihn aber nur von sich sprechen, und das ist gut so. Durch den gewollten, den zur Bekräftigung der soziologischen Tendenz zusammengerafften Schwall von Erlebnissen, Gedanken, Todesängsten und himmlischen Räuschen, tierischen Räuschen, durch das ganze chaotische Gewitter von gewolltem Leben und gemußtem Leben kommt plötzlich eine Seite bedrucktes Papier, auf der das menschliche Herz bloß liegt, blüht, blutet, unbeschreiblich, bezaubernd und ganz einfach in seiner Wahrhaftigkeit.

Es ist ein Buch von einem Mann und ist ein Buch für Männer. Weich wird der Dichter nur dann, wenn er von Männern spricht, von jungen Seeleuten, die das Heimweh nach der Mutter im Alkohol ersäufen, von Kameraden, Seeräubern oder Austernräubern wie er selbst: »Je mehr ich dies Leben kennenlernte«, schreibt er, »desto begeisterter war ich von ihm. Nie werde ich die Glückseligkeit vergessen, als ich in der ersten Nacht an einem gemeinsamen Zug an Bord der ›Annie‹ teilnahm, mit rauhen, großen und unerschrockenen Männern, alten Hafenratten, von denen mehr als eine schon im Zuchthaus gesessen hatte und die alle auf gespanntem Fuße mit dem Gesetz standen und das Gefängnis verdienten.«

Nun erzählt er eine herrliche kleine Biographie nach der andren und schließt die herrlichste und kleinste mit den Worten: »Er war zwanzig Jahre alt und hatte den Körper eines Herkules. Als er einige Jahre später in Benicia erschossen wurde, sagte der Totenbeschauer, er sei der breitschultrigste Mann, den er je auf dem Brett habe liegen sehen.« Das ist ganz Jack London, aber das ist auch ganz Amerika.

Ich nannte den Mann ritterlich gegen seinen Todfeind, gegen seinen Todfreund Alkohol. Er vertritt das ritterliche Amerika gegen das kommerzielle, die Prärie gegen Broadway. Denn Jack London ist der wahre Mann; seiner innersten Natur nach ist er der tätige, schaffende Bauer, der trotz allem aufbauende Kolonist und Pflanzer, der sich freudig und stolz in einem herrlichen, biblischen Kapitel der 50000 Eucalyptusbäume rühmt, die er sich zum ewigen

Gedächtnis auf dem Hügel seines Landgutes gepflanzt hat. »La Motte pflügte den Boden, legte Fischteiche an, wurde von der Erde überwunden und zog fort, und für ein kurzes Weilchen taucht mein Name auf. Neben La Mottes Obstbäumen und Weinstöcken, neben seinem stolzen Hause und seinen Fischteichen habe ich mich selbst eingeschrieben mit fünfzigtausend Eucalyptusbäumen...« Ritterlich, dankbar also auch gegen den Boden, den er bebaut, ritterlich, dankbar gegen das Schicksal: »Bloß nur mein unendliches, unbedingtes Glück, mein gnädiges Geschick, meine gütige Vorsehung«, sagt dieser auf dem wüsten Meer des Alkohols umhergetriebene Odysseus, »brachte mich unversehrt durch das Fegefeuer des Alkohols, mein Leben, meine Laufbahn, meine Lebensfreude sind nicht vernichtet.« An solchen Stellen ist von der Tendenz gegen den Alkohol nichts mehr geblieben. Hier widerspricht sich Jack London, und er weiß, er begreift mit seinem klaren, »weißen« Verstande, daß er sich widerspricht. Er gibt daher das Wort weiter, er verzichtet, für seine Person und für das ganze Geschlecht auf das Recht zu einer Entscheidung. Hier wird er prophetisch und nimmt schon so viele Jahre vor dem Kriege die unerbittliche Entwicklung voraus. Er, der kampffreudige, lebensstrotzende Amerikaner erwähnt das Wort: »Nie wieder Krieg!«, das ein Überlebender aus den alten Indianerkriegen und nicht ein nervenschwacher, westeuropäischer Pazifist geprägt hat, und er gibt, noch bedeutsamer, den Stab der Macht vom Manne weiter an die Frau. »Die Frauen sind die wahren Erhalter der Rasse. Die Männer sind die Vernichter, die Abenteurer und Spieler, und schließlich müssen die Frauen sie retten...«

Das ist das Wertvolle, das Bleibende an diesem Buche. Keine Theorie, sondern blutiges Leben und aus diesem Leben heraus Bescheidenheit, Mut, Dankbarkeit. Wie unnachahmlich sich dies alles in einer einzigen Seite mischt, mögen folgende Zeilen des Schlußkapitels beleuchten: »Lag ich zum Beispiel auf meinem Deckstuhl, las oder unterhielt ich mich mit andern, so weckte jede Erwähnung irgendeines Teiles der Welt sofort die Erinnerung an Trinken und gute Kameraden in mir. Große Tage, Nächte und Augenblicke tauchten in mir auf. ›Venedig‹ starrt mir von einer bedruckten Seite entgegen, und ich erinnere mich der Cafétische auf den Bürgersteigen. ›Die Schlacht von Santiago‹ – und ich: ›Ja, ich war dabei!‹ Aber ich sehe nicht den Walplatz vor mir, nicht den Kettleberg oder den Friedensbaum. Was ich sehe, ist das Café Venus an der Plaza von

Santiago, wo ich eine bewegte Nacht hindurch mit einem sterbenden Trinksüchtigen sprach und trank.«

(1925)

Klaus Mann

»Ich zolle der allgemeinen Autorenschwäche meinen Tribut – und wende mich an den Leser. Man tut dies meistens, um sich die Gunst und das Wohlwollen...« So beginnt nicht der junge Klaus Mann, sondern der große Leo Tolstoi die ersten Einleitungsworte seines herrlichen Buches: Jugenderinnerungen: Kindheit, Knabenalter und Jünglingsjahre. Selten hat sich die Neigung des großen Mannes, sich an den kleinen, namenlosen Leser anzunähern, unverhüllter dokumentiert als in den erwähnten Einleitungsworten, die kein Werk weniger nötig hat als dieses, vielleicht das reinste, lebensechteste Tolstois, in dem die Erde des Lebens schon Nahrung wird, bevor sie noch zur Getreideähre, zum Mehl und Brot geworden ist. Unverbrauchter Urstoff des Lebens mühelos aneinandergebunden, den herben, aromatischen, durch nichts anderes ersetzbaren Duft der Erdkrume ausstrahlend, ausatmend, derselben Erde, die unser Ende ist und unser Anfang, in andern, neueren Geschlechtern... Weshalb wirbt dann der große Erdenmeister Tolstoi, der unvergängliche, um den Leser, der eine solche Bitte nicht erwartet? »Jeder aufrichtig ausgesprochene Gedanke, so kompliziert er auch sein mag«, sagt Tolstoi, »jedes mit Deutlichkeit wiedergegeben Phantasieprodukt, so sinnlos es auch sein mag, muß Widerhall in irgendeinem Herzen finden. Wenn es in einem Kopfe entstehen konnte, so muß es unbedingt auch einen zweiten geben, der es verstehen wird. Darum muß jedes Werk gefallen, aber nicht in seinem ganzen Umfange und nicht bloß *einem* Menschen...«
Was man bei dem Großmeister erschütternd findet, rührend wirkt es, dieses Bitten um Gunst, bei dem jungen Sohne des Thomas Mann, Klaus Mann, dessen umfangreicher Roman: »Der fromme Tanz, das Abenteuerbuch einer Jugend«, jetzt in einer schön gedruckten Ausgabe des trefflichen Hamburger Verlegers Enoch vorliegt. Wie Tolstoi wirbt er persönlich um seinen Leser, und wenn Tolstoi hofft, es werde außer ihm doch noch *eine* Menschenseele finden, der sein Werk gefällt, beginnt Klaus Mann damit, seinen Zweifel auszusprechen, ob sich ein »guter« Leser finden wird, ja, der Zweifel setzt noch einen Augenblick früher ein, denn er stellt die Berechtigung des Autors selbst in Frage, ein Buch zu schreiben wie dieses. »Zuweilen will es mir beinahe vorkommen«, sagt er, »als sei es an sich und von vornherein schon ein Zeichen

von Rückständigkeit und Melancholie, als junger Mensch heute überhaupt noch Bücher zu schreiben. Das Interesse für Literatur bei der Jugend darf länger nicht überschätzt werden. Ich glaube, daß sich nur bei Vereinzelten noch Enthusiasmus für die Wichtigkeit und Notwendigkeit des Buches findet. Andere Dinge sind es, die im Vordergrunde stehen... Vielleicht soll das Pathos und das Problem dieser fragwürdigsten und hoffnungsseeligsten ›Nachkriegsjugend‹ überhaupt nicht gestaltet, nicht geformt und durch das Werk *verewigt* werden. Vielleicht hat diese Generation kein für sie eigentlich charakteristisches Werk bis heute hervorgebracht, aus dem einfachen Grunde, weil, allem Anschein zum Trotz, kein Bedürfnis in ihr ist nach einem Werk.«

Hier ist zweierlei möglich: Entweder meint Klaus Mann, der Generation, von der er spricht, fehle das Bedürfnis, sich darzustellen, oder er meint, es fehle ihr das Bedürfnis, sich dargestellt zu sehen. Die eine Frage ist die Frage der Auflage und des persönliches Aufsehen erregenden Erfolges, die andere Frage ist die des Zwanges zur Darstellung, eines Zwanges, den man früher oft mit dem Zeugungsdrang verglichen hat, und der, wie dieser, im Augenblick seiner stärksten Entflammung nicht auf die »Folgen« bedacht ist, sondern der sich nur wie eine im Kreisen befindliche Feuerwerkskugel strahlend und sternartig versprühend zu Ende leben will, wenn auch unter Zerstörung seiner selbst. Gerade das Selbstfeindliche, um nicht zu sagen, Selbstmörderische ist allen sogenannten »jungen« Generationen eigen, und man sieht es selbst bei dem glückgesegneten Goethe nach den ersten spielerischen Gedichten beim Werther. Dieses »Werthertum« war eine Goethe eigene Lebensform. Eine nur von vielen. Aber eine, die sich im Werk bis zum Letzten zu Ende lebte, daß viele Menschen, wie z. B. Napoleon, im weimarischen Jupiter-Goethe nur die sterblichen Überreste des Dichters eines Werthers sehen mochten. Für sie war die Gleichung: Goethe ist gleich Werther bestimmend. Um sich darüber klar zu werden, ob es den Autor mehr nach Selbstentfaltung, Selbstverherrlichung, Selbstverewigung und Selbstvernichtung verlangt, oder ob es ihn mehr dazu treibt, ein »vitales« Bedürfnis im Lesepublikum zu befriedigen, nimmt man das Buch zu Hilfe. Aber je länger man liest und sich der natürlichen Anziehungskraft des Werkes hingeben will, desto deutlicher wird, daß dieses Werk nicht genügt, um sich über diese Grund- und Kardinalfrage klar zu werden. Wir können nicht sagen, ob dieser »fromme Tanz« nur

Repräsentationswerk einer, sich selbst zu ihrem Unheil nur zu oft und gar zu nahe spiegelnden Generation ist, oder ob diese Abenteuer einer Jugend aus dem Streben kommen, sich selbst zu erleben und sich, wenn auch die Kraft zur Selbstdurchdringung (die immer Selbstzerstörung ist) fehlt, wenigstens zu enthüllen und körperlich-geistig zu entkleiden. Mein Gefühl geht eher dahin, daß es dem jungen Klaus Mann ernst um seine Aufgabe gewesen ist und daß er auf jeden Fall sein übervolles Herz mitbringt. Was echt ist, was nicht, was für die Zukunft Gültigkeit hat, oder was von innen heraus verfallen wird und muß, wer will es bei einem jungen Menschen, nicht nur dieser Nachkriegsgeneration, sondern bei jeder jungen Generation entscheiden, solange jedes junge Wort einen Zauber hat, dem man sich nicht gern verschließt? Man erinnert sich einer anderen Beichte, eines anderen frommen Tanzes, die einer der herrlichsten, freudig-wehmütigsten Geister ausgesprochen hat, sein Ohr an sein Herz gepreßt, als Beichtvater seiner selbst, es ist die »Beichte eines Kindes seiner Zeit« von Alfred de Musset. Auch hier die Klage über die verlorenen, von Krieg und Wirrnis beschatteten Jugendjahre, die bittere Wirklichkeit, der großen gesunden Väter, der kranken schwachen Kinder, die dem kleinen huschenden, verflogenen Traum nachweinen.

Man wird dem Buche des Klaus Mann am ehesten gerecht, wenn man es nimmt, als das, was es ist, nicht als das, wofür es sich gibt. Nichts von frommem Tanz ohne Frömmigkeit! Nichts von Abenteuer einer Jugend ohne ein einziges echtes Abenteuer. Denn was ist Abenteuer? Doch nichts anderes, als von sich lassen, wegreisen von sich, sich hingeben, Orient, Gefahr, Sturz durch die soziale Stufenleiter oder eine Fahrt den Nil herauf, die tote Heimat im Rücken, wie beim jungen Flaubert, oder wie bei Tolstoi, die Reiterlaufbahn, wüstes Leben als Offizier, oder bei Balzac die hungrigen ehrgeizigen Tage in seiner Dachkammer bei Brot und Wasser, aber schon unter der künstlichen Sonne des Ruhmes, ein Corneille zu werden und Berater der Fürsten. Hier bei Klaus Mann ist nichts vom hohen Flug des Menschengeistes, der willig den Boden zu seinen Füßen abstößt. Wenn dagegen etwas für dieses Werk charakteristisch ist, so ist es das Suchen nach seelischer Bestimmung, nach dem Sinn, es ist also, wenn man schon die alte Einteilung nicht verlassen will, kein Abenteuerroman, sondern ein Entwicklungsroman.

Der Inhalt ist folgender: Ein junger Mensch, Maler ohne besonders große Fähigkeiten, in seinem Gefühl homosexuell, aber nicht auf die heterosexuelle Liebe verzichtend, verläßt das Haus des Vaters, die Nähe der Braut, seine Heimatstadt und seinen Beruf, um sich in anderen Lebensumständen wiederzufinden. Das ist das Grundgewebe, auf dem sich die Zeichnungen der Nebenfiguren abheben. Diese scheinen besser geglückt als der Held, von dem entweder zuviel oder zuwenig gebracht wird. Deutlich werden zwei junge Männer, einer, den unser Held liebt, einer, von dem er geliebt wird. Hier ist offenbare Begabung zur Charakterisierung nicht zu verkennen. Besonders die Figur des Niels in ihrer unnahbaren Glätte, die aus dem widerwärtigsten Schmutz ohne sichtbare Flecken hervorgeht, bezeugt dies mit Sicherheit. Auch in den besinnlichen Teilen des Romans finden sich Stellen, die weiterführen. Denn es muß etwas weitergeführt werden. Die bloße Tatsache der homosexuellen Beziehungen zwischen drei oder dreißig jungen Männern »von 15-20 Jahren« erregen weder Spannung noch bieten sie besondere Möglichkeit zu dichterischer Entfaltung. Tragisch wirkt das Problem der Homosexualität erst dann, wenn es sich bewußt in die Gesellschaft stellt, etwa bei Balzac in einer Männerehe Vautrin Rubenpré, oder wenn die Lebensinteressen einer Gemeinschaft durch die Sterilität alles Homosexuellen bedroht würde. Hier bei Klaus Mann wird diese Unart zu ernstgenommen. Die Formen, unter denen sie sich abspielt, sind die einer höflichen Prostitution. Das Furchtbare dieser urbanen Formen im Gegensatz zu dem wenig furchtbaren, weil Gewohnheitsmäßigen, eben nur Unartigen des Gegenstandes, ist dem Autor kaum zu Bewußtsein gekommen. Wenn man irgendwo die Kriegsfolgen sieht, so hier, in der Selbstverständlichkeit und der Unverhülltheit dieses Liebesmarktes, Gefühlskommunismus. Es ist ein gutes Zeichen bei dem Autor, daß er über das Selbstverständliche, also über das Banale und sogar schon kitschig und gefällig gewordene dieser Beziehungen herauswächst, und in diesem Sinn möchte ich noch eine Stelle des Buches zitieren. »Dies Lächeln verstand: Vereinigung mit dem geliebten Körper ist uns niemals gegeben, des Menschen Körper ist alleine für alle Ewigkeit. Blieb aber diese Liebe, die also auf des Geliebten Besitz verzichtet hatte, groß genug, so konnte sie vielleicht dem geliebten Körper helfen in seiner Einsamkeit. Das war mehr, als sich sagen ließ... So galt es, einen zu finden, dem man alles gab, ohne ihn zu besitzen, dem man helfend treu blieb bis zum Tod, ohne ihn zu besitzen...«

Dies ist aber der Standpunkt des Liebenden nicht mehr, sondern der des Erziehers. In diesem Sinne einer großen Erziehungswelle, die man in Amerika »Educatation« als Sammelbegriff nennt, wird in den Vereinigten Staaten vieles neu geschaffen.

(1926)

Anton Tschechow,
»Der schwarze Mönch«

Ein berühmter russischer Schriftsteller hat das Wort geprägt: Wir kommen alle aus *Gogols* Mantel. Herrlich das Wort; herrlicher, über den tiefen Sinn dieses Wortes hinaus, die leibhaftige Vorstellung, wie aus den Falten des Mantels, des in seiner Demut berühmten, des in seiner Dürftigkeit unnachahmlich schönen Gewandes, wie aus den Falten dieses trésor des pauvres heraus die unzähligen Figuren der russischen Dichter steigen, nicht nur aus dem pelzbesetzten rauhen Stoffe sich entwirren, sondern auch aus dem Halsausschnitt des Mantels frei emporwehen und anderen sich zugesellen, die aus den Fußsäumen hervorgleiten und aus den breit und schräg angehefteten Taschen herabfallen. Alle diese Gestalten in der Fülle der unnachahmlich stolzen Demut, der herrischen Sklavennatur, wie sie vielen Figuren und Seelen dieses gestaltenreichsten Volkes bewohnter Erde eigen ist.

Wie aber versteht man den Sinn des Wortes? Was ist der Mantel? Ist es etwas Einmaliges, einmalig für den Dichter, einmalig für den Leser, einmalig für die Nation? Ist je in historischem Sinne die Zeit dagewesen, da man die Russen das Volk der Akaki Akakiewitsch nennen konnte? Ist denn dieser Mantel ganz von russischen Händen zugeschnitten, entworfen, geheftet und genäht, sind seine Säume, um besseren schärferen Kniff zu gewinnen, sämtlich durch die niedrigen, eher sand- als elfenbeinfarbenen Zähne des nationalen Verfassers gezogen worden?

Immer bleibt es schwierig, so sehr bezeichnend auch die künstlerischen Leistungen für eine Nation sein sollen, den gerechten Anteil der *Nation* an dem einmaligen Kunstwerk zu bemessen. A posteriori will man alle Eigenheiten der großen, volksmäßigen Gesamtheit mit mikroskopischer Genauigkeit den großen, »repräsentativen« Kunstwerken der Nationen anmerken: a priori aber sind die Charakterisierungen schon weniger mikroskopisch, weniger sicher und weniger voll von unbedingtem Eigenlob. Alle völkischen Propheten wollen Historiker sein, Richter und Dichter; keiner aber Seher und Künder.

Sicher ist, daß Gogols Mantel einer ganzen auch heute noch nicht abgeschlossenen literarischen Epoche den Stempel aufgedrückt hat: Zum erstenmal war es ein »Mühseliger und Beladener«, ein kleiner Held, ein namenloser, ein bürgerlich gekreuzigter, ein winziger Christus hinter dem Aktentisch. Vielleicht nur christlich, und nicht Christus – ein aus dem Komischen ins Tragische, aus dem Heroischen ins Groteske gewendeter Mensch, ein leidender und doch lächerlicher Mensch. Dies ist das Neue, dies das Bleibende. –

Zum erstenmal ist das Kleine, das lächerlich Reale, die »Rangklasse«, groß gesehen, mit allem Ernst angefaßt, und *in diesem Ernst* liegt seine Güte. Dieser Ernst hebt auch das »Zauberische« in dem »Mantel« aus dem einfach Phantastischen, dem E. T. A.-Hoffmann-artigen in eine andere Sphäre.

Dieser neuen, eigenartig russischen, realen, greifbaren, rauhen Phantastik sind die späteren russischen Meister nicht alle treu geblieben, wohl aber dem Ernst, der Würdigung des Kleinen und Kleinsten. Daher ihre Liebe zur Natur, keine Liebe zur heroischen Natur, wie sie selbst Stifter nicht verleugnet (Wüste im »Abdias«, Schneesturm und Hochwasserkatastrophe in der »Mappe meines Urgroßvaters«), sondern es zieht auch die Naturliebe der Russen das Kleine, das Alltägliche vor, der Russe beugt sich auch nicht vor der Natur, noch auch scheut er sie, sondern er sieht, vielleicht als der erste in der Weltliteratur, in der Natur etwas Lebendes, weil Leidendes.

Von Gogol zu Tschechow ein weiter Weg, aber doch einer. Von Gogol, dem Negerblütigen, Urrussischen zu Tschechow, dem Westeuropäischen, »Angekränkelten« – oder darf man sich einmal erlauben, das Russische nicht als Quell ewiger Gesundheit und Jugendfrische, das Europäische nicht als Pandorabüchse aller Leiden, Verirrungen und Laster zu sehen? Einerlei, Tschechow liegt an der westlichen Grenze Rußlands, wie Gogol in dessen asiatischem Zentrum.

Man muß dem Wiener Verlag Zsolnay dankbar sein dafür, daß er uns in dem Bande »Der schwarze Mönch« ein Werk Tschechows zugänglich gemacht hat, das uns diesen Dichter von einer neuen, eben der phantastischen Seite zeigt, einer Seite, die nicht für ihn so sehr bezeichnend ist wie für die Nation, aus der er hervorgegangen und in die er eingegangen ist, für immer, wie wir glauben. Zwar: welcher Schätzung er sich in dem jetzigen leninistischen Rußland erfreut, ist mir nicht bekannt. Möglicherweise keiner außerordentlichen, denn das Bürgerliche, geben wir sogar zu, das Kleinbürgerliche verleugnet sich bei Tschechow nie. Und doch! Welche Weite, welch ein Herz, welch eine Fülle! Auch das Phantastische ist bei ihm kleinbürgerlich, vorsichtig, zart, es schlägt die Augen scheu auf und macht sich nichts wissen, darin liegt seine scheue, seine verhaltene, phrasenlose, »gedeckte«, eben kleinbürgerliche Liebe. In der Hauptnovelle des Bandes, in der Titelnovelle, kommt ein Gespenst vor, ein Schemen, romantisch in die Tracht eines Mönches gekleidet. Es erscheint nicht wie aus einer Gewitterwolke, einer geisterbleichen, in die schemenhafte Seelenverfassung eines auf immer vereinsamten Menschen hinabgeschauert, wie Maupassants »Horla«; sondern es kommt, freundlich eher als feindselig, mehr begütigend als drohend mitten in ein Liebesidyll; unter den Schatten von blühenden Obstbäumen duckt es sich, im Dunstkreise an Spalieren prachtvoll reifender Pfirsiche entfaltet es sich, ein Gespenst, sicherlich, aber nicht die Ankündigung von Tod und Verderben auf den papierfarbenen Lippen tragend, sondern sich ohne Gewaltsamkeit dem Leben angleichend; ein Spiegelbild, sicherlich, aber nicht das des ewig isolierten Einzelnen, sondern eher ein Zeugnis dessen, daß der Mensch nie allein sei. »Hinter den Fichten eines Gutsparkes kommt es hervor, lautlos ohne das leiseste Geräusch. Ein Mann von mittlerem Wuchse, mit unbedecktem grauem Haupt, ganz in Schwarz, barfuß, ähnlich einem Bettler. Auf seinem bleichen Gesichte zeichneten sich scharf schwarze Augenbrauen ab. Dieser Bettler oder Sonderling nickte freundlich, kam lautlos zur Bank und setzte sich. Kowrin erkannte in ihm den schwarzen Mönch. Eine Minute lang betrachteten beide einander. Kowrin erstaunt, der Mönch zärtlich, von Zeit zu Zeit ein bißchen listig, mit einem Ausdruck von Selbstzufriedenheit. ›Aber du bist doch ein Spiegelbild‹, sprach Kowrin, ›warum bist du hier und sitzest an dieser Stelle? Das paßt nicht zur Legende.‹« Hier zeigt sich der Faden, noch von dem Gewebe, woraus Gogols Mantel gearbeitet. Das Nicht-zur-Legende-Passen, das Irdischsein und himmlisch zugleich, das Leiden und Lächerlichsein in einem.

Man muß diese zarte, ganz mit erdhaften und doch nirgends wirklich faßbaren Farben gemalte Schilderung eines blühenden Obstgartens mit seinem ganzen Überfluß an Früchten, Raupen und zusammengedrängter, duftender Schwüle ganz in sich aufgenommen haben, um das tief Gespenstige dieses kleinen, geduckten, jenseitigen Gastes nachzufühlen. Und dann ein Stück Leben, ein Stück Rußland von 1900 oder 1910. Was ist? Was bleibt? Der Garten bleibt nicht, nicht die Schwüle der Nachtluft im Pfirsichblütenduft, nicht die Jugend, die seelenhafte, unversiegliche. Alter, Enttäuschung, Wirklichkeit, Sorgen und Mühen, die ganze Schwere des Daseins, die komische Tragik des Kleinbürgerlichen wird von Tschechow wie eine erst wegzuwehende, dann aber immer schwerere Wolkenschicht darübergeschoben. In den alltäglichen Gang eines bürgerlichen Schicksals begleitet der schwarze Mönch seinen Helden, ohne von ihm zu weichen, sein alter ego, das heißt sein Gegen-Ich, sein metapyhsisches Teil, die Verkündigung seiner »wirklichen«, seiner bleibenden, seiner seligen, weil göttlich anerkannten Existenz.

Auch in der zweiten Erzählung des Bandes der Kampf zweier »Ich«. In der ersten Erzählung war es der Kampf zwischen dem irdischen und dem bleibenden Ich, in der zweiten Erzählung ist es der Kampf zwischen dem Besseren und Schlimmeren, zwischen dem Echteren und dem Sittlicheren. Hier ist nichts mehr von Mönchen: freilich auch nichts mehr von blühenden Obstgärten. Keine Jugend mehr und keine Illusion, nur noch Wirklichkeit. Aber welche Wirklichkeit! Welch ein Leiden, welch eine Lächerlichkeit! Welche Mißverständnisse zwischen dem guten Wollen und dem bösen Wirken. Wie hier ein liebender Mann mit den Augen der hassenden Frau gesehen ist und sich bis in die innersten Herzensfalten entschleiert, wie hier eine hassende Frau mit den liebenden Augen eines alternden Mannes gesehen wird, – es schauert einen, wenn man es liest. Manche Seiten sind mit solcher Größe, solcher Schlichtheit geschrieben, daß sie als persönliche Konfession des lebenden Dichters wirken. Dieser Paul, diese Natalie sind Heilige, wenn das Leiden den Heiligen macht, leidend sind sie und lächerlich zugleich. Wahr vor allem und unvergeßlich für jeden, der sie gesehen hat und sich selbst in ihnen.

(1926)

Rahel Sanzara,
»Das verlorene Kind«

Es handelt sich um einen Roman, »Das verlorene Kind«. Es ist das einzige Dokument einer Begabung, die über das gewohnte Ausmaß des Fördernswerten weit hinausgeht. Man darf von diesem Werke mit der größten Nüchternheit sprechen, denn es ist so neu, so groß, daß es die klarste Tagesbeleuchtung erträgt, ohne zu verlieren. Ja, es wächst, je näher man ihm kommt, es wird tiefer, je öfter man es liest, es hat die Zeichen von Dauer, Echtheit, Wahrheit in sich. Es durchmißt die Kreise des Schauerlichsten, das es innerhalb der menschlichen Seele gibt, aber ebenso mühelos erhebt es sich zu den Bezirken menschlicher Größe, und wie es von der Hölle durch die Welt zum Himmel strebt, ist es ein Abbild des im guten wie im bösen gewaltig ausschweifenden menschlichen Wesenskernes. Kraft, Konsequenz, Hellsicht in der Gestaltung, damit ist es nicht getan. Dazu muß Weisheit kommen, Gnade der Erleuchtung und vor allem etwas mit Worten kaum zu Nennendes, sich auch im nüchternsten Tageslichte nicht ganz Entschleierndes, ein schicksalsmäßiges Glück von jener Art, die mit einer einzigen Nacht und einer einzigen Umarmung eine lange kinderlose Ehe mit Nachkommenschaft segnet. Warum diese Nacht? Warum gerade dieses Werk? Dieses schicksalsmäßige Glück heiligt hier wie dort alles Irdische. Das Gefühl: »So muß es sein« wird versöhnt, es strahlt Ruhe aus mitten auf der Flucht, und der Glanz dieser Begegnung von Schicksal und Gnade wird hier wie dort so bald nicht vergehen.

Es enthält dieses Buch an Faßbarem vor allem die Geschichte eines vierzehnjährigen Mörders, Fritz Schütte, Sohn einer vergewaltigten Magd Emma, geboren und aufgewachsen auf dem Gute Treuen im nördlichen Deutschland. Ferner die Geschichte dieser Mutter des Mörders. Es enthält die Geschichte des Opfers, eines vierjährigen Kindes, Anna B., die Geschichte der Eltern, des Vaters Christian B., und die der Mutter. Für die Anekdote, die nackte Tatsache, liegt eine kurze Prozeßgeschichte aus dem neunten Bande des neuen Pitaval vor, demselben Bande, der auch den Bericht über Michael Kohlhaas bringt. In diesem Prozeßbericht wird nur des Mörders Erwähnung getan, nicht eigentlich der Tat, die kriminaljuristisch nie aufgeklärt wurde. Dieser Prozeßbericht ist mit der

Urteilsfällung zu Ende, dort, wo das Buch der Sanzara eigentlich beginnt. Denn es geht der Dichterin offenbar nicht nur um die Ereignisse, nicht um die Verfolgung eines Schuldigen oder um die Rache des ruhigen und sittlichen Staates an einem verwirrten und unsittlichen Menschen, sondern es entstand eine Schöpfung, die viele Menschenleben mit ihren ganzen Wurzeln ergreift, die sie durchführt durch den Stamm bis an die Blüte, durch alle Jahreszeiten, alle Stille, alle Gewitter; aber selbst damit ist die Völligkeit dieser ineinandergewobenen Menschenseelenschöpfung nicht zu Ende. Die elementare Kraft, die psychologische Einsicht, die umfassende Liebe des Schaffenden dringt weiter zu den Urgründen des Daseins, wo dieses Dasein sich nicht mehr in Worten und Zuständen begrenzen läßt, sondern wo es zu gleicher Zeit etwas *ist* und etwas *bedeutet*. Man nennt dieses Zusammentreffen von *Sein* und *Bedeutung* mythisch. Viele solcher mythischen Stellen hat dieses Werk, und diese Stellen haben den Keim der Unsterblichkeit in sich wie diese Stellen bei Hamsun, diesem »Größten unter den Lebenden«, wie ihn ein anderer Großer genannt hat.

Da es sich bei dem »verlorenen Kinde« um eine solche Schöpfung handelt, wo kein einziger Faden vor dem Ende des Teppichs aus dem Gewebe fällt, kann man den Inhalt nicht kürzer fassen, als es die Dichterin selbst getan hat, man kann nur Stellen herausleuchten lassen mittels Überbelichtung, man kann Takte herausreißen, das Wesentliche dieses einzigartigen Buches aber wird nur das Buch selbst vermitteln können. Es ist jeder Strich mit der gleichen Liebe gesetzt, jede Einzelheit mit derselben untrüglichen Sicherheit, und daher mit der gleichen Überzeugungskraft herangeführt an die Seele des Lesers. Die Sanzara geht jeder winzigsten Erscheinung des Lebens nach, ob es atmosphärische Einzelheiten sind oder das Leben und Weben der Tiere, die praktischen Verrichtungen auf dem Bauerngute oder die offenen oder verdeckten Gesichtszüge eines Menschen, die Regungen in seinem Innern... alles ist ebenso wichtig und wahr wie das Vorüberflattern einer Lerche an einem Zellenfenster, alles ist gleich endgültig, es wirkt nicht durch seine einzelmäßige Bedeutung, nicht durch sein moralisches Gewicht, sondern durch die Stelle, in die es innerhalb des zeitspinnenden Teppichgewebes eingewirkt ist. Wer so dem Leben nachgeht, kann dem Tode nahekommen, wer so das Sinnliche zu umreißen imstande ist, wird, wenn überhaupt jemand, auch das Übersinnliche zwingen. In den Gesprächen des Konfuzius* heißt es: »Gi Lu über das Wesen des Dienstes der Geister. Der Meister (Konfuzius) sprach: ›Wenn man noch nicht die Menschen nennen kann, wie sollte man den Geistern dienen können?‹ Dsi Lu fuhr fort: ›Darf ich wagen, nach dem Wesen des Todes zu fragen?‹ Der Meister sprach: ›Wenn man noch nicht das Leben kennt, wie sollte man den Tod kennen?‹« –

Aus der östlichen Ehrfurcht der Gesinnung erwächst die keusche zurückhaltende Art dieser Dichterin, ihr völliges Abgewendetsein von dem Hervortreten ihrer Persönlichkeit, ihr fast unbegreiflicher Mangel an Eitelkeit. Aber daher bei ihr die zwingende Kraft, die Treue und das Erreichen der höchsten, Menschen unserer Zeit zugänglichen Bezirke. In dem Kommentar zu Konfuzius heißt es nun zu dieser Stelle: »Unsere Aufgabe ist es, das Erforschliche zu erforschen und das Unerforschliche ruhig zu verehren.« Die Sanzara, die als eigentlichen Helden des Buches den Vater des ermordeten Kindes Anna, den Rittergutspächter Christian B., schildert, läßt diesen verlorenen Vater, nachdem er das Erforschliche des Verbrechens nach Menschenkräften erforscht, nachdem er den Spuren seines ermordeten Kindes bis in die verstecktesten Winkel Rußlands nachgegangen ist, zur Verehrung des Unerforschlichen kommen, zu einer übermenschlichen Güte, zu einem »gewaltigen, eisigen Glück«, – »es öffnete sich seine Seele, in unirdischen Kreisen, in die sein Geist sich hob, glaubte er der Seele seines entschwundenen Kindes zu begegnen und *er fühlte sich bereit zum Letzten.*« In dieser Verfassung des Geistes betrit er das protestantische Gotteshaus, und der Prediger wählt ihm als Spruch für die Predigt die Worte Moses, 2. Buch, 33. und 34. Kapitel:
»Moses sprach zum Herrn: So laß mich deine Herrlichkeit sehen! Der Herr sagte: Wem ich aber gnädig bin, dem bin ich gnädig, und wessen ich mich erbarme, des erbarme ich mich. Und sprach weiter: *Mein Angesicht* kannst du nicht sehen, denn kein Mensch wird leben, der mich sieht. Und sprach weiter: Siehe, es ist ein Raum bei mir, da sollst du auf dem Fels stehen. Wenn dann nun meine Herrlichkeit vorübergehet, will ich dich in der Felskluft lassen stehen, und meine Hand soll ob dir halten, bis ich vorübergehe. Und wenn ich meine Hand von dir tue, wirst du hintennach sehen. Aber

---

* Auch hier ist die ausgezeichnete Übersetzung Wilhelms in der verdienstvollen Diederichschen Ausgabe zitiert.

mein Angesicht kann man nicht sehen.« – Dieser Raum auf dem Felsen ist der seelische Punkt, auf dem der Held dieses Buches steht. Von hier sieht er die Unerforschlichkeit Gottes, die Schauerlichkeit und grauenhafte Schrecklichkeit der Welt, wie nur ein Halbgott sie sieht. Hier in diesem Buche kommt das Faustische nicht zu dem Ziele, das Unzulängliche zu säkularisieren, sondern es gilt, die äußersten Möglichkeiten eines im innersten Lebenskern getroffenen Mannes zu bewähren in einem großen Heroismus, sich dem Angesichte Gottes, das heißt, der Erkenntnis der Welt wissend, wollend und wirkend so weit zu nähern, als es Menschenkraft überhaupt kann. Daher die ungeheure Logik in allem, was dieser Mann tut, darin ganz gleichwertig der ungeheuren Logik dessen, was er leidet. In seinem Herrlichsten wird dieser Mann durch den Verlust des bezaubernden kleinen Wesens getroffen. In dem weichsten, gütigsten Bezirk eines arbeits- und segensreichen Daseins wird er erschüttert durch das unfaßbar erschütternde lautlose Leiden und Sterben seiner Frau – und vor allem dadurch, daß sich nach dem Verschwinden des Kindes auch nicht ein Baumblatt in der großen unbarmherzigen Welt rührt. Nur bei dem ersten Morde, dem des Kain, hat die Erde gebebt und sich gegen die Blutstropfen gesträubt, bei den späteren nicht mehr. Nur vor dem ersten Morde spricht Gott zu dem Mörder: »Warum ergrimmst du? Und warum verstellet sich deine Gebärde? Ist's nicht also? Wenn du fromm bist, bist du angenehm. Bist du aber nicht fromm, so ruhet die Sünde vor der Tür. Und nach dir hat sie Verlangen. Du aber herrsche über sie.« In dem Buche der Sanzara wird das vergossene Blut nicht an dem Mörder gerächt. Die schwerste und zugleich heiligste Last wird dem andern auferlegt, auf daß er sie beherrsche. Denn der Schicksalsgott erhebt ihn schon zu Lebzeiten zu einem übermenschlichen Dasein: »›Wie jetzt Gott hart zu mir war‹, sagt er, ›war ich auch hart zu Martha (der Frau) und den anderen Menschen. Und ich werde nie mehr, wenn es in meiner Macht steht, hart zu einem Menschen sein, und wäre es der Mörder meines Kindes. Das Leben hat sich mir verhüllt nach langer Klarheit; vielleicht wird mein Tod schön.‹ Er hatte jetzt das Licht angezündet, und die Schwester sah ihn an. Sein Gesicht hatte fast nichts Menschliches mehr. Umhangen von dem weißen, wirren, langen Haar, war die Stirn glatt und von einem Schimmer übergossen, der sich über die schweren Augenlider bis in die Furchen der Wangen senkte und erst von dem wirren Bart aufgefangen wurde, der den bittern,

festgeschlossenen Mund verhüllte. Während seine hohe Gestalt in der Ruhe und in den Bewegungen ihre zutiefst gebrochene Kraft nun verriet, erhob sich auf seinem Gesicht die *Spannung* und *Verklärung* einer bis zum letzten gesteigerten Kraft der Seele.«
Diese bis zum letzten gesteigerte Kraft der Seele bewährt sich in der Folge der fürchterlichen Ereignisse. Der Vater des ermordeten Kindes lebt weiter. Er vertritt Vaterstelle an dem Mörder. Er scheidet seine ihm gebliebenen Kinder von sich, um sie dem bösen Schicksal um ihn zu entziehen, und er nimmt, ein Zeichen einer grandiosen Lebensbejahung, den Mörder seines Kindes, nachdem dieser seine fünfzehn Jahre Zuchthaus ›verbüßt‹ hat, zu sich und läßt ihn bis an dessen Ende bei sich, pflegt ihn in der letzten Krankheit und nimmt ihm den Todesschweiß von der Stirn, und – dieses ist das Große, dies ist das beispielhafte Leben für sich selbst — er tut dies alles, ohne zu fragen, ohne ›bessern‹ zu wollen, ohne *sich selbst heilig zu sprechen.* So »unbewegt ist dieses Herz, so fest in den Händen des Unerbittlichen«.
Diese Heldengeschichte eines waffenlosen Menschen spielt in einer einfachen Landschaft, deren holde und doch auch wieder gespenstische Konturen in der schärfsten Deutlichkeit vor uns stehen bei Tag und Nacht. Sekundenschnelle Ereignisse sind uns ebenso greifbar nahe wie das Rieseln der Jahre und Jahrzehnte. Mißernte, Verdorren und Verwesen ebenso zwingend wie Segensernte, Blühen, Werden. Hier hat außer Hamsun nur Adalbert Stifter Ähnliches geschaffen. »Drei Tage und Nächte hatte im November der Sturm geweht, die Bäume kahl gefegt, den Himmel mit Wolken überzogen. Nun war alles schon lange still, die Luft klar in der Kälte, und im rötlichen Schein der Wintersonne schwebte sie über den Feldern wie Schleier aus zartem Gold, umschmiegt von dem weichen dunklen Blau des Horizontes. In den Nächten des Neumonds überzogen Wolken den Himmel, und es schneite von neuem. Die vollkommene Ruhe über der Natur war Trauer und Fest, Leben und Tod zugleich. Es schwieg der Lärm des Lebens, des Wachsens, der Geburt, und es sprach die Stille des Todes, seine erlösende Verheißung in der Nacht...« Oder eine andere Stelle: »Christian fuhr langsam zurück nach Treuen, um ihn sank der Abend auf die Erde. Er erinnerte sich jener Fahrt im Winter mit Martha, seiner Braut. Damals war es kalt gewesen, die schneebedeckte Erde hellstrahlend, der Himmel aber dunkel und verborgen, und das schwarze weitgeöffnete Auge seiner Frau war wie

Finsternis um seine Gestalt gewesen. Jetzt war es warm, die Luft noch durchhaucht von der Sonne des Tages, der nachtblaue Himmel groß, sichtbar, schimmernd wie Glas. Die Gestirne prunkten. Die Erde aber war dunkel, verschwiegen, trächtig in sommerlicher Fülle.«

Einmal heißt es von einem alten Mann, der aus Mitleid zur Erntezeit unter das Hofgesinde des Gutes aufgenommen wird: »Er setzte den mit Mühe zum Munde geführten Becher mit zitternden Händen wieder ab und sagte, die trüben kleinen Augen ins Leere gerichtet: ›Es kann nichts verschwinden von der Erde. Was da war, kommt wieder.‹« So wird denn auch ein Werk, das in solcher Kraft und Weisheit, Fülle und Klarheit die Welt erfaßt, wie sie ist und was sie bedeutet, nicht so bald wieder verschwinden von der Erde, und dieses Buch wird, was es mir gewesen ist, auch vielen andern sein, Beweis des großen Glühenden, Schönen und Schauerlichen und Eisigen in uns, und so wird es auch an künftige Geschlechter kommen.

(1926)

Hans Grimm,
»Volk ohne Raum«

Der ausgezeichnete Novellist Hans Grimm legt uns in seinem neuen zweibändigen, sehr umfangreichen Buche (684 und 673 Seiten) einen der anregendsten und im Format bedeutendsten, erfindungsreichsten und redlichsten Romane vor, die man seit dem Ende des Kriegs empfangen hat. Dennoch ist das Werk, an das soviel Mühe und Kunst gewendet ist, nicht gelungen. Es hält weder, was es vor sich selbst versprochen hat, erreicht also sein eigenes Ziel nicht, noch auch bleibt es dem Leser in Erinnerung, es sei denn in einzelnen Szenen, in einzelnen Figuren, in einzelnen Landschaften, in welchen sich die Meisterhand des Novellisten Grimm bezwingend und bezaubernd kundgibt, in jenen Teilen des Werkes also, in denen Grimm von seiner Hauptidee abweicht und einfach erzählt, mühelos und derart durchdrungen von seinem Gegenstande, daß er, Erzähler, eins wird mit seinem Abenteuer im südafrikanischen Steppengebiet oder im Kohlenschacht des Weserlandes. Wie anders, wie mühselig, wie gezwungen die Stellen, in denen Hans Grimm sich selbst auftreten läßt. An sich wäre es weder zu billigen noch zu verwerfen, wenn ein Autor sein eigenes, sein persönliches Schicksal in das Gewebe eines derartigen Romanes, eines solchen »Lebenswerkes« einflicht. Wenn es gelingt, ist alles erlaubt. Aber nicht »an den Rand geschrieben«. Grimm denkt an die Bilder der großen deutschen Meister im Mittelalter, die ihr eigenes Gesicht neben anderen Betergesichtern, ihre eigenen Malerhände neben anderen Händen, demütig gefaltet alle, in eine Ecke ihrer Bilder setzten, sich selbst und der Welt zum Gedächtnis. Aber wo sind jene gewaltigen Unterbauten gemeinsamen Glaubens, jene unerschütterbaren Grundfesten gemeinsamen Leidens und Freuens, auf denen sich vor Zeiten die Kunst erhob? Uns Heutigen ist nichts gemeinsam, alles problematisch; wenn damals einer sich selbst erlebte, gab er im vollendeten Werke den Makrokosmos, heute ist das Erlebte chaotisch, und das Werk ist unversiegelt, unvollendet, unvollendbar und problematisch. Handelte es sich bei dem vorliegenden Buch um ein Werk kleinerer Gattung, schleuderhafterer Arbeit, dann ginge man darüber hinweg. Aber da diesem Buch ungewöhnliche Eigenschaften innewohnen, da es mit ungewöhnlicher Kraft begonnen, mit ungewöhnlicher Liebe durchgeführt wurde, ist das Mißlingen doppelt zu bedauern. Wäre der Wurf gelungen, wir hätten ein Werk vom Range des »Grünen Heinrich« vor uns, ein Buch, das man allen in die Hand geben könnte und das Dauer verhieße. Nun aber hat das »Volk ohne Raum« in seiner Gesamtheit nicht einmal den Wert, den seine sehr schönen Episoden besitzen. Der große Bau ist sein Material nicht wert.

Was ist nun dieses Buch? Was will es sein? Das Vorwort Grimms sagt: »Diese deutsche Erzählung ist, meine ich, eine politische Erzählung und läßt also unser deutsches Schicksal sehen, wie es Schulen und Parteien freilich nicht lehren, weil sie es weder können noch wollen.« Später sagt er: »Wann beginnt eines Menschen Geschichte? Das Schicksal kommt einen weiten Weg gegangen, und die Geschichte jedes Mannes fängt bei seinem Volke an.« Oder: »Es hat doch nur solche Not Bedeutung, die mit allgemeiner Not irgendwie zusammensteht.« Grimm wollte also in seinem Roman das Weltgeschichtliche ins Individualgeschichtliche überführen. Gewiß eine große Aufgabe, die, gelöst, entscheidend wirkte, bahnbrechend, epochemachend, und die Ewigkeitswert zu beanspruchen hätte. Nicht zum erstenmal stellt ein Deutscher sich diese Aufgabe: Goethe hat auch nach diesem Lorbeer gegriffen, und sein Faust (nicht wie er begonnen und gedichtet, sondern wie er vollendet und durchdacht wurde) ist dieses einzige Werk, in dem das Weltgeschichtliche, das Mittelalter sich ins Moderne, das weltgeschichtlich Deutsche ins persönlich Faustische, das gemußte Dasein ins gewollte, das erdenhafte ins geistig sublimierte hindurchlebt. Aber der Weltblick eines Goethe spiegelt sich sobald in keines Sterblichen Auge wider, und selbst Goethe hätte dieses Individuum Faust nicht aus seiner flachen Hand wachsen lassen können. Historisch bestand diese Gestalt schon, die Nation hatte schon vorgearbeitet, in den Urgründen und Tiefen der Gesamtheit war das Erzgut schon vorbereitet, vorgeahnt, vorgedichtet. An Faustversuchen fehlt es unserer Zeit nicht. Wer wollte es nicht wagen, diese Zeit zu deuten, diese Masse zu vergeistigen, alle »Fragen« zu beantworten?

Der Zauberberg Thomas Manns ist der bedeutendste dieser Versuche. Wenn dieses Werk, der Zauberberg, bei aller Bewunderung für das Einzelne, doch so weit hinter dem großen Ziel zurückbleibt, liegt es nicht nur an der um so viel schwächeren Kraft des späteren Dichters. Viel liegt auch an der verfehlten Komposition, an der unglücklichen Wahl des Helden. Und das scheint mir auch der Grund dafür zu sein, daß das »Volk ohne Raum« mißlungen ist. Ein Heldenroman mit 1300 Seiten und kein Held! Keine Leidenschaften, weder bei dem Hans Castorp Manns noch bei dem Cornelius Friebott Grimms. Abenteuer ohne Ende, Begegnungen ohne Zahl, Reisen (Spaziergänge), Frauen, Männer, Gold, Diamanten, Gefahr und Leid, herzaufwühlend oft, Burenkrieg, Gefangenschaft, Liebe, Sehnsucht, Natur von Sonnenaufgang bis -untergang, Nacht mit Traum von Tod und Hölle und – keine Veränderung im Wesentlichen des Helden, in seinen »Determinanten«, in seines »Schicksals Sternen«. Unverändert, unveränderlich, von vielen geliebt, alles erlebend, alles aussprechend, alle Probleme dieser Zeit berührend, aber ohne Willen, ohne Phantasie, ohne Laster, ebenso wie ohne Größe, ohne alle Eigenschaften, die wir menschlich nennen, geht er hindurch durch die Höllen und Himmelskreise von 1890 bis 1925 und läßt kalt, weil er selbst kalt ist.

Es ist ein Durchschnittsmensch, den Grimm geschildert hat in dem Wunsche, eine Idealgestalt hinzustellen. Es handelt sich um den Sohn eines Kleinbauern, der durch Mißwachs gezwungen ist, die Bewirtschaftung seiner Felder der Frau zu überlassen, und in den Steinbruch zu gehen als Arbeiter. Agrarproblem, Industrieproblem, Volk ohne Raum. Der Junge folgt ihm in den Steinbruch, ins proletarische Dasein, kommt dann zur Marine, erlebt Konflikte mit den Behörden, wandert aus, macht den Burenkrieg mit, und es beginnt eine endlose Reihe von Abenteuern, die zum Teil mit hinreißender Kraft dargestellt sind, dadurch aber das Blutlose des Helden nur um so deutlicher machen.

Grund allen Übels soll sein, daß in Deutschland zu wenig Raum ist für so viele Menschen. Aber schon hier ist das Grundproblem des Romans eines und Schicksal des Helden ein anderes. Denn für ihn trifft das Einengende der Raumnot nicht eigentlich zu. Es trifft für ihn überhaupt nichts Zwingendes zu. Ein Muß, eben ein Schicksal ist hier nie zu fühlen, nie auch nur zu ahnen. Es ist so und alles ist ganz wahrscheinlich, aber das lautlose, zwingende, überwältigende Greifen der Schicksalsräder merkt man nirgends. So denn auch der Schluß dieses Lebens. Der Held kehrt als reicher Mann in die Heimat zurück, heiratet die Tochter seiner Jugendgeliebten und zieht als Wanderredner umher und spricht. Zwei Wege waren für Grimm möglich. Entweder mußte der Held ein überlebensgroßer Mensch sein, ein Führer, der Gewaltiges in seiner Seele und ebenso Gewaltiges in der Welt bewegt. Oder er mußte ein ganz namenloser, getriebener, vom Schicksal erdrückter und zusammengeschlagener Mensch sein. Also entweder Subjekt dieser Hans Grimmschen Erkenntnis, Deutschland gehe an Raumnot zugrunde, oder Objekt dieser Erkenntnis; zwischen diesen Polen durfte Grimm nicht einen Augenblick schwanken, sonst ist, selbst die Wahrheit dieser Erkenntnis vorausgesetzt, das ganze Werk gefährdet. So kam es auch. Als Kunstwerk mit Anspruch auf bleibende Dauer kann dieses Buch nicht gelten bei aller Schönheit im Einatmen.

(1926)

John Galsworthy,
»Der weiße Affe«

Zwei Paare junger blühender Menschen: Fleur und Wilfrid, Victorine und Bicket, Vorderhaus und Hinterhaus. Dazu zwei alte Herren, der eine sympathisch und konservativ, der andere demokratisch und sehr sympathisch. Dann eine kleine »Affaire« im Aufsichtsrat einer Londoner Versicherungsgesellschaft, welche durch den Einmarsch der Franzosen ins Ruhrgebiet und durch die Schufterei eines unsympathischen Direktors Verluste erleidet – das ist das ganze Gerüst, aus dem Galsworthy einen für 1926 außerordentlich guten, überall bezaubernden, wenn auch freilich nirgends bezwingenden Roman aufbaut. Man liest ihn mit Genuß und Widerstreben, mit Widerstreben und Genuß. Das genügt, um ihm einen großen Erfolg zu sichern. Zu den großen inneren Erfolgen menschlicher Kunst wird er nicht zählen. Er ist ein Roman mittlerer Linie, er hat Niveau, das er kaum je unterschreitet, über das er sich in kluger Selbstbeschränkung auch nie allzuhoch zu erheben trachtet. Damit, eben mit dieser Politik und Kunst mittlerer Linie, wären die Voraussetzungen eines modernen Gesellschaftsromanes gegeben, wenn es heute, 1921-26, eine Gesellschaft gäbe. Es gibt Schichten, Schichten an den Einkommensverhältnissen gemessen – und Schichten an den kulturellen Ansprüchen ihrer Mitglieder gemessen –, aber eine Gesellschaft im Sinne von Balzac gibt es schon deshalb nicht mehr, weil, wie auch aus diesem klugen Werk hervorgeht, die Stände nicht mehr ernstlich voneinander geschieden sind. Hoch und niedrig, Adel und Bürger, Geld und Arbeit sind nur Quantitäts-, aber nicht mehr Qualitätsunterschiede geworden. In diesem Sinne der Verschmelzung der Stände, der Generationen und der politischen Richtungen beginnt der Roman: »An jenem denkwürdigen Nachmittag Mitte Oktober des Jahres 1922 stieg Lawrence Mont, neunter Baronet, die von den Verfechtern des Bestehenden so gründlich ausgetretenen Stufen des konservativen Snooksklub hinunter... Die führenden Größen waren schon aus dem Snooksklub ausgetreten, bevor er Mitglied geworden war. Er gehörte nicht zu jenen Konjunkturrittern, die ihr Schäfchen bereits geschoren hatten, o nein – diese Kerle, die im Augenblick, da der Krieg vorüber war, der Landwirtschaft den Rücken gekehrt hatten. Pah!« – Sir Mont ist der sympathische

Konservative. Er ist: die erste Generation. Die zweite ist der Held des Buches: Michael, die dritte ist der elfte Baronet, der am Ende des Buches geboren wird. Der alte Mann steht auf der Grenze zwischen feudaler Weltanschauung und modernem Handelsgeist, sein Schwiegersohn steht auf der Grenze zwischen modernem Handelsgeist und Seelen-Bolschewismus (Proust) – und so sind fast alle Personen von zwei Seiten beleuchtet, oft mit einem großen Aufwand von Fingerspitzengefühl.

Das Werk ist ein Teil der großen »Forsyte Saga«, aber es will für sich betrachtet werden. Es enthält denn auch an innerem Gehalt und äußerer Handlung genug für ein selbständiges Buch. Was Galsworthy in der Konzeption des Gesamtwerkes vorgeschwebt hat, läßt sich auch aus diesem Werke erkennen, nämlich ein Monumentalwerk nach Art der »menschlichen Komödie« Balzacs: Weltgeschichte und Individualerlebnis in einem. Was aber vor hundert Jahren undurchführbar gewesen ist, läßt sich heute noch viel weniger verwirklichen und ganz besonders nicht von einem klugen, feinen, im einzelnen gewiß nicht kraftlosen, aber im großen dennoch versagenden Geist ohne besonderes Gepräge, wie es Galsworthy ist. Er hat in England eine ähnliche Stellung wie Shaw, und es ist gut möglich, daß er auch auf dem Kontinent allgemeiner Gesprächsstoff der gehobenen Klassen wird. Man kann es weder wünschen noch zu verhindern trachten wollen. Shaw, keiner von den großen aufbauenden Geistern der Menschheit, lebt davon, daß er das (auch für ihn) Bestehende an einer eigenen genialen (auch von ihm bezweifelten) Unbeständigkeit mißt, wozu das Wechsellicht der Bühne der richtige Boden und das Herzblut eines guten Schauspielers der richtige Betriebsstoff ist. Seine historischen Persönlichkeiten, heilige Johanna, Don Juan, Julius Cäsar sind so monumental, daß sie mit ihren Mänteln auch den blutlosen, geistvollen Nachspötter decken, immerhin: es ist ihr Licht, womit Shaw eine Rampe beleuchtet, und er ist es, der sie wieder aufleben läßt. So wird ein Ausgleich geschaffen. Bei Galsworthy ist von der großen Vergangenheit nichts da als das gute traditionssichere Benehmen. Dieses besticht. Forsyte Saga ist der besterzogene Roman, nicht nur bis zu Buddenbrooks hinunter, sondern weiter zurück bis zu Thackeray (einem engen und dennoch großen Künstler, den man in Deutschland viel zu wenig kennt). Hier steht Galsworthy, von Kopf zu Fuß anständig, klug, milde, ein guter Erzähler *(short story)* und nichts darüber hinaus. Eben der Umstand, daß in der erzählenden Literatur Europas kaum etwas darüber hinaus existiert, hat diesem Mann der mittleren Linie seinen großen, seinen Welterfolg, wie es sich nennt, verschafft. Er ist geordnet. Er hat Beobachtung. Er kann Charaktere zeichnen, mit Mühe und Not auch eine Landschaft, es gelingen ihm einzelne Szenen von großer Bildkraft. In dem vorliegenden Bande z. B. das Kapitel, in dem das »Hinscheiden eines Edelmannes« geschildert wird. Eine kurze Geschichte, die des sterbenden Sportsmenschen, der nur eine Zigarre will und diese »kalt raucht«. Alles an sich Kleinigkeiten. Aber wie ist das zusammengestellt, wie hebt eines das andere! An diese »wahre« Sterbeszene bindet der Kompositionskünstler Galsworthy die *partie honteuse* des Werkes, das seit Ibsen unvermeidliche »kühne« Symbol, hier den weißen Affen, Sinnbild des menschlichen Skeptizismus. So muß folgerichtig das Bild des weißen Affen (Erbteil des Sportsmannes und Zigarrenrauchers Forsyte) aus dem Salon von Frau Fleur entfernt werden, als der »elfte Baronet« am Wege ist, der kommende Mann, der die Zukunft, das freundliche Prinzip des Lebens darstellt, und, für Galsworthy wenigstens, die dauernde Versöhnung der Geschlechter.

Nun ist das Bild gemeinsam von dem Vater der Frau und von dem Gatten abgenommen worden. »Sich vom Fenster abwendend, lehnte sich Michael gegen die lackierte Rückwand des blaßgrünen Sofas und starrte auf die leere Wand zwischen den beiden chinesischen Teetruhen. Sehr fürsorglich von dem ›Alten‹, den weißen Affen herunterzunehmen! Das Tier überzeugte einen, ein Symbol der Stimmung in der Welt: aller Glaube vernichtet und jedes Vertrauen unmöglich! Und, verdammt noch mal, nicht nur die Jungen, auch die Alten fuhren im selben Geleise. Der alte Forsyte oder er hätten sich doch sonst nie über die Augen des Affen erschreckt. Ja, und genau so erging es seinem eigenen Vater und allen übrigen. Die Alten und die Jungen – keiner glaubte mehr an etwas. Und dennoch – in Michael stieg plötzlich ein rebellisches Gefühl auf wie ein Schwarm abstreichender Rebhühner. Es *war* von Bedeutung, daß ein Mensch oder ein Prinzip außerhalb des Ichs für wichtiger gehalten wurde als dieses Ich selber; es *war* von Bedeutung! Das Gefühl war also nicht tot und auch Glaube und Vertrauen nicht, was ja dasselbe bedeutete. Sie wechselten nur die äußere Hülle, und aus der Puppe wurde vielleicht ein Schmetterling.« Man sieht aus dieser Probe, daß sich das »Wesen der Sache«, der echtere Teil in Galsworthy, nämlich das Tatsächliche, mit Liebe beobachtet, mit

Können wiedergegeben, durch die Symbole allmählich in Brei verwandelt. So endet das ganze Buch auch weich, nichtssagend, verkrümelt und versöhnt. Ein Knabe wird geboren, der elfte Baronet. Die junge Mutter, die bezaubernde Fleur, liebt ihren Mann nicht. Sie liebt Winifred, den Dichter, eine klar und scharf gezeichnete, unsentimentale Figur. Wie schön die Liebesszenen zwischen den beiden, in denen nichts geschieht. Wie echt, wenn nur eine ganz durchsichtige, erdgebundene Atmosphäre um sie gebreitet wird, von Hinnehmen, von Wärme, die man nur ahnt im Vorher und Nachher, von Wirklichkeit, von ehrlicher Bestimmung und letzter Entschiedenheit. In diesen Szenen fühlt man die Menschen wirklich leben. Von hier aus müßte es zur Entscheidung kommen, ja es ist schon lange zur Entscheidung gekommen, man müßte nur die Folgerungen ziehen, sehen, was ist. Aber dieser Entscheidung weicht Galsworthy aus, Winifred entflieht nach Arabien, das er durchqueren will, und das Ehepaar bleibt zurück. Wieder wird einmal klar, welch geheimnisvolle, nie ganz ausdeutbare Beziehung die Ehe ist. Keine Liebesehe ohne Vernunft? Keine Vernunftehe ohne eine Spur Liebe? Keine Bürgerlichkeit ohne einen Hauch Mysterium? Körper, Seele, der eine und die Welt? Man gedenkt großer Kunstwerke: das spirituelle Siegel der Ehe in den »Wahlverwandtschaften«, das Sinnlich-Seelische in »Anna Karenina«. An solchen Werken gemessen, ist »Der weiße Affe« eine ephemere Schöpfung, die nur dadurch Bedeutung gewinnt, daß selbst dieses mittlere Niveau in unserer kräftereichen, aber chaotischen Zeit zur Seltenheit geworden ist.

(1926)

Galsworthy, »Jenseits«

Eine kleine Bemerkung zur Technik des Romans

Ein außerordentlich liebenswertes, wenn auch nicht überwältigendes Werk. Es nimmt von der ersten Zeile für sich ein, als wäre es eine persönliche, diskrete Angelegenheit eines menschlich wertvollen, ungemein redlichen Mannes. Diese Redlichkeit ist vielleicht das eigenartigste an der Wesensart Galsworthys. Er will das Beste geben, das er hat. Er gibt sich Mühe, und mehr als das allein, er gibt sich selbst, einen feinen Kopf, eine behutsam zeichnende Hand, ein empfindendes Herz, ein Bildungsbestreben, das zwar nie bis in die Regionen letzter Erkenntnis hinaufgreift, aber doch geistig wohltut. Galsworthy ist im Grunde nur ein gehobener Mann der Mitte. Ein Mensch mit dem Willen zur Vollkommenheit, zur Vollendung in der Form, zu der letzten und ersten Gültigkeit in der Sache. Er setzt diesem Buche eine kleine Bemerkung voraus: »Dieses während der Kriegszeit zu hastig geschriebene Werk ist von Grund auf umgearbeitet worden.« Wenn man das Buch gelesen hat, würde man, wüßte man es nicht besser, die Entstehungszeit noch früher ansetzen. Ende des neunzehnten Jahrhunderts. Ein später Turgenjew, ein mittlerer Tolstoi. An Turgenjew erinnert die behutsame Art, Menschen anzufassen und wieder aus der Hand zu geben, sie ganz sanft hinzustellen, einige Schritte abseits zu treten, etwa dann mit der Hand über die Fläche des Bildes hinwegzufahren und dabei den Kopf schief zu halten, in der Erwartung, durch schräge Sicht Fehler in der Komposition, der Zeichnung oder der Perspektive aufzufinden, die dem Künstler bis dahin entgangen sind. Es gibt von Gogol äußerst merkwürdige Paraphrasen über den genialen Überraschungsmoment am Schlusse des »Revisors«, es existiert ein Nachwort zu »Väter und Söhne« von Turgenjew, und sehr bezeichnenderweise ist das Nachwort Gogols eine halb wahnsinnige Phantasie über ein düsteres, verfolgtes, phantastisches Thema, und der Epilog Turgenjews ist ein psychologisch spannendes Kapitel des Romans, das zu diesem gehört. Ebenso bezeichnenderweise gibt es keine Epiloge und Phantasien Tolstois. Denn dieser Mann war klassisch, das heißt: er hatte den für seine Zeit überhaupt erreichbaren maximalen Grad von Lebenswahrheit und Erfüllung des Kunstgesetzes. Wenn er Anna

Karenina gab, so hatte vor allem er selbst nach der letzten Zeile kein Wort mehr zu sagen, eher hätten seine Figuren ihm etwas zu sagen. Aber auch seine Zeit hatte dem nichts hinzuzufügen, denn das Werk war »auf der Höhe« der Zeit, es gehörte dazu, und man könnte die historische Epoche, Lebenssphäre und den Kulturgrad Rußlands um die Jahrhundertwende, in der das Werk »Anna Karenina« spielt, einfach die Kareninischen nennen. Wenn man Tolstoi klassisch nennt, dann wird das Problematische bei Galsworthy besonders an denjenigen Stellen des Buches klar, wo er den großen Schatten Tolstois beschwört oder dessen großes Licht. Das Grundthema beider Werke ist das gleiche: Eine edel veranlagte, schöne Frau entfernt sich von dem ersten Gatten und gibt sich einem Geliebten. Sie ist dem Entschlusse, entweder auf ihr Kind oder auf ihren Geliebten zu verzichten, nicht gewachsen, sie unterliegt allen Qualen einer halb begründeten, halb selbstquälerischen Eifersucht. Bis hierher laufen die Linien parallel, bloß der Schluß ist bei Galsworthy willkürlicher und schwächer als bei Tolstoi. Der Tod Anna Kareninas ist scheinbar nur ein »tragisches Mißverständnis«, ein verpaßter Eisenbahnanschluß etwa oder ein Stein auf den Schienen, etwas ganz Äußerliches, das mit einer winzigen Kleinigkeit abgewendet werden könnte. Aber es kann eben nicht abgewendet werden, und dies gibt dem »dummen Zufall« den tieferen Sinn, die Notwendigkeit. Dieser »dumme Zufall« ist bei Tolstoi eine unbegründbare, eine immanente Einrichtung des Schicksals, es ist derselbe Zufall, der die gute und an sich nur zur Gattin, nicht zur Geliebten geborene Anna Karenina eben diesen ehrenwerten hochherzigen und dabei doch engherzigen, zum ewigen Gatten geborenen Karenin überhaupt heiraten läßt. Wenn eine Frau wie Anna einen Mann, wie diesen Karenin, heiratet, dann stehen die Sterne ihres Schicksals schon von Anfang einander so entgegen (in Opposition), daß die unselige gute Frau und schlechte Geliebte auf den Schienen enden muß. Der Ehemann ist gut; sie ist besser; der Geliebte ist ein herrlicher Mensch, und doch muß alles im Elend enden. Ich erinnere hier nur flüchtig an das Pferderennen, bei dem der Geliebte, sonst ein grandioser Reiter, seiner geliebten Stute das Rückgrat bricht. Es ist in dem Roman von diesem Augenblick weiter nicht viel die Rede, und doch ist dieser Augenblick nicht etwa nur ein literarisches Symbol, sondern ein astrologisch kündendes Warnungssignal, das aber, wie alle Warnungssignale im wirklichen Leben, erst dann erscheint, wenn das betreffende Stück bereits passiert ist, also im Rücken des entgleisenden Zuges. Gerade das Gegenteil hier bei Galsworthy: Das Warnungssignal erscheint vor dem einfahrenden Zuge. Die Heldin wird von ihrem wundervoll gütigen und männlichen natürlichen Vater vor ihrem ersten Manne gewarnt, einem Künstler von mittelmäßigen Fähigkeiten und billiger Dämonie, einer Schlapphutseele mit Samtkragencharakter. Tolstoi sagt, es gibt Menschen, die nicht zueinander passen, selbst wenn sie an sich außergewöhnliche gute Naturen sind, und es gibt auch Menschen, die (wie der leichtsinnige und schmierige Schwager Karenins) nichts taugen und doch immer Frohsinn und sogar Glück um sich verbreiten, es gibt Schicksale, ein Muß, es ist eben so, und wenn auch unsere Sympathie nicht zu ihrem Rechte kommt, unser Schicksalsbedürfnis, unser tragisches *Gerechtigkeitsgefühl* gibt Tolstoi recht. Es ist bei Tolstoi Naturgeschehen, bei Galsworthy nur Romangeschehen, obwohl es der üblichen Logik weit mehr entgegenkommt und das rechtzeitig gegebene Warnungssignal den Zug doch in die richtige Spur lenken müßte. Müßte, aber nicht muß. An dem Schlusse beider Bücher zeigt sich erst ihre metaphysische, tragische Beweiskraft. Tolstoi hat auch hier einen Zufall, aber er erscheint uns als Schicksal, als »das einzig Richtige«, und Galsworthy hat einen Zufall: »Das Pferd hat ihn (den Geliebten) bei der Ruine getötet, Herr, in der ›Wildnis‹. Die gnädige Frau war bis vor einer Viertelstunde bewußtlos«, und er wirkt unnatürlich bis zur Komik. Es spricht sehr für das künstlerische Feingefühl Galsworthys, der ja auch stärkere Werke als den vorliegenden Roman geschaffen hat, daß er dies gefühlt und daß er das offenbar in der Grundkomposition verfehlte Werk »von Grund auf« umgearbeitet hat. Aber er wird den klassischen Weg (in diesem Werke wenigstens) nie finden, weil eben die in ihren Grundbeziehungen nie ganz geklärte Wechselwirkung zwischen dem spontan schaffenden Geiste und der erschaffenen, im Mutterleibe der künstlerischen Natur wachsenden Kreatur bei ihm nicht da ist. Gewiß, er liebt seine Heldin, seinen Helden, er will sogar dem Schlapphutmanne »gerecht werden«, aber die Figuren bewegen sich doch nicht so, wie es »wahre«, das heißt durch ihre bloße Existenz überzeugende Figuren tun. Für einen hervorragenden Techniker, der Galsworthy nicht ist, wäre die Entwicklung der Figuren nicht zu verfehlen gewesen. Sie müssen in breiter Bürgerlichkeit enden, sie müssen Kinder bekommen, fett werden und zu Jahren kommen, ebenso enden wie es Flauberts

Held in der »Education sentimentale« tut. Es ist sehr gut möglich, daß Flaubert, wenn die »Madame Bovary« sein Alters-, nicht sein Jugendwerk gewesen wäre, die Madame Bovary hätte alt und fett werden lassen. Es gibt einen Grad von Lebenswahrheit und Lebensüberwahrheit, der in dem niemand aufregenden Ende eines bürgerlichen Menschen, wenn man es nur kosmisch, das heißt spontan zeugend begreift, viel mehr Tragik und unvergängliche Trauer zusammenfaßt als in der Romantik von Arsengift bei der Frau Bovary oder in dem tötenden Pferde und der »Wildnis« bei Galsworthy.

(1927)

Paul Valéry, »Herr Teste«

Die großen Werke der Kunst, die den echten gültigen Stempel der Dauer an ihrer Stirn tragen, gehen aus einer gesegneten Vereinigung von Geist und Erde hervor. Diese Ehe zwischen Geist und Erde wird in einer dunklen Kapelle geschlossen, und es wird selten ganz klar, um wieviel Stufen der eine Teil höher steht und wieviel Schritte näher am Altare als der andere. Bei den großen, tiefen und dunklen Kunstwerken Valérys, die uns eben in einer schönen Übertragung geboten werden, sieht man auf den ersten Blick den Geist fast allein herrschen. Er herrscht über den Erdenrest, der ihm gegenübersteht, mit einer ruhigen, bis ins letzte ausgewogenen Gewalt, mit einer fast göttlichen Überlegenheit. Da uns, den Lesern, aber Valérys Geist doch nur durch das Medium der Erde, das heißt, nur durch geborene Gestalt und das wandelnde Leben zugänglich, verständlich und überzeugend werden kann, sieht man den Dichter immer mit dem äußersten Aufgebot von geistiger Durchdringung an der Arbeit. Er verlangt das höchste von sich, aber auch vom Leser. Zwischen ihm, dem Schöpfer, und uns, den Schülern, kann nur die Sprache vermitteln. Daher die überlebensgroße Spannung, die grandiose elektrische Ladung, welche in diesen Werken (außer »Herr Teste« liegt noch ein von R. M. Rilke meisterhaft übersetzter Dialog »Eupalinos« vor) die Sprache auf sich zu nehmen hat. Valéry sagt selbst, daß »in diesem seltsamen Gehirn Testes, in dem die Philosophie wenig Kredit hat«, die »Sprache stets im Anklagezustand steht«. Wer also diese Werke zur Hand nimmt, darf nicht erwarten, daß sie sich ihm sofort erschließen. Im besten Falle wird der Leser in die Werke hineinwachsen, und zwar nicht wie etwa ein kleiner Junge in die Kleider seines älteren Bruders hineinwächst, sondern so wie eine Pflanze in ihren Erdgrund hineinwächst. Wer sich diese Werke zu eigen gemacht hat, ist dadurch ein anderer geworden. Dies das Siegel der höchsten Leistung, die ein schöpferischer Geist auf einem beschränkten Gebiet zu leisten imstande ist. Valéry sagt darüber: »Einen Hippogryph, einen *Chimaira der intellektuellen Mythologie* wenigstens zu umreißen, das erfordert – und entschuldigt demnach – den Gebrauch, wenn nicht die Schaffung einer erzwungenen, gelegentlich in energischer Weise abstrakten Sprache. Es erfordert zugleich eine gewisse Familiarität und geradezu einige

Spuren jener Alltäglichkeit und Abgedroschenheit, die wir uns selber uns gegenüber erlauben. Der solchen besonderen Bedingungen unterstellte Text ist gewiß im Original allzu bequem zu lesen. Um so mehr muß er denen, die ihn in eine fremde Sprache übersetzen wollen, fast unübersteigbare Schwierigkeiten bieten...« Nun fragt man sich, lohnt es die Mühe, diesem Schöpfer, Valéry, und seinem Geschöpf, dem Herrn Teste, diesem vierzigjährigen Mann von außergewöhnlich schneller Sprechweise, klangloser Stimme, soldatischen Schultern und militärischem Schritt zu folgen? Doch dies ist bloß das Äußere und sagt nichts von der ungeheuren geistigen Anziehungskraft, die von Teste ausgeht. Es läßt sich schwer ergründen, worin das Neue in Valéry liegt. Was er geben will, ist eine neue Art, die Welt zu sehen, und darüber hinaus will er die rein geistigen Gesetze Testes in wirkliches Leben, das heißt in Tat und Gesinnung Testes überführen. Man hat, besonders in der französischen Literatur, eine Menge solcher neuer geistiger Gestalten, die ein neues Denksystem exemplarisch von Anfang zu Ende leben. Diderot schuf Rameaus Neffen, der auf Goethe stark gewirkt hat und der in sich das Wesentliche der deutschen Romantik enthält, Voltaire schuf seinen genial konzipierten, aber nicht ganz so wurzelecht durchlebten, schon satirisch unterhöhlten »Candide«, Rousseau gab sich selbst in den grandiosen, individualistischen Autobiographien, in seinen weit umfassend menschlichen Werken, die »Bekenntnisse« und »Emile« heißen, und Balzac versuchte in »Louis Lambert«, die Ehe zwischen dem Geiste Swedenborgs und der schweren, trächtigen Erde seiner torainischen Natur zu schließen, ein brüchiges Bündnis, das, hätte es mehr Dauer und mehr absolute innere Wahrheit gehabt, an sich den Namen Balzacs für alle Zeiten unsterblich gemacht hätte. Diesen Versuchen schließt sich um 1890 Valéry mit einer ganz kurzen Prosaarbeit: »Der Abend mit Herrn Teste« an. Es ist durchaus keine Novelle, ebensowenig ein philosophisches Lehrgebäude, das Erzählerische daran ist eine ziemlich gleichgültige Umkleidung für das Gesetz der Erhaltung einer geistigen Kraft im irdischen Leben. »Es scheint Herrn Teste gelungen zu sein, geistige Gesetze zu entwickeln«, sagt der Autor, »die wir nicht kennen...«. Gewiß, daß viele weitere Jahre dazu angelegt worden waren, seine Erfindungen auszureifen und daraus seine Instinkte zu machen. Finden ist nichts. Das Schwere ist, sich das Gefundene anzuverwandeln. Es handelt sich bei Herrn Teste um einen Geist, der sich, soweit menschliche Gedankenkraft imstande ist, frei gemacht hat von Verlogenheit. Dieser hier lebt ein geistiges Leben aus erster Hand, kärglich manchmal, ohne Enthusiasmus, ohne Rausch, aber dafür mit dem letzten, eben noch erreichbaren Grad von Klarheit. Ein Mensch, der sein eigenes System wird, und dadurch beispielhaft für die Welt. Ein in seiner Art großer Gesetzgeber: erst einmal Gesetzgeber seines eigenen bewußten Daseins und in zweiter Linie Gesetzgeber für alle, die ihn sehen. So kommt er dem Urwesenhaften nahe. Will man die geistige Höhe, den Rang nennen, innerhalb dessen sich ein solches Dasein abspielt, muß man in der Geschichte des menschlichen Geistes weit zurückgehen. Möglicherweise hat der junge Nietzsche ähnliches versucht, denn von Nietzsche rührt das Wort »fröhliche Wissenschaft« her, und etwas von dieser Art findet man hier wieder. Mit dem Aufgebot des höchsten, des eisigsten Mutes, will hier einer den Blick den Dingen, Begriffen und vor allem den lebendigen Wesenheiten, dem »Urwesenhaften«, wie es Valéry nennt, zuwenden, und das Christentum aus den Augen lassen. Deshalb ist Herr Teste in viel höherem Grade antichristlich als etwa Nietzsches spätere Werke, die eben ohne den geistigen Rausch nicht sein können und die christlichen Trieben ihren Tribut zahlen bis zu völliger Willkür und Verwirrung.

Über die auf den ersten Blick fast unfaßbare Fülle von »fröhlicher«, männlicher, wahrhaft heroischer Wissenschaft kann ein kurzer Bericht kaum mehr als Andeutungen geben. Man muß dieses Werk kennenlernen. Es sind außer dem ursprünglichen Fragment von 1890 noch einige Aufsätze über denselben Gegenstand da, der Brief eines Freundes, und der Brief der Frau Emilie Teste. Hier hat diese neumythologische Figur schon soviel inneren Halt und Festigkeit gewonnen, daß sie Schatten wirft. Hier ist zum erstenmal und zum letztenmal in der neueren Literatur der Versuch gemacht, die Ausstrahlung Gottes oder einer höheren Einheit wiederzugeben von den Stufen des Altars her – ohne Christentum, Existenzberechtigung Gottes, Existenzberechtigung des Menschen, Existenzberechtigung der herrschenden ebenso wie der dienenden Seele, ohne daß ein »Opfer« dazwischensteht. Da sich aber unsere Ethik seit zweitausend Jahren von dem Widersinn des »Opfers« nicht freimachen kann, muß Valérys Sittenlehre eine andere sein. Sie heißt ebenso wie bei dem jungen Nietzsche Tapferkeit, Klugheit und Ordnungssinn, Freiheitssinn, ein offenes Herz für die Unmeßbarkeit und Unergründlichkeit der erkannten und der erkennenden

Welt. Hier berührt sich Teste mit dem Leben, Wandeln und Lehren der chinesischen Weisen, ohne daß anzunehmen ist, daß er sie gekannt hat. Aber etwas von ihrem großen, die Welt leise und dennoch umfassend ergreifenden Seelensinn ist unverkennbar bei dem französischen Denker. Dieses Buch ist eines der wenigen Dokumente unserer Zeit. Mag seine äußere Auswirkung auch jetzt noch eng und unbedeutend sein, es ist geschaffen »mit der zarten Kunst der Dauer«, die Valéry an seinem Teste zu rühmen weiß.

(1927)

Manhattan Transfer

Roman einer Stadt von John dos Passos

Ich habe in einem meiner Aufsätze an dieser Stelle auf den Unfug hingewiesen, der meiner Ansicht nach darin liegt, daß Autoren von Rang (wenn auch noch nicht von klassischer Bedeutung) Werke von jungen Dichtern als »literarische Ereignisse ersten Ranges« abstempeln, womit die adelnde, schwere Gebärde dieses geistigen Ritterschlages zu der Harmlosigkeit eines gutmütig auf die Schulterklopfens herabsinkt. Nun findet sich in der ausgezeichneten Vorrede, die der bekannte Entdecker des Babbittismus, Sinclair Lewis, dem neuen Roman von John dos Passos »Manhattan Transfer« voranschickt, genau derselbe Ausdruck. Lewis sagt unter anderem: »Ich frage mich, ob Manhattan Transfer nicht wirklich ein Roman von allererster Bedeutung sein könnte... Er könnte der Grundstein einer ganzen, neuen Romanschule sein... Um die Sache noch deutlicher zu machen, ich halte »Manhattan Transfer« in jeder Hinsicht für bedeutender als sämtliche Werke von Gertrude Stein oder Marcel Proust und sogar als den Großen Weißen Eber, Mr. Joyces »Ulysses«... Der Unterschied ist, Passos weiß zu fesseln... aber vor allem, das Buch ist interessant!« Sonderbarerweise beantwortet Lewis, seinem gütigen Enthusiasmus zum Trotz, niemals präzis die Frage, ob »Manhattan Transfer« ein literarisches Ereignis allererster Ranges, um schon bei diesem Klischee zu bleiben, darstellt oder nicht. Diese Frage ist ja auch nicht von dem Kritiker, als dem ersten Leser a priori, zu lösen. Denn um ein Ereignis ersten Ranges zu werden, bedarf es nicht nur einer säkularen geistigen Bedeutung, sondern auch einer aufnahmebereiten Masse, eines glücklichen Sternes, unter dem nicht nur das Werk, sondern in viel höherem Grade noch die Wirkung des Buches stehen muß. Bei den ersterwähnten, den von deutschen Enthusiasten gepriesenen Werken muß ich, so sehr die Werke selbst förderswert und liebenswert sind, beides verneinen, sowohl die Bedeutung der geistigen Tat als auch die Existenz des Schattens, den sie werfen und der Erneuerung, die von ihnen ausgehen würde und ausgehen müßte. Denn literarische Ereignisse erster Ordnung sind heute, 1927, so selten, daß sie, wenn sie auch nicht den Augenblickserfolg eines Charles Lindbergh oder eines Dempsey erwarten dürfen, doch einen sehr weitreichenden Schatten werfen und sich im internationalen Geistesleben früher oder später auch als belebende und im stillen spontan weiterwirkende Elemente beweisen müßten. Bei Manhattan Transfer ist die Beantwortung nicht so einfach. Daß es sich um ein nicht alltägliches Werk handelt, steht fest. Es ist originell in der Erfindung; diese besteht darin, auf *eine* große Erfindung, auf *einen* grandiosen Grundeinfall zu verzichten und statt dessen tausend (aber in der wahrsten Bedeutung des Wortes tausend) Einzeleinfälle zu bieten. Kein Held, sondern zahllose einander begegnende und einander fliehende Menschenköpfe und Menschenherzen, naturgetreue, breite Dialoge, oft ergreifend wahre Gesprächs- und Seelenfetzen, und endlich Bruchstücke einer liebevollen großen Schilderung einer großen Stadt. Es ist Manhattan, ein Teil der Metropole Amerikas, die als Insel im Meer liegt und durch die Fähre, Transfer genannt, mit dem Festlande verbunden ist. Nicht Meer, nicht Ebene, sondern das zwischen beiden Wirkende, Verbindende, Hin- und Herschwingende. In der deskriptiven Anatomie der Schilderung lyristische Überschriften, die an die verblaßte und dennoch ergreifende Prosa großer Lyriker erinnern (ich denke an Rimbauds Prosa, an die Georg Trakls, auch an die fabelhaften Prosaskizzen des der Kunst leider so jung entrissenen Johannes R. Becher, dem wir ähnliche, dem innersten Herzen entrissene Zeilen verdanken, in seinem ersten Buche »Verfall und Triumph«).

»Schwelgende Stadt, die sorgenlos thronte«, solche kurzen Rhapsodien stehen vor den Kapiteln des John Passos; in den Kapiteln aber flimmert ein mit großer Sicherheit und unendlichem Fleiß aufgenommener sprechender Film, der mit einer ganz besonders bewunderungswürdigen Technik »geschnitten«, d. h. kompositorisch gegeneinander und durcheinander geordnet ist. Es finden sich in dem Werke wahrhaft geniale Einfälle dieser Art. Zum Beispiel, daß die Idee eines jungen Mädchens, sich ein Kind »nehmen zu lassen« nicht als sentimentaler Plan oder als nüchterne Rechnung durchgeführt wird, sondern in höchster Wirklichkeit, mit allen Mitteln einer naturalistischen Erzählungskunst, die absolut gefangen nimmt. Einfach die schmucklose und eben durchaus lebensechte Szene, die mit den Worten nach der Operation endigt:
»Auto!«
»Jawohl, Gnädige.«
»Fahren Sie zum Ritz!«

Nach dieser Szene des *Möglichen,* nachher die wahre Szene, die das Kind am Leben läßt. Diese aber nicht etwa unmittelbar darauffolgend, sondern irgendwohin in den schnell rollenden Filmstreifen hineingestellt, hineingeschnitten; und diesem Film kann man, darin hat Lewis recht, nicht mehr entrinnen. Hier ist also die Stärke der Nichtkomposition. Hier zeigt sich, ich möchte sagen, das Atonale dieser neuen Art. Nach dieser Richtung, die an sich keine großen Steigerungen in der Tonstärke, im Ergreifenden, Erschütternden, Überwirklichen erlaubt, ist er schlechthin klassisch. Passos hat den literarischen Film, das rollende Band des Romans, wenn nicht erfunden, so doch als erster praktisch zur Durchführung gebracht, und schon deshalb wird er wie Ford seine Kreise ziehen – wie weit, läßt sich heute noch nicht sagen. In einem anderen Punkte – wie ich glaube, im entscheidenden – hat aber Lewis unrecht, und damit ist auch das Werk um seine säkulare Bedeutung gekommen. Lewis sagt:

»In Manhattan Transfer bringt Mr. Dos Passos eine Sache fertig, die, wie wir alle häufig genug bewiesen haben, unmöglich sein sollte: er gibt das Panorama, das Wesen, den Geruch, die Klangfarbe, die Seele von New York. Es ist ein langes Buch, zweifellos an die 200 000 Worte, aber jeder andere Erzähler hätte eine Million Worte zu Hilfe nehmen müssen, um all die Personen und Stimmungen darzustellen, die hier in erschöpfender Weise dargestellt sind.«

Es hieße New York sehr unterschätzen, wenn man glaubte, daß die Anzahl der Worte bestimmend wäre für die Intensität der künstlerischen Schilderung dieser Stadt und vor allem für die Extensität einer solchen Darstellung. Schon die erschöpfende, d. h. alles einschließende Art der Lebensdarstellung eines ganz bestimmten kleinen Kreises von Menschen, einer Familie z. B. oder einer kleinen Clique, wie es Balzac oder später Zola versucht haben, kommt sehr bald in den Sumpf des Chaotischen. Um dies Versinken im Bodenlosen zu verhindern, sucht dann Balzac Hilfe bei der Wissenschaft und behauptet, seine »Comédie humaine« sei Naturgeschichte wie ein Werk von Lamarck, aber was bleibt, ist typisch bestenfalls für Balzac, niemals für den Vormärz. Balzac war und ist immer mehr eine europäische als eine zeitgeschichtliche Erscheinung gewesen. Flaubert aber, der von der Einzelbeobachtung, von der Mikroskopie der menschlichen Seele und von der »Landmesser-Aufnahme« der Landschaft ausging, ist viel eher ein bleibender Schilderer des Bleibenden, er ist im gleichen Maße kulturgeschichtlich echt, wie er als Einzelgenie bewundernswert ist trotz aller scheinbaren Beschränkung und Provinzialität. Hier bei Passos ist es vor allem die erdrückende Masse, die es macht. Tausende von Einzelschicksalen, gewiß; und es stecken Menschen dahinter, alles hat eine gewisse kleine Wahrheit. Aber Lewis, der glaubt, Passos hätte einfach die »langweiligen Überschriften« ausgelassen, ist hier von einem naiven Irrtum befangen. Es gibt (und gerade der Schöpfer des Babbitt müßte es wissen) ungeheure Komplexe von für Amerika im höchsten Grade charakteristischen Dingen, die in dem Werk dos Passos' auch nicht mit einer Silbe erwähnt werden. Vor allem sind es immer nur kleine Menschen, die gegen mittlere Menschen gestellt werden, nie die Masse gegen den Einzelnen, nie der Amerikanismus gegen den Eingewanderten, niemals der Babbitt gegen den Geist. Niemals Tatsachen gegen Menschen, niemals Maschinen gegen Menschen, niemals die Wissenschaft, nirgends die Technik. Keine Fabrik. Kein Anarchist. Keine große Erfindung. Keine Spur Rockefeller, christian science, Edison, Ford. Wie kann man da von 25 Jahren des Wachstums und des Verfalls der ganzen gewaltigen Stadt reden? Nirgends ein Wort von Politik, nirgends eines von der Börse, nirgends etwas von einem Bauplan, von den zwei Epochen, der Gasepoche (1900) und der elektrischen Epoche (1925), die einander gefolgt sind und die nicht nur das äußere Antlitz der Stadt, sondern auch das innere Antlitz des Menschen beeinflußt haben. Was ich am »Zauberberg« als einzigen, aber entscheidenden und alles vernichtenden Fehler gesehen habe, daß die durchgehende Grundfigur Hans Castorp das Objekt einer gewaltigen Handlung und Entwicklung, nicht aber das Subjekt derselben sein könnte, das trifft auch auf dieses gigantisch geplante Werk »Manhattan Transfer« zu. »Zwei Hautpersonen sind in dem Buch«, sagt Lewis. Ein Journalist und eine Schauspielerin. Vom Journalistischen aus ließe sich eine Weltstadt wie New York 1900 bis 1925, wenn man den nötigen Mut und das seelische Format dazu hätte, schon in Kontur umreißen. Möglich wäre es, wenn ich auch fürchte, daß dann von den Stimmungen und seelischen Augenblicksfilmen des Journalisten wenig übrig bliebe. Aber das ist hier gar nicht versucht, trotz der Zeitungszitate, die ab und zu eingestreut sind. Und was eine Schauspielerin von der Welt sieht und was New York in einer Schauspielerin sieht, das ist, auch wenn es sich um den größten Star und den kleinsten Cliquenkreis handelt, ein unmeßbares Sandkorn im Gesamtbild einer Stadt von vier Millionen. Was bleibt also? Ein ewiges Hin und Her der Fähre, ein Kreisen um das ewig Private. Möglicherweise ist die Methode dos Passos' (und die von Joyce) eine Möglichkeit vorwärtszukommen, um Dinge in die Erzählung einzubeziehen, die man bis jetzt nicht hat erfassen können. Als Gesamtwerk scheint mir aber »Manhattan Transfer« nur den Wert eines ausgezeichneten, fabelhaft geschriebenen und von der ersten bis zur letzten Zeile fesselnden Romans zu haben. Ich finde, daß dies auch genügt.

(1927)

Leskow, ein vergessener russischer Dichter

Die Literatur der Russen ist so unerschöpflich, daß sie uns scheinbar immer neue Überraschungen zu bieten hat. So lernen wir jetzt einen russischen Autor kennen, Nikolai Leskow, der, an internationaler Geltung gemessen, weder mit Tolstoi noch Dostojewski in eine Reihe zu stellen ist, der aber so außerordentlich stark die Eigenart seines Volkes vertritt, daß er, 30 Jahre nach seinem Tode, eine auch für das heutige Rußland sehr bezeichnende Erscheinung darstellt. Dostojewski und Tolstoi haben sich in der Weltgeschichte ausgewirkt, Dostojewski hauptsächlich auf die gleichzeitig mit ihm lebende Generation, Tolstoi auf die spätere; ohne Tolstoi wäre der Bolschewismus nicht denkbar gewesen. Leskow aber gibt Rußland so, wie es im Grunde, im Boden ist, weder nach Osten, noch nach Westen orientiert, d. h. weder gegen das Paris der Westler ankämpfend, noch das Byzanz des imperialistisch-dämonischen Dostojewski erträumend. Aber nicht um die politische Seite handelt es sich bei dieser neuen Ausgabe des alten russischen Dichters, obgleich ja in Rußland Politik nie ganz von der Literatur zu trennen ist, sondern um die rein künstlerische. Gerade in diesem Sinne ist uns das Werk Leskows in vielem eine Überraschung. Der Verlag legt uns drei Bände vor, offenbar nur einen kleinen Teil des Gesamtwerkes. Aber dieser Teil ist derartig stark und lebendig, daß man für diese Bereicherung unserer Kenntnisse über Rußland im höchsten Grade dankbar sein muß. Was ist nun das Charakteristische an diesem Dichter? Er kommt aus der Schule Gogols, das ist klar. Aber ist Gogol eine Schule? Gogol ist das Genie einer Landschaft, er spricht durch seine kleinrussischen Gestalten, durch seine Kosaken und Tataren, durch seine kleinadeligen Charaktertypen, aber er ist selbst ein Teil von ihnen, und obwohl er nie etwas Persönliches, Privates in seinen Werken darstellt, ist doch seine ganze Wesenheit – das unsterbliche Teil Gogols und das »Gogolhafte der Welt« – in ihnen enthalten. Dies trifft auch auf Leskow zu. Leskow hat es nie nötig, sich auf sein Volk zu besinnen, er muß nie zu seinem Volk zurückkehren, weil er sich nie ernstlich von ihm entfernt hat. Er geht nicht von den Bildungselementen seiner Rasse aus, sondern von seinen Märchen, Volkserzählungen, Legenden und Anekdoten.

Unter den neu übersetzten Werken sind es zwei Erzählungen, die mich besonders interessieren. Das eine ein groß angelegtes Fragment, der Roman »Die Klerisei« – aufgebaut auf dem Gegensatz zwischen der staatlichen Bürokratie und dem niederen Klerus. Leskow entscheidet sich für keine Partei, sein Herz gehört beiden oder vielmehr, sein Herz hängt an einer Figur, dem Probste einer kleinen Stadt, einem Menschen, in dem sich beide Parteien begegnen, der beide Teile viel zu gut versteht, um nicht zu leiden und zerbrochen zu werden.

Das unterirdisch Dramatische ist hier, wie bei Gogol, die eigentliche Kunstform. Jeder Dialog ist so von Leben erfüllt, daß man ihn ohne weiteres auf die Bühne übertragen könnte, es ist dabei nicht jene Explosionsdramatik, wie sie Dostojewski hat, sondern eine ruhige Entfaltung der Seelen im Gespräch und in der persönlichen Begegnung. So zeigt er eine Szene, die Begegnung seines Probstes mit einer alten Fürstin, einer Bojarin, Herrscherin von Stand und von Natur: »›Komm her und segne mich‹, sagte sie. Ich trat zu ihr heran und segnete sie. Sie faßte meine Hand, um sie zu küssen, was ich auf jede Weise zu verhindern suchte. ›Ich huldige nicht dir, sondern deinem Amte. Setze dich jetzt; wir wollen ein wenig miteinander bekannt werden.‹« Hier bei Leskow ist es einfach die Verbeugung eines Menschen vor einem anderen um seines *Sinnes* willen. Es ist das »Amt«, das in beiden Begegnenden wirksam ist, zu dem sie beide emporblicken. Irgendein Effekt, eine seelische Bühnenwirkung ist nicht beabsichtigt. Man vergleiche diese Szene mit der berühmten Begegnung Raskolnikows mit Sonja. Wenn aber Raskolnikow zu Sonja sagt: »Ich beuge mich nicht vor dir, sondern vor dem ganzen Leid der Menschheit«, so ist das nur eine Geste. Raskolnikow will auf Sonja wirken und auch auf sich selbst. Im Grunde müßte seine Verehrung Sonja allein gelten, die ja in Wirklichkeit genug zu tragen hat. – Auf dieselbe unauffällige, vornehme Weise werden bei Leskow alle Gegensätze dargestellt. Natürlich fehlt der Fanatismus an anderer Stelle. Leskows Werk ist Fragment, noch eine Verwandtschaft mehr mit Gogols »Toten Seelen«.

Aber wenn, wenigstens für manche Leser, der Genuß an Leskows »Klerisei« ein wenig Museumsgenuß ist, so steht ein anderes Werk vollkommen unangegriffen vom Rost der Zeit da. Eine vollendete, eine meisterhafte Geschichte: »Lady Macbeth aus dem Kreise Mzensk«.

Es ist die Geschichte einer Müllersfrau, die, ohne sich von der

Menge abzuheben, ein ruhiges Leben führt, bis sie einen Mann kennenlernt, mit dem sie nur dann zusammen sein kann, wenn sie Menschenleben auf Menschenleben opfert. Sie ist eine Frau aus der Menge. Der geliebte Mann ist ein Nichts. Aber die Größe ihrer Empfindung ist nur zu vergleichen mit der Einfachheit ihres Ausdrucks. Hier versteht man das Verbrechen. Der abnorme Mensch ist an seinem abnormen Maß gemessen. Was er tut, ist selbstverständlich, sein Untergang ist elementar, deshalb fehlt ihm alles Quälende. Er ist vernichtenswert, will dies auch selbst, hat aber nichts moralisch Übelriechendes an sich. Keine Ähnlichkeit mit den Verbrechern bei Dostojewski. Diese Geschichte ist so herrlich wie am ersten Tage, sie gehört der Weltliteratur an. Damit ist nicht gesagt, daß sie allgemein bekannt ist. Es mag sogar viele Russen geben, die auf Leskow wie auf einen etwas verstaubten Turgenjew herabsehen. Meinem Gefühle nach ist diese Erzählung absolut gegenwärtig und aktuell. Sie kann im bolschewistischen Rußland ebensogut spielen, wie in der russischen Vorzeit. Kein Wort zu wenig, kein Wort zu viel. Zum Schluß werden die Frau und ihr Geliebter deportiert. Man denkt an die Szene in Tolstois »Auferstehung« – die mit der lapidaren Erzählung Leskows nicht zu vergleichen ist. Es ist wie die Photographie eines Vorgangs und der Vorgang selbst. So sehr erfüllt von ethischen Ideen dieser Leskow zeit seines Lebens war, so glaubt er doch nicht an die Bekehrung des Bösen durch das Leiden. Er hat den ganzen Kampf des Christentums bis zum Letzten in seiner Kleinrussenseele durchgeführt, aber zuerst ist er wahr, dann erst ist er Christ. So ist denn diese Erzählung eher antik als realistisch. Die Heldin des Buches, Katerina Lwowna, steht zum Schlusse vor ihrer letzten Untat, der Ermordung einer Nebenbuhlerin, die auf der gleichen Fähre wie sie und ihr Geliebter einen Fluß auf der Fahrt in die Verbannung übersetzt. »Katerina Lwowna wollte ein Gebet sprechen und bewegte die Lippen, aber ihr Mund flüsterte nur: ›Wie vergnügt wir die langen Herbstnächte verbracht und Menschen von der lichten Erde zum finsteren Tod geleitet haben...‹« Dann der Schluß, als Katerina ihre Nebenbuhlerin ins Wasser geschleudert hat und ihr nachgesprungen ist:
»Sonerka (die Nebenbuhlerin) war schon wieder untergegangen. Nach zwei Sekunden streckte sie, durch die Strömung schnell von der Fähre abgetrieben, abermals die Arme aus dem Wasser. Im gleichen Augenblick hob sich jedoch aus einer anderen Welle Ka-

terina Lwowna fast bis an die Hüften aus dem Wasser empor, warf sich wie ein starker Hecht auf eine weichschuppige Plötze über Sonerka, und beide wurden nicht mehr gesehen.« Das ist Bild und Wirklichkeit zugleich. Seit Homer hat man nicht viele solche Schilderungen gelesen.

(1927)

John Galsworthy, »Schwanengesang«

Mit diesem schönen, wehmütigen, etwas müden Buche gibt Galsworthy das Ende seiner groß angelegten »Forsyte Saga«. Es ist im wesentlichen die Geschichte einer Ehe. Fleur, die Gattin Michaels, findet ihren Jugendfreund Jon wieder, die alte Liebe flammt auf. Untreue und doch keine, Ehebruch und kein Bruch. Fleur selbst und was sie unmittelbar berührt, ist wie in dem »weißen Affen« Galsworthys ein bezauberndes Wesen, ein Stück Natur, sie ist nicht Schöpfung des Dichters, sondern Schöpfung des unmittelbaren Lebens, eine Erinnerung an einen Menschen mitten unter Gestalten einer gepflegten Erzählungskunst, die in England das schildern und darstellen möchte, was Leo Tolstoi in Rußland dargestellt hat.
Galsworthy ist alles. Er ist ein Dichter, aber auch ein kluger Mann, ein zuverlässiger Schilderer von Zuständen, Landschaften, menschlichen Seelen, sozialen Bindungen, und vor allem ein tiefer Kenner dessen, was man die Eitelkeiten des Daseins nennt und was Thackeray in den ergreifendsten, heute noch unerreichten Szenen seines »Vanity fair« hingestellt hat. Aber welche Entfernung von Thackeray zu Galsworthy! Thackeray legt eine Figur breit hin, sie ist fertig und vollendet beim ersten Federstrich, beim ersten E des Wortes erstes Kapitel. Was er noch zu tun hat, besteht darin, daß er diese Grundfigur, in »Vanity fair« das unsterbliche, reizende, niederträchtige, entzückende Mädchen Rebecca Sharp vertieft, daß er in immer geheimnisvollere Schichten dieser nur scheinbar an der Oberfläche der Welt haftenden kleinen Bürger-Kokotte dringt. Ganz anders Galsworthy. Galsworthy beginnt und endet uninteressiert. Er fängt einen Augenblick ein. Mit der Spiegelreflexkamera einer vollendeten Technik bringt er hier einen Fetzen Gespräch, dort eine kleine Anekdote aus vergangenen Zeiten, hier eine Landschaft, dort ein Lächeln, ein Schweigen, eine winzige, aber alles aufhellende Nichtigkeit. Man sieht wie bei der Spiegelreflexkamera das Objekt noch im Augenblick der Aufnahme. Galsworthy ist unerschöpflich in kleinen, aber äußerst lebenswahren Erfindungen. Hier beherrscht er wahrhaft souverän die Fülle des Lebens. In diesem Sinne gibt es fast keinen toten Punkt in diesem umfangreichen Roman.
Trotzdem bleibt er niemals lange auf jenem Punkte, wo die präzise

Wirklichkeit gleichzeitig als letzte Gesetzmäßigkeit empfindet, wo Zufall und Bestimmung eins werden. In diesem Roman kommt er zwar manchmal so weit, aber es sind nur vereinzelte Szenen mitten in einem Gewirr von langweiligen, auseinanderfallenden, mit einer matten Ironie gestalteten Szenen – hier spricht eben nur der gepflegte Schriftsteller, dort aber der wahre Erkenner und Deuter des menschlichen Herzens. Wie sich das Dichterische mit dem Schriftstellerischen mischt, wie sich das Überflüssige mit dem Unvergeßlichen bindet, wird niemals ganz klar, oft glaubt man die Stelle in dem Romane zu sehen, wo er, vielleicht nach einem Tage Pause wieder mit der Feder angesetzt hat. Was er als großer Dichter begonnen, führt er als feiner Schriftsteller, als gutartiger Ironiker fort.

Am wenigsten zeigt sich dieser Bruch bei der Heldin, bis auf den auch für sie gänzlich nichtssagenden Schluß (Schlüsse sind immer der wundeste Punkt der Romane, selbst »Anna Karenina« hat keinen befriedigenden, »Don Quichotte« zwei, das heißt keinen, und »Wilhelm Meister« keinen, das heißt Tausende nach Wahl). Am wenigsten zeigt sich dieser Bruch an der Heldin des Buches, an Fleur, und etwas von dieser inneren Einheit, dieser unzerbrechlichen Wahrheit hat auch ihr Gatte, Michael, die fleischgewordene Resignation, ein Mann aus Güte, Nachsicht, Klugheit, Diskretion und sonst nichts, ein Gentleman, der »nach fünfeinhalbjähriger Ehe eingesehen hat, er könne sicher sein, daß Fleur ihn seelisch gern habe, daß er ihr körperlich nicht widerstrebe und daß es das Vernünftigste von einem Mann sei, nichts mehr zu verlangen«. Das sind die Männer, deren Frauen man auf dem Reimannballe sieht. Es ist die Kehrseite der mondänen Welt, es ist das negative Bild der sozialen Verknüpfung, der materiellen Schichtung.

Galsworthy hat den Ehrgeiz, auch diese Seiten des Europa von heute in seiner »Forsyte Saga« zu bringen. Hier, im Schwanengesang, wird von der Geburteneinschränkung, von dem Generalstreik von 1926, der Kohlenförderung, von der Sanierung gewisser Elendsviertel Londons gesprochen, eine Idealfigur eines in seiner Ehe glücklichen, werktätigen Pfarrers namens Hilary aufgestellt. Aber ganz echt muß das Interesse des Dichters auch hier nicht sein, es bleibt bei »Typen«, bei Diskussionen. Wie hätte der alte Phantast Balzac hier geschwelgt!

Weder das soziale Hilfswerk, die Rettung der Slums, noch die Geburteneinschränkung, tatsächlich zwei vitale Probleme der Mas-

senmenschheit von heute, werden bei dem klugen, aber teilnahmslosen Galsworthy lebendig.
Der Vater Fleurs, Soames, der die Fäden führen sollte, da er durch sein Alter, durch seine überragende Intelligenz und durch seine geschlossene Persönlichkeit über den Dingen steht, kommt über eine tatenlose Verhaltenheit nicht heraus. Rührend ist er freilich und gewiß auch, wenigstens in seinem Verhältnis zu Fleur und Michael, echt. Einmal sprechen der Schwiegersohn und der Schwiegervater über ein Aquarell »die goldenen Früchte« (auf banale Symbole kann Galsworthy nie verzichten). Der Schwiegersohn meint: »›Ja, Sir, das Bild ist wirklich ganz gut, nicht wahr? Ich wollte, Fleur würde sich ernstlich mit Aquarellmalerei beschäftigen.‹ Soames stutzte. ›Ich wollte, sie würde sich mit was immer ernstlich beschäftigen, um ihre Gedanken abzulenken.‹ Michael sah ihn an. ›Beinahe wie ein Hund, der sich bemüht, einen zu verstehen‹, dachte Soames... ›So geht das nicht, sie hat dich wirklich lieb. Es ist nur ihre *fieberhafte Unruhe*, wenn es überhaupt etwas ist. Trag es wie ein Mann und bleibe ruhig!‹« *So* ist es; so und nicht anders spielen sich die Dinge im gehobenen Bürgerstande Berlins, Paris', Londons ab, in ganz Europa, soweit noch Reste von Tradition da sind, soweit gute Manieren und geordnete politische und Geldverhältnisse bestehen. Zu dieser Ordnung gehört eben auch die Ehe, nicht die Liebe. Liebe vergeht, Ehe besteht. Selbst eine gute, das heißt innerlich notwendige Liebe kann sich unter dem Druck der jeder Leidenschaft notwendigerweise abgewandten bürgerlichen Gesellschaft nicht auf die Dauer halten. Ehebruch ist immer so wie hier eine Sache von Tagen, höchstens Monaten, freilich in diesen Tagen und Monaten die notwendige Erfüllung des immanenten, eigentlichen, wahrsten Wesens der Ehebrechenden. In der Wahl des Ehebrechers und der Ehebrecherin offenbart sich das innere Wesen, die Bestimmung, die Unersetzlichkeit des Individuums, genannt das Schicksal – aber nicht das soziale Element, das Städte baut und das nicht auf Vollendung durch Leidenschaften, sondern auf Erneuerung durch die Kinder, den Nachwuchs angewiesen ist.
Nicht der melodramatische Schluß dieses Romans, nicht das in der Gemäldegalerie des Vaters von Fleur ausbrechende Feuer ist es, das bestimmend, entscheidend wirkt, als Schlußpunkt hinter Forsyte Saga, auch nicht der Ehebruch, sondern eben die Beständigkeit, die Dauer, die Bewährung einer unechten Ehe gegenüber einer echten

Liebe. Hier hat Galsworthy etwas erreicht, was er vielleicht nicht angestrebt hat. Er wollte die soziologischen Zwischenstufen, die zum Untergang verurteilt sind, wie es Thomas Mann in den »Buddenbrooks« getan hat, darstellen. Den Mittelstand zwischen Proletariat und Großgrundbesitz, das alte Vermögen zwischen Großindustrie, Mammonismus. Geblieben ist davon, in diesem Buche wenigstens, nur die Geschichte zweier, das ist dreier Menschen. Aus einem »Vielleicht« wird ein »Nein«. Zwei Menschen, die sich »alles« sein können, leben, eine halbe Meile voneinander entfernt und sind auf immer, irreparabel geschieden. Was bleibt? Jon hat von seiner ungeliebten Frau ein Kind. Fleur hat es von ihrem ungeliebten Mann... Noch einmal die Lose zurück in die rotierende Lotteriemaschine, unsichtbare Gewalten treiben sie, ein Mensch mit verbundenen Augen greift hinein. Ungerechtigkeit, Sinnlosigkeit? Nur ein Augenblick. Vielleicht, daß sich alles ausgleicht, in späteren, einfacheren Generationen sich versöhnt, in einer weniger verlangenden, mehr erlangenden.

(1928)

Die Geschichte einer Familie
Roger Martin Du Gard, »Die Thibaults«

Der Verlag Paul Zsolnay legt uns, nachdem er uns das Werk John Galsworthys durch seine Vermittlung in mustergültiger Weise nahegebracht hat, nun den Anfang einer groß angelegten Romanserie vor. Wenn der Autor sein Werk die »Geschichte einer Familie« nennt, so hat er damit den Umfang seiner Aufgabe eben nur umrissen. Ausgefüllt hat er ihn nicht. Es sind zwar vier starke Bände, die uns vorliegen, wenn wir aber alles Wissenswerte von dem innern und äußern Leben dieser Familie Thibault erfahren sollten und dann auch noch das Notwendige über das Schicksal einer protestantischen Familie – die der katholischen Lebens- und Gedankenwelt der Thibaults kontrapunktisch entgegengesetzt wird –, so müßte sich ein Werk von zehnmal so großem Umfang ergeben. Angesichts der hohen erzählerischen Qualitäten wäre dem Autor die praktische Ausführung eines solchen Beginnens wohl zuzutrauen. In dem vorliegenden Werk bricht der Autor mitten in einer Episode ab. Weshalb sollte er aber nicht mit der gleichen Erzählerfreude einen neuen Band beginnen? Diese Erzählerfreude ist das hervorstechendste Zeichen der Begabung dieses bei uns noch unbekannten Franzosen. Er kann nicht nur erzählen, sondern er kann manchmal auch das geben, was hinter dem schlechthin Erzählbaren liegt, und manche seiner Figuren, z. B. Jeromé, der Vater des jungen Daniel, wirken in uns noch nach, wenn der Dichter schon bei ganz neuen Figuren weilt. Denn er hat die Neigung, den Faden nicht bis ans Ende zu spinnen, sondern lieber neue Lebenskreise anzuschneiden, wobei er sich über den relativen Wert der einzelnen Partien, über die Tiefe und Echtheit seiner Charakterschilderungen keine großen Sorgen macht. Er ist ein unbekümmerter Dichter, scheut nicht vor mehr oder minder großen Anleihen zurück. Wenn man an Romain Rolland und »Jean Christophe« denkt, so ist dies eben nur einer der Väter dieses Romans; er hat deren viele, eigentlich alle, denn es sind die Spuren aller großen Epiker von d'Annunzio, Balzac, Flaubert, bis zu Proust, Maupassant usw. unverkennbar. Dazu kommen noch russische Einflüsse; auch der alte englische Erziehungsroman mit Fielding spielt herein, und es wäre eine lohnende Aufgabe für einen Literaturhistoriker, aus dem Werk dieses jungen Autors *sein* unbestreitbares Eigentum zu isolieren. Von dem großen, noch unter uns weilenden, unsterblichen Weisen André Gide ganz zu schweigen, der seine Hände sehr mild und verehrungswürdig über dieser Familie Thibault hält. Alle diese Anleihen wären im Grunde ganz gleichgültig, wenn der Leser das Gefühl hätte, daß der Autor ihm etwas Neues zu sagen habe; man würde froh sein, die gute Tradition fortgesetzt zu sehen, wenn entweder aus der Synthese dieser alten Roman- und Dichterwelten eine neue Welt, ein noch unberührter Kontinent entstünde oder wenn das von großen Dichtern schon Vorgearbeitete hier bei dem neuen Mann du Gard mit einem besonderen Grad von Intensität nachgedichtet und lebendig gemacht würde. Aber es ist im Grunde betrübend, zu sehen, wie indifferent dieser junge Dichter mit dem alten Traditionsgut umgeht. Es rührt ihn nicht, es wandelt ihn nicht. Er übernimmt es und gibt es weiter. Sein Roman liest sich gut, die Sprache ist gepflegt, die Beobachtungen oft von großer Feinheit, viele Szenen von dramatischer Wucht. Es ist für seine Technik überhaupt bezeichnend, daß er aus dem epischen Fluß oft zu einer hochdramatischen Explosion kommt, »die nach dem Theater schreit«. So bringt er einmal die Szene, in der ein junges Mädchen, das an Meningitis erkrankt ist, gesundgebetet wird. Er zeigt den Jammer der Mutter, deren Gatte sie eben verlassen hat. Der einzige Sohn Daniel ist mit seinem Freunde Jacques durchgebrannt und unauffindbar. Die kleine Tochter liegt da, röchelnd, besinnungslos, schwer erkrankt. Schwer? Unrettbar. Dieses »unrettbar« wird dem Leser mit einer raffinierten Technik, die an das Boulevardtheater erinnert, suggestiv eingehämmert, damit später das Gesundbeten eine viel größere Wirkung explosivartig ausüben könne. Mag eine solche wunderbare, augenblickliche Heilung gerade bei einer Krankheit wie der Meningitis, die mit sehr lang dauernden, schweren Lähmungserscheinungen auch in den seltenen Fällen einer Heilung verknüpft ist, wissenschaftlich unwahrscheinlich sein, darüber würde man hinweggehen, wenn nicht – der Autor darüber hinwegginge. Ein so ungeheures Ereignis, das ins Lebenzurückrufen eines »nach den Gesetzen der Wissenschaft« verlorenen Menschen, durch die reine Kraft der Seele – müßte das nicht eine ungeheure Wandlung im Leben dieser jungen Tochter, in dem Leben dieser armen Mutter, im Dasein dieses Sohnes und seines Vaters hervorrufen? Aber alles geht nach wie vor, dieses »nach wie vor« im wahrsten Sinne des Wortes gebraucht, seinen alten Gang. Diese Szene bleibt eine Episode, ein effektvolles, technisch meisterhaftes Kapitel. So kann es dem Autor nicht an Gelegenheiten fehlen, diese technische Meisterschaft immer wieder zu beweisen. Er bringt uns eine wundervolle Milieuszene, die seelische und landschaftliche Atmosphäre einer katholischen Besserungsanstalt, in welche der junge Jacques von seinem bigotten, heuchlerischen und doch warmherzigen (?) Vater gesteckt wird. Wie sich der seelische Druck in diesem toten Hause bis in die feinsten Gefäße fortpflanzt, das ist geradezu atembeklemmend geschildert, und doch ist es verlogen in seinen Voraussetzungen und nichtssagend in seinen Folgeerscheinungen. Es ist, als würde an dem Gehäuse einer komplizierten Uhr ein neuer kostbarer Edelsteinzierat dekorativ angebracht oder wieder fortgenommen. Den inneren Mechanismus, das einzig Wichtige, lernt man nicht kennen, das Gehäuse der Uhr wird eben nicht genügend geöffnet, und auf die nebensächliche Umhüllung wird dauernd solche Mühe verwandt, daß schließlich unser Interesse an dem Uhrwerk selbst vollkommen erlischt. Das Buch spannt, man gibt es nicht gern vor der letzten Zeile aus der Hand, und doch läßt die Figur dieses Jacques vollkommen kalt. Und nicht nur uns läßt sie kalt, sondern auch den Autor vermag diese Figur auf die Dauer weiter nicht zu fesseln. Er läßt sie auslaufen und bringt uns dafür das Schicksal des älteren Bruders dieses geistig vergewaltigten Jungen und dann, als auch das nicht ausreicht, das Schicksal seiner Geliebten Rahel, die sich ihm nach einer fabelhaft erzählten, aber innerlich vollkommen unbegründeten, die Komposition des Buches zersetzenden Detailschilderung einer chirurgischen Operation ergibt. Die Operationsszene ist mit solchem Glanz und solcher Unverfrorenheit hingesetzt, daß sie packt. Aber was soll Rahel? Die Episode muß geschlossen werden. So kehrt sie dann nach Afrika zurück, wo sie von einem Herrenmenschen erwartet wird, dem man seine Verwandtschaft mit Dumasschen Monte Christo-Figuren (Peitsche, Flinte, Blut, Küsse) schon von weitem ansieht. Damit schließt das Werk. Das alles wird nie ohne einen ungeheuren Aufwand von guten Einzelbeobachtungen erzählt, aber diese Einzelbeobachtungen bleiben immer durch billige Psychologie, durch banale Weltanschauung aneinandergekettet.

(1928)

Jack London, »Menschen der Tiefe«

Jack London hat im Sommer des Jahres 1902 eine Art Entdekkungsreise in die Unterwelt Londons, das Elendsviertel East-End, gemacht. Die Berichte aus dieser Unterwelt gibt jetzt der Berliner Verlag Universitas im Rahmen seiner großen, alle Werke Jack Londons umfassenden Ausgabe heraus. Es sind keineswegs Dichtungen, es sind Tatsachenberichte. Ein Reporter aus dem bürgerlichen Mittelstande, ein Mann von starker Lebenskraft, von gesunden Muskeln, von guter Beobachtungsgabe und ausgezeichnetem sachlichen Stil, verkleidet sich in einen Arbeitslosen, maskiert sich als Proletarier. Er nimmt den Augenblick wahr, sieht sich um, fragt und hört zu, kehrt dann wieder an den Schreibtisch zurück und sagt: Das habe ich gesehen. Jack London war nicht allein Reporter. Hier aber, in diesem Buche, ist er nichts als das, und gerade das ist das Große, das Erschütternde an dem vorliegenden Werke. Aber es gibt noch etwas Größeres, etwas noch Erschütterndes: Wenn man das Buch gelesen hat, sagt man sich, daß sich dank des wiedererwachten »sozialen Gewissens« der Jahre zwischen 1902 und 1928, dank der Anteilnahme sozialistischer Massen an der Regierung und Gesetzgebung fast aller europäischer Länder so grauenhafte Zustände, wie sie Jack London schildert, heute nicht mehr in Europa finden werden. Leider ist dies ein Irrtum. Es fehlt nur der neue Jack London, der uns die fast unbegreifliche Menge und Schwere des menschlichen Elends von 1928 nahebrächte – (es gibt unter der Jugend des Nachkriegs-Europa keinen einzigen großen, unbeirrbar wahren Reporter). Aber an den Zuständen, die man infolge der wohltätigen Wirkung der Arbeitslosenversicherung und der anderen »sozialen Lasten« für immer verschwunden glaubt, hat sich so gut wie nichts geändert. Davon gibt ein Aufruf Kunde, den Ende Oktober 1928 der Herausgeber einer großen Tageszeitung in seinem Blatte erließ und der sich mit dem Jammerleben der Bevölkerung des Industriebezirkes Waldenburg befaßte.
So fürchterlich es klingt, wir müssen die Schilderungen, die uns Jack London in diesem unvergeßbar ruhigen Berichte auf fast dreihundert enggedruckten Seiten gibt, als vollkommen aktuelle ansehen, obwohl doch im ganzen politischen Aufbau, in der gesamten sozialen Struktur Europas und Englands sich in diesen 26 Jahren ungemein viel geändert hat. Aber daß ein Massenleiden, ein Mas-

senverkommen heute genau wie damals bestehen kann, ohne daß
die Allgemeinheit es weiß, es begreift und sich danach richtet – das
ist das »Große, das Erschütternde«, von dem ich anfangs sprach.
Sollte tatsächlich der Staat, wie wir ihn heute verstehen, dagegen
machtlos sein? Sollte er nicht begreifen, daß es eine Anarchie der
Besitzlosigkeit geben kann, einen so tief ätzenden Nihilismus des
»schreienden Elends«, daß sein eigener Bestand, das ist: die durch
das Gesetz gefügte Ordnung dieses Staates, durch Tatsachen dieser
grauenhaften Art im empfindlichsten Punkte aufs schwerste erschüttert werden muß? Sollte der Staat als solcher dauernd und
grundsätzlich gegen solche Auswüchse menschlichen Jammers
hilflos sein, dann muß er selbst krank sein, und zwar nicht etwa
krank in seinem Blätterwerk, das alle Jahre wechselt, auch nicht
etwa nur krank in den kleinen und mittleren Zweigen, die ohne
Schaden abfallen oder abgeschnitten werden können, sondern
krank in seiner Wurzel. In diesem Sinne ist das Buch Jack Londons
ein eminent aufwühlendes Werk, und je weniger dieses Buch »ein
hohes Lied der Menschlichkeit« sein will, das es auch gar nicht sein
kann, je mehr dieses Buch seinen dokumentarischen Charakter erweist, und zwar einen dokumentarischen Charakter von solcher
Echtheit, daß die Schilderungen dieses Buches statt im Elendsviertel Londons im Jahre 1902 ebensogut oder noch besser im Elendsviertel des Kohlendistrikts von Waldenburg im Herbste 1928 geschrieben sein könnten – desto mehr haben sich die gesetzgebenden, die wahrhaft erhaltenden, die echt konservativen Kräfte eines
Landes zu bemühen, diesen furchtbaren Krankheitssymptomen
nachzugehen. Es ist, wie ich glaube, nicht Sache der privaten
Wohltätigkeit abzuhelfen. Ja, es wäre nicht einmal Sache eines privaten, genial angehauchten Reporters, diese Dinge ans Licht zu
fördern. Sondern es hat der Staat, der von sich aus jedes Verbrechen
verfolgt, der von sich aus jeden ansteckend Kranken isoliert, das
heilige Recht und die daraus folgende noch heiligere Pflicht, Fällen
von so grauenhaftem Elend von sich aus nachzugehen. Wenn das,
wie es scheint, unzerstörbare Gefüge einer industrialisierten Welt
zu solchen aufwühlenden Fällen führen kann, dann verstehen wir
wohl die schöne, sehr menschliche Geste des amerikanischen Reporters Jack London, der sagt: »Die Zivilisation hat alle Güter geschaffen, die ein Menschenherz begehren kann. Aber der Durchschnittsengländer hat keinen Teil daran; und wenn er für immer
davon ausgeschlossen sein soll, so sollten wir lieber die Zivilisation

aufgeben.« Das nenne ich den tief ätzenden Nihilismus des schreienden Elends.
Es sind Tatsachen, Zahlen, protokollarische Aufzeichnungen, keinerlei hohe Lieder, keine Zitate, es sei denn die von Naturforschern wie des berühmten Huxley und solche aus den amtlichen Statistiken der großen Stadt London. Aber was für Tatsachen, was für Zahlen, was für protokollarische Aufzeichnungen! Man versteht nicht, daß uns dieses Buch erst so spät vorgelegt wird. Wenn ein Buch Epoche machen kann, Bücher dieser Art könnten es. Ich erinnere an Kennans ebenso grauenhaftes, in seinem schreienden Elend nihilistisches Buch »Sibirische Gefängnisse«. Diesem Buch eines jungen amerikanischen Reporters, der *ahnungslos* den Boden Sibiriens betreten hat im Laufe der neunziger Jahre des vorigen Jahrhunderts, ist zum großen Teil der Untergang (erst der moralische, dann der historische) des zaristischen Systems zuzuschreiben. So wird auch das Buch Londons unmöglich ohne Wirkung bleiben können. Man lese nachfolgende trockene Berichterstattung und sage sich dann selbst, ob ein Staat ein Recht zur Existenz hat, in dem ungestraft und als alltägliches Ereignis folgende Dinge sich begeben können: »...Und in demselben Zimmer ... legt sich die Familie abends auf ihrem Lager zur Ruhe. Das heißt, daß so viele Mitglieder wie möglich in das *einzige* Bett der Familie kriechen, wenn die Familie überhaupt ein Bett hat, der Rest legt sich auf den Fußboden... Stirbt eines der Kinder – und einige müssen sterben, da *fünfundzwanzig* Prozent der Kinder von East-End vor ihrem fünften Jahre sterben –, so liegt die Leiche des Kindes im selben Zimmer. Und sind sie sehr arm, so müssen die Leute die Leiche einige Zeit in der Stube behalten, ehe sie sie begraben können. Tagsüber liegt die Leiche auf dem Bett, nachts, wenn die Lebenden das Bett in Besitz nehmen, wird die Leiche auf den Tisch gelegt, an dem die Lebenden, wenn die Kinderleiche morgens wieder auf das Bett gelegt worden ist, ihr Frühstück essen... Erst vor wenigen Wochen mußte eine Frau *vor Gericht* erscheinen, weil sie ihr totes Kind, das zu begraben sie nicht imstande gewesen war, drei Wochen auf diese Art und Weise bei sich behalten hatte.«
Lügt dieser wahrhafte Reporter? Und wenn er nicht lügt, kann es die Verwaltung eines europäischen Rechts- und Ordnungsstaates bezeugen und beschwören, daß Fälle dieser Art auch bei »katastrophaler« Arbeitslosigkeit innerhalb ihrer Grenzen unmöglich sind? Ist dies, was Jack London schreibt, Dichtung oder ist es Tat-

sachenmaterial – und wenn es Tatsachenmaterial ist, empfindet es der Geist eines europäischen Staates nicht als furchtbare Anklage?
(1928)

Roman einer Amerikanerin

Sinclair Lewis, »Der Erwerb«

Was die Madame Bovary für Frankreich war, könnte dieses Buch für Amerika sein: die lückenlose Darstellung eines typischen Menschenwesens, wie es bis jetzt in der Literatur dieses Landes nicht erschienen ist. Je mehr man von den Werken dieses großen amerikanischen Schriftstellers Sinclair Lewis, eines würdigen Schülers (nicht Epigonen) des größeren Charles Dickens, kennenlernt, desto tiefer die Verehrung für dieses die Welt tief umfassende, wenn auch in seinem Stoffgebiet eng begrenzte Talent.
Um was geht es in diesem Roman? Um eine neue Type Amerikas, um einen Durchschnittsmenschen wie Babbitt, wie im Grunde auch Dr. Arrowsmith. Diese Durchschnittswelt ist nun einmal die Domäne des Sinclair Lewis, so wie die bunte Abenteuerwelt von Alaska bis zur Südsee das Jagdgebiet des früh verstorbenen Jack London war, und ebenso wie die tiefgründige, wenn auch oft quälende, aber immer geniale Seelengründung des »zweideutigen Menschen« das Gebiet des bei uns noch viel zu unbekannten Joseph Conrad ist. Wäre ein und derselbe Geist imstande, eine solche Fülle des Lebens in sich aufzunehmen, wie es das »Genie der Vitalität« Jack London vermochte, und sie so tief aufzuhellen wie das »Genie der Zergrübelung« Joseph Conrad – und dabei auch die unscheinbarste, anscheinend langweiligste Figur mit solch einem wunderbaren zarten Nebelhauch von männlich-väterlicher Liebe zu umgeben, wie es Sinclair Lewis, der Mann des gütigen Alltaglebens vermag – was täte sich dann vor unsern Blicken auf! Aber schon das, was diese drei großen Geister, von denen heute Sinclair Lewis allein noch lebt, uns jeder in seiner Art gegeben haben, ist bewundernswert in mehr als rein literarischem Sinn.
Ich bin überzeugt, mehr als eine von den Menschentypen, dieser unscheinbare Amerikaner Lewis geschaffen hat – geschaffen mit unendlicher Kleinarbeit, mit mühseligster Einzelbeobachtung, mit vorsichtigster soziologischer Einordnung, mit zurückhaltendster Keuschheit im Aufdecken verborgener Heimlichkeiten – mehr als eine dieser Typen Babbitt, Arrowsmith, Una Golden wird bleiben, ebenso wie die Typen des Dickens lange noch bleiben werden. Meines Wissens ist es der erste weibliche Charakter, den Lewis als

Hauptfigur geschildert hat. Bis jetzt hat seine Liebe mehr den Männern gehört, auch dort, wo in dem bezaubernden Roman »Mantrop« die Frau eine gewisse Rolle spielt. Nun begibt sich aber das Merkwürdige, daß diese Frau, Una Golden, ich nannte sie schon, die Lewis hier mit seiner ganzen Herzensfülle, seiner meisterhaften Komposition vor uns hinstellt, sich »hundertprozentig« von dem Bilde der Amerikanerin unterscheidet, wie man es sich bis jetzt bei uns in Europa vorgestellt hat – dafür aber gleicht sie »hundertprozentig« den unzähligen alleinstehenden, ihren Lebensunterhalt an der Schreibmaschine oder Nähmaschine erwerbenden Frauen, den Frauen des erwerbenden Mittelstandes, Weib plus Job, Seele plus Erwerb, wie wir sie hier in Europa in den großen Städten sehen. Es handelt sich um ein nicht gerade häßliches, junges Mädchen ohne sex appeal, ohne besondere Klugheit, ohne ein Übermaß an Gefühlswärme, ohne Hang zum Sinken, mit einem ordentlichen Trieb zum Aufsteigen in eine höhere Kaste, mit einem bestimmten Beharrungsvermögen, sich nicht fallen zu lassen. Sie will sich hingeben, aber sich nicht verlieren. Sie ist eben nur ein kleines Weib in der Masse, nur mit dem psychologischen Mikroskop erkennbar. Ein nettes junges Ding aus guter Familie mit einem Augenglas von ungefaßten Gläsern, dessen goldenes Kettchen sich hinter ihrem kleinen Ohr in eine Fülle blonden schönen Haars verliert. Sie kommt aus Panama, ihr Vater nennt sich Kapitän, ist aber höchstens Kapitän bei der freiwilligen Feuerwehr gewesen. Er stirbt früh nach einem ebenso emsigen wie erfolglosen Leben, ganz eine Figur mit der feinen Feder eines Dickens gezeichnet. Mit derselben künstlerischen Noblesse ist die Figur der Mutter umrissen, einer Mutter, wie ihrer Tausende und aber Tausende zwischen Wedding und Friedenau leben, Pensionistinnen, Beamtenwitwen, Kleinrentner, Kleinseelen, die nicht nur das Brot essen, das die Tochter, bitter genug, verdient, sondern die sich auch geistig, menschlich mit ihrer ganzen Existenz über die Existenz der Tochter legen, ihr »keine Luft lassen«, ohne das man ihr Gefühl, Mutter – Vampyr, als reinste Liebe oder als reinsten Egoismus umreißen könnte.

Wer nicht glaubt, daß dieser Sinclair Lewis ein Dichter von höchsten Graden ist, der lese die Partie dieses Buches, in der geschildert wird, wie diese Tochter nach ihrer mühseligen Arbeit eines Abends mit einem »Lunapark«-Programm heimkehrt und, wie schon so oft, die Wohnung unaufgeräumt findet, die Mutter unter immer wieder zerlesenen Magazinheften vergraben, mit weinerlicher Stimme ihr Leben bejammernd, immer neue Forderungen stellend, sich hinter einer Krankheit mit ihren Schwächen, ihrer Trägheit versteckend. Aber gerade diesmal ist es nicht Trägheit, nicht ungezieferhaftes Saugen – es ist plötzlich Schicksal, eine schwere Krankheit, ein durch alle liebevolle Pflege nicht aufzuhaltender Tod. Wie da in dieser kleinen goldblonden kurzsichtigen Seele sich alles umkehrt, wie sich alles wendet, das Innerste nach außen dringt, wie dieses winzige Wesen wächst und mit dem letzten Ernst ihres Daseins sich an eine Mutter klammert, die nie mütterlich gewesen ist – wie diese Tochter weint – wie sie Mensch wird an dem Tod dieser glatten, weinerlichen alten Frau – das vergißt sich nicht! Es ist nicht reine Sentimentalität. Es ist Gefühl und dennoch reine Wirklichkeit. Es ist Gefühl mitten im Job, ein Herz im Getriebe der Büromaschinen in der großen Stadt Amerikas.

Nicht ganz so überzeugend wie diese Mutter und diese Tochter sind Sinclair Lewis diesmal die Männergestalten gelungen. Es sind zwei, die den Weg dieses unscheinbaren Frauchens streifen: ein etwas romantisch angehauchter »Dichter«; im »Job« ist er Propagandachef bei einer Automobilfachzeitung. Er liebt Una, von ihr wird er geliebt. Er verläßt sie mißverständlich, um sie zwecks happy end wiederzufinden auf Seite 383 dieses Buches. Und dann ein Durchschnittsamerikaner, Alkoholiker, Autobesitzer und Feind von Romanen, 100 v. H. reiner Job, Herr Schwirtz; schon in dem vertrackten Klang seines Namens die Unleidlichkeit seines zugleich hohlen und selbstbewußten Daseins ausdrückend. Nicht gelungen, man fühlt es bei dem ersten Wort, das aus dem Munde dieser Type kommt – unwahr bei aller Gewöhnlichkeit, während Una, nicht minder Durchschnittsmensch, nicht weniger gewöhnlich, doch in jeder Äußerung wahr ist – man fühlt es, man erlebt es mit; »es ist so«. Vielleicht fehlt dem Autor die Unbarmherzigkeit, die Welt unbarmherzig wiederzugeben – ohne Widerruf. Das verblühende Leben. Die Verfettung. Die mit jedem Jahre besser werdende Automobilmarke – die Art und Weise, wie das moderne Leben (jedes Leben in der Zivilisation) den Menschen frißt, so wie er gebacken ist. Und gerade das muß dem Dichter vorgeschwebt haben. Deshalb ist er bewußt von dem Sweet-heart-Typ der heutigen Amerikanerin abgewichen. Aber weshalb blieb er sich nicht treu? Was soll der Zufall, der hier Menschen der inneren Verwandtschaft nach zusammenführt, wo es doch der Wirklichkeit entspricht, daß man gerade dort am meisten sich mißversteht, wo man einander ganz nahe sein könnte. Irgendwie ist die Langeweile des Alltags dessen furchtbarste Tragödie. Das dauernde Auf-der-Suche-Sein. Tausendfache Begegnungen ohne Folge. Der unzureichende Reiz, der Zauber, der verblüht, bevor er geblüht hat. Die Flasche wird geschüttelt. Medizin ist deshalb doch nicht drin. Man muß die Kraft haben, die Nichtigkeit des Individuums in dem industrialisierten Zeitalter zu erkennen. Und wenn sie erkannt, sie folgerichtig zu zeichnen. An solcher Erkenntnis fehlt es Sinclair Lewis, einem der klarsten Soziologen Amerikas, nicht. Klarer als in dem Typus einer Una Golden kann man die Situation eines mittellosen, untalentierten Massenwesens in einer Viermillionenstadt nicht darstellen.

(1929)

Ein guter Unterhaltungsroman
»Das große Sorgenkind« von Fred Andreas

Das Erscheinen eines wirklich guten Unterhaltungsromans, der den Rahmen seiner Gattung völlig ausfüllt, aber kaum an einer Stelle durch dichterisches Ingenium sprengt, gibt Anlaß auch zu allgemeineren Betrachtungen über die – kann man sagen: Kunstgattung? – des Unterhaltungsromans. Soviel scheint festzustehen, daß einem Dichter einmal auch ein unterhaltendes, weiter nicht aufrührendes und schon beim Erscheinen mit dem Stempel der Gebrauchsfähigkeit und der schnellen Vergänglichkeit zugleich gezeichnetes Werk gelingen mag. – Ebenso steht fest, daß einem Unterhaltungsschriftsteller wohl eine dichterische Stelle, aber niemals eine Dichtung, und sei es eine so geringen äußeren Umfangs wie ein vierzeiliges Gedicht, gelingen wird. Es gibt hier auch ganz genaue Trennungsstriche, die offenbar im innersten Wesen der Autoren liegen und nicht von ihrem Willen beeinflußbar sind. Denn wie gerne wollte mancher Unterhaltungsschriftsteller einmal auch einen »vollen durchschlagenden Erfolg« genießen, möchte, wie es in den großen illustrierten Zeitschriften möglich ist, »zu Millionen sprechen«, die ihn allerdings, wenn er sein Wesentlichstes auszusprechen wagte, nur eben anhören, aber nicht aufnehmen würden. Auf der anderen Seite besteht der heißeste Wunsch bei erfolgssicheren Autoren, die ihre Mission mit Glück erfüllen und das geringe Maß von Popularität, das die Literatur heute noch besitzt, fast ganz auf sich konzentrieren, es besteht also der immer empfundene, wenn auch nie prägnant ausgesprochene Wunsch der Unterhaltungsschriftsteller, eine »reine Dichtung« zu schaffen – unausgesprochen schon deshalb, weil sie sonst zugeben müßten, daß sie nur Unterhaltungsschriftsteller, aber keine Dichter sind, was sie eben nicht von sich aus einsehen wollen und können. Von den noch tieferen, aber eben deshalb nur noch geheimnisvolleren Regionen des rettungslos Banalen und Kitschigen will ich hier schweigen, die Erörterung dieser Erscheinungen würde sehr tief ins Unterbewußte, in die weißen Flecken auf der Landkarte des Soziologischen führen.

Also bloß das gilt es hier zu versuchen, das Wesentliche des vorliegenden, durchaus gelungenen und erfreulichen Buches, das sogar viele dichterische Stellen enthält, deshalb aber doch nicht von der Hand eines Dichters geformt ist, festzustellen, soweit es möglich ist.

Um was handelt es sich hier? Das »große Sorgenkind« (Verlag Ullstein, Berlin) von Fred Andreas, ist ein schön gedrucktes, nur mit einem abscheulichen Photo-Montage-Titeldruck verunziertes Buch von 270 Seiten. Der Autor ist bekannt als der Verfasser scharfer, spannender Bücher, wie »Die Sache mit Schorrsiegel«, die einige Wochen lang Berlin in eine Art kriminalistisch psychologische Aufregung versetzt haben. Die Schicksale der von dem jungen Fred Andreas in Schorrsiegel gezeichneten Figuren haben sicher die Herzen vieler Hunderttausende im Innersten bewegt und erfüllt. Das Buch, das er nun vorlegt, scheint nicht auf eine derartige Massenwirkung auszugehen. Dies macht dem Autor nur alle Ehre. Denn er könnte, wenn er weniger vornehme Mittel verwenden und sich ein aktuelleres Thema wählen wollte, sicher diese Millionenwirkung als reiferer Schriftsteller nur um so sicherer der schnöden Lesewelt abzwingen. Er könnte alles, was er sich vorgenommen hat. Denn was zuallererst an diesem Werke auffällt und in gewissem Sinne auch menschlich ergreift, ist das große Wissen um den Menschen, die sichere und ihrer selbst stets bewußte Pinselführung beim Porträt, die genaue Detailzeichnung und die schön ausgewogene Komposition. Man muß zugeben, daß derlei künstlerische Eigenschaften sich im heutigen Deutschland, soweit es schreibt, nicht allzu häufig vereint finden, wenn auch das Niveau im allgemeinen sich gerade bei den Autoren zweiten Ranges (das heißt bei denen, die keine großen Persönlichkeiten sind), in den letzten Jahren außerordentlich gehoben hat. Es wird in Deutschland eine Gebrauchsgraphik im Roman hergestellt, wenn man mir das Wort verzeiht, die aller Achtung wert ist. Dieser Autor, Fred Andreas, hat zu allem andern einen so glänzenden Stil, weiß alles so hinzusetzen, was er sagen will, mit einem nachlässigen, aber nur um so virtuoseren Pinselstrich, einer wehmütigen, männlich zusammengehaltenen, ehrlichen und gütigen Ironie, die zwar in Deutschland bei den großen Sprachmeistern, Thomas Mann vor allem, schon dagewesen ist, die man aber bei einem Millionenautor nicht ohne weiteres voraussetzen möchte, wie solche Millionenautoren im allgemeinen, wenn auch ohne jeglichen Grund, nicht von der Kritik ernst genommen werden. Ich finde es im Gegenteil sowohl von der literarkritischen als der soziologischen Seite sehr wichtig, sich mit solchen Massenerscheinungen wie »Dr. Mabuse« oder »Sache mit Schorrsiegel« aufs intensivste abzugeben. Denn sie werden in gleicher Weise das Wesen des heute schreibenden wie das des heute lesenden Menschen beleuchten. Was unsern Autor besonders auszeichnet, ist ferner ein angeborenes Fingerspitzengefühl für das Ausgewogensein der Massen. Er stellt in seinem Werke zwei Generationen einander gegenüber, es ist also in gewissem Sinne ein Massenproblem, und man muß es dem Autor lassen, er hat es, wenn auch unter Begünstigung der älteren Generation gegenüber der jüngeren, in seiner Art gut gelöst.

Es handelt sich um Väter und Söhne. »Der Vater von jemand zu sein, ist überhaupt kein Verwandtschaftsgrad«, sagte der eine Vater – zu seinem Sohn? Nein, zu seinem Freund. Hier ist eine Stütze der ganzen Konstruktion und keine schlechte. Der Vater und der Sohn haben sich nichts zu sagen, es kommt nur zu ergebnislosen Wortkämpfen, zu beleidigenden Auseinandersetzungen, aber es gibt keine »faktische und praktische« Brücke zwischen ihnen als die eine, daß der Sohn eben mit seinen Erfahrungen älter wird und hierdurch in den Bereich des besseren Verstehens, der milderen Einsicht hineinwächst –, aber die wahre Verbundenheit ist die zwischen den beiden Vätern, beide Male Väter von einzigen Söhnen, was für die asoziale Art dieser merkwürdigen, unerotischen und von liebenden Frauen lau beleckten, blassen, rücksichtslosen und doch haltlosen, gefühlsfeindlichen und doch knieweichen jüngeren Generation charakteristischer ist, als der Autor vielleicht (bewußt) hingezeichnet hat. Daß er es (unbewußt) doch folgerichtig gestaltet – ist schon ein Zeichen angeborener und nicht angelernter Erzählerbegabung und Kraft zur Menschenzeugung »schwarz auf weiß«. Aber eben nur »schwarz auf weiß«, und nicht »Fleisch und Blut«. Hier liegt das Problem, hier ist der Grenzstrich zwischen einem außerordentlich gelungenen Unterhaltungswerk und einem vielleicht problematischen, unerfreulichen, soziologisch sterilen Erzeugnis eines innerlich und äußerlich widerspruchsvollen Dichters. Diese Figuren bei Fred Andreas gehen, sprechen, leben, sterben, aber sie tun das im Sinne des Autors, Automaten der Komposition. Sie fallen nicht aus der Art, halten nur, was sie versprochen haben, dies aber mit großer Redlichkeit. Verlogen ist keine Zeile an diesem Buch, dennoch ist ebensowenig eine Figur im Innersten wahr. Nicht, daß sie schematisch konstruiert wäre, daran liegt es nicht – und doch, das Gefühl von unbezwingbarer

Wahrheit, von Nichtentrinnenkönnen, von letztem Hingeben und Hinnehmen hat man bei keinem der Menschen hier. Am wenigsten bei den Frauen. Der Autor sollte nie Erotisches versuchen, nie Vitales, nie Elementares. Es gibt da interessante Gegenbeispiele, so Thomas Manns »Herr und Hund«, ein Werk, scheinbar aus purer Langeweile als Nebenarbeit unternommen, im Beginn ganz im Persönlichen befangen, eben der Herr Dr. Thomas Mann, der, weil er nichts Besseres vorhat, von München, dem Isargelände und seinem bastardartigen, häßlichen Hund Bauschan erzählt. Aber mag der echte Dichter auch das Privateste, im engsten Sinn der Welt nicht Angehende anpacken, der Dichter schießt sofort aus seiner Höhle, vereint sich mit dem Stoff, ein paar Handgriffe, mehr im Spiel oder durch Magie als methodisch vollführt – und schon steht etwas da, wie die homerische Szene, wo der von Bauschan gehetzte Hase sich in den Schoß des Schreibers flüchtet, nicht ein Feuilleton, nicht ein Momentphoto aktueller Art, ein Bild für die illustrierte Zeitung, sondern die Urbegegnung zwischen Tier und Mensch.

(1929)

Joseph Conrad, »Freya von den sieben Inseln«

Ein Buch von zauberhafter Schönheit der Meere, von tiefster Weisheit der Seele. Die Geschichte zweier liebender, also zweier einander zustrebender, einander aber niemals ganz umfassender Existenzen. Das männliche, »eigensinnige« Mädchen in seiner unberührbar strahlenden Schönheit, in seinem blonden Jugendglanz, seiner gesunden Lebensfülle, Freya, die scheinbar Unvergängliche ist die einzige Tochter eines alten Schiffsreeders auf Sumatra. Ihr Geliebter (trotz aller Liebe oder eben deswegen ihr der fremdeste Mensch auf Gottes weiter Erde) ist Jasper, Kapitän auf seiner himmlisch schönen Brigg Flora. Jasper hat das echte, das heißt das unbeherrschte Gefühl. Er hat alle Gnade und jeden Fluch, wie diese über den Häuptern aller wahrhaft liebenden, das heißt: aller gegen die Natur des unteilbaren Individuums frevelnden Menschen schweben, solange der Bau der Erde steht. Er wirft alles auf den Augenblick, er bezahlt ihn. Ein Mensch, eine einzige geliebte Seele ist ihm die Welt. Da die Welt begrenzt ist, muß er versagen, wenn nicht beim ersten, so doch beim letztenmal.
Mit einer noblen, scheinbar nachlässigen Meisterschaft, immer aus der Perspektive eines ironisch beobachtenden Zuschauers heraus, schildert der grandiose Seelen- und Menschenschauer Conrad eine Begegnung zwischen Freya und Jasper: »Ich erinnere mich, wie ich eines Tages mit Freya auf der Veranda stand und die Brigg beobachtete, die sich von Norden her der Landspitze näherte. Was tut Jasper? Anstatt noch eine Meile oder anderthalb weiter Kurs durchzuhalten an den Sandbänken vorbei, um nach dem Ankergrund zu gelangen, legt er plötzlich hart Ruder und läßt die Brigg durch eine Lücke, die er zwischen zwei ekelhaften spitzen Felsen erspäht hatte, hinschießen, so daß ihre Segel dabei loskamen und derartig klatschten und knallten, daß wir den Lärm bis auf die Veranda hören konnten. Ich hielt den Atem an, weiß Gott, und Freya fluchte...« Jasper ist ja auch eher ein Achill als ein Odysseus; ein unzeitgemäßer Typ, zu stark, zu kraftstrotzend und zu gut, um glücklich werden zu können in einer Zeit, die das bittere Scherzwort ersann: »Die Frauen lieben uns um unserer Fehler willen. Hätten wir genug Fehler, so würden sie uns alles verzeihen, selbst unser Genie.« Nicht, daß hier das »Lieben« gegen das »Nichtgeliebtwerden« stünde. Dann wäre vielleicht Conrad ein Mann der

hunderttausend verkauften Auflagen, nicht aber ein selten gewürdigter Großmeister der Kunst. Nein, Jasper liebt und wird geliebt, aber jeder tut dies in seiner Art, der Mann überschwänglich, produktiv, unbesonnen, töricht, mit blutumdunkelten Blick, die Frau klar, besonnen, ihrer selbst stets und überall sicher und – wenn sie nicht anders kann, tobt sie die kühle Fülle ihres blonden Herzens auf den schwarzweißen Tasten eines Klaviers aus, das auf romantische Weise in den im übrigen ganz unromantischen Bungalow gekommen ist, der auf Pfählen mitten in menschenleerer Einsamkeit steht, so daß diese gespenstischen Töne, Tonleitern zumeist oder düsteres Gepränge, nicht anders als exotisches Insulanergetön die stille Luft der Südseeinsel weithin erschüttern. Freya, die Frau, will irdische Sicherheit, bürgerliche Befriedigung, vielleicht eine wohlbehütete Brutstätte für die zu erwartenden Kinder – er will: das Unerreichbare. Sie ist für ihn »einfach herrlich«. »Und natürlich liebte sie ihn und vertraute ihm, aber auf ihren Stolz fiel ein Schatten von Sorge...« Sorge? Stolz? Eine Penthesilea ist es nicht; kein großes, gewaltig glühendes Herz! Sie stellt Bedingungen, erfüllbare Bedingungen, gewiß, aber daß sie solche stellt, macht diese Liebe zu einem tragischen Verhängnis für beide. Der Mann, der an die Ewigkeit des Augenblicks hingegeben ist, beginnt Tage und Wochen zu zählen, elf Monate, innerhalb derer er drei Fahrten auf seiner schönen alten Jacht zu bewältigen hat – aber er könnte ebensogut dreihundertdreiunddreißig Fahrten planen. Statt auf sieben Inseln könnte er in einem Labyrinth von siebentausend Inseln umherirren – denn nicht die äußeren Hindernisse werden es sein, welche diese Menschen auf immer scheiden, sowenig wie es äußere Schönheit, sinnlich unmittelbarer Reiz ist, was sie, trotz allem untrennbar, also wahrhaft tragisch verbindet.

Es sind in dieser einfachen, schmucklosen, aber mit jedem Worte unvergeßlich sich einprägenden Erzählung »Freya von den sieben Inseln« zwei Erzählungen übereinander geschrieben, eine für den Unterhaltungsleser, der solch eine »Novelle« in einem Magazin auf der Veranda einer Villa Londons verdauen möchte, und eine zweite Erzählung steht da, eine Legende vielmehr, welche statt der nüchternen Worte und Tatsachen geheimnisvolle Symbole enthält – nicht Symbole von allegorischer Art, nicht dekorative Hirngespinste, sondern starke, fast giftige Extrakte des Daseins, Wesenheiten, abgekürzte Formeln für lange Prozesse, ein Tag, ja nur *ein* entscheidender Augenblick für ein ganzes vergeudetes Leben!

Es gibt Erzählungen von Stifter, die ähnlich gewirkt sind, unter den Lebenden hat nur noch der alte Zauberer Knut Hamsun die Gabe dieser sonst fast vergessenen, unerlernbaren Kunst. Es gibt ein Anzeichen für diese hohe Art der Kunst, und dies ist der mühelose Übergang von Dingen auf dieser Erde zu den Dingen über dieser Erde. Man lese daraufhin folgende Stelle: »Wenn meine Ankerlaterne das nächstemal dort unten schimmert, werde ich auf dem Achterdeck stehen und darauf warten, daß sie kommt und sagt: ›Da bin ich‹, dachte Jasper, und das Herz schien ihm die Brust sprengen zu wollen im Übermaß eines Glückes, das so bedrückend war, daß es ihm fast einen Schrei erpreßte. Es war windstill. Kein Blatt rührte sich unter ihm, und selbst das Meer war nur ein stiller klagloser Schatten. In weiter Ferne, am wolkenlosen Himmel spielten zwischen den niedrigen Sternen bleiche Blitze, das Wetterleuchten der Tropen, kurze, schwache, geheimnisvoll aufeinanderfolgende Blitze, wie unverständliche Signale von einem fernen Planeten.« So innig schlägt hier wie in keiner bekannten Geschichten das Aroma der südlichen See mit dem eigentümlichen Seelendufte zusammen, der den Menschen unverlierbar, unbekämpfbar, unrettbar im höchsten wie im tiefsten Sinne anhaftet.

Die herrliche Brigg, die künftige Heimat der Liebenden, gerät durch die Niedertracht eines Dritten, des Holländers Heemskirk, auf ein Riff. Heemskirk, eifersüchtig, ist Regierungsbeamter und läßt das arme schöne Schiff in seiner hämischen Infamie »von Amts wegen wegen Waffenschmuggelverdacht« auf einem Riff auflaufen. Aber das ist nur das äußere Geschehen, die Novelle für die Leser des »Magazin«. Der eigentliche Schlüssel zu dieser wundervollen einmaligen Legende liegt anderswo. Es ist am erschütternden Schluß dieses Kunstwerkes zu erkennen. Die Brigg ist rettungslos verloren, der Kapitän ist in der tropischen Hafenstadt erkrankt, erschlafft, entmännlicht. Die Schwungfedern sind dem Idealisten gebrochen. Der Liebende ist verzweifelt, mit der unbegreifbaren Welt entzweit. Der Flammende versinkt im Sumpf. Aber sie, Freya, die »realistische«, eigensinnige, die Frau mit den Bedingungen, die erdennahe mit den breiten Händen? Sie bricht um so viel tiefer zusammen, als sie sich nie hoch erhoben hat. Ihre Rechnung war nur mit Menschen gemacht, weder mit Gott noch mit dem Teufel. Aber auch diese Gleichung ersten Grades ward nicht aufgelöst. Jetzt, wo die Zufälle wegfallen, ausfallen, wo ein »wahrer Mensch« aus der Fülle seiner Seele, aus der Gnade seines Daseins aufstehen und neben den zusammengebrochenen Mann sich stellen müßte, erweist sich bei Freya eine viel hoffnungslosere Impotenz, eine viel kläglichere Lebensunfähigkeit. Sie kann sich nicht wie er über die Materie erheben, kann nicht dem Unerreichbaren seinen Tribut zollen wollen und nicht zollen können, wie er es getan hat und wie jeder Liebende es tut. Sie erbleicht an der Anämie des Schicksals, sie will sich nur die Materie unterwerfen und vermag nicht einmal dies. Dies alles ist kaum in Worten ausgedrückt in Conrads Erzählung. Es sind nur Punkte, Chiffren, geheimnisvolle Zeichen von fernen Planeten, aber nicht unverständliche, denn sie stammen von der Hand eines begnadeten Meisters.

Auf die herrliche Ausstattung dieses Buches, das wohl das schönste Buch des Jahres 1929 darstellt, sei diesmal besonders hingewiesen.

(1929)

Der Krieg in der Literatur

I

Ludwig Renns Buch »Krieg« ist ein erschütterndes Buch und doch kein herzbewegendes. Eine ungeheuere Schilderung von Tatsachen. Gesehen aus einer so unmittelbaren Nähe, wie sie wohl nur das »wirkliche« Leben geben kann. Ohne Kunst geschrieben. Oft nur dilettantisch Tag an Tag gereiht. Und doch hat sich der Autor bemüht, seinem unermeßlichen, übermenschlich gewaltigen Stoff bewußt eine entsprechende Form zu geben, ihn zu »fassen«. Er schreibt an einer Stelle: »An den Schriftstellern fiel mir oft auf, wie willkürlich sie die Worte setzten, obwohl es doch eine klare Notwendigkeit gab, wie man die Worte setzen muß, daß nämlich die Worte immer in der Reihenfolge stehen, wie sie der Leser erleben soll. Um mir über das Wichtigste klar zu werden, stellte ich mir stets das wichtigste Bild mit allen Einzelheiten vor, mit Beleuchtung, jedem Geräusch und jeder seelische Regung. Dann schrieb ich erst und ließ alles weg, was nicht unbedingt notwendig war. Aber dieses Schema nützte für die Darstellung der wichtigsten Dinge gar nichts. Dafür fehlten mir stets die Worte.« Deutlicher, prägnanter kann kein Autor seinen Willen zur Sache, sein Streben nach Wahrheit, nach vollkommener Überzeugungskraft auseinandersetzen. Aber ebenso deutlich wird es ihm und auch uns, die wir die vierhundert Seiten seines Buches atemlos durchflogen haben, daß »ihm der Gott nicht gegeben hat zu sagen, was er leidet«. Dann werden es vielleicht bloß Tatsachen sein, was er gegeben hat, nur Rohmaterial für die Kulturgeschichte jener apokalyptischen Jahre 1914-1918? Nein. Dieses Buch ist mehr. Es ist möglicherweise eine neue Gattung deutscher Literatur, in der Mitte zwischen Kunst und Reportage. Der Reporter ist der Zeitungsleser, der gleichzeitig Zeitungsschreiber ist. Er sieht die Welt aus der Perspektive des Alltagsmenschen, kann sie aber kraft der Wirkung des Selbstverständlichen, weil historisch Dagewesenen, andern überzeugend vor Augen führen, evident machen. Die Dinge sind dagewesen, aber sie sind damit nicht erledigt, sondern sie bleiben wegen ihrer besonderen Eigenart merkwürdig, aber merkwürdig nicht im Sinne der Kunst, das heißt mit einem Anspruch auf innere Dauer, sondern merkwürdig im Sinne der Aktualität, im Sinne des unentrinnbaren, aber auch nie auf ewig festzuhaltenden Augenblicks. Mit diesem Zirkel, dem »unentrinnbaren, aber auch nie auf ewig festzuhaltenden Augenblick« ist aber dieses Werk Ludwig Renns nicht vollständig zu umschreiben. Ist es das erste Buch der Masse? Kein Individuum wird in diesen vierhundert Seiten sichtbar, auch kein Typus. Der »brave Soldat Schwejk« ist ein Typus. Der Schreiber dieses Buches, sein Held, seine Hauptperson, sein unsichtbarer Mittelpunkt – das ist kein Typus. Die Lektüre dieses Buches gibt das schauerlichste Gefühl von Leere. Gottverlassenheit. Menschenverlassenheit. Der Autor ist gestaltlos. Wir wissen nicht, was er liebt, was ihn treibt, was ihn zurückstößt. Er nennt sich und bleibt im tiefsten Sinn anonym. Alles interessiert ihn, alles läßt ihn kalt. Er sieht. Er beschreibt. Ein Kämpfer, guter Soldat, braver Soldat. Wogegen kämpft er? Kein Wort des Hasses gegen irgendeinen Feind. Also kämpft er nicht, dieser bravste Soldat, sondern er zerstört nur, wenn er als Maschinengewehrschütze sein gut durchkonstruiertes Gewehr bedient. Oder bedient die Waffe ihn? Unlösbare Frage. So wie der Krieg hier geschildert wird, hat er jeden Sinn verloren. Keine auch nur entfernte Ähnlichkeit mit den Kämpfen der Helden vor Troja, der Nationen bei den Termopylen, der Genies und Systeme in den napoleonischen, den mitteleuropäischen Kriegen des neunzehnten Jahrhunderts. Er erinnert nur – dies aber mit der erschütterndsten Intensität – an das methodische, lebhafte, sachliche und konsequente Treiben verbrecherischer Kinder und gewisser Idioten. Keine ethische Wertung. Keine künstlerische Verklärung, Festigung, Heiligung zur Gültigkeit auch des Abstoßendsten. Der Autor scheint sich klar darüber zu sein (er sagt es an vielen Stellen), daß nur photographische Bilder, Erinnerungsprotokolle aus ihm kommen und nicht mehr, freilich auch nicht weniger: »Ich sah das alles und sah es nicht.« Oder: »Da hatte ich neben dem Einjährigen fast zwei Stunden gesessen, und wir hatten nichts gefunden, das sprechenswert wäre. Ich stand auf und ging ein Stück nach rechts. Dort stand ich eine Weile. Aber was sollte das? Ich ging zurück und setzte mich wieder. Wenn man nur etwas Richtiges zu denken hätte?« Wie erschütternd ist dieses stille Wort eines unter dem Schutt einer zusammenstürzenden Zeit rettungslos Begrabenen: »Wenn man nur etwas Richtiges zu denken hätte!« Alle Irrwege der Nachkriegszeit bis zu den Fememorden sind in diesem »anonymen« Ausspruch eines Mannes aus der Masse eingeschlossen. Es gibt nicht nur eine Einsamkeit des Iso-

lierten, sondern auch eine des in der Masse Erdrückten. Die Masse denkt eben nicht. Und dieses Werk ist die tatsachentreue Schilderung einer kosmischen Massenkatastrophe. Es enthält deshalb trotz aller Fürchterlichkeit nicht den leisesten Schimmer von Tragik. Es enthält deshalb auch nicht die zarteste Andeutung von Humor. Schwejk hat beides. Schwejk ist ein Mensch – und was für einer! Die ganze Nation in den einen schmutzig-diabolisch-phlegmatisch-genialen Kerl gebannt auf ewige Zeiten! Aber Renn ist dies alles nicht. Er ist kein Einzelwesen. Daher auch keine Ähnlichkeit mit dem Simplicius Simplizissimus, dem deutschen Schwejk des Dreißigjährigen Krieges, der so herrlich ergreifende, menschenhafte Züge eines »Schalksnarren wider Willen« trägt.
Aber grandios ist Renn. Und der Grandiosität dieser schweren, apathischen Schilderungen wird man sich nie entziehen können. Die Konsequenz der Durchführung ist bewundernswert, die Fülle des Erlebten, des Gesehenen ist fast zuviel für den Leser. Welche Szenen! Sie stehen da, und keine Gewalt der Erde reißt sie aus der Erinnerung. Und doch waren sie ergebnislos in ihrer Gegenwart. Der Held dieses Buches geht aus dem Krieg wie er in den Krieg gegangen ist, eine unbefleckte Jungfrau der Seele. Er hat DAS gesehen und kann doch weiterleben. Er steht vor dem enthüllten grausigen Abgrund der Welt, vor dem blutbefleckten Schoß des Schicksals von Menschen und Völkern, und was tut er: Er beschreibt und schweigt.
Vielleicht machen Bücher dieser Art Epoche. Ein Beispiel haben sie nicht in der Literatur. Dieses Buch spricht nicht gegen den Krieg. Es spricht gegen den Menschen. Deshalb geht man mit Entsetzen aus diesen vierhundert Seiten Prosa heraus. Man lese folgende Stelle, wahllos herausgerissen aus tausend, man vergleiche sie mit den Schilderungen eines Tolstoi, Stendhal, Zola, und man sieht die ungeheure Kluft. »Ich ging langsam weiter. An einer Stelle waren ein paar Drähte gespannt. Ich stieg vorsichtig durch und sah am Boden eine Hand liegen. Sie lag schwarz und wie aus Leder ausgestreckt am Boden. Kleine, tiefschwarze Käfer bewegten sich darauf. Ich beugte mich nieder: vielleicht kannte ich die Hand? Nein, sie war mir fremd. Vor meinem Unterstand traf ich den einen Gewehrführer von Schatz. Er schien mich zu erwarten.
›Kannst du uns nicht die Lage hier mal sagen? Schatz sagt uns nichts. Und wem unterstehen wir hier eigentlich?‹
›Wenn es darauf ankommt, mir…‹«

Wer ist dieses ICH? Hat es sich gewandelt? Und wenn es sich nicht gewandelt hat, hat es gelebt?

II

Ein Buch ganz anderer Art ist *Erich Maria Remarques* Werk: »Im Westen nichts Neues«. Das Werk eines ganz Jungen, Glückhaften, Lebensbegabten. In diesem herrlichen Buche sind nur zwei Stellen unglaubwürdig. Die eine ist der Vorspruch: »Dieses Buch soll weder eine Anklage noch ein Bekenntnis sein. Es soll nur den Versuch machen, über eine Generation zu berichten, die vom Krieg zerstört wurde – auch wenn sie seinen Granaten entkam.« Die zweite Stelle ist der Schluß: »Er fiel im Oktober 1918, an einem Tage, der so ruhig und still war an der ganzen Front, daß der Heeresbericht sich nur auf den Satz beschränkte, im Westen sei nichts Neues zu melden. Er war vornübergesunken und lag wie schlafend an der Erde. Als man ihn umdrehte, sah man, daß er sich nicht lange gequält haben konnte; – sein Gesicht hatte einen so gefaßten Ausdruck, als wäre er beinahe zufrieden damit, daß es so gekommen war.«
An den Untergang einer Generation glaube ich nicht, die Künstler wie diesen Remarque hervorbringt, noch auch glaube ich an den Untergang des Autors dieses autobiographischen Werkes. Wer die Kraft zu diesen Schilderungen hat, wer so »gefaßt« ist, daß er über das Unsagbare noch berichten kann, einer, der jenseits des Todesstroms gewesen ist und dennoch wiederkehrt und kündet, der hat eine Probe von Kraft, von innerer Bewährung abgelegt, die unverkennbar ist. Nicht ohne Grund fühlt sich jeder, auch wer nicht dies alles »vorn in der ersten Linie« erlebt hat, in dieses Geschehen miteinbezogen, es ist das Fürchterlichste ertragbar nur deshalb, weil man fühlt: die menschliche Einzelexistenz ist nicht immer ganz vergeblich. Dieser junge Kriegsfreiwillige ist nie ganz allein. Zwar hat er niemand hinter sich. Er ist selbst ein Werdender. Ein unbeschriebenes Blatt, das die Weltgeschichte mit brennendem, grausamem Griffel eher durchreißt als beschreibt. Aber er *findet* sich im Weltuntergang, er kann sprechen, er hat Kameraden, er empfindet menschlich. Er ist nicht so grandios wie Renn, aber wir folgen ihm, vielleicht weil er es leichter hat bei aller Schwere, weil ein zarter Zauber um seinen Aufgang und seinen Niedergang und Wiederaufgang gewebt ist. Es gibt in diesem Werke neben den einfach

klassischen und durchaus unerreichbaren Schlachtenschilderungen kleine menschliche Züge, die unmittelbar ergreifen, die so wahr sind bei aller Nichtigkeit – wie eine Blüte, wie eine Wolke, ein sinkender Abendhauch. Wenn die Kameraden sich aus dem Schlachtengrauen auf eine Nacht zu schönen Französinnen retten und nachher bloßfüßig zurückwandern: »Wir verabschieden uns herzlich und schlüpfen in unsere Stiefel. Die Nachtluft kühlt unsere heißen Körper. Groß ragen die Pappeln in das Dunkel und rauschen. Der Mond steht am Himmel und im Wasser des Kanals. Wir laufen nicht, wir gehen nebeneinander mit langen Schritten. Leer sagt: ›Das war ein Kommißbrot wert!‹«

Das ist auch Humor aus der Welt Schwejks.

Das Düstere überwiegt in dem Buch. Es fehlt nicht an Szenen, die ebenso schauerlich sind wie die in Renns grandiosem Buch. Aber man versteht sie, man ist nicht wie »erschlagen« von ihnen. Eine von diesen Szenen schildert einen Tobsuchtsanfall eines Rekruten im Trommelfeuer. Er beginnt zu toben: »Laßt mich los, laßt mich raus, ich will hier raus!« Auch hier das ergreifende Stammeln einer zerdrückten Kreatur. Aber man kommt ihm nach. Nicht daß man sentimental wird. Auch der Autor wird es nicht. Er antwortet, er handelt, er greift ein. »Der Rekrut hört auf nichts und schlägt um sich, der Mund ist naß und sprüht Worte, halbverschluckte, sinnlose Worte. Es ist ein Anfall von Unterstandsangst, er hat das Gefühl, hier zu ersticken und kennt nur den einen Trieb, herauszugelangen. Wenn man ihn laufen ließe, würde er ohne Deckung irgendwohin rennen. Er ist nicht der erste. Da er sehr wild ist und die Augen sich schon verdrehen, hilft es nichts, wir müssen ihn verprügeln, damit er vernünftig wird. Wir tun es schnell und erbarmungslos und erreichen, daß er vorläufig wieder ruhig sitzt. Die andern sind bleich bei der Geschichte geworden; hoffentlich schreckt es sie ab...« Wer verkennt hier den Ton männlicher Güte, positiver, nie verzweifelnder Menschenkraft, die sich dem Unerbittlichen entgegenstellt, nicht bittend, da es sich ja nicht erbitten läßt, sondern wirkend, tätig, der Sache gerecht und das möglichste versuchend, bevor er untergeht. »Der Rekrut von vorhin tobt wieder, und zwei andere schließen sich an. Einer reißt aus und läuft weg. Wir haben Mühe mit den beiden andern. Ich stürze hinter dem Flüchtenden her und überlege, ob ich ihm in die Beine schießen soll. Da pfeift es heran, ich werfe mich hin, und als ich aufstehe, ist die Grabenwand mit heißen Splittern, Fleischfetzen und Uni-

formlappen bepflastert. Ich klettere zurück. Der erste scheint wirklich verrückt geworden zu sein, er rennt mit dem Kopf wie ein Bock gegen die Wand, wenn man ihn losläßt. Wir werden nachts versuchen müssen, ihn nach hinten zu bringen. Vorläufig binden wir ihn so fest, daß man ihn beim Angriff sofort wieder losmachen kann. Kat schlägt vor, Karten zu spielen – was soll man tun, vielleicht ist es leichter dann...«
Hier ist das Geheimnis der ungeheuren Wirkung dieses Buches: dieselben unerhörten Ereignisse wie bei Renn, aber menschlich nahegebracht. Hier ist einer, der wirklich gefaßt ist, der nach solchen Höllenerlebnissen Karten zur Hand nehmen kann und spielen kann. Wenn er zum Schluß des Kapitels sagt: »So pressen wir die Lippen aufeinander – es wird vorübergehen – es wird vorübergehen – vielleicht kommen wir durch«, so sind wir mit dem ganzen Herzen bei solchen Männern, denen das Schicksal nicht Zeit gelassen hat, Jünglinge zu sein. Aber es bleibt immer ihr Trost, es ist nicht der Einzelne, den das Schicksal zum Schauplatz des Untergangstheaters ausersehen hat. Jeder leidet mehr als ein Hiob gelitten hat, jeder leidet tiefer als Hiob, weil keiner einen Sinn darin zu erkennen vermag – darin sind Remarque und Renn gleich.
Aber die Menschen von 1918 leiden nebeneinander. Es ist die andere Seite, die tröstlichere, des Massenerlebnisses, und wenn die Soldaten im Massengrabe ohne Uniform aufeinander gelagert werden, so haben sie wenigstens im vorangegangenen Leben alles miteinander geteilt, Gefahr ebenso wie eine geklaute gute Zigarre aus dem Proviantdepot oder eine fette Gans, deren Fang sehr humorvoll und doch nicht ohne Blutdurst geschildert wird. Die Unterschiede zwischen Jagd auf Tiere und Jagd auf Menschen verwischen sich eben, man ist den Menschen nahe, sticht aber doch, weil es eben sein muß, einem in den gleichen Grabentrichter flüchtenden mageren Franzosen das Bajonett in die Kehle und liegt dann neben ihm durch Stunden bis er stirbt: ohne Haß, aber ebensowenig sentimentalen Gefühlen hingegeben.
Remarque ist ein nicht ebenso brauchbarer Soldat wie Renn, aber immer ein ganzer Mann in jedem Augenblick des Lebens, in jeder Situation. Eben ein Mensch, der das Glück hat, noch in der großen Gemeinschaft aufgehen zu können, sich hunderttausenden Lesern in allen Sprachen verständlich zu machen, so wie er sich im Schützengraben seiner Kameradschaft hat verständlich machen können; der große Kamerad oder, wie das Jugendbuch heißt, »Der gute Ka-

merad«. »Es ist eine große Brüderschaft«, sagt er, »die einen Schimmer vom Kameradentum der Volkslieder, dem Solidaritätsgefühl von Sträflingen und dem verzweifelten Beieinanderstehen von zum Tode Verurteilten seltsam vereinigt zu einer Stufe von Leben, das mitten in Gefahr, aus der Anspannung und Verlassenheit des Todes, sich abhebt und zu einem flüchtigen Mitnehmen der gewonnenen Stunden wird, auf gänzlich unpathetische Weise.« Dieser Mensch ist auch nicht in der Leere des »Nichts-Rechtes-denken-Können« eingeschlossen wie Renn. Er denkt. Er denkt zwar nur von einem Tag zum andern. Aber sein Leben dauert auch nur von einem Tag zum andern, und anderes gibt es nicht. »Es ist darin enthalten, wenn Tjaden (einer der Kameraden) bei einem gemeldeten feindlichen Angriff in rasender Hast seine Erbsensuppe mit Speck auslöffelt, weil er ja nicht weiß, ob er in einer Stunde noch lebt. Wir haben lange darüber diskutiert, ob es richtig sei oder nicht. Kat (ein anderer Kamerad) verwirft es, weil er sagt, man müsse mit einem Bauchschusse rechnen, der bei vollem Magen gefährlicher sei als bei leerem...« Hier ist Tragikomik, das Zweifeln des armen Schwejks, Schalksnarren wider Willen, ob er das zeitliche Heil der Erbsensuppe mit Speck oder das ewige des besser heilenden Bauchschusses vorziehen solle. So hat der Heroismus – wie er als positives Ergebnis, als herrlicher Pessimismus am Ende dieses Werkes stehen müßte, weil er organisch aus diesem Mann und diesen Taten hervorgeht – etwas bei aller Furchtbarkeit leise Humoristisches. Die Schrecknisse der Welt sind dazu da, von dem »gefaßten« Mann unter sich getreten zu werden. Man kann sich gut vorstellen, daß der Mann, der die folgenden Worte spricht, dabei lacht oder lächelt, aber er wird nicht aufgeschrien haben, wird nicht verbissen wie Renn in sich hineingebrütet haben: »Ruhr, Grippe, Typhus – Würgen, Verbrennen, Tod. Graben, Lazarett, Massengrab – mehr Möglichkeiten gibt es nicht.«
Wer sich so mit dem Dämonischen, dem Unterirdischen, dem Höllischen der Welt abfindet, der hat fröhliche Wissenschaft in sich. Sein Werk wird mit diesem Buche nicht zu Ende sein. Er wird die polare Einsamkeit der frosterstarrten Menschenseele nicht zu fühlen bekommen, nicht nächtelang auf den Telephonanruf der apathischen Geliebten, die ihn nicht liebt, lauern müssen, er wird sich verschenken, weil er will, nicht aber sich vergeuden, weil er muß, er wird sich nicht fragen, welche Lücke der doch grenzenlosen und uferlosen Welt er mit »seinem Lehm« auszufüllen habe wie

weiland Cäsar. Die tiefe unauflösbare Trauer, die auf dem Grunde
großer Seelen liegt, tristezza cosi perenne, wird auf dem Boden
dieser Seele nicht liegen; nicht weil diese Seele nicht groß genug
wäre, sondern weil sie gefaßt ist, weil sie männlich ist zu ihrem
Glück und zu unserem.

(1929)

Ein Buch der Selbstzergliederung

Italo Svevo, »Zeno Cosini«

Der Rheinverlag in Basel, dem wir die deutsche Ausgabe von Joyces »Ulysses« verdanken, bringt eben einen großen, außerordentlich interessanten Roman eines jung verstorbenen Italieners – oder besser gesagt, italienisch schreibenden Altösterreichers, Italo Svevo, der als reicher, hochintelligenter Kaufmann in Triest gelebt hat und dessen Hauptwerk eben dieses Buch von annähernd siebenhundert Seiten darstellt. Ein Roman? Vielleicht ja, vielleicht nein. Der Umfang des Begriffes »Roman« ist ja so weit, daß sich alles mögliche darunter einreihen läßt, weshalb auch nicht diese erschütternde Beichte eines Verlorenen, dieser stenographisch getreu aufgezeichnete Lebenslauf eines »inneren Menschen«? Es gibt in der internationalen Literatur einige wenige Werke von solcher schmuckloser Echtheit, bei denen in jedem Wort das rohe Material des Daseins zu erkennen ist – eben deshalb erschütternd in einer Weise, die sonst nur den höchsten Kunstwerken zu eigen ist.
Ich denke an das Werk des ebenfalls jung verstorbenen Norwegers Hans Jäger, »Kranke Liebe«, das vor einigen Jahren durch den Verlag Kiepenheuer der deutschen Öffentlichkeit nahegebracht worden ist. Seitdem hat man dieses zwar außerordentlich quälende, aber auch außerordentlich wahre Buch, das mit dem Herzblut eines armen Mannes in leidenfüllten schlaflosen Nächten geschrieben sein muß, seitdem hat man dieses fast singuläre Werk so völlig vergessen, daß bei einer kürzlich unternommenen Rundfrage nach zu Unrecht vergessenen Büchern und Dichtern dieser große, reiche, kranke Hans Jäger nicht ein einziges Mal genannt worden ist.
Solch ein Dokument einer »kranken Liebe« ist auch dieses Werk von Italo Svevo. Ein zerquältes, zermartertes Menschenantlitz; sein eigenster Feind im Spiegel gesehen; eine Vivisektion am eigenen Leibe, von einer Unbarmherzigkeit gegen sich selbst getrieben, wie sie nur ein großer Mensch mit noch größeren Ansprüchen an sich selbst zustande bringt. Was man so »Psychoanalyse« nennt, hat diesem Buch die Form gegeben. Mehr als das: die seelischgeistige Voraussetzung dieser krankhaften Selbstzerfleischung, wie sie zum Wesen der Hysterie zu gehören scheint, ist eben das

dauernde, bewußt oder unbewußt vergebliche Bestreben, besser zu werden, reiner zu sein als man ist, sich zu verändern, unaufhörlich den Staub von seinen Füßen zu schütteln, und eben dieser »gesammelte Staub« von den Füßen oder wenn man will, die minutiöse chemische Untersuchung der eigenen seelisch-geistig-moralischen Exkremente ist es, was den Inhalt dieses Werkes ebenso wie den Inhalt des Buches von Hans Jäger ausmacht. Nichts ist einem solchen unseligen Helden und Feigling, Mörder und Ermordeten in einer Person, nichts ist ihm selbstverständlicher als der ewig wechselnde, aber in seinem Endeffekt leider unabwendbare Kampf eines Ich gegen das andere, alles gemessen an tausenden von Proben, die nur dazu da sind, nicht bestanden zu werden. Die Anforderungen an sich selbst werden immer höher, je mehr das Ich versagt. Ein Ich schiebt die Schuld den andern in die Schuhe, die Abrechnungen, Bilanzen nehmen kein Ende, dauernd wird das eine Ich dem andern zur Begutachtung vorgelegt, und es kann doch nur eine Beschlechtachtung daraus resultieren. Der Augenblick an sich, das Gefühl, solange es noch im Herzblut dumpf raunend schwelgt und bebt – das alles ist nichts. Erst wenn alles den Prozeßgang einer ewig verurteilenden, aber nie freisprechenden Verantwortung passiert hat, wird es dem angeklagten Kläger interessant.

Ein psychologischer Vorgang von rührender Naivität, der so bestrickend ist in seiner Kindlichkeit, daß man auch seinen ewigen Wiederholungen gespannt folgt – denn schließlich ist es doch ein lebendes Herz, das hier geschlagen hat, die Furcht vor dem verantwortungslosen, stumm blühenden und dumm werdenden Leben ist echt. Man kommt zu der überraschenden Formulierung, daß die geistige Verirrung der Hysterie, die man früher als das Privileg des Weibes und mit unauslöschlicher Lüge behaftet ansah, nun im Lichte der neueren, durch Freud inaugurierten Psychologie als besondere Domäne des Mannes sich darstellt und sich durchaus nicht als Lüge, sondern als Wahrheitsdrang von so ungeheurer Intensität präsentiert, daß der von diesem Wahrheits- und Entlastungsdrange beseelte Mensch die Wahrheit in sein eigenes Inneres oder wie hier in ein siebenhundert Seiten starkes Romanbekenntnis hineinflüstert, um nur ja keine Geheimnisse vor sich zu haben. Es läßt sich leicht ermessen, daß Individuen dieser Art, weit davon entfernt, Kunstwerke schaffen zu können (auch dieses Buch ist keines), überhaupt kaum einen Weg zum Nebenmenschen finden können. Wozu brauchen sie einen andern, da sie die wichtigsten Funktio-

nen des Nebenmenschen, die des Arztes, des Lehrers und des Richters, ebenso in ihrer eigenen Person vereinigt haben wie die des Patienten, des Schülers und des Angeklagten?
Verbindet sich eine solche Grundeinstellung und seelische Verfassung mit kristallisch vollendeter Sprache, mit starker Kraft zur Symbolbildung und Allegorie, wie dies der Fall war bei dem verstorbenen Franz Kafka, dann werden sich immerhin Kunstwerke von eigenartigem Reiz ergeben, denen dennoch eine Wirkung auf die Dauer versagt bleiben muß, denn lebende Menschen zu schaffen ist einem so auf sich selbst Versessenen nicht möglich, der eigentlich nur ein einziges Objekt seiner Porträtkunst kennt: sich. So ist auch in diesem Werk nur der Held interessant. Seine Gegenfiguren, der Freund, die Frau, die Geliebte, der Vater, alle bleiben Schemen, ohne eigenes Licht, sie hören auf zu existieren, sobald von ihnen nicht mehr die Rede ist, während der porträtierende Italo Svevo, identisch mit dem porträtierten Zeno Cosini (Freudsche Zahlensymbolik: beide Namen haben die Buchstabensumme 10), ein nachhaltendes Interesse bei verwandten Naturen (und wer wäre ganz frei von solchen Strömungen, Zeitkrankheiten?) wachrufen kann.
Der Stil des Buches ist von erstaunlicher Schärfe. Die Fülle des Erlebens, weil alles Selbsterleben ist und es keine Nichtigkeiten gibt, sondern nur tiefere Bedeutungen, die Fülle des innerlich Durchschrittenen und Durchlittenen ist erstaunlich. Naturschilderungen wird man nicht erwarten. Es sind diese 700 Seiten kaum anderes als tagebuchartige Berichte über das Ja- und Neinsagen, das in weitem und in engerem Kreise Irren und Sichfinden einer unglücklichen Menschenseele.
Im Vorwort, das ein Arzt signiert, der dies alles offen als psychoanalytische Beichte bezeichnet, stehen folgende Worte, deren bitterer Humor nur zu sehr das gequälte, in Frage gestellte Selbstgefühl des Autors verrät: »Ich bin der Arzt, der in den folgenden Blättern oft und in wenig schmeichelhaften Worten erwähnt wird. Jeder, der etwas von Psychoanalyse versteht, wird begreifen, woher die Antipathie kommt, die mir der schreibende Patient entgegenbringt.« Es ist eben das andere Ich, der immer nachfolgende, lauernde Schatten, der der Lichtquelle folgt; es ist der lebendige, der dem Toten über die Achsel sieht, den Toten um seine Ruhe beneidend und dennoch vor diesem Tode zurückschreckend. Selten ward diese Grundantithese klarer und schärfer, lebenswahrer und

zugleich wirklichkeitsferner formuliert als in »diesem Wirrwarr von Dichtung und Wahrheit«, wie es der Autor selbst nennt, uns mit diabolischer Geste auffordernd, die Analyse noch einmal zu analysieren...

(1929)

Ein neuer Romanschriftsteller

Ludwig Tügel, »Der Wiedergänger«

Ein mißlungenes, sich ewig im Kreise drehendes, von nur mäßiger Gestaltungskraft getragenes, sprachlich oft verkrampftes Buch: dennoch eines der wertvollsten der letzten Jahre und der junge Autor, ein bis jetzt der deutschen Literatur fremder Name, durchaus förderenswert, eine der wenigen Hoffnungen der jungen deutschen Romanepik. Es ist nur ein Versuch, was er uns hier zeigt, aber ein groß gewollter.
Erich Zamell, Seifenfabrikant in einem kleinen Orte namens Lammsdorf, ein nach »Erfüllung« faustisch strebender Mann – obwohl Seifenfabrikant, dennoch ehrlich nach Höherem strebend und nicht durch die niederen Geister des Wohllebens zu befriedigen –, dieser sehr problematische, aber in seiner aufgeregten Menschlichkeit dennoch ergreifende Bürger unserer Zeit hat eine »unberechenbare« Frau geheiratet. Sie kommt aus einer unbefriedigenden Ehe, und auch diese zweite Verbindung muß unbefriedigend bleiben. Unbefriedigend – nichts ist natürlicher, denn woher soll Frieden kommen in dieser friedlosen, kraftlosen, dumpfen Zeit ohne Namen? »Schwanken darf man nicht«, sagt Tügel. Aber was bleibt seinen Menschen sonst? Diese sehr schöne Frau wird dem Lammsdorfer reichen, gutherzigen, vornehmen Fabrikanten ein Gottersatz. Er treibt einen gewissen Kult mit ihr. Er betet sie an, betet sie mit Liebe an. Das sind die Worte des Dichters Tügel über diese Verbindung. Hier deutet sich schon ein Grundirrtum an, der dann durch das ganze Werk hindurchgeht und sich in den nun folgenden Sätzen noch stärker dokumentiert: »Seine Liebe war zu allem fähig, war groß, stark, innig, elementar und – bis zu einem gewissen Grade – sogar selbstlos, denn sie fragte nicht nach dem eigenen Wohl. Aber – wenn sie auch einen Platz in seinem Herzen hatte, wie früher Gott – durfte sie ihn in Versuchung führen?« Er will mit ihr »in Liebe sterben«, sie hat »kein Verständnis dafür«. Er nimmt sich das Leben, nachdem ein wohlmeinender Freund, Friedrich, den letzten Versuch gemacht hat, die beiden Liebenden zu versöhnen – als ob wahrhaft Liebende einen solchen Versöhnungsversuch nötig hätten. Mißverständnis gibt es in der Liebe nicht. Wo Mißverständnis möglich ist, hört Liebe auf. Liebe ist

eben das absolute Anerkennen der anderen Existenz, wie sie ist. Die Aufrechterhaltung des Status quo, die Ewigkeit im Augenblick, das Jasagen und Einverstandensein um jeden Preis. Bis hierher steht der Autor über der Situation, daher vermag er sie zu gestalten. Er versteht die Personen, daher vermag er ihnen Leben einzuhauchen. Die Situation ist nicht neu, aber seit Goethes Wahlverwandtschaften (immer noch, heute wie je, das interessanteste und tiefste Ehebuch) wird jeder Versuch, die geheimnisvolle Mystik der Ehe zu durchleuchten, uns in unserer eigensten Menschlichkeit von Grund auf ergreifen. Denn: wenn jedes Ding auf Erden nur in der Mehrzahl auftritt, so hat der Mensch allein das Schicksal seiner ihm bewußt werdenden tragischen Vereinsamung zu tragen. Zu einem so teuren Preise muß er seine einmalige Individualität bezahlen. Die Ehe ist aber der erste Schritt, aus dieser tragischen Vereinsamung herauszutreten, sie ist der primitivste und zugleich raffinierteste Weg zur Sozialität – weit mehr als es das Phänomen »Liebe« ist. Denn die Liebe treibt den Menschen nur insoweit zum Nebenmenschen hin, als sie ihn aus sich selbst heraussteigert, die Ehe aber bindet die Menschen mit ihrer wahren Existenz, bescheidet sich dafür aber mit einem Anspruch nur auf irdische Dauer, nicht auf »Ewigkeit«. Die Liebe alltäglicher Menschen ist banal, die Ehe auch alltäglicher Menschen aber ist schon als Versuch eines einfachen sozialen Nebeneinanderseins stets von Wert. Die Ehe bleibt ein immer mit Nutzen zu beobachtendes Experiment der körperlichen und seelischen Symbiose, von dem Produkt der Ehe, dem Kinde, ganz zu schweigen. Diesen Punkt hat der junge Autor weit unterschätzt. Hier liegt der Grundirrtum. Die Liebe seiner Menschen wirkt bald banal, die soziale, bürgerliche Verbindung aber bleibt dunkel. Wo die irdische Wirklichkeit seiner Ehe mit Psychologie zu erfassen, mit nüchterner, aber stets vorwärtsdringender Seelendurchleuchtung darzustellen gewesen wäre, wo er, endlich, bei Stendhal hätte lernen müssen, da zieht er die vierte Dimension heran. Könnte er es nur! Aber wie sollte einer, dem schon auf Erden bei der Schilderung einer Festivität, bei dem Landstreichertum eines »besseren Menschen« der Atem ausgeht, sich *über* diese Erde erheben? Aussichtloses Beginnen. Die Handlung geht bei Tügel so weiter, daß der Tote (eine schwach umrissene Gestalt ohne Plastik) ins Leben wiederkehrt; der Schatten wird Gespenst. Es war Tügel nicht möglich, zwingend zu gestalten, was Maupassant einst gelungen ist. Es wird langatmig erzählt, wie das Gespenst sich der Seele eines in einem D-Zuge vorbeifahrenden Mannes bemächtigt, wie es dann auch den Freund des Selbstmörders von weitem in seine Fänge nimmt und zum Schluß die Frau selbst: Und nun kämpft alles, der Selbstmörder, sein Freund und seine in einem dritten Menschen inkarnierte Seele – ja, um was kämpft dieses dreifache Aufgebot? Um die Liebe der unberechenbaren Frau, die mit sich nicht aus noch ein weiß, die sich jedem »nicht gerade unsympathischen Menschen« körperlich und seelisch annähert, die sich, um ein Wort eines witzigen Berliners zu gebrauchen, nur hergibt, nicht aber hingibt. Alles wurstelt jetzt durcheinander und ist traurig anzusehen. Und doch ist dieser junge Mensch Ludwig Tügel eine außerordentliche Begabung. Er kann denken, er kann auch die Gedanken formen, er kann manchmal in Seelen lesen, er kann auch etwas vom wahren Wortwechsel darstellen, von den Augenblicken, wo die Worte eben zwischen zwei Menschen gewechselt werden, eingetauscht werden, wo ein Wort eben mehr ist als Schall und Rauch. Er kann unterscheiden zwischen dem Menschlichen (der Individuation) hier – und den Grenzen, der Form, dem Gesetz (der sozialen Magnetkraft) dort. Er hat eine Intensität in seinem dichterischen Schaffen, er bohrt sich in seine Figuren ein und will sie nicht lassen. So gelingt ihm hier und da ein Einblick in die menschliche Seele, der nicht alltäglich ist. So läßt er einmal seine Heldin sagen (eine Beichte übrigens ohne Buße und ohne Wandlung, leider): »Meine erste Ehe war Trug, meine dritte Ehe mit Friedrich (dem Freunde des Selbstmörders) ist Betrug... Oh, was ich begreife, begreift Friedrich es nicht? Daß dieses heißt: ich bleibe schlecht, werde immer eitel sein. Warum glaubt er an mich? Es ist gut, daß Richard gekommen ist. Auch wenn es nicht gut ist: dennoch ist es gut! Das ist es, daß ein Widerspruch aufhört, mir Widerspruch zu sein. Ich glaube: das versteht kein Mann. Der männliche Verstand wendet sich in Verachtung ab, und das männliche Herz steht in Verzweiflung still. Begreifen kann der Mann nicht, was das zerrissene Weib empfindet...« Wie wahr ist das! Wie sehr aus der Seele gerade dieser Frau gesprochen das bittere: »Es lohnt nicht!« Hier ist die Höhe des Romans. Die tiefste Stelle des in die menschliche Seele hinabgeschürften Schachtes ist erreicht. Die Frau ist nicht nur mechanisch »nach dem Leben gezeichnet«, sondern an dieser und an noch andern Stellen wirkt sie wie ein Extrakt des Lebens, sie ist dann echt. Die Männer ähneln einander zu sehr. Aus dem Grundproblem der

Zweieinheit, also aus dem Zauberkreise der engsten sozialen, der sexuellen Bindung, kommt das Werk aber an keiner Stelle hinaus. Selbst das Leben des Kindes der Frau, um das sich doch auch etwas »drehen« müßte, bleibt ganz nebensächlich. Denn das Werk dreht sich wie besessen im Kreise, mit jedem Kapitel beginnt es von neuem. Es hat keinen Schluß! Ist der junge Autor entwicklungsfähig, interessiert ihn die Welt, rührt sie ihn, faßt sie ihn an, will er sie fassen, dann *kann er es*. Könnte er es!

(1929)

André Maurois
»Wandlungen der Liebe«

Das französische Original dieses außerordentlichen Romans trägt den Titel: »Climats«. Dieses Wort ist kaum zu übersetzen. Es soll wohl das Beständige im Wandel bedeuten, ein knapper und zwingender Ausdruck für die immer und ewig gleichbleibenden Grundbedingungen der lebenden Erde, als da sind: Dauer der Sonnenstrahlung, durchschnittliche Regenmenge, Stürme und Temperaturschwankungen – all das auf das Seelische, auf das Geistige, auf das Menschliche übertragen. Also gerade das Gegenteil des deutschen Titels: »Wandlungen der Liebe«. So ist denn auch in dem Roman selbst das Unabänderliche, das Elementare mit aller Intensität, deren ein großer Psychologe und Kenner der Menschenseele fähig ist, herausgearbeitet. Alles ist Bestimmung, nichts Zufall. Daher alles typisch, von jedem und überall zu verstehen. Daher auch der sehr breite Erfolg bei dem sehr feinen und handlungsarmen Werk: in Frankreich in kurzer Zeit 260000 Exemplare. Erwähnt sei die sehr schöne und sorgfältige Übertragung aus dem bei aller Schlichtheit nicht immer einfachen Französisch ins Deutsche, eine Arbeit, die Karl Stransky besorgt hat.
Das Werk selbst zerfällt in zwei Teile – wahrhaftig, es zerfällt in sie, denn diese beiden Teile sind durchaus nicht gleichwertig. Der erste: die Liebe des Philippe Marcenat (Dickie genannt) zu der liebreizenden Odile ist ein Meisterwerk. Der zweite Teil, die Liebe der mütterlichen, anständigen Isabelle zu demselben Philippe Marcenat (nun nicht mehr Dickie, sondern ein furchterweckendes, sprödes und auf die Dauer langweiliges Manneswesen) schildernd – das ist nur ein auf die Dauer ermüdendes Nebeneinander und Nacheinander von Situationen, Gesprächen, Konflikten und halben Lösungen. Liegt diese deutlich fühlbare Abschwächung am Thema? Ist denn wirklich die unglückliche Liebe eines Mannes zu einer Frau, die »nicht mehr mag«, an sich interessanter, fesselnder, das allgemeine Wesen der Weltdisharmonie aufschließender als die unglückliche Liebe einer braven Frau zu einem Mann, »der nicht mehr mag«? Der erste Teil ist ein Selbstbekenntnis: Philippe schildert in einem langen Briefe der (damals noch von ihm geliebten) Isabelle seine Abenteuer und Höllenstürze, die alle den Namen Odile tragen. Der zweite Teil ist ebenso ein Selbstbekenntnis, ein

noch viel längerer Brief (an wen?), Isabelle schildert ihre unglückliche Liebe zu ihm, etwas resigniert, im Grunde sehr weiblich und im üblichen Stil. Charakteristisch eine Stelle zum Schluß, wenn der vielgeliebte Philippe stirbt, von der treuen Isabelle gepflegt. »Ich saß an seiner Seite, in einer weißen Bluse, wandte kein Auge von ihm usw. usw.«. Welch ein Frauenherz, das nicht vergißt, die weiße Bluse zu erwähnen, in der sie die letzten Seufzer des geliebten Tyrannen entgegennimmt? Im übrigen bietet dieser Teil wie auch der Schluß, der vorzeitige Tod des Helden, keinen Anlaß zu besonderer Bewunderung. Offenbar handelte es sich Maurois hierbei um die Schilderung des *gemäßigten* Klimas, das aber, wie wir aus der Beobachtung unserer Klimaverhältnisse wissen, durchaus nicht immer wandlungslos und leicht vorherzubestimmen sich darstellt.

Aber der erste Teil! Welche Fülle von tiefstem Wissen um die menschliche Seele, das heißt um die Irrungen, denen wir unterliegen! Geschichte einer Liebe – ist das gleichbedeutend mit der Geschichte von Mißverständnissen? Überspannungen? Unerfüllten Forderungen? Ungelösten profunden Bitternissen? Einem Zuhausesein in Qual, einem Gebenwollen, wobei sie, statt die Hand aufzutun, sie zur Faust ballt? Wo der eine den andern hindern will, sich ins eigene Fleisch zu schneiden – und dies immer vergeblich? Weil dem Selbstzerstörungsdrang gerade der wertvolleren Menschen keine Grenze zu setzen, kein Widerstand entgegenzutürmen ist? Welche Wahrheit hier bei Maurois im kleinsten, auch im scheinbar unbedeutendsten Zug! Die kaum beschreibbare Fremdheit über jede Feindschaft hinaus – das ist das Charakteristische dieser Beziehung. Keine direkte Feindschaft, Stirn gegen Stirn, Herz gegen Herz, mehr wie bei Strindberg. Einfach Fremdsein, Niedagewesensein, Schluß, Ruhehabenwollen, sich nach einer Freiheit sehnen, welche die arme sehnende Seele einer Odile niemals erobern wird, weil sie als Gnade den freien Menschen umgibt. Dies für die Frau. Sie will Freiheit. Wozu? Zu neuer Liebe? Wäre doch nur neuer Zwang? Zu endlicher Totenruhe? Bei einem einundzwanzigjährigen bezaubernden Geschöpf? Bei dem Manne ist es echte Liebe, aber ein Versuch am als untauglich erkannten, im Grunde verachteten und trotzdem angebeteten Objekt, ein seelischer Masochismus, der sich mit Unrecht mit dem geheimnisvollen Wort aus der »Nachfolge Christi« schmückt: »Ich bin vor dir wie ein Sklave und zu allem bereit«, denn ich wünsche nichts für mich, alles nur für dich.« Aber will *das* eine Frau? Gerade die wertvollere will es nicht. Man versteht diese nur scheinbar unberechenbare Frau Odile nur zu gut. Unberechenbar heißt es ja immer, wenn eine Frau nicht so will, wie der Mann es erzwingen möchte, erzwingen selbst um den Preis gewaltiger und echter Leiden, die ihm aber niemand, und die geliebte Frau am wenigsten, »geheißen hat«. Wenn Philippe sagt: »Und Odile zu verstehen war unmöglich. Ich glaube, kein Mann, der sie liebte, hätte mit ihr leben können ohne zu leiden.« Alles Irrtum, alles Selbstbetrug. Wenn Maurois diese arme, innerlich vernichtete und enttäuschte Frau durch Selbstmord enden läßt, ist es nur ein Notausgang und durch die typische Eigenart *dieses* Charakters kaum zu begründen. Deshalb läßt er dieses Schicksal sich beiseite, irgendwo, abseits der Welt abspielen. Eine Bankrotterklärung mehr. Freilich steht die eigentliche Bilanzabrechnung dieses Bankrotts schon am Beginn des Romans. Es handelt sich bei dem Helden um einen durchaus nicht willensschwachen Mann, dem aber jedes Ziel fehlt, diesen Willen umzusetzen in die Tat, das ist: umzusetzen in echte Freude. Da soll dann die Frau herhalten, Lebensinhalt zu sein in einem so gesteigerten Maße, wie es ein noch so übersteigert geliebter Mensch niemals sein kann, sondern wie es nur eine Idee oder eine Gottheit sein kann. Sehr bezeichnend das Zitat aus der »Nachfolge Christi«. Denn weder eine lebensbeherrschende und lebenserfüllende Idee noch eine glückgebende und opfernehmende Gottheit kann ein so zartes, mit irdischen Schwächen behaftetes Menschengeschöpf wie diese überschätzte und daher im Grunde negierte Frau ersetzen. Daß sie sich dafür rächt, daß man sie in einer *ideenlosen und gottlosen Zeit* als Ersatz mißbraucht – wer könnte es ihr übelnehmen? Freilich, glücklich wird sie auch dabei nicht werden. Sie wird nur aus einer Hand in die andere wandern und jeden Lebensbezirk schließlich ungesättigt verlassen, sie »wird so armselig heimkehren, wie sie ausgegangen ist«.

Aber wären beide Teile nur einfach blind, dumm, unwissend, gefräßig, den niederen Freuden des Lebens zugewandt! Aber das sind sie nicht, und gerade dieser Umstand macht sie im letzten Grunde rettungslos. Der Mann sagt von Odile: »Sie hatte einen sehr feinen natürlichen Geschmack. Selten liebte sie etwas Mittelmäßiges. Aber selbst in der Wahl der Verse, die sie mir manchmal vorlas, fand ich mit Unruhe und Erstaunen immer wieder Verlangen nach Liebe, diese Kenntnis der Leidenschaft und manchmal Sehnsucht nach dem Tode. Ist *das* eine kleine Kokotte? In ihrer Natur liegt Großmut und Güte. Ihre Freundinnen sagen von ihr, sie sei hart. Das ist nicht so. Sie will nur nicht durch Mitleid mit sich uneins werden – arme Odile, ganz als wäre sie nicht schon von Anbeginn uneins mit sich selbst gewesen. Sie hat geliebt und liebt nicht mehr. Nicht im geringsten mehr! Ist das nicht: uneins sein mit sich selbst?! Ihr Gesicht zeigt dann, eben im Schatten eines echten, das heißt unlösbaren Konflikts einen verschlossenen und häßlichen Ausdruck, der allein imstande ist, sie häßlich zu machen.« Aber wo liegt dieser »echte, das heißt unlösbare« Konflikt? Warum liebt Odile in ihrer Jugend einen Philippe mit allen Kräften ihrer Seele, und weshalb »höret diese Liebe dann auf«? Ist es nur Klima, Windhauch von irgendwo irgendwohin? Sollen wir die logische Basis von erfaßbarer Ursache und notwendiger Wirkung gerade bei der Liebe verlassen, wo doch alles sonst auf der Welt Ursache und Wirkung hat, das heißt eingesponnen ist in das unzerreißbare »zureichende« Gewebe der Welt, ein Faden mehr im Teppich? Näher liegt es, in diesem Werk des Maurois eine nur einseitige Darstellung der Liebe von 1929 zu sehen. Nicht Isabelle, sondern Odile hätte den zweiten Teil dieses Romans schreiben sollen. Sie hätte uns ihren Konflikt zwar nicht lösen, aber erklären können. Vielleicht wäre dann ein Meisterwerk von der Art von »Manon« oder »Chartreux de Parme« oder »Wahlverwandtschaften« entstanden... Vielleicht...

(1929)

Ein Buch über Napoleons Polizeiminister
Stefan Zweig, »Joseph Fouché«

»Bildnis eines politischen Menschen« nennt Zweig sein neues Buch und stellt damit sein höchst eigenartiges Werk in eine Reihe mit den biographischen Versuchen, die wir, in mehr oder minder großer Vollendung, in den letzten Jahren vorgelegt erhalten haben: Emil Ludwigs »Bismarck«, »Goethe«, »Kaiser Wilhelm II.«, Lytton Stracheys »Queen Elisabeth«, Maurois' »Disraeli«. Sei es nun, daß die Jüngeren von den Älteren gelernt haben, sei es, daß die Wiener Schule dank ihres Einfühlungsvermögens, ihrer psychologischen Meisterschaft (nicht ohne Grund sind Freud und Adler Wiener – und Karl Kraus), dank ihrer stilistischen Darstellungskraft – auf jeden Fall erscheint dieses Werk Zweigs der Gipfel des auf diesem Gebiet bisher Erreichten zu sein, und ist, bis auf kleine, verbesserbare Schwächen, das klassische Beispiel dieser Art Geschichtsschreibung und zugleich das klassische Beispiel dieser Art Kunst. Denn um beides handelt es sich: Um die Historie, die Wissenschaft als Hauptsache, und nebenher um den Roman, ein Kunstwerk der Phantasie.

Die andere Mischung, bei welcher der Roman das Übergewicht hat, und auf dem Boden wirklicher Tatsachen der Oberbau erdichteter Menschenfiguren und erfühlter Menschenseelen sich erhebt, hat bis jetzt, in Deutschland wenigstens, noch wenig Klassisches hervorgebracht.

Was an »Reportage der Weltgeschichte« geschrieben wurde, nahm immer den Durchschnittsmenschen zum Mittelpunkt, ein anonymes, gesichtsloses Wesen. Alle Kriegsromane, die hier einzureihen wären (Arnold Zweigs »Sergeanten Grischa« allein ausgenommen, der wohl auch als der einzige *rein künstlerische* Wirkungen, ganz von dem »Stoff abgesehen«, ausstrahlt), haben eine höchst interessante Umwelt, aber eine recht dürftige Innenwelt. Hier reihen sie sich den Abenteuerromanen vergangener Jahrhunderte an.

Aber die andere Gattung, die romanhafte Biographie, deren Schöpfung doch das Verdienst Emil Ludwigs ist? Hier war beispielsweise einmal der Ausgleich zu schaffen zwischen der überragenden Innenwelt eines Napoleon und seiner nicht minder überwältigenden Außenwelt: also die Tatsache und historische

Weltwirkung der Schlacht bei Marengo – und die Innenwelt des Schlachtenlenkers.

Vielleicht sind die guten psychologischen, wirksamen Methoden, die wir Ludwig verdanken, auf einen Mann solchen gigantischen Übermaßes wie Napoleon überhaupt nicht integral anzuwenden – und da hat Zweig mit hellseherischem Blick und beneidenswertem Glück sich einen Akteur angeblich minderen Ranges gesucht, einen Mann, der im Hintergrunde steht, der durch Gaben und glücklich-unglückliches Geschick nur zu Episodenrollen in der Weltgeschichte ausersehen scheint. Aber das ist nur der Anschein. Was ist dieser Mann Joseph Fouché und was ist er nicht? Ehemaliger Priester und Seminarprofessor, Gewaltmensch und »Mitrailleur von Lyon«, Mitglied des »Berges« im ersten Konvent, Mörder des Königs, Feind und Besieger des Moralfanatikers Robespierre, Winkelagent und Privatdetektiv des Direktorialmitgliedes Barras, Steigbügelhalter des ersten Konsuls und dessen erbitterter Feind bis zum Ende, ironisch zynischer Steigbügelhalter der alten Dynastie, Bettler, Schnorrer und Großgrundbesitzer, Millionär, Herzog von Otranto mit der goldenen Wappensäule und der falschen Schlange darum gewickelt, dieser Mann steht nur scheinbar im Hintergrund, er bleibt mit Willen und Wissen hinter den Akteuren, seinen Trabanten. In Wahrheit ist er der geheime Mittelpunkt, Souffleur, Dichter und Regisseur der Weltgeschichte. Eine Macht, mit der während zweier Jahrzehnte (und welcher Jahrzehnte!) in Frankreich jede Ohnmacht und Übermacht bis Napoleon rechnen mußte.

Eine Balzacsche Figur in ihrer strotzenden Fülle! Ja, der ganze Balzac selbst wird hier aus diesem Buch erst klar verständlich, das Herzblut seiner Figuren schlägt auch in den Pulsen dieses Fouché. Nicht minder stark ist bei Fouché die andere Seite: der Kopf, der Geist, der unbeugsame Wille, wie er die Hauptfigur Stendhals, den ehrgeizig-zerfressenen, trocken schleicherischen, geistvollen Helden von »Rouge et Noir« beseelt und ins Irre leitet trotz der ungeheuren Anspannung.

Zweig hat in unbestreitbarer Meisterschaft, völlig souverän, hier ein *Seelenschicksal* und ein *Blutschicksal* umrissen. Fouché: ein Genie der Zwiespältigkeit, einen Meister der Bewegung, einen Politiker ersten Ranges, eine Persönlichkeit von anrüchigem Zauber, geschildert, anziehend und abstoßend zugleich in höchstem Grade.

Napoleon als Gegenspieler. Das quellende Genie gegen...? — nein, auch Fouché ist genial, ist ein Mensch, der aus nichts alles macht. Aus nichts? Ja, aus dem Menschen, dem Individuum, das Fouché verachtet, da er es benutzt. Zweig kommt in seiner Biographie zu grandiosen Szenen, die des größten Romandichters würdig sind, aber es ist ja der größte Romandichter, die Wirklichkeit, die dieses Werk diktiert hat. Da ist eine Szene, in der das Ende der französischen Revolution nachgezeichnet wird. Kein Pathos, kälteste Sachlichkeit. Der Geist Stendhals. Der letzte Klub der Jakobiner, die Fouché, Exjakobiner, überlebt haben. Nach zweitausend revolutionären Morden Polizeiminister in Amt und Würden. Er steigt die Tribüne herauf; nach vielen Jahren Schweigens, schweigen konnte er, dieser Fouché, das war ein Teil seiner Menschenbeherrschung – der andere seine Menschenverachtung! –, nach sechs Jahren Schweigen hören die zur Karikatur gewordenen, verzerrten Schatten von ehemaligen Machtmenschen seine eisige, nüchterne Stimme... sie kämpfen nicht mehr gegen den alten Kampfgenossen, wehren sich nicht, er räumt den Saal, geht zur Tür, schließt sie ab und steckt den Schlüssel in die Tasche.

Außerordentlich zu rühmen und ein gewaltiger Fortschritt gegen Emil Ludwig ist, daß der Biograph nicht dem lieben Gott in die Karten sieht. Stefan Zweig gesteht es offen ein, daß er nicht allwissend ist. Nachdem er die Außenwelt mit aller Akribie erforscht hat, wie es seine Pflicht ist, gibt er zu, daß ihm das Innere seiner Menschen und Unmenschen manchmal ein Rätsel ist. Es sind prachtvoll komplizierte Charaktere. Männer von weichstem Herzen gegen die Ihren und von niederträchtiger Tücke gegen alle anderen, gierig nach Geld, aber durch Geld allein nicht zu befriedigen. Ihre Gegenspieler, ihre Feinde sind ihnen gewachsen. Ist Fouché in vielem ein Rätsel, ein Widerspruch, eine nicht auflösbare Gleichung für Zweig, so ist es sein Gegenspieler, Robespierre, oder später Napoleon nicht minder. Robespierre kann ihn, Fouché, eines Tages vernichten. Er sicht in Fouché seinen Todfeind mit Recht. Beide wissen alles voneinander. Aber er tut es nicht. Er schweigt. Schont. Warum? Zweig sagt hier in klassischer Ruhe: »Man weiß es nicht.« Gerade das gibt diesem Werk die innere Kraft. Zweig hat nicht geflunkert. Er ist so weit mit seiner Diebslaterne den Schlichen seiner Helden nachgegangen, die ihr Licht wahrlich nicht offen, sondern nur unter dem Scheffel leuchten ließen.

Was einzuwenden wäre? Man hätte hier und da den Wunsch, die

historische Umwelt, etwa die napoleonischen Glanzjahre, noch etwas breiter ausgeführt zu sehen – aus Gründen der künstlerischen Symmetrie, die sonst in großartiger Weise gewahrt ist. Was aber tiefer geht und der einzige ernste Einwand ist – das ist die Form, in der Zweig, dem bösen Beispiel anderer Biographen folgend, erzählt, nämlich in der Gegenwartsform. Alles im Präsens. Dadurch nimmt er dem Werk die innere Ruhe an vielen Stellen und steigert dessen Lebendigkeit an keiner. Das ewige Präsens ist unschön, klingt nicht rein, entwertet viele Schilderungen, nimmt dem Vergangenen sein edles Gewicht, indem es sie schwankend, aber nicht schwebend in die Gegenwart projiziert. Das Heute ist ein anderes. Das Heute, der September 1929, ist so ganz anders geartet, daß man das Präsens in diesem Buch nicht gern erträgt. Nur dieser eine kleine Schritt, eine grammatikalische Bagatelle trennt dieses Meisterwerk der historischen Biographie von der Vollendung, von dem Klassischen, dem dauernden Besitz. Besitz nicht einer Nation, sondern der europäischen Kulturgemeinschaft. Denn dieses Buch wird nicht nur in Deutschland, sondern in allen Ländern gelesen und verstanden werden, da es Ewig-menschliches, den immerwährenden Zwiespielt jeder größer angelegten Natur, enthüllt. Joseph Fouché – das enthüllte Menschenherz – le cœr devoilé.

(1929)

Franz Werfel, »Barbara oder die Frömmigkeit«

»Barbara oder die Frömmigkeit« heißt der neue Roman Werfels. Es ist ein schwerer Band von über achthundert Seiten, und ebenso gewichtig wie sein Format ist der Bereich dessen, was er umfassen, erschöpfen will: ein großes Weltgebäude der Vorkriegs-, Kriegs-, Revolutionszeit und der Gegenwart. So umschreibt der Dichter selbst seinen Gegenstand, so setzt er sich sein Ziel. Träger dieses universalen Geschehens ist ein junger Mensch. Jung nicht nur deshalb, weil er, Ferdinand R., am Ende des Buches (oder vorausgenommen schon am Anfang) sich uns als etwa 30jähriger vorstellt, sondern jung vor allem, weil er von seiner Mutter nie loskommt und sein ganzes Leben lang unter dem (wohltätigen) Schatten dieser gütevollen Mutter Barbara bleibt bis zum Schlusse.

Es ist nicht die leibliche Mutter, sondern eine Pflegebefohlene, besser gesagt: eine zur Pflege geborene, eine zum Pflegenkönnen begnadete Frau, die alte Dienstmagd Barbara. Ist sie also die Verkörperung der »Frömmigkeit«? Fast könnte es so scheinen beim ersten Lesen des Werkes. Aber sie ist zu glücklich in ihrem Glauben, um – so paradox es klingt – wahrhaft fromm zu sein. Denn Heilige sind nicht die leichthin Glücklichen im Glauben, sondern Kämpfende um den Glauben sind es. Schwankende. Zweifelnde, endlich Obsiegende, der Versuchung Widerstehende. Heiliger ist, wer an sich nach Art der »Versuchung des heiligen Antonius« des Flaubert das ganze grandiose, lust- und schaudervolle Weltgebäude in seiner Universalität von der unbegreiflichsten Qual bis zur unbegreiflichsten Seligkeit an sich vorüberwandeln lassen kann und der dann am Morgen nach der von Versuchungen ungeheuerlich bedrängten Nacht nur neu gestärkt in seinem Glauben aufstehen kann. Dieses »am Morgen nach einer von Versuchungen ungeheuerlich bedrängten Nacht in seinem Glauben neu gestärkt Aufstehen«, das trifft aber viel eher zu auf den jungen Ferdinand. Barbara ist also der praktische Sinn, die Ordnung, auch im Himmelreich auf Sauberkeit bedacht, die irdische Liebe, zur rechten Seite des ewigen Quells, Ferdinand aber ist der Träger der himmlischen Liebe, die an allen irdischen, fleischlichen Glückseligkeiten sich nicht satt essen kann. Ebensowenig aber wird einer solchen Art Menschen mit der billigen Lösung der Geistesfragen durch or-

ganische Systeme, seien es theologische oder marxistische, gedient sein.
Nur bei Menschen wie Barbara »geht Gott in Ordnung« – um ein infernalisches Wort Werfels zu wiederholen, das dieser einem ärarischen Pseudogeistlichen in den Mund legt, der, entgegen seiner Mission und entgegen aller Menschlichkeit, drei Unschuldige zum Erschossenwerden Verurteilte bei ihrem letzten Gange trösten soll. Ferdinand ist aber ebenfalls zu diesem Standgericht verurteilt. Nicht zum Erschossenwerden, sondern zum Erschießen. Nicht zum Leiden verurteilt, sondern zum Kommandieren, zur Verantwortung. Zum unmenschlichen Kommando als Offizier des Weltkrieges ist er bestimmt – aber er versteht die Stimme noch nicht, bei Menschen seiner Art geht Gott nicht in Ordnung. Die Waage schwankt. Zum erstenmal und in entscheidender Weise schwankt sie hier in dem fabelhaft packend und aufregend geschilderten Augenblick dieser Exekution, wo Ferdinand, der Zarte, Schwächliche, die Unsoldatennatur, die Kraft finden soll und findet, nein zu sagen. Statt »Feuer« kommandiert er dem Exekutionsdetachement »Schuberrt«. Leicht ist es noch, die irdischen Folgen dieser Insubordination auf sich zu nehmen. Er wird sofort strafweise in eine höchst exponierte Stellung geschickt, wird also selbst (auch er ohne Gericht, ohne Gesetz) zum Tode verurteilt, zum Tode durch Erschießen durch die Russen. Schwer verwundet wird er aufgelesen, mühselig geheilt – es entrollen sich die grauenhaftesten Schilderungen von Krieg, Leiden und Verwesung. Aber das Gesetz wird nicht ausgesprochen. Es ist ja den vom Gesetz Betroffenen nicht bekannt, aber es muß dennoch gelebt werden – das ist der Sinn dieser aneinandergereihten Wechselpanoramen. Göttliche und menschliche Ordnung gehen, darf man sagen, in altösterreichischer Schlamperei durcheinander.
Einmal heißt es sehr merkwürdig, sehr bezeichnend an einer nicht weiter bedeutsamen Stelle: »...Nun sah Ferdinand aus einer engen Luke auf das traurige Feld: Konservenbüchsen, Stangen, Traversen, Senkgruben. Dennoch erkannte er, daß sein Posten, der im vordersten Graben lag, eine Gnade Gottes und Hauptmann Prechtls war. Da krähte...« Wird der Hahn krähen, der den Heiland im Apostel verrät? Nein, bloß der Telephonapparat, den der junge Soldat Gottes bedient. So handelt es sich bei allem vielfältigen Geschehen nicht um die Schuld eines Einzelnen und noch weniger um eine Sühne.

Handelt es sich überhaupt? Wirken die einzelnen Figuren dieses Werkes aufeinander, werden sie besser, schlechter, reicher, ärmer, klüger, trauriger durcheinander, oder leben sie nur nebeneinander hin, einander ebenso wenig beeinflussend, wie es die gewirkten Figuren an einem Gobelin aus dem sechzehnten Jahrhundert tun? Das ist die Stärke und die Schwäche dieses groß angelegten Werkes. Was geschieht, sind nur aufgeblätterte Erinnerungen. »Das einzige Geheimnis, das Ferdinand hat, ist das einer ganz seltenen und mächtigen Erinnerungskraft. Es gibt sehr wenige Menschen, in denen ein ähnlich umfangreicher und farbenprächtiger Bilderschatz lebt, der bis in die tiefste Kindheit hinabreicht.« Der Schiffsarzt Ferdinand R., dreißigjährig, steht auf dem Verdeck eines Schiffes und erinnert sich. Das ist das Buch. Alte Tage kommen wieder, der Vater, die Mutter, die Kadettenanstalt, das Priesterseminar und eine unabsehbare Reihe von Menschen, die wohl nach der Natur gezeichnet sind. Man wird in einer dieser Figuren Egon Erwin Kisch porträtgetreu wiederfinden, in einer anderen den tragischen Dichter Otfried von Kayzanowsky, in einer dritten den kokain- und philosophiesüchtigen Sohn des hervorragenden Strafrechtslehrers Groß... Menschen, Menschen, Gesichter über Gesichtern.

Oder sind es Gesichte, das heißt Gesichter, die einen Sinn haben, eine Bedeutung, eben das *Gesetz*, nach dem Werfels Freund Franz Kafka Tag für Tag seines schweren Lebens vergebens, verzweifelnd suchte? Also einzig und allein um den Sinn dieser tausendfach verzweigten Ereignisse und Gestalten handelt es sich – um sonst nichts. Werfel sagt von seinem Helden nach der großen Entscheidung, nach der Auflehnung gegen die Ungerechtigkeit der Welt: »Schrie nicht alles nach Erlösung? Eine Stunde der Größe hatte er selbst erlebt. Millionen Zertretene harrten des Menschen, der sie sammeln und gegen das Schandgesetz der Macht führen würde... Als Ferdinand zum erstenmal die Zusammenhänge der Weltschuld ahnte, verfiel er – die Heilung war damals noch nicht vollendet – in krampfhafte Erregungszustände ...in der Folge kam eine schmerzliche Verwirrung, die ihm aber selbst als Klärung erschien. ... Oft dachte er daran, dem Kriegsdienst öffentlich abzuschwören...« Und so kommt es. Seine Rettung ist Reinigung. Er tut das Grauen der Welt von sich ab, dieser junge, zarte, weltscheue Mensch – er kommt »dem ahnenden Wissen« näher. Wie weit kommt er ihm näher? Gelangt er zu der »wissenden Entschei-

dung«? Der typischen? Der für andere Menschen gültigen? Oder stellt er das Exempel eines durch alle Höhen und Tiefen gejagten Lebens – stellt er das Exempel eines einzigartigen Lebens beispielgebend für sich selber auf? Seine Frömmigkeit soll Weltfrömmigkeit sein. Nach Art der Chassiden ist dieser katholische Offizierssohn um so frömmer, je glücklicher er ist. Wird er glücklich? Ist er fromm?
Zum Schlusse steht der Mann auf der Schiffsbrücke. Die immense Erinnerungskurve hat zu ihrem Beginn zurückgefunden. Er ist wieder bei Barbara. Ihr Vermächtnis zu Lebzeiten, einen schweren Beutel mit echtem, hundertprozentigem Golde wiegt er in der Hand. Das Gold schüttet er ins Meer und wirft den Leinwandbeutel hinterdrein. Vielleicht hat er erreicht, was er wollte. Ist er dort, wo irdische Reichtümer den Menschen nicht mehr beseligen können? Ist er jetzt den Menschen wirkend zugewandt, hat er, wenigstens für sich, den Weg, den Sinn gefunden, um den es in diesen achthundert Seiten geht? Ich weiß es nicht. Denn folgendermaßen lautet der Schluß des Buches: »Barbaras Gold ruht von Stund an in der Tiefe der Welt... Ferdinand hält noch immer die Hand ausgestreckt. Das Schiff aber ist weitergerückt, und seine Hand segnet nicht mehr das Opfer, sondern eine fremde und gleichgültige Stelle des Meeres. Noch drei Pulsschläge lang verharrt er. Dann wendet er sich um. Die Augen brennen, und die Knie zittern. Aber der Körper ist von wachsenden Kraftfluten durchströmt. Seine Gestalt, sein Schritt, sein Gesicht atmet jetzt eine solche Strenge und Unnahbarkeit aus, daß ihn der Beobachter hinter einer Ankerwinde ruhig vorübergehen läßt...«
Anfang oder Ende?

(1929)

Gerhart Hauptmann, »Buch der Leidenschaft«

Ist Leidenskraft gleichbedeutend mit Erlebniskraft? Fast könnte man es glauben, wenn man Hauptmanns neuestes Werk liest. Es ist mehr ein Buch der leidenden Liebe als der tätigen. Ob man es als Teil einer gewaltig konzipierten Selbstbiographie oder ob man es (mit größerer Wahrscheinlichkeit) als eine Sammlung von Tagebuchaufzeichnungen nimmt – auf jeden Fall strömt eine fast unabsehbare Fülle des in allen Bezirken des Menschlichen Erlebten, also des Erlittenen, aus dem großen Werk. Aber auch diese geistige Fülle, so berauschend sie ist, erscheint mehr auf den Mann und Helden dieses Buches von außen eingeströmt zu sein, als von ihm ihren Ausgang genommen zu haben. Vielleicht liegt diese Eigenart in *dem* Umstand begründet, daß hier Hauptmann mit keinem klaren Wort sein zeugendes Schaffen, seine künstlerische Tätigkeit, seine Bühnengestalten, seine Menschenschöpfungen berührt hat. Wenn wir also den Helden dieses Buches, der nie mit Namen genannt wird, mit dem Dichter personifizieren, so werden wir hier nur etwas (nein, nicht etwas, sondern fast alles) über den Privatmann hören, wir werden eher seinen Schatten sehen, den er wirft, als das Licht, das er verbreitet. Leidenschaft in allem: gewiß. Aber hier nicht die Leidenschaft sozialen Mitleids, sondern die Leidenschaft eines der Welt hingegebenen, vor der Welt sich hinwerfenden Mannes, der sich ohne einen Augenblick des Zögerns verliert. Und sich, mehr einer Gnade folgend als einem männlichen Entschluß, an jedem Ende, das ist, an jedem frohen Anfang, wiederfindet. Tasso – es bleibt dabei, aber ein Tasso ohne einen Antonio. Kein Antonio – denn die Freunde wechseln, und die Freunde aus dem Blut, Vater und Bruder, bewähren sich nicht. Menschlich ergreifend ist dieses Dasein, Sprechen, Bauen, Schenken und Kämpfen in jedem Augenblick.

Drei ungeheure, von bloßer Menschenkraft kaum zu meisternde Konflikte entrollen sich aus dem immensen Panorama eines leidenden großen Herzens: das erste, das an der Oberfläche liegende Problem, die am leichtesten zu heilende Wunde: ein Mann zwischen zwei Frauen, beiden treu und untreu zugleich. Melitta, Gattin, Mutter der Kinder, die gesicherte Ordnung hier – und dort Anja, das ewig werdende, niemals zu fassende und eben deshalb stets innigst ersehnte Wesen; herbe Knospe, mit dem ganzen Sommer im keuschen Herzen. Und da das Werdende immer und überall dem Seienden voraus ist, wandert das Leben des Helden dieses Buches von Melitta zu Anja. Melittas sture Teufelei, ihre moralischen Erpressungsversuche aber machen den Mann zu ihr hin schwanken. Hier erkennt man, wie tief dem Wesen Hauptmanns das Mitgefühl mit jeder leidenden (wenn auch noch so teuflischen, diabolischen) Seele angeboren ist. Er folgt der bösen Frau, weil er ihr Leiden so bis ins Innerste, Bitterste nachfühlen kann, er folgt ihr gegen seinen Willen, gegen sein besseres Wissen, gegen seine Natur. Anja ist ja seine Natur, das Selbstverständliche, die holde, helle Frau ohne hervorstechende Eigenschaften, die er liebt, weil sie auf der Welt ist, die er mit seiner Liebe nur bestätigt, sie nicht vergötternd, sie nicht aufwühlend und zerstörend. Aber die andere ist viel tiefer erlebt, weil viel tiefer erlitten – Leidenskraft, soll sie dasselbe sein wie Erlebniskraft? Bei Männern wie Hauptmann vielleicht.

Der zweite Schicksalsabgrund, schon viel schwerer zu überspringen, vielleicht nur mit dem Aufgebot aller virilen Kräfte, ist der Kampf mit dem Bruder, mit dem Mann mit dem rotblonden Schnurrbart und dem dürftigen Ziegenbärtchen, mit dem ewig Wollenden, nie Befriedigten. Eine in Bitternissen verlorene Seele, um die er, der glückliche Bruder, der von Erfolg gekrönte, immer wieder mit keuschester Liebe wirbt. Vergebens. Schon dieser Konflikt ist hier kaum angedeutet in seiner ganzen Lebensschwere. Eigenartig bezeichnend nur die Abschiedsszene, die Abschiedsatmosphäre, die letzten Worte des umfangreichen Buches: So ist es: der Held hat den ersten Konflikt glücklich gelöst, er hat – und nach welcher Odyssee des Leidens und der himmlischen Last – Anja geheiratet. Sein Haus ist gegründet, er, seine Frau, sein Kind haben »eine Bleibe«. In der Halle seiner palastartigen Villa (Palast und Villa müssen es sein) hat die Trauung stattgefunden. Es folgt das kleine Hochzeitsmahl. Klein in der großen Halle, wie er ausdrücklich sagt. Doppelt groß, weil er sich vielleicht jetzt, an dem Glanz- und Triumphtag seines Lebens besonders einsam fühlt. Denn, das ist des langen Liedes Schluß: »Eine Teilnahme meiner Familie fand nicht statt.« Vater? Mutter? Bruder? Freunde. Niemand. Odysseus allein.

In nüchterneren Worten hat niemals ein gewaltiger Lebenskämpfer seine Niederlage festgestellt. Aber es ist und bleibt nur eine Feststellung. Keine Anklage. Sie ist seine Sache nicht. Er ist kein Tragiker, dieser Hauptmann, so wenig wie Goethe einer war. Äschylos war es. Kleist, der Dichter des Hiob, dessen Hauptmann hier oft Erwähnung tut, aber er selbst ist es nicht. Das ist sein Glück, seine Schwäche auch wie so oft. Das ist das dritte Problem, das unüberbrückbare, unlösliche, der letzte Knoten. »Nicht anklagen, niemand anklagen!« sagt er erschütternd an einer Stelle. »Auch sich nicht anklagen, auch sich nicht verklagen. Überhaupt nicht im ewig Gestrigen wühlen, wie in einem beizenden Rauch ausbrodelnden, heißen Sumpf! Verzeih auch dem, der dir nicht verzeiht: ich will auch meinem Bruder verzeihen, was zu verzeihen und was nicht zu verzeihen ist...« Schwer wiegt hier jedes Wort: nicht nur der Bruder ist der Angeklagte, sondern auch der Held selbst steht vor dem Gericht seines eigenen Gewissens. Verzeihen, was nicht zu verzeihen ist? Darf man dies? Darf man es, weil man es muß? »Du sollst lieben, nicht urteilen«, sagt er. »Urteilen heißt nichts anderes, als richten und meistens zugrunde richten ...Ich fasse Vorsätze...«

Hier nähert sich das Werk dem eigentlichen Kernpunkt, dem schwierigsten, dem heimlichsten Punkt der grandiosen Beichte, die damit auch auf dem unheimlichsten Punkt angelangt ist: auf das Sichselbstanklagen, das Sichselbstsehen und Sichselbstrichten. Ein Richter, wo er versagt, wird gemessen an seinem eigenen Maß. Er liebt zwei Frauen, einer nur kann er gehören. Er liebt den hassenden, mißgünstigen Bruder, und doch kann er sein aufdringliches Licht nicht so unter den Scheffel stellen, daß es den neiderfüllten Kain nicht störe. Und er selbst: er ist, selbst-bewußt, ein echter Sohn der Götter. Zu irdischen Staubgeborenen steigt er (hochgesinnt oder hochmütig?) herab, seiner selbst bewußt bis in den Traum. Grandios in seiner michelangelesken Melancholie, dieses Sich-selbstbewußt-Werden, das Erkennen des Staubes und Drekkes, unter dem er wandelt, und das, an das er sich hängt und das sich an ihn hängt. Weil er sich, der Lichtgeborene, mit allem Staubgeborenen gepaart hat, glaubt er, alle Welt müsse ihm diese Erniedrigung, diesen Fall Hauptmann ansehen, er will sich verkriechen, ein neuer Adam nach seinem Soana. Nein, nicht als Ketzer, nicht als der fünfte Apostel Emanuel Quint will er dastehen, aber als gefallener Erzengel lebt er dahin. Durchaus nicht immer von aufrauschendem Schwunge himmelwärts getragen, sondern oft genug über grobe Ackerschollen stolpernd; nur den Blick am Himmel hangend, und selbst das nicht immer. Ein reicher Mann. Ein aus der Fülle aussäender, ein üppiger Verschwender mit geschlossenen Augen, der Seligkeit des Sich-Verlierens hingegeben, und dieses grandiose Gebenwollen ist sicher das Geheimnis seiner Zeugungskraft. Aber den quellenden, den üppigen, reichen sieben Jahren folgen zeitlose Räume innerer Leere, fast unvorstellbarer Verzweiflung. Vergeudung, Reue, Vernichtung, Selbstqual, erbitterter Kampf gegen sich selbst, ein Rütteln an den Voraussetzungen seines Wesens, denen er unbarmherzig gegenübersteht – Richter und Angeklagter zugleich. Er liebt sich selbst. Wer könnte denn auch leben und schaffen wie dieser Mann, ohne sich selbst aus tiefstem Herzensgrunde zu bejahen. Aber wie er einmal sehr tief sagt: der Liebende neigt zur Selbstquälerei.

Wer den Anblick dieses prometheischen Menschen ertragen kann, wie er mitten in der Fülle des Lebens und des Glückes verdurstet und mitten in der Gnade an der Gnade verzweifelt und dann tapfer, stolz und gütevoll wieder sich ermannt – wie er steigt, irrt und fällt – der lese dieses Buch. Es gehört zu den echtesten Dokumenten eines ewig geprüften und eben deshalb ewig sich bewährenden großen Herzens.

(1929)

Thomas Mann, »Mario und der Zauberer«

Dem grandios angelegten, in seiner Art bis jetzt unerreichten »Zauberberg« soll in ähnlichen Riesenausmaßen ein biblischer Roman »Josef« folgen. Zwischen diese beiden Werke fallen Arbeiten kleineren Umfangs, die aber deshalb nicht von geringerer Bedeutung sein müssen. Denn das Format ist nicht der in Zentimetern meßbare Rahmen eines Bildes, nicht die Seitenzahl eines Buches, sondern deren innere Spannung und Lösung, der wirksame Gehalt, das Neue, Erschütternde, das Bewegende.
In einer dieser kleinen Arbeiten, »Unordnung und frühes Leid«, hatten wir eine bewunderungswürdige Erzählung. Fein ziseliert, aber unbeirrbar kräftig, wuchs sie aus dem rein Persönlichen ins allgemein Menschliche; mühelos, mit Notwendigkeit. An diese Prosaskizze knüpft das »tragische Reiseerlebnis« an, wie der Untertitel der neuen Erzählung Thomas Manns lautet.
Hier wie dort persönliche Erlebnisse. In »Mario und der Zauberer« besonders intim gefärbt durch die Erzählungsform, die sich an einen dem Autor bekannten Leser zu wenden scheint und ihn ab und zu mit »Sie« anredet. »Ich halte Ihnen keinen Vortrag«, sagt Thomas Mann an einer Stelle, »aber in der ganzen Welt hat sich das Verhalten zum Körper und seiner Nacktheit während der letzten Jahrzehnte grundsätzlich und das Gefühl bestimmend gewandelt.« Hier endet ein reizendes Feuilleton über ein norditalienisches Seebad, und es beginnt das Problem des Buches: Freiheit.
Der Erzähler und seine Angehörigen haben Anstoß erregt im faschistischen Italien, ein weibliches Wesen ist »zu frei gewesen«. Ein üppiger, die Sinnlichkeit der Masse aufstachelnder Frauenkörper? Keineswegs. Es ist etwas viel Zarteres, Winzigeres, was die moralische Würde des sittlich neu auferstandenen Italien verletzt hat. Es ist nur das (von »Unordnung und frühes Leid« her unvergeßbare) kleine Töchterchen des Erzählers, »achtjährig, aber nach ihrer Entwicklung ein gutes Jahr jünger einzuschätzen, und mager wie ein Spatz«. Eine Sekunde lang hat das arme, kränkliche Wurm gewagt, das nasse Badetrikot abzustreifen, und schon hat es Anstoß erregt im Paradies der patriotischen Kinder – denn schon die Kinder sind im neuen Italien einorganisiert in eine militärisch gedrillte Organisation und den Vierjährigen werden die Schwarzhemden ebenso prompt angemessen wie den Vierzigjährigen. Das

liegt in der Natur der Sache? SACHE? Nein, eine geistige Bewegung ist es, die ein großes Volk bis ins letzte absorbiert hat und die für Europa von der äußersten Wichtigkeit ist.

Es wird nun mit wahrhaft souveräner Hand, nämlich mit einem Nichts an Farbe und Kontur die faschistische Haltung, dieser schauder- und lustvolle Seelen- und Körperkrampf geschildert, der nicht einen Einzelnen, etwa unter dem Einfluß eines Hypnotiseurs, sondern ein ganzes Volk unter der Wirkung eines Führers beherrscht. Massenwahn, Massenwahrheit, Massentrug. Überpatriotismus, ein ins Religiöse sich versteigendes Nationalgefühl, Selbstvergottung, neuer Götzendienst am eigenen Altar. Gott und Gottesanbeter zugleich ist diese Nation.

Der Einzelne vermag sich kaum von außen hereinzuleben. Schon der »Patriotismus« deutet ja auf die Reihe der Ahnen, auf die Wirkung des Abgelebten, das erneuert wird, jeder praktischen Forderung des Tages entrückt. Anbetend religiöses Menschenopfer. Vertilgung der Freiheit. Irrationales Leben über dem Geiste – gegen den Geist.

Das alles in einer keine 150 Seiten starken Erzählung Thomas Manns, in einer niedlichen, von Meid reizend illustrierten Ausgabe sich dem Blick des Lesers darbietend? Und doch ist es so.

Im Lande der allgemeinen Willenlosigkeit, im totenstillen Sklavenhause des menschlichen Masochismus erscheint ein Meistersadist der Seelen. Zauberer im Willenzerbrechen. Selbstbehauptung bis zum Exzeß. Sich selbst und die kleinste Regung seines Willens behauptet dieser Herr der Geister: der Wachsuggestionist Cavaliere Cipolla.

Er gibt eine Vorstellung, aber in mehr als einem Sinn wird sie Wahrheit. Er läßt alle Gäste zahlen und pünktlich erscheinen, kommt aber selbst zu spät. Und dann steht er da. Nonchalant. Schamlos häßlich. Dennoch bezaubernd. Verlottert, verschlampt. Dennoch konzentriert. Gesammelt, auf der Höhe seiner selbst. So lümmelt er auf dem Podium zwischen Zigarette und Kognakglas, umschlottert von einem schäbigen Radmantel, bewehrt nur mit einem kleinen Peitschlein mit klauenartigem silbernem Griff – und bewehrt mit dem unerschütterlichen Bewußtsein, der Masse überlegen zu sein. Überlegen durch besondere Geisteskraft? Nein, nur durch den starren Willen – und vor allem durch die innerste Zugehörigkeit zu der Masse als solcher. Nur weil er Blut von ihrem Blute ist, dieser Cipolla, weiß er ihr zu schmeicheln. Er weiß alles so zu drehen, daß diese Masse glauben kann und glauben muß, auch sie, jeder Einzelne unter Hunderten wie unter Hunderttausenden, habe Teil an dem glücklichmachenden Triumph des stärkeren Willens über einen schwächeren.

Jeder Zuhörer, so willenlos er an sich ist, glaubt mit dem großen Bataillonsführer zu führen, an der Spitze der stärkeren Bataillone zu stehen, auf denen angeblich der Segen der Götter ruht: Immer ist die Masse der Frösche auf der Suche nach ihrem Storchkönig, und hier, in diesem Zauberer, hat sie ihn gefunden, ihren Herrn und Meister. Wie läßt er, Übermussolini, seine Opfer lustig nach seiner Pfeife tanzen! Musterexemplare »prompter Entseelung und Willenlosigkeit« drehen sich im Kreise, glücklich in ihrer Erniedrigung, den andern armen Narren Anlaß zu Lachen und Spott.

Aber es gibt auch andere, Mario zum Beispiel. Aber ist er ein »Beispiel« gegen das System Cipolla? Man errät es nicht, und der Dichter verrät es nicht. An Mario zerbricht der Zauberer Cipolla. Mario hat sich zwar das Entwürdigendste still gefallen lassen, krampfhaft lachend muß er sich sein Heiligstes, sein Gefühl, in den Dreck ziehen lassen. Aber als er aus der Verneblung, der Verhexung herausgelassen wird (die andern Opfer tanzen noch ununterbrochen ihren Narrentanz weiter), da rächt er sich, zieht einen Revolver, schießt, mordet. Meisterschuß. Ja, ist es denn sicher, daß er in diesem Augenblicke bereits wieder Meister seiner selbst geworden ist? Oder ist dieser Mord nicht vielmehr Selbstmord des längst todesreifen Cipolla? Überdruß war dieser fragwürdigen Persönlichkeit von Anfang an eigen. Überdruß am eigenen Besitz, Ekel über das Wirkliche, Neid, allgemeine Welt- und Lebensunzufriedenheit. Diese neronische Übermacht wurde – nicht anders als bei Nero selbst, aus Langeweile geboren.

Ja, dieser schauerliche, dieser in seiner Verlogenheit wahre Mensch ist eine echte Erscheinungsform des im Jahre 1930 führenden Geistes. Aus dem kleinen Büchlein des Thomas Mann springt er heraus, leider nur zu flüchtig. Kaum hat er uns mit seinen falschen, aber beherrschenden, klugen, gierigen Augen angesehen, kaum hat er uns am schwächsten Punkt unserer Existenz gepackt, wie der Teufel am Rockzipfel, nämlich an unsern dummen Eitelkeiten – da ist er schon verschwunden. Ein Knall, ein übler Duft, und fort ist er. Wir bedauern es. Vielleicht ist nie Thomas Mann einem großen, die Gegenwart deutenden Geheimnis so nahe gewesen wie hier.

(1930)

Seelendeutung aus England

Zu John Cowper Powys' Roman »Wolf Solent«

Der große Wiener Verlag Zsolnay, dem wir Galsworthy und Dreiser verdanken, macht uns mit einem umfangreichen Werke eines Engländers Powys bekannt. Über tausend Seiten: Einzelschicksal, Landschaft, Seelendeutung. Poesie dazwischengestreut, edle Verse von echtem Stimmungsgehalt – und etwas vom lyrischen Adel dieser Gedichte schwingt in der gehobenen, aber immer bildkräftigen, männlich gedrungenen Sprache des Romans mit. Müßte man nicht von der Lektüre eines solchen Buches, das doch auf jeder Seite interessiert, das fast in jedem Satz den Schönheitssinn befriedigt hat, müßte man nicht von der Lektüre eines solchen Buches mit tiefer Erschütterung aufstehen und sagen: die alte Kunst ist nicht tot, es leben junge Meister, welche die Welt nach ihrer neuen Weise herrlich fassen? Leider ist dem nicht so. In Büchern dieser Art ist keine wahre Bereicherung der Kunst des Romans zu erblicken. Bei allem redlichen Bemühen im einzelnen, poetisch zu sein, ist dieses Werk von echter Dichtung weit entfernt. Woran liegt es? Es liegt an der Handlung, es liegt an den geschilderten Menschentypen – und es liegt an der Zeit.
Es liegt an der Handlung, weil das Schicksal der Hauptperson, dieses außerordentlich gebildeten, klugen und sympathischen Wolf Solent vom ersten bis zum letzten Augenblick kalt läßt. Denn niemals ist dieser phlegmatische, alles mit richtigem zoologischen und botanischen Namen nennende Oberlehrer und Historiograph der Skandalchronik des Kreises Dorset gefährdet. Eine Hamletnatur, gewiß, aber doch nur das träge aufgeschwemmte Teil dieses problematischen Helden, Hamlets Weltschwäche, aber nicht Hamlets übermenschliche, überwissenschaftliche Welterkenntnis. Seine Breite: ja. Seine Tiefe: nein. Zwischen zwei Frauen schwankend, einer sinnlich blühenden und einer kartesianisch geistigen, zwischen der üppigen Gerda und der mageren Christie, steht der junge Wolf Solent zum Schlusse des überlangen Romanes vor dem alten Scheideweg: »Harre aus oder flieh! Es oblag ihm, die Weisheit dieses Wortes über alle die elenden Augenblicke auszubreiten, die kommen mußten. Oh, Christie! Oh, Christie! Nun schön, er mußte hineingehen und vor die beiden treten...« So mager ist das

Endergebnis der tausend und abertausend Eindrücke, Berechnungen, Betrachtungen.
Es liegt ferner an den geschilderten Menschentypen. Eine Mutter, die von den Urrechten der matrimonialen Gewalt nicht lassen will und kann, ein Lord, der von pornographischen Schmierereien das höchste Erdenglück erwartet und von bösem Gewissen geplagt wird, ein blutschänderischer Antiquar – alle diese Typen sind wie mit der Schere aus einer illustrierten Zeitung ausgeschnitten, man sieht sie, man kann ihre Konturen mit dem Fingernagel sogar nachziehen, aber alles bleibt an der Oberfläche. – Es *müßte* doch wirken mit der gewaltigen Menge von Tatsächlichkeiten, in der scheinbaren Präzision des Berichtes – und tut es doch nicht. Die Gnade des großen Erzählers, wie sie zum Beispiel auch die an sich viel schematischer angelegten Figuren eines Dickens umgibt, sie fehlt hier, obgleich doch die Seelenanalyse seit den Zeiten des alten Dickens riesige, dem Cowper Powys nicht unbekannt gebliebene Fortschritte gemacht hat.
So gibt es bei Dickens im David Copperfield eine »Puppe«, eine süße kleine Frau Dora mit einem ebenso niedlichen kleinen Hund. Das eine Spielzeug spielt mit dem andern. Dora ist nur eine Episode – das Herz des Autors (und die Hand des Witwer gewordenen David Copperfield) sollen der anderen Frau gehören, der, wie sagte ich? kartesianisch geistigen, der puritanisch mütterlichen Frau. Aber wie steht die »Puppe« bei Dickens da! Wie sie lacht, wie sie spricht, wie sie im Rahmen der Gesamtkomposition aufgeht und verschwindet, wer *das* zwischen Lachen und Weinen, aber immer im Herzensgrunde entzückt und bezaubert liest und es mit der Puppe im Wolf Solent, mit der süßen Gerda vergleicht, der sieht den ganzen unmeßbaren Zwischenraum zwischen einem Werk des quellenden Genies und dem Werk eines guten Psychologen, wie es Powys gewiß ist.
Es liegt auch zum dritten und wichtigsten an der Zeit. Man kann als großer Romanschriftsteller über der Zeit stehen, aber kann schwer so an der Zeit vorübergehen wie Powys. Alles umschreiben und uns doch letzten Endes unbefriedigt lassen, weil nichts von dem angeschlagen wird, was uns selbst bewegt – hat das bleibenden Wert, kann das weiterleben, kann es wirken? Wenn man das Buch zu Ende gelesen hat, kommt die Frage: Um was handelt es sich? Wurde um etwas gekämpft? Hat die Schicksalswaage geschwankt, was lag auf der einen, was auf der anderen Seite des Richtbalkens?

Leider nichts. Die Kräfte und Gegenkräfte sind nicht eine dramatische Sekunde lang gegeneinander aufgestellt. Keiner kämpft um keinen. Gerda, die als prachtvoll naturverwandtes, blutwarmes, sinnliches Geschöpf eingeführt wird, sie, die man hört, wie sie die Stimmen der Waldvögel lockend aus ihrer weißen Kehle entläßt, sie wird zur hausbackenen Konkubine. Es wäre ja kein weltbewegender Vorwurf einer psychologischen Studie, wenn noch einmal die Desillusionierung eines geistigen Menschen geschildert würde, der das ästhetisch Makellose anbeten will und aus dem herrlichen Körper eines sterbenden Schwanes die Quetschtöne einer vielgeplagten Fettgans hören müßte – aber ein Vorwurf wäre es doch, eine tragikomische Begebenheit, ein Stück echtes Leiden und Leben. Hier in diesem schön gezeichneten Geschichtsbuche stehen die Bilder dieser beiden Tiere nebeneinander oder übereinander, und unter beiden steht als kennzeichnende Unterschrift: Gerda. Aber wie *wurde* das? Wann verging der Zauber? Ja, wann hat er begonnen? Fragen über Fragen.

John Powys mag ein guter Lyriker, ein starker Essayist, ein gründlicher Gelehrter, ein in vielen Zweigen menschlichen Wissens bewanderter, grundanständiger Mann sein – ein Romanschriftsteller von mehr als mittelmäßiger Bedeutung ist er nicht.

(1930)

Heinrich Mann, »Die große Sache«

Der in den letzten Jahren sehr rührig gewordene Verlag Kiepenheuer in Berlin, der sich mit besonderer Liebe und Treue die fördernde Pflege der jüngeren Generation, also der etwa 30- bis 40jährigen, angelegen sein läßt, bringt jetzt einen großen umfangreichen Roman von einem der wenigen, überragenden älteren Meister der deutschen Epik heraus, das letzte Werk desselben Heinrich Mann, dem wir die große Trilogie der »Herzogin von Assy«, »Die Jagd nach Liebe«, »Professor Unrat«, »Zwischen den Rassen«, »Die kleine Stadt«, »Flöten und Dolche« verdanken.
Und den »Untertan«, ein Buch von unheimlicher, geradezu hellseherischer Erkenntnis der politischen Gegebenheiten im alten Deutschen Reich. Wobei »Gegebenheiten« das Ineinanderwirken von seelischen Charakteranlagen und sozialen Rangordnungen bedeuten sollen.
Bedeuten werden. Bloß ein flüchtiger Blick in das alte, aber nie veralternde hinreißende Buch, und schon steigt über die Vergänglichkeit von Dynastien das Unvergängliche eines typisch gezeichneten Charakters empor. Das ewig Subalterne im Menschen, wie es Mann im »Untertan« mit unwiderstehlicher Kraft (der Liebe und des Hasses zugleich) wiedergibt, ist dann nicht mehr rein deutsch. Der brutale Absatz, der über dem runden Köpfchen des geduckten Untertanen seinen Schmutz abwischt, braucht nicht mehr einer Dynastie anzugehören, die inzwischen vom Schauplatz ihres historischen Seins abgetreten ist; er gehört zu der herrschenden Macht im allgemeinen europäischen Sinne. Das heißt: Werke wie »Der Untertan« werden bleiben, sie werden so lange noch gültig sein, solange das gegenwärtige Gefüge des europäischen Charakters aufrecht bleibt. Das heißt also, vorläufig auf unabsehbare Zeit.
Wenn man Heinrich Mann von dieser Seite sieht, steht er ganz unerreichbar, er ist sozusagen der einzige Vertreter seiner Sonderklasse. Man kann ihn *nur an sich selbst* messen, und das will ich auch tun, wenn ich sein neues Buch, »Die große Sache«, als Einzelwerk eines überragenden Dichters und Zeitkritikers betrachte.
Worum geht es nun in dem umfangreichen, mit virtuosen Mitteln geschriebenen Werke? Um die Verwertung einer Erfindung, die

ein alter Idealist, der Oberingenieur Birk, Vater von Margo, Inge und einigen jüngeren Kindern, in aller Heimlichkeit gemacht hat. Über den Wert dieser Erfindung hört man phantastische Gerüchte. Niemand, außer dem stillen, infolge eines Betriebsunfalls bettlägerigen Birk, hat zwar dies Sprengmittel »von unerhörter Brisanz« wirklich und wahrhaftig vor Augen gehabt, niemand außer ihm hat es analysiert und auf die Leistung abgeschätzt. Die Erfindung fällt noch dazu aus dem Arbeitsrahmen des verdienstvollen Ingenieurs, dessen geniale Begabung dahin zielt, Eisenbahnbrücken von 42 m Höhe zu bauen, den man aber niemals im chemischen Laboratorium an der Arbeit sieht und dem diese Erfindung als Gnade des Himmels zugefallen sein muß. Aber wir glauben sie dem Dichter als Voraussetzung und folgen ihm gerne, auch wenn er sich zu einer Schätzung von nicht weniger als 40 Millionen *M* für diese »Bombe« versteigt, die inzwischen sich in der Rocktasche von Birks Schwiegersohn, Emanuel, befindet, als dieser ausgeht, um sie in Gold zu verwandeln. Bei diesem Beginnen fangen bereits die Konflikte an. Die Erfindung ist gemacht worden in den Arbeitsräumen eines großen Konzerns, den ein sagenhafter Generaldirektor, »Karl der Große« genannt, beherrscht. Gehört sie also dem kapitalistischen Kollektiv, dem Konzern oder dem halb proletarischen Individuum, dem Erfinder und dessen Familie? Kaum sind diese Fragen aufgeworfen, als sich ein Dritter meldet, um nach tausend andern unredlichen Gewinnen auch diesen Gewinn an sich zu raffen, auf welche Weise immer.

Denn, wie immer die Rechtslage sei, dieser Dritte, Karl August Schattich, Dr., Reichskanzler a. D., Direktor des Konzerns, hat nicht den mindesten, ehrlich zu begründenden Anspruch auf die Ausbeutung der problematischen Sprengstofferfindung. Aber schon werden vor ihm alle Hebel auf volle Fahrt umgelegt, die Motoren werden auf höchste Touren gebracht. Es setzt eine rasante Hetzjagd auf diese Erfindung ein, deren ohne Unterlaß und ohne Motivierung wechselnde Phasen auch nur annähernd zu entwirren, ein detektivisches Genie erfordern würde. Ein Treiben, Jagen, Intrigieren, Mine und Kontermine, Explosion auf Explosion. Wobei an Wahrscheinlichkeit und Lebensechtheit, man muß es leider sagen, ebensoviel verlorengeht, als die Geschichte an Abenteuerlichkeit, an äußerer brutaler Spannung gewinnt – oder nur gewinnen möchte. Ein Wildwestroman. Wie anders soll man es nennen, wenn z. B. ein schwachsinniger Mensch aus dem Sportpalast,

Mulle genannt, der immer das Kernwort »Wanze« im Munde trägt, von der Frau Schattichs aus Niedertracht und aus Neid gegen den erfolgreichen Gatten zum Morde an dem ehemaligen Mitglied der Regierung gedungen wird. Man weiß nicht, ist es freiwillige Komik oder unfreiwillige, wenn dieses Geschöpf Mulle dem gewesenen Reichskanzler in dessen Wohnung auflauert, ihn mit einem langen Messer bedroht, von dem ebenfalls bösartigen, rachegierigen Portier Sukkurs von rückwärts erhält und sie nun beide den großen Herrn in den Monbijoupark hinausjagen, der eine Mensch mit dem Messer, der andere mit Erpressungsmanövern drohend. Und dabei hat sich der üble Schattich bereits im Geiste gewandelt, aus einem Saulus ist er eben, von einem andern Schieber übertölpelt und geprellt, zum Paulus geworden: »Hier und jetzt beschloß er, in Sachen der Erfindung sich ganz und gar umzustellen und fortan anständig, ja christlich zu handeln. Er empfand die aufrichtige Neigung, seinem alten Freunde Birk den vollen Wert der Erfindung einzugestehen und ihren Ertrag redlich, ja sogar einfältig mit ihm zu teilen.« Ist es Ironie? Der zuckersüße Schluß, ist er eine groteske Karikatur im Sinne Daumiers? Oder soll es doch ernst sein? Wahrhaftig, der reitende Bote aus der Dreigroschenoper taucht in Gestalt eines Depeschenboten auf mit der Beförderung aller Familienmitglieder durch »Karl den Großen«. Denn dieser Grande aus der Industrie war es, dessen Privatflugzeug die mutige Tochter Birks, Margo, in Pilotenuniform verkleidet, heimlich durch die Lüfte nach Berlin-Tempelhof gesteuert hat, um mit ihrem ahnungslosen Fluggast wider Willen (denn er hätte sich den Flugkenntnissen der Frau niemals anvertraut) wichtige Eröffnungen auszutauschen. Aber was ist dieses Abenteuer gegen die Abenteuer ihrer schönen Schwester, die sich als Nackttänzerin zur Generalversammlung des Schattichschen Konzerns einfindet, um in aller Unschuld die Nachtischgespräche der hohen Herren über »die große Sache« zu belauschen? Solcher Eifer kann nicht ohne Erfolg bleiben.

So muß sich alles in Wohlgefallen auflösen: »Gut gemacht«, sagt der alte Vater Birk auf seinem Sterbebette, »gut gemacht, Liebling! Vielen Dank, mein Lieblingskind! Das konnten wir alle brauchen. Jeder hat das Seine bekommen, dank deinem Mut und deinem reinen Sinn – jeder, worauf er irgend Anspruch hatte, und noch mehr. Ich werde in die unmittelbare Nähe unseres höchsten Chefs versetzt, das hätte ich nie erwartet.« Dies gesagt, schließt er seine Augen und geht in Frieden in den Himmel der anständigen Leute ein. Schattich ist eine weniger schön gefärbte, er ist eine wahrscheinlichere Gestalt. Aber ist es darum wahr? Er hat Züge, die historisch sind. Es soll einen Reichskanzler der deutschen Republik gegeben haben, auf den möglicherweise die eine oder andere Anspielung paßt. Die grotesken Anspielungen sind deutlich. Eine um so größere Verantwortung übernimmt ein Dichter, der Tatsachen und Wirklichkeit aus der Historie des Tages entlehnt.

Der Dichter des »Untertan« ging der Historie hellseherisch voran. Bedeutend. Deutend. Dasselbe wird man von dem Gestalter der »großen Sache« nicht sagen können. Man kann nur hoffen, daß eine so grandiose, trotz allem unverwüstliche Erzählungs- und Gestaltungskraft wie die eines Heinrich Mann sich wieder findet. Uns findet er immer wieder als die Bewunderer seiner großen Sache von einst.

(1930)

Hans Fallada,
»Bauern, Bonzen und Bomben«

Der junge Dichter, dem wir dieses außerordentliche Buch verdanken, leitet sein Werk mit folgenden Sätzen ein: »Dieses Buch ist ein Roman, also ein Werk der Phantasie. Wohl hat der Verfasser Ereignisse, die sich in einer bestimmten Gegend Deutschlands abspielten, benutzt, aber er hat sie, wie es der Gang der Handlung zu fordern schien, willkürlich verändert. Wie man aus den Steinen eines abgebrochenen Hauses ein neues bauen kann, das dem alten in nichts gleicht außer dem Material, so ist beim Bau dieses Werkes verfahren. Die Gestalten des Romans sind keine Photographien, sie sind Versuche, Menschengesichter unter Verzicht auf billige Ähnlichkeit sichtbar zu machen...«
Der Autor will, so setzt er fort, bei der Wiedergabe der Atmosphäre, des Parteihaders, des Kampfes aller gegen alle höchste Naturtreue erstreben. Seine kleine Stadt steht für tausend andere und für jede große auch.
Eine kleine Stadt? Das erinnert an ein prachtvolles Buch Heinrich Manns. Aber wenn das Buch Falladas mit einem Werk Heinrich Manns Ähnlichkeit hätte, dann noch am ehesten mit dem unvergessenen, ja sogar mit jedem neuen Tage aktueller werdenden Buche, das der »Untertan« heißt. Also vor allem anderen ist es eine großartige, mit der Urgewalt des Hasses geschaffene, aber von unterirdischen Strömen der Liebe gespeiste satirische Dichtung.
Ob nun Fallada einzelne Charaktere (mit den einfachsten, sparsamsten und überzeugendsten Mitteln) vor uns hinstellt, wie etwa den dreckseligen, unergründlich niederträchtigen Redakteur Staff, oder ob er Panoramen aus dem pathetischen Aufstand der Bauern des Landes an der See um Stettin herum in seinen Roman hineinkomponiert, nirgends wurde mir bewußt, wo das Material (Akten usw., Wirklichkeitsbericht, Recherchen und persönliche Erfahrung) aufhört und wo die freie Phantasie zu produzieren beginnt. Das ist der Grund, weshalb ich das Ganze nicht als Werk eines hochbegabten »Schriftstellers«, sondern als das eines geborenen Dichters ansehen muß, wobei über den Rangunterschied zwischen Schriftstellerei und Dichtung nicht das mindeste gesagt sein soll.
Worum handelt es sich? Es handelt sich um die Kämpfe der Bauernschaft, die von einer impotent-brutalen Beamtenschaft mißver-

standen, bedrängt, falsch behandelt wird und die, dumpf und stur, der Not der Zeitenwende nicht gewachsen ist. Die andere Partei sind die Bewohner einer Stadt namens Altholm. Boykott, Demonstrationszüge, schwarze Fahnen, Tagung in der Heide nachts, Schwur und Feme. Stumpfer Fanatismus hier, stumpfe Geschäftspraktiken dort. Waffen, Blut und Aufruhr überall. Und endlich, mit einer ruhigen Meisterschaft dargestellt, das diabolische Kampfmittel der schweigenden Verachtung; es ist die Strafe des durch Schweigen strafen. Das alles nicht zwischen Einzelpersonen ausgefochten, sondern zwischen Massen, deren Führer nicht erkennbar sind, die im Dunkel die Fäden dirigieren, sich jeden Mittels bedienen und die den Maschen des völlig unzureichenden Gerichtsverfahrens zu entschlüpfen verstehen.

Vielleicht wurden die Urkräfte, die zu dieser Bauernrevolte führen, nicht genügend klar herausgearbeitet. Hier sehe ich eine (vielleicht die einzige) Schwäche des Werkes. Daß der Dichter diese Dinge hätte an der Wurzel packen können, daß er dem Wesen der Bauern genauso nahe steht wie dem Wesen des Kleinstädters, dafür bürgen einige prachtvolle Szenen, wie die des Aufruhrs in den Straßen von Altholm, wo er dem an sich larmoyanten Kampf um ein Fahnentuch ganz neue Aspekte abzugewinnen verstand, nicht etwa durch großartige Diktion, sondern durch eine bis ins Letzte gehende Sachlichkeit, durch ein homerisches oder tolstoisches Schildern, wobei ihm der Gesichtsausdruck der Kämpfer genauso wichtig ist wie die Schärfe der an die Fahne angenieteten Bauernsense, deren Schneide vorerst durch eine Blockschere beseitigt worden ist – so wird die Fahne »beschnitten«, die Sense stumpf gemacht, und am Ende des an 600 Seiten starken Buches verläuft denn auch alles im Sande.

Zu diesem umfassenden politischen Bild hat Fallada noch zwei Flügelkompositionen, die eine ist die Darstellung der menschlichen Teufelei in einigen abschreckend lebenswahr gezeichneten, kranken, wahrhaft des Niederen trächtigen Charakteren – die andere ist die Schilderung eines klaren Kopfes, einer überragenden Persönlichkeit, eines dirigierenden Subjektes unter allen den haltlosen, süchtigen, zum Teil mordsdummen Menschenfratzen. Dieser Kopf gehört einem zwei Zentner dicken, arbeitsbesessenen, menschendurchschauenden Bürgermeister. Es ist das Oberhaupt der Stadt, die vom Boykott betroffen wird. Ein Mann, ein Kopf, eine Hand – wie der Präsident in Stendhals »Kartause von Parma«.

Dies ist die einzige halbwegs sympathische Figur, alles andere sind Narren und teuflische, seelenkranke Gesellen. Eine Gestalt aber wie die des jugendlichen, feurigen, apollinischen Helden aus der Kartause von Parma hat Fallada nicht darzustellen vermocht. Den meisten Dichtern seiner Generation wäre sie am leichtesten gefallen.
Seine Technik ist sehr eigenartig. Wenig epische Erzählung, fast nur Dialoge, aber diese angefüllt von Tatsachen, sprühend von der dramatischen Spannung des Augenblicks – eine Beherrschung des Sprechtones wie bei einem alten, werkmüden Meister – etwa Herman Bang. Aber das sind nicht die zarten Seelenmüdigkeiten Herman Bangs, was aus dem Munde der Menschen hier dringt: Leidenschaften, Interessen, Viecherei, Haß und Bosheit – und vor allem sehr viel übelriechender Schmutz auch im Wort. Ob die stetige Wiederholung von Vergleichen aus dem – wie sage ich es? – aus dem Dreckbereich des Menschendaseins immer notwendig war, weiß ich nicht. Alle großen Satiriker neigen aber dazu, ich denke an Rabelais, der darin schwelgt. Es mag sein, daß dieser Umstand bleichsüchtige Leserinnen abschrecken wird – den, der auf den Kern der Sache geht, wird er nicht abschrecken. Die Lektüre des Buches lohnt. Sie lockt, man kommt von dem Buch nicht los, und das Tempo des Lesens beschleunigt sich mit jeder Seite. Leer, phrasenhaft habe ich keine Seite des Buches gefunden. Mag sein, daß manche Bezirke des Lebens dem jungen Dichter noch fremd sind, soweit er aber das Leben überhaupt erfaßt, soweit erfaßt er es »echt«.
So darf er wagen, was jedem andern unbedingt mißlingen würde, er darf Wandlungen im Wesen seiner Menschen zeigen, ohne sie des langen und breiten zu begründen. Sein Dreckmephisto, diese wahre Spottgeburt aus Dreck und Feuer, darf, ein paar Seiten vor Schluß des Buches, eine gute, ja, eine begütigende Handlung begehen – und man glaubt sie ihm doch, ja, man fühlt, man hat sie erwartet, und sie mildert die Bitternis, die dieses abgründig pessimistische Werk sonst in jedem Leser hinterließe.

(1931)

Hier schreibt Paris

Ein Sammelwerk von heute

Alfred Wolfenstein, ein Lyriker von Rang (seine »Gottlosen Jahre« sind noch nicht vergessen), ein Übersetzer von außerordentlichem Einfühlungsvermögen und prachtvoller, männlicher Sprachgewalt (seine Rimbaudübertragung ist in ihrer Art unübertrefflich), hat es versucht, die größten Geister des jetzt lebenden Frankreich in charakteristischen Äußerungen zu sammeln. Es sollte ein Gegenstück zu dem Sammelwerk »Hier schreibt Berlin« werden, und ist es auch geworden.
Kaum einer der repräsentativen Männer Frankreichs hat Wolfenstein seine Mitarbeit verweigert, es sind Lyriker und Politiker, Romanschriftsteller, Musiker, Regisseure und Architekten vertreten. Die Beiträge sind nicht gleichwertig, aber keiner steht unter dem Durchschnitt, und einige sind überragend, sind wahre Dokumente, sind Stimmen des Volkes jenseits der Vogesen. Man kann diese Sammlung kaum übergehen, wenn man sich über den Stand des geistigen Lebens in Frankreich 1931 orientieren will. Aber auch der Leser, der sich nur an einer vollkommenen Seite Prosa laben will, wird das Buch, das sich ab und zu etwas schwer, aber nie schwierig liest, nicht vor der letzten Seite aus der Hand legen.
Nüchterner Idealismus – das ist die geistige Haltung fast aller Beiträge. Nirgends zügelloser Rausch, nirgends verschwommene Sentimentalität. Am klarsten kristallisiert sich diese heilige Nüchternheit sonderbarerweise in zwei herrlichen Erzählungsfragmenten heraus, deren eines wir Gide verdanken, während das andere dem in Deutschland noch viel zu unbekannten Julien Green zugehört. Julien Green spricht über den Schlaf – er erzählt in wenigen Worten, die durch eine in ihrer gehaltenen Kraft unbeschreibbar geheimnisvolle Suggestion ausgezeichnet sind, eine Geschichte zweier Menschen. Zweier Völker? Zweier Zeiten menschlicher Entwicklung? Wer weiß es. Julien Green ist ein Mann, bei dem es keine Grenze zwischen der Wirklichkeit und dem Mythos gibt – nicht leicht dem breiten Leserpublikum zugänglich und doch einer der ganz wenigen, die der zungenlosen Masse Sprache, der maßlosen Menschengeschichte Sinn geben – oder wenigstens geben könnten. Vielleicht ist dieser Julien Green nur Wahlfranzose – sein

englischer Name deutet darauf hin –, aber seine sechs Seiten sind noch zwei Beiträgen das Französischste, was dieser innerlich und äußerlich recht umfangreiche Band enthält.

Außer Gide, den ich schon nannte, hat noch ein kleiner Aufsatz von Marcel Aymé starken Eindruck auf mich gemacht. Der Titel lautet: »Die Studenten«, und ganz harmlos fängt diese Skizze damit an, daß sich ein junger Student äußert: »Ich bin im November vorigen Jahres nach Paris gekommen, um mich für das philologische Examen vorzubereiten. Auf dem Bahnsteig meiner kleinen Stadt Auxerre gab mir mein Vater wichtige Ermahnungen auf den Weg mit...«, und so geht es fort, in schlichtester, fast einfältiger, absolut sachlicher und phrasenloser Sprache. Im Verlauf weniger Minuten wird – nicht allein die ganze materielle Lebenssphäre eines Studenten von heute aufgerollt bis zu den Preisen und der Qualität der Mahlzeiten – sondern darüber hinaus werden drei soziologische Schichten wie durch den einfachen, glatten, aber unnachahmlich treffenden Schnitt eines genialen Anatomen klargelegt: der indifferenten, zweckbewußten Mittelmäßigkeit (des Schreibers des Aufsatzes) eines kommunistischen und eines nationalistischen Studenten, Mitglied der Action française. Genau wie bei Julien Green ist die Perspektive dieser kleinen Prosaskizze umfassender – ja, das Wesentliche der menschlichen Koexistenz viel schärfer aufhellend als tausend Seiten Bädeker, klitternder Welthistorie oder blutlos analysierender Seelenkunde oder vager ethnographischer Psychologie.

Ein kleines Beispiel macht dies klarer als lange Worte: Der Student spricht an einer Stelle über einen bestimmten Punkt in Paris – und sofort wird das Wesen der »massenhaften« Menschenansammlung mit dem Wesen des Unersetzbaren, des alleinzigen Individuums kontrapunktiert und stellt beide Seiten gegeneinander und dadurch auch an sich fest: »Einige Minuten nachher verließ auch ich die Terrasse, und der Zufall eines Spazierganges führte mich nach Montparnasse. La Rotonde, le Dôme und la Coupole waren zum Platzen voll, drei dichtgedrängte Caféhaufen, damit beschäftigt, ihre Apéritifs zu schlürfen, und in einem Behagen hindösend, dessen Geheimnis ich zu ergründen suchte. Ich ließ mich auf der Terrasse der Coupole nieder, mitten in einer Reihe trinkender Menschen, die dicht aneinandergepreßt waren. Da begriff ich, all diese Leute waren in dem Bewußtsein glücklich, eine ungeheure Masse zu bilden, die auf die Bürgersteige überquoll. Ich begriff, warum

Montparnasse besonders bei Ausländern beliebt ist, die diesen Stadtteil nach ihrem Geschmack gestaltet haben, um sich aneinander zu wärmen. Franzosen wäre dies nie eingefallen...« Gibt diese doch an sich ganz unscheinbare Bemerkung des unbekannten Franzosen nicht zugleich eine ganz tiefe, d. h. ins Weite weisende Perspektive des politischen Franzosen? Des Menschen der Grenze, der gewollten Isolierung?

Solche Meisterleistungen der französischen Schriftsteller wären in einer anderen Literatur, ohne große und lebenskräftige, fast durch nichts zu unterbrechende Tradition, nicht leicht denkbar. So sieht man zahlreiche Beiträge hier, welche die erlauchten Namen eines Pascal, eines Voltaire, eines Flaubert tragen könnten. Besonders stark und deutlich ist die Nachfolge Prousts. Kleine in sich abgeschlossene, gedichtartige, aber von allem tönenden Lyrismus befreite Kunstwerke, welche den kleinen »Aufsätzen« gleichen, wie sie schon der ganz junge Proust unter anderem in »Tage und Freuden« hervorgebracht hat, und die vielleicht wieder auf La Fontaine zurückgehen. Hier sieht man die meisterhaften, komprimierten Prosaskizzen von Marcel Jouhandeau: Bilder: Die Natur / Der Gefangene / Spiele / Blumenhändlerin / Säuferin / Verhaftung / Nächtlich / Ruhm / Die schwarze Ährenleserin (und zum Schluß, wie bei Julien Green) Schläfer.

Viele dieser Beiträge sind so von Paris imprägniert, sind so in Paris aufgegangen, daß jede Distanz fehlt, auch die Distanz der Liebe, der Freude, der Bewunderung. Am stärksten hat sich diese Distanz daher logischerweise bei einem Nichtdichter, bei dem genialen Architekten Le Corbusier erhalten, dessen herrlicher, emporschwingender, aber ebenso wie seine Bauten ganz schmuckloser, nahezu klassischer Aufsatz an die grandiosen Grabreden der großen Rhetoriker zu Zeiten Ludwigs des Vierzehnten und Fünfzehnten erinnert. Bossuet von 1931. Aber nicht um die Grabrede eines verstorbenen Monarchen handelt es sich bei Le Corbusier, sondern um den Preis und den Lobgesang einer blühenden Stadt, die sich lange dem Liebenden, dem Wollenden, dem Mann versagt. »Ich möchte meine Liebe zu Paris in Worte kleiden«, sagt er, »Paris, ein Ort zitternd von Leben und doch mit der Atmosphäre einer großen Leere, in der die Kräfte wie im Wettkampf um Reinheit aufeinanderprallen. Die reine Idee allein ist Siegerin: wieviel Leichen ringsumher, wieviel Halbheiten, die unterliegen. So heiß ist der Kampf, so übermächtig die Masse sekulärer Wahrheiten, mit denen man die neue Idee erdrücken kann, daß nur diejenigen Kämpfer widerstehen, die lachen, die trotz allem singen, die mit dem klaren Wissen um ihre völlige Uneigennützigkeit wirken... Cartesianisches Paris, das keine Verwirrung kennt. Klares Paris...« Dies ist die heilige Nüchternheit, hier ist der Ausdruck des männlich herben, kompromißlosen Idealismus – hier spricht vielleicht am verständlichsten die Stimme dieser Stadt, dieses Landes, dieses in seiner Klarheit vielleicht am dunkelsten Volkes, das zu gleicher Zeit wie Diamant zu leuchten und wie Kohle zu brennen weiß.

(1931)

Seenovellen von Martin Andersen-Nexö

Dieser dänische Autor, Martin Andersen-Nexö, dessen Schaffensbeginn bis auf das Jahr 1896 zurückgeht, hat einen angesehenen Namen, vielleicht hat er in den vielen Jahren seines Schaffens ein oder das anderemal auch zu den vielen Anwärtern auf den Nobelpreis gehört. Zu den europäischen Meistern, zu den unumstrittenen Klassikern moderner Erzählungskunst, mit einem Wort zu den zeitgenössischen Klassikern hat man ihn aber bis jetzt nicht gezählt. Und doch erscheint er als eine Begabung, mehr als das, als eine Natur von außergewöhnlichen Ausmaßen; seine Wirkungen, vom streng Rationalen bis zum bezwingend Dämonischen in allen Nuancen variierend, sind umfassend, makrokosmiel, seine Welt ist lange nicht rein lokal, geschweige denn regional.

Er kommt von der dänischen Halbinsel Falster her, er beschreibt diesen an sich reizlosen, kargen Landstrich, die armselige Küstenbevölkerung (Strandfischer, Abenteurer, Strandräuber) mit aller Genauigkeit, mit einer zärtlich väterlichen Liebe, und doch ist seine Kunst so wenig dänisch als Hamsuns Kunst sich innerhalb der geographischen Grenzen Skandinaviens oder Norwegens einschulen läßt.

Mag sein, bei den großstädtischen Lesern hat diesen großen Nexö der nicht größere, sondern unfaßbare Magier Hamsun beschattet. Mit diesem singulären Geiste darf aber überhaupt kein lebender Erzähler verglichen werden. Das Stoffgebiet dieser beiden, die am stärksten mit dem Erfahrungsgebiet der Heimat haushalten, innerhalb ihrer Fischer-, Jäger-, Vagabunden-, Sinnierer- und Verbrecherwelt, in der sie groß, alt und weise geworden sind, berührt sich, ja es gibt unter diesen »Seenovellen« Nexös eine, die das Schicksal zweier entgegengesetzter und doch innerlich so innig verwandter Freunde behandelt wie Hamsuns »Landstreicher«.

Das Element des Mystischen, der lastende Zauber der Gottgefangenheit bricht in beiden durch – aber gerade hier, wo die beiden Meister sich einander scheinbar nähern, erkennt man, was sie trennt. Bei Hamsun (wie bei Rembrandt) das ewig dramatische Helldunkel, die unaufhörliche Beziehung des einen auf das andere, Spiel und Gegenspiel, das niemals abbricht. Bei Nexö das Epische, in der Linie Ungebrochene, das sich ruhig, unbeirrbar bis in riesige

Dimensionen hinausweitet, mythisch werdend durch die immanente Einsamkeit. Denn ein Epiker der Einsamkeit ist Nexö, Hamsun der Klassiker der Gemeinschaft.

(1931)

Ein Bio-Interview
Zu Tretjakows neuem Werk

Der bekannte russische Schriftsteller Tretjakow leitet sein letztes höchst merkwürdiges Buch (»Den-Schi-Chua. Ein junger Chinese erzählt sein Leben. Bio-Interview.« Malikverlag) mit folgenden Worten ein: »Das Buch Den-Schi-Chua haben zwei Menschen gemacht. Den-Schi-Chua selbst hat den Rohstoff der Tatsachen geliefert, und ich habe sie ohne Entstellung gestaltet. Ein halbes Jahr unterhielten wir uns täglich vier bis sechs Stunden. Er stellte mir freigebig die Tiefen seines wunderbaren Gedächtnisses zur Verfügung. Ich wühlte darin herum wie ein Bergmann. Ich war abwechselnd Untersuchungsrichter, Vertrauensmann, Interviewer, Gesprächspartner und Psychoanalytiker.«

Den-Schi-Chua: junger chinesischer Student am russischen Seminar der Nationaluniversität in Peking. Stammt aus Setschuan, einem kleinen Provinzbezirk mit nur 70 Millionen Einwohnern. Seine Sprache ist nicht rein chinesisch, sondern setschuanisch; als er in Peking eintrifft, muß er die Sprache der Weltstadt lernen. Er lernt sie. Er lernt auch Russisch, vielleicht nicht »perfekt«, die chinesische oder setschuanische Zunge kennt das R nicht, – aber er lernt genug, um sich mit dem russischen Schriftsteller und Politiker aussprechen zu können, und das Ergebnis dieser Geistesehe auf Zeit ist dieses Unikum.

Ein Jugend-, ein Erziehungsroman größten Ausmaßes, in dem sich der Geist des östlichen Menschen fast restlos durchsetzt gegen den des westlichen. Für uns liegt Rußland östlich, hier in diesem auch weltanschaulich ganz einzigartigen Werke sieht jemand Rußland aus der Tiefe der jahrtausendealten chinesischen Überlieferung als das moderne, aufgeschlossene Gebiet des Westens an, das Land der gefestigten Tradition, während China noch das gigantische, jahrtausendealte Kind ist, das eben zu erwachen sich anschickt.

Ein Kunstwerk im Sinne des kunstmäßigen Aufbaues ist dieses Buch nicht. Der Held ist kein Charakter – eher ein menschlich bezauberndes, viel vermögendes Talent, aus der Stille kommend, der letzte Sproß mächtiger Schwert-Ahnen, nie frei von den Banden und Bündnissen der Familie. Ein zarter, fein empfindender Sohn eines starken, herben, kaltherzigen, idealistisch strengen, jeder Sentimentalität abholden Vaters.

Ein einziger Sohn. Ein einziger – und sein Eigentum. Der Russe kann, soweit man aus der etwas gekürzten, aber jedenfalls sehr sprachgewandten Übersetzung schließen kann, die Berichte des jungen Studenten nur »eingerichtet« haben. Dafür sei ihm gedankt. Er hat den zarten Schmelz dieser Jugendbeichte eines Schwächlings, dem aber Grausamkeiten nicht seelenfern sind, nicht angetastet.

Es ist ein persönliches Dokument. Aber dieser einzelne, der hier persönlich von sich, seinem Vater, der Mutter und der Stiefmutter, der Schwester, der Frau, von seinen Kameraden, von den Mönchen eines Bettelklosters ebenso plastisch wie von der »Studenten-Bohème« der Universität berichtet, er gibt uns das ganze China von heute. Kein Winkel des häuslichen wie auch des politischen Lebens, der hier nicht mit wenigen, aber meisterhaft gesetzten, scheinbar mühelos hingewischten Zügen seines Pinsels (Chinesen malen die Schrift mit dem Pinsel, sie schreiben sie nicht mit der Feder) uns deutlich vor Augen gebracht wäre – und mehr als das, es gibt in diesem Buche viele Stellen von unvergeßbarer Eindringlichkeit, etwas, dem die abgebrauchte Bezeichnung des »Allgemeinmenschlichen« in Wahrheit zukommt. Das heißt, es gibt Partien (immer nur Einzelheiten, gewiß, aber was für Einzelheiten!), die zum Schönsten gehören, das ein Sohn von seiner Mutter, was ein Kind von seinem Vater, ein Freund vom Freunde, ein Auge von der Landschaft, was überhaupt ein Dichter von den Verwicklungen, Entwicklungen, Leiden und Freuden seines Herzens sagen kann, und was jedem verständlich ist, was jeden an seine eigene Jugend, an seine eigene Einsamkeit, an sein Einsiedeltum und Eineinhalb-Siedeltum erinnert. Tage der Wehmut, Tage der Erinnerung.

Vielleicht hat jeder Mensch eine Epoche in seinem Leben, in der er am meisten er selbst ist, in der er, ich möchte sagen, sein »klassisches Ich« entfaltet. Hier, wie z. B. bei dem großen Dänen J. P. Jacobsen (auch dieser ein zarter lungensüchtiger), Sohn eines brutal gesunden Vaters, ist es die Zeit des Knaben, die Epoche der keuschen Ermannung, ja, das ewig Jünglingshafte, das streng geschlossene Ephebenhafte, worin er uns am tiefsten ergreift, womit er uns am holdesten bezaubert, womit er sich zu Ende lebt, um in späteren, blasseren Jahren stiller werdend hinter seinem Jugendbildnis zurückzutreten, bevor er dann ganz im Flusse der Zeiten verschwindet.

Das ist es, was dieses Buch so einzigartig macht. Nicht die revolutionäre Wirtschaftslehre, nicht das kommunistische Manifest und die Bauernbefreiung im fernen Rußland. Diese Sprache kann der junge Mensch nicht verstehen. Versteht er doch, in einer aristokratischen Einsamkeit höchster Bildung aufwachsend, nicht einmal die Sprache der Bootsleute auf dem Flusse, die doch Fleisch von seinem Fleische sind. »Die Bootsleute singen ein Lied. Die Worte, die sie singen, findet man in keinem Wörterbuch. Das ist die einfache Bauernsprache, die mir, dem Gelehrten, unverständliche Sprache der Kulis, die keine Hieroglyphen kennen...« Aber eine andere Sprache gibt es, und die ist es, die ich unter dem »Allgemein-Menschlichen« verstehe, mögen auch die Gebräuche und Sitten des täglichen Lebens hier und dort verschieden sein wie West und Ost, – und eine von den unzähligen derartigen Stellen möchte ich hier anführen als das Monument einer Mutter, gesetzt im Herzen des frühverlassenen Sohnes. Der Dichter beschreibt das Leichenbegängnis und die Trauerzeremonien seiner in Arbeit, Elend und Einsamkeit gestorbenen Mutter: »...Quer durch den Gebetssaal ist ein weißer Vorhang gezogen. Er trennt den Altar und den Sarg, der vor dem Altar steht, vom Eingang ab. Neben den Räucherfässern brennen zwei ewige Lämpchen. Hinter ihnen sollte auf dem Tisch Mutters Porträt stehen. Aber es fehlt. Mutter hat sich immer geweigert, sich porträtieren zu lassen. ›Erstens‹, hat sie gesagt, ›sind jetzt schwere Zeiten, wir haben Revolution, und es ist gefährlich, Bilder im Hause zu haben. Das Glück kann uns untreu werden, und man kann uns nach den Bildern ausfindig machen. Und zweitens: wenn ich sterbe, dann gehen die Kinder zu meinem Bild und weinen, und ich will nicht, daß sie weinen...‹« Kann es Schöneres geben? Einfacheres, Wahreres? Um solcher Sätze willen lese man dieses Buch, ein Buch, wie es nur die Wirklichkeit schreibt, die Wirklichkeit, gesehen durch ein großes Herz.

(1932)

Ein Amerikaner erzählt seine Jugend

Zum ersten Band von Theodore Dreisers Autobiographie

Der Verlag Paul Zsolnay in Wien, dem wir auch die deutsche Ausgabe des mit Recht berühmten grandiosen Romans »Amerikanische Tragödie« verdanken, läßt nun den ersten Band einer Selbstbiographie Dreisers erscheinen: »Das Buch über mich selbst (Jugend)«. Es sind die ersten zwanzig oder zweiundzwanzig Jahre, die er auf über sechshundert Seiten schildert. »Ich weiß«, leitet er seine Lebensbeschreibung ein, »daß der gewöhnliche Sterbliche häufig große Scheu empfindet, das Gewebe von Begierden, Gefühlen und Beziehungen, in das er hineingestellt wurde und das seine ersten Bestrebungen, oft auch seinen nachmaligen Platz im Leben bestimmt, zu entschleiern. Ich aber will sogleich sagen, daß ich mich durch derlei Gedanken und Empfindungen nicht gehemmt fühle. Wer sich so sehr vor dem Leben fürchtet und innerlich so wenig gefestigt ist, daß er vor Angst fast stirbt, weil am Ende jemand erfahren könnte, daß sein Onkel ein Pferdedieb, seine Schwester eine Dirne oder sein Vater ein Bankerotteur war, der tut mir zwar leid, aber ich kann seinen Standpunkt nicht teilen.«
In diesen Sätzen, die bereits ganz charakteristisch sind für Dreisers Stil, nämlich für seine mannhafte Gedrungenheit und für seine an Meistern der Naturwissenschaft geschulte Voraussetzungslosigkeit, in diesen wenigen Zeilen des ungeheuer breit angelegten Buches hat Dreiser schon sein Wesentliches umrissen: eines Gefährdeten Geschichte zu schreiben, das ist seine Aufgabe. Ohne Zynismus, aber auch ohne Scham hat es zu geschehen. Also nicht etwa eine Vita, wie die Julius Cäsars, Benvenuto Cellinis oder Goethes, will er geben. Kein klassischer Bericht eines klassischen Menschen erwartet uns, sondern eine romantische Beichte eines Toren, die Beichte eines verlorenen Sohnes der Gesellschaft, der sich nur mit der gewaltigsten, respektabelsten Anspannung aller positiven Eigenkräfte auf sich selbst besinnt, auf das Bessere, das nichtanimalische Teil seiner selbst.
Und der in diesem gewaltigen, respektablen Anspannen sein Werk entdeckt, seine Lebensaufgabe, sein irdisches Ziel, seine moralische Rechtfertigung. Ein Mann ohne Grundsätze, ja, ein Mann ohne Eigenschaften, eine Type Jean Jacques, in keinem Sattel ganz ge-

recht, mit keinem Wasser ganz rein gewaschen – und trotzdem einer von denen, die die Welt nach ihrer Art vorwärtsbringen.
Jeder Mann dieser Art ist bis zu einem gewissen Grade ein Findling, ein erratischer Block. Da er sich im Gegensatz, ich möchte sagen in einer biologischen Dialektik gegen seine Umwelt entwickelt, wird er nie an einem Orte zu Hause sein, er wird vagabundieren, die großen Reisen werden ihn immer locken, weil es seine Bestimmung ist, kein festgegründetes Haus zu haben.
Schon die ersten Jugendjahre dieses Dreiser (ebenso wie des um soviel größeren Rousseau) sind ein unaufhörliches Übersiedeln. Kaum zwei oder drei Jahre, die Dreiser am selben Orte verlebt, in der gleichen Schule verbringt. Der Vater – ein aus Deutschland eingewanderter gewissensstrenger Katholik, ein starrer, engherziger Puritaner, ein stets verunglückender Spekulant. Schlechter Menschenkenner und noch schlechterer Menschenbehandler, ein übler Erziehungsdilettant, der durch Tyrannei ersetzt, was ihm, dem schyzothymen, umweltfremden, seelendürren Mann an Einfühlungskraft in Frau und Kinder fehlt. Die Mutter, aus Mähren stammend, eine Slawin vielleicht, ebenso in die Breite gehend wie der Vater knorrenhaft in die Höhe, eine Frau, die lebt und leben läßt, Frau und Mutter ohne Fehl und Makel, auch durch die bitterste Not nie zu erdrücken, nie zu verbittern, selbst durch die giftigsten Ungerechtigkeiten des Lebens – sie ist nichts als eitel Liebe, Sanftmut, Heiterkeit im Elend, Humor, Selbstaufopferung. Nicht Selbstaufopferung aus dem Imperativ des Ideals – sondern Selbstaufopferung, weil sie ihr eigenes Selbst ohne die geringste Mühe mit dem Leben ihrer Angehörigen verschmilzt, sie ist wahrhaftig mit ihnen ein Fleisch und ein Blut, eine Seele und ein Geist geworden. Und deshalb hilft sie immer, bis sie stirbt.
Hier beginnt schon eines von den verschiedenen Exempeln »biologischer Dialektik«: in diesem Erben eines solchen Vaters, in diesem Sohne einer solchen Mutter. Wie gefährlich und fruchtbar zugleich dieser biologische Gegensatz dieses Elternpaares ist, erkennt man aus den Biographien der Geschwister Theodore Dreisers, unter denen sich in der Gestalt Romes ein Zuchthäusler befindet. Andere Geschwister sind künstlerisch begabt, einer ist ein bekannter Chansondichter und Vaudeville-Schauspieler, die Schwestern sind alle schön, sinnlich und, mit Ausnahme einer einzigen, »leicht«. Aber sie sind nicht so »leicht«, daß sie den Boden der Bürgerlichkeit ganz unter den Füßen verlieren. Will ihnen das Schicksal wohl,

das heißt, können sie in der Nähe dieser gesegneten, gütevollen, nur viel zu gütevollen Mutter leben, bringt sie das Schicksalsrad immer wieder nach oben, die Familie, schon durch ihren Kinderreichtum ihre starke biologische Potenz bekundend, strebt unaufhaltsam ins bürgerlich Breite, in den Wohlstand, die hausbesitzende Ruhe, die gesättigte Wirtschaft der Bourgeoisie, sie entwickelt sich vom Träumen zum Besitz, aus der sittlichen Gefährdung zur hochaktiven Leistung.

Theodore, einer von den zehn Geschwistern, entwickelt sich vom Träumen zum Schaffen. Er ist ein schlechter, oder besser gesagt, ein schwacher Schüler, ein großer Leser, ein des Lebens nie satt werdender, bewundernder Beobachter der freien Natur, ein Biologe schon als Kind, ein Mann des Schauens, des intuitiven Erlebens, für den es keine Grenze gibt zwischen dem Reich der Phantasie und dem der Wirklichkeit. »Schreiben war leicht und lesen herrlich!« sagt er einmal von sich. Hier ist bereits die zweite biologische Antithese, ein traumseliger Hans im Glück, der aber dann wieder ganz unverträumt auf die Arbeitssuche geht, um der in Hungersorgen bedrängten Mutter beizustehen, ein kleiner, mutiger Soldat des Lebens, der sich den groben, abgerackerten Bauern auf dem Lande verdingt und der, von der Arbeit im buchstäblichsten Sinne (wie später einmal der ähnlich geartete Jack London) zerquetscht, atemlos vor Müdigkeit, unfähig zu einem Wort, zu Muttern zurückkehrt. Aber wozu braucht es Worte? Diese Mutter begreift alles, sie nimmt den Mißerfolg des Sohnes auf sich, sie weiß sofort aufzurichten, was die soziale Unordnung der damaligen Gesellschaft, die unter Arbeitslosigkeit schwer zu leiden hatte, verschuldet hatte. Sie ist eine Haushälterin, sie »hält« das Haus. Und ihr Sohn Theodore ist nicht arbeitsscheu wie sein vom Wandertrieb umhergejagter Bruder Rome, er ist nur nicht bürgerlich arbeitsfähig unter den damaligen Bedingungen der amerikanischen Gesellschaft.

Eine dritte und vielleicht die wichtigste biologische Dialektik besteht, wie man hier mit rousseauhafter Offenheit erfährt, im Sexuellen. Theodore Dreiser ist ein krankhaft schüchterner Mensch, der sich keine Eroberung zutraut, der nicht an sich glaubt, der sich keine Frau vorstellen kann, der er, und gerade nur er, als Unersetzlicher (oder wie das alte banale Kosewort verliebter Mädchen lautet: Süßer, Einziger!) die Süßigkeit des Lebens als Einziger geben kann. Keine Tatsachenwirklichkeit kann ihn belehren, der Verstand mag ihn noch so sehr aufpulvern, das Gefühl, das nichts als seinen Unwert durchbohrende, duckt ihn nieder. Er weiß sich mit schlemihlhafter Genialität immer an den Platz zu stellen, wo er nicht gewürdigt werden kann, er ist also stets auf der Schattenseite zu finden.

Diese passive Haltung, diese Sehnsucht nach Verehrenkönnen, nach dem Sichbeugen und Anbeten, findet sich bei vielen Männern aus allen Geistesschichten. Tragisch oder – im Falle der Rettung – produktiv wird aber dieses abnorme Liebesvermögen erst dann, wenn auch eine aktive Tätigkeit, der Elan an das Leben und an die Frau heran das Durchschnittsmaß des genußsüchtigen Kleinbürgers weit übertrifft. Rousseau hatte es. Und dieser Theodore Dreiser hat es. Er hat es bis zum Verbrechen: »Nehmen wir an«, sagt er, »mein Blut sei gut oder schlecht gemischt. Aber infolgedessen habe ich vom Kopf bis zur Ferse gebebt, denn der Anblick der weiblichen Gestalt hat mich bis zum Einbruch in Familien, zur Vernichtung fremden Glücks, zu Lügen, Verführung und allem möglichen anderen verleitet. Kurz, deshalb habe ich angebetet, bis ich Befriedigung empfand, bis diese Befriedigung manchmal zu Übersättigung, ja zu Abscheu wurde und mit Flucht endete...«
Mit Flucht endete? Nein, mit Arbeit! Mit dem Werk! Mit der »Amerikanischen Tragödie«, bis zur monumentalen Verewigung dieses unlösbaren Konflikts eines panerotischen Herzens mit einem wissenschaftlich gebändigten Intellekt.

Diese Partie seines Lebens verspricht uns Dreiser für den nächsten Band. Man kann ihn, wenn er das Niveau des ersten hat, nur mit freudiger Spannung erwarten.

Zum Schluß ein Wort des Lobes für die Übersetzerin: Marianne Schön. Der spröde Stil des Autodidakten und eigenwilligen Stilisten Dreiser ist in einer außerordentlich schönen und einfühlenden Übertragung in die deutsche Sprache übergegangen.

(1932)

Hemingway, »In unserer Zeit«

Wir sind gewohnt, den Autor von »Fiesta« und »In einem andern Land« als einen Klassiker amerikanischer Prosa zu betrachten. Es steht vor uns ein Klassiker nicht von der Art antikisierender Poeten, sondern einer von den seltensten, der Hamsunschen Art: ein Mann, der in seinen wenig zahlreichen, wenig umfangreichen, wenig gefühlsseligen Werken den metallischen, ausgeglühten Selbstwert des Lebens bringt: die einzige, die wahre, die unzerstörbare Substanz des Lebens eines Menschen unserer Tage, die relativ ewige.
Sieht man das Bild dieses Dichters Hemingway, so ergreifen uns inmitten seiner vollen, ein wenig müden Züge die außerordentlich hellen, wachen, sichernden Augen: die Augen eines Jägers. Ein Mensch, der dem Fliehenden nachjagt, der es erreicht, es erfaßt, es besiegt. Nicht die tief in den Höhlen liegenden, ekstatischen Augen eines Dostojewski, welche halb die Augen eines fanatischen Heiligen, halb die eines gejagten, gehetzten Tieres sind.
Man kann die Welt auf tausenderlei Art erleben. Hemingway ist und bleibt der Mann unter Männern, ein skeptischer Menschenkenner, ein sicherer Schütze, dem Genuß nicht abgeneigt, aber auch im tiefsten Genuß nicht seine noch tiefere Verzweiflung verbergend. Ein Mann in der Einöde, leidenschaftlicher Jäger, unermüdlicher, leidenschaftsloser Forellenfänger, alle Gefühle kennend, aber von Gefühlen unbeschwert, weil seine Meisterschaft alles bis in den Widerspruch in der klassischen Form zu umfassen vermag, einmal im Roman, dem tagebuchartigen grandios-zynischen Selbstbekenntnis, das andere Mal »In unserer Zeit«, im »geschnittenen Combinat«, das heißt: in Novellen, geschnitten mit kurzen Anekdoten; abgeschlossene Erzählungen, geschnitten mit Fragmenten.
Die Novellen, die abgeschlossenen Erzählungen: die erste heißt: Indianisches Lager. Nick (eine Figur, die in anderen Novellen, aber nicht in allen, wiederkehrt), Nick, ein Knabe, der die ganze Sache nun erzählt, und sein Vater, der Arzt, setzen sich ins Ruderboot, die Indianer stoßen ab, sie rudern ins indianische Lager, eine Indianerin ist sehr krank, es ist Nacht, sie folgen einem jungen Indianer, der eine Laterne trägt. In der Blockhütte gibt es viele Hunde und eine junge Indianerin, die in Geburtswehen liegt und operiert wird,

– das Kind lebt, und dann gibt es ihren Mann, der aber nicht den »stolzen Vater« spielt, sondern der am Mithören des Jammerns, am Mitansehen des Verblutens, am Mitleiden des Leidens stirbt. Ein Paroxismus des Zusammenlebens primitiver Herzen: Der Indianer ruht mit dem Gesicht zur Wand, unter einer Decke im Winkel vergraben, der Kopf ruht auf dem linken Arm, das offene Rasiermesser liegt mit der Schneide nach oben zwischen den Decken. Untergang eines Menschen durch die Magie der Liebe.

Paroxismen dieser Art, äußerste, fast unbegreifliche, nahezu magische Grenzfälle der menschlichen Seele, können heute nur in einer Darstellung ertragen werden, die mit knappster, keuschester, wahrhaftigster Schlichtheit, oder sagen wir besser, mit nordischer Verschweigung dargestellt werden. Ein Atom Sentimentalität, ein Gran Gefühlsduselei – und wir schütteln uns – schütteln uns unergriffen – vor Ekel.

Hier berührt sich in einem wahrhaft einmaligen Glück des künstlerischen Schaffens der primitivste Ausdruck mit der raffiniertesten, ausgegorensten Erfahrung des menschlichen Tuns und Lassens – und das ist es, was ich die Klassik des Hemingway – seine Hamsunsche Vollendung nennen möchte.

Die alte, die romantische Novelle hat ohne das große Schicksal nie auskommen können. Alles war Deutung und Bedeutung, und von Reportage war sie sehr weit entfernt. Hier bei Hemingway nähert sich die Magie der Verkettung dem nüchternen Bericht der Tatsachen, und oft vereinen sich beide. Auf engstem Raum, in wenigen Zeilen. Nicht in der unnatürlichen Kompression des Expressionismus. Eher etwa in der Art eines Daumier – oder eines Goya, und das bei Themen, die man einem Delacroix am ehesten zutrauen sollte. Daumier wie auch Goya hat das Monumentale der Anekdote (oft, nicht immer) erfaßt, aber im ganzen Expressionismus gab es nicht eine einzige Anekdote.

Der Mensch – des Menschen Herr und Knecht –, das ist es. Nichts von Göttern, nichts von Flüchen und Segnungen, nichts von blinden, blöden Schicksalen, die über den Menschen zusammenstürzen. Nichts von Katastrophe: Denn der Aufbau der Welt, ihr sinngemäßes Gefüge bleibt bei Hemingway und Hamsun auch sichtbar im Untergang. Nein, der Untergang spricht nicht gegen die Existenzfähigkeit der untergehenden Welt, im Gegenteil, daran, daß eine Welt zugrunde geht, beweist sie (manchmal, nicht immer), daß sie wahrhaft gelebt, daß sie geblüht hat. Deshalb keine Sentimenta-

lität: Man ehre den Untergang durch schicksalstreuen Bericht – und darüber hinaus schweige man.
Es sind exemplarische Novellen, beispielhafte Lebens- und Sterbensläufe, diese moralischen Novellen, die letzten unserer Zeit, ebenso wie es die ersten des alten Cervantes waren. Es gibt Stellen in diesem Buche (das nicht für alle ist), die man mit entblößtem Haupt zu lesen hat, so vor allem die folgende kleine Anekdote, das Fragment Nr. V: »Man erschoß die sechs Kabinettminister morgens um halb sieben an der Mauer eines Lazarettes. Wasserpfützen waren im Hof. Nasse, tote Blätter lagen auf dem Pflaster des Hofes. Es regnete heftig. Alle Fensterläden des Lazarettes waren zugenagelt. Einer der Minister hatte Typhus. Zwei Soldaten trugen ihn hinunter und in den Regen hinaus. Sie versuchten ihn aufrecht gegen die Mauer zu halten, aber er setzte sich in eine Wasserpfütze. Die anderen Fünf standen sehr ruhig an der Mauer. Schließlich sagte der Offizier den Soldaten, es hätte keinen Sinn, ihn zum Aufstehen zu bewegen. Als sie die erste Salve abfeuerten, saß er im Wasser mit dem Kopf auf den Knien.«
Größe und Grauen des Menschen.
Das war es, was den Dichtern im Verlaufe des Weltkrieges unüberwindlich zu Bewußtsein kam und was sie nicht ohne Schrei ertragen konnten – so entstand der Expressionismus. Nun haben sie gelernt, alles zu meistern. Hemingway ist einer dieser Meister.

(1932)

Thomas Mann, »Joseph in Ägypten«

Es gibt nur ein einziges Werk der Weltliteratur, mit dem sich Manns grandiose epische Leistung, der Josephsroman, dessen dritter Teil eben erscheint, vergleichen und messen läßt: es ist Wagners Tetralogie. Wie bei Wagner tauchen, in vier gigantische Blöcke gegliedert, uralte Sagen und Mythen von neuem auf, lebendig geworden, zeitnah geworden, ja sogar in die Zukunft deutend, ewige Typen menschlicher Art neu aufstellend, die unvergeßbar bleiben und von jetzt an mit uns weiterleben werden. Richard Wagner und Thomas Mann erreichen dieses Ziel, indem sie das Poetische auf wundersame Art mit dem Historischen verbinden, Familienchronik im engsten Sinne geben, nämlich Geschichte einer gottbegnadeten oder göttlichen Sippe, und dabei nicht im engen Kreis des Individuellen befangen bleiben, sondern ins Allgemeinmenschliche hinausragen, aber niemals werden sie bloß allgemein, historisch, didaktisch. Sie erfassen das Historische, wo es menschlich wird, und, welch unendlich seltenes, schwieriges Gelingen bei Wagner und bei Mann, sie entbehren des saftigsten Humors nicht, der sich in den letzten, dem dritten Bande von Manns Riesenwerk besonders erquickend und tröstend, in heiterster Freiheit kundgibt.

Der Inhalt ist in drei Worten erzählt: Joseph, der finsteren, todeserfüllten Grube entsteigend, zieht in das Ägypterland, Gott und das Glück sind über ihm, er steigt, er gewinnt, er ist eben Gott und den Menschen wohlgefällig. Nur zu sehr! Er erweckt die Liebe, die Sucht, die shakespearisch ins Himmlische und Höllische gesteigerte Leidenschaft der Frau des armen reichen Potiphar. Er widersteht ihr, nicht so sehr aus Pflicht wie aus Parzivalsreinheit. Und dafür büßt er endlich, daß er nicht zu sündigen vermag. Wie fast alle Helden deutscher Dichtung ist er edel, klug und willensschwach. Aber nimmt diese Art dem Buche die Spannung? Im Gegenteil! Was hier in ungeheurer epischer Ruhe, als Nildelta, um es mit dem Schicksalsflusse dieses Schicksalsromans zu vergleichen, begonnen hat, endet wie ein Gießbach im Gebirge in unbeschreiblich wild und doch vorstellbar dahinschnellender Rasanz. Die ersten paar hundert Seiten liest man mit behaglichstem Genuß, die letzten paar hundert Seiten verschlingt man, in der innersten Tiefe mitgerissen. Man kann nicht widerstehen. Denn was solche

Schicksalsmenschen, wie Faust oder Joseph oder Parzival, erleben, geht weit hinaus über das, was ein Willensmensch wie Julien Sorel bei Stendhal erlebt. Bei Stendhal bricht sich auch der stärkste Wille an der Unerbittlichkeit der Welt und an den natürlichen Grenzen des Todes. Hier aber, bei den Schicksalsmenschen, den Gottgeführten, wie es Goethe kannte und nannte, bricht sich die Welt mit ihrer wonnigsten, farbigsten Fülle an der ruhenden, seienden, unproblematischen, kampfbereiten menschlichen Adelsnatur.
Potiphars schöne, ganz zart alternde Frau auf der einen Seite; die Leidenschaft des gequälten, über sich selbst hinauswachsenden, sich selbst zerstörenden Herzens, wie ist das geschildert! Wie ist das erlebt! Wie ist das erahnt! Ganz Ägypterland ist in ihren Zügen geschrieben, das blühende, das prunkende und doch schon todgeweihte Nilland, der Macht- und Prunkstaat, der durchaus heutig anmutet, der totalitäre Gottesstaat, dessen Soldaten Priester und dessen Priester Soldaten sind, und der in gigantischen Ewigkeitsbauten mit Gott wetteifert. Auf der andern Seite das Kommende: das illusionslose, das rauschfeindliche, klare, das apollinische Genie, das kein irdisches Bild Gottes kennt, das nur dem Überirdischen, aber keinem Hohepriester gehorcht. Es ist der keusche männliche Genius, der aus den Flammen unverändert aufsteigt und in künftige Äonen weist, während, märchenhaft schön und zu Tränen rührend in seinem Untergange, das dionysische, berauschte, berauschende, mit tausend Düften gesalbte Frauenwesen in seiner unvergeßbaren, aber doch trüben Schönheit gerade dann irdisch sich zugrunde richtet, wenn es überirdisch liebend und leidend sich erfüllen will. Es sind mehr als zwei Menschen, es sind ja zwei Menschheitsepochen, die in diesem spannendsten aller geschichtlichen Romane sich begegnen, unser Herz wird von der einen zur anderen Seite gerissen, denn es ist das wahre, das unauflösliche, in seinem Zwiespalt beglückende, in seiner Zweiheit die Zukunft weisende Leben, von dem genialen, in seiner Zeugungslust unerschöpflichen Dichter Thomas Mann aus dem Jahrtausendstaub wiedererweckt, das uns hier begegnet und uns bezaubert, uns rührt und uns nicht müde werden läßt vor der letzten dieser fast 800 Seiten.

(1936)

Das Ende der Novelle

Es heißt, daß kein Verleger von 1937 mehr einen Novellenband veröffentlichen will. Das Publikum, das sonst so geduldig ist und das seine Gunst weder dem Roman noch auch der Biographie vorenthält, sei einig in seiner Abneigung gegen dieses technisch so schwierige Gebilde der Novelle. In den Listen der Verleger fehlen tatsächlich schon seit geraumer Zeit die Novellensammlungen. Man erinnert sich keines jüngeren europäischen Autors, der einen Weltruhm der Novelle verdankt. Ist sie also wirklich tot? Obliegt uns nur die Pflicht, ihr einen Nachruf zu halten, der alle ihre herrlichen Glanzpunkte, alle die »unerhörten Begebenheiten«, angefangen vom »Falken« Boccaccios, den Novellen Cervantes, Stendhals, Goethes, Kleists, Gottfried Kellers, Maupassants, Tschechows, Turgenjeffs, Schnitzlers, bis zu den Novellen Thomas und Heinrich Manns, Stefan Zweigs, zu einer letzten Totenschau der Verehrung und Bewunderung aufbahrt, um sie dann zu ewiger Ruh zu bestatten?

In Amerika ist die Novelle gesucht. Es besteht, um sich kaufmännisch auszudrücken, ein kuranter Bedarf an dieser Ware. Zeitschriften, Magazine, Tagesblätter, auch in Europa, in unstillbarem Hunger nach geistiger Hausmannskost, bestreiten wohl oder übel ihren allmonatlichen oder täglichen Konsum an Novellen. Aber damit soll das Leben dieser Kurzgeschichten beendet sein. Sie sollen ein kurzes Leben haben. Geschrieben, gedruckt, bezahlt (in Europa mäßig, in Amerika fürstlich) – und abgetan. Keine Dauer. Nicht einmal Eintagsruhm. Keine literarische Prüfung, die sich doch erst an dem in Buchform gesammelten Werkchen ausüben ließe.

So wird aus einer der großartigsten, weil schon in kleinem Rahmen weitbedeutenden Kunstform, die, ganz abgesehen von der Eigenleistung, zum Beispiel die Dramatik eines Shakespeare über Boccaccio befruchtet hat, eine Art Gebrauchsgraphik. Von jeher hat ein kleiner Umfang den Künstler gezwungen, zu äußerster Konzentration zu schreiben. Wenn dem Schriftsteller nur wenige Seiten zur Verfügung stehen, dann gilt kein literarisches Messe-Zelebrieren, kein langes Federlesen: heran an den Stoff, an die dramatische Anekdote, heran an den Leser! »Aussi mit die tiafen Töne!« wie es in der Wiener Oper die ungeduldigen Hörer von der Galerie her verlangten! Mit Recht! Nicht mehr als zehn Seiten, Dichter, und werde trotzdem unvergeßbar, wirf den Leser um, vergewaltige ihn mit einem stürmischen, männlichen Glück! Gib die tiefsten (und höchsten) Töne, und damit sei es genug! Ich will die Meisterwerke nicht aufzählen, denen dies gelungen ist. Ihre Zahl ist zu groß, und ihre Wirkung umfaßt alle Bezirke der menschlichen Seele, Erschütterung, Grauen, Lachen, Technik, Jagdtrieb, Neugier, Humor, Spott; Philosophie und blütenhafte Lyrik, Haß, Liebe, Wollust, Hunger und Tod. Und immer der federnde Sprung, die Überraschung, die ganze Tragikomödie eines menschlichen Daseins, »in der Nuß«. Ist es wirklich an der Zeit, an den Seilen zu ziehen und das Sterbeglöckchen zu läuten?

Wie der Roman ist die Novelle eine internationale Kunstform. Eine gute Novelle von 1500 oder von 1900 verstand man und versteht man in der ganzen Welt. Das angelsächsische Genie strahlt in der Novelle ebenso wie das slawische. Was treibt sie also dem Niedergang zu? Kann sie vielleicht nicht mit den »unerhörten Begebenheiten« wetteifern, die jede Tageszeitung in der Rubrik: Politik und Volkswirtschaft bringt? Oder ist es vielleicht ihre summarische Kürze, die unbarmherzige Prägnanz, die vielleicht, um im Bilde zu bleiben, den Nagel zu ihrem Sarg darstellt? Möglich wäre es immerhin, daß der Leser von 1937 in dem unsäglichen Chaos einer glaubenslosen Zeit nicht mehr den Panthersprung des suggestiven Erzählers erträgt. Was er vorzieht, ist der manchmal so träge Aufbau einer kleinen Welt in sich, der ordentliche, kleinbürgerliche, private Mikrokosmos, wie ihn eigentlich fast jeder Roman darstellt. Im Roman fühlt man sich daheim. Er ist Brot. Die Novelle ist Feuer, Funke oder Blut, Träne, Schrei. Die Welt von heute stöhnt vor Hunger. Sie schreit nach substanzhafter Nahrung, nach einer lange anhaltenden Illusion zum mindesten. In angelsächsischen Ländern sind dickleibige Romane mehr erwünscht denn je. Ist dort Zeit nicht Geld? Aber sie sind friedlich, behaglich am Kamin zu lesen; sie bedeuten eine lange ausgedehnte Lebensillusion. Die Novelle gibt diesen behaglichen Genuß nicht her. Sie peitscht auf. Dann stößt sie den Leser zurück in die Tatsachenwelt. Aber die Menschen sind auf der Flucht vor den Tatsachen. Fakire drehen sich und Derwische heulen. Auch im Orient liebt man die nicht enden wollende Erzählung. Die Lebenswahrheit, die Logik, die Nacktheit jeder guten Novelle stößt den Leser ab, sie ernüchtert ihn vor der Zeit. Aber diese Zeit, sie geht vorüber. Ein gesünderes Geschlecht wächst heran, und möglicherweise wird mit ihm die alte Novelle wiederaufstehen, unsterblich; eine starke Form für starke Menschen, eine wahre für solche, die sehen können und wollen, was ist.

(1937)

Franz Kafka,
die Tragödie eines Lebens

Zu Max Brods Biographie des Dichters

Der Prager Dichter Max Brod hat die Geschichte des kurzen Lebens und langen Sterbens seines Freundes Franz Kafka geschrieben. Mit blendender Lichtfülle zeichnet sich das Bild eines großartig schöpferischen Menschen ab, der mit Recht von sich sagen konnte, es sei eine ungeheure Welt, die er im Kopfe habe. Es ist keine wohnliche, freundliche Welt. Dämonen und Lemuren hausen in ihr, und wenn sich bei dem strahlenden Poeten und Lieblingskind des Glückes Andersen das verkannte und gequälte und überlebensgroße Entlein am Schlusse zu unserer Freude als himmlischer, stolzer Schwan entpuppt, so verwandelt sich bei dem Andersen mit negativen Vorzeichen, Franz Kafka, der Durchschnittsmensch in ein überlebensgroßes Ungeziefer, in eine gigantische Wanze (»Die Verwandlung«), und endet scheußlich durch die Hand seines Vaters, der ein solches Stück Mist nur schnell von der Erde vertilgen will, ohne sich eine Schuld zuzuschreiben, daß es vielleicht erst durch ihn so geworden ist.
Aus den mit Dokumenten und Briefen bereicherten Schilderungen Max Brods geht hervor, daß Kafka in seinem Vater das erste Objekt seiner Liebe – einer unglücklichen Liebe, gesehen hat, und das geht auch aus einer anderen Novelle Kafkas, dem meisterlichen »Urteil«, hervor. Der Vater war brutal, etwas zu lebenssüchtig, skrupellos, Familientyrann, Diktator im Klubsessel und auf dem Geschäftsschemel, ohne Verständnis für den zart besaiteten Sohn – aber ohne Haß, wie oft brutale Menschen eine gewisse Gutmütigkeit zeigen. Ist er also die Ursache des unseligen Lebens seines Sohnes? Auch Schiller, Beethoven hatten brutale Väter, sie wurden trotzdem oder ebendeshalb zu wütenden Optimisten, rasanten Lebensbejahern! Bei Kafka liegt es tiefer, es ist der Dämon, ja der leibhaftige Böse in der eigenen Brust. Nicht über ihm saß der Richter, sondern in ihm, deshalb konnte kein Urteil Frieden und Versöhnung bringen.
Kafka ist groß geworden durch Einsamkeit. Er wollte groß werden, die Literatur war der einzige Zweck und Grund seines Lebens.

Hier steht er ganz im Gegensatz zu Kleist, der sein Ideal außerhalb seiner selbst und seiner Kunst suchte, der seinem Ideal sich nicht gewachsen glaubte und daran heroisch zugrunde ging. Kafka hat kein Ideal außer dem Kunstwerk. Flaubert, Goethe sind seine Götter, hier allein stimmt er der Welt zu, dies allein läßt er gelten. So rät er auch dem viel weicheren Freund, sich völlig von der Welt abzuschließen, nicht einmal mit anderen zu reden. Und tatsächlich ist das Lebenswerk dieses jung gestorbenen Kafka sowohl durch den Umfang als auch durch die großartige »Dichtigkeit«, die philosophische Tiefe imposant. Man muß sich diesem großen Willen beugen, muß das Überwältigende der Leistung anerkennen.

Kafka war ein großer Mensch, viel größer als der Vater, er war ein Diktator, der sich aus seinem Lehnstuhl erhoben hatte, dessen Geschäft nicht das Zusammenraffen von Geld war. Er ist in die Hölle hinabgestiegen, und es sind Höllenbilder, die er von unten mitgebracht hat.

Aber war es die Hölle seiner Zeit? Er erlebte den Weltkrieg und seine stupiden, schauerlichen Folgen mit. Kein Wort davon in seinem Werk, keine geringste Andeutung in den Tagebüchern. Diese Hölle ließ ihn eiseskalt. Die Judenfrage? Gegen das Ende seines Lebens hin sind Gärtnerarbeit und Hebräisch sein Lebensinhalt (außer dem Schreiben). Aber er, der Jude, sagt: »Ich habe mit Juden nichts gemein.« Er hat mit niemandem etwas gemein. Er hat sich niemals jemandem ganz hingegeben, weder dem herrlichen Freunde, noch einer schönen, guten und reinen Braut, der er das Leben zur Hölle gemacht hat. Ohne es zu wollen, aus Trieb? Er sagt darüber: »So wie ich es mir vorstelle, trägt sie wesentlich durch meine Schuld ein äußerstes an Unglück. Ich selbst weiß mich nicht zu fassen, bin gänzlich gefühllos, denke an die Störung einiger meiner Bequemlichkeiten und spiele als einziges Zugeständnis etwas Komödie.« An anderer Stelle, mit klassischem Vergleich, mit packendem, unvergeßlichem Bild wie so oft: »Man dürfte kein Spielzeughämmerchen anstelle des Herzens haben.«

Er hat kein Gemeinschaftsgefühl, auch mit der Familie nicht. Aber er braucht die Welt, er muß warmes Herzblut haben, um seine Visionen zu tränken, denn woher sonst sollten sie Leben bekommen? So saugt er sich an die Dinge dieser Welt und an ihre bittersüßen Herrlichkeiten heran, er gibt sich »zu Ferienreisen« hin, aber kaum ist der andere warm geworden (man sieht es deutlich an dem so getreuen Eckehart Brod), so ist der Dämon satt und kalt wieder zurückgekehrt zu sich.

Aber ist er wenigstens gut zu sich? Nein, er erträgt sich selbst nicht, er »wünscht sich jeden Tag von der Erde weg«. Ist er zu schade für die Menschen, oder die Menschen zu schade für ihn? »Auch ich würde mir gerne ausweichen«, sagt er. Er ist also der Kalte und Böse, und wenn die Menschen in ihrer Blödheit und Gemeinheit auch manchmal irren, so ist er doch in seinen eigenen Augen der Strafwürdigste, und so kommt das Motiv der ungeheuren, überlebensgroßen Strafe immer wieder in sein Werk und in sein Leben, bis zum letzten Augenblick. Unrein ist seine Beziehung zur Frau, in der er nichts Reines sieht. So verbringt er einmal eine Nacht mit einer armseligen, traurigen Dirne, kalt steht er auf: »Ich habe sie nicht getröstet, da sie mich nicht getröstet hat.«

Er suchte, unbarmherzig wie Ibsens Brand, aber nicht gottgläubig wie dieser, die Wahrheit. Er suchte sie nicht schwach und menschlich wie Hamlet. Er hat gesiegt, er hat gewaltige Werke hinterlassen. Er hat bezahlt. Er hat niemals die Versöhnung der Wahrheit mit der Liebe gekannt, den Pardon. Wer aber von uns schwachen Kreaturen wollte ohne Pardon leben?

(1937)

Bemerkungen zu den Tagebüchern und Briefen Franz Kafkas

Jeder, der Franz Kafka liebt und der das höchst merkwürdige Lebens- und Leidenswerk dieses magischen Dichters und trostlosen Menschen bejaht, muß seinem Freunde Max Brod von Herzen dankbar sein, denn ohne den Heroismus und die produktive Liebe Max Brods wären uns von Franz Kafka nur Fragmente von Fragmenten erhalten geblieben, während wir jetzt in den großen Romanen »Amerika«, »Das Schloß«, »Der Prozeß« wenigstens die Grundmauern eines ungeheuren Baues gerettet sehen vor den selbstzerstörerischen Trieben des Dichters, wobei immer noch unsicher ist, ob es die Grundmauern und Fundamente zu einem Schloß oder zu einer chinesischen Mauer waren. Nun gräbt Brod als unermüdlicher Goldgräber auch die Tagebücher (nur einen Teil) und die Briefe (nur geringe Bruchstücke) aus dem Nachlasse des vor 13 Jahren gestorbenen Dichters hervor. Sie sind von brennendem Interesse für die Freunde des Verewigten, wichtig aber auch für jeden, der noch keine Zeile Kafkas gelesen hat, für den Psychologen, den Philosophen, ja selbst für den Psychiater. Von der Fülle und Tiefe der Erkenntnisse dieser Konfession, bei aller Enge des Horizontes, den Kafka selbst an einer Stelle mit einem Schacht vergleicht, wird der Leser vielleicht noch mehr ergriffen und gerührt werden als von den anderen Schöpfungen Kafkas, die wir kennen. Es ist ja in der Hauptsache immer wieder die Abrechnung, der Prozeß mit sich selbst: schwankend zwischen himmelhohem Schöpferglück, Schöpfungsfreude göttlicher Art – und der letzten erbärmlichen, weil tatenlosen Verzweiflung eines Menschen mit ungemessenen Gaben, mit großem Glück, über dem ein dunkler Stern steht. Hier mündet, vielleicht zum erstenmal ganz überzeugend und allgemeingültig, das rein persönliche, traurige, verlorene Prager Dasein Kafkas ein ins allgemein Menschliche, in das *Ein Mensch wie du und ich*.

Wir haben wahrscheinlich, um dem Rätsel dieses großen armen Mannes auch nur von außen ein Schrittlein näherzukommen, in ihm zuerst den armen Altösterreicher zu sehen. Wie Grillparzer krankt ein starker junger Mensch an der ironisch gefärbten Schwäche und der dämmenden Trägheit seines überalterten Vaterlandes. Wie Grillparzer ist er an eine Stadt gebunden, die er nicht liebt, an einen »amtlichen«, pensionsberechtigten, gebundenen, hierarchischen Beruf, den er nicht schätzt, aber mit Selbstaufopferung ausfüllt, wie Grillparzer liebt er und wird nicht zurückgestoßen. Im Gegenteil, man liebt ihn nur zu sehr, und doch kann er die Furcht, die schon zwischen seinen Lippen bebt, nicht fassen, und so wird die Liebe statt ewig nur öde und endlos. Allmählich beginnt sie säuerlich zu werden, bis plötzlich elementar der Ansturm des mutigen Ich gegen das siegreiche feige Ich beginnt in rasenden Selbstvorwürfen, in Reue und Selbsthaß, die sich bei Kafka zu dem herostratischen Wunsche steigern, sein Bestes, nämlich sein Werk zu vernichten. Zum Glück ist es ja das feige Ich, nicht das mutige wie bei Kleist und Gogol, das ihm dieses Kommando gibt: »Feuer! Ziel: Ich selbst!« Und so läßt er die Werke mit bösem Blick in einem Winkel des Schreibtisches gefangen liegen und verlangt vor seinem Tode vom Herzensfreunde deren Vernichtung, also eine Tat, deren er selbst nicht fähig gewesen ist. – Auch zu einem anderen großen Altösterreicher, zu Adalbert Stifter, dessen »Nachkommenschaften« Kafka sehr liebte, führen Brücken. Auch Stifter verdammt den »Hagestolz«, beide überschätzen in einem längst überholten Weltbilde den positiven Wert der Ehe »für das gemeine Wohlbefinden« und den ethischen Wert des Kindersegens. Daß die Ehe eine Aufgabe ist und nicht immer eine Idylle, wußte Stifter sehr wohl, er sagte es nur nicht, er konnte es nicht sagen, weil er an einer Hungersnot an Idealen dahinkümmerte, die auch Kafka mit ihm teilte. Das Ideal der Nation, ein Ersatzideal, sicherlich, aber doch eines, das heute fast alle Teile der bewohnten Erde aufregt und bis in die letzten Fasern mit heißem Blute erfüllt, das also zwar eng, aber doch lebensfähig ist, dieses Ideal der vergötterten, ja vergöttlichten Nation war in dem vielsprachigen, übernationalen, aber keineswegs internationalen Altösterreich weder einem Grillparzer noch einem Stifter oder Kafka zugänglich. Vielleicht sind alle drei in gewissem Sinne der alten Monarchie undankbar gewesen, denn dieses übernationale, gemäßigte, liberale, honette Staatswesen nahm zwar solche Erscheinungen wie die drei nicht liebevoll an seinen Busen, aber es ließ sie groß werden und gab ihnen Amt und Brot.

Dieses »bodenlose« Gefühl drückt Kafka herrlich aus in einer Tagebuchnotiz. »Es ist nicht Trägheit, böser Wille, Ungeschicklichkeit, ... welche mir alles mißlingen oder nicht einmal mißlingen lassen: Familienleben, Freundschaft, Ehe, Beruf, Literatur, sondern es ist der Mangel *des Bodens, der Luft, des Gebotes.* Diese zu schaffen ist meine Aufgabe...« Und am Schluß der gleichen Notiz: »Ich bin nicht von der allerdings schon schwer sinkenden Hand des Christentums ins Leben geführt worden wie Kierkegaard und habe nicht den letzten Zipfel des davonfliegenden jüdischen Gebetsmantels noch gefangen wie die Zionisten. Ich bin Ende oder Anfang... Es ist ein Mandat. Ich kann meiner Natur nach nur ein Mandat übernehmen, das niemand mir gegeben hat. In diesem Widerspruch, immer nur in einem Widerspruch kann ich leben. Aber wohl jeder, denn lebend stirbt man nicht.« Er ist sich seiner herrlichen Gaben wohl bewußt, das will er sagen, wenn er von dem Mandat spricht. Er brannte in echter Flamme. Also hätte er auch leuchten sollen, und die vorangehende Flamme führt ja die irrenden Geschlechter durch die Wüste. Hat er es getan? Hat er versagt? Ist er Anfang, ist er Ende? Wir stehen seiner Erscheinung noch zu nahe.

Wenn man seine Stoffwahl, das Unheimliche in weitestem Sinne, betrachtet, möchte man ihn als eine Art Nachfahren E. T. A. Hoffmanns betrachten. Wie Hoffmann glaubt er an eine Vernunft und Gerechtigkeit des Himmels. Da aber in unserer grotesk komischen und blutig tragischen Welt sich Vernunft und Gerechtigkeit nicht durchsetzen, muß ein Gegenprinzip, ein *Gegengott,* wie ich es nenne, wirksam sein, und das meiste in Hoffmanns Welt ist nichts als der mehr oder weniger siegreich durchgeführte Kampf zwischen guten Erzengeln und bösen Dämonen, von einer kräftigen und rührenden Musik begleitet. Hoffmann war ja denn auch ein guter Musikus, Kafka ist es nicht, von Musik gibt es in seinem Werke wohl kaum einen starken Widerhall. Trostlos nüchtern, grau in grau, und flach, trivial, wie der Teufel eben ist, die Tageswelt wiederzugeben, die in diesem Sinne nur die Trümmerstätte dieses unendlichen Kampfes zwischen Gut und Böse darstellt, dazu ist Kafka zu religiös, und zu sehr Magier und Künstler. Er muß also tiefer graben und kommt so von selbst in den Schacht. Er spricht an jener Stelle von dem babylonischen Turm, der zu einem Schacht geworden ist. Beim Turm gibt es ein buntes lärmendes triviales Gewimmel, im Schachte ist es beengend lau, das Wasser rauscht von ferne, das Einzige, das man deutlich hört, ist das Schlagen und Zittern des einsamen Herzens, die Anklage des vereinsamten Ich. Dies ist das Grunderlebnis Kafkas, und das Schloß ist eben doch nichts als die Mauer. Niemand kann sich den Herrn des

»Schlosses«, nicht einmal den Dienern, kaum den Schuhputzern dieser Diener nähern, und doch hängt alles von dem Unsichtbaren Großen ab. Weshalb aber verbirgt sich das Unendlich Große, Unendlich Reine (Kafka glaubt daran, und das macht ihn zum religiösen, magischen Dichter) vor dem redlich suchenden Landesvermesser, das heißt vor dem Einzelmenschen, der die Grenzen abstecken will zwischen Hier und Dort? Es gibt nur zwei Antworten. Entweder existiert der Herr doch nicht, die Knechte sind die Herren, er ist immer auf Reisen, damit er nie Rechenschaft abzulegen braucht, oder aber das erbärmliche Ichlein ist unwürdig, von außen als Heimatloser, Zugereister, dem innersten Kreise zu nahen, es ist schuldig, es ist verurteilt, ohne es zu wissen. (Diese Kreise der Gottnähe entsprechen neuplatonischen Ideen.)

Zu dieser zweiten Lösung hat sich Kafka entschlossen, dies war seine Größe und sein Untergang. Bei Hoffmann, bei Dostojewski kann der Mensch, der Landvermesser, der die Kraft hat, Gott mit seinen Augen zu sehen, nicht zu ihm gelangen, weil er zu weltlich, zu sinnlich, begehrend wollüstig ist. Hört der arme große Sünder aber auf, so zu sein, ja kommt er auch nur soweit, um dies ernstlich zu wollen, so wie der große Urdilettant der Sünde, Faust, dann zeigt sich ihm, zwar nicht Gott in seiner ganzen Größe, aber doch ein Schimmer von Hoffnung, eine Ahnung von Frieden. Dies alles dringt niemals in Kafkas hermetischen Schacht, übersteigt nie die chinesische Mauer, bohrt sich nie in das verwickelte unterirdische Gangwerk der allzuvorsichtigen geizigen Nagetiere. Kafka ist allein. Er ist einsam. Man liebt ihn, er hat herrliche Freunde, eine brave Familie, eine bezaubernde, reine und gütige Frau, die ihm gehören will und die er zehn Jahre lang ausschließlich mit Hoffnungen und Phantomen nährt, – aber zu ihm dringt nichts. Weiß er es nicht? Er weiß es, und darin liegt seine tragische Schuld. »Alles ist Phantasie«, schreibt er, »die Familie, das Büro, die Freunde, die Straße, alles Phantasie, fernere und nähere, die Frau. Die nächste Wahrheit ist aber nur, daß Du den Kopf gegen die Wände einer fenster- und türlosen Zelle drückst.« In der »Strafkolonie« läßt er einen Übeltäter auf die raffinierteste Weise sadistisch martern. Im »Prozeß« wird einem armen Teufel ebenfalls auf die hinterlistigste Weise, und immer mit einem Anschein von mephistophelischem Recht, nachgejagt. Immer wird verurteilt und nie Recht gesprochen, nie Gnade erteilt. Ja, wenn es wenigstens ein blutbefleckter Verbrecher wie in den »Elixieren des Teufels« oder im »Raskolnikoff« wäre! Aber die Strafe ist da, das Verbrechen nicht. Selbst zum Verbrechen gehört nämlich eine Art Liebe, das heißt restlose Bejahung des Lebens. Sie ist dem trostlos ins Ich verbannten Dichter nicht gegeben. »Wie brauche ich das Alleinsein und wie verunreinigt mich jedes Gespräch«, schreibt er an den Herzensfreund. Wir haben es mit einem Geist erster Ordnung zu tun. Es ist wahr, wenn er von sich sagt: »Ich habe einen starken Hammer«, aber ebensowahr, wenn er hinzufügt, »aber ich kann ihn nicht benützen, denn sein Schaft glüht.« An einer andern Stelle geht er noch grausamer mit sich ins Gericht: »Er frißt den Abfall vom eigenen Tisch«, so fürchterlich sieht Kafka sich an den glatten Wänden seines Schachtes gespiegelt! – »dadurch wird er zwar eine Weile satter als alle, verlernt aber, oben vom Tisch zu essen. Dadurch hört aber dann auch der Abfall auf.« Warum bricht er aber nicht los? Ist dieser Riesengeist nicht endlich stark und kalt und groß genug, den Teufel zu beschwören, ihm das Tintenfaß an den Kopf zu werfen, natürlich nicht, um Tintenflecken zu erzeugen, sondern um eine neue *Schrift* zu setzen? Mit Recht sagt Kafka von seiner Kunst: »Schreiben als Form des Gebetes«. Um diese Kraft aber zu verweltlichen, um sie zu »tun«, müßte er Mut haben. Er müßte sich gegen den Bösen empören, statt sich vor ihm dorthin zu verkriechen, wo die Welt am tiefsten und dunkelsten ist. Es ist merkwürdig und zeigt prophetisch, jahrzehntelang vorher in unsere heutige Zeit, wo Millionen der kultiviertesten oder doch zivilisiertesten Völker durchaus und absolut den Sinn und Geschmack an der *Freiheit* verloren haben, daß auch dieser erlesene männliche Geist die Freiheit nicht einmal vermißt. Nirgends hört man das Schwerterklirren prometheischer Naturen gegen das stupide Wirken der blöden Natur, des blinden Schicksals; nirgends die gesunde tollkühne Empörung des *Ich gegen das Muß*. Er will die Freiheit nicht. Das heißt, er will keinen Ausgleich zwischen dem ungemessenen Streben des allzugierigen Ich und den Ansprüchen der Gemeinschaft, – und noch weniger die Gnade. Nur die Strafe nimmt er an, ohne Diskussion. »Derjenige, der mit dem Leben nicht fertig wird, braucht die eine Hand, um die Verzweiflung über sein Schicksal ein wenig abzuwehren, mit der anderen Hand aber kann er eintragen, was er unter den Trümmern sieht, denn er sieht anderes und mehr als die anderen ... er ist doch tot bei Lebzeiten und der *eigentliche Überlebende* ... Das Glück bestand darin, daß die Strafe kam, und ich sie so frei, überzeugt und glücklich willkommen hieß,

ein Anblick, der die Götter rühren mußte. Auch diese Rührung der Götter empfand ich fast bis zu Tränen.«
Gewiß und übergewiß! Dieser magische Genius sah mehr und anderes, tiefer, himmlischer und höllischer sah er als die andern. Aber was sah er zuletzt? Doch nur sich. Die Zeit ging an ihm vorbei. Wenigstens findet sich in der Summa dieser gewaltigen Selbstbekenntnisse nicht einmal eine Andeutung, daß er einmal durch die Zeitereignisse zum Zweifeln, durch seine Freunde oder die Geliebte von seinem Wege abgekommen wäre, daß er sich verirrt, wiedergefunden hätte. Nichts davon. Nichts als dieser schwarze Genius, Brust an Brust mit seiner Schuld. Das was dem braven trink- und musiklustigen E. T. A. Hoffmann im Verein seiner Kumpane die Edle Frau Musika war, das ist dem asketischen, abweisenden, nach innen zu brennenden Kafka (Brände in luftarmen Schächten können ewig dauern) die eigene Schuld. Aber welche Schuld? Ein übergroßes Begehren nach den positiven Genüssen der Welt, nach dem Besitze der Anderen ist es nicht. Neid und Eifersucht sind ihm fern. Nie wird das Gebot, das er suchen wollte, genannt oder erkannt. Es verbirgt sich, es spielt »Brüderlein, leih mir die Scher«, indem es sich hinter Bäumen oder Felsen versteckt und von hier aus höhnisch dem redlichen faustischen Sucher zukichert. Es ist ein mesquines Gebot, etwas wie ein alter, mürrischer, ironischer altösterreicher Bürokrat, er mit dem demütigen Bittsteller frotzelnd spielt, ihn jahrelang hinzieht und ihn bis zu seinem Tode zum Narren hält. Kafka ist aber zwar demütig, aber kein Narr. Er ist luzid. Auch hier, in diesen aphoristischen Darstellungen ist unverkennbar die ungeheure Präzision, die Handgreiflichkeit seiner Vision. In dieser guten Götterkraft, nämlich die Gedanken fleisch- und bluthaft, die greifbare Welt aber geistig durchsichtig und symbolhaft zu machen, kann Kafka sich ruhig mit den größten Schriftstellern der neuern Zeit messen; hier ist ihm recht zu geben, wenn er von sich (schon früh) sagt: »Wenn ich wahllos einen Satz hinschreibe, ist er schon vollkommen.« Es fehlt also diesem kraftvollen und tiefen Deuter des Schleiergespinstes der Welt nicht an der Kraft, dieses mesquine Gespenst zur Ausweisleitung anzuhalten und es zu entlarven. Wüßte man, was das Gebot verbietet, dann bliebe doch etwas, das es erlaubt. (Es sei denn, es wäre ein Gebot wie das Hitlers den Juden gegenüber, das sagt, ich will Euch wohl, meine Herren Juden, so sehr wohl, wie Ihr es nur im Tode haben könnet, löscht Euch aus, seid einmal so freundlich, was liegt

Euch daran, ändern könnt Ihr Euch nicht, Ihr und wir können nicht zusammen leben!) Ja, vielleicht ist Kafkas Gebot doch etwas dieser Art. Etwas in ihm muß ihm wohl während der ganzen Zeit zugeflüstert haben, nicht, sich zu entwickeln, sondern sich zu zerstören, nicht, sich andern zu nähern, sondern auf sich selbst zu verzichten. Einmal schreibt er: »Womit entschuldige ich, daß ich heute noch nichts geschrieben habe? Mit nichts. Zumal meine Verfassung nicht die schlechteste ist. Ich habe immerfort eine Anrufung im Ohr: *Kämest du doch, unsichtbares Gericht!*« Es sitzt also, auch im engsten, von der Welt abgeschlossensten Raume, irgendwo im Schacht, eine Feme, ein unsichtbares Gericht, und niemand kann diesen Angeklagten ohne Anklageschrift, Franz Kafka, vor sich selbst retten. Wie gerne würde er fliehen. Die wenigen rührenden Stellen in seinem Bekenntnis (hier wie in den großen Arbeiten) zeigen immer, wie gern sich ein Mann wie er an die Brust eines Freundes lehnen, ihm vertrauen, ihn beschenken und erfreuen möchte! So erweist er sich denn auch hilfsbereit, voller sanfter und minuziöser Güte, wenn er, schon von der Tuberkulose gezeichnet, furchtbaren Träumen ausgeliefert, doch daran denkt, den Freunden Lebensmittelpakete, gute Butter zu senden, oder wenn er ihnen das bessere Bett am Ofen einräumt, sich mit einem im Winter ungeheizten Zimmer begnügen will. Wie lösen sich diese Widersprüche? Ein Mann, begabt zu einer gewaltigen Menschenmenge zu sprechen, sie zu erfreuen, zu erhöhen! Und eingeschlossen in die bitterste Einzelhaft? Ein Mann, so weise, so ruhig tief, so besonnen, der die ganze Welt abwägt, der das unbekannte wie das bekannte Land vermessen könnte und möchte, – und der doch von sich sagt: »Nur das Sinnlose bekam Zutritt«? Vielleicht führt uns eine merkwürdige Stelle des Tagebuchs etwas näher an den wohl in seiner letzten Tragik nie ganz faßbaren Kern seiner inneren Zerklüftung. Es ist die Stelle, wo er beschreibt, wie er sich bei Rudolf Steiner anmeldet und ihm seine unselige, ausweglose Situation schildert. Hier spricht er auch von »hellseherischen Zuständen«. Was aber folgt, ist nicht die Antwort des Wundertäters, weder sein Zuraten noch sein Abraten, sondern eine minuziöse Beschreibung: des Nasenbohrens Steiners, »mit dem Taschentuch bis tief in die Nase hinein, einen Finger an jedem Nasenloch«. Also: Ein Ich kommt zu einem Mann, von dem man Wunder erhofft, ihm entblößt Kafka, wie später dem Lungenarzt, seine verdorrte Brust, was er sonst allen verbirgt, von ihm erwartet er Hilfe, Rat und

Trost. Ein anderes Ich aber, gänzlich abgespalten von dem ersten, sitzt hämisch in der Ecke und fängt, freilich unvergeßbar scharf und präzis, die minderen Manieren des Wundertäters auf immer ein. Ich gebe zu, es bleibt. Vielleicht wird man in späterer Zeit (ich weiß es nicht), in Kafkas grandiosen Versuchen (die er ohne das Klima von Güte und Liebe seiner Freunde Max Brod, Oskar Baum, Felix Weltsch nie gewagt hätte), vielleicht wird man in dem mit unlösbaren Rätseln voll hoher Bedeutung angefüllten Werke Kafkas das Werk eines Mannes sehen, der von Anfang an gegen den Wahnsinn ankämpfte. Und mit Glück. Mit echtem Gelingen. Denn wenn er auch unvollendet, noch die Kelle und den Hammer in Händen, mitten in seinem Bau des Tempels oder des Zentralgefängnisses, gestorben ist, so ist er an der Wunde in der Brust und nicht an der Wunde im Geiste gestorben. Er hat über den Wahnsinn gesiegt, mit jedem Tage seines unvorstellbar schweren Lebens hat er der Klarheit Raum gegeben gegen die Verwirrung. Vielleicht wird in diesem Sinn sein Werk späteren Geschlechtern ein Symbol sein für die wahren »Überlebenden« dieser Zeit.

(1937)

Eve Curie, »Madame Curie«

Die Lebensbeschreibung der Marie Curie und des Pierre Curie, die uns die jüngere Tochter des Ehepaares, Eve Curie, in einem breiten Band erzählt, darf nicht an den Maßen eines Kunstwerkes gemessen werden. Aber sie erhebt sich einzig und allein kraft des großartigen Gegenstandes über die »breite«, gefällige und private Darstellung eines Paares genialer Gelehrter, die zufällig an eine magische Substanz gerieten, das Radium. Denn es sind beispielhafte Lebensläufe, die ins Faustische aufragen.

Der Schwerpunkt der Darstellung liegt auf dem Lebenslauf der Frau. Nicht etwa, daß die Tochter das Wirken und Leiden der vieles prüfenden und viel geprüften Mutter überschätzt hätte auf Kosten des Vaters, den sie durch einen sinnlosen Unfall als Kind verloren hat. Sondern es liegt so, daß Marie Curie, geborene Sklodowska, vielleicht ihre ersten Entdeckungen nicht gemacht hätte ohne den Zauberhauch eines magischen Mannes, daß sie aber, unbestreitbar nach dessen Tode auf sich gestellt, aus ihrer wissenschaftlichen Forschertätigkeit neue und zwar unermeßliche Früchte abgeerntet hat, daß sie darüber hinaus (im Kriege) eine humanitäre Linie eingeschlagen hat, die der Bewunderung wert ist, und daß sie es sich niemals gegönnt hat, ihrem Schmerz zu leben, so wie sie es sich niemals gegönnt hat, ihrer Eitelkeit (die man vielleicht mit Unrecht als Haupteigenschaft der Frau ansieht) zu leben. Sie hat »wesentlich« weitergelebt, sie hat dem Weltruhm widerstanden, das heißt, sie ist niemals »weltlich« geworden, sondern ist dank einer einzigartigen Geschlossenheit eines von Natur aus edlen Charakters ausschließlich dem Herrlichsten in ihr treu geblieben, und zwar ohne es zu wollen und ohne es zu wissen.

Es sind zwei große Versuchungen, die an diese schöne, arme und fanatische Kleinadelige aus einem Nest Polens herangetreten sind, und die sie beide – und unter welchen Opfern und Schmerzen! – überwunden hat. Die erste war der nationale Fanatismus. Im Jahre 1863, nach achtzehn Monaten verzweifelter Kämpfe zwischen den aufständischen Polen und den siegreichen Russen, werden auf den Festungswällen von Warschau fünf Galgen aufgestellt, an denen die Körper der Insurgentenführer baumeln. Vier Jahre nachher, am 7. November 1867, wird Marie Sklodowska geboren. In der Schule, wo sie wie alle andern Kinder gezwungen wird, russisch zu sprechen, russisch zu beten, auf daß sie erlerne, russisch zu fühlen, sammelt man Geld, um eine Messe zelebrieren zu lassen, damit ihr aller »sehnlichster Wunsch« in Erfüllung gehe. Und was wünschen diese national gesinnten Kinder? Daß die typhuskranke Tochter des Schuldirektors, eines russischen »Spions« (in Wahrheit ist er ein mittelmäßiger Banause), bald sterbe!

Die zweite Versuchung war die (für uns) verständlichere: die Liebe, der Bund der Jugend. Als junges Mädchen, in einer demütigenden und opfervollen Zeit als Gouvernante (sie hat alles auf sich genommen, um der Schwester das Studium der Medizin in Paris zu ermöglichen), verliebt sie sich, wird geliebt – und scheitert. Wenn man ihren Briefen glaubt, ist sie gebrochen, und zwar auf immer: »Meine Zukunftspläne? Ich habe keine... Mich durchschlagen, so gut es geht, und wenn es nicht mehr geht, dieser schnöden Welt adieu sagen... Manche Leute reden mir ein, daß man eine gewisse Krankheit durchmachen muß, die man Liebe nennt. Dafür habe ich aber gar keinen Platz in meinen Plänen. Wenn ich früher einmal andere hatte, so sind sie in Rauch aufgegangen, ich habe sie begraben, eingesargt, versteckt und vergessen...« So viele Worte für das einfache *Nein!* Man merkt wohl, daß die Wunde weiterblutet – und sie wird sich niemals dadurch schließen, daß Marie Sklodowska in der gleichen Weise ein zweitesmal liebt, sondern dadurch, daß sie in ganz anderer Weise, in höherer Weise, oder sagen wir, in kärglicher, bescheidener, nüchterner Weise liebt, daß sie sich der Wissenschaft ergibt, nachdem sie den Kelch der Liebe zu bitter gefunden hat. Ein Faust also, der zuerst die »Gretchenepisode« erlebt hat – (welche Torheit, Gretchen, die entscheidende Wendung, die einzige Gefahr Faustens eine Episode zu nennen!) –, und der dann erst sich den Büchern, den Retorten hingibt, der also den Erdgeist bändigt, weil er ihn liebt und ihm auf diese Weise kraft der Liebe zur Sache seine Geheimnisse abgewinnt! Die Erde also hat sie ins Leben zurückgerufen, nicht die Osterglocke. Ihrer Schwester schreibt sie: »Ich möchte, daß Du Dein Doktorat machst. Es scheint, daß das Leben für keine von uns leicht ist. Aber was, man muß Ausdauer und insbesondere Selbstvertrauen haben. Man muß daran glauben, für eine bestimmte Sache geboren zu sein, und diese Sache muß man erreichen, koste es was es wolle. Vielleicht wird alles in dem Augenblick, wo wir es am wenigsten erwarten, gut ausgehen.« Sie ist also, wo sie sich an die Erlösung durch den klaren Willen klammert, Optimistin. Sie kann nicht mehr wie Faust durch den nüchternen genießerischen Menschenverstand (und das ist Mephisto, keineswegs aber ein wahrhaft Böser) verführt werden. Anstelle dieses Teufels (des Gottes der guten Ausreden) tritt das magische Gute und Holde in ihr Leben, der Mann, der ihr alles bedeutet, was ihr von nun an ein Mensch sein kann, die Liebe ausgenommen. Er wirbt um sie. Sie weigert sich, obwohl sie durch seine Hilfe furchtbaren Entbehrungen, qualvollen, unbeschreiblichen, ein Ende bereiten könnte, und zwar aus zwei Gründen: Sie will dem Lande ihrer Geburt nicht untreu werden, »später einmal werde ich in Polen Lehrerin sein«, antwortet sie ihm auf seine scheue Werbung, »werde versuchen, mich nützlich zu machen. *Wir Polen* haben nicht das Recht, unser Land zu verlassen.« Und zweitens, weil sie ihn nicht liebt, wenigstens mit dem Blute nicht. Als er sie endlich überredet hat (wie könnte sie einem so herrlichen und so kraftvollen und so bescheidenen, fürstlichen Mann widerstehen?), schreibt sie ihrer Freundin: »Ein ganzes Jahr habe ich gezögert ... endlich habe ich mich mit dem Gedanken abgefunden, mich hier niederzulassen. Wenn Du diesen Brief erhältst, schreibe mir: Madame Curie, Schule für Physik und Chemie, 42, rue Lhomond. So werde ich von nun an heißen. Mein Mann ist Lehrer an dieser Schule.« Von nun an beginnt eine Ehe ganz neuer Art, es ist, wenn man das mißbrauchte Wort wiederbeleben darf, eine vollkommene Ehe, gerade weil sie auf einer ganz anderen Grundlage ruht als jene andere, von der uns heute eine ganze Weltumwälzung trennt. Was für ein Mensch ist dieser Pierre Curie, Sohn eines alten hochbürgerlichen französischen Gelehrtengeschlechts? Er sieht jung aus, ist aber schon 35 Jahre alt. Auffallend ist der Blick seiner hellen Augen, eine »Spur von Lässigkeit« seines schlanken, knochigen Körpers. Langsam, bedächtig in der Sprechweise und doch noch recht unruhig, bedürfnislos. So von Genie angefüllt, daß er leise, scheinbar tatenlos, »schlafversunken«, wie er es nennt, sein darf und daß sich ihm dennoch die Welt entschleiert. Er zerreißt den Schleier nicht. Er durch-schaut ihn. Vielleicht ist es kein Zufall, daß ihn die Kristallisation, das große Problem Goethes, Stifters, Stendhals magisch anzieht. Auch er ist ein Monomane, aber einer von einer sehr gelösten, heiteren, krampflosen, verträumten Art. Er lebt jedoch nicht im Traum. Er ist sanft, nicht süß. Er sieht in der Frau den Gegner, wenn nicht den Feind: »Wenn wir Männer, von einem geheimnisvollen Gefühl getrieben, einen Weg beschreiten wollen, der uns den uns Nahestehenden entrückt, wenn wir alle unsere Gedanken einem *Werk* widmen, haben wir mit den Frauen zu kämpfen. Die Mutter will vor allem die Liebe ihres Kindes und sei es auf Kosten seiner geistigen Entwicklung. Die Geliebte will gleichfalls den Mann besitzen und würde es ganz selbstverständlich finden, wenn man den größten Geist der Welt einer Liebesstunde opferte.« (Gerade das hat Faust getan.) »Der Kampf ist fast immer ungleich, weil die Frauen die gerechte Sache für sich haben. Denn es geschieht im Namen des Lebens und der Natur, daß *sie* versuchen, uns zu sich zurückzuführen.« Es begegnen einander also in Pierre Curie und Maria Sklodowska zwei Menschen der gleichen Art, die sich keineswegs ergänzen, sondern die sich viel eher, wenn man dem »Kampf ums Dasein« und dem »Willen zur Macht« glauben sollte, nach Strindbergscher Manier bis aufs Blut (und bis auf das Blut ihrer Kinder) bekämpfen und zugrunde richten müßten. Nichts davon! Eine glückliche – nein, Glück ist nicht das wahre Wort, es ist zu irdisch, zu heiß –, eine selige Ehe, das ist es, was sie erwartet. Und wie ist das möglich? Sind es denn nicht Wesen von Fleisch und Blut, das heißt von Leidenschaften befeuerte, von Enttäuschungen verhärtete Naturen wie wir alle? Nein, sie sind es nicht. Sie sind frei von Gewalttätigkeit. Sie lieben das Helle, das Dunkle ist ihnen verhaßt, sie kennen den Willen zur Macht nicht, sie sind von Natur aus großmütig und gesund, sie sind mit den Urgründen der Welt von Natur aus vertraut, sie erklimmen infolgedessen den Gipfel ohne Schweiß, es sei denn der freudige Schweiß nutzvoller, glückhafter Arbeit. Sie genießen das Leben, versuchen aber nicht, den Becher, aus dem sie getrunken haben, nachher zu zerschmettern oder gar zu verschlingen. Sie eifern nicht. Was sie erreicht haben, gehört ihnen gemeinsam. Sie sind das vollkommene erste Kollektiv. – Nach dem stupiden, unzeitgemäßen Tode des Gatten durch einen Straßenunfall hat die Frau weitergearbeitet, stumm, fast ohne Klage, sie hat sich den Ausbruch einer lauten Verzweiflung nicht gegönnt; keine Träne. Alles bleibt in ihr. Sie hat dann zum zweitenmal den Nobelpreis für ihre Arbeiten erhalten. Bei einem öffentlichen Vortrage sagt sie: »Es liegt mir daran,... Ihnen in Erinnerung zu rufen, daß das Radium und Polonium von Pierre Curie in Zusammenarbeit mit mir entdeckt wurde.« So wenig sie die Habsucht in bezug auf Eroberungen des Geistes kennt, so wenig auch in bezug auf Geld. Sie hat ein Verfahren zur Gewinnung von Radium aus den Pechblendeschlacken unter unbeschreiblichen

Mühen und unter Lebensgefahr, völlig auf sich und auf die physische Kraft ihrer beiden Arme gestellt, vom Staat, wenn nicht gehemmt, so doch keineswegs gefördert, herausbekommen. Wenn sie nun als Witwe dieses Geheimnis des *Steins der Weisen* patentieren ließe, könnte sie sich und den vaterlosen Kindern ein sorgloses Leben sichern. Sie lehnt es ab, ebenso verzichtet sie darauf, ein Gramm Radium, eine Million Dollar wert, das ihr Amerika generös zur Verfügung stellt, für sich zu behalten, sie gibt es weiter. Es ist ein Wunder, daß sie am Ende ihres Lebens etwas Weniges an Geld besitzt. So lebt sie einsam, allein zwischen ihren Kindern, fern von der Welt mitten im rauschenden Erfolg, eine Art geistliche Schwester, eine Nonne der Wissenschaft. Eine gewisse Kälte strahlt von diesem untadelhaften, diesem vollkommenen Menschen zum Schluß des Lebens aus. Man sieht es an den Porträts, es ist bei dem Bild aus dem Jahre 1929, sechs Jahre vor ihrem Tode, etwas »von der anderen Seite«, das aus den tiefliegenden Augen, aus den in sich versunkenen, glanzlosen »geistigen« Zügen zu uns spricht. So auch die Äußerungen ihres Lebens. Sie will die Welt nicht. Sie wehrt sich gegen den Ruhm. Sie will der Masse, die so jammervoll sehnsüchtig nach einem neuen Ideal, nach einem neuen lebenswerten Ziel, nach, sagen wir es offen, nach einem neuen Götzen hungert, das alles nicht geben. Sie will kein Götze sein, kein Führer, kein Stern. Das »bittere Klima der Armut« hat sie nie verlassen.

Faust endet. Er baut. Er baut für sich – und stirbt. Wie Faust ist sie der Blindheit nahe, eine schwere, aber glückliche Operation rettet ihr das Augenlicht, diese Augen soll nur der Tod schließen. Fühlt sie ihn kommen? Ihre Tochter schreibt: »Plötzlich stürzte sie sich in eine ausgebreitete Tätigkeit, sie, die seit Jahren die eigene Bequemlichkeit vernachlässigt hat, denkt nur an den Bau eines Landhauses in Sceaux, an Wohnungswechsel in Paris, sie beschäftigt sich mit Bauprojekten, läßt sich in große Ausgaben ein, ohne zu zaudern...« Es scheint ihre letzte Freude gewesen zu sein. Der erste der zwei großen Jugendwünsche, die Heimkehr in das gelobte Land, der Mosestraum, ist unerfüllt geblieben, sie hat Polen nur durch das neuentdeckte »Polonium« ehren können. Und der zweite?

Aber mit ihrem Tode ist, sowenig wie bei Faust, ihr Leben zu Ende. Sie hat die Elemente gewaltig beschworen, sie hat sie in Aufruhr gebracht, oder, besser gesagt, sie hat ihrem ewigen Aufruhr, ihrem Dynamismus, unerschrocken ins Auge zu sehen gewagt. *Sie* ertrug den Geist, den sie rief und der ihr nicht glich. Die physikalische Welt, die Welt überhaupt, ist aus ihrem *Schlaf* durch diese kleine zarte Frau aufgestört worden, und bis zum heutigen Tage sehen wir diese Welt »gefährlich leben«, brennen, stürzen – und neu auferstehen. Aber der zweite Wunsch ihres Lebens? Sie hat sich einer fremden Rasse verbunden; jenseits der Lust, der sinnlichen Leidenschaft, nein, es muß gesagt werden, es ist so, jenseits jeder Liebe! Gegen Ende ihres Lebens schreibt sie ihrer Tochter: »Ich glaube, daß man sich leicht betrügt, wenn man alles höhere Lebensinteresse von einem so stürmisch bewegten Gefühl abhängig macht, wie es die Liebe ist...« Und sie sagt ein anderes, fürchterliches Wort weiter: »Die Liebe ist kein anständiges Gefühl.« Auch dies ist eine ungeheure Umwälzung der inneren Welt, eine moralische Revolution, eine Überwindung des christlichen Kosmos, der Sturz auf die Erde. Und so stirbt sie, die Katholikin, ohne Sakramente, ihre letzten Worte sind: »Hat man es mit Radium oder Mesothorium hergestellt?« – und ob es jetzt Frieden war, der ihre grandiose Seele erfüllt hat, wer wollte es ergründen? Es liegt viel Unergründliches in ihr. Das Unwahrscheinlichste wird über ihren Tod hinaus Erscheinung.

Was man seit Urzeiten nicht gesehen hat, was einem Goethe versagt war, woran ein Napoleon zerschellte – von dem zum lallenden Kinde gewordenen, kinderlos sterbenden Nietzsche zu schweigen –, hier in dem Ehebund zweier bescheidener Menschen wurde es offenbar, sie überlebten sich großartig in ihren Kindern. Aus dieser ohne Liebe geschlossenen Ehe zweier grundverschiedener Rassen entsprangen zwei prachtvolle Kinder, von denen das ältere, einem Franzosen aus dem gleichen geistigen Breitengrade verbunden, bereits neue, ungeheure Leistungen aufzuweisen hat, denen sich die Welt in freudiger Verehrung ohne Widerstand gebeugt hat: Irene Joliot ist mit ihrem Mann Leiterin des von der Mutter erbauten und eingeweihten Radiuminstitutes in Paris und Trägerin des Nobelpreises. Das neue Geschlecht, die neue Dynastie, setzt sich fort, das Ehepaar Joliot-Curie hat schöne, starke, gesunde Kinder. Sie haben in der Wahlheimat Wurzel gefaßt. Vielleicht wird dieses Geschlecht – es ist kein hoffnungsloses Geschlecht wie das von Bang – selbst in Äonen nicht untergehen.

(1938)

Liebesbriefe an das Schicksal

Zu Stefan Zweigs »Magellan«

Es ist der Lebensroman eines außerordentlich kühnen Mannes, den Stefan Zweig in seinem »Magellan« mit seiner kühlen Meisterschaft geschildert hat, die in ihrer Art unübertrefflich ist.
Magellan ist in Portugal geboren, ein unscheinbarer, düsterer, wenig mitteilsamer Mann, unbefriedigt von sich und vom Leben. Kein Kind des Glücks, aber doch ein Liebhaber des Abenteuers, ein Liebender des Schicksals, der unzählige unbeantwortete Liebesbriefe an dieses rätselhafte und im Grunde doch so einfache Schicksal aussendet, nie eine Antwort erhält, denn sein Leben ist ein einziger Mißerfolg in allen Erfolgen. Bis nach seinem Untergang, ja eben durch seinen Untergang das Schicksal diesem großen Werber die Antwort erteilt: ein glühendes Ja! Denn dieser Mann, unschön, finsteren Charakters, dem Verrat nicht abgeneigt, wenn es sich um eine hohe Sache, eben die seine, handelt, hat erreicht, was er wollte. Er ist vom Irrtum ausgegangen. Er hat unrichtige Landkarten, die er sich auf nicht ganz lautere Weise verschafft hat, falsch gelesen. Er hat falsche Mittel angewandt, er hat zuerst die große Geduld, die epische Form der Liebe noch nicht gehabt. Nach unbelohnt gebliebenen Kriegs- und Friedensdiensten hat er, zu kühn, zu sehr seiner selbst bewußt, seinem Fürsten das große Ja-Wort abzwingen wollen, und als dieser es ihm verweigert, hat er sein Land verraten, ist zu den Feinden Portugals, den Spaniern, übergegangen, hat dort Fuß zu fassen, hat dort etwas von dem ihm eigentlich versagten, bürgerlichen Glück zu kosten versucht, hat seinen Namen geändert, hat dem Herrscher Spaniens den verwegenen Traum seines Landes vorgetragen: nach Westen auszusegeln und von Osten zurückzukehren. Mißtrauisch ist er dem fremden Fürsten entgegengetreten, und sein Mißtrauen ist berechtigt gewesen.
Aber er, durfte man ihm trauen? Er erzwingt sich Gehör, er erhält fünf Schiffe, die er mit minutiöser Genauigkeit ausrüstet, treu nur einem, seiner Sache, seiner Idee. Menschen bedeuten diesem Amoralisten nichts. Sein letzter Schritt vor der Abreise ist der Verrat an dem Herzensfreund, dem Arbeitsgefährten. Er will allein sein, und selbst dann, wenn er unter seiner Mannschaft, in seiner Stadt ist,

weht ein Hauch von Einsamkeit um ihn.
Das aber ist das Klima, in dem Liebesbriefe an das Schicksal geschrieben und beantwortet werden. Bald erkennt er, daß sein Plan falsch war. Das heißt, falsch für jeden anderen. Jeder andere, der anstelle der Durchfahrt auf einem bestimmten Breitengrade Südamerikas statt des Kanals nur eine gigantische Strommündung gefunden hätte, würde umgekehrt sein, hätte bereut, Mitleid empfunden mit der schwer geplagten Mannschaft, mit sich. Die Mannschaft empört sich gegen ihn, denn man ahnt seine Schwäche, man »riecht« seine Desillusion, man hat nicht vergessen, daß er nur ein Emigrant ist, willkürlich übergeordnet den nationalen spanischen Admiralen. Offener Kampf. Heimliche Tücke, Schlag gegen Schlag. Er siegt, er beruft mitten in einer eisigen Wüstenei, den Winter über in diese trostlose Gegend gebannt, das Standgericht ein – und verurteilt zum Tode den meuternden Admiral und zwei andere Offiziere, diesen zum Tode durchs ritterliche Schwert, die anderen zum Tode durch bitteren Hunger, denn er setzt sie aus auf der unwirtlichen Küste, als er endlich weitersegelt, mehr vom Mute der Verzweiflung angefeuert als von einem Strahl der Hoffnung. Und jetzt lächelt ihm das Schicksal zum ersten Male zu. Die gesuchte Durchfahrt besteht, es ist zwar eine höllische Straße, zwischen unfruchtbaren Klippen eine gefährliche, ewig von Stürmen gepeitschte Passage. Damit ist das Ziel erreicht, die Unsterblichkeit erkämpft.
Aber dies genügt dem gewaltigen Manne nicht. Er hat versprochen, von Osten zurückzukehren. Wenn er jetzt umwendet, ist nur die eine Hälfte des Versprechens gehalten. Darf er weitergehen? Kann er? Die anderen Admiräle warnen, es mangelt an Lebensmitteln. Krankheiten haben die Mannschaften, die Stürme haben die Schiffe zermürbt. Darf er? Kann er? Er muß. Ein Teil der Flotte desertiert. Er setzt mit dem meuternden Rest die Reise fort. Unbeschreiblich die Mühsale. Endlich sind die wärmeren Landstriche, die goldenen Berge, die Gewürzinseln mit ihren Millionenschätzen erreicht, er landet, und man empfängt ihn mit gebeugten Knien.
Kann er es sich jetzt genug sein lassen? Immer noch hat er die Antwort des Schicksals nicht verstanden; er glaubt, er müsse noch einmal kämpfen, noch einmal das Schicksal auf die Probe stellen. Es handelt sich um einen winzigen, einen mikroskopischen Kampf von nackten, speerbewaffneten Beherrschern einer Insel, die man auf keiner geläufigen Landkarte findet. Und er, inmitten seiner

Getreuen, alle gepanzert und beschildet, erliegt einer Masse von maskenhaften Menschen. Magellan fällt. Seine Leute fliehen, und niemals weiß man, was aus seiner Leiche geworden ist. Aber was kümmert uns die Leiche, der Geist, der Wille, das düstere Feuer des liebenden Werbers hat gesiegt, es ist, wie Zweig sagt, »für alle Zeiten erwiesen, daß die Idee, wenn vom Genius beachtet, wenn von Leidenschaft entschlossen vorwärts getragen, sich stärker erweist als alle Elemente der Natur, daß immer wieder ein einziger Mensch mit seinem kleinen vergänglichen Leben, was Hunderten Geschlechtern bloßer Wunschtraum gewesen, zu einer Wirklichkeit und unvergänglichen Wahrheit zu erschaffen vermag.«

Es ist ein Buch für Männer, es ist ein Werk für junge Menschen, die von einer Zeit wie der unseren fast erdrückt werden, das Zweig hier geschaffen hat. Es gibt Mut. Und was brauchen wir heute mehr als Mut? Wer das Buch Zweigs gelesen hat, hat neuen Mut gewonnen zum Leben und zur Liebe. Denn Schicksal und Liebe – und sei es die zu einer Idee – ist es nicht das gleiche?

(1938)

Die zwei Brüder

Hermann Kesten, »Die Kinder Gernika«

Im Verlag Allert de Lange, Amsterdam, erscheint Hermann Kestens *»Die Kinder von Gernika«*, eines der merkwürdigsten Bücher der Epoche. Es ist vielleicht der erste gelungene Versuch, mit der Welt von 1938 fertig zu werden. »Fertig werden« will heißen, sie so darzustellen, daß Menschen künftiger Generationen aus Werken solcher Art diese Welt oder Unwelt wiedererkennen werden. Merkwürdig nenne ich das Buch aber nicht nur der Themawahl wegen. Es schwelen noch die niedergebrannten Mauern der kleinen Stadt Guernica im freiheitlichen Spanien. Flüchtlinge, wie sie Kesten schildert, begegnen uns Tag für Tag in den Straßen unseres Exils, die deutschen und italienischen Flieger schwirren noch immer über dem unseligen Land, und Schicksale, wie die der kleinen, friedlichen, eben noch so glücklichen Familie, erfüllen sich nach wie vor. Und noch ist kein Ende abzusehen. Darin liegt also das Merkwürdige nicht. Es ist hauptsächlich etwas ganz anderes. Dieser Dichter begreift das feist werdende Grauenhafte, das vergnügte, zufriedene, unbestrafte Unrecht, das Ordinäre, das in dem »Sieg« des mechanisch Stärkeren über den mechanisch Schwächeren liegt; er ist Feuer und Flamme gegen die Niedertracht jener, die aus sicherer Position heraus, in ihrer hysterischen Eitelkeit die törichten Völker, die schwer zu belehrenden, aber so leicht aufzuwühlenden Massen gegeneinanderhetzen; aber Kesten begnügt sich nicht mehr mit dem Zorn des Gerechten, nicht mit der Träne des Mitleids, noch mit dem stöhnenden Seufzer müder Verzweiflung: er gibt uns Zeichen eines gewaltigen, vorerst geistigen Widerstandes. Er gibt unbarmherzige, kristallklare Einsicht in die Welt und in die Gegenwelt, er gestaltet aus einer sinnlosen Katastrophe ein dramatisches Gegeneinander.

Er zeigt aber alles eher als ein Gegeneinander von schlechthin sittlichen und schlechthin niederträchtigen Kräften, etwa eine tugendhafte Familie in der zerstörten Stadt und eine niederträchtige Generalversammlung oder Fliegermesse auf der anderen Seite. Er macht einen viel großartigeren Zug, der dem Genialen nahekommt: In der kleinen Apothekerfamilie – Vater, Mutter, sieben Kinder – läßt er sich die Gegenkräfte entwickeln, er läßt die Familie sich in zwei Teile spalten, und an die Spitze des einen setzt er den Vater, den sittlich einwandfreien, zu ewiger Erfolglosigkeit und Ungeliebtheit verurteilten modernen Hiob, und auf die andere Seite setzt er den ewigen Kain. Und in der Gestalt dieses feindlichen Bruders, dieses erfolgreichen Abenteurers, siegesgewissen Verführers, dieses humoristischen, niederträchtigen und bei aller äußeren Glätte brutalen Pablo schafft er eine von Bosheit, Leben, Klugheit und diabolischer Weisheit funkelnde Figur. Auf der einen Seite, sage ich, der »humane« Mensch, der Mensch an sich, der Bruder unter Brüdern, der ewige Gatte, der besorgte, selbstlose Vater, dem nichts gelingt. Der Bruder Pablo, den er vor 20 Jahren gerettet, dem er seine Lebensidee geopfert hat, kehrt zurück, der müde gewordene Betrüger erscheint eines Tages, auf der Flucht, zum Bettler geworden, mit gefärbtem Haar, zerfranst, abgedankt, erledigt. Er müßte unterliegen – und siegt. Das Schlechte, das Niederträchtige, das Spöttische, das Mephistophelische siegt durch ihn, gegen jede Erwartung und doch muß es so, kann nicht anders sein. »Merkwürdig«, sagt der Vater, »du, Pablo, hablos, glücklos, ein Individualist, rechtlos, ritenlos, der sich den Bart rot und die Meinungen schwarz färbt, oder auch umgekehrt, ein ewiger Komödienspieler...« »Wie deine Kinder!«, sagt Pablo. »Es sind Kinder«, sagt der Vater. »Daß ein Mensch wie du so an der Heimat hängt, am Haus, das ihm nicht gehört, am Brot, das nicht für ihn gebacken wird, an der Familie, die er verriet und die ihn ausstoßen wird – Pablo, Pablo, nur die Vagabunden sind Patrioten um jeden Preis...« Wer denkt da nicht an einen anderen, einen dermaligen Obdachlosenasylinsassen, an dem vor 30 Jahren jede ähnliche Prophezeiung ebenso zuschanden geworden wäre, wie sie hier zuschanden wird? Es ist der heimgekehrte Pablo, der die Familie erobert, der sie lachend ins Unglück stürzt, der schuld daran ist, daß sie nicht rechtzeitig, wie es der besorgte Vater will, das Land verläßt und sich rettet. Die Mutter, diese schön gebliebene, bisher immer sittenreine Frau, wirft sich dem Stromer an den Hals, die erste nicht, die letzte nicht. Sie verrät zuerst ihren Mann, dann sich, und niemals kommt – welch meisterlicher Zug des Psychologen Kesten – ein Wort der Reue, des Mitleidens mit dem betrogenen Gatten aus ihrem Munde. Als eine Fliegerbombe in den Keller der Apotheke niederkracht, geht der Vater zugrunde, die schöne, tragisch umwitterte Tochter Innozentia, die sich für ihre Mutter geopfert hat. – Unbeschädigt bleiben die Mutter, dann der Held der Geschichte, ein Junge von 16 Jahren, altklug geworden durch das Unglück und im Grunde unberührt von allem, was um ihn vorgeht (denn welcher junge Mensch vermöchte das alles sehend, wissend, verstehend zu ertragen?) – und gerettet wird der pfiffige Lump, der großartige Zyniker, der Mensch, der so »gräßlich fröhlich ist«. Von ihm heißt es: »Jetzt, sagt er allen fremden Leuten, die ihm zuhören wollen, jetzt, sagt er, ist der Moment. Jetzt leben! Jetzt genießen! Der Fülle sich freuen, des Jetzt und Heut, des freundlich gleichen, des angenehmen Daseins. Süße Hoffnung aller Lebenden: Das Jetzt – und morgen nochmals.« Hier ist es das andere Lager, das spricht. Was bedeuten vor solch einem Pablo die edlen Worte der unedlen Witwe: »Ich meine, wenn meine Kinder mich fragen: Mutter, was für einen Sinn hat unser Leben? Was sonst kann ich ihnen sagen als: Rächt euren Vater! Rächt eure Geschwister! Rächt Spanien! Vergeßt, will ich ihnen sagen, die falschen Lehren eures Vaters. Vergeßt die Honigworte Christi. Vergeßt alles, was in den Gesetzbüchern und anderen Romanen steht! Lernt den Gang der Welt begreifen.« Aber der Gang der Welt heißt Pablo, nicht Antonio.

Das Große an diesem kleinen, hinreißend erzählten Buch ist der Trotz. Kesten wimmert nicht. Er gestaltet, er schafft in souveräner Kraft Figuren, unvergeßliche, die weiterleben, auch wenn man die letzte Seite des Buches hinter sich gelassen hat. Er widersteht. Er stellt das Faustische gegen das Mephistophelische und läßt das Faustische edel und das Mephistophelische lustig sein. Er kann dem Lauf der Welt mit scharfem Blicke und souveränem Humor folgen, selbst bis dorthin, wo sich dieser Weg ins schlechtweg Infernalische verliert. Er zeigt am Beispiel des armen, törichten, ratlosen, furchtsamen, zarten und zugleich so heroischen Jungen, wie wir zerrissen werden vom Gram über die Scheußlichkeit des Unrechts auf der einen Seite und vom unzerstörbaren Drang nach vorwärts, der sich durch nichts hemmen läßt. Nicht durch die Moral, die ihn fesselt, nicht durch das Mitleid, das ihn schwächt, nicht durch das Unrecht, das ihn zu ersticken droht. »Dieser ganze Gedanke der Moral ist ein Funke des Wahnsinns«, sagt Onkel Pablo. »Lebe und genieße, Bruder. Und kümmert euch nicht um die Folgen! Mañana! sagen wir. Morgen! Morgen! Alles, was auf Erden geschieht, ist folgenlos.«

Kesten setzt seinem Buch ein Motto aus dem »Figaro« des Beaumarchais voran: »Et vive la joie! Qui sait, si le monde durera encore trois semaines.« Hier liegt, in diesen paar banalen Worten liegt der Sinn des Buches. Beaumarchais heißt Freiheit. Diese Weisheit ist »fröhliche Wissenschaft«, Zukunft, Rettung! Kesten ist nicht zynisch. Nur seine Gestalt ist es. Kesten ist nicht nihilistisch. Er ist auch nicht sentimental aufgeweicht wie der junge sechzehnjährige Held seines Romans. Er läßt die Kinder »Komödie spielen«, und doch schreien die Tatsachen zum Himmel, das Blut fließt, die Opfer stöhnen, und die ewige Flucht endet nie. Das bittere Brot der Armut und Emigration ißt sich so schwer. Wissen wir es nicht? Aber alles spricht er aus, nur das Wort der Lösung nicht; es ist aber da, es leuchtet durch, so wie es durch die sentimental zynischen Aventüren des nihilistischen Revolutionsfriseurs Figaro hindurchleuchtet, und es ist nichts anderes als die Freiheit. Das erste Buch Hermann Kestens heißt: »Josef sucht die Freiheit«. Dieses Buch hat der reifere Dichter noch einmal geschrieben. Er glaubt an die Freiheit, die ewiger ist als Faust und Mephisto, ewiger als alle Antonios und Pablos, die unvergeßlichen Figuren eines großen Buches.

(1938)

Stefan Zweig,
»Ungeduld des Herzens«

In seinem ersten Roman hat Stefan Zweig ein ungeheures Problem entwickelt: das Mitleid. Er hat es entwickelt in drei großen Komplexen, die sich konzentrisch zusammenschließen um eine Mittelfigur. Es sind drei Welten (drei Männer), die Mitleid zu empfinden haben, die Mitleid schuldig sind, und ein Mittelpunkt, ein Mädchen, welches das Mitleid erfleht und herrisch verlangt, und die doch alles andere eher als Mitleid will und braucht. Sie will Liebe, aber sie braucht Gnade. Stefan Zweig gibt keine kalte, trockene Dialektik. Menschliche Rührung, tiefes Begreifen des ewig Menschlichen, das ist: des ewig Tragischen; – und das alles im Rahmen des alten unvergeßlichen Österreich-Ungarn: hinter blühendem Leben verwelkende Geschicke. Einfach und schlicht erzählt.
Der erste Komplex in dieser meisterhaft ineinander verschlungenen Komposition ist der Vater der mitleidswürdigen Heldin. Ein kleiner, harter, kalter, tüchtiger, enger Mann, geschäftstüchtig, erfolgreich, aus der Armut und dem Getretenwerden sich brutal emporkämpfend zu gewaltigem Reichtum. Als Herr Kanitz beginnt er. Als Großgrundbesitzer, Pseudomagnat auf oberungarischem Gut, Herr von Kekesfalva, verläßt er den Rahmen des Romans. Dieser Mann hat eine schwache Stelle. Er will etwas anderes sein als er ist. Er haßt sich, er ist sich zuwider: »Er starrte sich im Spiegel an, wie man die Photographie eines Verbrechers in der Zeitung ansieht, um herauszubekommen, wo eigentlich in den Zügen das Verbrecherische steckt, im aufgestoßenen Kinn, in der bösen Lippe, in den harten Augen.« Eben hat er ein gutes Geschäft gemacht. Aber war es nicht zu gut? Erdrückt ihn nicht die Reue, weil er eine arme, verstaubte, verblühende, ahnungslose Frau um ihren Besitz gebracht hat, – und erträgt er diese Last in seinem nur scheinbar kalten Herzen nicht? »Ja, so ein Mensch müßte man sein; lieber sich betrügen lassen, als zu betrügen.« Die Reue wird tätig, das Mitleid siegt, der harte Mann wird weich, der Geizige großherzig, nimmt sich dieses verstaubten Fräuleins an, heiratet es, ist glücklich mit ihr und hat ein Kind, ein bezauberndes, schmetterlingsgleich anmutiges Wesen. Hier endet das Glück. Das Mitleid rächt sich. Die Frau stirbt, das Kind erkrankt und wird gelähmt. Ein kleiner, boshafter, verbitterter, anspruchsvoller Krüppel von

19 Jahren, so tritt Edith in den Rahmen der Erzählung. Sie bedeutet dem Vater alles. Er ihr fast nichts.
Mitleid hat mit dem Kind auch ein Wiener Arzt namens Condor. Ein Meister in der Kunst, »die Illusionen wegzuoperieren«, ein größerer Meister aber in der Kunst, Illusionen zu schaffen. Niemals kann er Edith heilen. Immer kann er ihr und sich einreden, sie sei auf dem Wege der Heilung. Das Herz des alten Kekesfalva ist schwach, und so »mußte dem alten Mann wieder eine Kampferinjektion Zuversicht verabreicht werden«. Er hat vielleicht Erfolg? »Medizin hat mit Moral nichts zu tun«, sagt er. Alle Mittel sind recht, wenn sie wirken, mögen sie noch so unwissenschaftlich, sagen wir es offen, mögen sie noch so schwindelhaft sein. Ein brutaler Optimist, die praktische Menschenliebe in Person.
Zweig setzt seinem Buch ein Motto voraus, in welchem er sich gegen »das schwachmütige, sentimentale Mitleid« wehrt, »das eigentlich nur Ungeduld des Herzens ist, um sich möglichst schnell freizumachen...« Er ist für »das andere, das einzig zählt, das unsentimentale, aber schöpferische Mitleid, das weiß, was es will, und entschlossen ist, geduldig und mitduldend alles durchzustehen bis zum letzten seiner Kraft und noch über dies letzte hinaus.«
Hat der Vater dieses Mitleid? Ja, kann er es denn haben, wenn er sich selbst mit bemitleiden muß? Wenn er ein geschlagener, im tiefsten völlig einsamer und beklagenswerter Mensch ist? Er seufzt, er weint, haßt, verleugnet sich, und vor lauter Tränen verliert er die Kraft der Führung. Er kann nicht führen, er kann nicht befehlen, er kann dem Kind die Augen nicht öffnen. Denn Edith ist deshalb besonders elend und bitter, weil sie keine Gnade kennt, weil sie die furchtbaren Tatsachen nicht zur Kenntnis nehmen will, weil sie einmal die Gesunde spielt, weil sie ein andermal mit dem Leiden kokettiert und es zynisch übertreibt, um schließlich wieder in Krämpfen und Zuckungen zu versinken. Sie ist sinnlich und doch zur Unfruchtbarkeit verurteilt. Ist das alles nicht furchtbar genug? Aber sie dreht sich den vergifteten Speer im Leibe um. Der Vater kann nur alles noch schwerer machen, er kann dem Kind nur das lustige Leben im leichten, schwebenden, tanzenden Wien von 1914 versprechen. Halten kann er nichts. Er glaubt nicht einmal an sich, wie soll er dem Kinde Glauben geben?
Und der Arzt, dieser Dr. Emmerich Condor, zweiter Hof, dritter Stock, Sprechstunde von 2-4? Er hat in Wien eine Armeleutepraxis, er könnte in Kekesfalva, an Kekesfalva reich werden, wenn er

wollte. Aber er will nicht, er kann nicht. Er hat eine unschöne, verbitterte reizlose Frau – eine Blinde. Sie verlangt sein Mitleid für sich. Sie braucht ihn. Er gehört ihr. Sie gönnt ihn den Kranken nicht. »Alle wollen sie was von ihm«, schreit sie, »alle fragen und klagen!« So jagt sie einen jungen Leutnant weg, als er sich bei Condor Rat holen will, »einmal muß er seine Ruhe haben, weg jetzt!... Weg, hab' ich gesagt!«
Mit diesem jungen Leutnant sind wir bei dem dritten und wichtigsten Komplex des Romanes angelangt. Wenn man ihn nur flüchtig ansieht (so wie er sich selbst im Beginn schildert mit einer unnachahmlichen Lässigkeit, Sicherheit und Lebensbejahung), so sieht man nur eine Operettenfigur. Man muß Zweigs meisterliche Art bewundern, wie er, ohne daß man merkt wie, immer tiefer und tiefer geht, bis von dem »Offiziers-Schlieferl« nichts mehr übrigbleibt. Ein Mensch, einmalig und wahr. Kein einsamer, mißverstandener, übertriebener, leidsüchtiger mehr, sondern endlich einer, der gerne lebt, der beliebt ist, im Kreise seiner Kameraden seinen Mann steht. Ein prachtvoller Reiter, ein glänzender Soldat, tapfer bis zur Tollkühnheit, im Krieg die höchste österreichisch-ungarische Auszeichnung, den Maria-Theresienorden, als Flieger über den Piave erkämpfend. Er ist gesund. Er steht fest in einer Gesellschaftsschicht. Pflicht gegen Recht. Sein Stand ist seine Statik. Sein Gefühl ist seine Dynamik. Das ist der Konflikt. Hier hat Zweig den Kern der Tragödie erfaßt: Es gibt außer dem Mitleid des Menschen beim trauten Du und Du oder dem glatten kalten Spiegel gegenüber noch eine zweite Art Mitgefühl, nämlich das des Menschen mitten in der Masse, seinesgleichen vor sich, hinter sich, rechts und links, Väter und Söhne, Höhere und Niedrigere. Diese beiden Arten Mitleid sind unvereinbar. Wer auf der einen Seite siegt, muß auf der andern Seite fallen.
Der junge Offizier kommt wie Parzival an die Stätte des Leidens und der Qualen und sieht nichts. Er fordert das Krüppelwesen, dessen aus Blech und Riemen gefertigte Gelenkstützen er unter den Seidenröcken nicht sieht, zum Tanz auf. Hysterischer Ausbruch, Jammer, Tränen und Geschrei – und echtes Leid. Scham des gutmütigen, aber ungeschickten jungen Menschen, Wunsch, es gutzumachen. Wie sollte ihm das in der Blüte der Jugend, mit all dem unverbrauchten Feuer, mit all dem Zauber der Montur – und mit der Bravheit seines Gemütes nicht gelingen? Er tut der Armen gut. Sie beginnt ihn zu lieben. Er empfindet zuerst nur Mitleid. Bald

wird es eine Art ritterlicher Liebe. Hier erscheint ein Zug, der vielleicht der tiefste, weil selbstverständlichste des ganzen reichen Buches ist: Dieser junge Offizier, aus armem, aber gutem Haus, unterliegt nicht allein dem »Größenwahn der Güte«, er unterliegt auch der Macht des Geldes. Nicht, daß er sich verkauft. Dazu ist er zu ehrenhaft. Aber die warme Atmosphäre großer und gesicherter Reichtümer tut ihm wohl. Dem Vater Kekesfalva ist das Geld ein Fluch. Dem Arzt Condor ist es eine Last. Für den Offizier ist der Glanz des dicken Goldes aber etwas Helles, die erlesenen Gerichte, Weine und Zigarren etwas Erfreuliches. Er nimmt es hin und dankt und lacht. Er braucht nur eine Sorge zu haben, nämlich die, ob er helfen kann. Und er hilft. Er allein hilft. Er entwirrt die Gefühle. Er gibt dem verkrüppelten Kind den Ausweg ins Freie, nämlich den Ausweg des Ichbesessenen in die Nächstenliebe, den Weg aus der Arroganz in die Demut, aus der Bitterkeit in die Hoffnung. Er stiftet Frieden: er gibt dem nüchternen und doch so glaubensseligen Geschöpf die Illusion, endlich um seiner selbst willen geliebt zu werden. Er gibt diese Illusion, weil er, der junge, unbedeutende Offizier, sie zum erstenmal mit Macht an sich selbst erlebt. Zum erstenmal spielt er die Götterrolle: »An jenem Abend«, erzählt er nach seiner Verlobung und nach den ersten echten Küssen seines Lebens, »an jenem Abend war ich Gott. Ich hatte die Welt erschaffen und siehe, sie war voll Güte und Gerechtigkeit... ich fühlte mit Stolz, die Menschen liebten das Licht, das von mir ausging... Ich und nur ich war der Anfang, die Mitte und der Ursprung ihres Glücks...ein letzter Blick noch, ein Gruß, und dann ging ich, frei und sicher, wie man immer geht von einem gelungenen Werk, von einer verdienstvollen Tat...« Und hier ist das Ende. Im Augenblick, wo der Retter die Gerettete verläßt, um in die Gesellschaft zurückzukehren, aus der er stammt, zu der er gehört, für die er dient und die ihn als soziales Fundament stützt, da muß die ewige Verwirrung der Gefühle bei ihm beginnen, muß der Zweifel angehen, das Glück enden. Da muß die Göttergleichheit zu Hohn und die vermeintliche Kraft zur Schwäche werden. Das Buch spielt vor dem Kriege. Es ist also noch eine Welt, die in den Fugen hält. Es ist eine Hierarchie da, ein Stufenwerk der Ehre. Es ist ein Unterschied zwischen dem winzigen Monatsgehalt, dem Ehrengehalt eines subalternen Offiziers und den Riesensummen eines erfolgreichen Spekulanten. Es gibt ein Reglement. Mitleid mit einem armen, zur Kinderlosigkeit verurteilten jungen Mädchen; das ja.

Aber eine Ehe mit dem kranken, gelähmten Millionärskind aus zweifelhaften Verhältnissen: nein! Das Reglement sagt nein. Die Gesellschaft sagt nein. Die Natur sagt nein. Ein Mann wie dieser da kann nicht geduldig einzig und allein seinem Herzen folgen, es sei denn, er zerbräche die ungeschriebenen Gesetze seines Ranges und die Gesetze der unerbittlichen Natur. Ob der tragische Ausgang Selbstmord heißt, oder heroischer Verzicht, – die Opferung einer echten Liebe (der Held liebt sein Werk in dem jungen Mädchen) bleibt unerläßlich. Der Schluß bleibt immer trüb. Kein geistlicher Trost. Kein Kloster. Also überhaupt kein Ausgang. Wer entsinnt sich nicht der kargen und doch so tiefen Worte eines Benjamin Constant in seinem ›Adolphe‹? Wer erkennt nicht die ewige Gesetz in all der Verwirrung wieder? Hier wie dort die Liebe und das Mitleid; die Pflicht und der Götterwahn der Güte; der Zwist, die Ungeduld des Herzens, und das traurige Ende. »Sie hätte von mir verlangen dürfen«, sagt der junge Adolphe, als er sich von der viel älteren, lange nicht mehr unbemakelten und doch so mitleidwerten und in ihrer Art herrlichen Eleonore trennen soll, »sie hätte von mir verlangen dürfen, sie nicht zu verlassen. Ich wußte im Grunde meines Herzens, ihren Tränen hätte ich nicht Nein gesagt ...ich entfernte mich nicht ohne lebhaften Schmerz von einem Wesen, das mir so einzigartig hingegeben war. Was für Tiefen tun sich doch in Verbindungen auf, die nicht enden mögen! Gegen unsern Willen werden sie zu einem unzertrennlichen Teil unseres Lebens! Lange vorher, in Ruhe, da beschließen wir bei uns, sie zu lösen. Wir glauben, daß wir mit Ungeduld den Augenblick der Ausführung unseres Planes herbeisehnen. Aber wenn der kritische Augenblick da ist, erfüllt er uns mit Schaudern. Und so grotesk ist es mit unserer erbärmlichen Seele bestellt, daß wir uns unter herzzerreißenden Qualen von einem Menschen trennen, an dessen Seite wir ohne Freude geblieben wären!« ›Adolphe‹ ist 1816 erschienen. Alles hat sich seither gewandelt, aber das menschliche Herz, in seiner Einsamkeit, mit seiner Unvereinbarkeit seiner Gesetze mit denen der Natur und der Gesellschaft, ist es nicht das gleiche geblieben?

(1939)

Ein neuer Meister
A. H. Tammsaare, »Wargamä«

Es ist für unsere deutsche Emigrationsliteratur, in welche der jähe Tod Horváths, Tollers, Roths klaffende Lücken gerissen hat, von höchster Wichtigkeit, besonders für die Jüngeren unter uns, sich an den großen Leistungen der Gegenwart zu messen, und den Blick nicht zu verlieren für umfassende, kühne Darstellungen – nicht eines Einzelschicksals – sondern eines Landes, eines geistigen oder geografischen Klimas.

Zu diesen großen und auch durch einen gewaltigen äußeren Erfolg bestätigten Leistungen wäre erstens das Werk Bromfields zu nennen; zweitens der merkwürdige Roman einer zweiundzwanzigjährigen amerikanischen Lehrerin Mitchell »Vom Winde verweht«, und drittens ein Werk, das von einer ganz anderen Welt Kunde gibt – und von einer ganz anderen Art Meisterschaft und Menschlichkeit: ich denke an den bis heute unbekannten estnischen Dichter A. H. Tammsaare, dessen fünfbändiges Riesenwerk, eben in dem Verlage Holle in Berlin unter dem Titel »Wargamä« zu erscheinen beginnt.

Der Dichter ist 1878 auf einem Bauernhof geboren. Lungenkrank, hat er die schönsten Jugendjahre in einem Zauberberg, einem Lungensanatorium im Kaukasus verbracht, zwischen 1911 und 1916, in den schlimmsten Krankheitsjahren ist er fast verstummt, ein biblisches Drama »Judith« bildet den Abschluß seiner dichterischen Frühzeit. Schon vorher, beim Verlassen der Schule, hat der in estnischer Sprache schreibende, aber von slawischen Einflüssen (dem grandiosen Bauernromanzyklus »Die polnischen Bauern« von Reymont) geprägte Schriftsteller die Idee eines umfassenden Romanwerkes von »Blut und Boden« über zwei Generationen hinweg erfaßt.

Er hat zwanzig Jahre das Werk reifen lassen, dessen erster Band, eben das uns jetzt vorgelegte Buch »Wargamä«, im Jahre 1906 erscheint. Von der Fülle der Gestalten, alt und jung, arm und reich, gut und niederträchtig, sinnlich und keusch, von der unbeschreiblichen menschlichen Wärme, Zartheit und Präzision der Darstellung hier in kurzem einen Begriff zu geben, ist unmöglich. Gewiß, es ist kein neuer Tolstoi. Dazu fehlt es an der Allgemeingültigkeit der Figuration, die Persönlichkeit des Dichters hat nicht das gigan-

tische, vom Himmel zur Hölle reichende Ausmaß eines Dämonen wie Tolstoi. Aber wenn die folgenden Bände sich auf der Höhe des ersten halten, wird das Ganze ein Werk darstellen, das nicht allzuweit hinter »Krieg und Frieden« zurücksteht. In einem bestimmten Punkt ist er Tolstoi sogar etwas überlegen, er hat echten Humor, und hier steht er unter dem Einfluß Gogols, der seinerseits wieder von dem uroriginellen Ernst Amadeus Hoffmann – dem folgenreichsten Genie der deutschen Romantik – beeinflußt war. So rundet sich ein Kreis, in den vielleicht auch Hamsun gehört. Tammsaare schildert in dem Band »Wargamä« nicht allein den Segen und Unsegen der Erde, sondern auch den gogolesken, von saftigem Humor geradezu strotzenden Kampf zweier Nachbarn, eines guten, anständigen Mittelmenschen Andres und eines vom Zwergteufel des Bösen getriebenen Dorfmephisto, eines wahren Genies im Erfinden von Tücken, Listen, üblen Meisterstreichen, ein kleiner Gott der Flöhe und der Läuse, eine Figur aus einem Guß, nicht mehr zu vergessen, eine Menschenschilderung, an der mehr als eine Generation junger Autoren lernen könnte – und die älteren auch.
Was uns aber ebensowichtig ist wie das Gewebe der ineinander wirkenden Gestalten, der Zauber einer trotz ihrer Häßlichkeit und Dürftigkeit tief geliebten Landschaft, das ist die geistige Grundlage, die sogenannte Weltanschauung, von welcher das Werk erfüllt ist. Bauplan, Grundriß der ganzen Architektur. Es ist, ich habe bereits darauf hingewiesen, ein Werk von Blut und Boden, eine Iliade des flachen Landes, der Sümpfe und auch der bunten Ernten. Das wird der Grund gewesen sein, weshalb ein Verlag des Dritten Reiches das umfangreiche Buch hat übersetzen und erscheinen lassen. Der Verlagsprospekt sagt wörtlich: »Hinter dieser eigenartigen Welt entdeckt der Leser eine wahrhaft weisheitsvolle und wurzeltiefe Weltanschauung«.
Was ist diese weisheitsvolle und wurzeltiefe Weltanschauung? Ist es der Gesang des »Volk ohne Raum«, der rücksichtslosen Vorwärts-Anarchie eines von sich berauschten Herrenwillens? Keineswegs. Es ist – der Geist der Bibel, es ist das Jüdischste unter allem Jüdischen, es ist das Schicksal des armen geplagten Gerechten (oder Halbgerechten) Hiob, das den Ausklang, den Sinn des Ganzen bildet. Vom Biblischen kommt der Dichter her, von der Judithlegende, die einen Hebbel ebenso wie einen Giraudoux inspiriert hat. Im Alttestamentarischen mündet er ein, soweit es sich nach diesem ersten Band beurteilen läßt.

Da ist der Lebensabend des guten arbeitsgetreuen Bauern, des Mannes, der das Moor urbar gemacht, die Ernten trotz Sturm und Not eingebracht hat, der Söhne und Töchter gezeugt, der gelebt, gelitten und geliebt hat:

»Zu Hause angekommen, redete Andres kein Wort. Er trank nur ein paar Krüge gutes Bier, trank, bis der Kopf ihm schwer zu werden begann, denn er fürchtete, daß er sonst heute am Ende keinen Schlaf würde finden können und legte sich dann zur Ruhe nieder. Aber in der Nacht, sei es nun, daß die Wirkung des Bieres verflogen war, oder sonst aus einem Grunde erwachte er und kroch leise aus dem Bett. Anfangs gedachte er aufs neue an das Bier zu gehen, aber dann öffnete er die Schranktür, holte die Bibel hervor und begann das Buch Hiob zu lesen, denn *durchs Hiobs Mund* wollte er mit seinem Gott reden. Aber dann kam es so, daß, während seine Augen die Worte Hiobs verfolgten, seine Gedanken ihre eigenen Wege gingen, und schließlich wollte es Andres scheinen, daß die gelesenen Worte Hiobs sich zu seinen eigenen Gefühlen und Gedanken wandelten, zu seinen Sorgen und seinen Nöten, seinen Enttäuschungen und zu seiner Verzweiflung.«

Diese Verzweiflung ist aber nur das letzte Wort des Romanteiles, nicht des Ganzen, es scheint sich ein Evangelium der Liebe anzukündigen; nach der harten Gerechtigkeit die sänftigende Barmherzigkeit; nach dem Recht die Gnade. Die Weltanschauung, die also von den Männern des Dritten Reiches so gerühmt wird, sie ist keine andere als die uns allen teure des strengen Rechtes zuerst und der humanen, erbarmenden Milde nachher. Dieser neue Meister, A. H. Tammsaare, gehört also zu uns, und in diesem Sinne sei er gegrüßt. Die Welt wird noch von ihm hören.

(1939)

Scarlett und Rhett

Zu Margaret Mitchell, »Vom Winde verweht«

»Vom Winde verweht«, der Roman, den Margaret Mitchell, eine noch nicht 25jährige, vorher ganz unbekannte amerikanische Lehrerin verfaßt hat, ist ein Wunder. Es ist fast unbegreiflich, daß ein so junger, vom Leben so gut wie gar nicht berührter Mensch, die Kraft aufbringt, ein so umfassendes Weltbild, sowohl der äußeren Dinge als auch der Seele, zu geben. Es ist kein vollkommenes Kunstwerk entstanden. Unvergeßliche Seiten voll überraschender Weisheit oder überirdischer Schönheit wird man nur selten finden, aber das ganze lebt. Es zittert und glüht vor Leben. Das ist die Quelle des ungeheuren Erfolges: drei Millionen Leser allein in Amerika. Kein neuer Gustave Flaubert. Aber eine neue George Sand.
Es ist ein Buch von 1000 engbedruckten Seiten. Die Zahl der auftretenden Personen ist ungeheuer. Weiße und Neger, alt und jung, alles ist mit der gleichen Kraft und Lust geschildert. Herrlich! Die Landschaften des Südens, der Baumwollplantagen, mit den schwermütigen Gesängen, der kleinen Städte mit ihrer muffigen Philisterwelt, reihen sich wie Perlen, jede in Fülle vollkommen gerundet, aneinander. Aber hart neben der Idylle steht die Revolution, neben dem Liebeserlebnis einer zweiten Madame Bovary steht eine gewaltige blutige Heldenerzählung der jahrelangen furchtbaren Kämpfe zwischen den Nordstaaten und den Südstaaten mit ihrer patriarchalischen Negerwirtschaft und der französischen Lebenslust und der lässigen Freude.
Das fast nur aus Enttäuschungen zusammengesetzte Leben der Heldin, dieser grünäugigen, schlanken, schwarzhaarigen, unbegreiflichen und magnetisch anziehenden Kreatur, Scarlett genannt, dies ist der eine Kreis. Den anderen bilden die Kämpfe, das Versagen der Obrigkeit, die Seuchen, der Schmutz, die unbeschreibliche Entbehrung, die Krüppel im Felde und in der Stadt, die erbärmlichen Kriegsgewinnler. Befreite Sklaven und entkettete Sklavenseelen. Lazarette voll unbeschreiblichen Jammers, dazwischen Rettungen. Glücksfälle. Furchtbare Wanderungen, Emigrationen, Okkupationen, Raubüberfälle eines anarchistisch gewordenen Staatswesens. Wie sehr erinnert dies alles an unsere Tage! Kann es

uns trösten, wenn wir, atemlos von Seite zu Seite hastend, aus diesem Buch erfahren, daß alles schon dagewesen ist und daß es mit dem Menschenleben damals nicht anders bestellt war als jetzt?
Wie der estnische Dichter Tammsaare, dessen großartige epische Schöpfung »Wargamä« mit dem Roman der jungen Amerikanerin geistige Zusammenhangsfäden spinnt, ist es mehr die jüdische Weltanschauung, die der Psalmen und des Buches Kohelet als der geistige Gehalt der Evangelien, was als Grundgerüst diese zwei Werke aufrechterhält? Die Liebe aber, aus welcher das Evangelium die Basis des menschlichen Zusammenlebens machen will, »ist nichts wert«. Alles ist eitel. Spreu vor dem Wind. Aber bevor etwas Spreu geworden ist, muß es geblüht, muß es geglänzt und gewelkt haben, und das ist es, was uns diese gottbegnadete Erzählerin zu geben hat.
Das Buch spielt in den sechziger Jahren. Wie bezaubernd wird das Zeitkostüm entrollte, die Kleider, die schlanken Taillen, die eine Schöne von damals dem brutalen Schnürmieder – und dem Hungern verdankt, die langen Höschen, die unter den Röcken und Unterröcken mit Falbala und Rüschen hervorsehen, der frohe Luxus der alten, fröhlichen Zeit, die Gartenfeste und Flirts – und dann das Elend, die Entbindung auf der Flucht, das Wandern, auf dem miserablen Karren mit dem verendenden und doch vorwärts gepeitschten Pferde, die Heimkehr auf die Heimstätte, die zur Brandstätte geworden ist, das mühselige Aufbauen. Das Ende des Krieges, ohne daß ein echter Frieden wiederbeginnt.
Und so wie den jahrelangen, bis aufs Blut alles aussaugenden Kämpfen zwischen den liberalen Nordstaaten, die die Sklaverei ausrotten wollen (um noch brutalere Arbeitsmethoden einzuführen, behauptet die Verfasserin), kein wirklicher Versöhnungspakt folgt, so ist auch dem Kampf der Geschlechter, des Rackers Scarlett mit ihren Männern, kein Frieden beschieden. Es wohnen zwei Seelen in dieser niedlichen Brust. Die eine ist weiblich im wahrsten Sinne des Wortes, mütterlich, mitleidig, werbend, behütend, die andere ist männlicher Natur, energisch, vorurteilslos bis zum Zynismus, immer nach heißen und sogar rohen Genüssen auf der Jagd. Sinnlichkeit, Alkohol, Machtbewußtsein. Hier ist keine Mütterlichkeit, kein Mitleid, kein warmes Herz, hier steht dem Mann nicht die überlegene Frau wie ein treuer Kamerad für Lebensdauer zur Seite, sondern sie selbst kämpft, wirbt, jagt und hetzt, bis sie den Atem verliert und zum Schluß des Buches so arm

und leer ist wie am Anfang: aber alt geworden, entzaubert, verblüht. Der Wind des Lebens ist über sie hinweggegangen, wie es im Psalm 103 steht, und ihre Stätte kennet sie nicht mehr.
Welches ist aber die Stätte? Ist es der ruhige Ehehafen, das idyllische Dasein auf einem riesigen Gutshof, in der Mitte der Familie, des Vaters und der Kinder, Enkel und Anverwandten, der Diener, der Freunde und Vertrauten? Diese Welt ist für Scarlett durch den Krieg verwüstet. Durch den Krieg, der die besten Männer frißt, wird sie gezwungen, die Rolle des Familienoberhauptes zu übernehmen. Sie packt die Verantwortung auf den Rücken – wird kalt, raffiniert, geschäftstüchtig, roh und unbarmherzig – und rettet die Ihren. Aber auch ohne Krieg wäre es einer Scarlett, dieser wahren Evastochter, gegeben gewesen, glücklich zu werden. Mit der Herzseite zieht es sie zu einem hübschen, guten, klugen, feinen, aber viel zu zarten Mann, Ashley, und mit den glühenden Sinnen und dem kalten Kopfe zugleich zieht es sie zu einem wagemutigen zynischen (und im Grunde doch so sentimentalen) Freibeuter, Rhett genannt. Einer so bezaubernden kleinen Teufelin wie Scarlett widersteht niemand. So bekommt sie natürlich beide Männer, leider zu einer Zeit, wo sie sie nicht brauchen kann, und einen dritten dazu, den Verlobten ihrer Schwester und noch viele andere. Und je mehr Männer diese Sirene gegen ihren Willen verlockt und je mehr sie den einen gegen den anderen ausspielt, je mehr sie diesen armen Narren auf dem Kopf herumtanzt, desto unglücklicher wird die widerspenstige Kreatur. Sie möchte doch zu gern einem Mann, der ihr wahrhaft imponiert, zu Füßen sitzen, möchte sich bei ihm verkriechen, ausweinen, ausküssen. Frieden sucht sie und nicht Kampf und Glut. Aber die Zeit ist in der Wende. Die alten Gesetze gelten nicht mehr. Die Frau muß, gegen ihren Willen, regieren, da der Mann sich an unsinniges Kriegsabenteuer vergeudet. Die Frau muß Aufgaben übernehmen, denen sie nie gewachsen sein wird. Hier muß sie z. B. einmal das von den Männern verlassene Plantagenhaus schützen und kann es nicht anders, als daß sie einen marodierenden Soldaten ohne viel Federlesens zusammenschießt, die Leiche herausschleppt und irgendwo verscharrt. Kann das spurlos an einer Frau vorübergehen? Woran kann ein solcher Mensch noch glauben?
Nach allen Irrungen landet sie schließlich doch wieder bei Rhett. Sie bittet um Verzeihung. Aber nie war sie mehr allein als jetzt, wo sie zu einem anständigen, verständnisvollen, innigen Zusammen-

leben reif geworden ist. »Liebling«, sagt der Geliebte und dünkt sich noch groß dabei. »Du bist ein Kind, du meinst, wenn du sagst: Verzeih, dann seien die Wunden und Irrungen von Jahren geheilt und alles sei vergessen und gut... Nimm mein Taschentuch Scarlett, ich habe noch nie erlebt, daß du in irgendeiner schweren Stunde deines Lebens ein Taschentuch bei dir gehabt hättest.« Das ist eine unmännliche, ja mehr noch, es ist eine altjüngferliche Antwort. Der Freibeuter, der tapfere, blendend rücksichtslose Mann ist zur Tante geworden. Wie trüb endet dieses so strahlend begonnene Buch! Aber wie immer es sei, es bleibt eines der wichtigsten Dokumente unserer Zeit der Anarchie und des ewigen Sehnens nach Liebe und Frieden.

(1939)

Franz Werfel, »Der veruntreute Himmel«

Franz Werfel setzt seinem neuen Roman »*Der veruntreute Himmel*« ein Wort des heute vielfach wieder zu Ehren kommenden Jean Paul voraus: »Es ist, als hätten die Menschen gar nicht den Mut, sich recht lebhaft als unsterblich zu denken.« Was nun in den über 400 Seiten des Buches mit allen Mitteln eines gewaltigen Erzählers und Seelendeuters dargestellt werden soll, ist die Geschichte eines Menschen, der diesen Mut hat, umrahmt von der Geschichte eines Dichters, der das Leben dieses Kämpfers oder vielmehr dieser Kämpferin um Unsterblichkeit beobachtet, mitleidend miterlebt und berichtend darstellt.
Das Buch beginnt damit, daß der Dichter, der als Sommergast auf einem oberösterreichischen Schloß Grafenegg seine Ferien verlebt, einer vertrockneten Magd von bald 70 Jahren begegnet. Er ist unruhig, auf der Suche nach Kraft und Gestaltungsmut; er hat ein unvollendetes, weil unvollendbares Manuskript im Schreibtisch. Auf dieser Suche schleicht er sich in die Mansarde der Köchin, er hat das unsinnige Gefühl, niemand anderer könne ihn sicherer vor dem (geistigen) Tode retten als sie, die alte Teta Linek mit ihren Vergißmeinnichtaugen und ihren breiten Backenknochen. An der Wand dieses Dienstbotenkämmerchens hängt unter dem Bilde eines Heiligen unter Glas und Rahmen die Photographie ihres Neffen, eines jungen Geistlichen im Chorrock, der ein Brevier in Händen hält. Seine Augen blicken kurzsichtig, aber schwärmerisch in die Ferne, als hätten sie eben erst von einem erbaulichen Texte aufgesehen. »Ein schönes Bild haben Sie da hängen, Fräulein Teta!« Sie nickt mehrmals, während sie tief aufseufzt: »Ja, das Bild ist eine Pracht.« Damit ist der Dialog zu Ende, denn die Magd »wird bittlich«, wie es in einer ihrer stereotypen Wendungen heißt, der junge Dichter möge sich möglichst schnell aus ihrem Zimmer und aus ihren Geheimnissen herausscheren. Er tut das erste, verläßt ihren Lebensraum, aber nur, um ihrem Geheimnis um so leidenschaftlicher nachzujagen.
»Eines Sonntags, im Juli, die Herrschaft war glücklicherweise ausgegangen, erschien ein ländlich gekleidetes Weib bei ihr, das einen zehnjährigen Jungen an der Hand führte.« So unscheinbar und banal beginnt die Tragödie. Es ist der Neffe, an dem dieses Magddasein sich erlaben und an dem es sich verzehren sollte. – Fast ge-

nauso, wie sich bei Beethoven ein Geniedasein an einem ungeratenen Neffen zuerst in Süße erlaben und dann in Bitterkeit erschöpfen sollte. Aber bei Beethoven ist es so, daß sich das alternde Genie in seinem harten Götterhimmel nicht mehr »gemütlich« fühlt und am Lebensabend zu den Sterblichen hinabsteigt, zu seinem »Schlieferl« von Neffen, während sich die Magd schon media in vita ein Götterbild errichtet, zu dem sie hinaufsehen will, und das sie mit ihrer Liebe, das heißt mit dem sauer erworbenen Spargroschen speist und kleidet und – zum Geistlichen weiht. Dieser kleine Neffe mit den »eigentümlich verschwollenen Schlitzaugen« soll noch etwas mehr werden als der Herzensschatz. Er soll ihr Seelenführer, der Psychagog über den Hades werden. Natürlich tut er die Hand auf, wie es der Barkenführer in der griechischen Unterwelt tut. Aber er begnügt sich nicht mit einem Obolus. Er verlangt während dieser schönen dreißig Jahre alles, was die »gewiegteste aller Sparerinnen« zusammengrapschen kann. Aber dafür winkt der Opferseligen auch ein höherer Lohn. Dieser Seelenführer soll sie nicht nur vom Strand des Lebens in das Land des Jenseits überführen, sondern soll ihr daselbst gutes Quartier bereiten, soll sie, als Fürbitter vor Gott und den Heiligen, durch fleißiges Messelesen und inniges Gedenken vor den Qualen des Fegefeuers oder gar den Verdammungen einer unendlichen Hölle bewahren. Und wie sich sonst eine ältere Dienstperson in eine Altersversicherung einkauft, kauft sich diese Teta Linek für das Himmelreich ein und legt alles in einer Art Paradiesrente an. Hier auf Erden hat sie gedarbt und sich vom Stehen am Herde Krampfadern geholt. Im Himmel wird sie erster Klasse fahren und nur Doboschtorte essen. Was ist denn das irdische Glück? Ihre Herrschaft hier auf Erden, um ein Beispiel zu nehmen, ist reich, gesund, frei, glücklich auf Schloß Grafenegg, Mann, Frau, zwei blühende Kinder. Aber was richtet das Schicksal, unberechenbar und unfaßbar, stupid wie es ist, mit dieser glücklichen Familie an? Der lebenstrotzende Sohn des Hauses, »ich bin nämlich so furchtbar gern auf der Welt«, geht bei einer simplen Bergpartie durch einen blödsinnigen Zufall zugrunde, die Tochter erkrankt an Hirngrippe, wird gelähmt und bleibt ein elender Krüppel, der Herr des Hauses, ein bedeutender Diplomat und noch bedeutenderer Lebenskünstler, kommt unter Hitler ins Lager und wird gepeinigt bei Tag und Nacht, und die Frau des Hauses kann nichts tun als mit starrem Medeablick all den Jammer ansehen. So endet die *weltliche* Glück-

seligkeit, das irdische Paradies, Schloß Grafenegg.
Der Neffe tut seine Pflicht. Nicht etwa tut er seine Pflicht in besonders arbeitsamer und »geistlicher« Form im Gymnasium, wo er infolge unglücklicher Zufälle bei allen Prüfungen entweder durchfällt oder »gnadenweise« durchrutscht, aber er tut seine Pflicht im Seelen-Haushalt dieser Köchin mit ihrem Durst nach übersinnlicher, überirdischer Liebe, denn er füllt sie aus, er verlangt unaufhörlich, er braucht Geld und Güte, er braucht den Schatz der Magd, und dadurch weckt, hebt, mehrt er ihn: er gibt ihr das, wonach sie sich am meisten sehnt, nämlich Hoffenkönnen, – auf Briefe, auf Antworten warten; er läßt sie schon eine Art Himmelsfreude empfinden, wenn sie schenken und schenken darf. Schenken, harren, hoffen, aus der Küche in die Unendlichkeit sehen, in Himmel und Hölle, »sich recht lebhaft als unsterblich denken«. Aus einem armseligen Bauernlümmel einen Geistlichen, einen Stellvertreter Gottes auf Erden machen können, und das herrliche dreißig Jahre lang, wäre das zu teuer bezahlt mit noch so vielen Tausendern? Kann man denn solches Glück umsonst haben? Sie bezahlt gern dafür, daß sie ohne Reserve lieben, das heißt, daß sie sich ganz und gar opfern darf. Wie sollte sie nicht glücklich sein, wenn sie für einen so schönen, so reinen Gottesjüngling sorgen darf, Mutterstelle vertreten an ihm, Geliebtenstelle vertreten an ihm? Sie ist groß, fromm, mächtig und glücklich, weil sie ihm gibt und ihn durch das Geben beherrscht: »Mußte der Herrgott selbst ihr nicht dankbar sein? Nur durch ihre entbehrensvolle Treue wurde jetzt täglich in der Welt eine Messe mehr gelesen, eine Hand mehr spendete den Leib des Herrn aus. Sie, die Köchin Teta Linek, hatte somit die Dienerschar Christi vergrößert und somit das Heil der Welt vermehrt.« So schwillt das Gnadengeschenk der armen Magd ins Gewaltige, man sieht einen Charakter in meisterhaften Strichen gezeichnet, die grandiose Dimensionen erreichen: das reine Ideal mit seinem unreinen Schatten. Und an dieser Stelle erscheint der tragische Widersinn der Helden- und Heiligenverehrung, Carlyle zum Trotz! Wie erbärmlich ist doch so oft das, was den Menschen liebenden Herzens auf die Knie zwingt! Es ist ein erbärmlicher Gott, hier ist rechtes Köchinnenwerk, diese schmalzige Vergöttlichung eines rotznäsigen, schlauen und faulen, aufgeblähten Lümmels. Es ist ja alles eher als ein Geistlicher, für den sich die Magd, im Glauben, sich aufs ewige Leben zu pränumerieren, abgearbeitet hat: ein Betrüger, ein feistes, aufgeklärtes Weltkind,

ein Faß ohne Boden, ein Bauernfänger, reich an Schlichen, nicht ganz arm an Humor, in allen Wassern der Sentimentalität gewaschen. Bei allem Zynismus und aller Raffgier ein vom Leben betrogenes Lümpchen. Kein Psychagog, sondern ein Demagog, ein Hochstapler Gottes. Wer könnte das nicht vom Anfang an erkennen, wie töricht müßte die Magd sein, wenn sie es nicht beim Lesen des ersten Bettelmeisterbriefes hätte durchschauen können! Aber sie will nicht durchschauen, sie genießt die Frucht ihrer Liebe, sie hat Angst vor der Wahrheit, sie verschließt die Augen, sie macht sich dümmer als sie ist. Ist sie die einzige? Ist sie nicht vielmehr das Urbild der Massenverdummung, der Prototyp für viele hundert Millionen »irregeführter« Teta Lineks, die den Despoten, den betrogenen Betrügern auf den blutenden Knien ihres Herzens knechtselig folgen, Götzen anbetend statt Götter? Dort aber, wo eine Teta Linek getreulich lieben dürfte, wo sie lieben müßte, wo sie ihre edle, vom Unglücksochsen zu Brei getretene Herrschaft bis ins Elend und die Emigration zu begleiten hätte, da löst sie sich kalt, sie nimmt ihre Siebensachen, schröpft die Herrschaft zu guter Letzt noch um ein paar Tausender und zieht von ihr fort, ihrem Götzen entgegen. Bisher ist ihr das Phantom dieses mythischen Neffen, dieses Bischofs in unbewohnten Bezirken, immer zur rechten Zeit aus den Händen geglitten, bloß ein paar langatmige blümerante Briefe und Postanweisungsabschnitte hinterlassend; aber eines Tages kommt es über die siebzigjährige Jungfrau, die seit fünfundfünfzig Jahren ihre Heimat, ihr kleines böhmisches Hostupec nicht gesehen hat, wo ihr Neffe, dank ihr, als Geistlicher wirken soll, sie gürtet ihre Lenden, humpelt hin auf geschwollenen Beinen, sie taucht dort auf, sie sieht im Garten der Pfarre einen prächtigen Diener Gottes, einen milden, frommen und – ihrer Hilfe als Köchin höchst bedürftigen Mann, der sie mit aller Freundlichkeit empfängt, und den sie als ihren Neffen anredet, selig, am Ziel der Wünsche, alle Hände voll Liebe, Banknoten und Kochkünsten. Warum zerstört dieser getreue Gottesdiener ihren Traum? Er klärt sie auf. In stummer Verzweiflung erhebt sie sich und wandert weiter, nach Prag, wo sie endlich dem entgötterten Bilde entgegentritt. In Armut und Schlamperei, mit aller nötigen Kraft zum Schwindel, aber ohne die Kraft zum Verbrechen, dem Bier und dem Bett ergeben, ein armseliger Schnorrer mit nicht einmal schlechtem Willen, so klebt dieser Herzensneffe mit einer Konkubine zusammen, Nachthausierer in Cafés mit Zeichnungen und Bildern, Gelegenheitsdichter, Lebenskrüppel, der die Sterne deutet – falsch. Große Szene des Erkennens, von grauslichem Humor umwittert. Die nackte Wahrheit, in die schlichtesten Worte gekleidet: »Der Himmel hat uns gegenseitig füreinander bestimmt, das ist keine Frage«, bettelt der arme Haderlump, »ich bereite Ihren und Sie bereiten meinen Weg.« Zum erstenmal sagt er die Wahrheit, zeigt sich, wie er ist. Aber jetzt glaubt man ihm nicht. Der Roman hätte sich von hier aus in großartiger Weise noch viel weiter führen lassen, wenn Werfel die beiden »von Gott füreinander Bestimmten« bis zum Ende beisammengelassen hätte. Sie der Don Quichotte und er der Sancho Pansa der himmlischen Wanderschaft, welch ein Thema voll »grauslichem« Humor! Leider hat Werfel es vorgezogen, den Haderlumpen nach der letzten Blamage weinend von der Bühne abtreten zu lassen, um diesen religiösen Nihilisten vom Blute des braven Soldaten Schwejk auszutauschen gegen einen echten Heiligen, einen edlen, klugen und von Herzen liebenden Kaplan Seydel, der die törichte Magd bei einer Pilgerfahrt zum Papst Pius in Rom begleitet... Was jetzt kommt, ist sehr schön, »ecce sacerdos«, Wirken des echten Priesters im Zeitalter der Apokalypse. Aber das hat mit den ersten Teilen des Romanes nichts mehr zu tun. An dem Papst zu zeigen, daß selbst solch ein göttlicher Mensch an einem »vergoldeten Rasierapparat, mit dem er sich nicht auskennt, und der ihm die Kraft eines ganzen Tages fortnimmt«, seinen Tribut an das Irdische, allzu Irdische zu bezahlen hat, – was sagt das? Es ist aktuell, gut photographiert, mag wirklich vorgekommen sein, aber es läßt kalt, ebenso wie das gottselige Ende der armseligen Kreatur Teta Linek, die den von ihr selbst geschaffenen Mythos Mojmir nie hätte überleben dürfen. All dieser Pomp in der Peterskirche trägt nichts Wesentliches bei zum Bilde dieser Magd, die »den Mut hatte, sich recht lebhaft als unsterblich zu denken«. Und, ich will es offen gestehen, ich sehe in diesem Mut einer Teta Linek nur Übermut. Man gebe den Lebenden ihre Liebe, den Irdischen die Erde, und lasse den Himmel für sich selbst bezahlen. Man mache keine Assekuranz-Geschäfte mit Mythen. Man vertraue seinen Hang zum Edlen und Idealen keinem niederträchtigen Haderlumpen an, man verleite ihn nicht zu Gemeinheiten, und am allerwenigsten beklage man sich nach der Katastrophe über einen veruntreuten Himmel. Ist es ein Himmel, dann wird er sich schon nicht veruntreuen lassen.

(1940)

Nachwort

Die ersten sechs Jahre seiner schriftstellerischen Laufbahn, die Jahre von 1912 bis 1918, war Ernst Weiß ausschließlich mit Romanen, Gedichten und Erzählungen an die Öffentlichkeit getreten, Versuchsanordnungen im Fiktionalen, die es ihm ermöglichten, Klarheit über sich selbst und seine Umwelt zu gewinnen, indem er die eigene Problematik auf verschiedene Figuren verteilte, diese miteinander reagieren ließ und die sich daraus ergebenden Abläufe und Kausalketten protokollierte. Lyrische Publikationen in Zeitungen und Zeitschriften werden seit 1918 immer seltener, statt dessen setzt parallel zu seinen erzählerischen Versuchen nach und nach auch eine essayistische Bewältigung der Zeitprobleme ein. In diesen Arbeiten tritt Ernst Weiß erstmals selber in Erscheinung, ohne Scheu künftig auch auf diese direktere Weise Stellung zu beziehen. Es ist kein Zufall, daß diese Wendung nach außen mit dem Ende des Ersten Weltkriegs zusammenfällt, denn auch bei Weiß hatte das leidvolle Erlebnis des Krieges eine Klärung und Stabilisierung des eigenen Standpunkts bewirkt.
Gleich der erste dieser Aufsätze legt davon Zeugnis ab. Es ist die Ende 1918 in der Wiener Wochenschrift »Der Friede« erschienene Betrachtung »Über die Liebe«, eine geradezu programmatische Bilanz seiner im Weltkrieg gesammelten Erfahrungen. U. a. beschäftigt er sich darin mit den Wurzeln des Nationalismus als einer fehlgesteuerten Form der Liebe, um deretwillen man die Liebe zu Gott, zur Menschheit, zu sich selbst und zum Tier verrate. Wer seine Liebe in Geiz und Mißtrauen auf den engen Bereich der Bluts- und Sprachverwandtschaft beschränke, der müsse sich nicht wundern, »wenn Blut in springenden Fontänen über die Geizigen stürzt..., kein Erfolg lohnt Blut, nichts wird gebessert durch gewaltsamen Tod, keine Idee ist das Leben wert... Wozu sollen Menschen gegen Menschen stehen, wenn Ideen sich mit Ideen bekriegen wollen?«
Welche Form der Liebe für Ernst Weiß die erstrebenswerte und produktivste war, zeigen diese essayistischen Arbeiten. Wie ein Kontrastprogramm begleiten und ergänzen sie während der beiden letzten Jahrzehnte seines Lebens auch das eigene, allen Abgründen der menschlichen Psyche so schonungslos geöffnete dramatische und erzählerische Werk. Was wir darin auf den ersten Blick zu ver-

missen glaubten, das Positive hinter all den alptraumhaften Konstellationen seiner Dichtungen, dieser Welt von Autisten, Zuhältern, Erpressern und Mördern, diesen in Sadismus, Verbrechen oder Selbstzerstörung mündenden Hörigkeitsverhältnissen – hier in seinen essayistischen Arbeiten ist es nicht mehr zu übersehen als ein erschütterndes »credo quia absurdum«.

Dieser Glaube gilt der ordnenden Kraft des Wortes trotz des »tragikomischen Anblicks, Menschen auf die Verständigung mit Worten verzichten zu sehen, nur um sich statt dessen mit neuen Zähnen, Krallen, üblen Gerüchen auszurüsten und stumm, tierischer als das Tier, über seinesgleichen herzufallen«. Obwohl Ernst Weiß »die Nichtigkeit des Individuums im industrialisierten Zeitalter« erkennt, das auf seine Entwicklung verzichten muß zugunsten der Errungenschaft, »daß die ungeheuerste Ansammlung von Macht mit dem geringsten Aufwand von Geist verknüpfbar ist«, gibt er dennoch die Hoffnung nicht auf, daß dieser Prozeß, wo nicht unterwandert und aufgehalten, so doch erträglicher gemacht werden kann durch die alternativen Gestaltungen der Künstler, ihre immer wieder zu einer humaneren Form der Evolution ermutigenden Leistungen. Das ist »Das Unverlierbare«, das Weiß, in neidloser Förderung der Leistungen seiner Kollegen, mit seinen essayistischen Schriften unterstützen wollte.

Etwa 120 dieser verstreut erschienenen Betrachtungen, Aufsätze und Buchbesprechungen sind bisher bibliographisch erfaßt.* Die meisten sind vorbildlichen Künstlerkollegen oder bemerkenswerten Leseerlebnissen gewidmet. Daß dabei die Literatur des Auslandes, namentlich des amerikanischen, englischen und französischen Sprachgebietes, eine mindestens ebenso große Rolle spielt wie die deutsche, versteht sich bei der kosmopolitischen, allem Nationalismus abholden Haltung des Autors von selbst. Von den mehr als achtzig Arbeiten, die bestimmten Künstlerkollegen und ihren Werken gewidmet sind, befaßt sich nahezu die Hälfte mit Leistungen des Auslandes. Auch hier geht es Ernst Weiß um »Das Unverlierbare«, um den Hinweis auf die Gemeinsamkeiten der Menschen jenseits der willkürlichen Trennungen des sozialen Gefälles, der Landesgrenzen oder der Vergewaltigung durch die Politiker und ihre wechselnden ideologischen Rechtfertigungen. Poli-

---

* 1977 erschien in Peter Engels »Verlag der Ernst Weiß-Blätter« (Hamburg) eine »Bibliographie der Primär- und Sekundärliteratur« von Klaus-Peter Hinze.

tischen Parolen und Heilslehren gegenüber ist er völlig immun und verweist statt dessen auf die Jahrtausende überdauernden Erkenntnisse der altchinesischen Philosophen und Dichter Konfuzius, Lao Tse und Dschuang Dsi, die in Deutschland erst zu Beginn dieses Jahrhunderts durch die Übersetzungen Richard Wilhelms bekannt geworden sind. Ernst Weiß gehört zu den wenigen Autoren, die die alternative Bedeutung dieser Schriften erkannten und den Mut hatten, sich von Anfang an öffentlich dafür einzusetzen. Nur ein knappes Drittel seiner essayistischen Arbeiten wendet sich breiter gesteckten Themen zu wie z. B. »Über die Sprache«, »Der Genius der Grammatik«, »Die Ruhe in der Kunst« etc. Fast alle diese grundsätzlichen Betrachtungen entstanden zu Beginn der zwanziger Jahre. Trotz einer schon damals bemerkenswerten Unabhängigkeit des Urteils weisen sie stilistisch die Merkmale jener Jahre auf, ein gewisses expressionistisches Pathos und die mitunter elegisch psalmodierende Tonlage, wie wir sie aus den Erzählungen »Nahar«, »Atua« oder »Daniel« kennen. Ab 1924 aber, mit dem Beginn seiner regelmäßigen Rezensententätigkeit für den »Berliner Börsen-Courier«, versachlicht sich der Ton. Andere Aufsätze sind über ihre spezielle Thematik hinaus Schlüssel zu den gerade entstehenden Werken; besonders deutlich die Parallelen zur Napoleon-Problematik des Romans »Männer in der Nacht« in den Betrachtungen »Der weisen Könige Wirken« bzw. »Der Mythos und das Unabwendbare«.

Als Franz Kafka 1923 von Carl Seelig, dem Schweizer Schriftsteller, Kritiker, Mäzen und Kunstförderer, eingeladen wurde, für eine neue, von Seelig betreute Buchreihe[1] einen Prosaband zusammenzustellen, empfahl ihm Kafka nicht seine eigenen Arbeiten, sondern eine Edition der verstreut erschienenen Aufsätze von Ernst Weiß:

[Berlin-Steglitz, Herbst 1923]

Sehr geehrter Herr,
nun kann ich Ihnen doch etwas vorlegen, was Sie vielleicht freuen wird. Gewiß kennen Sie den Namen Ernst Weiß und wahrscheinlich auch etwas von seinen neueren, für mich manchmal unbegreiflich starken, wenn auch schwer zugänglichen Büchern (Tiere in Ketten, Nahar, Stern der Dämonen, Atua). Nun hat er aber außer

---

[1] Bereits 1921 hatte C. Seelig im Wiener Tal Verlag eine Reihe »Die zwölf Bücher« mit Texten bedeutender Zeitgenossen herausgegeben, u. a. von H. Hesse, Stefan Zweig, R. Rolland, Barbusse, Maeterlinck, Duhamel und Toller.

diesen erzählenden Schriften auch eine Sammlung von Aufsätzen bereit, die er unter dem Titel »Credo quia absurdum« herausgeben würde. Diese Aufsätze haben meinem Gefühl nach alle Vorzüge seiner erzählenden Schriften, ohne sich abzuschließen wie jene. Ich lege als Probe vor die Aufsätze: »Goethe als Vollendung« und den Titelaufsatz: »Credo quia absurdum«, außerdem, um Ihnen eine Vorstellung von seiner gegenwärtigen Arbeit zu machen, das erste Kapitel eines Romans: Daniel.
Einige Titel der in dem Aufsatzbuch zu vereinigenden Stücke wären:

> Mozart, ein Meister des Ostens
> Die Ruhe in der Kunst
> Aktualität
> Das Leben des Rubens
> Daumier
> Ein Wort zu Macbeth
> Der Genius der Grammatik
> Rousseau
> Der neue Roman
> Cervantes
> Über die Sprache
> Frieden, Erziehung, Politik

Ihre Meinung über eine Herausgabe des Buches teilen Sie bitte mir oder vielleicht noch besser gleich ihm direkt (Dr. Ernst Weiß, Berlin W 30, Nollendorfstraße 22a) mit. Jedenfalls bitte ich, die drei Beilagen, die er dringend benötigt, zurückzuschicken.
Mit besten Grüßen Ihr ergebener   Franz Kafka

Weder die neue Buchreihe noch dieses Projekt kam damals jedoch zustande. Statt dessen veröffentlichte 1928 der Ernst Rowohlt Verlag in Berlin eine ganz ähnliche, um 16 Arbeiten erweiterte Aufsatzsammlung unter dem Titel »Das Unverlierbare«, die Ernst Weiß seiner Mutter gewidmet hat. Dieser von Poeschel in Leipzig großzügig gesetzte, 380 Seiten starke und in einer Startauflage von 4000 Exemplaren gedruckte Band ist – trotz kompetenter Empfehlungen von Franz Blei, Hermann Hesse und W. E. Süskind – nie wieder neu aufgelegt worden. Zwei der in Kafkas Brief erwähnten Texte enthält diese Sammlung mit vorwiegend frühen Aufsätzen[1] allerdings nicht. Es sind Rezensionen, die anläßlich einer Biogra-

---

[1] Die meisten der insgesamt 27 Texte stammen aus den Jahren 1921 bis 1927.

phie über Rubens bzw. anläßlich einer Neuinszenierung von Shakespeare »Macbeth« geschrieben wurden. Die eine erschien im »Berliner Börsen-Courier«, die andere im »Prager Tagblatt« (neben der »Prager Presse« die beiden Zeitungen, in welchen die meisten Beiträge und Buchbesprechungen von Ernst Weiß erstmals gedruckt wurden). Bis 1928, als bei Rowohlt die Sammlung »Das Unverlierbare« erschien, hatte Ernst Weiß mittlerweile weit über 30 Rezensionen und Essays zu bestimmten Büchern und Anlässen veröffentlicht und setzte diese Tätigkeit regelmäßig fort. Vermutlich war dies der Grund, weshalb er in seinen Sammelband fast nur die frühen und grundsätzlicheren Aufsätze aufgenommen hat, Essays, die sich dem Thema nach teilten – wie es Süskind in seiner Besprechung charakterisierte – »in biographische, einem Helden des öffentlichen, vorzüglich des künstlerischen Lebens gewidmete, und in allgemeine, die wir philologisch im weitesten und edelsten Verstand des Wortes nennen wollen, denn die Bezeichnung ›weltanschaulich‹ widerstrebt uns angesichts dieser blühenden, keinen Augenblick programmatischen Prosa.«
Alle diese 27 in den Sammelband »Das Unverlierbare« aufgenommenen Arbeiten sind in der vorliegenden Edition enthalten. Da sie aber kaum den vierten Teil des gesamten essayistischen Werkes ausmachen, galt es, sie auf möglichst sinnvolle Weise in den Kontext der übrigen Arbeiten einzuordnen. Eine ausschließlich chronologische Reihenfolge der Texte hätte ein nur schwer zu überschauendes Durcheinander der verschiedensten Themen und Arten des Vortrages zur Folge gehabt. Deshalb wurden die etwa 100 Texte unserer Edition sowohl nach inhaltlichen als auch nach chronologischen Gesichtspunkten in fünf Abteilungen geordnet: in ein Kapitel mit grundsätzlichen Betrachtungen zur Kunst und Literatur (»Die Kunst des Erzählens«), in ein Kapitel mit zeitkritischen Aufsätzen (»Ordnung und Gerechtigkeit«), in ein »Aktualität« überschriebenes Sammelsurium von Stellungnahmen und Texten, die meist auf besondere Anforderung geschrieben wurden. Das Kapitel »Imaginäre Vorreden« versammelt die wichtigsten monographischen Würdigungen einzelner Künstler und ihrer Werke, während die abschließende und umfangreichste Abteilung »Der neue Roman« die bedeutendsten der bisher auffindbaren Buchbesprechungen zusammenfaßt. Alle diese Kapitel sind in sich chronologisch angelegt, da sich bis auf wenige Ausnahmen die Daten der Erstdrucke nachweisen ließen.

Die meisten dieser Erstdrucke aus den frühen Jahren 1921-1924 erschienen (wie schon erwähnt) in der »Prager Presse« und im »Prager Tagblatt«. Ab 1924 wurde Ernst Weiß (neben Oskar Loerke u. a.) von Herbert Ihering, dem Feuilletonchef des zweimal täglich erscheinenden »Berliner Börsen-Courier«, als Rezensent engagiert. Diesem Auftrag verdanken wir die nahezu sechzig von 1924 bis Ende 1932 dort erschienenen Buchbesprechungen von Ernst Weiß. Dann tritt eine fast fünfjährige, durch den politischen Umsturz erzwungene Pause ein, bis in den Prager, Pariser und Züricher Exilblättern wieder Lektüreempfehlungen von ihm zu finden sind, wenige nur, knapp zehn innerhalb von drei Jahren, ergreifende Zeugnisse eines verarmten, erkrankten, bedrohten und zunehmend verzweifelnden Dichters.

Es würde den Rahmen der Nachworte zu unserer Werkausgabe sprengen, wollte man nun der Versuchung nachgeben, auf einzelne Charakteristika dieser auch autobiographisch so aufschlußreichen essayistischen Schriften einzugehen, auf die Anziehungskraft antagonistischer Naturelle wie Goethe, Mozart oder Adalbert Stifter, auf das so positive wie kenntnisreiche Verhältnis des Juden Ernst Weiß zur christlichen Religion, auf den stets konstruktiven Charakter seiner Buchbesprechungen, auch wenn er zu kritisieren genötigt ist, auf seine denkwürdig nachsichtige Stellung zu Hans Grimm und dessen nicht nur für die Juden existenzbedrohliche Ideologie des »Volk ohne Raum«... Solche und viele andere Entdeckungen in diesen reichhaltigen und eigenständigen Schriften müssen dem Leser und künftigen Spezialuntersuchungen vorbehalten bleiben. Mir bleibt der Dank an die Wenigen, die trotz der noch immer in den Anfängen steckenden Ernst Weiß-Forschung die Edition der Werkausgabe und der jahrzehntelang unzugänglichen Schriften dieses Bandes bereits zum hundertsten Geburtstag des Dichters ermöglicht haben: der Dank für den langjährigen selbstlosen Einsatz von Peter Engel, für die Forschungen von Eduard Wondrák und Klaus Peter Hinze, für die Anregung von Editha Koch und Ruth Liepman und für die Hilfsbereitschaft der verschiedenen Archive, nicht zuletzt der Exilabteilung der Deutschen Bibliothek in Frankfurt am Main.

Volker Michels

Quellenangaben

Über die Sprache. Aus Ernst Weiß »Das Unverlierbare«, Rowohlt, Berlin, 1928.
Die Kunst des Erzählens. Aus »Das Unverlierbare«, a.a.O.
Die Zeitung als Kunstwerk. Erstdruck in »Prager Tagblatt« vom 19. 11. 1921. Hier erstmals in Buchform.
Der Genius der Grammatik. Erstdruck in »Prager Presse« vom 16. 8. 1922. Aufgenommen in »Das Unverlierbare«, a.a.O.
Der neue Roman. Erstdruck in »Berliner Börsen-Courier« vom 22. 10. 1922. Aufgenommen in »Das Unverlierbare«, a.a.O.
Der Vorwurf in der Kunst. Erstdruck in »Prager Presse« vom 12. 12. 1922. Aufgenommen in »Das Unverlierbare«, a.a.O.
Die Ruhe in der Kunst. Erstdruck in »Prager Presse« vom 8. 2. 1923. Aufgenommen in »Das Unverlierbare«, a.a.O.
Tod, Erkenntnis, Heiligkeit. Aus »Das Unverlierbare«, a.a.O.
Über die Liebe. Erstdruck in »Der Friede« (2), Wien 1918/19. Hier erstmals in Buchform.
Ordnung und Gerechtigkeit. Erstdruck in »Die weißen Blätter« (6), Leipzig, 1919. Hier erstmals in Buchform.
Von Chinas Göttern. Erstdruck in »Prager Presse« vom 23. 6. 1921. Hier erstmals in Buchform.
Östliche Landschaft. Erstdruck in »Prager Presse« vom 25. 12. 1921. Aufgenommen in »Das Unverlierbare«, a.a.O.
Credo quia absurdum. Erstdruck in »Berliner Börsen-Courier« vom 1. 4. 1923. Aufgenommen in »Das Unverlierbare«, a.a.O.
Das Unverlierbare. Erstdruck in »Berliner Börsen-Courier« vom 8. 6. 1924. Aufgenommen in »Das Unverlierbare«, a.a.O.
Der weisen Könige Wirken. Aus »Das Unverlierbare«, a.a.O.
Frieden, Erziehung, Politik. Aus »Das Unverlierbare«, a.a.O.
Passionsweg der Zeit. Erstdruck in »Berliner Börsen-Courier« vom 12. 4. 1925. Hier erstmals in Buchform.
Adliges Volk. Erstdruck in »Der Jude«, Berlin, 1926. Hier erstmals in Buchform.
Der Mythos und das Unabwendbare. Erstdruck in »Berliner Börsen-Courier« vom 14. 8. 1926. Aufgenommen in »Das Unverlierbare«, a.a.O.
Aktualität. Erstdruck in »Prager Presse« vom 25. 2. 1922. Aufgenommen in »Das Unverlierbare«, a.a.O.
Lebensfragen des Theaters. Erstdruck in »Prager Theaterbuch«, 1924. Hier erstmals in Buchform.
Anmerkung zum dramatischen Schaffen. Erstdruck in »Das dramatische Theater« (1), Leipzig, 1924. Hier erstmals in Buchform.
Kleine Anmerkung zur Schauspielkunst. Erstdruck in »Berliner Börsen-

Courier« vom 7. 2. 1925. Hier erstmals in Buchform.
Antworten auf Rundfragen: Über den Film. Erstdruck in »Berliner Börsen-Courier« vom 27. 8. 1922; *Reportage und Dichtung.* Erstdruck in »Die literarische Welt« (2), Berlin, 1926; *Die Einwirkung der Kritik auf den Schaffenden.* Erstdruck in »Die literarische Welt« (3), Berlin, 1927; *Bücher, die ungerecht behandelt wurden.* Erstdruck in »Das Tagebuch« (10), Berlin, 1929.
[Autobiographische Skizze.] Erstdruck 1927 in der tschechischen Ausgabe der Erzählung »Daniel«, Pokrok Verlag, Prag.
Prag. Erstdruck in »Die Sammlung«, Amsterdam, vom Dezember 1933. Hier erstmals in Buchform.
Kleine Bemerkungen über das Trinken. Erstdruck in »Wein«, Prag, 1933. Hier erstmals in Buchform.
Von der Wollust der Dummheit. Erstdruck in »Pariser Tageszeitung« vom 18./19. 12. 1938.
Von den Entzückungen der Liebe. Erstdruck in »Pariser Tageszeitung« vom 19./20. 3. 1939.
Ein Wort zu Macbeth. Erstdruck in »Prager Tagblatt« vom 15. 2. 1921. Hier erstmals in Buchform.
Mozart, ein Meister des Ostens. Erstdruck in »Die neue Rundschau«, Berlin, vom November 1921. Aufgenommen in »Das Unverlierbare«, a.a.O.
Goethe. Erstdruck in »Prager Presse« vom 9. 4. 1922. Aufgenommen in »Das Unverlierbare«, a.a.O.
Ernest Shackleton. Aus »Das Unverlierbare«, a.a.O.
Daumier. Erstdruck in »Prager Presse« vom 30. 4. 1922. Aufgenommen in »Das Unverlierbare«, a.a.O.
Rousseau. Erstdruck in »Prager Tagblatt« vom 25. 6. 1922. Aufgenommen in »Das Unverlierbare«, a.a.O.
Cervantes zu Ehren. Erstdruck in »Prager Presse« vom 8. 8. 1922. Aufgenommen in »Das Unverlierbare«, a.a.O.
Die Freunde. Flaubert und Maupassant. Erstdruck in »Berliner Börsen-Courier« vom 1. 7. 1923. Aufgenommen in »Das Unverlierbare«, a.a.O.
Adalbert Stifter. Erstdruck in »Berliner Börsen-Courier« vom 20. 4. 1924. Aufgenommen in »Das Unverlierbare«, a.a.O.
Ein Wort zu Wedekinds »Schloß Wetterstein«. Erstdruck in »Berliner Börsen-Courier« vom 17. 8. 1924. Aufgenommen in »Das Unverlierbare«, a.a.O.
Balzac. Eine imaginäre Vorrede zu seinen Werken. Erstdruck in »Berliner Börsen-Courier« vom 20./23. 9. 1924. Aufgenommen in »Das Unverlierbare«, a.a.O.
Casanova. Erstdruck in »Berliner Börsen-Courier« vom 1. 4. 1925. Hier erstmals in Buchform.
Joseph Conrad. Erstdruck in »Das Tagebuch« (8), Berlin, 1927. Aufgenommen in »Das Unverlierbare«, a.a.O.

Kleist. Aus »Das Unverlierbare«, a.a.O.
Kleist als Erzähler. Erstdruck in »Magdeburgische Zeitung« vom 18. 10. 1927. Hier erstmals in Buchform.
Stevenson, »Die Schatzinsel«. Erstdruck als Nachwort zur »Schatzinsel«-Ausgabe der Deutschen Buchgemeinschaft, Berlin, 1929.
Heinrich Heine. Erstdruck in »Deutsche Welle« Nr. 39 vom 27. 9. 1929. Hier erstmals in Buchform.
James Watt, der Schöpfer des Industriezeitalters. Erstdruck in »Berliner Illustrierte Zeitung« vom 28. 4. 1929. Hier erstmals in Buchform.
Das Leben des Peter Paul Rubens. Erstdruck in »Berliner Börsen-Courier« vom 3. 12. 1922. Hier erstmals in Buchform.
Gerhart Hauptmanns »Insel der großen Mutter«. Erstdruck in »Berliner Börsen-Courier« vom 29. 10. 1924. Hier erstmals in Buchform.
Thomas Manns »Zauberberg«. Erstdruck in »Berliner Börsen-Courier« von 27. 11. 1924. Hier erstmals in Buchform.
Die Jugend im Roman (Franz Kafka, Francis Carco, Karel Čapek, Joseph Roth, Albert Daudistel). Erstdruck in »Berliner Börsen-Courier« vom 4. 1. 1925. Hier erstmals in Buchform.
Jack London. Erstdruck in »Berliner Börsen-Courier« vom 13. 3. 1925. Hier erstmals in Buchform.
Franz Kafka, »Der Prozeß«. Erstdruck in »Berliner Börsen-Courier« vom 26. 4. 1925. Hier erstmals in Buchform.
Radiguet. Erstdruck in »Berliner Börsen-Courier« vom 9. 8. 1925. Hier erstmals in Buchform.
Georges Duhamel. Erstdruck in »Berliner Börsen-Courier« vom 3. 9. 1925. Hier erstmals in Buchform.
Alphonse de Châteaubriant, »Schwarzes Land«. Erstdruck in »Berliner Börsen-Courier« vom 12. 9. 1925. Hier erstmals in Buchform.
Jack London, »König Alkohol«. Erstdruck in »Berliner Börsen-Courier« vom 26. 9. 1925. Hier erstmals in Buchform.
Klaus Mann, »Der fromme Tanz«. Erstdruck u. d. T. »Jugend von 1926« in »Berliner Börsen-Courier« vom 28. 2. 1926. Hier erstmals in Buchform.
Anton Tschechow, »Der schwarze Mönch«. Erstdruck in »Berliner Börsen-Courier« vom 14. 7. 1926. Hier erstmals in Buchform.
Rahel Sanzara, »Das verlorene Kind«. Erstdruck in »Der Querschnitt« (6), Berlin, 1926. Aufgenommen in »Das Unverlierbare«, a.a.O.
Hans Grimm, »Volk ohne Raum«. Erstdruck in »Berliner Börsen-Courier« vom 4. 9. 1926. Hier erstmals in Buchform.
John Galsworthy, »Der weiße Affe«. Erstdruck in »Berliner Börsen-Courier« vom 22. 10. 1926. Hier erstmals in Buchform.
John Galsworthy, »Jenseits«. Eine kleine Bemerkung zu der Technik des Romans. Erstdruck in »Berliner Börsen-Courier« vom 21. 7. 1927. Hier erstmals in Buchform.

Paul Valéry, »Herr Teste«. Erstdruck in »Berliner Börsen-Courier« vom 24. 8. 1927. Hier erstmals in Buchform.
»Manhattan Transfer«. Roman einer Stadt von John dos Passos. Erstdruck in »Berliner Börsen-Courier« vom 9. 11. 1927. Hier erstmals in Buchform.
Leskow, ein vergessener russischer Dichter. Erstdruck in »Berliner Börsen-Courier« vom 8. 12. 1927. Hier erstmals in Buchform.
John Galsworthy, »Schwanengesang«. Erstdruck in »Berliner Börsen-Courier« vom 17. 7. 1928. Hier erstmals in Buchform.
Die Geschichte einer Familie. Roger Martin du Gard, »Die Thibaults«. Erstdruck in »Berliner Börsen-Courier« vom 18. 11. 1928. Hier erstmals in Buchform.
Jack London, »Menschen der Tiefe«. Erstdruck in »Berliner Börsen-Courier« vom 14. 12. 1928. Hier erstmals in Buchform.
Roman einer Amerikanerin. Sinclair Lewis, »Der Erwerb«. Erstdruck in »Berliner Börsen-Courier« vom 15. 1. 1929. Hier erstmals in Buchform.
Joseph Conrad, »Freya von den sieben Inseln«. Erstdruck in »Berliner Börsen-Courier« vom 26. 4. 1929. Hier erstmals in Buchform.
Der Krieg in der Literatur (Ludwig Renn, Erich Maria Remarque). Erstdruck in »Die neue Rundschau«, Berlin, vom Mai 1929. Hier erstmals in Buchform.
Ein Buch der Selbstzergliederung. Italo Svevo, »Zeno Cosini«. Erstdruck in »Berliner Börsen-Courier« vom 31. 5. 1929. Hier erstmals in Buchform.
Ein neuer Romanschriftsteller. Ludwig Tügel, »Der Wiedergänger«. Erstdruck in »Berliner Börsen-Courier« vom 11. 7. 1929. Hier erstmals in Buchform.
André Maurois, »Wandlungen der Liebe«. Erstdruck in »Berliner Börsen-Courier« vom 20. 7. 1929. Hier erstmals in Buchform.
Ein Buch über Napoleons Polizeiminister. Stefan Zweig, »Joseph Fouché«. Erstdruck in »Berliner Börsen-Courier« vom 15. 9. 1929. Hier erstmals in Buchform.
Franz Werfel, »Barbara oder die Frömmigkeit«. Erstdruck in »Berliner Börsen-Courier« vom 5. 11. 1929. Hier erstmals in Buchform.
Gerhart Hauptmann, »Buch der Leidenschaft«. Erstdruck in »Berliner Börsen-Courier« vom 28. 11. 1929. Hier erstmals in Buchform.
Thomas Mann, »Mario und der Zauberer«. Erstdruck in »Berliner Börsen-Courier« vom 6./8. 5. 1930. Hier erstmals in Buchform.
Seelendeutung aus England. Zu John Cowper Powys' Roman »Wolf Solent«. Erstdruck in »Berliner Börsen-Courier« vom 29. 8. 1930. Hier erstmals in Buchform.
Heinrich Mann, »Die große Sache«. Erstdruck in »Berliner Börsen-Courier« vom 18. 11. 1930. Hier erstmals in Buchform.
Hans Fallada, »Bauern, Bonzen und Bomben«. Erstdruck in »Berliner

Börsen-Courier« vom 31. 3. 1931. Hier erstmals in Buchform.

Hier schreibt Paris«. Ein Sammelwerk von heute. Erstdruck in »Berliner Börsen-Courier« vom 20. 10. 1931. Hier erstmals in Buchform.

Seenovellen von Martin Andersen-Nexö. Erstdruck in »Berliner Börsen-Courier« vom 20. 12. 1931. Hier erstmals in Buchform.

Ein Bio-Interview. Zu Tretjakows neuem Werk. Erstdruck in »Berliner Börsen-Courier« vom 9. 4. 1932. Hier erstmals in Buchform.

Ein Amerikaner erzählt seine Jugend. Zum ersten Band von Theodore Dreisers Autobiographie. Erstdruck in »Berliner Börsen-Courier« vom 25. 4. 1932. Hier erstmals in Buchform.

Ernest Hemingway, »In unserer Zeit«. Erstdruck in »Berliner Börsen-Courier« vom 17. 7. 1932. Hier erstmals in Buchform.

Thomas Mann, »Joseph in Ägypten«. Erstdruck in »Prager Presse« vom 1. 11. 1936. Hier erstmals in Buchform.

Das Ende der Novelle. Erstdruck in »Das Neue Tagebuch«, Paris, vom 27. 2. 1937. Hier erstmals in Buchform.

Franz Kafka, die Tragödie eines Lebens. Erstdruck in »Pariser Tageszeitung« vom 29. 10. 1937. Hier erstmals in Buchform.

Bemerkungen zu den Tagebüchern und Briefen Franz Kafkas. Erstdruck in »Maß und Wert«, Zürich, vom November/Dezember 1937. Hier erstmals in Buchform.

Eve Curie, »Madame Curie«. Erstdruck in »Maß und Wert«, Zürich, vom März/April 1938. Hier erstmals in Buchform.

Liebesbriefe an das Schicksal. Zu Stefan Zweigs »Magellan«. Erstdruck in »Pariser Tageszeitung« vom 22. 1. 1938. Hier erstmals in Buchform.

Die zwei Brüder. Hermann Kesten, »Die Kinder von Gernika«. Erstdruck in »Das Neue Tagebuch«, Paris, vom 24. 12. 1938. Hier erstmals in Buchform.

Stefan Zweig, »Ungeduld des Herzens«. Erstdruck in »Maß und Wert«, Zürich, vom Mai/Juni 1939. Hier erstmals in Buchform.

Ein neuer Meister. A. H. Tammsaare, »Wargamä«. Erstdruck in »Pariser Tageszeitung« vom 10. 6. 1939. Hier erstmals in Buchform.

Scarlett und Rhett. Der Roman der Margaret Mitchell. Erstdruck in »Pariser Tageszeitung« vom 24. 6. 1939. Hier erstmals in Buchform.

Franz Werfel, »Der veruntreute Himmel«. Erstdruck in »Das Neue Tagebuch«, Paris, vom 6. 1. 1940. Hier erstmals in Buchform.

Personenregister

(indirekte Erwähnung in Klammern)

Abaelard (Abélard), Peter 202
Abraham 95, 148
Adler, Alfred 365
Aischylos (Aeschylos) 115, 375
Alembert, Jean le Rond d' 15
Alexander I. (Zar von Rußland) (84)
Altenberg, Peter 21, 226
Amundsen, Roald 104
Andersen, Hans Christian 86, 411
Andersen-Nexö, Martin 394f.
Andreas, Fred 337ff.
Annunzio, Gabriele d' 326
Aristophanes 167, 246
Augustinus 170, 192
Aymé, Marcel 391f.

Bach, Johann Sebastian 34, 76, 93, 150, 153f., 193
Balzac, Honoré de 80, 166f., 180, 190, 191ff., 219, 270f., 284, 285, 301, 302, 310, 315, 323, 326, 366
Bang, Herman 255, 389
Barras, Paul François Jean Nicolas 366
Baudelaire, Charles 83
Bauer, Felice (412), (417)
Baum, Oskar 421
Beaumarchais, Caronde 433f.
Becher, Johannes R. 314
Beermann, Richard A. 121
Beethoven, Ludwig van 30f., 68, 80, 81, 97, 148f., 160, 182, 237, 411, 448
Beneš 124
Bernhardt, Sarah 143
Berny, Laure de 196
Bier, August 121
Bismarck, Otto von 104, 170, 365

Boccaccio, Giovanni 408
Bölsche, Wilhelm 244
Bossuet, Jacques-Bénigne 392
Boulton, Matthew 235f., 237
Bourget, Paul 254
Brandes, Georg (eigentl. Cohen) 15
Brecht, Bert(olt) 109
Brod, Max 261, 411ff., 414, (415), (418), 421
Bromfield, Louis 440
Bronnen, Arnolt 109
Büchner, Georg 110, 212, 256, 266
Buddha 42, 43, 72
Busch, Wilhelm 127

Calderón de la Barca, Pedro 166
Capek, Karel 254
Carco, Francis 253f.
Carlyle, Thomas 449
Casanova, Giacomo Girolamo 170, 200ff.
Cäsar, Gajus Julius 302, 351, 399
Cassirer, Bruno (Verlag) 282
Cellini, Benvenuto 399
Cervantes, Miguel de Saavedra 27ff., 89, 166, 173ff., (202), 205, (267), (323), 405, 408, (451)
Cézanne, Paul 62
Chamisso, Adelbert von 198
Champfleuri (Freund Balzacs) 197
Chateaubriand, Alphonse de 274ff.
Comenius (oder: Komenius), Johann Amos 59, 124
Conrad, Joseph (eigentl. Korzeniowski) 204ff., 333, 341ff.
Cook, James 116
Corneille, Pierre 284

Cromwell, Oliver 266
Curie, Eve 422, 426, 427
Curie, Marie 422 ff.
Curie, Pierre 422, 424 f.

Dante, Alighieri 52, 67, 89, 263, 264
Darwin, Charles 33, 47, 72, 86, 89, (425)
Daudistel, Albert 256
Daumier, Honoré 166 ff., 385, 404
Defoe, Daniel (244), (245)
Degas, Edgar 28
Delacroix, Eugène 167, 404
Dempsey 313
Descartes, René (Cartesius) 39, 73, 393
Dickens, Charles 207, 333, 334, 381
Diderot, Denis 15, 310
Diederichs, Eugen (Verlag) 60
Disraeli, Benjamin 365
Dos Passos, John 313 ff.
Dostojewski(j), F. M. (28), 42, 47, 180, 181, 182, 183, 186, 206, (254), 264, 318, 319, 320, 403, 417
Dreiser, Rome 400, 401
Dreiser, Theodore 380, 399 ff.
Dreiser (Eltern und Geschwister) 400 f.
Dschuang, Dsi 60, 146, 148, 150, (152), (154), 184, 264
Duhamel, Georges 270 ff., 274, 275
Dumas, Alexandre 220; (Vater) (246), 328
Dürer, Albrecht 63

Eckermann, Johann Peter 78
Edison, Thomas Alva 316
Ehrenstein, Albert 121
Einstein, Albert 14 f., 74
Elisabeth I. von England 365

Enoch (Verlag) 282

Fallada, Hans 387 ff.
Faust(us) 147, 148, 149, 158, 159, (294), 298, 407, 417, (422), 426, 433, 434
Fielding, Henry 326
Fischer, Emil 72
Fischer, Otto 61 ff.
Fischer, S. (Verlag) 119, 121 f., 406
Flaubert, Gustave 28, 176 ff., 195, 216, 269, 270 f., 284, 307 f., 315 f., 326, (333), 369, 392, 412, 443
Ford, Henry 316
Fouché, Joseph 365, 366 f., 368
Frank, Leonhard 48
Franz I. von Österreich (84)
Franziskus (Franz von Assisi) 42
Freud, Sigmund (353), 354, 355, 365
Friedrich der Große 83
Frobenius, Leo 13

Galsworthy, John 301 ff., 305 ff., 322 ff., 326, 380
Gascoigne 266, 267
Gauß, Karl Friedrich 266
Georg V. von England 103
Gide, André 73, 327, 390, 391
Giraudoux, Jean 441
Goethe, Johann Wolfgang von 15, 28 f., 32, 69, 72, 76, 78 ff., 83, 89, 107, 110, 124, 137, 158 ff., 170, 172, 180 f., 191, 193, 196, 198, 209, 212, 216, 217, (243), 244, 248, 249, 251, 253, 267 f., 275, 278, 283, 298, (304), 310, (323), 358, (364), 365, 375, 399, 407, 408, 412, (423), 424, (425), 427
Gogh, Vincent van 62
Gogol, Nikolai 255, 261, 264, 287 f., 288, 289, 305, 318, 319, 415, 441

Goncourt (Preis) 274
Gorki(j), Maxim 141
Goya, Francisco 404
Greco, el 242
Green, Julien 390f., 392
Gregor, Mack (Miss) 221
Grillparzer, Franz 414f.
Grimm, Hans 297ff., (441)
Grimmelshausen, Hans Jakob Christ. von (347)
Groß, Hans (und Sohn) 371
Grünewald, Matthias 33, 35, 242
Gyldendal (Verlag) 257

Hamsun, Knut 292, 295, 343, 394, 403, 404, 441
Hanska, Eveline(a) von 196f.
Harding, Warren Gamaliel 21
Hartleben, Otto Erich 246
Hašek, Jaroslav 125, 127, (346), (347), (349), (351), (451)
Hauptmann, Gerhart 73, 110, 187, 244ff., 373ff.
Hebbel, Friedrich 212, 441
Heimann, Moritz 118
Heine, Heinrich 228ff.
Hemingway, Ernest 403ff.
Hermes, Johann Timotheus (19)
Hessel, Franz 203
Hiob 78, 147, 148, 149, 160, 183, 350, 375, 432, 441, 442
Hitler, Adolf 419f.
Hitzig, J. E. und Häring, W. (»Neuer Pitaval«) 291
Hoffmann, E. T. A. 288, 416, 417, 419, 441
Hölderlin, Friedrich 80
Holle (Verlag) 440, (441)
Homer (14), (15), (16), 18f., 21, 23, 32, (184), 195, 220, (222), 250, (257), 258, (277), 321, (341), (346)
Horaz, Quintus *Horatius* Flaccus 24

Horváth, Ödön von 440
Humboldt, Alexander von 266, 267
Huxley, Aldous 331

Ibsen, Henrik 40, 73, 187, 188, 303, 413

Jacobsen, Jens Peter 397
Jäger, Hans 353, 354
Jean Paul 182, 444
Jeanne d'Arc (Heilige Johanna) 201, 254, 302
Jesus Christus 35f., 42, 72, 90, 95, 99, 152, 206, 288
Ježower, Ignaz 203
Johannes (Evangelist) 99
Joliot-Curie, Irene und Frédéric 427
Jouhandeau, Marcel 392
Joyce, James 313, 317, 353

Kafka, Franz 122, 124, 207, 252, 253, 261ff., 355, 371, 411ff., 414ff.
Kafka, Herrmann 411, 412
Kainz, Josef 143
Kaiser, Georg 109
Kalckreuth, Friedrich Adolf von 209
Kant, Immanuel 68, 76, 83, 87, 210, 215, (217)
Karl der Große 84
Karl, Großherzog von Mecklenburg-Strelitz 209
Kayzanowsky, Otfried von 371
Keller, Gottfried (28), 127, (298), 408
Kennan, George Frost 331
Kesten, Hermann 431ff.
Kiepenheuer (Verlag) 353, 383
Kierkegaard, Sören 144, 152, 416
Kipling, Rudyard 43f.
Kisch, Egon Erwin 371

Kleist, Heinrich von 80, 155, 160, 166, 193, 209 ff., 215 ff., 228, 244, 261, 264, 375, 408, 412, 415
Kleist, Joachim Friedrich von 209
Kleist, Juliane Ulrike von 209
Kleist, Ulrike von 209
Kno Sheng 64
Kocher, Theodor 116 f., 121
Komenius, Johann Amos s. Comenius
Konfuzius (Kung Fu Tse) 60, 264, 292 f.
Kraus, Karl 365
Krupp, Alfred 175
Kung Dsi 156

La Fontaine, Jean de 392
Lamarck, J. B. Antoine de 315
Allert de Lange (Verlag) 431
Langen, Albert (Verlag) 394
Lao Tse (auch: Lau Dan) 15, 60, 72, 82
Le Corbusier 392 f.
Leopold, Prinz von Braunschweig 209
Leskow, Nikolai Semenowitsch 318 ff.
Lessing, Gotthold Ephraim 15
Lewis, Sinclair 271 f., 313, 315, 316, 333 ff.
Li Tai Pe (Li T'ai-po/Li Po) 61
Lindbergh, Charles 313
Lloyd George, David 23
London, Jack 204, 257 ff., 278 ff., 329 ff., 333, 401
Ludwig XIV. und XV. 392
Ludwig, Emil 365, 366, 367
Luise, Königin von Preußen 213
Luther, Martin 24, 132

Magellan, Fernão de 428 ff.
Magnus, Erwin 260
Manet, Edouard 28
Mann, Heinrich 383 ff., 387, 408

Mann, Klaus 282 ff.
Mann, Thomas 73, 117 f., 248 ff., 252, 282, 298 f., (302), (316), 325, 338, 340, 377 ff., 406 f., 408
Marchand (Diener Napoleons) 97
Martin du Gard, Roger 326 ff.
Martinu, Bohuslav 125
Marx, Karl (369)
Masaryk, Tomáš Garrigue 124
Maupassant, Guy de 176 ff., 289, 326, 358, 408
Maurois, André 361 ff., 365
Mauthner, Fritz 74
Meid, Hans 378
Metternich, Klemens Fürst von 211
Michelangelo Buonarroti (375)
Mitchell, Margaret 440, 443 ff.
Moissi, Alexander 143
Moses 72, (112), 159, 194, 293, (426)
Mozart, Konstanze 154
Mozart, Leopold 154
Mozart, Wolfgang Amadeus 34, 76, 81, 89, 98, 125, 146 ff., 170, 193, 200
Müller, Georg (Verlag) 121
Munch, Edvard 62
Musset, Alfred de 268, 284
Mussolini, Benito (379)

Napoleon I. 78 ff., 84 f., 97 ff., 129, 159, (160), 169, 170, 192, 193, 210, 211, 274 f., 283, 365, 366, 367, 427
Nero, Kaiser von Rom 379
Neufchateau, François de 275
Neumann, Karl Eugen 43
Newcomen, Thomas 231 f., 233, 234
Nielsen, Asta 107
Nietzsche, Friedrich 28, 68, 72, 128, (133), 311, (425), 427
Nikolaus II. 141

Novalis (Friedrich von Hardenberg) 44

O'Neill, Eugene 111

Papin, Denys 231, 232
Pascal, Blaise 392
Perzynski, Wlodzimierz 57f.
Pestalozzi, Joh. Heinr. 87
Pitaval, F. de s. Hitzig/Häring
Plato(n) 72
Poe, Edgar Allan 205
Pompadour, Jeanne Marquise de 107
Popper (Pseud. Lynkeus), Josef 15
Powys, John Cowper 380ff.
Prévost, Abbé (364)
Proust, Marcel 274, 275, 302, 313, 326, 392

Rabelais, François 196, 389
Radiguet, Raymond 266ff., 274, 275
Raffael 166
Rathenau, Walther 104
Recht, O. C. (Verlag) 241
Reinhardt, Max 141
Remarque, Erich Maria 348ff.
Rembrandt 80, 166, 167, 168, 242, 243, 394
Renn, Ludwig 345ff., 348, 349, 350, 351
Reuter, Fritz (?) 127
Reymont, Wladyslaw 440
Rilke, Rainer Maria 124, 309
Rimbaud, Jean Arthur 266, 314, 390
Robespierre, Maximilian de 366, 367
Robison (Freund von James Watt) 231, 232, 234
Rockefeller, John Davison 316
Roebuck, Dr. 235, 236
Rolland, Romain 53, 256, 326

Roth, Joseph 254ff., 440
Rousseau, Jean Jacques 59, 87, 169ff., 203, 206, 310, (399f.), 400, 402
Rowohlt, Ernst (Verlag) 200
Rubens, Peter Paul 167, 241ff.
Rütten & Loening (Verlag) 121

Sallust, Gajus S. Crispus 24
Salomo 95, 148, 160, (243)
Sand, George 443
Sanzara, Rahel 122, 291ff.
Savery (Erfinder) 231, 232
Schiller, Friedrich 107, 166, (211), 275, 411
Schnitzler, Arthur 187, 408
Schön, Marianne 402
Schopenhauer, Arthur 72
Scott, Walter 220, 224, 233
Shackleton, Ernest Henry 104, 162ff.
Shakespeare, William 23, 24, (27), (36), (40), 80, 89, (107), 115, 141ff., 160, 167, (187), 190, 191, (380), 408, (413)
Shaw, George Bernard 15, 81f., 100, 212, 254, 302
Simson 148
Sklodowska (Schwester von Mme. Curie) 423
Smetana, Bedrich (Friedrich) 125
Spencer, Herbert 246
Spindler, Karl 19
Spinoza, Benedictus de 15
Stein, Charlotte von 196
Stein, Gertrude 313
Steiner, Rudolf 420f.
Stendhal (eigentl. Henri Beyle) 191, 197, 347, 358, (364), 366, 367, 388f., 407, 408, 424
Stevenson, Robert Louis 204, 219ff.
Stevenson (Vater) 221, 222
Stifter, Adalbert 180ff., 250, 288,

295, 343, 415, 424
Stinnes, Hugo 175, 190
Strachey, Lytton 365
Stransky, Karl 361
Strindberg, August 425
Svevo, Italo 353 ff.
Swedenborg (eigentl. Emanuel Svedberg) 310

Tacitus, Publius Cornelius 24
Tammsaare, A. H. 440 ff., 444
T'ang (Dynastie) 64
Tasso, Torquato 373
Thackeray, William Makepeace 302, 322
Tischbein, Joh. Heinr. Wilh. 78
Tizian 166
Toller, Ernst 440
Tolstoi, Leo 141, 250, 258, 282, 284, (304), 305 ff., 318, 320, 322, (323), 347, 440 f.
Trakl, Georg 259, 314
Tretjakow, Sergej Michailowitsch 396 ff.
Tschechow, Anton 287 ff., 408
Tügel, Ludwig 357 ff.
Turgenjew, Iwan 305, 320, 408

Ullstein (Verlag) 119, 338

Vaihinger, Hans 74
Valéry, Paul 309 ff.
Vergil(ius) 88

Voltaire 15, 58 f., 248, 268, 310, 392
Vulpius, Christian August 19

Wagner, Richard 406
Watt, James 231 ff.
Watt, James (Vater) 233
Wedekind, Frank 22, 110, 111, 187 ff., 212 f., 249
Weiß, Egon (Bruder von Ernst Weiß) 120
Wellington, Arthur Wellesley 99
Weltsch, Felix 421
Werfel, Franz 369 ff., 447 ff.
Werich, Jan 125 f.
Whitman, Walt 21, 181
Wilhelm II. 103, 141, 365
Wilhelm, Richard 150, 292
Wolfenstein, Alfred 390
Wolff, Kurt (Verlag) 57, 121
Wolfram von Eschenbach (406), (407), (437)
Wondrak, Eduard 120
W(V)oskovec, V. 125 f.

Zenge, Wilhelmine von (211)
Zoff, Otto 241 f.
Zola, Émile 141, 315, 347
Zsolnay (Verlag) 288, 326, 380, 399
Zweig, Arnold 365
Zweig, Stefan 365 ff., 408, 428 ff., 435 ff.

Zeittafel

1882 am 28. August wird Ernst Weiß als zweiter Sohn des jüdischen Tuchhändlers Gustav Weiß und seiner Frau Berta, geb. Weinberg, in Brünn/Mähren geboren.

1886 am 24. November stirbt sein Vater.

1902 am 11. Juli Reifeprüfung am 2. deutschen Gymnasium in Brünn.

1908 Nach zehn Semestern Medizinstudium (zwei vorklinische Semester in Prag) promoviert Weiß am 4. 7. in Wien. Danach ärztliche Tätigkeit an der Klinik Theodor Kochers in Bern und bei Geheimrat August Bier in Berlin.

1911 Rückkehr nach Wien. Anstellung in der chirurgischen Abteilung des Wiedener Spitals unter Prof. Julius Schnitzler (einem Bruder des Schriftstellers Arthur Schnitzler).

1912/13 Nach einer Lungenerkrankung tritt Weiß die Stelle eines Schiffsarztes auf der »Austria« des Österreichischen Lloyd an, ein Schiff, auf dem er bis nach Indien und Japan gelangte.

1913 *Die Galeere*, sein erster Roman, die Geschichte eines Strahlenphysikers und Röntgenologen, erscheint bei S. Fischer, Berlin. Erste Bekanntschaft mit Franz Kafka. Umzug nach Berlin.

1914 Einberufung in das k. u. k. Landwehrinfanterieregiment Linz und Dienst als Regiments- und Chefarzt in der Etappe und an der Ostfront.

1916 erscheint sein Roman *Der Kampf* bei S. Fischer, Berlin. Die Korrektur der Druckfahnen dieses Buches besorgte er im Sommer 1914 gemeinsam mit dem ihm befreundeten Franz Kafka. Eine Neufassung dieses Buches erschien 1919 unter dem Titel *Franziska* in »Fischers Bibliothek zeitgenössischer Romane«.

1918 Im Januar erhält Weiß das Goldene Verdienstkreuz der Tapferkeitsmedaille.
Tiere in Ketten, Roman, erscheint bei S. Fischer, Berlin.
Das Versöhnungsfest. Eine Dichtung in vier Kreisen, erscheint in der Zeitschrift »Der Mensch«; 1920 als Buch bei Georg Müller, München.

1919 Der Roman *Mensch gegen Mensch* erscheint im Verlag Georg Müller, München. Weiß arbeitet in Prag von Oktober 1919 bis September 1920 in der Chirurgie des Allgemeinen Krankenhauses.
Am 11. Oktober erlebt er im Deutschen Landestheater Prag die Premiere seines Dramas *Tanja*, das begeistert aufgenommen wird. Die Titelrolle spielt seine Geliebte Rahel Sanzara. *Tanja*. Drama in drei Akten, erscheint im Genossenschaftsverlag, Wien/Leipzig.

1920 *Stern der Dämonen*. Erzählung, erscheint im Genossenschaftsverlag, Wien/Leipzig, ein Jahr später bei Georg Müller als bibliophile Ausgabe.

1922   *Nahar*. Roman, erscheint bei Kurt Wolff, München.
1923   *Hodin*. Erzählung, erscheint im Verlag H. Tillgner, Berlin. Uraufführung der Tragikomödie *Olympia* im Berliner Renaissancetheater, deren Buchausgabe im Verlag Die Schmiede, Berlin, erscheint.
Atua. Drei Novellen, erscheinen bei Kurt Wolff, München.
Die Feuerprobe. Roman, erscheint mit Radierungen von Ludwig Meidner im Verlag Die Schmiede, Berlin.
1924   *Der Fall Vukobrankovics*. Kriminalreportage, erscheint im Verlag Die Schmiede, Berlin.
Daniel. Erzählung, erscheint im Verlag Die Schmiede, Berlin.
1925   *Männer in der Nacht*. Roman (um Balzac), erscheint im Propyläen Verlag, Berlin.
1928   *Boëtius von Orlamünde*. Roman (spätere Auflagen unter dem Titel *Der Aristokrat*), erscheint bei S. Fischer, Berlin, wird mit dem Adalbert-Stifter-Preis ausgezeichnet und erhält die Silbermedaille der Olympiade von Amsterdam.
Die Essaysammlung *Das Unverlierbare* (Meiner Mutter gewidmet), erscheint bei Ernst Rowohlt, Berlin.
Dämonenzug. Fünf Erzählungen (Stern der Dämonen, Die Verdorrten, Franta Zlin, Marengo, Hodin). Erscheint im Ullstein Verlag, Berlin.
1931   *Georg Letham*. Arzt und Mörder. Roman. Erscheint bei Zsolnay, Wien.
1933   Anfang des Jahres kehrt Weiß nach über zehnjährigem Berlinaufenthalt nach Prag zurück, um seine 1934 sterbende Mutter zu betreuen.
1934   *Der Gefängnisarzt oder Die Vaterlosen*. Roman, erscheint im Verlag Julius Kittls Nachf., Mährisch-Ostrau.
Nach dem Tode seiner Mutter emigriert Weiß nach Paris und fristet mühsam u. a. als Mitarbeiter der Emigrationszeitschriften »Die Sammlung«, »Das neue Tage-Buch«, »Maß und Wert« etc. sein Leben, zuweilen unterstützt durch Zuwendungen von Stefan Zweig und Thomas Mann.
1936   *Der arme Verschwender*. Roman (Für Stefan Zweig), erscheint im Querido Verlag, Amsterdam.
1938   *Der Verführer*. Roman (Thomas Mann gewidmet), erscheint im Humanitas Verlag, Zürich.
Für einen literarischen Wettbewerb der »American Guild for German Cultural Freedom« reicht Weiß erfolglos seinen Hitler-Roman *Der Augenzeuge* ein, dessen erste Fassung postum erst 1963 unter dem Titel *Ich, der Augenzeuge* (im Verlag Kreißelmeier, Icking/München) erscheinen kann.
1940   am 15. Juni, dem Tag nach dem Einmarsch der deutschen Truppen in Paris, nimmt Ernst Weiß sich das Leben.

Ernst Weiß
Gesammelte Werke in sechzehn Bänden

*Herausgegeben von
Peter Engel und Volker Michels
Leinen in Kassette und Taschenbuch-Ausgabe
in den suhrkamp taschenbüchern*

Band 1: Die Galeere
Roman.
Band 2: Franziska
Roman.
Band 3: Mensch gegen Mensch
Roman.
Band 4: Tiere in Ketten
Roman.
Band 5: Nahar
Roman.
Band 6: Die Feuerprobe
Roman.
Band 7: Der Fall Vukobrankovics
Bericht.
Band 8: Männer in der Nacht
Roman.
Band 9: Der Aristokrat
Roman.
Band 10: Georg Letham. Arzt und Mörder
Roman.
Band 11: Der Gefängnisarzt oder Die Vaterlosen
Roman.
Band 12: Der arme Verschwender
Roman.
Band 13: Der Verführer
Roman.
Band 14: Der Augenzeuge
Roman.
Band 15: Die Erzählungen
Band 16: Die Kunst des Erzählens
Essays, Aufsätze, Schriften zur Literatur

»Was für ein außerordentlicher Schriftsteller!«
Franz Kafka
»Wohl das stärkste Talent unserer neuesten Prosadichtung.«
Thomas Mann
»Ernst Weiß gehört zu den Dichtern, die schon früh eine Berührung
mit der Weisheit des Ostens fanden und diese Weisheit nicht
als eine Kuriosität erlebten, sondern ihre innige Verwandtschaft mit
allen Höhepunkten westlicher Kultur begriffen haben.«
Hermann Hesse
»Die Bücher von Ernst Weiß haben eins gemein:
Leben als Ereignis und nicht bloß Lektüre, voller und geformter Eindruck,
der Respekt und Bewunderung fordert.«
Stefan Zweig
»Die Werke des Dichters Ernst Weiß weiten das Herz,
da sie das Gebiet des Menschen erweitern:
nach unten zu Tier und Tiefe, nach oben, zum Geist.«
Heinrich Mann

suhrkamp taschenbücher

st 778 Max Schur
Sigmund Freud
Leben und Sterben
Deutsch von Gert Müller
720 Seiten
»Bis in Einzelheiten ist es Schur gelungen, die Wechselbeziehungen zwischen Freuds Krankengeschichte, seinem Herzleiden, seiner Nikotinsucht, seiner Reisephobie und seinem Denken aufzuzeigen. Immer ist die Auseinandersetzung mit den Krankheiten anderer auch ein Versuch, der eigenen Schwächen und Leiden, der selbsterlebten Ängste und Zwänge Herr zu werden.«
Gert Ueding, Hess. Rundfunk

st 782 Die besten Bücher
der »Bestenliste« des SWF-Literaturmagazins
empfohlen von Mitgliedern der Jury
Herausgegeben von Jürgen Lodemann
176 Seiten
Die besten Bücher: erstmalig ernstzunehmender Wegweiser durch den Herbstbücherwald des Jahres 1981. Siebenundzwanzig Literaturkritiker stellen die besten Bücher dieses Herbstes vor, und sie begründen ihre Wahl. Im Anhang: Sämtliche Listen seit 1975, die bisherigen Jury-Mitglieder, eine Dokumentation zur Entstehung und Methode der Bestenliste sowie der ›Preis des SWF-Literaturmagazins‹.

st 783 Werner Koch
See-Leben
Drei Romane in einer Kassette: See-Leben I, Wechseljahre oder See-Leben II, Jenseits des Sees
128/204/222 Seiten
»Im Gegensatz zu vielen vergleichbaren Zeitgenossen hat Koch etwas Wesentliches entdeckt: daß es nicht das Leben gibt, das einzige, wahre Leben, und es folglich müßig ist, danach zu suchen. Es gibt nur eine ureigenste, individuelle Lebenspraxis.« *Frankfurter Allgemeine Zeitung*

Alphabetisches Gesamtverzeichnis der suhrkamp taschenbücher

Achternbusch, Alexanderschlacht 61
- Der Neger Erwin 682
- Die Stunde des Todes 449
- Happy oder Der Tag wird kommen 262
Adorno, Erziehung zur Mündigkeit 11
- Studien zum autoritären Charakter 107
- Versuch, das ›Endspiel‹ zu verstehen 72
- Versuch über Wagner 177
- Zur Dialektik des Engagements 134
Aitmatow, Der weiße Dampfer 51
Alegría, Die hungrigen Hunde 447
Alfvén, Atome, Mensch und Universum 139
- M 70 – Die Menschheit der siebziger Jahre 34
Allerleirauh 19
Alsheimer, Eine Reise nach Vietnam 628
- Vietnamesische Lehrjahre 73
Alter als Stigma 468
Anders, Kosmologische Humoreske 432
v. Ardenne, Ein glückliches Leben für Technik und Forschung 310
Arendt, Die verborgene Tradition 303
Arlt, Die sieben Irren 399
Arguedas, Die tiefen Flüsse 588
Artmann, Grünverschlossene Botschaft 82
- How much, schatzi? 136
- Lilienweißer Brief 498
- The Best of H. C. Artmann 275
- Unter der Bedeckung eines Hutes 337
Augustin, Raumlicht 660
Bachmann, Malina 641
v. Baeyer, Angst 118
Bahlow, Deutsches Namenlexikon 65
Balint, Fünf Minuten pro Patient 446
Ball, Hermann Hesse 385
Barnet (Hrsg.), Der Cimarrón 346
Basis 5, Jahrbuch für deutsche Gegenwartsliteratur 276
Basis 6, Jahrbuch für deutsche Gegenwartsliteratur 340
Basis 7, Jahrbuch für deutsche Gegenwartsliteratur 420
Basis 8, Jahrbuch für deutsche Gegenwartsliteratur 451
Basis 9, Jahrbuch für deutsche Gegenwartsliteratur 553
Basis 10, Jahrbuch für deutsche Gegenwartsliteratur 589
Beaucamp, Das Dilemma der Avantgarde 329
Becker, Jürgen, Eine Zeit ohne Wörter 20
- Gedichte 690
Becker, Jurek, Irreführung der Behörden 271
- Der Boxer 526
- Schlaflose Tage 626
Beckett, Das letzte Band (dreisprachig) 200
- Der Namenlose 536
- Endspiel (dreisprachig) 171
- Glückliche Tage (dreisprachig) 248
- Malone stirbt 407
- Molloy 229
- Warten auf Godot (dreisprachig) 1
- Watt 46
Das Werk von Beckett. Berliner Colloquium 225
Materialien zu Beckett »Der Verwaiser« 605
Materialien zu Becketts »Godot« 104
Materialien zu Becketts »Godot« 2 475
Materialien zu Becketts Romanen 315
Behrens, Die weiße Frau 655

Benjamin, Der Stratege im Literaturkampf 176
- Illuminationen 345
- Über Haschisch 21
- Ursprung des deutschen Trauerspiels 69
Zur Aktualität Walter Benjamins 150
Beradt, Das dritte Reich des Traumes 697
Bernhard, Das Kalkwerk 128
- Der Kulterer 306
- Frost 47
- Gehen 5
- Salzburger Stücke 257
Bertaux, Hölderlin 686
- Mutation der Menschheit 555
Beti, Perpétue und die Gewöhnung ans Unglück 677
Bierce, Das Spukhaus 365
Bingel, Lied für Zement 287
Bioy Casares, Fluchtplan 378
- Schweinekrieg 469
Blackwood, Besuch von Drüben 411
- Das leere Haus 30
- Der Griff aus dem Dunkel 518
Blatter, Zunehmendes Heimweh 649
Bloch, Spuren 451
- Atheismus im Christentum 144
Böni, Ein Wanderer im Alpenregen 671
Börne, Spiegelbild des Lebens 408
Bonaparte, Edgar Poe, 3 Bde. 592
Bond, Bingo 283
- Die See 160
Brasch, Kargo 541
Braun, J. u. G., Der Fehlfaktor 687
- Unheimliche Erscheinungsformen auf Omega XI 646
Braun, Das ungezwungne Leben Kasts 546
- Gedichte 499
- Stücke 1 198
- Stücke 2 680
Brecht, Frühe Stücke 201
- Gedichte 251
- Gedichte für Städtebewohner 640
- Geschichten vom Herrn Keuner 16
- Schriften zur Gesellschaft 199
Brecht in Augsburg 297
Bertolt Brechts Dreigroschenbuch 87
Brentano, Berliner Novellen 568
- Prozeß ohne Richter 427
Broch, Hermann, Barbara 151
- Briefe I 710
- Briefe II 711
- Briefe III 712
- Dramen 538
- Gedichte 572
- Massenwahntheorie 502
- Novellen 621
- Philosophische Schriften 1 u. 2 2 Bde. 375
- Politische Schriften 445
- Schlafwandler 472
- Schriften zur Literatur 1 246
- Schriften zur Literatur 2 247
- Schuldlosen 209
- Tod des Vergil 296
- Unbekannte Größe 393
- Verzauberung 350
Materialien zu »Der Tod des Vergil« 317
Brod, Der Prager Kreis 547
- Tycho Brahes Weg zu Gott 490

Broszat, 200 Jahre deutsche Polenpolitik 74
Brude-Firnau (Hrsg.), Aus den Tagebüchern
  Th. Herzls 374
Büßerinnen aus dem Gnadenkloster, Die 632
Bulwer-Lytton, Das kommende Geschlecht 609
Buono, Zur Prosa Brechts. Aufsätze 88
Butor, Paris–Rom oder Die Modifikation 89
Campbell, Der Heros in tausend Gestalten 424
Casares, Schlaf in der Sonne 691
Carossa, Ungleiche Welten 521
Über Hans Carossa 497
Carpentier, Explosion in der Kathedrale 370
– Krieg der Zeit 552
Celan, Mohn und Gedächtnis 231
– Von Schwelle zu Schwelle 301
Chomsky, Indochina und die amerikanische
  Krise 32
– Kambodscha Laos Nordvietnam 103
– Über Erkenntnis und Freiheit 91
Cioran, Die verfehlte Schöpfung 550
– Vom Nachteil geboren zu sein 549
– Syllogismen der Bitterkeit 607
Cisek, Der Strom ohne Ende 724
Claes, Flachskopf 524
Condrau, Angst und Schuld als Grundprobleme in
  der Psychotherapie 305
Conrady, Literatur und Germanistik als Herausfor-
  derung 214
Cortázar, Bestiarium 543
– Das Feuer aller Feuer 298
– Die geheimen Waffen 672
– Ende des Spiels 373
Dahrendorf, Die neue Freiheit 623
– Lebenschancen 559
Dedecius, Überall ist Polen 195
Degner, Graugrün und Kastanienbraun 529
Der andere Hölderlin. Materialien zum »Hölderlin«-
  Stück von Peter Weiss 42
Dick, LSD-Astronauten 732
– UBIK 440
Doctorow, Das Buch Daniel 366
Döblin, Materialien zu »Alexanderplatz« 268
Dolto, Der Fall Dominique 140
Döring, Perspektiven einer Architektur 109
Donoso, Ort ohne Grenzen 515
Dorst, Dorothea Merz 511
– Stücke 1 437
– Stücke 2 438
Duddington, Baupläne der Pflanzen 45
Duke, Akupunktur 180
Duras, Hiroshima mon amour 112
Durzak, Gespräche über den Roman 318
Eschmidt, Georg Büchner 610
Ehrenberg/Fuchs, Sozialstaat und Freiheit 733
Ehrenburg, Das bewegte Leben des Lasik
  Roitschwantz 307
– 13 Pfeifen 405
Eich, Ein Lesebuch 696
– Fünfzehn Hörspiele 120
Eliade, Bei den Zigeunerinnen 615
Eliot, Die Dramen 191
Zur Aktualität T. S. Eliots 222
Ellmann, James Joyce 2 Bde. 473
Enzensberger, Gedichte 1955–1970 4
– Der kurze Sommer der Anarchie 395
– Der Untergang der Titanic 681
– Museum der modernen Poesie, 2 Bde. 476
– Politik und Verbrechen 442
Enzensberger (Hrsg.), Freisprüche. Revolutionäre
  vor Gericht 111

Eppendorfer, Der Ledermann spricht mit Hubert
  Fichte 580
Eschenburg, Über Autorität 178
Ewald, Innere Medizin in Stichworten I 97
– Innere Medizin in Stichworten II 98
Ewen, Bertolt Brecht 141
Fallada/Dorst, Kleiner Mann – was nun? 127
Fanon, Die Verdammten dieser Erde 668
Feldenkrais, Abenteuer im Dschungel des Gehirns
  663
– Bewußtheit durch Bewegung 429
Feuchtwanger (Hrsg.), Deutschland – Wandel und
  Bestand 335
Fischer, Von Grillparzer zu Kafka 284
Fleißer, Der Tiefseefisch 683
– Eine Zierde für den Verein 294
– Ingolstädter Stücke 403
Fletcher, Die Kunst des Samuel Beckett 272
Frame, Wenn Eulen schreien 692
Franke, Einsteins Erben 603
– Paradies 3000 664
– Schule für Übermenschen 730
– Sirius Transit 535
– Ypsilon minus 358
– Zarathustra kehrt zurück 410
– Zone Null 585
v. Franz, Zahl und Zeit 602
Friede und die Unruhestifter, Der 145
Fries, Das nackte Mädchen auf der Straße 577
– Der Weg nach Oobliadooh 265
Frijling-Schreuder, Was sind das – Kinder? 119
Frisch, Andorra 277
– Der Mensch erscheint im Holozän 734
– Dienstbüchlein 205
– Herr Biedermann / Rip van Winkle 599
– Homo faber 354
– Mein Name sei Gantenbein 286
– Montauk 700
– Stiller 105
– Stücke 1 70
– Stücke 2 81
– Tagebuch 1966–1971 256
– Wilhelm Tell für die Schule 2
Materialien zu Frischs »Biedermann und die
  Brandstifter« 503
– »Stiller« 2 Bde. 419
Frischmuth, Amoralische Kinderklapper 224
Froese, Zehn Gebote für Erwachsene 593
Fromm/Suzuki/de Martino, Zen-Buddhismus und
  Psychoanalyse 37
Fuchs, Todesbilder in der modernen Gesellschaft
  102
Fuentes, Nichts als das Leben 343
Fühmann, Bagatelle, rundum positiv 426
– Erfahrungen und Widersprüche 338
– 22 Tage oder Die Hälfte des Lebens 463
Gadamer/Habermas, Das Erbe Hegels 596
Gall, Deleatur 639
García Lorca, Über Dichtung und Theater 196
Gespräche mit Marx und Engels 716
Gibson, Lorcas Tod 197
Gilbert, Das Rätsel Ulysses 367
Glozer, Kunstkritiken 193
Goldstein, A. Freud, Solnit, Jenseits des Kindes-
  wohls 212
Goma, Ostinato 138
Gorkij, Unzeitgemäße Gedanken über Kultur und
  Revolution 210
Grabiński, Abstellgleis 478
Griaule, Schwarze Genesis 624

Grossmann, Ossietzky. Ein deutscher Patriot 83
Gulian, Mythos und Kultur 666
Habermas, Theorie und Praxis 9
– Kultur und Kritik 125
Habermas/Henrich, Zwei Reden 202
Hammel, Unsere Zukunft – die Stadt 59
Han Suyin, Die Morgenflut 234
Handke, Als das Wünschen noch geholfen hat 208
– Begrüßung des Aufsichtsrats 654
– Chronik der laufenden Ereignisse 3
– Das Ende des Flanierens 679
– Das Gewicht der Welt 500
– Die Angst des Tormanns beim Elfmeter 27
– Die linkshändige Frau 560
– Die Stunde der wahren Empfindung 452
– Die Unvernünftigen sterben aus 168
– Der kurze Brief 172
– Falsche Bewegung 258
– Hornissen 416
– Ich bin ein Bewohner des Elfenbeinturms 56
– Stücke 1 43
– Stücke 2 101
– Wunschloses Unglück 146
Hart Nibbrig, Ästhetik 491
– Rhetorik des Schweigens 693
Heiderich, Mit geschlossenen Augen 638
Heilbroner, Die Zukunft der Menschheit 280
Heller, Die Wiederkehr der Unschuld 396
– Enterbter Geist 537
– Nirgends wird Welt sein als innen 288
– Thomas Mann 243
Hellman, Eine unfertige Frau 292
Henle, Der neue Nahe Osten 24
v. Hentig, Cuba und die Demokratie 245
– Magier oder Magister? 207
Herding (Hrsg.), Realismus als Widerspruch 493
Hermlin, Lektüre 1960–1971 215
Herzl, Aus den Tagebüchern 374
Hesse, Aus Indien 562
– Aus Kinderzeiten. Erzählungen Bd. 1 347
– Ausgewählte Briefe 211
– Briefe an Freunde 380
– Demian 206
– Der Europäer. Erzählungen Bd. 3 384
– Der Steppenwolf 175
– Die Gedichte 2 Bde. 381
– Die Kunst des Müßiggangs 100
– Die Märchen 291
– Die Nürnberger Reise 227
– Die Verlobung. Erzählungen Bd. 2 368
– Die Welt der Bücher 415
– Eine Literaturgeschichte in Rezensionen 252
– Glasperlenspiel 79
– Innen und Außen. Erzählungen Bd. 4 413
– Klein und Wagner 116
– Kleine Freuden 360
– Kurgast 383
– Lektüre für Minuten 7
– Lektüre für Minuten. Neue Folge 240
– Narziß und Goldmund 274
– Peter Camenzind 161
– Politik des Gewissens, 2 Bde. 656
– Roßhalde 312
– Siddhartha 182
– Unterm Rad 52
– Von Wesen und Herkunft des Glasperlenspiels 382
Materialien zu Hesses »Demian« 1 166
Materialien zu Hesses »Demian« 2 316
Materialien zu Hesses »Glasperlenspiel« 1 80

Materialien zu Hesses »Glasperlenspiel« 2 108
Materialien zu Hesses »Siddhartha« 1 129
Materialien zu Hesses »Siddhartha« 2 282
Materialien zu Hesses »Steppenwolf« 53
Über Hermann Hesse 1 331
Über Hermann Hesse 2 332
Hermann Hesse – Eine Werkgeschichte
von Siegfried Unseld 143
Hermann Hesses weltweite Wirkung 386
Hildesheimer, Hörspiele 363
– Mozart 598
– Paradies der falschen Vögel 295
– Stücke 362
Hinck, Von Heine zu Brecht 481
Hinojosa, Klail City und Umgebung 709
Hobsbawm, Die Banditen 66
Hofmann (Hrsg.), Schwangerschaftsunterbrechung 238
Hofmann, Werner, Gegenstimmen 554
Höllerer, Die Elephantenuhr 266
Holmqvist (Hrsg.), Das Buch der Nelly Sachs 398
Hortleder, Fußball 170
Horváth, Der ewige Spießer 131
– Der jüngste Tag 715
– Die stille Revolution 254
– Ein Kind unserer Zeit 99
– Jugend ohne Gott 17
– Leben und Werk in Dokumenten und Bildern 67
– Sladek 163
Horváth/Schell, Geschichten aus dem Wienerwald 595
Hsia, Hesse und China 673
Hudelot, Der Lange Marsch 54
Hughes, Hurrikan im Karibischen Meer 394
Huizinga, Holländische Kultur im siebzehnten Jahrhundert 401
Ibragimbekow, Es gab keinen besseren Bruder 479
Ingold, Literatur und Aviatik 576
Innerhofer, Die schönen Wörter 563
– Schattenseite 542
– Schöne Tage 349
Inoue, Die Eiswand 551
Jakir, Kindheit in Gefangenschaft 152
James, Der Schatz des Abtes Thomas 540
Jens, Republikanische Reden 512
Johnson, Berliner Sachen 249
– Das dritte Buch über Achim 169
– Eine Reise nach Klagenfurt 235
– Mutmassungen über Jakob 147
– Zwei Ansichten 326
Jonke, Im Inland und im Ausland auch 156
Joyce, Ausgewählte Briefe 253
Joyce, Stanislaus, Meines Bruders Hüter 273
Junker/Link, Ein Mann ohne Klasse 528
Kappacher, Morgen 339
Kästner, Der Hund in der Sonne 270
– Offener Brief an die Königin von Griechenland. Beschreibungen, Bewunderungen 106
Kardiner/Preble, Wegbereiter der modernen Anthropologie 165
Kasack, Fälschungen 264
Kaschnitz, Der alte Garten 387
– Ein Lesebuch 647
– Steht noch dahin 574
– Zwischen Immer und Nie 425
Katharina II. in ihren Memoiren 25
Kawerin, Das doppelte Portrait 725
Keen, Stimmen und Visionen 545
Kerr (Hrsg.), Über Robert Walser 1 483

- Über Robert Walser 2 484
- Über Robert Walser 3 556
Kessel, Herrn Brechers Fiasko 453
Kirde (Hrsg.), Das unsichtbare Auge 477
Kluge, Lebensläufe. Anwesenheitsliste für eine Beerdigung 186
Koch, Anton, Symbiose – Partnerschaft fürs Leben 304
Koch Werner, Jenseits des Sees 718
- Pilatus 650
- See-Leben I 132
- Wechseljahre oder See-Leben II 412
Koehler, Hinter den Bergen 456
Koeppen, Das Treibhaus 78
- Der Tod in Rom 241
- Eine unglückliche Liebe 392
- Nach Rußland und anderswohin 115
- Reise nach Frankreich 530
- Romanisches Café 71
- Tauben im Gras 601
Koestler, Der Yogi und der Kommissar 158
- Die Nachtwandler 579
- Die Wurzeln des Zufalls 181
Kolleritsch, Die grüne Seite 323
Komm schwarzer Panther, lach doch mal 714
Komm, der Idiot des Hauses 728
Konrád, Der Stadtgründer 633
- Besucher 492
Konrád/ Szelényi, Die Intelligenz auf dem Weg zur Klassenmacht 726
Korff, Kernenergie und Moraltheologie 597
Kracauer, Das Ornament der Masse 371
- Die Angestellten 13
- Kino 126
Kraus, Magie der Sprache 204
Kroetz, Stücke 259
Krolow, Ein Gedicht entsteht 95
Kücker, Architektur zwischen Kunst und Konsum 309
Kühn, Josephine 587
- Ludwigslust 421
- N 93
- Siam-Siam 187
- Stanislaw der Schweiger 496
Kundera, Abschiedswalzer 591
- Das Leben ist anderswo 377
- Der Scherz 514
Lagercrantz, China-Report 8
Lander, Ein Sommer in der Woche der Itke K. 155
Laqueur, Terrorismus 723
Laxness, Islandglocke 228
le Fanu, Der besessene Baronet 731
le Fort, Die Tochter Jephthas und andere Erzählungen 351
Lem, Astronauten 441
- Der futurologische Kongreß 534
- Der Schnupfen 570
- Die Jagd 302
- Die Untersuchung 435
- Die vollkommene Leere 707
- Imaginäre Größe 658
- Memoiren, gefunden in der Badewanne 508
- Mondnacht 729
- Nacht und Schimmel 356
- Solaris 226
- Sterntagebücher 459
- Summa technologiae 678
- Transfer 324
- Über Stanisław Lem 586
Lenz, Hermann, Andere Tage 461

- Der russische Regenbogen 531
- Der Tintenfisch in der Garage 620
- Die Augen eines Dieners 348
- Neue Zeit 505
- Tagebuch vom Überleben 659
- Verlassene Zimmer 436
Lepenies, Melancholie und Gesellschaft 63
Lese-Erlebnisse 2 458
Leutenegger, Ninive 685
- Vorabend 642
Lévi-Strauss, Rasse und Geschichte 62
- Strukturale Anthropologie 15
Lidz, Das menschliche Leben 162
Link, Das goldene Zeitalter 704
Literatur aus der Schweiz 450
Lovecraft, Cthulhu 29
- Berge des Wahnsinns 220
- Das Ding auf der Schwelle 357
- Die Katzen von Ulthar 625
- Die Stadt ohne Namen 694
- Der Fall Charles Dexter Ward 391
MacLeish, Spiel um Job 422
Mächler, Das Leben Robert Walsers 321
Mädchen am Abhang, Das 630
Machado de Assis, Posthume Erinnerungen 494
Malson, Die wilden Kinder 55
Martinson, Die Nesseln blühen 279
- Der Weg hinaus 281
Mautner, Nestroy 465
Mayer, Außenseiter 736
- Georg Büchner und seine Zeit 58
- Wagner in Bayreuth 480
Materialien zu Hans Mayer, »Außenseiter« 448
Mayröcker, Ein Lesebuch 548
Maximovič, Die Erforschung des Omega Planeten 509
McCall, Jack der Bär 699
McHale, Der ökologische Kontext 90
Melchinger, Geschichte des politischen Theaters 153, 154
Meyer, Die Rückfahrt 578
- Eine entfernte Ähnlichkeit 242
- In Trubschachen 501
Miłosz, Verführtes Denken 278
Minder, Dichter in der Gesellschaft 33
- Kultur und Literatur in Deutschland und Frankreich 397
Mitscherlich, Massenpsychologie ohne Ressentiment 76
- Thesen zur Stadt der Zukunft 10
- Toleranz – Überprüfung eines Begriffs 213
Mitscherlich (Hrsg.), Bis hierher und nicht weiter 239
Molière, Drei Stücke 486
Mommsen, Goethe und 1001 Nacht 674
- Kleists Kampf mit Goethe 513
Morante, Lüge und Zauberei 701
Morselli, Licht am Ende des Tunnels 627
Moser, Gottesvergiftung 533
- Lehrjahre auf der Couch 352
Muschg, Albissers Grund 334
- Entfernte Bekannte 510
- Gegenzauber 665
- Gottfried Keller 617
- Im Sommer des Hasen 263
- Liebesgeschichten 164
- Noch ein Wunsch 735
Myrdal, Asiatisches Drama 634
- Politisches Manifest 40

Nachtigall, Völkerkunde 184
Nizon, Canto 319
– Im Hause enden die Geschichten. Untertauchen 431
Norén, Die Bienenväter 117
Nossack, Das kennt man 336
– Der jüngere Bruder 133
– Die gestohlene Melodie 219
– Nach dem letzten Aufstand 653
– Spirale 50
– Um es kurz zu machen 255
Nossal, Antikörper und Immunität 44
Offenbach, Sonja 688
Olvedi, LSD-Report 38
Onetti, Das kurze Leben 661
Painter, Marcel Proust, 2 Bde. 561
Paus (Hrsg.), Grenzerfahrung Tod 430
Payne, Der große Charlie 569
Pedretti, Harmloses, bitte 558
Penzoldts schönste Erzählungen 216
– Der arme Chatterton 462
– Die Kunst das Leben zu lieben 267
– Die Powenzbande 372
Pfeifer, Hesses weltweite Wirkung 506
Phaïcon 3 443
Phaïcon 4 636
Plenzdorf, Die Legende vom Glück ohne Ende 722
– Die Legende von Paul & Paula 173
– Die neuen Leiden des jungen W. 300
Pleticha (Hrsg.), Lese-Erlebnisse 2 458
Plessner, Diesseits der Utopie 148
– Die Frage nach der Conditio humana 361
– Zwischen Philosophie und Gesellschaft 544
Poe, Der Fall des Hauses Ascher 517
Politzer, Franz Kafka. Der Künstler 433
Portmann, Biologie und Geist 124
– Das Tier als soziales Wesen 444
Prangel (Hrsg.), Materialien zu Döblins »Alexanderplatze« 268
Prinzhorn, Gespräch über Psychoanalyse zwischen Frau, Dichter, Arzt 669
Proust, Briefe zum Leben, 2 Bde. 464
– Briefe zum Werk 404
– Im Schatten junger Mädchenblüte, 2 Bde. 702
– In Swanns Welt 644
Psychoanalyse und Justiz 167
Puig, Der schönste Tango 474
– Verraten von Rita Hayworth 344
Raddatz, Traditionen und Tendenzen 269
– ZEIT-Bibliothek der 100 Bücher 645
– ZEIT-Gespräche 520
Ramos, Karges Leben 667
Rathscheck, Konfliktstoff Arzneimittel 189
Recht, Verbrecher suchen sich aus 706
Régier, Das große Beispiel 439
– Das Ohr des Malchus 293
Reik (Hrsg.), Der eigene und der fremde Gott 221
Reinisch (Hrsg.), Jenseits der Erkenntnis 418
Reinshagen, Das Frühlingsfest 637
Reiwald, Die Gesellschaft und ihre Verbrecher 130
Riedel, Die Kontrolle des Luftverkehrs 203
Riesman, Wohlstand wofür? 113
– Wohlstand für wen? 114
Rilke, Materialien zu »Cornet« 190
– Materialien zu »Duineser Elegien« 574
– Materialien zu »Malte« 174
– Rilke heute 1 290
– Rilke heute 2 355
Rochefort, Eine Rose für Morrison 575

– Frühling für Anfänger 532
– Kinder unserer Zeit 487
– Mein Mann hat immer recht 428
– Ruhekissen 379
– Zum Glück gehts dem Sommer entgegen 523
Rosei, Landstriche 232
– Wege 311
Roth, Der große Horizont 327
– die autobiographie des albert einstein. Künstel. Der Wille zur Krankheit 230
Rottensteiner (Hrsg.), Blick vom anderen Ufer 359
– Polaris 4 460
– Polaris 5 713
– Quarber Merkur 571
Rüegg, Antike Geisteswelt 619
Rühle, Theater in unserer Zeit 325
Russell, Autobiographie I 22
– Autobiographie II 84
– Autobiographie III 192
– Eroberung des Glücks 389
v. Salis, Rilkes Schweizer Jahre 289
Sames, Die Zukunft der Metalle 157
Sarraute, Zeitalter des Mißtrauens 223
Schäfer, Erziehung im Ernstfall 557
Scheel/Apel, Die Bundeswehr und wir. Zwei Reden 522
Schickel, Große Mauer, Große Methode 314
Schimmang, Der schöne Vogel Phönix 527
Schneider, Der Balkon 455
– Die Hohenzollern 590
– Macht und Gnade 423
Über Reinhold Schneider 504
Schulte (Hrsg.), Spiele und Vorspiele 485
Schultz (Hrsg.), Der Friede und die Unruhestifter 145
– Politik ohne Gewalt? 330
– Wer ist das eigentlich – Gott? 135
Scorza, Trommelwirbel für Rancas 584
Semprun, Der zweite Tod 564
Shaw, Der Aufstand gegen die Ehe 328
– Der Sozialismus und die Natur des Menschen 121
– Die Aussichten des Christentums 18
– Politik für jedermann 643
Simpson, Biologie und Mensch 36
Sperr, Bayrische Trilogie 28
Spiele und Vorspiele 485
Steiner, George, In Blaubarts Burg 77
– Der Tod der Tragödie 662
Steiner, Jörg, Ein Messer für den ehrlichen Finder 583
– Sprache und Schweigen 123
– Strafarbeit 471
Sternberger, Panorama oder Ansichten vom 19. Jahrhundert 179
– Gerechtigkeit für das 19. Jahrhundert 244
– Heinrich Heine und die Abschaffung der Sünde 308
– Über den Tod 719
Stierlin, Adolf Hitler 236
– Das Tun des Einen ist das Tun des Anderen 313
– Eltern und Kinder 618
Stolze, Innenansicht 721
Strausfeld (Hrsg.), Materialien zur lateinamerikanischen Literatur 341
– Aspekte zu Lezama Lima »Paradiso« 482
Strehler, Für ein menschlicheres Theater 417
Strindberg, Ein Lesebuch für die niederen Stände 402
Struck, Die Mutter 489

- Lieben 567
- Trennung 613

Strugatzki, Die Schnecke am Hang 434
- Picknick am Wegesrand 670

Stuckenschmidt, Schöpfer der neuen Musik 183
- Maurice Ravel 353
- Neue Musik 657

Suvin, Poetik der Science Fiction 539
Swoboda, Die Qualität des Lebens 188
Szabó, I. Moses 22 142
Szillard, Die Stimme der Delphine 703
Szczepański, Vor dem unbekannten Tribunal 594
Tendrjakow, Mondfinsternis 717
Terkel, Der Große Krach 23
Timmermans, Pallieter 400
Trocchi, Die Kinder Kains 581
Ueding (Hrsg.), Materialien zu Hans Mayer, »Außenseiter« 448
Ulbrich, Der unsichtbare Kreis 652
Unseld, Hermann Hesse – Eine Werkgeschichte 143
- Begegnungen mit Hermann Hesse 218
- Peter Suhrkamp 260

Unseld (Hrsg.), Wie, warum und zu welchem Ende wurde ich Literaturhistoriker? 60
- Bertolt Brechts Dreigroschenbuch 87
- Zur Aktualität Walter Benjamins 150
- Mein erstes Lese-Erlebnis 250

Unterbrochene Schulstunde. Schriftsteller und Schule 48
Utschick, Die Veränderung der Sehnsucht 566
Vargas Llosa, Das grüne Haus 342
- Die Stadt und die Hunde 622

Vidal, Messias 390
Waggerl, Pfingsttag 299
Waley, Lebensweisheit im Alten China 217
Walser, Martin, Das Einhorn 159
- Der Sturz 322
- Die Anselm Kristlein Trilogie, 3 Bde. 684
- Ein fliehendes Pferd 600

- Ein Flugzeug über dem Haus 612
- Gesammelte Stücke 6
- Halbzeit 94
- Jenseits der Liebe 525

Walser, Robert, Briefe 488
- Der »Räuber« – Roman 320
- Poetenleben 388

Über Robert Walser 1 483
Über Robert Walser 2 484
Über Robert Walser 3 556
Weber-Kellermann, Die deutsche Familie 185
Weg der großen Yogis, Der 409
Weill, Ausgewählte Schriften 285
Über Kurt Weill 237
Weischedel, Skeptische Ethik 635
Weiss, Peter, Das Duell 41
Weiß, Ernst, Georg Letham 648
- Rekonvaleszenz 31

Materialien zu Weiss' »Hölderlin« 42
Weissberg-Cybulski, Hexensabbat 369
Weltraumfriseur, Der 631
Wendt, Moderne Dramaturgie 149
Wer ist das eigentlich – Gott? 135
Werner, Fritz, Wortelemente lat.-griech. Fachausdrücke in den biolog. Wissenschaften 64
Wie der Teufel den Professor holte 629
Wiese, Das Gedicht 376
Wilson, Auf dem Weg zum Finnischen Bahnhof 194
Winkler, Menschenkind 705
Wittgenstein, Philosophische Untersuchungen 14
Wolf, Die heiße Luft der Spiele 606
- Pilzer und Pelzer 466
- Punkt ist Punkt 122

Wollseiffen, König Laurin 695
Zeemann, Einübung in Katastrophen 565
Zimmer, Spiel um den Elefanten 519
Zivilmacht Europa – Supermacht oder Partner? 137